Zitate Pointen Geistesblitze

... von Aristoteles bis Zuckmayer

DIE TREFFENDSTEN, DIE PFIFFIGSTEN, DIE GEISTREICHSTEN ...

... ausgewählt von **Gerhard Reichel**

Die Fundgrube für Redner, Texter, Manager, Moderatoren, Journalisten, Autoren und alle, die mit dem geschriebenen oder gesprochenen Wort Wirkung erzielen wollen.

Kontaktadresse:

Gerhard-Reichel-Training
Goethestraße 1
91301 Forchheim
Telefon 0 91 91 / 8 95 01
Telefax 0 91 91 / 28 01

ISBN 3-923241-02-X

Ein gutes Zitat ist ein Diamant
am Finger eines geistreichen Menschen und
ein Pflasterstein in der Hand eines Narren.

Joseph Roux

Was sollen Zitate **nicht**?

Managerseminar mit 30 Herren aus der mittleren Führungsebene. Treffen **im** Tagungshotel am letzten Tag. Der Seminarleiter spricht: *"Meine Herren, zum Schluß sollen Sie Gelegenheit haben, Ihre Allgemeinbildung zu testen. Also - ich nenne ein klassisches Zitat und Sie sagen mir, wer es gesagt hat, wo und wann"*. Er beginnt: *"Vom Eise befreit sind Strom und Bäche..."* Keiner weiß es. Da meldet sich ganz hinten ein kleiner Japaner: *"Johann Wolfgang von Goethe, Faust, Osterspaziergang 1806!"* Die Teilnehmer murmeln anerkennend.

Nächste Frage: *"Der Mond ist aufgegangen, die goldnen Sternlein prangen..."*. Und wieder, wie aus der Pistole geschossen, der Japaner: *"Matthias Claudius, Abendlied 1979"*. Die Manager schauen peinlich berührt zu Boden. Der Seminarleiter: *"Fest gemauert in der Erden..."* *"Schiller"* strahlt der Japaner. *"Das Lied von der Glocke, 1799!"*

Jetzt finden es die Manager langsam ärgerlich. Murmelt einer in der ersten Reihe: *"Scheißjapaner"*. Wieder ertönt die Stimme von hinten: *"Max Grundig, CeBIT 1982."*

Hat Ihnen die Geschichte deutlich gemacht, was Zitate **nicht** leisten sollen? Hüten Sie sich davor, sich als besserwisserischer Bildungsprotz zu gebärden. Sie gehen damit anderen nur auf die Nerven! Außerdem: zu viele Zitate überfordern den Adressaten.

Warum also Zitate?

Einen guten Barmixer erkennt man daran, daß er ein Meister der Dosierung ist. Er mixt exotische Getränke mit vertrauten, bittere mit süßen, leichte mit schweren. Mit sicherem Instinkt findet er die richtige Mischung und zaubert damit die köstlichsten Cocktails.

Machen Sie es dem Barmixer nach! Würzen Sie Ihre Reden, Gespräche und Schreiben ebenfalls: mit Zitaten, Pointen, Geistesblitzen.

Zitate, richtig gewählt und dosiert, sind

"Zeugen",
die Ihre Aussagen überzeugend machen,

"Muntermacher",
die das Gehirn Ihrer Adressaten stimulieren,

"Autoritäten",
die Ihrer Meinung Gewicht verleihen,

"Diplomaten",
die eine Wahrheit schonend formulieren,

"Brenngläser",
die eine Aussage prägnant auf den Punkt bringen,

"Highlights",
die in Erinnerung bleiben,

"Unterhalter",
die trockene Texte auflockern und lebendig machen.

Zitate sind also für alle unentbehrlich, die ihre Gedanken in schriftlicher oder mündlicher Form wirkungsvoll "an den Mann" bringen müssen: Redner, Politiker, Redakteure, Texter, Moderatoren, Journalisten, Briefeschreiber, Kommentatoren, Manager, Unternehmer, Sekretärinnen usw.

Dieses Buch ist das Ergebnis einer 25-jährigen Sammlerleidenschaft. In zahllosen Seminaren im Umgang mit vielen tausend Führungskräften habe ich alles aufgeschrieben, was mir an Geistesblitzen, Bonmots und interessanten Aussagen zu Ohren kam.

Fundgruben waren für mich aber auch die Wochen-Magazine, die Tages- und Wochenzeitungen, insbesondere FAZ, WELT, SZ, ZEIT, HANDELSBLATT, FOCUS und DER SPIEGEL.

Schreibbereit war ich auch immer bei Live-Vorträgen, Hörfunk und Fernsehsendungen.

Viele Zitate, die ich aus den eben genannten Mediengattungen entnommen habe, trugen keine Autorennamen, sind also unter *"Unbekannt"* aufgeführt.

Zu 80 Prozent aller übrigen Autoren finden Sie im Autorenverzeichnis Angaben zu Beruf, Alter und Nationalität. Jene Autoren, von denen ich keine näheren Lebensdaten finden konnte, mögen mir verzeihen. Immerhin bedeutet das Aufführen ihrer Zitate ein kleines Stück "Verewigung", gegen die sie - denke ich - nichts einzuwenden haben.

Ich habe die Zitate ohne Scheuklappen gesammelt, ohne einseitige Sturheit, Meinungsvielfalt war mir wichtig. Bitte haben Sie aber Verständnis, daß sich gelegentliche thematische Überschneidungen nicht vermeiden ließen.

Sollten Sie unter einem bestimmten Stichwort kein passendes Zitat finden, verweisen Sie die mit dem Pfeil (➪) gekennzeichneten Stichworte auf weitere Fundmöglichkeiten.

Ein Rat noch, lieber Leser: bitte betrachten Sie die Zitate und Sprichwörter nicht als endgültige, unumstößliche Wahrheiten, nur weil sie von irgend einer Autorität stammen. Manches, was z. B. Goethe einst gesagt hat, gilt heute längst nicht mehr. Setzen Sie sich also kritisch mit ihnen auseinander. Betrachten Sie sie als Denkanstöße, die Ihr eigenes Reden und Schreiben befruchten sollen.

Forchheim, im April 1995

Gerhard Reichel

A

Abenteuer

Wenn wir sicher zu Hause sitzen, wünschen wir uns, wir hätten ein Abenteuer zu bestehen. Wenn wir aber ein Abenteuer zu bestehen haben, wünschen wir uns, wir säßen zu Haus. *Thornton Wilder*

Das Neue ist immer risikoreich. Denn für das Neue gibt es keine Erfahrungen. *Norbert Blüm*

Nur wenn du wagst, Dinge zu tun, die du bisher noch nicht beherrschst, wirst du wachsen.
Ralph Waldo Emerson

Seit Jahrzehnten haben die Politiker die Menschen gelehrt, alle Risiken des Lebens auf den Staat zu übertragen. So hat man ihnen jede Bereitschaft zum Risiko regelrecht aberzogen. *Klaus E. Bregger*

➪ **Neu, Risiko, Sicherheit**

Aberglaube

Die Astrologie ist eine Form von Aberglauben, die sich anmaßt, Gott in die Karten zu schauen.
Hoimar von Ditfurth

Aberglaube kann mich erst dann beeindrucken, wenn einer sein dreizehntes Monatsgehalt ablehnt.
Markus M. Ronner

Das einzige Mittel gegen den Aberglauben ist Wissenschaft. *Henry Thomas Buckle*

Eigentlich ergreift der Aberglaube nur falsche Mittel, um ein wahres Bedürfnis zu befriedigen.
Johann Wolfgang von Goethe

Aberglaube ist die verschämte Ausflucht von Menschen, die so viel lieber glauben würden. *Anita*

Aberglaube ist der Spleen der Seele. *Pope*

Der größte Aberglaube ist heute der Glaube an die Vorfahrt. *Jacques Tati*

Ich bin gar nicht abergläubisch. Zum Beispiel würde ich ohne jede Hemmung an einem Freitag, den dreizehnten, in Gegenwart einer schwarzen Katze, unter einer Leiter stehend, mit der linken Hand einen Scheck über dreizehntausend Dollar entgegennehmen
Diana Rigg

Der Aberglaube ist die Poesie des Lebens; deswegen schadet's dem Dichter nicht, abergläubisch zu sein.
Johann Wolfgang von Goethe

Der Aberglaub', in dem wir aufgewachsen, verliert, auch wenn wir ihn erkennen, darum doch seine Macht nicht über uns. *Gotthold Ephraim Lessing*

Der Aberglauben schlimmster ist, den seinen für den erträglichern zu halten. *Gotthold Ephraim Lessing*

Je weniger Aberglaube, desto weniger Fanatismus, und je weniger Fanatismus, desto weniger Unheil.
Voltaire

➪ **Astrologie, Religion, Glaube,**

Abfindung

Eine Abfindung ist das Geld, das man jemandem nachwirft, den man hinauswirft. *Michael Schiff*

Abgeordneter

Autovertreter verkaufen Autos, Versicherungsvertreter Versicherungen. Und Volksvertreter?
Stanislaw Jerzy Lec

So soll der ideale Politiker beschaffen sein (überparteiliche Checkliste):
Kompetent, aber nicht arrogant; Loyal, aber nicht unterwürfig; selbständig, aber nicht eigenbrötlerisch. ehrlich, aber nicht naiv; engagiert, aber nicht verbohrt; sachlich, aber nicht leidenschaftslos; informiert, aber nicht überlegen; wortgewandt, aber nicht redselig; kämpferisch, aber nicht rücksichtslos; konsenswillig, aber nicht opportunistisch.
Ronald Hitzler, DER SPIEGEL 41/1994

Wenn ich etwas in der Politik verabscheue, dann den Typ des Aals, der sich vor lauter Geschmeidigkeit am liebsten selbst in sein Hinterteil beißen würde.
Margaret Thatcher

Die Politik ist kein Mädchenpensionat. Wer keine schweren Stöße vertragen kann, sollte sich nicht in dieses Geschäft begeben. *Peter von Oertzen*

➪ **Politiker**

Abhängigkeit

Das Geld, das man besitzt, ist das Mittel zur Freiheit, dasjenige, dem man nachjagt, das Mittel zur Knechtschaft. *Jean-Jaques Rousseau*

Die glücklichen Sklaven sind die erbittertsten Feinde der Freiheit. *Marie von Ebner Eschenbach*

Was ist Reichtum? Für jemanden ist ein altes Hemd schon Reichtum. Ein anderer ist mit zehn Millionen arm. Reichtum ist etwas ganz Relatives und Unbefriedigendes. Im Grunde ist es nur eine besondere Situation. Reichtum bedeutet eine Abhängigkeit von Dingen, die man besitzt und die man durch neuen Besitz, durch neue Abhängigkeiten vor dem Dahinschwinden schützen muß. Es ist nur eine materialisierte Unsicherheit. *Franz Kafka*

Bei den wenigsten Gefängnissen sieht man die Gitter. *Oliver Hassencamp*

Die sogenannte Freiheit des Menschen läuft darauf hinaus, daß er seine Abhängigkeit von den allgemeinen Gesetzen nicht kennt. *Friedrich Hebbel*

Faulheit und Feigheit sind die Ursachen, warum ein so großer Teil der Menschen, nachdem sie die Natur längst von fremder Leitung freigesprochen, dennoch gern zeitlebens unmündig bleiben und warum es anderen so leicht wird, sich zu deren Vormündern aufzuwerfen. Es ist so bequem, unmündig zu sein. *Immanuel Kant*

Gerade das, was wir am sehnlichsten gewünscht haben, muß uns schließlich versklaven. *John Galsworthy*

Freiwillige Abhängigkeit ist der schönste Zustand, und wie wäre der möglich ohne Liebe? *Johann Wolfgang von Goethe*

➪ **Bequemlichkeit, Faulheit, Gewohnheit**

Abkürzung

Eine Abkürzung ist oft der schnellste Weg zu einem Ort, den man gar nicht aufsuchen wollte. *Unbekannt*

Eine Abkürzung ist ein Weg, auf dem man keinen trifft, den man nach dem Weg fragen könnte. *Unbekannt*

Abmagerungskur

Das erste, was man bei einer Abmagerungskur verliert, ist die gute Laune. *Gert Fröbe*

Morgen nennt man den Tag, an dem die meisten Fastenkuren beginnen. *Gustav Knuth*

➪ **Abstinenz, Essen**

Abrüstung

Abrüstung mit Frieden zu verwechseln, ist ein schwerer Fehler. *Winston S. Churchill*

Abrüstungskonferenzen erinnern mich immer an den Versuch von Alkoholikern, sich darauf zu verständigen, an einem Tag der Woche ein Glas weniger zu trinken. *Alfred Mechtersheimer*

Der einzige Gewaltverzicht sind leere Kasernen. *Sigmund Graff*

Die Abrüstung der Geister muß der Abrüstung der Waffen vorausgehen. *Robert Schumann*

Unter Abrüstung versteht man eine zwischenstaatliche Übereinkunft, alle veralteten Waffen zu vernichten. *Unbekannt*

Abrüstungskonferenzen sind die Feuerwehrübungen der Brandstifter. *John Osborne*

➪ **Frieden, Krieg, Militär**

Abschied

Im Abschied ist die Geburt der Erinnerung. *Salvador Dali*

Ein Abschied schmerzt immer, auch wenn man sich schon lange darauf freut. *Arthur Schnitzler*

Abschied ist die innigste Weise menschlichen Zusammenseins. *Hans Kudszus*

Abschiednehmen ist immer ein Stückchen Tod. *Französisches Sprichwort*

Von dem, was du erkennen und messen willst, mußt du Abschied nehmen, wenigstens auf eine Zeit. Erst wenn du die Stadt verlassen hast, siehst du, wie hoch sich ihre Türme über die Häuser erheben. *Friedrich Nietzsche*

Beim Abschied wird die Zuneigung zu den Sachen, die uns lieb sind, immer ein wenig wärmer *Michel de Montaigne*

Ein Abschied verleitet immer dazu, etwas zu sagen, was man sonst nicht ausgesprochen hätte.
E. v. Adlersfeld-Ballestrem

➪ **Tod, Verlust**

Abschlußkommunique

Ein Abschlußkommunique ist ein schon lange vorher ausgearbeitetes Dokument, von dem jeder hofft, daß es durch den Konferenzverlauf nicht widerlegt werden möge. *Pietro Quaroni*

➪ **Konferenz**

Abstinenz

Abstinenz ist der heroische Verzicht auf etwas, was man ohnehin nicht braucht. *Christan Bernard*

Abstinenzler - ein schwacher Mensch, welcher der Versuchung erliegt, sich selbst eines Vergnügens zu berauben. *Ambrose Bierce*

Enthaltsamkeit ist das Vergnügen an Sachen, welche wir nicht kriegen. *Wilhelm Busch*

Abstinenz ist leichter als Mäßigung. *Ewald Balser*

Abstinenz ist die Kunst, das nicht zu mögen, was man ohnehin nicht kriegt. *Georg Thomalla*

Ein Abstinenzler ist ein Mensch, der Alkohol lediglich aus Arzneiflaschen trinkt. *Unbekannt*

Ein Abstinenzler ist ein Mensch, der sich an Nüchternheit berauscht. *Ernst Waldbrunn*

Abstinenzler sind Menschen, die niemals entdecken, was sie versäumt haben. *Marcello Mastroianni*

Abstinenzler sind Leute, die vom Verzichten nicht genug bekommen können. *Michael Pfleghar*

➪ **Abmagerungskur, Essen, Genuß, Verzicht**

Abstraktion

Die Abstraktion ist der einzige gedankliche Prozeß, der einen befähigt, etwas zu erklären, was man selbst nicht versteht. *Georges Elgozy*

Abteilungsleiter

Ein Abteilungsleiter ist ein männlicher Angestellter, der sich seinen Kaffee nicht mehr selbst aufbrühen muß. *Michael Schiff*

➪ **Chef, Manager, Vorgesetzter**

Abtreibung

Wenn Männer Kinder bekämen, wäre die Abtreibung längst ein Sakrament. *Lore Lorentz*

➪ **Kinder**

Achtung

Es scheint, daß "jemand achten" heißt "sich ihm gleichstellen". *La Bruyere*

Wir verbringen einen großen Teil des Lebens damit, die Achtung anderer zu erwerben. Aber Selbstachtung zu gewinnen, darauf verwenden wir wenig Zeit.
Josef von Sternberg

Ohne Achtung gibt es keine wahre Liebe.
Immanuel Kant

Es ist viel mehr wert, jederzeit die Achtung der Menschen zu haben, als gelegentlich ihre Bewunderung.
Jean Jacques Rousseau

Hinter Gittern sitzen, fällt niemandem leicht. Aber die Achtung vor sich selbst zu verlieren, wiegt schwerer. Also werden wir darum kämpfen. *Walentin Moros*

➪ **Anerkennung, Selbstachtung**

Advokaten

Advokaten sind die einzigen Leute, bei denen Unkenntnis des Rechts nicht bestraft, sondern belohnt wird. *Jeremy Bentham*

➪ **Rechtsanwalt, Recht, Juristen, Justiz**

Affe

Der Affe ist ein Tier, das auf Bäumen lebt, besonders gern auf Stammbäumen. *Ambrose Bierce*

➪ **Tier**

Aggression

Es ist nicht das Übermaß an Leistungszwang, sondern die nicht abgeforderte Leistung, die in Aggression umschlägt! *Unbekannt*

➪ **Angriff, Gewalt, Zorn, Ärger, Selbstbeherschung**

Agitator

Ein Agitator ist ein Politiker, der die Obstbäume seiner Nachbarn schüttelt, um die Würmer umzuquartieren.
Ambrose Bierce

Das Geheimnis des Agitators ist, sich so dumm zu machen, wie seine Zuhörer sind, damit sie glauben, sie seien so gescheit wie er. *Karl Kraus*

Agitation läßt Herzen höher schlagen und macht Gehirne gähnen. *Karl Kraus*

Politische Agitation nützt überhaupt nichts, wenn sie dem Zuschauer mit der Faust auf die Nase haut. Da wird er bockig und läßt sofort das Visier herunter. Man muß ihn aber mit offenem Visier erwischen. *Loriot*

➪ **Demagogie**

Ahnungslosigkeit

Die Menschen sind grob in drei Kategorien zu unterteilen: Die Wenigen, die dafür sorgen, daß etwas geschieht..., die Vielen, die zuschauen, wie etwas geschieht..., und die überwältigende Mehrheit, die keine Ahnung hat, was überhaupt geschieht.
Karl Weinhofer

➪ **Dummheit, Unwissenheit**

Akademiker

Lieber ein großer Könner und geachteter Handwerker oder ein kluger und erfolgreicher Bankspezialist, als ein unbeachteter Akademiker, dem alle Trauben zu hoch hängen, der studiert hat, um ein Kümmerling zu bleiben. *Hans Baumann, DIE WELT, 08. 10. 1994*

➪ **Universität, Bildung**

Aktien

Die ganze Börse hängt nur davon ab, ob es mehr Aktien gibt als Idioten oder mehr Idioten als Aktien.
Andre Kostolany

Um die Zukunft einer Aktie einzuschätzen, müssen wir die Nerven, Hysterien, ja sogar die Verdauung und Wetterfühligkeit jener Person beachten, von deren Handlungen diese Geldanlage abhängig ist.
John Maynard Keynes

Aktionäre sind dumm und unverschämt. Dumm, weil sie mir ihr Geld überlassen, und unverschämt, weil sie auch noch Dividenden dafür haben wollen.
Carl Fürstenberg

➪ **Börse, Geld**

Aktiengesellschaft

Eine Aktiengesellschaft ist ein Großbetrieb, in dem die leitenden Angestellten so tun, als gehörte er ihnen.
Unbekannt

Eine Aktiengesellschaft ist eine raffinierte Einrichtung zur persönlichen Bereicherung ohne persönliche Verantwortung. *Ambrose Bierce*

Alimente

Alimente sind Vergnügungssteuern im nachhinein.
Henning Venske

Unter Alimente versteht man jene Einrichtung, bei der einer dafür bezahlt, daß zwei einen Fehler gemacht haben. *Danny Kaye*

Alimente sind eine Zahlungsverpflichtung bei Verkehrsunfällen. *Unbekannt*

Alkohol

Man spricht vom vielen Trinken stets, doch nie vom großen Durst. *Victor von Scheffel*

Mit Alkohol habe ich keine Probleme - nur ohne.
Harald Juhnke

Das erste Glas Wein löst die Zunge und der Trinkende trällert wie eine Nachtigall. Bei steigendem Weingenuß fühlt er sich stark wie ein Löwe und schmiedet verwegene Pläne. Wenn er aber dann nicht bald aufhört, wird er zum Esel.
Aus dem alten Griechenland

Im Becher ersaufen mehr Leute als im Bach.
Unbekannt

Halb besoffen ist Vergeudung. *Unbekannt*

Wer nicht am Trinken Freude hat, der ist ein Narr.
Euripides

Wer sich verheizt fühlt, ist meistens auch versucht, mit Alkohol zu löschen. *Helmut Qualtinger*

Es hat keinen Sinn, Sorgen im Alkohol ertränken zu wollen, denn Sorgen sind gute Schwimmer.
Robert Musil

Der Bacchus ist eine praktische Gottheit, die sich die Alten nur erfanden, um ohne Skrupel saufen zu können. *Ambrose Bierce*

Wer Haare auf der Brust hat, darf mehr Alkohol trinken. Der Grund: Brusthaare entstehen durch einen

hohen Anteil des männlichen Hormons Androgen - und ein hoher Wert schützt die Leberzellen.
Siegfried Miederer

Ein Bernhardiner ist das letzte, was ich sein möchte. Dauernd die Flasche am Hals und niemals trinken dürfen. *Joachim Ringelnatz*

Wer zuviel Korn trinkt, hat am Ende nur noch Stroh im Kopf. *Gerhard Uhlenbruck*

Das Alter hat auch gesundheitliche Vorteile: zum Beispiel verschüttet man ziemlich viel von dem Alkohol, den man trinken möchte. *Andre Gide*

Stehkneipen sind so beliebt, weil der Alkohol hier das beste Gefälle hat. *Jürgen von Manger*

Der Alkohol ist der einzige Feind, den der Mensch lieben gelernt hat. *Unbekannt*

Alkohol ist das Betäubungsmittel, mit dessen Hilfe wir die Operation Leben überstehen.
George Bernard Shaw

Die besten Vergrößerungsgläser für die Freuden dieser Welt sind die, aus denen man trinkt.
Joachim Ringelnatz

Wasser ist nicht zum Trinken da, sonst hätte Gott nicht soviel davon gesalzen. *Brendan Behan*

"Das Trinken scheint Ihre große Schwäche zu sein", meint der Arzt nach der Untersuchung zum Patienten. Darauf sagt dieser: "Im Gegenteil, Herr Doktor, das Trinken ist meine große Stärke!" *Unbekannt*

Lieber einen Bauch vom Saufen, als einen Buckel vom Arbeiten. *Unbekannt*

Wer ständig säuft, führt auch ein geregeltes Leben.
Unbekannt

Medizinische Auswirkungen von Alkohol auf:
1. Gehirn. Alkohol ändert die Kommunikation zwischen den Nervenzellen, indem er zahlreiche Botenstoffe z.B. Glutamat und Gaba) beeinflußt: Er beruhigt und steigert das Wohlbefinden, weil er auf das Belohnungssystem wirkt (Endorphine, Serotonin, Dopamin).
2. Herz. Kleine Mengen Alkohol regen das Herz an, größere greifen den Herzmuskel an.
3. Magen. Bei Alkoholkonsum wird mehr Magensäure produziert.
4. Darm. Unverdaut gelangt Alkohol durch die Dünndarmwand ins Blut. Fettes Essen verzögert die Aufnahme, zuckerhaltige Getränke beschleunigen sie.
5. Leber. In den Leberzellen baut das Enzym Alkoholdehydrogenase bei einem Mann pro Stunde etwa ein Glas Wein (0,12 Liter) ab. *FOCUS 1/95*

Alkohol konserviert alles, ausgenommen Würde und Geheimnisse. *Robert Lembke*

Alkohol löst Zungen, aber keine Probleme.
Werner Mitsch

Alkohol zieht den Horizont auf den Umfang eines Bierdeckels zusammen. *Peter Tille*

➪ **Bier, Wein, Trinken, Abhängigkeit, Genuß, Verzicht**

Alleinsein

Allein sein müssen ist das Schwerste, allein sein können das Schönste. *Hans Krailsheimer*

Allein ist der Mensch ein unvollkommenes Ding; er muß einen zweiten finden, um glücklich zu sein.
Blaise Pascal

Viele Frauen heiraten, weil sie des Alleinseins müde sind. Und viele Frauen lassen sich scheiden, weil sie des Alleinseins müde sind. *Hanne Wieder*

Ich sehne mich immer nach dem Alleinsein, aber bin ich allein, bin ich der unglücklichste Mensch.
Thomas Bernhard

Wer sich der Einsamkeit ergibt, ach, der ist bald allein.
Johann Wolfgang von Goethe

Der Mensch für sich allein, überhaupt jedes Wesen abgesondert, ist unglücklich. *Wilhelm Heinse*

➪ **Einsamkeit, Kontakt**

Allianz

Eine Allianz in der internationalen Politik ist das Bündnis zweier Diebe, die sich gegenseitig die Hände so tief in die Taschen gesteckt haben, daß keiner von ihnen für sich allein einen Dritten ausplündern kann.
Ambrose Bierce

Alltag

Der Alltag der meisten Menschen ist stilles Heldentum in Raten. *Anna Magnani*

Alltag ist nur durch Wunder erträglich. *Max Frisch*

Haben Sie schon einmal beobachtet, was Ihnen gut tut? In unserem Alltag geht das, was einem gut tut, leicht unter - ob das ein Verkaufsabschluß, eine neue Idee, eine Kundenberatung, ein gutes Gespräch, ein Spaziergang, das Beobachten der Natur, die Fahrt auf dem Motorrad, ein Tennis-Match, ein gepflegtes Essen oder das tägliche Motto ist. Achten Sie in einer ruhigen Minute einmal darauf, was Ihnen gut tut!
Gerhard Klocker

Alter

Wenn du eine Stunde glücklich sein willst, schlafe. Wenn du einen Tag glücklich sein willst, gehe fischen. Wenn du eine Woche glücklich sein willst, schlachte ein Schwein. Wenn du ein Jahr glücklich sein willst, habe ein Vermögen. Wenn du ein Leben glücklich sein willst, liebe deine Arbeit.

Chin. Weisheit

Gegenüber der Fähigkeit, die Arbeit eines einzige Tages sinnvoll zu ordnen, ist alles andere im Leben ein Kinderspiel. *Johann Wolfgang von Goethe*

Ich kann dem Leben nicht mehr Tage geben - aber dem Tag mehr Leben. *Unbekannt*

Gib jedem Tag die Chance, der schönste deines Lebens zu werden. *Mark Twain*

Geben wir zu, wir sind auf jede Überraschung vorbereitet, nur die alltäglichen Dinge brechen über uns herein wie Katastrophen. *Stanislaw Jerzy Lec*

Die kleinen Alltagsleistungen setzen viel mehr Energie in die Welt als die seltenen heroischen Taten.

Robert Musil

➪ **Tag, Gewohnheit, Zeit, Routine**

Alter

Alt ist man dann, wenn man an der Vergangenheit mehr Freude hat als an der Zukunft. *John Knittel*

Alter: der Lebensabschnitt, in dem wir die Sünden, derer wir noch frönen, dadurch wettmachen, daß wir die Sünden schmähen, die zu begehen wir nicht mehr unternehmungslustig genug sind. *Ambrose Bierce*

Ich habe keine Angst vor dem Alter und finde, jede Falte in meinem Gesicht ist eine Erzählung aus meinem Leben. *Peter Maffay*

Solange unsere Eltern leben, haben wir den Eindruck, unsterblich zu sein. Sie sind die Hüter unserer Vergangenheit. Und dann, eines Tages, verschwinden sie, und man steht da, ohne Erinnerung, weil sie sie mitgenommen haben. *Marek Halter*

Alt ist für mich immer der, der zehn Jahre älter ist als ich. *Gisela Schlüter*

Das Alter hat auch gesundheitliche Vorteile: zum Beispiel verschüttet man ziemlich viel von dem Alkohol, den man trinken möchte. *Andre Gide*

Im Alter bereut man vor allem die Sünden, die man nicht begangen hat. *William Somerset Maugham*

Respekt vor dem Alter ist die zivilisierte Form des Mitleids der Jugend, die ihren Sieg in der Tasche hat.

Hans Kasper

Das Leben wird nach Jahren gezählt und nach Taten gemessen. *Unbekannt*

Eine Frau, die ihr wahres Alter verrät, ist fähig, alles zu verraten. *Oscar Wilde*

Es ist ganz schön, erleben zu können, daß man in der Abendsonne mehr aufgescheucht wird, als man es sich eigentlich vorgestellt hatte. *Willy Brandt*

Alt sein ist eine herrliche Sache, wenn man nicht verlernt hat, was anfangen heißt. *Martin Buber*

Das Alter als Abstieg betrachten ist genauso ungehörig wie in der Jugend nur ein Versprechen sehen. Jedes Alter ist einer besonderen Vollkommenheit fähig.

Andre Gide

Die Jugend ist trotz ihrer Frechheiten schüchterner, das Greisenalter trotz seiner Würde frecher, als man glaubt. *Sigmund Graff*

Ein großer Vorteil des Alters liegt darin, daß man nicht länger die Dinge begehrt, die man sich früher aus Geldmangel nicht leisten konnte. *Charlie Chaplin*

Frauen fürchten nicht das Alter. Sie fürchten nur die Meinung der Männer über alte Frauen.

Jeanne Moreau

Mein Maskenbildner hat mir gesagt: "Du siehst immer gleich aus. Nur dauert es jetzt etwas länger, bis es soweit ist." *Hans Joachim Kulenkampf*

Man wird alt, wenn man spürt, daß man nicht mehr neugierig ist. *Gerhard Reichel*

Mit acht sind viele Menschen genial, das Kunststück ist, Genie zu bleiben. *Jean Cocteau*

Die Menschen sind in der guten alten Zeit vor lauter Glück mit dreißig Jahren gestorben, während sie heute in den westlichen Industrieländern aus Verärgerung über siebzig Jahre alt werden. *Manfred Rommel*

Der im Vorzimmer endlos wartende Klient zur Sekretärin: "Ist es nicht wundervoll, gemeinsam alt zu werden?" *Unbekannt*

Keine Grenze verführt mehr zum Schmuggeln als die Altersgrenze. *Karl Kraus*

Bei einer öffentlichen Fernsehveranstaltung in Oslo wurde eine ältere Dame um eine Kurzbiografie gebeten. Sie antwortete schlagfertig: *"In Kürze werde ich siebzig. Früher hatte ich ein glattes Gesicht und trug einen plissierten Rock. Heute ist es genau umgekehrt."*

Unbekannt

Kinder sind ein Trost im Alter und ein Mittel, es rascher zu erreichen. *Rudolf Fernau*

Ich habe keine Angst
vor dem Alter und finde,
jede Falte
in meinem Gesicht
ist eine Erzählung
aus meinem Leben.

PETER MAFFAY

Nichts zeigt das Alter eines Menschen so sehr, wie wenn er die junge Generation schlechtmacht.
Adlai Stevenson

Nur wer sein Alter verleugnet, fühlt sich wirklich alt.
Lilli Palmer

Die junge Generation hat auch heute noch Respekt vor dem Alter. Allerdings nur beim Wein, beim Whisky und bei den Möbeln. *Truman Capote*

Seitdem man das Alter nicht mehr mit Würde trägt, wird versucht, es mit Frischzellen zu ertragen.
Oliver Hassencamp

Manchmal fühle ich mich schon wie vierzig. Tennisjahre zählen wie Hundejahre. *Boris Becker*

Ein Mann mit weißem Haar ist wie ein Haus, auf dessen Dach Schnee liegt: es beweist noch lange nicht, daß im Herd kein Feuer ist. *Maurice Chevalier*

Sie erzählen dir, du würdest das Gedächtnis verlieren, wenn du älter wirst. Was sie dir nicht sagen: du wirst es nicht sonderlich vermissen. *Malcolm Cowley*

Das elfte Gebot heute lautet: du sollst nicht alt sein.
Helmut Qualtinger

Alle möchten alt werden, aber keiner alt sein.
Martin Held

Wer jung altert, hat mehr vom Alter. *Christian Bruhn*

Jugendgefährdend heißt: die Alten sind so gefährdet, daß sie sich hinter der Jugend verstecken müssen.
Ludwig Marcuse

Alter ist immer noch das einzige Mittel, das man entdeckt hat, um lange leben zu können.
Jose Ortega y Gasset

Die Welt vergöttert die Jugend, aber regieren läßt sie sich von den Alten. *Henry de Montherlant*

Geburtstagsfeiern im vorgerückten Alter sind Bestattungsgratulationen am offenen Grab, während der Patient noch zappelt. *Robert Neumann*

Die größte Kulturleistung eines Volkes sind die zufriedenen Alten. *Japanisches Sprichwort*

Man kann nichts dagegen tun, daß man altert, aber man kann sich dagegen wehren, daß man veraltet.
Unbekannt

Wann ich mich zum erstenmal alt gefühlt habe? Als ich einem hübschen Mädchen zuzwinkerte und sie mich teilnahmsvoll fragte, ob mir etwas ins Auge geflogen sei. *Richard Romanowsky*

Greise glauben alles; Männer bezweifeln alles; Junge wissen alles. *Oscar Wilde*

Alte Bäume behämmert der Specht am meisten.
Wilhelm Busch

Womit bringt man sein Alter hin? Mit Verteidigung von Meinungen; nicht weil man glaubt, daß sie wahr sind, sondern weil man einmal öffentlich gesagt hat, daß man sie für wahr halte. Mein Gott, wenn die Alten ihre Zeit doch lieber auf Warnung verwenden wollten!
Georg Christoph Lichtenberg

Das Beklagenswerteste am Alter erscheint mir, daß man spürt, wie sehr man in diesem Lebensabschnitt den jungen Leuten verhaßt ist. *Cicero*

Alte Leute geben gute Ratschläge, weil sie nicht mehr in der Lage sind, schlechte Beispiele zu geben.
Unbekannt

Wenn doch die Alten mehr sagen wollten, was man vermeiden muß, und was sie hätten tun müssen, um noch größer zu werden, als sie geworden sind!
Georg Christoph Lichtenberg

Die Jugend ernährt sich von Träumen, das Alter von Erinnerungen. *Jüdisches Sprichwort*

Alternde Menschen sind wie Museen: nicht auf die Fassade kommt es an, sondern auf die Schätze in Innern. *Jeanne Moreau*

Wer im zwanzigsten Jahr nicht schön, im dreißigsten Jahr nicht stark, im vierzigsten Jahr nicht klug, im fünfzigsten Jahr nicht reich ist, der darf danach nicht hoffen. *Martin Luther*

Daß die Jugend zu Ende geht, merkt man daran, daß die freundlichen Blicke der Mädchen von den freundlichen Blicken der Bankangestellten abgelöst werden.
Helmut Nahr

Daß Alter nicht vor Torheit schützt, ist eine seiner besten Seiten. *Unbekannt*

Mit vierzig beginnt das Altsein der Jungen, mit fünfzig das Jungsein der Alten. *Französisches Sprichwort*

Bis ins hohe Alter hinein daran arbeiten zu können, woran man Freude hat, ist eine Gnade, von der der Pensionär keine Ahnung hat. *George Bernard Shaw*

Vergiß nicht, ehe es zu spät ist, daß das Geschäft zu leben nicht ein Geschäft ist, sondern Leben.
B.C. Forbes

Manchmal ist es besser, zum alten Eisen zu gehören als zum neuen Blech. *Egon Eiermann*

Im Alter lassen alle Sinne nach, ausgenommen der Starrsinn. *Unbekannt*

Wie alt man ist, erkennt man daran, ob man zwei Stufen oder zwei Tabletten gleichzeitig nimmt.
Unbekannt

Lieber ein junger Spatz - als ein alter Paradiesvogel.
Unbekannt

➪ **Geburtstag, Jugend**

Altruismus

Vernünftiger Altruismus hat größeren Wert als verrückte Selbstaufopferung. *Aleksander Swietochowski*

➪ **Nächstenliebe, Nutzen bieten**

Amateur

Ein Amateur ist ein Mensch, der eine Sportart betreibt, die niemand sehen will. *Robert Lembke*

Amnestie

Amnestie ist die Großmut des Staates gegen diejenigen Gesetzesübertreter, deren Bestrafung auf die Dauer zu kostspielig käme. *Ambrose Bierce*

Amnestie ist ein Akt, durch den die Herrscher die häufigsten Ungerechtigkeiten verzeihen, die sie begangen haben. *Pierre Veron*

➪ **Vergessen, Verzeihen**

Anarchist

Ein Anarchist ist ein Mensch, der das Leben leicht nimmt, wenn es einem anderen gehört. *Unbekannt*

Anatomie

Anatomie ist etwas, das jeder hat, das aber bei Mädchen besser aussieht. *Unbekannt*

Ändern

Unsere Wirtschaftsgeschichte ist voll von Beispielen über Firmen, die es versäumten, sich einer sich ändernden Welt rechtzeitig anzupassen, und sich dadurch auf dem weiten Friedhof untergegangener Firmen ihren eigenen Grabstein setzten. *Walter B. Wriston*
Wer will, daß die Welt so bleibt, wie sie ist, der will nicht, daß sie bleibt. *Erich Fried*

Wir können gegen die Veränderung leben, bis unsere Kräfte erlahmen. Wir können mit der Veränderung leben und uns von ihr treiben lassen. Wir können aber auch durch die Veränderung leben und ihre Energie auf unsere Segel lenken. *Gerhard Reichel*

Alles Leben steht unter dem Paradox, daß wenn es beim alten bleiben soll, es nicht beim alten bleiben darf. *Franz v. Baader*

➪ **Verändern, Wandel, Verbessern**

Andersdenkende

Wer anders denkt als seine Zeit, muß nicht von gestern sein; wer denkt wie sie, ist es. *Karlheinz Deschner*

Bisweilen macht es Freude, einen Menschen dadurch in Erstaunen zu setzen, daß man ihm nicht ähnelt und anders denkt als er. *Maxim Gorki*

Freiheit ist immer Freiheit der Andersdenkenden.
Rosa Luxemburg

Man ist sehr schlecht beraten, wenn man nur mit Leuten zusammenarbeitet, die nie widersprechen.
Unbekannt

Wenn zwei Menschen immer die gleiche Meinung haben, taugen beide nichts. *Konrad Adenauer*

Wenn Sie mit einem Gesprächspartner weder politisch noch kulturell übereinstimmen, besagt das nicht, daß der Betreffende anderer Meinung ist. Er liest vielleicht nur eine andere Zeitung. *Oliver Hassencamp*

In schlimmen Zeiten sind Denkende Andersdenkende.
Werner Mitsch

➪ **Denken, Meinung, Toleranz**

Anekdoten

Anekdoten sind charakteristische Episoden, die sich in den Biographien von mindestens zwanzig berühmten Persönlichkeiten finden. *Unbekannt*

➪ **Humor, Witz**

Anerkennung

Unser Verdienst verschafft uns die Anerkennung ehrenwerter Menschen, unser Glück aber die der Menge. *La Rochefoucault*

Anerkennung ist eine Pflanze, die oft nur auf Gräbern blüht *Robert Lembke*

In jeder ehrlichen Anerkennung fremder Leistung steckt, wenn man so will, ein Stück Neid. *Arno Plack*

Der Tadel des Feindes ist das schönste Lob, die Verleumdungen des Feindes die schmeichelhafteste Anerkennung. *Wilhelm Liebknecht*

Was ist aller Beifall des Modehaufens gegen den stilleren des echten Künstlers. *Robert Schumann*

Wer andere klein macht, ist selbst nie groß. Wer andere groß macht, wächst mit. *Gerhard Reichel*

Einer der stärksten Antriebsmotoren im Leben der meisten Menschen ist der Wunsch, bedeutend zu sein. *Alfred Adler*

Wahre Freiheit entdeckt der Mensch dann, wenn es ihm egal ist, welchen Eindruck er erweckt. *Zen-Spruch*

Die Zahl der Menschen, welche mich am Arsch lecken können, wird jeden Tag immer größer. *Hans Joachim Kulenkampf*

Niemand kann andere Menschen gut führen, wenn er sich nicht ehrlich an deren Erfolgen zu freuen vermag. *Thomas Mann*

Neid ist die höchste Form der Anerkennung *Unbekannt*

➪ **Achtung, Beifall, Kompliment, Tadel**

Anfang

Ein guter Mann bleibt immer Anfänger. *Latein. Sprichwort*

Es ist traurig, daß wir so oft anfangen müssen; es ist tröstlich, daß wir so oft anfangen dürfen. *P. Redlich*

Der Mann, der den Berg abtrug, war derselbe, der damit angefangen hatte, kleine Steine wegzutragen. *Chinesische Weisheit*

Wer das erste Knopfloch verfehlt, kommt mit dem Zuknöpfen nicht zu Rande. *Joh. Wolfgang von Goethe*

Auch die längste Reise beginnt mit einem Schritt. *Chinesisches Sprichwort*

Der Anfang ist die Hälfte des Ganzen. *Aristoteles*

Der frühe Vogel fängt den ersten Wurm. *Volksmund*

Geringfügige Chancen sind oft der Beginn großer Unternehmungen gewesen. *Demosthenes*

Wer hohe Türme bauen will, muß lange beim Fundament verweilen. *Anton Bruckner*

Man darf niemals "zu spät" sagen. Auch in der Politik ist es niemals zu spät. Es ist immer Zeit für einen neuen Anfang. *Konrad Adenauer*

Und doch ist der Anfang von etwas seit je dazu geeignet zu verführen wie nichts sonst. Er ist das Versprechen schlechthin und der Trost gegen das Abgestandene, daß es nicht bleiben muß. *Ernst Bloch*

Wer begonnen hat, der hat schon halb vollendet. *Horaz*

Eine tausend Meilen lange Reise beginnt vor deinem Fuß. *Laotse*

Der Ursprung aller Dinge ist klein. (Omnia rerum principia parva sunt.) *Marcus Tullius Cicero*

Mit sich beginnen, aber nicht bei sich enden, bei sich anfangen, aber sich nicht selbst zum Ziel haben. *Martin Buber*

Jedem Anfang wohnt ein Zauber inne, der uns beschützt und der uns hilft zu leben. *Hermann Hesse*

Aller Anfang ist leicht, und die letzten Stufen werden am seltensten erstiegen. *Johann Wolfgang v. Goethe*

Die Straße des geringsten Widerstandes ist nur am Anfang asphaltiert. *Unbekannt*

Anfangen ist leicht, Beharren eine Kunst. *Unbekannt*

Die Mittelmäßigen klopfen sich zu dem Zeitpunkt auf die Schulter, wo die Könner anfangen zu arbeiten. *Matthias Scharlach*

Man muß den Anfang kennen, wenn man die Zukunft ahnen will. *Franz Luwein*

Man muß die Zukunft ahnen, wenn man anfängt. *Franz Luwein*

Das letzte, was man findet, wenn man ein Werk schreibt, ist, zu wissen, was man an den Anfang stellen soll. *Blaise Pascal*

Alle Dinge enden, wenn ihre Anfänge nicht intakt gehalten werden. Laßt uns nicht Blumen züchten, sondern Knospen. *Charlotte Wolff*

Der kommt am weitesten, der anfangs selbst nicht weiß, wie weit er kommen werde, dafür aber jeden Umstand, den ihm die Zeit gewährt, nach festen Maßregeln gebraucht. *Johann Gottfried Herder*

Es wäre wenig in der Welt unternommen worden, wenn man nur immer auf den Ausgang gesehen hätte. *Gotthold Ephraim Lessing*

Stelle deine Bedingungen beim Pflügen, statt im Augenblick der Ernte zu feilschen. *Arabisches Sprichwort*

Der Jammer mit den Weltverbesserern ist, daß sie nicht bei sich selber anfangen. *Mark Twain*

Wenn du dein Heute fest in die Hände nimmst, wirst du vom Morgen weniger abhängig sein. *Seneca*

Angeln

Angeln ist die einzige Art der Philosophie, von der man, wenn man Glück hat, satt werden kann.
Peter Bamm

Angeln heißt stundenlang geduldig an einem Fleck lauern, bis man nichts gefangen hat. *Unbekannt*

Angestellter

Ein Angestellter ist ein Mitarbeiter, der es noch zu keinem wohlklingenden Titel gebracht hat. *Unbekannt*

Ein anonym leitender Angestellter ist ein Mann, der jederzeit fortbleiben kann, ohne daß man ihn vermißt.
Unbekannt

➪ **Mitarbeiter**

Angriff

Du behauptest dich nicht auf der Welt, indem du Wache stehst, sondern durch Angriff, und indem du dich selbst formst. *George Bernard Shaw*

➪ **Aggression**

Angst

Angst ist der einzige sichere Ratgeber, den das Leben überhaupt hat. *Oskar Lafontaine*

Die Angst ist die andere Hälfte von Mut.
Reinhold Meßner

Wir sind voller Angst- allerdings vor den falschen Problemen. *Hoimar von Ditfurth*

Die Angst ist der Fluch des Menschen
Fjodor M. Dostojewski

Fürchtet einer das Feuer, so riecht er allenthalben Rauch. *Jeremias Gotthelf*

Man hat nur Angst, wenn man mit sich selber nicht einig ist. *Hermann Hesse*

Angst ist die Hauptquelle des Aberglaubens und eine der Hauptquellen der Grausamkeit. *Bertrand Russell*

Keine durch Furcht veranlaßte Einrichtung kann auf die Dauer leben. Hoffnung, nicht Furcht, ist das schöpferische Prinzip in menschlichen Dingen.
Bertrand Russell

Die Furcht ist ein Zustand, der den Menschen aufhebt.
Jean Paul Sartre

Wenn einer keine Angst hat, hat er keine Phantasie.
Erich Kästner

Der Unwissende hat Mut, der Wissende hat Angst.
Alberto Moravia

Mut: Abfallprodukt der Angst. *Rudolf Rolfs*

Die Religion stützt sich hauptsächlich und vor allem auf die Angst. *Bertrand Russell*

Auch der stärkste Mann schaut einmal unters Bett.
Erich Kästner

Wo das Leben keinen anderen Inhalt kennt als entfremdete Arbeit, Erwerb und Konsum, also eigentlich ständig verpaßt wird, nehmen notwendig auch die kollektiven Verpassensängste zu, deren extremste Form die Todesangst ist. *Michael Schneider*

Wer nichts fürchtet, kann leicht ein Bösewicht werden, aber wer zuviel fürchtet, wird sicher ein Sklave.
Johann Gottfried Seume

Man erschrickt nur vor Drohungen; mit vollendeten Tatsachen findet sich der Mensch schnell ab.
Oswald Spengler

Wenn man den Kopf in den Sand steckt, bleibt doch der Hintern zu sehen. *Japan. Redensart*

Es gibt keine Grenzen. Nicht für den Gedanken, nicht für die Gefühle. Die Angst setzt die Grenzen.
Ingmar Bergmann

Rechtzeitige und vorsorgliche Angst ist die Mutter der Sicherheit. *Edmund Burke*

Angst ist für die Seele ebenso gesund wie ein Bad für den Körper. *Maxim Gorki*

Furcht besiegt mehr Menschen als irgend etwas anderes auf der Welt. *Ralph Waldo Emerson*

Tue was du fürchtest, und die Furcht stirbt einen sicheren Tod. *Latein. Sprichwort*
Wovor einer Angst hat, daran wird er sterben.
Spanisches Sprichwort

Ob du denkst du kannst es, oder du kannst es nicht: in beiden Fällen bekommst du recht. *Henry Ford*

Das Bild vom furchtlosen Helden täuscht. Er ist ein Fantasieprodukt. Ein Held, der keine Angst hat, braucht keinen Mut. Die Angst ist eine ständige Begleiterin. Ohne Angst lebt kein Grenzgänger lange.
Reinhold Messner

Es ist nichts zu fürchten als die Furcht. *Ludwig Börne*

Wir haben Angst, Sinnloses zu tun, und halten doch fälschlich die Angst für etwas Sinnloses. *Andre Brie*

Wenn das Leben beginnt, hätte man Grund genug zur Angst, hat aber keine; wenn es endet, hat man Angst genug, aber keinen Grund. *Karlheinz Deschner*

Angst ist das einzige, das sich schneller vermehrt als Kaninchen. *Hal Boyle*

Angst ist die Triebfeder des Krieges.
George Bernard Shaw

Du wirst nie wissen, wozu du fähig bist, wenn du auf deine Angst hörst. *Unbekannt*

➪ **Furcht, Lampenfieber, Unsicherheit**

Anhänger

Ein Anhänger ist ein Gefolgsmann, der noch nicht alles erlangt hat, was er zu kriegen hofft.
Ambrose Bierce

➪ **Gefolgsmann**

Anmaßung

Bei manchen Leuten muß Anmaßung die Größe, Unmenschlichkeit die Festigkeit des Charakters, Arglist den Geist ersetzen. *Jean de la Bruyere*

➪ **Arroganz, Überheblichkeit**

Anpassung

Anpassung ist der Vorgang, der das Magengeschwür zum Vernarben bringt. *Unbekannt*

Anpassung ist eine soziale Kreisbewegung, bei der jeder sich nach dem anderen richtet, wobei allerdings niemand weiß, nach wem sich der erste richtet.
Unbekannt

Wer sich auf der Suche nach Popularität den Gesetzen der Medien unterwirft, darf sich nicht wundern, wenn er ihnen am Ende zum Opfer fällt. *Wolfgang Schäuble*

Anpassung ist der Weg des geringsten Widerstands - doch der führt nirgendwohin. *Else Pannek*

Protest ist heute eine der bemerkenswertesten Formen der Anpassung. *Johannes Gross*

Anpassung ist die Stärke der Schwachen.
Wolfgang Herbst

Wer immer bemüht ist, das "Richtige" zu sagen, tut schon das Falsche. *Matthias Scharlach*

Wer sich gezwungen sieht, mit den Wölfen zu heulen, mag sich in reinster Notwehr befinden. Aber ist das ein Grund, hinterher auch mit den Schafen zu blöken?
Martin Kessel

Im Leben lernt der Mensch zuerst das Gehen und Sprechen. Später lernt er dann, still zu sitzen und den Mund zu halten. *Marcel Pagnol*

Wer mit dem Strome schwimmt, erreicht die Quelle nie. *Peter Tille*

Unsere Wirtschaftsgeschichte ist voll von Beispielen über Firmen, die es versäumten, sich einer sich ändernden Welt rechtzeitig anzupassen, und sich dadurch auf dem weiten Friedhof untergegangener Firmen ihren eigenen Grabstein setzten. *Walter B. Wriston*

Nur tote Fische schwimmen mit dem Strom.
Indianisches Sprichwort

Sei Sonne durch Deine Lehre, sei Mond durch Deine Anpassungsfähigkeit, sei Wind durch straffe Führung, sei Luft durch Deine Milde, sei wie ein Feuer durch die schöne Rede Deiner Unterweisung.
Hildegard v. Bingen

Wer sich dauernd bückt, kann mit der Zeit überhaupt nicht mehr gerade gehen. *Gerhard Reichel*

➪ **Nachgiebigkeit, Unterwürfigkeit, Opportunismus**

Ansehen

Machen Sie sich erst einmal unbeliebt, dann werden Sie auch ernst genommen. *Konrad Adenauer*

Einer der stärksten Antriebsmotoren im Leben der meisten Menschen ist der Wunsch, bedeutend zu sein.
Alfred Adler

Ansehen ist der gute Ruf, den man genießt, weil viele schweigen. *Earl of Chesterfield*

Manche Menschen gelten nur deshalb etwas in der Welt, weil ihre Fehler die Fehler der Gesellschaft sind.
Francois de la Rochefoucauld

Image ist eine maßgeschneiderte Zwangsjacke.
Robert Lembke

Das Image verändert einen Menschen leichter als der Mensch sein Image. *Harold Wilkinson*

Gib dich damit zufrieden, so zu erscheinen wie du wirklich bist. *Marcus Valerius Martial*

Image ist ein Spiegelbild, das meist schöner ist als das Original. *Unbekannt*

➪ **Geltung, Image, Ruhm**

Anstand

Die entscheidende moralische Trennlinie verläuft in Deutschland nicht zwischen links und rechts, sondern zwischen Anstand und Ruchlosigkeit. *Helmut Kohl*

Von allen Lastern ist Anstand das kostspieligste.
Lion Feuchtwanger

Die Gefährlichkeit des Bösen wächst mit der Anständigkeit seiner Gegner. *Sigmund Graff*

➪ **Anständigkeit, Charakter, Ehrlichkeit, Aufrichtigkeit**

Anständigkeit

Anständigkeit ist der Trost, der einem nach schlechten Geschäften bleibt. *Helmut Nahr*

Eine Anstandsdame ist eine ältere Dame, die aufpaßt, daß junge Mädchen nicht Dinge machen, die sie selbst gern gemacht hätte, wenn sie nicht als junges Mädchen eine Anstandsdame gehabt hätte. *Unbekannt*

Anstrengung

Frag nicht, was das Leben dir gibt, frag, was du gibst.
Alfred Adler

Was uns in den Schoß fällt, fällt sehr oft unter den Tisch. *Friedl Beutelrock*

Wer nicht über den Bergkamm steigt, gelangt nicht in die Ebene. *Chinesisches Sprichwort*

Die Katze in Handschuhen fängt keine Mäuse.
Benjamin Franklin
Vor den Erfolg haben die Götter den Schweiß gesetzt.
Hesiod

➪ **Engagement, Arbeit, Ausdauer**

Antiquitäten

Antiquitäten sind schöne alte Dinge mit häßlichen neuen Preisen. *Unbekannt*

Antiquitäten sind so Sachen, die beim Sperrmüll immer zuerst geklaut werden. *Jürgen von Manger*

Eine Antiquität ist der Kitsch von vorgestern zu den Preisen von heute. *Jacques Tati*

➪ **Kitsch**

Antwort

Die Frage ist so gut, daß ich sie durch meine Antwort nicht verderben möchte. *Unbekannt*

Wenn du eine weise Antwort verlangst, mußt du vernünftig fragen. *Johann Wolfgang von Goethe*

Fragen ist immer der Mühe wert, Antworten nicht immer. *Oscar Wilde*

➪ **Fragen**

Aphoristiker

Ein Aphoristiker ist ein Lebensphilosoph, der keine Zeit hat und der für Leser schreibt, die ebenfalls keine Zeit haben. *Gerhard Uhlenbruck*

Aphoristiker: ein Mensch, der sich freut wie ein kleines Kind, wenn es ihm gelingt, etwas zu erfinden, was höchstwahrscheinlich schon die Phönizier als uraltes Sprichwort gekannt hatten. *Bertolt Brecht*

Die großen Aphoristiker lesen sich so, als ob sie alle einander gut gekannt hätten. *Elias Canetti*

Aphorismen

Aphorismen sind Behauptungen, die keines Beweises bedürfen, weil sie durch ihre Formulierung überzeugen. *Sigmund Graff*

Aphorismen sind Sätze, in denen ein gewisses Maß an Genauigkeit der Kürze geopfert wird. *Samuel Johnson*

Ein Aphorismus ist eine Anleitung zum eigenen Nachdenken. *Sigmund Graff*

Ein guter Aphorismus ist die Weisheit eines ganzen Buches in einem einzigen Satz. *Theodor Fontane*

Aphoristik ist die Kunst des Weglassens bis zur Spruch-Reife. *Ron Kritzfeld*

Ein Aphoristiker ist ein Mensch, der sich wie ein Kind freut, weil es ihm gelungen ist, sich etwas auszudenken, was wahrscheinlich schon bei den alten Phöniziern ein uraltes Sprichwort war.
Wieslaw Brudzinski

Apotheker

Ein Apotheker ist ein Geschäftsmann, der verhungert, wenn es ihm nicht gelingt, unleserliche Rezepte zu entziffern. *Unbekannt*

Ein Apotheker ist Komplize des Arztes, Wohltäter des Bestatters und Ernährer der Würmer. *Ambrose Bierce*

➪ **Arzt, Medizin**

Appetit

Appetit ist die Luxusausgabe des Hungers.
Anita Daniel

Der Appetit kommt mit dem Essen, aber noch häufiger mit dem Fasten. *Willy Millowitsch*

Der Appetit hat die Eigentümlichkeit anzustecken.
Martin Andersen-Nexo

➪ **Essen, Hunger**

Applaus

Der Applaus ist ein Rauschmittel, unter dessen Einwirkung sich Politiker zu den seltsamsten Erklärungen verleiten lassen. *Ron Kritzfeld*

➪ **Beifall, Anerkennung**

Arbeit

Für die Mehrzahl der Menschen ist die Arbeit die einzige Zerstreuung, die sie auf Dauer aushalten können.
Dennis Gabor

Arbeit ist schwer, ist oft genug ein freudloses und mühseliges Stochern. Aber nicht arbeiten - das ist die Hölle. *Thomas Mann*

Wenn ich ganz allein mit mir und meinen Noten kämpfe, dann zittert mir das Herz, die Tränen kommen mir und die Freuden sind unsagbar. *Giuseppi Verdi*

Auch die scheinbar niedrigste Arbeit kann durch den, der sie verrichtet, geadelt werden. *Gerhard Reichel*

Urlaub ohne Unterlaß wäre ein gutes Training für den Aufenthalt in der Hölle. *George Bernard Shaw*

Arbeit und Macht vertragen sich nicht miteinander. Ich kenne keinen, der arbeitet und gleichzeitig die Macht ausübt. *Richard Rogler*

Man sollte mehr Zeit in seine Arbeit und mehr Arbeit in seine Zeit stecken. *Friedrich Dürrenmatt*

Für manche Linken ist einer schon rechtsradikal, wenn er nur pünktlich zur Arbeit kommt. *Heiner Geißler*

Zwanghaftes Arbeiten allein würde die Menschen ebenso verrückt machen wie absolutes Nichtstun. Erst durch die Kombination beider Komponenten wird das Leben erträglich. *Erich Fromm*

Was die Japaner machen ist unlauterer Wettbewerb. Die arbeiten doch tatsächlich während der Arbeitszeit.
Ephraim Kishon

Arbeit ist eine so faszinierende Sache, daß ich anderen stundenlang dabei zuschauen könnte. *Jerome*

Die richtigen Männer sind entweder schon verheiratet oder sie arbeiten zuviel. *Juliette Greco*

Arbeitslosigkeit war immer ein Problem und ist auch heute noch eines. Allerdings mit dem Unterschied, daß sie einmal ein Problem war, weil die Leute nicht arbeiten konnten, und heute, weil sie nicht arbeiten wollen.
Helmut Qualtinger

Der Mensch ist ein merkwürdiges Wesen. Er arbeitet immer härter für das Privileg, immer höhere Steuern zahlen zu dürfen. *George Mikes*

Arbeit ist ein Rauschgift, das wie ein Medikament aussieht. *Tennessee Williams*

Die Kunst des Ausruhens ist ein Teil der Kunst des Arbeitens. *Voltaire*

Ich bin mit der Vorstellung aufgewachsen, daß Spielen synonym mit Arbeiten ist. *Sacha Guitry*

Wenn der Mensch keinen Genuß mehr an der Arbeit findet und bloß arbeitet, um so schnell wie möglich zum Genusse zu gelangen, so ist es nur ein Zufall, wenn er kein Verbrecher wird. *Theodor Mommsen*

Man ist jung, wenn man glaubt, arbeiten zu müssen. Man ist reif, wenn man hofft, arbeiten zu dürfen, und man ist alt, wenn man dankbar dafür wird, noch arbeiten zu können. *Unbekannt*

Durch die Arbeit wurde der Affe zum Menschen, und durch das Geld wurde der Mensch wieder zum Affen.
Matthias Scharlach

Angenehme Arbeitsbedingungen: wenn eine Firma ihre Angestellten so behandelt, daß diese am Freitag nicht so müde nach Hause gehen, wie sie am Montagmorgen zur Arbeit erscheinen. *Unbekannt*

Zwei Maurer unterhalten sich. Sagt der eine: "Ich arbeite bei Weiß und Freytag.". Darauf der andere: "Und ich bei Schwarz und Samstag."

Früher sind die Menschen für die Freiheit auf die Barrikaden gestiegen, jetzt tun sie es für die Freizeit."
Werner Finck

"Wir wollten während Ihres Urlaubes Ihre Arbeit übernehmen, aber wir konnten nicht herausfinden, was Sie eigentlich machen." *Unbekannt*

Soziale Marktwirtschaft nennt man den Trick, zehn Prozent der Bevölkerung zu veranlassen, zwölf Stunden am Tag und sechs Tage in der Woche zu arbeiten, damit sechzig Prozent der Bevölkerung nur acht Stunden am Tag und fünf Tag in der Woche zu arbeiten brauchen - und dreißig Prozent überhaupt nichts tun müssen. *Carl Zimmerer*

Ein Mann sagt zu seinem Freund, während er nach Büroschluß auf den Lift wartet: "An die Auferstehung glaube ich immer nur nachmittags nach fünf. Da erwachen alle Toten zum Leben." *Unbekannt*

Wenn du eine Stunde glücklich sein willst, schlafe. Wenn du einen Tag glücklich sein willst, gehe fischen. Wenn du eine Woche glücklich sein willst, schlachte ein Schwein. Wenn du ein Jahr glücklich sein willst, habe ein Vermögen. Wenn du ein Leben glücklich sein willst, liebe deine Arbeit. *Chin. Weisheit*

Arbeit befreit von drei Übeln: Langeweile, Laster und Not. *Unbekannt*

Die Arbeitsplätze von morgen brauchen den Gewinn von heute. *Unbekannt*

Was könnte man nicht alles schaffen, wenn man nicht ständig arbeiten müßte. *Unbekannt*

Alles Große in unserer Welt geschieht nur, weil jemand mehr tut, als er muß. *Hermann Gmeiner*

Feste feiern ist besser als feste arbeiten. *Unbekannt*

Jeder macht, was er will - keiner macht, was er soll - aber jeder macht mit. *Unbekannt*

Mein Vater lehrte mich zu arbeiten, aber er hat mich nicht gelehrt, es gern zu tun. *Abraham Lincoln*

Würde die Arbeit nur dreißig Stunden oder weniger pro Woche in Anspruch nehmen, dann wäre sie nur noch eine Tätigkeit unter anderen möglichen, ebenso wichtigen oder wichtigeren Tätigkeiten. Damit würde das Verhältnis existentieller Unterwerfung gegenüber dem Arbeitgeber gebrochen. *Andre Gorz*

Arbeit schändet nicht. *Hesiod*

Die Arbeit, nicht nur die künstlerische, unterscheidet sich von den übrigen Betäubungsmitteln dadurch, daß sie den Katzenjammer vor dem Rausch bringt.
Wolfgang Leonhard

Die Arbeit, die tüchtige, intensive Arbeit, die einen ganz in Anspruch nimmt mit Hirn und Nerven, ist doch der größte Genuß im Leben. *Rosa Luxemburg*

Arbeit bloß um der "Beschäftigung" willen wäre Arbeit um ihrer selbst willen. Zur Arbeit gehört ein Sinn oder Ziel, um dessentwillen man arbeitet. Andernfalls ist es keine Arbeit.
Oswald von Nell-Breuning

Alles gackert, aber wer will noch still auf dem Nest sitzen und Eier brüten? *Friedrich Nietzsche*

Arbeit bedeutet atmen für mich; wenn ich nicht arbeiten kann, kann ich nicht atmen! *Pablo Picasso*

Arbeiten ist demzufolge eine unerläßliche Pflicht des sich in der Gesellschaft bewegenden Menschen. Ob reich oder arm, ob mächtig oder schwach, jeder müßige Bürger ist ein Spitzbube. *Jean-Jacques Rousseau*

Wer täglich 22 Stunden schläft, kann nur 2 Stunden Schaden anrichten. *Unbekannt*

Wer seine Arbeit nicht liebt, sollte sich von ihr scheiden lassen. *Matthias Scharlach*

Ich habe gelernt, was heute Elite heißt. Das sind immer weniger Menschen, die immer mehr arbeiten müssen, damit immer weniger arbeiten können.
H. Köhler

Glückliche Menschen gehen in ihrer Arbeit auf, aber niemals unter! *Rudolf Scheidt*

Und das Land hat keine Zukunft, wenn wir, die dienen, als die Dummen gelten, und die, die sich drücken, als die bewunderten Cleveren. *Helmut Kohl*

Wer für zwei arbeitet, sollte einen an die Luft setzen.
Matthias Scharlach

Wir arbeiten Hand in Hand - was die eine nicht schafft, läßt die andere liegen. *Unbekannt*

"Samstags und Schwarz" ist die florierendste Firma der Bundesrepublik. *Theo Waigel*

Fortschritt: Gott schuf die Welt in sechs Tagen. Und wir haben schon die Fünftagewoche. *Unbekannt*

Es gibt drei Methoden, sich durch's Leben zu schlagen: betteln, stehlen oder andere arbeiten zu lassen.
Unbekannt

Arbeitsamt

Arbeitsämter vermitteln das, was nicht vorhanden ist und sorgen dafür, daß die Arbeitslosigkeit gleichmäßig auf die einzelnen Arbeitgeber verteilt wird.
Helmut Qualtinger

Arbeitsessen

Ein Arbeitsessen ist eine Mahlzeit, bei der man die Arbeit gleich mitverspeist, damit sie nicht mehr stört.
Roger Peyrefitte

Arbeitslosigkeit

Jeder muß verpflichtet werden, soviel zu verdienen, wie er kann. Ich begrüße, daß das Standortsicherungsgesetz die Möglichkeit gibt, Sozialhilfeempfänger zu Gemeinschaftsarbeiten heranzuziehen. Es muß Schluß sein mit der Hängemattenmentalität.
Gerhard Reichel

Die Sockelarbeitslosigkeit steigt, weil die Zahl der Menschen gestiegen ist, die arbeiten wollen. Deshalb reicht Wachstum alleine nicht aus. Was wir jetzt brauchen sind völlig neue Arbeitsformen.
Bernhard Jagoda

Von Ausnahmen abgesehen sind die Arbeitslosen in Deutschland nicht nur gut qualifiziert, sondern auch hoch motiviert. *Bernhard Jagoda*

Arbeitsmethodik

Wenn man die Arbeit seiner Angestellten beherrscht, ist das eindrucksvoll. Wenn man sie tut, ist das dumm.
Matthias Scharlach

Die einen arbeiten, die anderen gestalten Zeit.
Matthias Scharlach

Alles dringend Wichtige ist Chefsache, alles Wichtige ist Sache seines Terminkalenders, alles Dringende ist Sache der Mitarbeiter und der Rest ist Sache des Papierkorbs. *Matthias Scharlach*

➪ **Zeitmanagement**

Arbeitsplätze

In den USA entstanden zwischen 1988 und 1990 in Kleinbetrieben vier Millionen neue Arbeitsplätze... Ein deutscher Existenzgründer schafft im Schnitt fünf neue Arbeitsplätze, nach drei Jahren kommen drei weitere hinzu. *Eberhard Hamer*

Eine Faustregel sagt: Jedes Prozent Wachstum über dem Produktivitätsgewinn bringt annähernd 100 000 bis 150 000 neue Arbeitsplätze. *Bernhard Jagoda*

Teilzeitarbeit ist in Deutschland bisher von der Gesellschaft noch nicht voll akzeptiert. 97 Prozent der Teilzeitbeschäftigten sind Frauen, nur drei Prozent Männer. Das müssen wir ändern. Wir müssen Teilzeitarbeit gesellschaftsfähig machen. *Bernhard Jagoda*

Arbeitsteilung

Arbeitsteilung ist der Vorgang, bei dem drei Leute in drei Stunden dasselbe leisten, das bisher ein Mann in einer Stunde geleistet hat. *Cyril Northcote Parkinson*

Arbeitszeit

Gegenwärtig wird im ersten Lebensabschnitt gelernt, im zweiten wird gearbeitet und im dritten kommt der Ruhestand. Das ist antiquiert. In vielen Fachgebieten ist heute das Wissen sechs bis acht Jahre überholt. Das bedeutet: die Menschen müssen während ihres Berufslebens aus dem Arbeitsprozeß raus und sich weiterbilden. Zwischen Arbeit, Freizeit und Lernphasen muß flexibel gewechselt werden. *Gerhard Reichel*

Würden wir alle Möglichkeiten zur Teilzeitarbeit nutzen, gäbe es zwei Millionen Beschäftigte mehr in Deutschland. *Bernhard Jagoda*

Arbeitswut

Arbeitswut ist ein rezeptfreies Betäubungsmittel, das durch fortgesetzten Gebrauch zur Gewöhnung und schließlich zur Sucht führen kann. *Ron Kritzfeld*

➪ **Streß**

Archäologe

Ein Archäologe ist ein Mann, dessen Laufbahn in Trümmern liegt. *Unbekannt*

Ein Archäologe ist der beste Mann, den eine Frau haben kann; je älter sie wird, um so mehr interessiert er sich für sie. *Agatha Christie*

Architektur

Die Architektur ist die Physiognomie der Nationen.
Custine

Die große Gefahr der modernen Architektur ist der Bazillus der Monotonie. *Alvar Aalto*

Die meisten Architekten meinen doch: wo ich hinrotze, ist Kunst. *Hans Oelschläger*

Die Krankheit unserer heutigen Städte und Siedlungen ist das traurige Resultat unseres Versagens, menschliche Grundbedürfnisse über wirtschaftliche und industrielle Forderungen zu stellen. *Walter Gropius*

Moderne Architektur ist das aus der richtigen Erkenntnis einer fehlenden Notwendigkeit erschaffene Überflüssige. *Karl Kraus*

Zeige mir, wie du baust, und ich sage dir, wer du bist. *Christian Morgenstern*

Wer sein Haus vom Architekten einrichten läßt, darf sich nicht wundern, wenn es nachher aussieht, als wohne er gar nicht darin. *Oliver Hassencamp*

Ärger

Sich ärgern bedeutet meistens ein Büßen für die Fehler anderer. *Konrad Adenauer*

Ärger ist die Unfähigkeit, Wut in Aktion umzusetzen. *Wolfgang Herbst*

Ärger ist das Schlucken von Gift, ein Stimmungsselbstmord auf Raten, eine tägliche Salzsäurekur. *Günter F. Gross*

Ärger ist eine Säure, die ihren Behälter stärker zerfrißt als das, worüber man sie ausgießt. *"Das Beste", 1968*

Der Ärger kann das Lächeln so wenig vertragen wie Dracula den Anblick des Kreuzes. *Günter F. Gross*

Du ärgerst dich: also habe ich über dich recht! *Friedrich Wilhelm Nietzsche*

Argument

Argumente nützen gegen Vorurteile so wenig wie Schokoladeplätzchen gegen Stuhlverstopfung. *Max Pallenberg*

Ein Zitat ist besser als ein Argument. Man kann damit in einem Streit die Oberhand gewinnen, ohne den Gegner überzeugt zu haben. *Gabriel Laub*

Die Beleidigungen sind die Argumente jener, die über keine Argumente verfügen *Jean-Jacques Rousseau*

Du sollst nicht vor einem Argument in die Knie brechen. Vielleicht überzeugt es nur, beweist aber nichts. *Ludwig Marcuse*

Argumente nützen gegen Vorurteile so wenig wie Schokoladeplätzchen gegen Stuhlverstopfung. *Max Pallenberg*

Je lauter die Stimme, desto schlechter die Argumente. *Unbekannt*

Wenn Argumente fehlen, kommt meist ein Verbot heraus. *Oliver Hassencamp*

➪ **Reden, Verhandeln**

Armee

Die Armee ist eine Streitmacht, welche die Fehler der Diplomaten berichtigt. *Josephus Daniles*

➪ **Militär, Soldaten, Krieg**

Armenrecht

Armenrecht ist eine Methode, mittels derer einem Rechtsuchenden, der kein Geld für Anwälte hat, gnädig erlaubt wird, seinen Prozeß zu verlieren. *Ambrose Bierce*

Armut

Bloß eine Klasse der Gesellschaft denkt mehr über das Geld nach als der Reiche, und das ist der Arme. Der Arme kann sonst nichts denken. Und dies ist das Elend der Armen. *Oscar Wilde*

Es gibt nicht nur eine öffentliche Armut, sondern auch eine öffentliche Verschwendung. *Hans Lutz Merkle*

Armut ist Erniedrigung. Ohne sie durchlebt zu haben, weiß man Luxus kaum zu schätzen. Meine Kinder z.B. wissen es nicht. *Charles Chaplin*

Arm ist nicht der, der wenig hat, sondern der, der nie genug bekommen kann. *Arab. Sprichwort*

Die Armut und die Hoffnung sind Mutter und Tochter. Indem man sich mit der Tochter unterhält, vergißt man die andere. *Jean Paul*

Arm sein ist natürlich keine Schande, aber es ist verdammt unbequem. *Sydney Smith*

Der sicherste Reichtum ist die Armut an Bedürfnissen. *Franz Werfel*

Arme Leute sind die, die kein Geld für Qualität haben. *Unbekannt*

Er hatte soviel Geld, daß er es sich leisten konnte, arm auszusehen. *Edgar Wallace*

Unser Verstand ist unser Vermögen - aber Armut schändet nicht. *Unbekannt*

Es werden so viele schöne Worte über Freiheit geredet, aber nichts in der Welt macht so unfrei wie Armut. *Martin Andersen-Nexo*

Für einen leeren Sack ist es schwer, aufrecht zu stehen. *Benjamin Franklin*

Das ist das Verdammte an den kleinen Verhältnissen, daß sie die Seele kleinmachen. *Henrik Ibsen*

Wenn eine freie Gesellschaft den vielen, die arm sind, nicht helfen kann, kann sie auch die wenigen nicht retten, die reich sind. *John F. Kennedy*

Man kann den Armen nicht helfen, indem man die Reichen vernichtet. *Abraham Lincoln*

Die Armut bringt uns in die engste Berührung mit dem Leben und der Welt, denn als Reicher leben heißt meistens durch Stellvertreter leben und infolgedessen in einer Welt von geringerer Wirklichkeit. *Rabindranath Tagore*

Die sicherste Methode, arm zu bleiben, ist nichts dazu zu lernen. *Unbekannt*

In Indien und anderen unterentwickelten Ländern sind wir materiell arm. In vielen anderen Ländern dagegen, in Europa, Amerika und anderswo, gibt es die geistige Armut. *Mutter Teresa*

Man hat manchmal das Gefühl, daß sich einige Leute ewige Armut geschworen haben. *Unbekannt*

Arme Leute können besser von Reichen leben, als reiche Leute von Armen. *Unbekannt*

Arm ist nicht der, der wenig hat, sondern der, der nicht genug bekommen kann *Jean Cuehenno*

➪ **Reichtum, Geld**

Arriviert

Arriviert ist, wer es sich leisten kann, im Büro genauso mufflig zu sein wie daheim am Frühstückstisch. *Unbekannt*

Ein Arrivierter ist einer, der sich jemanden zum Rasenmähen nimmt und dann Golf spielen geht, weil er Bewegung braucht. *Unbekannt*

Arroganz

Arroganz ist die Karikatur des Stolzes. *Ernst Freiherr von Feuchtersleben*

Arroganz ist kaschierte Unsicherheit. *Gerhard Reichel*

Arzt

Die meisten Menschen sterben an ihren Ärzten, nicht an ihren Krankheiten. *Französisches Sprichwort*

Tierärzte haben es leichter. Die werden wenigstens nicht durch Äußerungen ihrer Patienten irregeführt. *Louis Pasteur*

Ein guter Arzt ist einer, der es versteht, den Patienten so lange zu beruhigen, bis die Natur ihn wieder gesund gemacht hat. *Unbekannt*

Der Arzt ist ein Zeitgenosse, der auch kein Mittel gegen Schnupfen weiß. *Unbekannt*

"Natürlich machen wir Ärzte auch einmal Fehler", sagt der Professor in der Vorlesung. "Vergangene Woche habe ich einem Privatpatienten den Blinddarm herausgenommen. Gestern erfuhr ich, daß der Scheck nicht gedeckt ist." *Unbekannt*

Ärzte haben es am besten von allen: Ihre Erfolge sind sichtbar und die Mißerfolge werden begraben. *Unbekannt*

Ein Arzt ist ein Gentleman, der an Krankheit gedeiht und an Gesundheit stirbt. *Ambrose Bierce*

Ein Arzt kann die Krankheit, nicht jedoch das Schicksal bessern. *Chinesisches Sprichwort*

Die Ärzte verzeihen uns jeden Lebenswandel, der in ihr Wartezimmer führt. *Sigmund Graff*

Ein armer Mensch ist, wer von der Hilfe der Ärzte abhängig ist. *Martin Luther*

Was bringt den Doktor um sein Brot?:
a) die Gesundheit, b) der Tod. *Eugen Roth*

Wer außer Ärzten ist so glücklich dran, seine Irrtümer begraben zu können? *Dave Allen*

Ein Arzt ist ein freundlicher älterer Herr, der die Patienten während des natürlichen Heilungsprozesses unterhält. *Unbekannt*

Mediziner, Krankheit, Gesundheit

Assistent

Ein Assistent ist ein junger Mann, dessen Ehrgeiz in einem umgekehrten Verhältnis zu seiner Macht steht. *Michael Schiff*

Astrologie

Die Astrologie ist eine Form von Aberglauben, die sich anmaßt, Gott in die Karten zu schauen. *Hoimar von Ditfurth*

Ein Astrologe ist ein Mensch, der aus den Sternen liest, was im Gesicht steht. *Unbekannt*

➪ **Aberglaube, Wahrsagen, Horoskop, Hellseher, Zukunft**

Astronauten

Astronauten sind Männer, die ihren Frauen von ihren Reisen nichts mitbringen müssen. *Robert Lembke*

➪ **Weltall, Weltraumfahrt**

Atheismus

Einen Gottlosen habe ich noch nie gesehen; nur Ruhelose sind mir begegnet. *Fjodor M. Dostojewski*

Wer Gott definiert, ist schon Atheist. *Oswald Spengler*

Gott wäre etwas gar Erbärmliches, wenn er sich in einem Menschenkopf begreifen ließe.
Christian Morgenstern

➪ **Gott, Religion, Christentum, Kirche**

Atomwaffen

Man wird vielleicht die Wasserstoffbombe abschaffen können, aber nie mehr die Erkenntnis, daß die Vernichtung der Menschheit möglich ist.
Albert Schweitzer

Es ist schwieriger, eine vorgefaßte Meinung zu zertrümmern als ein Atom. *Albert Einstein*

Hütet euch vor den Technikern! Mit der Nähmaschine fangen sie an, und mit der Atombombe hören sie auf.
Marcel Pagnol

Mich verwundert es immer wieder, welch dezidierte Vorstellung die Leute über Atomkraftwerke haben, die zu Hause noch nicht einmal in der Lage sind, eine Steckdose zu reparieren. *Helmut Schmidt*

Im Falle eines Atomkriegs gehe ich in die Schweiz; dort findet alles zwanzig Jahre später statt als anderswo. *Albert Einstein*

Wer Atomwaffen hat, lernt Selbstbeherrschung.
George F. Kennan

Die Hoffnung, die Atomwaffen abzuschaffen, aber im übrigen weiterzumachen wie bisher, ist die Hoffnung, den Wecker aus dem Fenster zu werfen und eine Stunde weiterzuschlafen, während das Haus schon brennt.
Carl Friedrich von Weizsäcker

Die Welt besteht aus Nuklear-Paschas und aus Nuklear-Eunuchen, von denen einige auf den Harem aufpassen dürfen. *Carlos Ramos*

Wir entwickeln unsere Atomwaffen allein aus Gründen der Selbstverteidigung und mit dem Ziel, das Monopol der Supermächte zu brechen und schließlich die Atomwaffen überall in der Welt abzuschaffen.
Tschiao Kuan-Hua

Erst haben die Menschen das Atom gespalten, jetzt spaltet das Atom die Menschen. *Gerhard Uhlenbruck*

Das Problem ist heute nicht die Atomenergie, sondern das Herz des Menschen. *Norman Mailer*

Die Atombombe ist eine Waffe, die Heldenmut überflüssig macht. *Ron Kritzfeld*

➪ **Krieg, Militär**

Aufgabe

Die Einsicht muß wieder wachsen, daß Freiheit auch Verzicht bedeutet, daß es neben Selbstentfaltung und Individualismus auch Aufgaben gibt, daß jeder einzelne Verantwortung übernehmen muß - und zwar freiwillig. *Ulrich Wickert*

Jede Aufgabe, die ein Mensch im Rahmen der Gemeinschaft haben kann, ist im tiefsten Grunde Dienst. *Emil Oesch*

Die beste Aufgabe ist immer die, an uns selber eine Aufgabe zu sehen. *Emil Oesch*

Der Begriff der Aufgabe ist ein Wesensbestandteil des Menschseins: Den Menschen gibt es nicht ohne die Aufgabe. *Jose Ortega y Gasset*

Eine Daueraufgabe ist in der Praxis eine Aufgabe, die dauernd nicht erledigt wird. *Manfred Rommel*

Wer sich zu groß fühlt, um kleine Aufgaben zu erfüllen, ist zu klein, um mit großen Aufgaben betraut zu werden. *Jacques Tati*

Der Mensch wächst mit seinen Aufgaben. Für Gewinner ist jede Arbeit eine Aufgabe. *Unbekannt*

Jeder ist berufen, etwas in der Welt zur Vollendung zu bringen. *Martin Buber*

Du kannst; denn du sollst. *Immanuel Kant*

Männer werden nicht durch ihr Wissen zu Mythen, selbst nicht durch ihre Erfolge, sondern durch die Aufgabe, die sie sich selber stellen. *Henry Kissinger*

Wenn man das Dasein als eine Aufgabe betrachtet, dann vermag man es immer zu ertragen.
Marie von Ebner-Eschenbach

Das Muß ist hart, aber beim Muß kann der Mensch allein zeigen, wie's inwendig mit ihm steht. Willkürlich leben kann jeder. *Johann Wolfgang von Goethe*

➪ **Ziel, Sinn, Arbeit**

Aufgeschlossenheit

Wo aufgeschlossene Geister und bereite Hände existieren, wird es immer Neuland geben.
Charles F. Kettering

➪ **Neugier**

Aufklärung

Aufklärung ist der Vorgang, bei dem ein Erwachsener mit Hilfe aller seiner Kenntnisse den Kindern ein Viertel von dem erzählt, was sie schon wissen. *Joe Herbst*

Aufklärung ist der Ausgang des Menschen aus seiner selbstverschuldeten Unmündigkeit. Unmündigkeit ist das Unvermögen, sich seines Verstandes ohne Leitung eines anderen zu bedienen. *Immanuel Kant*

Aufklärung: Die Vernunft macht immer heller, in welchem Dunkel wir leben. *Ludwig Marcuse*

Unter Aufklärung versteht man jenen Vorgang, bei dem sich herausstellt, daß Opa nur halb soviel weiß wie der Enkel. *Giorgio Marconi*

Aufklärung ist der Vorgang, bei dem der Enkel dem Großvater erklärt, was dieser bei Oswald Kolle nicht verstanden hat. *Georg Thomalla*

Aufrichtigkeit

Menschliche Gradlinigkeit ist nicht immer der kürzeste Weg zum Ziel. *Stanislaw Jerzy Lec*

Es ist besser, in Ehren zu versagen als durch Betrug erfolgreich zu sein. *Sophokles*

Wenn Du einen Menschen beurteilen willst, beurteile sein Herz. *Malcolm Forbes*

Ziehe einen Verlust einem unehrlichen Gewinn vor; das eine bringt augenblicklich Schmerzen mit sich, das andere für alle Zeit. *Chilon*

Mag die allgemeine Schulbildung des Managers und seine Fortbildung als Erwachsener noch so gut sein, vor allem anderen wird in der Zukunft, wie in der Vergangenheit auch, nicht die Bildung, nicht das Können entscheidend sein, sondern die Lauterkeit des Charakters. *Peter F. Drucker*

Aufrichtigkeit ist höchstwahrscheinlich die verwegenste Form der Tapferkeit.
William Somerset Maugham

Sei aufrichtig in allem, was du sagst; aber du mußt um der Aufrichtigkeit willen nicht alles sagen.
Peter Benary

Ein wenig Aufrichtigkeit ist eine gefährliche Sache, und viel davon ist tödlich. *Oscar Wilde*

Die Lüge tötet die Liebe. Aber die Aufrichtigkeit tötet sie erst recht. *Ernest Hemingway*

Aufrichtigkeit ist die Zuflucht derer, die weder Phantasie noch Taktgefühl haben. *Henry de Montherlant*

➪ **Ehrlichkeit, Anständigkeit**

Aufschieben

Das Aufschieben ist eine gute Sache, solange es keine Termine gibt. *Ernst R. Hauschka*

Die Menschen, die etwas von heute auf morgen verschieben, sind dieselben, die es bereits von gestern auf heute verschoben. *Peter Ustinov*

Was hilft aller Sonnenaufgang, wenn wir nicht aufstehen. *Georg Christoph Lichtentenberg*

Es ist besser, auf morgen zu verschieben, was man heute nicht gut und mühelos tun kann, als Dinge in der Überstürzung zu tun, die aus dem Gefühl kommt, zu viel zu tun zu haben. *Talleyrand*

➪ **Zeitmanagement**

Aufschwung

Aufschwung beginnt im Kopf. Zuerst in Deinem.
Gerhard Reichel

Aufsichtsrat

Wenn der Vorstand gut ist, ist der Aufsichtsrat machtlos, ist der Vorstand schlecht, ist der Aufsichtsrat ratlos. *Josef A. Stoffels*

Ein Pfuscher in eigener Sache wird mitunter ein tüchtiger Kritiker in fremder. *Emil Baschnonga*

Rat zu geben, ist das dümmste Handwerk, das einer treiben kann. Rate sich jeder selbst und tue, was er nicht lassen kann. *Joh. Wolfgang von Goethe*

Sei Sonne durch deine Lehre, sei Mond durch Deine Anpassungsfähigkeit, sei Wind durch straffe Führung, sei Luft durch Deine Milde, sei wie Feuer durch die schöne Rede Deiner Unterweisung.
Hildegard von Bingen

Aufstehen

Es ist keine Schande hinzufallen, aber es ist eine Schande liegenzubleiben. *Theodor Heuss*

Was hilft aller Sonnenaufgang, wenn wir nicht aufstehen. *Georg Christoph Lichtentenberg*

Augenkontakt

Wer den höchsten Rang in einer Gruppe von Tieren oder Menschen hat, ist leicht zu erkennen. Es ist immer derjenige, der am meisten angeschaut wird. Davon kommt auch das Wort Ansehen.
Irenäus Eibl-Eibesfeldt,

Ausbildung

Einbildung verhindert Ausbildung, Ausbildung verhindert Einbildung. *Unbekannt*

Eine Investition in Wissen bringt immer noch die besten Zinsen *Benjamin Franklin*

Ausbildung ist eine Investition in die Zukunft.
Gerhard Reichel

Wichtig ist, daß heute auch die Vorgesetzten auf Seminaren zu finden sind, die sich bisher gerne Abstinenz auferlegten mit der Geste des Allwissenden. Denn was der Vorgesetzte nicht lernt, das kann er auch nicht in der arbeitenden Gruppe zum Wohle des Betriebes durchsetzen. *Hans Baumann, DIE WELT 08. 10. 1994*

➪ **Ausbildung, Wissen, Weiterbildung**

Ausdauer

Wenn nichts mehr zu helfen scheint, schaue ich einem Steinmetz zu, der vielleicht 100mal auf seinen Stein einhämmert, ohne daß sich auch nur der geringste Spalt zeigt; doch beim 101. Schlag wird er entzweibrechen, und ich weiß, daß es nicht dieser Schlag war, der es vollbracht hat - sondern alle Schläge zusammen.
Jacob Rijs

Es ist keine Schande hinzufallen, aber es ist eine Schande liegenzubleiben. *Theodor Heuss*

Was uns in den Schoß fällt, fällt sehr oft unter den Tisch. *Friedl Beutelrock*

Wer nicht über den Bergkamm steigt, gelangt nicht in die Ebene. *Chinesisches Sprichwort*

Die Katze in Handschuhen fängt keine Mäuse.
Benjamin Franklin

Vor den Erfolg haben die Götter den Schweiß gesetzt.
Hesiod

Lernen ist wie das Rudern gegen den Strom. Sobald man aufhört, treibt man zurück. *Chin. Weisheit*

Nicht der Beginn wird belohnt, sondern einzig und allein das Durchhalten. *Katharina von Siena*

Ich glaube nicht, daß es eine Eigenschaft gibt, die so wesentlich für jede Art von Erfolg ist wie Beharrlichkeit. Sie überwindet nahezu alles, selbst die Natur.
John D. Rockefeller

Wer den Kopf hängen läßt, reizt zu weiteren Nackenschlägen. *Gerhard Uhlenbruck*

Mit Ausdauer hat auch die Schnecke die Arche erreicht. *Unbekannt*

Auch die blaue Mauritius hat einmal als Briefmarke angefangen. *Unbekannt*

Vieles geht in der Welt verloren, weil man es zu geschwind für verloren gibt.
Johann Wolfgang von Goethe

Alles zu ertragen ohne Widerwillen und Selbstbedauern; dies ist die wahre Ausdauer. *Sankaracharya*

Der Mensch ist das Universalgenie unter den Geschöpfen; darum hat er die beste Aussicht, allen Wandel zu überleben. Bestehen kann nur, was sich anpaßt, alles Starre, Unbiegsame wird zerbrechen.
Jiddu Krishnamurti

Mit einigem Geschick kann man sich aus den Steinen, die einem in den Weg gelegt werden, eine Treppe bauen. *Robert Lembke*

Wer ein paarmal als Tiger gesprungen und als Bettvorleger gelandet ist, verliert langsam die Lust.
Heide Simonis

Man wird ausdauernder für das tätige - nach außen gerichtete - Dasein, wenn man sich von Zeit zu Zeit ganz in sich selbst zurückzieht. *Andre Maurois*

Große Zeit ist immer nur, wenn's beinah schief geht, wenn man jeden Augenblick fürchten muß: Jetzt ist alles vorbei. Da zeigt sich's, Courage ist gut, aber Ausdauer ist besser. Ausdauer, das ist die Hauptsache.
Theodor Fontane

Der Hartnäckige gewinnt jede Schlacht. *Unbekannt*

Wer Ausdauer besitzt, ist schon fast am Ziel.
Ernst R. Hauschka

Unser größter Ruhm liegt nicht darin, niemals zu fallen, sondern jedesmal wieder aufzustehen, wenn wir gescheitert sind. *Konfuzius*

Courage ist gut. Ausdauer ist besser. *Theodor Fontane*

Alles gackert, aber wer will noch still auf dem Neste sitzen und Eier brüten? *Friedrich Nietzsche*

Nur Beharrung führt zum Ziel. *Friedrich Schiller*

Was diese Kraft genau ist, kann ich nicht sagen; auf jeden Fall weiß ich, daß sie existiert und daß sie einem Menschen verfügbar wird, wenn er genau weiß, was er will und entschlossen ist, nicht aufzugeben, bis er es erreicht hat. *Alexander Graham Bell*

➪ **Beharrlichkeit**

Ausländerfeindlichkeit

Jede Nation ist im Ausland hauptsächlich durch ihre Untugenden bekannt. *Joseph Conrad*

➪ **Nationalismus, Nation**

Ausnahmen

Wer ohne Ausnahme auskommt, ist die Ausnahme. *Unbekannt*

Die Ausnahmen sind der Ruin des Unternehmens. *Unbekannt*

Das Studieren lehrt uns die Regel, das Leben die Ausnahmen. *Unbekannt*

Auspuffgase

Auspuffgase sind der Weihrauch der Zivilisation. *Unbekannt*

Ausreden

Wenn Sie Mist bauen, dann kommen Sie mir nicht mit Ausreden - schauen Sie in den Spiegel, und dann kommen Sie zu mir. *Charles Beacham*

Die entscheidenden Dinge sind klar und einfach, und auch die Lösungen wären klar und einfach. Aber die Politiker schauen lieber weg und sagen dann, man könne alles von verschiedenen Seiten sehen. *Hans Pestalozzi*

Besser als durch ihre Reden lernt man die Menschen durch ihre Ausreden kennen. *Peter Tille*

Eine Ausrede ist etwas, das die Frauen schneller zur Hand haben als ihre Schürze. *Irisches Sprichwort*

Für Ausreden ist die Welt voller Erfinder. *Unbekannt*

Alles wird teurer - nur die Ausreden werden billiger. *Unbekannt*

Wer die Menschen kennenlernen will, der studiere ihre Entschuldigungsgründe. *Friedrich Hebbel*

Ausschuß

Wer heutzutage einen Gedanken in der Welt töten will, braucht nur einen Ausschuß einzusetzen. *Charles F. Kettering*

Ein Ausschuß ist ein beratendes Gremium zur Abwendung echter Entschlüsse. *Michael Schiff*

Um eine Ente zu treffen, muß man die Flinte bewegen . . . Wenn ein Ausschuß bereit ist zu schießen, ist die Ente fortgeflogen. *Lee Iacocca*

Ausschüsse sind Gremien, die Probleme nicht lösen, die es ohne die Ausschüsse nicht gäbe. *Arno Sölter*

Ein Ausschuß ist eine Einrichtung, die nur funktioniert, wenn von ihren drei Mitgliedern zwei verreist sind. *Unbekannt*

Eine Ausschußsitzung ist für Leute, die gern die eigene Stimme hören, eine willkommene Gelegenheit, endlose Reden zu schwingen, während andere Krokodile oder Damenbeine zeichnen. *Lin Yutang*

Aussehen

Mit zwanzig Jahren hat jeder das Gesicht, das Gott ihm gegeben hat, mit vierzig das Gesicht, das ihm das Leben gegeben hat und mit sechzig das Gesicht, das er verdient. *Albert Schweitzer*

Das Gesicht ist das Protokoll des Charakters. *Karl Julius Weber*

Die Fassung der Edelsteine erhöht ihren Preis, nicht ihren Wert. *Ludwig Börne*

Laßt euch nicht vom Glanz blenden. Hat jemals eine Perle eine Muschel hervorgebracht? *Werner Mitsch*

Gesichter sind die Lesebücher des Lebens. *Federico Fellini*

Von einem bestimmten Alter an ist jeder Mensch für sein Gesicht verantwortlich. *Albert Camus*

Frauen machen selbst die größte Modetorheit mit, weil sie lieber neu aussehen als hübsch. *Axel von Ambesser*

In jedes Menschen Gesichte steht seine Geschichte. *Friedrich von Bodenstedt*

Der Körper ist der Übersetzer der Seele ins Sichtbare. *Christian Morgenstern*

Es kommt nicht darauf an, daß ich mich in den so eng und so tief ausgeschnittenen Kleidern bequem fühle: viel wichtiger ist, daß die Männer sich unbequem fühlen, wenn sie mich ansehen. *Brigitte Bardot*

Durch Nachteile seiner äußeren Erscheinung darf man sich nicht beirren lassen. *Aristoteles Onassis*

➪ **Gesichter, Schönheit, Mode, Kleider**

Außenpolitik

Außenpolitik ist Tourismus auf Staatskosten. *Giovanni Guareschi*

Austern

Austern: ein Gericht, das so miserabel schmeckt, daß es niemand essen würde, wenn es nicht so teuer wäre. *Unbekannt*

Auswanderer

Ein Auswanderer ist ein Narr, der ein Land für besser hält als ein anderes. *Unbekannt*

Auto

Die Kunst des Autorennfahrens: so langsam wie möglich der Schnellste zu sein. *Emerson Fittipaldi*

Autoverkäufer haben einen enormen Hang, Blech zu reden. *Gerhard Uhlenbruck*

Glück ist heutzutage, wenn man im neugekauften Auto mit 150 km/h durch die innere Leere fährt. *Sigismund* von *Radecki*

Das Auto ist ein Gerät, das es dem Menschen ermöglicht, rascher zur Arbeit zu kommen, deren Ertrag ihm ermöglicht, sich ein Auto zu kaufen. *Werner Schneyder*

Ein Auto ist an und für sich schon ein Delikt. *Werner Schneyder*

Ein Mann am Steuer eines Autos ist ein Pfau, der sein Rad in der Hand hält. *Anna Magnani*

Das Auto hat das Pferd noch lange nicht verdrängt - oder kennen Sie ein Denkmal, auf dem ein Mann am Steuer sitzt? *Hans Günter Winkler*

Männer tanken gerne, weil sie ihrem Auto auch mal ein Besäufnis gönnen. *Trude Hesterberg*

Die Autohersteller lernen nichts dazu. Die neuen Modelle haben noch immer denselben Scheibenwischer, hinter dem beim Parken die Strafzettel hängen. *Sammy Davis*

Autofahrer, die auf ihr Recht pochen, tun es meistens mit dem Finger an die Stirn. *Gerhard Uhlenbruck*

Die Troubadoure von heute benützen keine Mandolinen mehr, sondern Autohupen. *Igor Strawinski*

Eines haben Automechaniker und Chirurgen gemeinsam: beide profitieren vom Glatteis. *Gerhard Uhlenbruck*

In keiner Lebenslage denkt der Mensch so sehr an das Vorwärtskommen wie vor einem Stopplicht. *Theo Lingen*

Kein Mensch behandelt sein Auto so dumm wie einen anderen Menschen. *Bertrand Russell*

Früher war man pünktlich. Heute kommen die Leute im Auto und meistens zu spät. *Kurt Marti*

Der Spruch des menschlichen Versagens im Zusammenhang mit Verkehrsunfällen ist uns geläufig geworden. Das ist doch blanker Unsinn! Ein Verkehrsmittel, das jährlich 250000 Menschen umbringt und Millionen Krüppel und Waisen hinterläßt, ist schlicht und einfach technisch dem Menschen nicht angepaßt. *Hans A. Pestalozzi*

Die Japaner haben eine raffinierte Art, ihren Stahl in die Vereinigten Staaten zu schmuggeln. Sie malen ihn an, stellen ihn auf vier Räder und nennen das Ganze Auto. *Lee Iacocca*

Das Auto ist ein Mittel der Technik, das uns instand setzt, in der Regel viel schneller und bequemer die nächste Reparaturwerkstatt zu erreichen, als wir das zu Fuß vermöchten. *Helmar Nahr*

Das Auto ist jene technische Erfindung, welche die Anforderungen an die Reaktionsgeschwindigkeit der Fußgänger beträchtlich gesteigert hat. *Paul Renner*

Am Auto kann man beobachten, wie für jeden skandalösen Zustand ein Beschönigungswort gefunden wird: die Blechlawine, die unsere Städte zerfrißt und unsere Straßen zu Todesbahnen macht, heißt "Individualverkehr". *Sigmund Graff*

Mit dem Auto ist ja die Kunst des Ankommens verlorengegangen. *Erhart Kästner*

Die größte Gefahr im Straßenverkehr sind Autos, die schneller fahren, als ihr Fahrer denken kann. *Robert Lembke*

Psychisch und physisch ist auch der Autofahrer nur ein Steinzeitjäger. Nichts ist ihm schrecklicher, als längere Zeit eine "Beute" vor sich zu haben, die er eigentlich "holen" könnte. *Prof. Dr. Otto Koenig*

Bei einer Reifenpanne holt der Deutsche den Wagenheber hervor und wechselt das Rad aus. Der Engländer läßt das Auto stehen, geht zur nächsten Tankstelle und ruft jemanden herbei, der die Panne repariert. Der Italiener gerät in Wut und zündet sein Auto an. Der Fran-

zose schließlich stellt sich zunächst einmal neben sein Auto und schimpft auf die Regierung.
Fred O. Immergrün

Autobahn

Die Autobahn ist eine Straße, die streckenweise wegen Reparatur der Umleitung für den Verkehr geöffnet ist.
Unbekannt

Autobiographie

Autobiographien sind Enthüllungen über das schlechte Gedächtnis ihrer Verfasser. *Alessandro Blasetti*

Durch eine Autobiographie verliert man gewöhnlich auch noch den Rest seiner Freunde. *Robert Neumann*

Die Autobiographie ist ein Mittel, das manche Schriftsteller benutzen, um klarzustellen, was in Biographien über sie geschrieben werden soll. *Alfredo La Mont*

➪ **Memoiren**

Autor

Wäre ich Verleger, ich würde zuversichtlichen Autoren mißtrauen. Ein Autor hat seine Zuversicht verbraucht, wenn er aus Papier Manuskript gemacht hat.
Heinrich Böll

Wenn ein Autor behauptet, sein Leserkreis habe sich verdoppelt, liegt der Verdacht nahe, daß der Mann geheiratet hat. *William Beaverbrook*

Der beste Western-Autor aller Zeiten war Homer. Achill, Ajax, Hektor, Agamemnon denken, reden, sind wie meine Filmbanditen. *Sergio Leone*

Der ideale Bestsellerautor kann nur ein amerikanischer Fernsehstar sein, der schon zwei Bestseller produziert, die Weltmeisterschaft im Boxen gewonnen, seine Frau und seine drei Kinder unter Drogeneinfluß umgebracht hat und nun in der Todeszelle schreibt, während er zugleich für das Amt des Präsidenten der USA kandidiert. *Gabriel Laub*

Ein Autor, der über seine Bücher spricht, ist fast so schlimm wie eine Mutter, die über ihre Kinder spricht.
Disraeli

Autoren, die auf der Schreibmaschine nur mit zwei Fingern tippen, sind im Vorteil, weil sie dabei in aller Ruhe denken können. *Herbert Asmodi*

Buchautoren in unserem Lande leben davon, daß auch die Frau mitverdient. *Horst Bingel*

Der Autor weiß immer mehr, als er kann, und er kann immer mehr, als er weiß. *Peter Hacks*

Ein Autor ist einer, der aufgrund übereinstimmender Aussagen von Buchhändlern und Verlegern die alleinige Schuld am Mißerfolg eines Buches trägt.
Hans Weigel

Ich glaub' an zwei Dinge: Ein Autor soll nicht lügen. Und der Anspruch, objektiv sein zu können, ist eine Lüge. *Dagobert Lindlau*

Der Stil eines Autors ist ein Pferd, das nur einen einzigen Reiter trägt. *John Steinbeck*

Umstritten zu sein ist meiner Meinung nach der einzig mögliche Status eines Autors, mag ihn der Streit gelegentlich ärgern. *Heinrich Böll*

Wenn ein Autor stirbt, verwandelt sich die üble Nachrede immer in einen rühmenden Nachruf.
Werner Finck

Ein Autor von Format erholt sich schnell von einem Mißerfolg. Aber selten übersteht ein mittelmäßiger Schriftsteller unbeschadet einen größeren Erfolg.
Eugene Ionesco

Niemand auf der Welt ist so wehrlos wie ein toter Autor gegen einen lebenden Regisseur.
Laurence Olivier

Manche Kritiker fassen jene Autoren am härtesten an, deren Bücher sie nicht angefaßt haben. *Gabriel Laub*

➪ **Bücher, Literatur, Bestseller**

Autorität

Eine verlorene Schlacht läßt sich durch eine gewonnene wieder ersetzen, ein verfehltes Werk läßt sich verbessern, aber eines ist, das sich nicht mehr herstellen läßt, wenn es einmal verloren ist: die Autorität.
Franz Grillparzer

Autorität wie Vertrauen werden durch nichts mehr erschüttert als durch das Gefühl, ungerecht behandelt zu werden. *Theodor Storm*

Der springende Punkt ist, ob man Autorität hat oder eine Autorität ist. *Erich Fromm*

Wer wirklich Autorität hat, wird sich nicht scheuen, Fehler zuzugeben. *Bertrand Russell*

Autorität wird nur dann nicht angezweifelt, wenn sie sich auf fachliche Leistung und untadelige menschliche Haltung begründet. *Gustav Heinemann*

Der Autoritätsverfall in unserer Zeit beruht auf der Feigheit, notwendige Autorität auszuüben.
Mario Scelba

Nichts ist im Menschen, auch im scheinbar aufgeklärtesten, fester verwurzelt als der Glaube an irgendwelche Autoritäten. *Egon Friedell*

Es ist ein Zeichen unserer Zeit, daß einfachste Wahrheiten erst durch das Zeugnis von Autoritäten halbwegs glaubhaft werden. *Gerhard Reichel*

Das unfehlbarste Mittel, Autorität über die Menschen zu gewinnen, ist, sich ihnen nützlich zu machen.
Marie von Ebner-Eschenbach

Ich bin ein Mann, der an Autoritäten glaubt und sich ihnen da, wo ich nicht notwendig auf mein eigenes Urteil verwiesen bin, gern unterordnet. *Bismarck*

Die Staatsautorität, die es auch in der Demokratie geben muß, wird durch die Regierung repräsentiert. Sie kann nur wirksam werden, wenn jedes Mitglied der Regierung über diese Autorität zumindest in moralischem Sinne verfügt. *Theodor Eschenburg*

Laß dir von keinem Fachmann imponieren, der dir erzählt: "Lieber Freund, das mache ich schon seit zwanzig Jahren so." Man kann eine Sache auch zwanzig Jahre lang falsch machen. *Kurt Tucholsky*

Wer auf seine Autorität pocht, hat sie schon verloren.
Gerhard Reichel

Rationale Autorität fördert das Wachstum des Menschen, der sich ihr anvertraut, und beruht auf Kompetenz. Irrationale Autorität stützt sich auf Machtmittel und dient der Ausbeutung der ihr Unterworfenen.
Erich Fromm

Wo jeder Befehle gibt, wird keiner ausgeführt.
Portugiesisch

Autorität wird nur dann nicht angezweifelt, wenn sie sich auf fachliche Leistung und untadelige menschliche Haltung gründet. *Gustav Heinemann*

➪ **Persönlichkeit, Führung, Kompetenz, Macht**

Avantgardisten

Avantgardisten sind Leute, die nicht genau wissen, wo sie hinwollen, aber als erste da sind. *Romain Gary*

B

Banken

Ein Bankier ist ein Mensch, der einen Schirm verleiht, wenn die Sonne scheint und der ihn sofort zurückhaben will, wenn es zu regnen beginnt.
Mark Twain

Niemand kennt die Menschen so gut wie der Beichtvater, der Bankier und der Bettler. *Sizilian. Sprichwort*

Wer hat heutzutage den unglücklichsten Beruf der Welt? Menschen, die sich professionell um anderer Leute Geld kümmern müssen. Noch niemals ist es so schwierig gewesen, anderen Leuten mit gutem Gewissen einen guten Rat zu geben. *Heinz Brestel*

Die beste kurzfristige Erfolgsmeldung ist das Minenspiel deines Bankdirektors. *Helmar Nahr*

Schuldest du einer Bank weniger als eine Million, hast du einen Gläubiger. Schuldest du mehr als eine Million, hast du einen Partner. *Unbekannt*

Eine Bank ist eine Einrichtung, von der Sie sich Geld leihen können - vorausgesetzt, Sie können nachweisen, daß Sie es nicht brauchen. *Mark Twain*

Hausbank: Sicherheitsbindung, löst sich beim Sturz.
Ron Kritzfeld

Wenn Sie einen Schweizer Bankier aus dem Fenster springen sehen, springen Sie hinterher. Es gibt bestimmt etwas zu verdienen. *Voltaire*

Ein Bankier muß schlau sein wie ein Fuchs, vertrauenswürdig wie ein Beichtvater und Nerven haben wie Schiffstaue. *Moritz Leiffmann*

Sie wollen einen Kredit? Zeigen Sie uns, daß Sie ihn nicht benötigen und Sie bekommen ihn. *Lee Iacocca*

Daß die Jugend zu Ende geht, merkt man daran, daß die freundlichen Blicke der Mädchen von den freundlichen Blicken der Bankangestellten abgelöst werden.
Helmut Nahr

Bankauszug

Der Bankauszug ist ein bequemes Mittel um festzustellen, wie sehr man über seine Verhältnisse gelebt hat. *Unbekannt*

Bankett

Ein Bankett ist eine Veranstaltung, bei der man ißt, was einem nicht schmeckt, bevor man zu Leuten, die einen nicht interessieren, über Dinge spricht, von denen man keine Ahnung hat. *Unbekannt*

Bar

Eine Bar ist ein Lokal, in dem die Tische reservierter sind als die Gäste. *Unbekannt*

Bargeld

Bargeld ist die Kreditkarte des armen Mannes.
Walter Cavanagh

Barmherzigkeit

Barmherzigkeit ist eine Eigenschaft, die von ertappten Delinquenten sehr geschätzt wird. *Ambrose Bierce*

Bart

Der Bart ist eine Fahne, die man im Gesicht trägt.
Henri Tisot

Bauch

Ein Mann ohne Bauch ist wie ein Himmel ohne Sterne.
Unbekannt

Bauherr

Ein Bauherr ist ein von Architekten zur Betäubung von Sparern erfundener Titel, um mit dem Geld der Ahnungslosen Häuser ganz nach ihrem Geschmack bauen zu können. *Ron Kritzfeld*

Bayern

Wir Bayern dürfen uns nicht scheuen, die letzten Preußen zu sein. *Franz Josef Strauß*

Bayern ist für mich Ausland. Dazu äußere ich mich grundsätzlich überhaupt nicht. *Hans Apel*

Es soll Bayern geben, die es nicht verwinden, daß die CSU nicht schon etliche Jahrzehnte vor Christi Geburt gegründet wurde. *Frederic de Bask*

Wir Bayern sind ja wer. Bayern ist größer als Belgien und Holland zusammen, ist größer als Österreich, ist größer als die Schweiz. Wir brauchen uns nicht zu verstecken. *Anton Jaumann*

Beamte

Wer sagt, daß ein Beamter kein Beschäftigungsrisiko hat? Jeden Augenblick kann die Tür aufgehen und ein Antragsteller hereinkommen. *Helmar Nahr*

Beamte sind Leute, die ein Leben lang sitzen, ohne verurteilt worden zu sein. *Alberto Sordi*

Der Humor von Beamten zeigt sich im Grinsen über konventionelle Gedanken. *Matthias Scharlach*

Das Beamtenrecht schafft Verhältnisse, die eine Gesellschaft spalten. *Heide Simonis*

Ein Beamter ist ein Mann, der sich durch den Fleiß seiner Untergebenen auszeichnet.
Aus den "Fliegenden Blättern"

Finanzbeamte sind die einzigen Menschen, die eine zu hohe Meinung von uns haben. *Helmar Nahr*

Es ist inhuman, einem Beamtem etwas von Kreativität zu erzählen. *Matthias Scharlach*

Vor 40 Jahren kamen auf einen Beamten vier Selbständige. Heute steht jedem Staatsdiener nur noch ein Unternehmer gegenüber. *Wolfram Gruhler*

Beamte sind wie die Bücher einer Bibliothek: die am wenigsten brauchbaren sind am höchsten plaziert.
Thomas L. Masson

Das Vaterunser hat 56 Wörter, die Zehn Gebote haben 297. Aber eine Verordnung der EG-Kommission über den Import von Karamellprodukten hat 26911 Wörter.
Alwin Münchmeyer

Beamte sind die besten Ehemänner - am Abend sind sie nie müde und die Zeitung haben sie auch schon gelesen. *Unbekannt*

Von allen Plagen in unserem Wirtschaftsleben ist die Bürokratie die weitaus schlimmste. *E. Kishon*

Das deutsche Schicksal: "Vor einem Schalter zu stehen." Das deutsche Ideal: "Hinter einem Schalter zu stehen." *Unbekannt*

Aus einer Zeitungsmeldung: "Beim Brand des Gemeindehauses wurden drei Beamte leicht verletzt. Menschen kamen nicht zu Schaden." *Unbekannt*

Ein Löwe bricht aus dem Zirkus aus. Einen Monat später kommt er zurück, völlig außer Atem. Stockend berichtet er den daheimgebliebenen Kollegen: "Ich habe jeden Tag vor dem Ministerium auf der Lauer gelegen und einen Ministerialrat verspeist .... keiner hat je etwas bemerkt. Und heute morgen mal zur Abwechslung die Putzfrau .... und schon sind sie hinter mir her." *Unbekannt*

Kleinstlebewesen vermehren sich durch Zellteilung, Bürokratie durch Arbeitsteilung. *Unbekannt*

Bei der Eigentumsprüfung für die höhere Beamtenlaufbahn wird ein Bewerber gefragt: "Jemand kauft eine Ware für 15,20 DM und verkauft sie für 12,80 DM weiter. Hat er da Verlust oder Profit gemacht?" Der Kandidat: "Bei den Märkern hat er etwas verloren, aber bei den Pfennigen hat er enorm gewonnen."
Unbekannt

Willst Du Butter von den Behörden, schicke Milch auf den Dienstweg. *Unbekannt*

Bürokratie ist die Vervielfältigung von Problemen durch die Einstellung weiterer Beamter.
Cyril Northcote Parkinson

➪ **Bürokratie, Öffentlicher Dienst**

Bedrängnis

Es ist gut, in Bedrängnis zu leben; das wirkt wie eine gespannte Feder. *Charles de Montesquieu*

Befehl

Wo jeder Befehle gibt, wird keiner ausgeführt.
Portugiesisch

Jeder Befehl besteht aus einem Antrieb und einem Stachel. Der Antrieb zwingt den Empfänger zur Ausführung, und zwar so, wie es dem Inhalt des Befehls gemäß ist. Der Stachel bleibt in dem zurück, der den Befehl ausführt. *Elias Canetti*

Wenn der Herrscher selbst ein aufrechter Mann ist, wird alles gutgehen, auch wenn er keine Befehle gibt. Ist er aber kein aufrechter Mann, mag er Befehle geben, so viel er will; sie werden doch nicht befolgt werden. *Konfuzius*

Beförderung

Wer befördert werden will, sollte einen würdigen Nachfolger herangezogen haben. *Matthias Scharlach*

➪ **Karriere**

Befriedigung

Befriedigung ist das Hochgefühl, das eine Frau empfindet, wenn ihre eigenen Kleider der besten Freundin zu eng geworden sind. *Unbekannt*

➪ **Zufriedenheit**

Begabung

Menschen, die tun können, wozu sie begabt sind, werden eher Erfolg haben und das Leben mehr lieben. *Rudolf Bossle*

Es ist einer der dunkelsten Augenblicke im menschlichen Leben, wenn man eines Tages grauhaarig und alt, nahe dem Ende einer unbefriedigenden Laufbahn, zu der Erkenntnis kommt, daß man in all den Jahren nur von einem kleinen Teil seiner selbst Gebrauch gemacht hat. *Gerhard Reichel*

Entscheidend ist nicht, was uns an Fähigkeiten mit in die Wiege gelegt wurde. Entscheidend ist das, was wir daraus machen. Das - und nur das - ist das wirklich Entscheidende. *Gerhard Reichel*

Man soll den Wert eines Menschen nicht nach den großen Eigenschaften beurteilen, die er hat, sondern nach dem Gebrauch, den er von ihnen macht. *La Rochefoucauld*

➪ **Fähigkeiten, Genie, Talent**

Begegnung

Alles wirkliche Leben ist Begegnung. *Martin Buber*

Es sind die Begegnungen mit Menschen, die das Leben lebenswert machen. *Guy de Maupassant*

90% aller Leute haben es zu "wenig gebracht", weil sie sich einer falschen Gruppe Menschen anschlossen. *Unbekannt*

Es ist in jedermanns Macht, über alles, was Menschen trennt, Brücken zu bauen. *Unbekannt*

➪ **Kontakt**

Begeisterung

Wo ein Begeisterter steht, ist der Gipfel der Welt. *Joseph von Eichendorff*

Begeisterung ist der unverkennbare Beweis dafür, daß du in deine Arbeit verliebt bist. *Unbekannt*

Keine Begeisterung sollte größer sein als die nüchterne Leidenschaft zur praktischen Vernunft. *Helmut Schmidt*

Die Begeisterung ist das tägliche Brot der Jugend, die Skepsis ist der tägliche Wein des Alters. *Pearls S. Buck*

Ehrliche, herzliche Begeisterung ist einer der wirksamsten Erfolgsfaktoren. *Dale Carnegie*

Begeisterung spricht nicht immer für den, der sie erweckt, und immer für den, der sie empfindet. *Marie von Ebner-Eschenbach*

Begeisterung aber ist die Mutter alles Großen. *Franz Grillparzer*

Überzeugungen sind Krankheiten, die durch Begeisterung übertragen werden. *Siegfried Lenz*

Es ist kein Ding so leicht, daß es nicht schwierig wird, wenn man es ungern tut. *Paulus Terentius*

Sie kennen da Phänomen, ich kenne es: da gibt es Untergangspropheten (Realisten?), die es schaffen, einen Raum zu betreten und 125 oder 250 Leuten im Handumdrehen die Motivation zu nehmen. Dann gibt es diese sonnigen Gemüter, die den Menschen auch unter den schlimmsten Umständen die Kraft geben können, doch noch einen oder zwei Augenblicke weiterzumachen. *Thomas J. Peter*

Nur diejenigen, die in ihrem Leben tun, was sie mit Begeisterung tun, was sie aus vollem Herzen tun, werden Erfolg haben. *Herbert A. Henzler*

Lebe begeistert und du wirst gewinnen. *Frank Bettger*

Motivation hängt zusammen mit Begeisterungsfähigkeit, mit Sinngebung, mit Visionen - und zwar aus mir selbst heraus. *Reinhold Messner*

Wenn du begeisterungsfähig bist, kannst du alles schaffen. Begeisterung ist die Hefe, die deine Hoffnungen himmelwärts treibt. Begeisterung ist das Blitzen in deinen Augen, der Schwung deines Schrittes, der Griff deiner Hand, die unwiderstehliche Willenskraft und Energie zur Ausführung deiner Ideen. Begeisterte sind Kämpfer. Sie haben Seelenstärke. Sie besitzen Standfestigkeit. Begeisterung ist die Grundlage allen Fortschritts. Mit ihr gelingen Leistungen, ohne sie höchstens Ausreden. *Henry Ford*

➪ **Motivation**

Begierde

Es ist leichter, einer Begierde ganz zu entsagen, als in ihr Maß zu halten. *Friedrich Nietzsche*

Genieße den Reiz, ohne ihn zu begehren, dann bleibst du sein Meister. *Hans Arndt*

Das Verlangen läßt alle Dinge blühen, der Besitz zieht alle Dinge in den Staub. *Marcel Proust*

Die Tugend besteht nicht im Verzicht auf das Laster, sondern darin, daß man es nicht begehrt.
George Bernard Shaw

➪ **Verlangen**

Begräbnisfeier

Eine Begräbnisfeier ist eine Zusammenkunft, bei der manchem Menschen die erste Ehre erwiesen wird.
Unbekannt

Anerkennung ist eine Pflanze, die oft nur auf Gräbern blüht. *Robert Lembke*

➪ **Tod, Sterben**

Beharrlichkeit

Es ist keine Schande hinzufallen, aber es ist eine Schande liegenzubleiben. *Theodor Heuss*

Ich glaube nicht, daß es eine Eigenschaft gibt, die so wesentlich für jede Art von Erfolg ist wie Beharrlichkeit. Sie überwindet nahezu alles, selbst die Natur.
John D. Rockefeller

Der Mensch ist das Universalgenie unter den Geschöpfen; darum hat er die beste Aussicht, allen Wandel zu überleben. Bestehen kann nur, was sich anpaßt, alles Starre, Unbiegsame wird zerbrechen.
Jiddu Krishnamurti

Mit einigem Geschick kann man sich aus den Steinen, die einem in den Weg gelegt werden, eine Treppe bauen. *Robert Lembke*

Unser größter Ruhm liegt nicht darin, niemals zu fallen, sondern jedesmal wieder aufzustehen, wenn wir gescheitert sind. *Konfuzius*

Je schlimmer seine Lage ist, desto besser zeigt sich der gute Mensch. *Bertolt Brecht*

Nur der verdient sich Freiheit wie das Leben, der täglich sie erobern muß. *Goethe*

Es wächst der Mensch mit seinen größern Zwecken.
Schiller

Wenn nichts mehr zu helfen scheint, schaue ich einem Steinmetz zu, der vielleicht 100mal auf seinen Stein einhämmert, ohne daß sich auch nur der geringste Spalt zeigt; doch beim 101. Schlag wird er entzweibrechen, und ich weiß, daß es nicht dieser Schlag war, der es vollbracht hat - sondern alle Schläge zusammen.
Jacob Riis

Wer den Kopf hängen läßt, reizt zu weiteren Nackenschlägen. *Gerhard Uhlenbruck*

➪ **Ausdauer**

Behaupten

Du behauptest dich nicht auf der Welt, indem du Wache stehst, sondern durch Angriff, und indem du dich selbst formst. *George Bernard Shaw*

Beherrschtheit

Wenn du im Recht bist, kannst du dir leisten, die Ruhe zu bewahren, und wenn du im Unrecht bist, kannst du dir nicht leisten, sie zu verlieren.
Mahatma Gandhi

Der Mensch wird wie der Stahl hart - durch öfteres Abkühlen nach Erhitzung. *Jean Paul*

Beichtstuhl

Der Beichtstuhl ist ein Ort, wo der Priester die großen Sünden vergibt, weil ihm das Anhören der kleinen Vergnügen bereitet. *Ambrose Bierce*

Beifall

Es ist für die Vollkommnung unseres Geistes gefährlich, Beifall durch Werke zu erhalten, die nicht unsere ganze Kraft erfordern. Man steht alsdann gewöhnlich stille. Jede menschliche Seele hat eine Portion Indolenz, wodurch sie geneigt wird, das vorzüglich zu tun, was ihr leicht wird. *Georg Christoph Lichtenberg*

Was ist aller Beifall des Modehaufens gegen den stilleren des echten Künstlers. *Robert Schumann*

Beispiele

Lang ist der Weg durch Lehren, kurz und wirksam durch Beispiele. *Seneca*

Keiner ist unnütz: er kann immer noch als schlechtes Beispiel dienen. *Unbekannt*

Worte informieren, Beispiele reißen mit! *Unbekannt*

**Es ist keine Schande hinzufallen,
doch es ist eine Schande liegenzubleiben.**

THEODOR HEUSS

Worte sind Zwerge, Beispiele werden zu Riesen.
Unbekannt

Es gibt nichts, was man nicht noch besser machen könnte. Aber man kann nur fordern, wenn man selbst ein gutes Beispiel gibt! *Grete Schickedanz*

Das Beispiel ist einer der erfolgreichsten Lehrer, obgleich es wortlos lehrt. *Samuel Smiles*

➪ **Vorbild**

Bekannte

Ein Bekannter ist jemand, den wir gut genug kennen, um ihn anzupumpen, aber nicht gut genug, um ihm etwas zu leihen. *Ambrose Bierce*

Bekehren

Man hat einen Menschen noch lange nicht bekehrt, wenn man ihn zum Schweigen gebracht hat.
Christopher Morley

Beleidigung

Beleidigungen sind die Argumente jener, die über keine Argumente verfügen. *Jean-Jacques Rousseau*

"Wir" sagen und "ich" meinen ist eine von den ausgesuchtesten Kränkungen. *Theodor W. Adorno*

Eine Wunde, von Worten geschlagen, ist schlimmer als eine Wunde, die das Schwert schlägt.
Arabisches Sprichwort

Wer mich beleidigen darf, bestimme ich selbst.
Günter Gross

Benzin

Benzin ist der Weihrauch der Zivilisation.
Ramon Gomez de la Serna

Bequemlichkeit

Es ist für die Vollkommnung unseres Geistes gefährlich, Beifall durch Werke zu erhalten, die nicht unsere ganze Kraft erfordern. Man steht alsdann gewöhnlich stille. Jede menschliche Seele hat eine Portion Indolenz, wodurch sie geneigt wird, das vorzüglich zu tun, was ihr leicht wird. *Georg Christoph Lichtenberg*

➪ **Faulheit, Abhängigkeit, Gewohnheit**

Berater

Ein Berater ist ein Mann, der Deine Uhr nimmt, sagt, wie spät es ist, und Dir dann dafür eine Rechnung schickt. *Unbekannt*

Ein Pfuscher in eigener Sache wird mitunter ein tüchtiger Kritiker in fremder. *Emil Baschnonga*

Man hat beobachtet, daß niemand besser geeignet ist, anderen Ratschläge zu erteilen, als diejenigen, die sie selbst am wenigsten befolgt haben.
Oliver Goldsmith

Wer anderen Unbequemes sagt, macht sich selbst unbequem. *Johann Wolfgang von Goethe*

Frage lieber einen erfahrenen Mann um Rat als einen Gelehrten. *Arab. Sprichwort*

Ich höre immer auf meine Berater. Stimmt deren Meinung mit meiner überein, wird deren Ansicht verwirklicht. Ansonsten meine. *Ein Unternehmer*

Ratschläge sind wie abgetragene Kleider: man benutzt sie ungern, auch wenn sie passen. *Thornton Wilder*

Die guten Freunde sind dazu da, uns zu sagen, was unsere Feinde von uns denken.
Marie von Ebner-Eschenbach

Wo guter Rat teuer ist, wird schlechter Rat unbezahlbar. *Unbekannt*

Ein Maßanzug vom Dorfschneider ist auch ein Maßanzug. *Unbekannt*

➪ **Rat**

Beredsamkeit

Beredsamkeit ist die Fähigkeit, unsere Ansicht auch in anderen zu erregen, unser Gefühl in ihnen zu entzünden und sie so in Sympathie mit uns zu versetzen.
Arthur Schopenhauer

Beredsamkeit ist die Fähigkeit, Wahrheit in eine andere Sprache übersetzen zu können, die dem völlig verständlich ist, der dir zuhört. *Ralph Waldo Emerson*

Wahre Beredsamkeit besteht darin, alles zu sagen, was notwendig ist aber wirklich nur das zu sagen, was notwendig ist. *La Rochefoucauld*

Beredsamkeit ist Logik in Flammen. *Lyman Beecher*

Beredsamkeit ist die Fähigkeit, einfache Dinge in eine Sprache zu übersetzen, die dem völlig verständlich ist, der dir zuhört. *Gerhard Reichel*

Beredsamkeit ist die Kunst, Angenehmes zu sagen, so daß die Zuhörer aus Sympathie zum Sprecher "ja, ja!" sagen, ohne allzu genau nachzuforschen, was er eigentlich meint. *Sam Tucker*

Beredsamkeit ist die Kunst, so von den Dingen zu reden, daß jedermann gerne zuhört. *Blaise Pascal*

Ich habe eine feste Regel für die Teilnahme an Banketten - ich vermeide sie, wo immer möglich. Wenn das nicht geht und wenn Reden zu erwarten sind, versuche ich, sie selbst zu halten. Ich finde, meinen Reden läßt sich viel besser zuhören als denen anderer Leute. *Dowson*

Wer gut reden will, muß erst gut nachdenken. *Italienisches Sprichwort*

Eine Erzählung hat genau zu sein wie eine militärische Meldung und ein Bankscheck. Die Klarheit und die Kraft der Sprache besteht nicht darin, daß man zu einem Satz nichts mehr hinzufügen kann, sondern darin, daß man aus ihm nichts wegstreichen kann. *Isaak Babel*

Wer mit 20 Wörtern sagt, was man auch mit 10 Wörtern sagen kann, der ist auch zu allen anderen Schlechtigkeiten fähig. *Giosue Carducci*

Einen guten Redner erkennt man daran, daß er das Pedal sparsam gebraucht. *Edward Heath*

Es ist ein Beweis hoher Bildung, die größten Dinge auf einfachste Art zu sagen. *Ralph Waldo Emerson*

Mit pompösem Wortgeklingel wappnen sich Experten gegen den Verdacht, sie hätten vielleicht nichts Besonderes zu sagen. *Wolf Schneider*

Ihr müßt so schreiben, daß euch die Marktfrau am Dom versteht, der Winzer in Rheinhessen das Blatt lesenswert findet, und auch der Universitätsprofessor euch ernst nimmt. *Erich Dombrowski*

Eine gute Rede beginnt mit einem "Streich"-Konzert. *Gerhard Reichel*

Die beste Methode, aus der Anonymität herauszukommen und etwas zu werden, ist immer noch die hochqualifizierte Rede. *Eugen Gerstenmeier*

Die Topstars unter den wissenschaftlichen Festrednern für Jubiläen und Kongresse kassieren pro Auftritt ebensoviel wie Popstars: viele tausend Mark. *Capital*

Das menschliche Gehirn ist eine großartige Sache. Es funktioniert vom Augenblick der Geburt bis zu dem Zeitpunkt, wo du aufstehst, um eine Rede zu halten. *Mark Twain*

➪ **Rhetorik, Rede**

Berichterstatter

Ein Berichterstatter ist jemand, der sich schreibend zur Wahrheit vortastet und sie mit einem Schwall von Worten verjagt. *Ambrose Bierce*

➪ **Journalismus, Journalist, Presse**

Beruf

Das Wichtigste im Leben ist die Wahl eines Berufes. Der Zufall entscheidet darüber. *Blaise Pascal*

Was wir am nötigsten brauchen, ist ein Mensch, der uns zwingt, das zu tun, was wir können. *Ralph Waldo Emerson*

Wahrer Beruf für den Menschen ist nur, zu sich selbst zu kommen. *Hermann Hesse*

Lieber ein großer Könner und geachteter Handwerker oder ein kluger und erfolgreicher Bankspezialist, als ein unbeachteter Akademiker, dem alle Trauben zu hoch hängen, der studiert hat, um ein Kümmerling zu bleiben. *Hans Baumann, DIE WELT, 08. 10. 1994*

Am besten macht man Karriere, wenn man für jemanden arbeitet, der Karriere macht. *Marion S. Kellogg*

Am schnellsten kommt man auf dem Steckenpferd seines Vorgesetzten voran. *Rumänisches Sprichwort*

Die Erfolgreichen suchen sich die Umstände, die sie brauchen, und wenn sie sie nicht finden, schaffen sie sich die Umstände selber. *George Bernard Shaw*

➪ **Karriere, Erfolg**

Berufsethos

Berufsethos ist die Kunst, das Geldverdienen mit einem Heiligenschein zu versehen. *Michael Schiff*

Berufsoffizier

Der Berufsoffizier ist ein Mann, den wir in Friedenszeiten durchfüttern, damit er uns im Krieg an die Front schickt. *Gabriel Laub*

Berühmtheit

Eine Berühmtheit ist jemand, der sich freut, daß ihn viele kennen, die er nicht kennenzulernen braucht. *Henry Louis Mencken*

Wenn ein Mann berühmt geworden ist, trifft er in seinem Leben merkwürdig viele Schulfreunde wieder. *Lyndon B. Johnson*

Ich habe dreißig Jahre gebraucht, um über Nacht berühmt zu werden. *Harry Belafonte*

Beneiden wir die großen und berühmten Männer nicht! Könnten wir sie heute sehen - wie viele von ihnen würden mehr unser Mitleid provozieren als unsere Glückwünsche. *Daniel Defoe*

Der Ruhm ist die unnützeste, nichtigste und falscheste Münze, die unter uns im Umlauf ist. *Michel de Montaigne*

Ich bin berühmt, aber es hat sich noch nicht herumgesprochen. *Karl Kraus*

Über Nacht wird man nur dann berühmt, wenn man tagsüber hart gearbeitet hat. *Howard Carpendale*

Berühmtheit hat den Vorteil, denen bekannt zu sein, die einen nicht kennen. *Nicolas-Sebastien Chamfort*

Es gibt nur ein sicheres und unfehlbares Mittel, sich einen guten Ruf in der Welt zu erhalten: nämlich das wirklich zu sein, was man vor der Welt scheinen möchte. *Friedrich der Große*

➪ **Ruf, Ruhm, Größe**

Bescheidenheit

Nur ein wirklich selbstbewußter Mensch kann überhaupt bescheiden sein. *Thomas Gottschalk*

Nichts zu sein und trotzdem bescheiden - das ist schwer. *Paul Valery*

Sei wie das Veilchen im Moose, sittsam, bescheiden und rein, und nicht wie die stolze Rose, die stets bewundert will sein. *Aus dem Poesiealbum*

Die Bescheidenheit ist eine Eigenschaft, die vom Bewußtsein der eigenen Macht herrührt. *Paul Cezanne*

Bescheidenheit ist die Kunst, andere herausfinden zu lassen, wie bedeutsam man ist. *Berta Drews*

Übertriebene Bescheidenheit ist auch Eitelkeit. *Kotzebue*

Bescheidenheit ist die Kunst, andere herausfinden zu lassen, wie wichtig man ist. *Unbekannt*

Bescheidenheit ist bei mittelmäßigen Fähigkeiten bloße Ehrlichkeit, bei großen Talenten dagegen Heuchelei. *Arthur Schopenhauer*

Nur die Lumpe sind bescheiden, Brave freuen sich der Tat. *Goethe*

Bescheidenheit ist mehr eine Konsequenz des Denkens als des guten Willens. *Ludwig Marcuse*

Wenn alle erste Violine spielen wollten, würden wir kein Orchester zusammenbekommen. *Robert Schumann*

Bescheidenheit führt die Menschen manchmal auf Gipfel, auf die sie die Dreistigkeit niemals heben würde. *Aleksander Swietochowski*

Das Unauffällige ist meistens das Wertvolle. *Frank Thiess*

Bescheidenheit ist der einzige sichere Köder, wenn du nach Lob angelst. *Earl of Chesterfield*

Bescheidenheit ist die letzte Raffinesse der Eitelkeit. *Jean de La Bruyere*

Bescheidenheit ist die Kunst, die Aufmerksamkeit der Umwelt auf das unter den Scheffel gestellte Licht zu lenken. *Unbekannt*

Unter den nützlichen Tugenden steht die falsche Bescheidenheit obenan. *Johannes Gross*

Alle großen Männer sind bescheiden. *Gotthold Ephraim Lessing*

Bescheidenheit ist weniger Unterschätzung unserer selbst als Hochschätzung anderer. Der Bescheidene ist der Ehrfürchtige. *Hans Margolius*

Beschränktheit

Auch die Bretter, die man vor dem Kopf hat, können die Welt bedeuten. *Werner Finck*

Die Menschheit würde unbeschränkte Möglichkeiten haben, wenn sie die Möglichkeit hätte, die Macht der Beschränkten zu beschränken. *Gabriel Laub*

➪ **Dummheit**

Beschränkung

Wer etwas Großes will, der muß sich zu beschränken wissen; wer dagegen alles will, der will in der Tat nichts und bringt es zu nichts *Georg Wilhelm Friedrich Hegel*

➪ **Bescheidenheit, Verzicht**

Besitz

In der aufs Haben orientierten Existenz ist die Beziehung zur Welt die des Besitzergreifens und Besitzens, eine Beziehung, in der ich jedermann und alles, mich selbst eingeschlossen, zu meinem Besitz machen will.
Erich Fromm

Sich mit wenigem begnügen ist schwer, sich mit vielem begnügen ist noch schwerer.
Marie von Ebner-Eschenbach

Was du ererbt von deinen Vätern hast, erwirb es, um es zu besitzen. *Goethe*

Für alle diejenigen, die den Hals nicht vollkriegen können: Das letzte Hemd hat keine Taschen!
Hessisches Sprichwort

Gold kauft die Stimme großer Haufen; kein einzig Herz erwirbt es dir. *dt. Sprichwort*

Hast du wenig, kannst du viel gewinnen. Hast du viel, bist du verwirrt. *Laotse*

Wahrer Reichtum besteht nicht im Besitz, sondern im Genießen. *Unbekannt*

Wer besitzt, der lerne verlieren. *Schiller*

In einem Traum-Bungalow kann es schlaflosere Nächte geben als in einer Mietwohnung. *Gerhard Reichel*

Aller Besitz ist vom Schicksal geborgt. *Seneca*

Der Besitz interessiert mich überhaupt nicht. Was mich interessiert, ist das Verfügungsrecht über den Besitz. *Heinz-Oskar Vetter*

➪ **Geld, Reichtum**

Besonnenheit

Wer vorwärts geht, ohne zurückzuschauen, wird leicht über Hindernisse stolpern, die hinter ihm liegen.
Andre Brie

Wer immer sagt, was er denkt, sollte sich schnell einen Paß besorgen. *Persisches Sprichwort*

Sage nicht alles, was du weiß, aber wisse immer, was du sagst! *Matthias Claudius*

Siege, aber triumphiere nicht!
Marie von Ebner-Eschenbach

Wer eine rasche Zunge hat, soll wenigstens langsam denken. *Aus Kreta*

Es liegt eben in der menschlichen Natur, vernünftig zu denken und unlogisch zu handeln. *Anatole France*

Überlegen macht überlegen. *Antoine de Saint-Exupery*

Es ist besser, ein Problem zu erörtern, ohne es zu entscheiden, als zu entscheiden, ohne es erörtert zu haben.
Joseph Joubert

➪ **Denken, Gedanken, Gehirn, Rationalität, Verstand, Vernunft**

Besserung

Wer sich gar zu leicht bereit findet, seine Fehler einzusehen, ist selten der Besserung fähig.
Marie von Ebner-Eschenbach

Wer einen Menschen bessern will, muß ihn erst einmal respektieren. *Romano Guardini*

Es gibt nichts, was man nicht noch besser machen könnte. Aber man kann nur fordern, wenn man selbst ein gutes Beispiel gibt! *Grete Schickedanz*

Sei immer du selbst und ändere dich täglich. Denn nur wer sich selbst verändert, bleibt sich selber treu.
Gerhard Reichel

Wer will, daß die Welt so bleibt, wie sie ist, der will nicht, daß sie bleibt. *Erich Fried*

Ein guter Mann bleibt immer Anfänger.
Latein. Sprichwort

Die besten Reformer, die die Welt je gesehen hat, sind die, die bei sich selbst anfangen.
George Bernard Shaw

Wer sich perfekt fühlt, verhindert, daß er besser wird.
Unbekannt

Alles Leben steht unter dem Paradox, daß wenn es beim alten bleiben soll, es nicht beim alten bleiben darf. *Franz v. Baader*

Der Mensch, der es unternimmt, andere zu bessern, verschwendet seine Zeit, wenn er nicht bei sich selbst beginnt. *Ignatius von Loyola*

➪ **Reformer, Ändern, Verbessern, Wandel, Fortschritt**

Beständigkeit

Beständigkeit ist oft nur die Furcht, schwach zu erscheinen, wenn man seine Meinung ändert.
Alberto Moravia

Beständigkeit ist die letzte Zuflucht des Phantasielosen. *Oscar Wilde*

➪ **Konservatismus**

Bestechung

Bei unseren Ämtern nimmt man zwar der Einfachheit halber, um unnötige Rede zu vermeiden, Bestechungen an, aber erreichen kann man dadurch nichts.
Franz Kafka

Die öffentliche Hand verkommt zum Prinzip der offenen Hand. *Arno Weinert*

Die "Kriminalität des Nadelstreifens" ist oft sehr viel gemeinschaftsschädlicher als die Brutalo-Kriminalität der Straße. *Hans-Ludwig Zachert*

Längst gehört der Einsatz von Schmiergeld zum Alltag im blitzsauberen, peniblen Deutschland, von dem man stets annahm, daß es durch preußische Ordnungstraditionen gegen italienische Tangenti oder arabische Bakschisch-Bräuche gefeit sei. *DER SPIEGEL 50/1994*

Zahlst du vorher, ist`s Bestechung, zahlst du hinterher, ist`s Dankbarkeit. *Schwäbisches Sprichwort*

➪ **Korruption**

Bestseller

Es ist ein angenehmes Gefühl der Unabhängigkeit, wenn man einen Bestseller nicht besitzt. *Danny Kaye*

Bestsellerlisten sind die Friedhofstafeln von morgen.
Siegfried Unseld

Zu einem Bestseller kommt man wie die Jungfrau zum Kind. Aber man muß empfangsbereit sein.
Heinrich Maria Ledig-Rowohlt

Bestseller sind eine wunderbare Einrichtung: man kauft Bücher, braucht sie aber nicht zu lesen.
Danny Kaye

Bestseller sind Bücher, die von vielen Leuten gelesen werden, aber nicht persönlich. *Danny Kaye*

➪ **Bücher, Literatur, Autor**

Besuch

Die erste Voraussetzung, um ein Heiliger zu werden, ist, Besuche zu ertragen. *Emile M. Cioran*

Es gibt Besucher, die so ungeschickt sind, immer dann zu kommen, wenn man zu Hause ist.
Jean Iris Murdoch

➪ **Gäste, Gastfreundschaft**

Beten

Beten heißt darum bitten, daß die Gesetze des Universums zugunsten eines einzelnen, nach eigenem Geständnis unwürdigen Bittstellers aufgehoben werden. *Ambrose Bierce*

Sage mir, zu wem du betest, wenn es dir gut geht, und ich will dir sagen, wie fromm du bist. *Kurt Tucholsky*

Erbitte Gottes Segen für deine Arbeit, aber verlange nicht auch noch, daß er sie tut. *Karl Heinrich Waggerl*

➪ **Gott, Religion, Kirche, Glaube, Christentum**

Betriebsamkeit

Betriebsamkeit ist oft Zeichen einer Flucht, die vergaß, wovor sie flieht. *Gerhard Reichel*

➪ **Streß**

Betriebsanalye

Eine Betriebsanalyse ist eine kostspielige Methode, durch betriebsfremde Fachleute das ermitteln zu lassen, was man im Betrieb seit 20 Jahren weiß.
Michael Schiff

Betriebsklima

Nicht in den Betrieben mit den höchsten Löhnen und Gehältern werden die besten Resultate erzielt, sondern dort, wo das beste Betriebsklima herrscht.
Rolf Finkenrath

Man spürt es schon beim Portier, wie die Stimmung im Hause ist. *Vertretererfahrung*

➪ **Führung, Management**

Betrug

Betrug ist die Triebkraft des Geschäfts, die Seele der Religion, der Köder der Liebeswerbung und die Grundlage politischer Macht. *Ambrose Bierce*

Bett

Wer die Geheimnisse des Bettes verrät, verdient die Liebe nicht. *Ingeborg Bachmann*

Überall schätzt eine Frau einen perfekten Gentleman, nur nicht im Bett. *Noel Coward*

Das Bett ist ein Schlachtfeld, aus dem sich jeden Morgen zwei erheben: eine Siegerin und ein Besiegter.
Unbekannt

Das Bett ist die Oper des kleinen Mannes.
Italienisches Sprichwort

Die Sexualschulung hat das Bett um die Prüfungsangst bereichert. *Werner Schneyder*

Liebe ist, wenn sie dir die Krümel aus dem Bett macht.
Kurt Tucholsky

➪ **Schlaf**

Betteln

Es gibt drei Methoden, sich durch's Leben zu schlagen: betteln, stehlen oder andere arbeiten zu lassen.
Unbekannt

Ein Bettler ist jemand, der sich auf die Hilfe seiner Freunde verlassen hat. *Ambrose Bierce*

Bewahren

Die Klugheit ist sehr geeignet zu bewahren, was man besitzt, doch allein die Kühnheit versteht zu erwerben.
Friedrich der Große

Wer will, daß die Welt so bleibt, wie sie ist, der will nicht, daß sie bleibt. *Erich Fried*

Alles Leben steht unter dem Paradox, daß, wenn es beim alten bleiben soll, es nicht beim alten bleiben darf. *Franz von Baader*

➪ **Konservatismus**

Bewunderung

Man hat längst bemerkt: je undeutlicher die Begriffe sind, die man von der Größe eines Menschen hat, desto mehr wirken sie auf das Blut und desto enthusiastischer wird die Bewunderung.
Georg Christoph Lichtenberg

Bewunderung ist die höfliche Anerkennung für diejenigen, die uns ähnlich sind. *Ambrose Bierce*

Sei wie das Veilchen im Moose, sittsam, bescheiden und rein, und nicht wie die stolze Rose, die stets bewundert will sein. *Aus dem Poesiealbum*

Beziehung

Eine Beziehung ist etwas, was sich zwischen zwei Menschen abspielt, während sie warten, daß sie was Besseres finden. *Gerhard Reichel*

➪ **Ehe**

Zu guten Beziehungen kommt man am schnellsten, wenn man den Anschein erweckt, sie zu besitzen.
Sigmund Graff

Es gibt nur einen wirklichen Reichtum: die menschlichen Beziehungen. *Antoine de Saint-Exupery*

90% aller Leute haben es "zu wenig gebracht", weil sie sich einer falschen Gruppe Menschen anschlossen.
Unbekannt

Es ist häufig nützlicher, viele zu kennen, als viel zu wissen. *Robert Lembke*

➪ **Kontakt, Begegnung**

Bibel

Die Bibel ist das heilige Buch unserer Religion, im Unterschied zu den falschen und profanen Schriften, auf denen alle anderen Glaubenslehren beruhen.
Ambrose Bierce

Bibliotheken

Bibliotheken sind geistige Tankstellen der Nation.
Helmut Schmidt

Bier

Der Genuß eines frisch gezapften Bieres ist wie das Versinken in den Armen einer Geliebten.
Johannes Schulters

Bier: eine Symbiose aus Natur, Braukunst und Sinnesfreude. *Johannes Schulters*

Ein gutes Bier muß "Wiederwillen" erzeugen - sodaß man es immer wieder will. *Johannes Schulters*

➪ **Alkohol**

Bigamie

Bigamie ist das Musterbeispiel eines unsozialen Verhaltens: Sie bringt die Scheidungsanwälte um ihr Honorar. *George Cox*

Bigamie ist eine Möglichkeit, zugleich die Schmutzwäsche der Scheidung und die Last von Unterhaltszahlungen zu vermeiden. *Oliver Herford*

Bigamie ist der Versuch, ein Übel zu verkleinern, indem man es verdoppelt. *Helmar Nahr*

Bilanz

"Den Jahresüberschuß tragen Sie in Schwarz ein", sagt der Chef zu seinem Buchhalter. "Wir haben aber keine schwarze Tinte mehr." - "Mensch, dann kaufen Sie eben welche." "Dann sind wir aber wieder in den roten Zahlen!" *Unbekannt*

Eine Bilanz ist nicht das, was ist - sondern das, was gemacht wird. *Unbekannt*

Eine Bilanz ist das, was sich nach besten Wissen und Gewissen nicht mehr verstecken läßt. *Unbekannt*

Ein Unternehmen ohne aktuelle Zahlen, ist wie Blindflug im Nebel ohne Radar, - oder wie ein Kapitän, der mit der Stange im Nebel stochert. *Gerhard Reichel*

Unter Bilanz versteht man Unzucht mit Zahlen. *Unbekannt*

Die Bilanz ist das Jahreszeugnis des Managers. *Helmar Nahr*

Bild

Bilder malen lernt man ja ganz von selbst, aber wie man Bilder verkauft, das sollten sie einem auf der Akademie beibringen. *Olaf Gulbransson*

Wer immer im Bilde ist, fällt nicht so leicht aus dem Rahmen. *Hans Joachim Clarin*

Wir werden allmählich das Bild, das die anderen sich von uns machen. *Vance Packard*

Der Ausdruck der Leute, die sich in Gemäldegalerien bewegen, zeigt eine schlecht verhehlte Enttäuschung darüber, daß dort nur Bilder hängen. *Walter Benjamin*

Wer mir sagen kann, warum ein Bild schön ist, dem bezahle ich eine Flasche. *Edgar Degas*

Erinnerungen sind ein goldener Rahmen, der jedes Bild freundlicher macht. *Carl Zuckmayer*

Wenn es nur eine einzige Wahrheit gäbe, könnte man nicht hundert Bilder über dasselbe Thema malen. *Pablo Picasso*

➪ **Malen**

Bildröhre

Die Bildröhre ist das Präservativ der Realität. *Dieter Hildebrandt*

➪ **Fernsehen, Medien**

Bildung

Bildung ist ein unentreißbarer Besitz. *Menander*

Bildung ist das, was übrigbleibt, wenn wir vergessen, was wir gelernt haben. *Halifax*

Eine umfassende Bildung ist eine gut dotierte Apotheke; aber es besteht keine Sicherheit, daß nicht für Schnupfen Zyankali gereicht wird. *Karl Kraus*

Die Schulbildung sollte nicht nach einer passiven Kenntnisnahme toter Ereignisse streben, sondern nach einer Aktivität, gerichtet auf die Welt, die unsere Bemühungen schaffen sollen. *Bertrand Russell*

Bildung ist etwas Wunderbares. Doch sollte man sich von Zeit zu Zeit daran erinnern, daß wirklich Wissenswertes nicht gelehrt werden kann. *Oscar Wilde*

Unser Bildungssystem wirkt wie ein Trichter. Es trichtert immer mehr Menschen zum Abitur. Und dort verstopfen sich die Studenten gegenseitig den Weg zur Hochschule. *Prof. Hartmut von Hentig*

Wo Intelligenz ist, stellt sich die Bildung von selber ein. *Louis Bromfield*

Es kann doch nicht der Sinn von Bildung sein, daß jeder Einsteins Relativitätstheorie erklären, aber keiner mehr einen tropfenden Wasserhahn reparieren kann. *Norbert Blüm*

Das große Ziel der Bildung ist nicht Wissen, sondern Handeln. *Herbert Spencer*

Aus der Schulzeit sind mir nur die Bildungslücken in Erinnerung geblieben. *Oskar Kokoschka*

Herkunft ist viel, Bildung ist mehr. *Gerhard Reichel*

Es ist ein Beweis hoher Bildung, die größten Dinge auf einfachste Art zu sagen. *Ralph Waldo Emerson*

Eine gute Bildung ist für die Jugend ein gutes Zuchtmittel, für das Alter ein Trost, für die Armen Reichtum und für die Reichen ein Schmuck. *Diogenes*

Es erschreckt mich festzustellen, daß in Rußland jeder Student mehr über Goethe weiß als in Deutschland eine ganze Schulklasse. *Axel Springer*

Das wichtigste Ergebnis aller Bildung ist Selbsterkenntnis. *Gerhard Reichel*

Der Mensch ist, was er als Mensch sein soll, erst durch Bildung. *Georg Wilhelm Friedrich Hegel*

So ein bißchen Bildung ziert den ganzen Menschen. *Heinrich Heine*

Bildung ist das, was die meisten empfangen, viele weitergeben und wenige haben. *Karl Kraus*

Bildung ist eines der wünschenswertesten Ziele, für das niemals zuviel von dem Geld anderer Leute aufgewendet werden kann. *Institute of Economic Affairs*

Bildung ist das, was übrig bleibt, wenn der letzte Dollar weg ist. *Mark Twain*

Bildung im zwanzigsten Jahrhundert erfordert vor allem und zunächst die instinktsichere Abwehr unzähliger Informationen. *Hans Kasper*

Mag die allgemeine Schulbildung des Managers und seine Fortbildung als Erwachsener noch so gut sein, vor allem anderen wird in der Zukunft, wie in der Vergangenheit auch, nicht die Bildung, nicht das Können entscheidend sein, sondern die Lauterkeit des Charakters. *Peter F. Drucker*

Halbbildung bedeutet über alles ein bißchen Bescheid wissen und sich den überzeugenden Anschein geben, man wisse es nicht nur halb. *Peter Zilian*

Halbgebildete sind Leute, die glauben, Shaw habe sein Stück "Pygmalion" nach Motiven aus "My Fair Lady" geschrieben. *Paul Hubschmid*

Wahre Universalität besteht nicht darin, daß man vieles weiß, sondern daß man vieles liebt.
Carl Jacob Burckhardt

Bildung ist die Fähigkeit, fast alles anhören zu können, ohne die Ruhe zu verlieren oder das Selbstvertrauen.
Robert Lee Frost

Die beste Bildung findet ein gescheiter Mensch auf Reisen. *Goethe*

Gebildet ist, wer Parallelen zu sehen vermag. Dummköpfe sehen immer wieder etwas ganz Neues.
Sigmund Graff

Es gibt nur eines, was auf Dauer teurer ist als Bildung: keine Bildung. *John F. Kennedy*

Bildung ist nicht Wissen, sondern Interesse am Wissen. *Hans Margolius*

➪ **Ausbildung, Fortbildung, Weiterbildung, Wissen, Schule**

Biologie

Die nächsten zwanzig Jahre werden das Zeitalter der Biologie sein, in der Art, wie die letzten zwanzig Jahre das Zeitalter der Mikroelektronik waren. *John Naisbitt*

Biologie wird im 21. Jahrhundert den heutigen Rang von Chemie und Physik einnehmen. *John Naisbitt*

Blechinstrument

Das Schädliche an den Blechinstrumenten liegt in der Tatsache, daß sie die Lungen stärken und damit das Leben der Musikanten verlängern.
George Bernard Shaw

Blödelei

Blödelei ist die billigste Form der Psychotherapie für Menschen, die an Melancholie leiden. *Peter Vogel*

Borniertheit

Jeder Mensch hat ein Brett vor dem Kopf. Es kommt nur auf die Entfernung an.
Marie von Ebner-Eschenbach

Auch die Bretter, die man vor dem Kopf hat, können die Welt bedeuten. *Werner Finck*

Wo ein Kopf durch die Wand will, ist der Sachschaden gering, der Dachschaden erheblich. *Ernst R. Hauschka*

Wenn ein wirklich großer Geist in der Welt erscheint, kann man ihn untrüglich daran erkennen, daß sich alle Dummköpfe gegen ihn verbünden. *Jonathan Swift*

➪ **Beschränktheit, Dummheit**

Börse

Wer viel Geld hat, kann spekulieren. Wer wenig Geld hat, darf nicht spekulieren. Wer kein Geld hat, muß spekulieren. *Andre Kostolany*

Die ganze Börse hängt nur davon ab, ob es mehr Aktien gibt als Idioten oder mehr Idioten als Aktien.
Andre Kostolany

Ein Börsenfachmann liegt in hohem Fieber. Er fragt die Krankenschwester, wie hoch die Temperatur sei. "41 Grad", antwortet die Schwester tiefernst. "Gut", sagt der Kranke, "bei 42 verkaufen Sie!" *Unbekannt*

Wie kann man von der Börse Zuverlässigkeit und Beständigkeit erwarten, wo sie doch in den meisten Sprachen weiblichen Geschlechtes ist? *Raoult Bouchat*

Das Böse

Die Gefährlichkeit des Bösen wächst mit der Anständigkeit seiner Gegner. *Sigmund Graff*

Niemals tut man so vollständig und so gut das Böse, als wenn man es mit gutem Gewissen tut.
Blaise Pascal

Wer nichts Böses tut, hat damit noch nichts Gutes getan. *Karl Heinrich Waggerl*

Die schönste List des Teufels ist es, uns zu überzeugen, daß es ihn nicht gibt. *Charles Baudelaire*

Das Böse kann nicht mit der ganzen Seele getan werden; das Gute kann nur mit der ganzen Seele getan werden. *Martin Buber*

Es würde sehr wenig Böses auf Erden getan werden, wenn das Böse niemals im Namen des Guten getan werden könnte. *Marie von Ebner-Eschenbach*

Das Böse wird am unauffälligsten und häufigsten durch die Sanftmütigen gefördert, die sich dagegen blind und taub stellen. *Sigmund Graff*

Botschafter

Ein Botschafter ist ein Mann, der von der Regierung bezahlt wird, damit er das Land verläßt. *Unbekannt*

Ein Botschafter ist ein Mann, der verschlüsselt nach Hause drahtet, was die Zeitungen schon vor drei Tagen gebracht haben. *Roger Peyrefitte*

Ein Botschafter ist ein anständiger Mensch, den man ins Ausland schickt, damit er dort zum Wohl seines Vaterlandes lügt. *Henry Wotton*

➪ **Diplomaten**

Braut

Die Würze einer langen Verlobungszeit liegt darin, daß die Bräute wechseln. *Alexander Roda Roda*

Eine Braut ist ein Mädchen, das nicht daran denkt, daß es die Aufmerksamkeiten vieler Männer gegen die Unaufmerksamkeit eines einzelnen eintauscht. *Unbekannt*

Eine Braut ist ein Mädchen, das noch keinen hat, aber schon einen weiß. *Unbekannt*

Braut: eine Frau, die eine schöne Glückserwartung hinter sich hat. *Ambrose Bierce*

Venedig ist meistens die zweite Enttäuschung der Braut auf der Hochzeitsreise. *Alberto Sordi*

➪ **Hochzeit, Ehe**

Bräutigam

Ein Bräutigam ist ein Mann, der es nicht fertiggebracht hat, zugleich ein Mädchen und den Mund zu halten. *Dan Bennett*

Bridge

Bridge ist ein Spiel, das die Gedanken der Damen beschäftigt, während sie reden. *Unbekannt*

Brief

Stil und Geist von Briefen sind immer das eigentliche Zeichen der Zeit. *Friedrich Nietzsche*

Ein Brief errötet nicht. Aber er vergilbt. *Erhard Blanck*

Ich habe einen jungen Mann gekannt, der sich durch das Laster, alle Briefe zu beantworten, ruiniert hat. *Oscar Wilde*

Briefe schreiben ist die einzige Möglichkeit, Einsamkeit und Geselligkeit zu verbinden. *Lord Byron*

Brille

Die Brille ist der Sieg der Neugier über die Eitelkeit. *Robert Lembke*

Brüderlichkeit

Wir haben gelernt, wie die Vögel zu fliegen, wie die Fische zu schwimmen; doch wir haben die einfache Kunst verlernt, wie Brüder zu leben. *Martin Luther King*

Brüllen

Wenn schon gebrüllt werden muß, dann wie ein Löwe. *Äthiopisch*

Bücher

Bücher haben Ehrgefühl. Wenn man sie verleiht, kommen sie nicht mehr zurück. *Theodor Fontane*

Man sollte niemals ein Buch lesen, bloß weil es auf irgendeiner Bestsellerliste steht oder weil es einem zeitgenössischen Trend entspricht. Richtiges Lesen ist Bürsten gegen den Strich. *Doris Lessing*

Wenn ich Diktator wäre, würde ich das Ausleihen von Büchern gesetzlich untersagen. *William Saroyan*

Es ist erst der Leser, der das Buch zum Buch macht, indem er es liest. *Francis Ponge*

Die meisten Bücher sind doch wie die Weiber: In einem Zug genossen und dann fort. *Hugo von Hoffmannsthal*

Hungriger, greif nach dem Buch: Es ist eine Waffe.
Bertolt Brecht

In einem guten Buche stehen mehr Wahrheiten, als sein Verfasser hineinzuschreiben meint.
Marie von Ebner-Eschenbach

Der Ungebildete ist ein Mensch, der oft ein schlechtes Buch für gut hält. Der Gebildete ist ein Mensch, der genauso oft ein gutes Buch für schlecht hält.
Robert Lynd

Je besser ein Buch, um so mehr Nichtleser zieht es an.
Nikolaus Cybinski

Es ist immer noch besser, ein gutes Buch wird gekauft und nicht gelesen, als wenn es gar nicht erst gekauft wird. *Marcel Reich-Ranicki*

Intellektuelle sind Leute, die über Bücher reden, die andere Leute geschrieben haben. *Francoise Sagan*

Die neuesten Bücher sind jene, die nicht altern.
Holbrook Jackson

Ein Buch ist wie ein Garten, den man in der Tasche trägt. *Afrik. Sprichwort*

Streng genommen hat nur eine Sorte Bücher das Glück unserer Erde vermehrt: die Kochbücher.
Joseph Conrad

Bücherschreiben ist das einzige Verbrechen, bei dem sich der Täter bemüht, Spuren zu hinterlassen.
Gabriel Laub

Die einzigen, die an die Wichtigkeit der Frankfurter Buchmesse glauben, sind die zu Hause gebliebenen Gattinnen. *Hans Habe*

Ein sicheres Zeichen von einem guten Buch ist, wenn es einem immer besser gefällt, je älter man wird.
Georg Christoph Lichtenberg

Das Buch ist ein Licht des Herzens, ein Spiegel des Lebens, ein Lehrmeister der Jugend, ein Vertreiber des Lasters, eine Kurve der Klugen, ein köstlicher Hauptschmuck der Weisen, eine Ehre derer, die in Ehren sind, eine Zierde der Gelehrten, ein Gefährte auf der Reise, ein Freund zu Hause, ein Schwatzgeselle, wenn man gleich schweigt, ein Behältnis der Beredsamkeit, ein Garten voller Früchte, eine Wiese von unterschiedlichen Blumen, der Anfang des Verstandes, ein Vorrat des Gedächtnisses. *Daniel Georg Morhof*

Die Kultur eines Volkes ist meßbar. Man erkennt sie an der Dicke des Staubes auf den Bücherrücken in den öffentlichen Bibliotheken. *John Steinbeck*

Bücher sind wie Weinflaschen; der Staub darauf spricht für Qualität. *Ernst Heimeran*

Manche verdanken den Büchern ihr Wissen, manche ihre Torheit. *Plinius der Ältere*

Bücher sind heute fast ebenso schnell verderblich wie Austern und Schlagsahne. *John Burns*

Die Bestseller-Listen sind die Friedhofstafeln von morgen. Was dort oben steht, hat fast nie die Chance, zu überleben. *Siegfried Unseld*

Die ganze Bestsellerei finde ich schrecklich - die literarische Bundesligatabelle, die jede Woche erscheint. *Heinrich Böll*

Auch den Möbelpackern sind Leute, die Bücher lesen, zuwider. Aber sie haben wenigstens einen guten Grund dafür. *Gabriel Laub*

Welches sind die drei dünnsten Bücher der Welt? Die israelische Küche, die italienischen Heldensagen und der Schweizer Humor. *Johannes Groß*

Bücher sind Brillen, durch die die Welt betrachtet wird. *Ludwig Feuerbach*

Ein Buch ist ein Freund, der dich nie verrät.
Jüdisches Sprichwort

Ein Autor, der über seine Bücher spricht, ist fast so schlimm wie eine Mutter, die von ihren Kindern erzählt. *Disraeli*

Eine Büchersammlung ist der Gegenwert eines großen Kapitals, das geräuschlos unberechenbar Zinsen spendet. *Johann Wolfgang von Goethe*

Man sollte auch gute, ja, ausgezeichnete Bücher verbieten, bloß damit sie mehr gelesen und beachtet werden. *Albert Camus*

Es ist an der Zeit, Denkmäler für Leute zu errichten, die noch kein Buch geschrieben haben. *George Mikes*

Ein Bücherschatz ist wie ein geistiger Baum, der Bestand hat und seine köstlichen Früchte spendet von Jahr zu Jahr, von Geschlecht zu Geschlecht.
Thomas Carlyle

Eine seltsamere Ware als Bücher gibt es wohl schwerlich in der Welt. Von Leuten gedruckt, die sie nicht verstehen; von Leuten verkauft, die sie nicht verstehen; gebunden, rezensiert und gelesen von Leuten, die sie nicht verstehen, und nun gar geschrieben von Leuten, die sie nicht verstehen.
Georg Christoph Lichtenberg

Literatur is wat so inne Bücher steht, wo zum Herzeigen da sind. *Jürgen von Manger*

Das Verhältnis vieler Menschen zur Literatur ist gestört, weil man von ihnen in der Kindheit verlangt hat, sich die Hände zu waschen, bevor sie ein Buch anfassen durften. *William Crealy*

➪ **Autor, Literatur, Bestseller**

Buchdruck

Mehr als das Gold hat das Blei in der Welt verändert. Und mehr als das Blei in der Flinte das im Setzkasten. *Georg Christoph Lichtenberg*

Buchhändler

Der Buchhändler ist einer, der aufgrund übereinstimmender Aussagen von Autoren und Verlegern die alleinige Schuld am Mißerfolg eines Buches trägt. *Hans Weigel*

Bündnis

Bündnis: die Vereinigung zweier Diebe, die ihre Hände so tief in den Taschen des anderen stecken haben, daß sie nicht unabhängig voneinander einen dritten ausplündern können . *Ambrose Bierce*

Bürger

Keine Regierung und keine Bataillone vermögen Recht und Freiheit zu schützen, wo der Bürger nicht imstande ist, selber vor die Haustüre zu treten und nachzusehen, was es gibt. *Gottfried Keller*

Mündige Bürger müssen den Mund aufmachen. *Gerhard Reichel*

Bürokratie

Die Bürokratie ist ein gigantischer Mechanismus, der von Zwergen bedient wird. *Balzac*

Ein Bürokrat ist ein Mann, der Brigitte Bardot mit "Frau Sachs" anspricht. *Jean Gabin*

Wir müssen wieder mehr Menschen dazu bringen, sich als Existenzgründer zu versuchen. Dafür brauchen sie aber nicht nur Geld, sondern auch psychologischen Beistand im Kampf gegen die Bürokratie. Deshalb sollte in allen Ratshäusern ein Schild stehen: Unternehmer gesucht - hier sind Menschen willkommen, die sich selbständig machen wollen. *Klaus E. Bregger*

Bürokratie ist nichts anderes als eine gut organisierte Seuche. *Cyril Northcote Parkinson*

Bürokraten bekämpft man am besten, indem man ihre Vorschriften genau befolgt. *Cyril Northcote Parkinson*

Bürokratie und Fiskus haben vier Millionen Schwarzarbeiter in die Illegalität getrieben. Geringere Steuern und weniger Staat ebnen den Weg zurück in die Legalität. *Eberhard Hamer*

Kleinlebewesen vermehren sich durch Zellteilung, Bürokraten durch Arbeitsteilung. *Unbekannt*

Überschuhe und Mäntel dürfen im Büro nicht getragen werden, da dem Personal ein Ofen zur Verfügung steht. Ausgenommen sind bei schlechtem Wetter Halstücher und Hüte. Außerdem wird empfohlen, in Winterzeiten täglich vier Pfund Kohle pro Personalmitglied mitzunehmen. *Aus einer Büroordnung in Jahre 1863*

Wer sagt, daß ein Beamter kein Beschäftigungsrisiko hat? Jeden Augenblick kann die Tür aufgehen und ein Antragsteller hereinkommen. *Helmar Nahr*

Ein Beamter ist oft ein Mann, der sich durch den Fleiß seiner Untergebenen auszeichnet. *"Fliegende Blätter"*

Vor 40 Jahren kamen auf einen Beamten vier Selbständige. Heute stehen jedem Staatsdiener nur noch ein Unternehmer gegenüber. *Wolfram Gruhler*

Beamte sind wie die Bücher einer Bibliothek: die am wenigsten brauchbaren sind am höchsten plaziert. *Thomas L. Masson*

Das Vaterunser hat 56 Wörter, die Zehn Gebote haben 297. Aber eine Verordnung der EG-Kommission über den Import von Karamellprodukten hat 26911 Wörter. *Alwin Münchmeyer*

Bürokratie ist die Vervielfältigung von Problemen durch die Einstellung weiterer Beamter. *Cyril Northcote Parkinson*

Liberal ist, wer sich selbst vertraut und etwas gegen Staat und Bürokratie hat. *Karl Moersch*

Früher waren es auch in Straßburg und Brüssel die Deutschen, von denen Liberalisierungsvorstöße kamen - jetzt sind es die Europäer, die sich dem aus Deutschland kommenden Wirtschaftswürgegriff entgegenstemmen. *Roland Tichy*

Selbst das Bürokratiemonster Brüssel denkt inzwischen liberaler und unbürokratischer als bundesdeutsche Behörden. *Roland Tichy*

Wir brauchen Bürokratien, um unsere Probleme zu lösen. Aber wenn wir sie erst haben, hindern sie uns, das zu tun, wofür wir sie brauchen. *Ralf Dahrendorf*

Bürokraten sind die Militaristen des Papierkriegs. *Cyril Northcote Parkinson*

Das Formular ist, neben dem Schalter, das wirksamste Mittel, dem Bürger Respekt abzunötigen.
Werner Finck

Beamte sind die besten Ehemänner - am Abend sind sie nie müde und die Zeitung haben sie auch schon gelesen. *Unbekannt*

Von allen Plagen in unserem Wirtschaftsleben ist die Bürokratie die weitaus schlimmste. *E. Kishon*

Das deutsche Schicksal: "Vor einem Schalter zu stehen." Das deutsche Ideal: "Hinter einem Schalter zu stehen." *Unbekannt*

Aus einer Zeitungsmeldung: "Beim Brand des Gemeindehauses wurden drei Beamte leicht verletzt. Menschen kamen nicht zu Schaden." *Unbekannt*

Bei der Eigentumsprüfung für die höhere Beamtenlaufbahn wird ein Bewerber gefragt: "Jemand kauft eine Ware für 15,20 DM und verkauft sie für 12,80 DM weiter. Hat er da Verlust oder Profit gemacht?" Der Kandidat: "Bei den Märkern hat er etwas verloren, aber bei den Pfennigen hat er enorm gewonnen."
Unbekannt

"Willst Du Butter von den Behörden, schicke Milch auf den Dienstweg." *Unbekannt*

➪ **Beamte**

C

Callgirl

Ein Callgirl ist ein Mädchen, das einem Ruf folgt, ohne auf seinen Ruf zu achten. *Unbekannt*

Callgirl ist der einzige Frauenberuf in Deutschland, in dem man es auch ohne Abitur noch zu was bringen kann. *Unbekannt*

Casanova

Ein Casanova ist ein Mann, der Frauen so lange nachläuft, bis sie ihn erwischt haben. *Unbekannt*

➪ **Macho, Herzensbrecher**

Chance

Die Chance klopft öfter an, als man meint, aber meistens ist niemand zu Hause. *Will Rogers*

Von den Chinesen könnten wir einiges lernen. Man hat mir gesagt, sie hätten ein und dasselbe Schriftzeichen für die Krise und für die Chance. *Richard von Weizsäcker*

Wohin wir auch blicken, überall entwickeln sich die Chancen aus den Problemen. *Nelson A. Rockefeller*

Deutsche Manager sollten mehr Risikobereitschaft zeigen. Der Anspruch, lebenslang abgesichert zu sein, sollte abgebaut werden. Arbeitnehmer müßten flexibler werden, Chancen erkennen und anpacken. Das speziell deutsche Syndrom vom scharfen Trennen zwischen Beruf und Privatleben sollte abgebaut werden. Auf Freizeit muß freiwillig verzichtet werden. *Apple Computer GmbH*

Wenn wir heute bereit sind, ein zukunftorientiertes Chancen-Management einzuführen, werden wir morgen auf ein entwürdigendes Krisen-Management verzichten können. *Gerhard Reichel*

Wenn ich von jemandem ein Butterbrot haben will und er bietet mir eine Schnitte trockenes Brot, dann nehme ich die trockene Scheibe; die Butter hole ich mir dann eben später. *Konrad Adenauer*

Das "Zu spät" ist die große Totenglocke der Geschichte. *Rudolf Augstein*

Doch der den Augenblick ergreift, das ist der rechte Mann. *Johann Wolfgang von Goethe*

Wer zu spät kommt, den bestraft das Leben. *Michail Gorbatschow*

Bereit sein ist viel, warten können ist mehr, doch erst den rechten Augenblick nützen ist alles. *Arthur Schnitzler*

Geringfügige Chancen sind schon oft der Beginn großer Unternehmungen gewesen. *Demosthenes*

Eine Chance ist keine Kunst; die Kunst ist, die richtige Chance zu nutzen. *Unbekannt*

Die meisten Menschen laufen verpaßten Chancen hinterher. *Gerhard Reichel*

➪ **Entschlossenheit, Entscheiden, Gelegenheit**

Charakter

Die Wahrscheinlichkeit, auf Menschen jenseits von Gut und Böse zu stoßen, drastischer gesagt: auf Charakterschweine, ist in keiner Menschengruppe so hoch wie bei den Großen der Weltgeschichte *Wolf Schneider*

Willst du den Charakter eines Menschen erkennen, so gib ihm Macht *Abraham Lincoln*

Für die Charakterbeurteilung eines Menschen ist es sehr aufschlußreich, zu beobachten, über was er sich ärgert. *Unbekannt*

Nie zeichnet der Mensch den eigenen Charakter schärfer, als in seiner Manier, einen fremden zu zeichnen. *Jean Paul*

Vielleicht verdirbt Geld den Charakter. Auf keinen Fall aber macht Mangel an Geld ihn besser. *John Steinbeck*

In der Nacht hat der Mensch nur ein Nachthemd an, und darunter kommt gleich der Charakter
Robert Musil

Charakter ist das, was man hat, wenn keiner zuschaut.
Siegfried Lowitz

Die Schilderung der schlechten Charaktere gelingt oft besser als die der guten, weil sie in uns selber schlummern. *Ernst Jünger*

Der Charakter einer Frau zeigt sich nicht, wo die Liebe beginnt, sondern wo sie endet. *Rosa Luxemburg*

Wenn überhaupt keine Winde wehen, hat sogar der Wetterhahn Charakter. *Stanislaw Jerzy Lec*

Wenn nur noch Gehorsam gefragt ist und nicht mehr Charakter, dann geht die Wahrheit, und die Lüge kommt. *Ödön v. Horvath*

Er hatte gar keinen Charakter, sondern wenn er einen haben wollte, mußte er immer erst einen annehmen.
Georg Christoph Lichtenberg

Der Sprung nach oben hinterläßt oft auch im Charakter einen Sprung. *Gerhard Uhlenbruck*

Kein Charakter ist so schlecht, daß er nicht noch verdorben werden könnte. *Hermann Kesten*

Mag die allgemeine Schulbildung des Managers und seine Fortbildung als Erwachsener noch so gut sein, vor allem anderen wird in der Zukunft, wie in der Vergangenheit auch, nicht die Bildung, nicht das Können entscheidend sein, sondern die Lauterkeit des Charakters. *Peter F. Drucker*

Drei Charaktere hat mancher Vorgesetzte: einen, den er hat; einen, den er zeigt und einen, den er zu haben glaubt. *Unbekannt*

Leute mit Mut und Charakter sind den anderen Leuten immer sehr unheimlich. *Hermann Hesse*

Eine Kleinigkeit verrät oft mehr von dem Charakter eines Menschen als eine große Tat. *Friedl Beutelrock*

In großen Dingen zeigen sich die Menschen so, wie man es von ihnen erwartet, in kleinen geben sie sich so, wie sie sind. *Chamfort*

Ein Talent können wir nach einer einzigen Manifestation anerkennen. Für die Anerkennung eines Charakters bedürfen wir eines langen Zeitraumes.
Heinrich Heine

Es gibt Leute, die als charaktervoll gelten, nur weil sie zu bequem sind, ihre Ansichten zu ändern.
Robert Lembke

Die meisten Menschen sind Münzen, nur wenige sind Prägestöcke. *Wilhelm Raabe*

Wer seine Pflicht erfüllt, hat Charakter, wer nur seine Pflicht erfüllt, hat keinen. *Hellmut Walters*

Ohne Charakter gibt es keinen langfristigen Erfolg
Gerhard Reichel

Charakter ist ein wesentliches Hindernis für den Erfolg im Leben. *Unbekannt*

Charakter ist ein Fels, an welchem gestrandete Schiffer landen und anstürmende scheitern. *Immanuel Kant*

➪ **Persönlichkeit**

Charakterlosigkeit

Charakterlosigkeit ist ein Mythos, den biedere Individuen geschaffen haben, um die Faszinationskraft anderer Leute erklären zu können. *Oscar Wilde*

Charakterstärke

Charakterstärke ist oft nichts anderes als Gefühlsschwäche. *Arthur Schnitzler*

Charisma

Charisma in der Politik ist wie Potenz im Bett: entweder man hat es oder man hat es nicht, lernen kann man es keinesfalls. *Burt Billings*

Was also ist Charisma? Charisma hat der, der anderen hilft zu träumen (eine Vision zu haben), der sie stark fordert, der sie anleitet, neue Wege zu gehen und der ihnen hilft, persönlich zu wachsen. *Roland Henssler*

Charme

Charme ist die Gabe, den anderen vergessen zu lassen, daß er so aussieht, wie er aussieht
Französische Weisheit

Charme ist jene Gabe, die andere vergessen läßt, daß man aus dem Munde riecht. *Jean-Paul Lafargue*

Charme ist, was manche Leute haben, bis sie beginnen, sich darauf zu verlassen. *Simone de Beauvoir*

Charme ist das, was übrig bleibt, wenn alles andere schwindet. *Francoise Rosay*

Charme ist jener Teil der Persönlichkeit, von dem man gar nicht weiß, daß man ihn besitzt. *Unbekannt*

Charme ist die Chance der Häßlichen. *Sigmund Graff*

Charme ist ein Juwel, das nachläßt zu funkeln, sobald der Besitzer von ihm weiß. *Ilse Schreiber*

Charme ist das, was übrigbleibt, wenn alles andere schwindet.

FRANCOISE ROSAY

Chef

Wenn man einen Menschen richtig beurteilen will, so frage man immer: "Möchtest Du den zum Vorgesetzten haben?" *Kurt Tucholsky*

Es gibt keine schlechten Mitarbeiter, sondern nur schlechte Chefs. *Rudolf Leiding*

Wenn der Chef brüllt, dürfen Sie sich seine Unsicherheit nicht anmerken lassen. *Matthias Scharlach*

Wer die erste Geige spielen will, muß immer den richtigen Ton treffen. *Gerhard Uhlenbruck*

Erstklassige Männer stellen erstklassige Männer ein, zweitklassige nur drittklassige. *Franz Luwein*

Ein Chef kann, seine Mitarbeiter müssen Psychologen sein. *Matthias Scharlach*

Ein gescheiter Mann muß so gescheit sein, Leute einzustellen, die viel gescheiter sind als er.
John F. Kennedy

Was wir am nötigsten brauchen ist ein Mensch, der uns zwingt, das zu tun, was wir können.
Ralph Waldo Emerson

Typ Großmaul mit Bauch, Glatze, Zigarre und Nadelstreifen. *Unbekannt*

Wer zu spät kommt, hat mehr vom Chef! *Unbekannt*

Unser Chef ist wie ein Blinddarm: Oft gereizt und völlig nutzlos. *Unbekannt*

Unser Chef ist ein Tierfreund. Jeden Tag macht er einen zur Sau. *Unbekannt*

Es gibt Chefs, die muß man einfach gern haben!!! Sonst fliegt man raus. *Unbekannt*

Stellen Sie sich Ihren Chef nackt in der Wüste vor. Wenn er jetzt noch auf Sie Eindruck macht, sollten Sie weiter für ihn arbeiten. *Matthias Scharlach*

10 Regeln für schlechte Chefs:

1. Geben Sie niemals zu klare Anweisungen. So können Sie für alle Fehler, die vorkommen, Ihre Mitarbeiter verantwortlich machen
2. Auf Fragen Ihrer Mitarbeiter antworten Sie: "Machen Sie es, wie Sie wollen!" Hinterher stellen Sie den Angestellten scharf zur Rede, wenn er es nicht so gemacht hat, wie Sie es sich vorstellten
3. Loben Sie Mitarbeiter nie; das macht sie übermütig. Tadeln Sie häufig und betrachten Sie jede Arbeit kritisch; es läßt sich immer etwas aussetzen!
4. Lassen Sie Ihre Mitarbeiter über Ihre Pläne und Absichten im Unklaren. Denken und Planen ist nur Ihre Sache. Treten Sie jedem Versuch eines Mitarbeiters, Vorschläge machen zu wollen, energisch entgegen
5. Jeder Mensch hat Schwächen (außer Ihnen natürlich!). Beobachten Sie solche Schwächen Ihrer Mitarbeiter und halten Sie sie ihnen bei jeder Gelegenheit vor, möglichst dann, wenn andere zuhören
6. Lassen Sie Ihre Mitarbeiter stets fühlen, daß sie von Ihnen abhängig sind. Halten Sie sie im ungewissen über Ihre Beurteilung und ihr berufliches Schicksal
7. Geben Sie keinesfalls eigene Fehler oder Irrtümer zu. Beharren Sie fest auf Ihrem Standpunkt. Sie werden schon einen Sündenbock finden, auf den Sie die Schuld abwälzen können
8. Behalten Sie Ihre Fachkenntnisse für sich und lassen Sie Ihre Mitarbeiter nur das Allernotwendigste wissen. Die Abteilung muß stillstehen. Nur so können Sie beweisen, wie unentbehrlich Sie sind
9. Tun Sie soviel wie möglich selbst und geben Sie Ihren Mitarbeitern deutlich zu verstehen, daß nur Sie die Arbeiten in Ihrer Abteilung beherrschen und daß Sie nur notgedrungen einiges davon abgeben
10. Schieben Sie wichtige Arbeiten bis zur letzten Minute auf. Machen Sie überhaupt alles so eilig wie möglich, damit etwas Leben in die Leute kommt. Welch schönes Gefühl, wenn alles auf Ihren Wink durcheinandereilt! *Unbekannt*

Vom Umgang mit Vorgesetzten und anderen Mitmenschen: Wenn ein Stier auf einen zurennt, muß man sich nicht schnell noch eine rote Weste anziehen.
Harry Truman

Je höher die Stellung eines Vorgesetzten, desto mehr Fehler darf er machen. Und wenn er nur noch Fehler macht, dann ist das sein Stil. *Fred Astaire*

Zivilcourage ist das, was von einem Menschen übrigbleibt, wenn der Vorgesetzte das Zimmer betritt.
Wernher von Braun

Eine Frau, die die Stellung ihres Mannes bei seinen Vorgesetzten festigt, festigt auch ihre eigene im Haus.
Otto Flake

Der Chef ist ein Mann, der früh kommt, wenn man zu spät ist, und spät kommt, wenn man früh dran ist.
Unbekannt

Ein Chef ist nicht der, der etwas tut, sondern der, der das Verlangen weckt, etwas zu tun. *Edgar Pisani*

Ein Chef ist eine einflußreiche Persönlichkeit im Betrieb, die angenehme Dinge den Arbeitnehmern selbst mitteilt, unangenehme aber durch Dritte mitteilen läßt.
Michael Schiff

➪ **Vorgesetzte, Führung, Management, Mitarbeiter**

Chic

Chic ist der i-Punkt auf dem i. Ohne Punkt würde das i niemals auffallen. *Anita Daniel*

Chirurg

Ein Chirurg ist ein Zeitgenosse, der besonders liebenswürdig mit jenen Nachbarn verkehrt, die den Blinddarm noch haben. *Helmuth M. Backhaus*

Chirurgen sind höfliche Menschen; sie klopfen anderen Leuten auf den Bauch, bevor sie hereinkommen. *Karl Farkos*

Chirurgen sind die einzigen Menschen, die ohne fremden Blinddarm und ohne fremde Mandeln nicht leben könnten. *Peter Sellers*

Choleriker

Ein Choleriker ist ein Mensch, der um so roher wird, je mehr er kocht. *Unbekannt*

Ein Choleriker lebt nach dem Grundsatz: nicht wundern, nur ärgern. *Unbekannt*

Chor

Ein Chor ist eine Vereinigung verhinderter Solisten. *Unbekannt*

Christentum

Das Beste, was das Christentum hervorgebracht hat, sind seine Ketzer. *Ernst Bloch*

Wenn Christus heute wiederkäme, auch dann würde sich nichts ändern, man würde ihn abermals ans Kreuz schlagen, und alles würde bleiben, wie es ist. *Gertrud von Le Fort*

Es sind nicht die Gottlosen, es sind die Frommen seiner Zeit gewesen, die Christus ans Kreuz schlugen. *Gertrud von Le Fort*

Wer glaubt, ein Christ zu sein, weil er die Kirche besucht, irrt sich. Man wird ja auch kein Auto, wenn man in eine Garage geht. *Albert Schweitzer*

Ein Christ ist jemand, der das Neue Testament für ein göttlich inspiriertes Buch hält, welches den geistlichen Bedürfnissen seines Nächsten wunderbar entgegenkommt. *Ambrose Bierce*

Ein Christ ist jemand, der die Lehre Christi insoweit befolgt, als sie sich mit einem Sündenleben vereinbaren läßt. *Ambrose Bierce*

➪ **Kirche, Gott, Glaube**

Cocktailparty

Eine Cocktailparty ist eine Gesellschaft, bei der jeder redet und keiner zuhört. *Unbekannt*

Eine Coctailparty ist eine Gelegenheit, Leute zu treffen, die soviel trinken, daß man ihre Namen nicht behalten kann. *Unbekannt*

Computer

Der Computer ist die logische Weiterentwicklung des Menschen: Intelligenz ohne Moral. *John Osborne*

Die Maschine ist die souveräne Beherrscherin unseres gegenwärtigen Lebens. *Arthur Schopenhauer*

Wenn die Maschinen, die die Menschen so im Lauf der Zeit erfunden haben, nun auch noch funktionierten: was wäre das für ein angenehmes Leben! *Kurt Tucholsky*

Der Antimaschinismus ist reine Phraseologie und Scheinheiligkeit. Der Mensch ist das Maschinentier, und daran ist nichts zu ändern. Und es ist gut, daß es so ist. *José Ortega y Gasset*

Eine Maschine kann die Arbeit von fünfzig gewöhnlichen Menschen leisten, aber sie kann nicht einen einzigen außergewöhnlichen ersetzen. *Elbert Hubbard*

"Der Computer faßt Fuß in der künstlichen Besamung. - Die EDV läßt selbst den Intimbereich im Kuhstall nicht unberührt." *Aus einer Pressemitteilung der Organisationsberatung Henning Backhaus, Hannover*

Wie man ein Unternehmen ruinieren kann:
1 Durch Frauen (schönste Methode),
2 durch Spielen (schnellste Methode),
3. durch Computer (sicherste Methode) *Empirisch*

Ohne einen Computer bedienen zu können, wird man in der neuen Informationsgesellschaft dastehen wie ein zufälliger Besucher. *John Naisbitt*

Im Zeitalter des Computers haben wir es mit der Überwindung geistiger Entfernungen mittels der Elektronik zu tun, statt daß wir, wie im Zeitalter der Industrieproduktion, physikalische Entfernungen mit Hilfe des Automobils überwinden mußten. *John Naisbitt*

Im Augenblick besteht die Gefahr akuter "Computeritis", und das ist ein ernstes Leiden. *Peter F. Drucker*

Computer machen Fehler und der größte Fehler ist, ihnen zu vertrauen. *G. Neumann*

Der Computer ist ein mechanischer Hohlkopf. *Peter F. Drucker*

Der Computer ist eine logische Maschine; das ist seine Stärke, aber es setzt ihm auch Grenzen.
Peter F. Drucker

Eines Tages werden Maschinen vielleicht denken können, aber sie werden niemals Phantasie haben.
Theodor Heuss

Wir hatten eine Steinzeit, Bronzezeit, Eisenzeit. Und wenn nicht alles täuscht, stehen wir schon mitten drin in der Siliziumzeit. *Douglas R. Crockett*

Die Computertechnik katapultiert uns ins nächste Jahrhundert, Gesetzgebung und unser Rechtsempfinden aber hinken Jahrzehnte hinterher. *Urs Gattiker*

Betrug, Einbruch und Belästigung gewinnen mit Computertechnik eine neue Dimension *FOCUS 2/1995*

Das Unsympathische an Computern ist, daß sie nur ja oder nein sagen können, aber nicht vielleicht
Brigitte Bardot

Wenn es im Jahre 1879 schon Computer gegeben hätte, würden diese vorausgesagt haben, daß man infolge der Zunahme von Pferdewagen im Jahre 1985 im Pferdemist ersticken würde. *Unbekannt*

Unser Computer ist eine Maschinerie, die in zwei Sekunden ebenso viele Fehler machen kann wie fünfzig Leute in zweihundert Jahren, wenn sie Tag und Nacht arbeiten würden! *Unbekannt*

Das Schöne an Computern ist, daß man sich mit viel größerer Genauigkeit total irren kann. *Unbekannt*

Ein Computer ist ein elektronisches Wunderwerk, das in einer zehntausendstel Sekunde die verwickeltsten Rechen- und Buchungsoperationen ausführt - und dann die Kontoauszüge mit zehn Tagen Verspätung verschickt. *Unbekannt*

Laien halten Computer für unfehlbar. Anfänger halten sich für unfehlbar und suchen den Fehler beim Computer. Profis halten den Computer für fast unfehlbar und suchen den Fehler bei sich.
von Hewlett-Packard

Der Computer ist eine großartige Erfindung. Es passieren genauso viele Fehler wie früher. Aber niemand ist daran schuld. *Unbekannt*

➪ **Computer**

Courage

Die Welt ist überhaupt nur dadurch weitergekommen, daß irgend jemand die Courage gehabt hat, an Dinge zu rühren, von denen die Leute, in deren Interesse das lag, durch Jahrhunderte behauptet haben, daß man nicht an sie rühren darf. *Arthur Schnitzler*

➪ **Mut, Zivilcourge**

**Ein gescheiter Mann,
muß so gescheit sein,
Leute einzustellen
die viel gescheiter sind
als er.**

JOHN F. KENNEDY

D

Daheim

Nicht da ist man daheim, wo man seinen Wohnsitz hat, sondern wo man verstanden wird.
Christian Morgenstern

Die Heimat ist nie schöner, als wenn man in der Fremde von ihr spricht. *Horst Wolfram Geißler*

⇨ **Heimat**

Dame

Wenn man mit einer jungen Dame vom Wetter redet, vermutet sie, daß man etwas ganz anderes im Sinn hat. Und meistens hat sie damit recht. *Oscar Wilde*

Früher zeigte man im Film die Dame ohne Unterleib. Heute zeigt man den Unterleib der Dame.
Ida Ehre

Eine Dame trägt keine Kleider. Sie erlaubt den Kleidern, von ihr getragen zu werden. *Yves Saint-Laurent*

Bei den Damen kommt man mit Chopin viel weiter als mit Mozart. *Arthur Rubinstein*

Eine Dame ist eine Frau, die nicht immer weiß, was sie zu tun hat, aber immer weiß, was sie zu unterlassen hat. *Hermann Bahr*

Eine Dame ist eine Frau, deren bloße Anwesenheit zur Folge hat, daß sich Männer wie Herren benehmen.
Henry Louis Mencken

Damen sind weibliche Wesen, die nein sagen, wenn sie vielleicht meinen, und vielleicht, wenn sie ja sagen wollen; wenn sie mit ja antworten, sind es keine.
Unbekannt

Eine Dame ist eine Frau, die es einem Mann leicht macht, ein Herr zu sein. *Unbekannt*

Eine Dame ist eine Frau, die nicht weiß, was etwas kostet. *Unbekannt*

Eine Dame ist ein weibliches Wesen, das vielleicht seine Juwelen, niemals aber die Fassung verliert.
Unbekannt

⇨ **Frauen**

Damenknie

Das Damenknie ist ein Ansatzpunkt für Männer, die den Drang nach Höherem in sich spüren. *Unbekannt*

Dankbarkeit

Dankbarkeit kommt da niemals, wo man alle Tage Wohltaten vorhält. Sie ist eine gar wunderliche Pflanze: Sobald man ihr Wachstum erzwingen will, verdorrt sie. *Jeremias Gotthelf*

Erwarte keine Dankbarkeit, wenn du einem Menschen Gutes tust; du hast seine Schwächen aufgedeckt.
Elbert Hubbard

Wir sind für nichts so dankbar wie für Dankbarkeit.
Marie von Ebner-Eschenbach

Mißtraue jeder Freude, die nicht auch Dankbarkeit ist.
Theodor Haecker

Unter Dankbarkeit versteht man gemeinhin die Bereitwilligkeit, lebenslänglich Salbe aufzuschmieren, weil man einmal Läuse gehabt hat. *Karl Kraus*

Dankbarkeit ist bei den meisten nichts als das geheime Verlangen, noch größere Wohltaten zu empfangen.
Francois de La Rochefoucauld

Dankbarkeit ist das Gedächtnis des Herzens.
Jean-Baptiste Massilon

Dankbarkeit ist eine Pflicht, die erfüllt werden sollte, die aber keiner das Recht hat zu erwarten.
Jean Jacques Rousseau

Viele Mißverständnisse entstehen dadurch, daß ein Dank nicht ausgesprochen, sondern nur empfunden wird. *Ernst R. Hauschka*

Dekolleté

Dekolleté: jener schmale Grat, auf dem der gute Geschmack balanciert, ohne herunterzufallen.
Coco Chanel

Das Dekolleté ist der Beweis dafür, daß jede Frau an der richtigen Stelle zu sparen weiß. *Jo Herbst*

Ein Dekolleté ist ein optischer Selbstbedienungsladen. *Unbekannt*

Ein Dekolleté ist ein Stückchen Stoff, das hinten und vorne nicht reicht, vor allem vorne. *Axel von Ambesser*

Delegation

Wenn man die Arbeit seiner Angestellten beherrscht, ist das eindrucksvoll. Wenn man sie tut, ist das dumm. *Matthias Scharlach*

Nicht alles, was man kann, sollte man auch tun. *Matthias Scharlach*

Die meisten Führungskräfte zögern, ihre Leute mit dem Ball laufen zu lassen. Aber es ist erstaunlich, wie schnell ein informierter und motivierter Mensch laufen kann. *Lee Iacocca*

Der beste Weg zum Managing-Harakiri ist die effektive Erledigung der Aufgaben anderer. *Matthias Scharlach*

Die konventionelle Definition von Delegation ist "Arbeit durch Leute verrichten zu lassen". Wir glauben jedoch, daß diese Definition veraltet ist. Echte Delegation bedeutet, "Leute durch Arbeit zu entwickeln". *Agha Hasan Abedi, BCCI-Bank*

Man kann jemandem eine Aufgabe übertragen, ...um eine notwendige Handlung auszulösen, ...um dessen Selbstbewußtsein zu stärken oder ...um ihm zu beweisen, daß er zur Lösung eben dieser Aufgabe unfähig ist. *Matthias Scharlach*

Es gibt nichts Traurigeres als die Erniedrigung eines kreativen Menschen durch die Übertragung normaler Tagesaufgaben. *Matthias Scharlach*

➪ **Führen, Management, Verantwortung, Arbeitsmethodik**

Demagogie

Demagogie ist die Fähigkeit, Massen in Bewegung zu setzen, und die Unfähigkeit, sie wieder zu bremsen. *Wolfgang Herbst*

Ein Demagoge ist ein Mann, der einen Kahn zum Schaukeln bringt und jedermann einredet, es sei ein Sturm. *Unbekannt*

Ein Demagoge ist ein Mensch, der mit dem Kehlkopf denkt. *Helmut Qualtinger*

Demagogen sind Leute, die das Stroh in den Köpfen anderer Leute dreschen. *Gerhard Bronner*

Demagogen sind Leute, die in den Wind sprechen, den sie selbst gemacht haben. *Helmut Qualtinger*

Das Geheimnis des Agitators ist, sich so dumm zu machen, wie seine Zuhörer sind, damit sie glauben, sie seien so gescheit wie er. *Karl Kraus*

Demagogie ist die fragwürdige Fähigkeit, die kleinsten Ideen in die größten Worte zu kleiden. *Abraham Lincoln*

➪ **Agitator**

Dementi

Manches Dementi gleicht dem verzweifelten Versuch, die Zahnpasta wieder in die Tube hineinzubekommen. *Kay Lorentz*

Der Herr Minister hat das nicht gesagt. Und wenn er's gesagt hat, hat er es anders gemeint. Und in jedem Fall hat es die Presse falsch berichtet. *Ludwig Rosenberg*

Ein Dementi ist nach den Spielregeln der hohen Politik ein halbes Eingeständnis einer ganzen Dummheit. *St. John Perse*

Ein Dementi ist die Bestätigung einer Nachricht, die bis dahin nur ein Gerücht war. *Unbekannt*

Ein Dementi ist eine Bestätigung in Form einer Verneinung. *Alfred Weidenmann*

Demokratie

Die Demokratie setzt die Vernunft im Volk voraus, die sie erst hervorbringen muß. *Karl Jaspers*

Die Demokratie übertreibt sich selbst, wenn sie in ihrer Furcht vor starken Männern die Blässe zur politischen Tugend erhebt. *Hans Kasper*

Das Karussell von Wissen, Geld, Macht und Ohnmacht nennen Politiker Demokratie. *Matthias Scharlach*

Letzten Endes läuft die Demokratie auf Ausreden-Lassen und Zuhören-Können hinaus. *Heinrich Brüning*

Ein echter Demokrat ist ein Mann, der einen Mitbürger nicht schief anblickt, nur weil er Millionär ist. *Unbekannt*

Die Demokratie ist die beste aller Regierungsformen. Wenn man aber die Mehrheit nicht mehr hat, ist sie auch nur noch die Hälfte wert. *Ein CDU-Politiker*

Die Demokratie darf nicht soweit gehen, daß in der Familie darüber abgestimmt wird, wer der Vater ist.
Willy Brandt

Das wird immer einer der besten Witze der Demokratie bleiben, daß sie ihren Todfeinden die Mittel selber stellte, durch die sie vernichtet wurde.
Joseph Goebbels

Die Demokratie unterscheidet sich von anderen Staatsformen unter anderem dadurch, daß die Widersacher Gegner sind und keine Feinde. *Harold MacMillan*

Demokratie beruht auf drei Prinzipien: auf der Freiheit des Gewissens, auf der Freiheit der Rede und auf der Klugheit, keine der beiden in Anspruch zu nehmen.
Mark Twain

Der Zustand der Demokratie aber muß dauernd überwacht werden. Er ist weder gut noch böse, sondern ständiger Korrektur bedürftig, weil ihm tödliche Gefahr droht. *Alexis Tocqueville*

Demokratie ist die Notwendigkeit, sich gelegentlich den Ansichten anderer Leute zu beugen.
Winston S. Churchill

Demokratie heißt die Spielregeln einhalten, auch wenn kein Schiedsrichter zusieht. *Manfred Hausmann*

Unter allen Formen der Regierung ist die demokratische Struktur gewiß die unordentlichste, die am schwierigsten einzuschätzende und die konfuseste - und deshalb die beste. *Peter Ustinov*

Das Regieren in einer Demokratie wäre wesentlich einfacher, wenn man nicht immer wieder Wahlen gewinnen müßte. *Georges Clemenceau*

Durch Ruhe und Ordnung kann die Demokratie ebenso gefährdet werden wie durch Unruhe und Unordnung.
Hildegard Hamm-Brücher

Demokratie: eine Regierungsform, in der jedem die laute Frage erlaubt ist, was das Land unter einer erstklassigen Verwaltung alles leisten könnte. *Unbekannt*

Die Demokratie ist eine der unbequemsten Einrichtungen, weil sie uns zwingt, Leute, die nicht unserer Meinung sind, respektabel oder sogar intelligent zu finden. *Corriere della Sera*

Demokratie ist die Kunst, dem Volk im Namen des Volkes feierlich das Fell über die Ohren zu ziehen.
Karlheinz Deschner

Die Demokratie, wie ich sie verstehe, muß dem Schwächsten die gleichen Chancen zusichern wie dem Stärksten. *Mahatma Gandhi*

Jede demokratische Gesellschaft, die ihre Konflikte nicht austrägt, sondern durch Verbotserlasse konserviert, hört auf, demokratisch zu sein, bevor sie beginnt, Demokratie zu begreifen. *Günter Grass*

Demokratie ist jene Staatsform, in der man sagt, was man will, und tut, was einem gesagt wird.
Gerald Barry

Demokratie ist die Kunst, sich selbst im Zaum zu halten, damit man nicht von anderen im Zaum gehalten werden muß. *Georges Clemenceau*

Demokratie ist die Kunst, sich an die Stelle des Volkes zu setzen und ihm feierlich in seinem Namen, aber zum Vorteil einiger guter Hirten, die Wolle abzuscheren. *Romain Rolland*

Demokratie ist ein Verfahren, das garantiert, daß wir nicht besser regiert werden, als wir es verdienen.
George Bernard Shaw

Die Demokratie setzt als erstes, damit sie überhaupt funktioniert, ein gewisses Maß an Intelligenz beim Wähler voraus, was ihn oder sie sofort schwerer beherrschbar macht. Zweitens setzt sie ein gewisses Maß an Intelligenz bei dem Kandidaten voraus, was die Frage noch mehr kompliziert. In einer Demokratie kann natürliche Dummheit nicht ausgeschlossen werden. *Peter Ustinov*

Wer in der Diktatur die Regierenden kritisiert, kommt ins Gefängnis. Wer in der Demokratie über die Regierenden schimpft, kommt ins Fernsehen.
Manfred Rommel

Sie ist diejenige Staatsform, die sich am wenigsten gegen ihre Gegner wehrt. Es scheint ihr tragisches Schicksal zu sein, daß sie auch ihren ärgsten Feind an ihrer eigenen Brust nähren muß. *Hans Kelsen*

Wenn Freiheit und Demokratie auch keine äquivalenten Begriffe sind, so sind sie doch komplementär: Ohne Freiheit ist die Demokratie Despotie, ohne Demokratie ist die Freiheit eine Schimäre.
Octavio Paz

Wenn die Demokratie arbeitsfähig sein soll, muß die Bevölkerung soweit wie möglich frei von Haß und Zerstörungslust und ebenso von Furcht und Unterwürfigkeit sein. *Bertrand Russel*

Freiheit ist nur möglich, wenn man bereit ist, ein Risiko einzugehen, und ohne dieses Risiko der Freiheit gibt es keine lebendige Demokratie. *Carlo Schmid*

Denkt auch daran, daß die Techniker es sind, die erst wahre Demokratie möglich machen. Denn sie erleichtern nicht nur des Menschen Tagewerk, sondern machen auch die Werke der feinsten Denker und Künstler, deren Genuß noch vor kurzem ein Privileg bevorzugter Klassen war, der Gesamtheit zugänglich und erwecken so die Völker aus schläfriger Stumpfheit. *Albert Einstein*

Mein Prinzip ist immer gewesen, bis zum Augenblick der Entscheidung demokratisch zu verfahren. Dann übernehme ich das Kommando. *Lee Iacocca*

➪ **Politiker, Bürger, Staat**

Demoskopie

Demoskopie ist die Kunst, hinterher zu begründen, warum alles ganz anders gekommen ist. *David Frost*

Demoskopen sind Astrologen ohne Sterne. *Unbekannt*

Demoskopie ist die Kunst, Dinge herbeizuführen, indem man sie voraussagt. *Vance Packard*

➪ **Meinungsumfragen, Prognose, Futurist**

Demut

Demut ist eine merkwürdige Sache: wenn man glaubt, sie zu haben, hat man sie gerade verloren. *E. D. Hülse*

Demut ist eine besonders unsympathische Art von Hochmut. *Hans Krailsheimer*

Ich habe drei Schätze, die ich hüte und bewahre: der erste ist Mitgefühl, der zweite Mäßigkeit, der dritte, anderen nicht voraus sein wollen. Von Mitgefühl kommt Mut; von Mäßigkeit kommt Großzügigkeit; von Demut kommt Führerschaft. *Laotse*

Demut soll nie etwas anderes sein als die Verneinung von Hochmut. Sonst wird sie Kleinmut. *Ludwig Marcuse*

Manche Menschen machen sich vor anderen so klein wie möglich, um größer als diese zu bleiben. *Christian Morgenstern*

Demut ist nur eine erheuchelte Unterwerfung, um sich andere zu unterwerfen. *Francois de La Rochefoucauld*

➪ **Bescheidenheit**

Demütigung

Hat man eine erste Demütigung stillschweigend hingenommen, wird man künftig mit weiteren rechnen müssen. Die Verachtung wächst, und die Skrupel unserer Widersacher schwinden dahin. Wie eine Dirne sinken wir von Stufe zu Stufe. *Jonathan Swift*

Denken

Wer kann was Dummes, wer was Kluges denken, das nicht die Vorwelt schon gedacht hat? *Goethe*

Wenn ich die Absicht habe, jemanden zu überzeugen, verbrauche ich ein Drittel der Vorbereitungszeit mit Nachdenken über mich und das, was ich sagen werde - zwei Drittel der Zeit aber denke ich an den Gesprächspartner und daran, was er sagen wird. *Abraham Lincoln*

Viele Menschen verstehen unter Denken nur die Umgruppierung ihrer Vorurteile. *William James*

Die Würde des Menschen liegt im Denken. *Blaise Pascal*

Wer immer sagt, was er denkt, sollte sich schnell einen Paß besorgen. *Persisches Sprichwort*

Man soll Denken lehren, nicht Gedachtes. *Gurlitt*

Denken ist Essig, der Mensch wird zum Sehen erzogen. *Charles Wilp*

Die Menschen werden nicht durch die Dinge, die passieren, beunruhigt, sondern durch die Gedanken darüber. *Epiktet*

Denken wird kompliziert, wenn man wenig weiß und wenn man zuviel weiß. *Matthias Scharlach*

Alles, was einem Menschen gelingt und alles was ihm mißlingt, ist das unmittelbare Ergebnis seines Denkens. *James Allen*

The white people worry too much. *Daley Thompson*

Es liegt eben in der menschlichen Natur, vernünftig zu denken und unlogisch zu handeln. *Anatole France*

Handeln ist leicht, Denken schwer, nach dem Gedanken handeln unbequem. *Johann Wolfgang von Goethe*

Man darf anders denken als seine Zeit, aber man darf sich nicht anders kleiden. *Marie von Ebner-Eschenbach*

Wir mögen Menschen, die frisch heraus sagen, was sie denken, falls sie dasselbe denken wie wir. *Mark Twain*

Überlegen macht überlegen. *Antoine de Saint-Exupery*

Es gibt auch eine Befriedigung, die sich im Kopf abspielt: Denken. *Gabriele Wohmann*

Sich hinzusetzen und nachzudenken, ist eine echte Knochenarbeit. *Prinz Charles*

Nicht jeder, der ein Gehirn hat, benutzt es auch. *Unbekannt*

Dialektik ist die Kunst zu gewinnen, ohne zu siegen.

RUPERT LAY

Sprechen ohne zu denken - ist wie Schießen ohne zu zielen. *Unbekannt*

Denken ist die schwerste Arbeit, die es gibt. Das ist wahrscheinlich der Grund, warum sich so wenige damit beschäftigen. *Henry Ford*

Unser Kopf ist rund, damit das Denken die Richtung wechseln kann. *Francis Picabia*

Denken heißt überschreiten. *Ernst Bloch*

Das Denken für sich allein bewegt nichts, sondern nur das auf einen Zweck gerichtete und praktische Denken. *Aristoteles*

Man muß denken wie die wenigsten und reden wie die meisten. *Balthasar Gracian y Morales*

Es gibt keinen Ausweg, den ein Mensch nicht beschreitet, um die tatsächliche Arbeit des Denkens zu vermeiden. *Thomas A . Edison*

Das Denken ist ein Laster, das man schwerlich mit administrativen Mitteln heilen kann. *Wieslaw Brudzinski*

Denken ist eine Anstrengung, Glauben ein Komfort. *Ludwig Marcuse*

Verzicht auf Denken ist geistige Bankrotterklärung. *Albert Schweitzer*

Wer eine rasche Zunge hat, soll wenigstens langsam denken. *Aus Kreta*

Wer wenig denkt, der irrt viel. *Leonardo da Vinci*

➪ **Besonnenheit, Gedanken, Gehirn, Rationalität, Verstand, Vernunft**

Denkmal

Sobald ein Mensch endgültig seinen Einfluß verloren hat, setzt man ihm ein Denkmal. *Robert Musil*

Ein Denkmal ist der Beweis dafür, daß man einen Menschen bereits vergessen hat. *Harold Pinter*

Ein Denkmal ist ein berühmter Mann in Marmor oder Bronze, der schutzlos in Wind und Regen steht und den Tauben als Toilette dient. *Peter Sellers*

Was nützen Denkmäler des unbekannten Soldaten den Gefallenen? Erst muß der Mensch leben, dann kann seine Ehre geschützt werden! *Carl von Ossietzky*

Manches Denkmal ist nichts anderes als Steinigung eines Toten. *Martin Held*

Dialektik

Dialektik ist die Kunst zu gewinnen ohne zu siegen. *Rupert Lay*

Grundsätzliches Einverständnis ist die höflichste Form der Ablehnung. *Hans Jaray*

➪ **Argument, Verhandeln**

Dichter

Wer Gedichte veröffentlicht, wirft ein Rosenblatt in den Grand Canyon und wartet auf das Echo. *Don Marquis*

Qualität setzt sich immer durch. Wenn man heute eine gute Anthologie der gesamten deutschen Lyrik durchblättert, dann ist ein Gedicht von Goethe genau so modern wie das eines Avantgardisten. *Peter Huchel*

Ein Dichter ist ein Wesen, das imstande ist, eine Pfeife zu verschlucken und dafür eine Dampflokomotive auszuspucken. *Jean Cocteau*

Die Zahl der alljährlich in Deutschland entstehenden Frühlingsgedichte veranschlage ich auf etwa viertausend, in einem verregneten Frühjahr auf etwa die Hälfte. *Otto Julius Bierbaum*

Alle große Dichtung ist eine Frucht des Leidens. *Adolf Muschg*

Der Dichtung am ähnlichsten ist ein Laib Brot oder ein Tonteller oder ein, wenn auch von ungeschickter Hand liebevoll bearbeitetes Stück Holz. *Pablo Neruda*

Es ist das Eigentümliche der Dichtung, daß sie eine ständige Schöpfung ist und uns so aus uns selbst heraustreibt, uns aus uns vertreibt und uns zu unseren äußersten Möglichkeiten führt. *Octavio Paz*

Mit hundert Jahren ist ein Dichter im besten Mannesalter der Unsterblichkeit. *George Salmony*

Wenn ein Volk seine Dichter nicht mehr lesen will, dann feiert es sie. *Alec Guiness*

➪ **Gedichte**

Dienen

Niemals zuvor hat es in der Geschichte der Menschheit so viele Möglichkeiten wie heute für den gegeben, der bereit ist zu dienen, bevor er versucht zu verdienen. *Napoleon Hill*

Diktatoren

Die Diktatoren der Zukunft werden nicht mit Terror und Konzentrationslagern herrschen, sondern mit Glückspillen und Zufriedenheitsspritzen.
Aldous Huxley

Die Begriffe zu vereinfachen ist die erste Tat der Diktatoren. *Erich Maria Remarque*

Zu den wenigen Vorzügen der Diktatur gehört es, daß sie den Freiheitssinn lebendig erhält. *Sigmund Graff*

Die beste Waffe einer Diktatur ist Geheimhaltung. Die beste Waffe der Demokratie ist Offenheit.
Edward Teller

Diktatur ist jene Regierungsform, in der man zu allem, was nicht erlaubt ist, gezwungen wird. *Unbekannt*

Die Diktatur ist ein Staat, in dem das Halten von Papageien mit Lebensgefahr verbunden ist. *Jack Lemmon*

Diktatur ist ein Staat, in dem sich alle vor einem fürchten und einer vor allen. *Alberto Moravia*

Diktaturen sind Einbahnstraßen. In Demokratien herrscht Gegenverkehr. *Alberto Moravia*

Dilettanten

Heutzutage hat man den größten Erfolg mit Dingen, von denen man nichts versteht. Es gibt viele Sänger, die nicht singen können, Maler, dic nicht malen können, und Schriftsteller, die nicht schreiben können. Unsere Zeit vergötzt den Dilettanten, der sich zuviel zumutet. *Arthur Bradshaw*

Ein Dilettant ist einer, dem es Spaß macht, etwas zu tun, das er nicht kann. *Unbekannt*

Diplomaten

Wenn man nachgeben muß, ist es Zeitverschwendung, es nicht mit so viel Anmut wie möglich zu tun.
Sir Winston Churchill

Ein Diplomat ist ein Mensch, der in mindestens drei Sprachen schweigen können muß. *Unbekannt*

Ein Botschafter ist ein anständiger Mensch, den man ins Ausland schickt, damit er dort zum Wohle seines Vaterlandes lügt. *Henry Wotton*

Ein guter Diplomat muß mit den Ohren sehen und mit den Augen schweigen können. *Lawrence Durrell*

Diplomatie ist die Kunst, so gut zu lügen, daß einem sogar die Wahrheit geglaubt wird. *Alberto Sordi*

Ein Diplomat ist, wer anderen eine Grube gräbt und nicht selbst hineinfällt. *Unbekannt*

Diplomatie ist die Kunst, mit hundert Worten zu verschweigen, was man mit einem einzigen sagen könnte.
Saint John Perse

Diplomatie besteht darin, den Hund so lange zu streicheln, bis der Maulkorb fertig ist. *Fletcher Knebel*

Die Diplomatie ist das zweitälteste Gewerbe nach dem ersten, das auch einen schlechten Ruf hat.
Frank Roberts

Diplomaten und Damen. Was ist der Unterschied zwischen einem Diplomaten und einer Dame? Wenn ein Diplomat ja sagt, meint er vielleicht; wenn er vielleicht sagt, meint er nein; wenn er nein sagt, ist er kein Diplomat. Wenn eine Dame vielleicht sagt, meint sie ja; wenn sie nein sagt, meint sie vielleicht; wenn sie ja sagt, ist sie keine Dame. *Unbekannt*

Ein Diplomat ist ein Mensch, der sich siebenmal auf die Zunge beißt, bevor er schweigt. *Unbekannt*

Ein Diplomat ist ein Mann, der zweimal nachdenkt, bevor er nichts sagt. *Winston Churchill*

Ein Diplomat ist ein Mann, dem es gelingt, seine Frau davon zu überzeugen, daß ein Pelzmantel dick macht.
Alfredo La Mont

Diplomatie ist die Verwandlung vieler brennender Fragen in schwelende Feuer. *Ambrose Bierce*

Diplomatie ist die Fähigkeit, auf eine so taktvolle Weise nein zu sagen, daß alle Welt glaubt, man hätte ja gesagt. *Anthony Eden*

Ein Diplomat ist ein Mensch, der so lange mit einem heißen Eisen spielt, bis ein kalter Krieg daraus geworden ist. *Unbekannt*

Ein Diplomat ist ein Mann, der, nach seiner Lieblingsfarbe befragt, antwortet: kariert. *Unbekannt*

Direktor

Ein Direktor ist jemand, der zwei Stunden zu Tisch gehen kann, ohne vermißt zu werden. *Unbekannt*

Ein Direktor ist ein Mann, der die Besucher empfängt, damit die Angestellten ungestört arbeiten können.
Unbekannt

➪ **Vorgesetzte, Titel**

Diskretion

Diskretion ist die Kunst, Geheimnisse so auszuplaudern, daß das Siegel der Verschwiegenheit unverletzt bleibt. *Unbekannt*

➪ **Indiskretion, Geheimnis, Verschwiegenheit**

Diskussion

Es gibt Besserwisser, die niemals begreifen, daß man recht haben und doch ein Idiot sein kann.
Martin Kessel

Besserwisser sind Schlechtermacher. *Paul Hubschmid*

Jemand, der ganz unrecht hat, ist leichter zu überzeugen, als einer, der zur Hälfte recht hat.
Ralph Waldo Emerson

Wenn zwei Menschen immer die gleiche Ansicht haben, ist einer davon überflüssig. *Winston Churchill*

Man muß nicht auf jede Frage eine Antwort haben. Weil eine Frage oft die bessere Antwort ist.
Franz Luwein

Diskussion ist ein Austausch von Gedanken, bei dem immer die Gefahr besteht, daß man überzeugt wird.
Unbekannt

Diskussion ist die Kunst, wohlüberlegt aneinander vorbeizureden. *Clare Boothe-Luce*

Eine Diskussion ist für Männer die Kunst, den Partner zum Schweigen zu bringen. Frauen verstehen darunter die Kunst, den Partner nicht zum Reden kommen zu lassen. *Fritz Eckhardt*

Das Argument gleicht dem Schuß einer Armbrust - es ist gleichermaßen wirksam, ob ein Riese oder ein Zwerg geschossen hat. *Francis Bacon*

Nicht um die Behauptung geht es in der Diskussion, sondern um die Selbstbehauptung. *Charles Tschopp*

Sachkenntnis ist das letzte, das man für eine lebhafte Diskussion benötigt. *Pierre A. de Beaumarchais*

➪ **Argument, Meinung, Reden, Streit**

Disziplin

Disziplin ist das unbestimmte Gefühl, das einen beschleicht, wenn ein Vorgesetzter sich nähert.
Unbekannt

Die eine Hälfte des Lebens ist Glück, die andere ist Disziplin - und die ist entscheidend, denn ohne Disziplin könnte man mit seinem Glück nichts anfangen.
Carl Zuckmayer

Disziplin ist der wichtigste Teil des Erfolgs.
Truman Capote

➪ **Selbstbeherrschung**

Dogma

Das Dogma ist weniger wert als ein Kuhfladen.
Mao Tse-tung

Die Welt ist der Dogmen übersatt, und die Menschen hungern nach Leben. *Milovan Djilas*

Ein Dogma ist nichts anderes als ein ausdrückliches Verbot zu denken. *Ludwig A. Feuerbach*

Ein Dogma ist eine Zwangsjacke für das Hirn.
Zarko Petan

Dogmen haben etwas Entwaffnendes: Für Gebrauchsmenschen sind sie konfektionierte Meinungskonserven; für geistig Autarke eine impertinente Zumutung. *Fred O. Immergrün*

➪ **Glaube, Kirche, Religion**

Doktortitel

Der Doktortitel bedeutet nicht, daß einer etwas weiß. Höchstens, daß er einmal was wußte. *Unbekannt*

Der Doktortitel gehört in Bonn schon beinahe zum Vornamen. *Georg Schröder*

Auf Gammler und Leistungsverweigerer wirkt der Doktortitel wie ein rotes Tuch auf den Stier.
Thomas Zell

➪ **Titel**

Doping

Doping ist der Kunstdünger der menschlichen Leistungskraft. *Werner Schneyder*

Dummheit

Dummheit nützt häufiger, als sie schadet. Darum pflegen sich die Allerschlauesten dumm zu stellen.
Sigmund Graff

Das Recht auf Dummheit gehört zur Garantie der freien Entfaltung der Persönlichkeit. *Mark Twain*

Die, die sich dumm stellen, sind gefährlicher als die, die dumm sind. *Manfred Rommel*

Man soll keine Dummheit zweimal begehen, die Auswahl ist schließlich groß genug. *Jean Paul Sartre*

Nur die Dummheit hat für alles immer Antworten parat. Die Dummheit ist viel gefährlicher, weil dort die Dinge immer stimmen. *Volker Braun*

Wer die Dummköpfe gegen sich hat, verdient Vertrauen. J. P. *Sartre*

Am auffälligsten unterscheiden sich die Leute dadurch, daß die Törichten immer wieder dieselben Dummheiten machen, die Gescheiten immer wieder andere. *Karl Heinrich Waggerl*

Dummheit ist ooch ne Jabe Jottes. Aber man muß se nich mißbrauchen. *Berliner Redensart*

Es gibt Leute, deren ganzes Verdienst darin besteht, Dummheiten zu sagen und zu tun. *La Rochefoucauld*

Je öfter eine Dummheit wiederholt wird, desto mehr bekommt sie den Anschein der Klugheit. *Voltaire*

Eigentlich lohnt es nur, gegen drei Dinge auf dieser Welt zu kämpfen: gegen Dummheit, Bigotterie und Grausamkeit. *Joseph Cronin*

Dummheit ist der Glaube, genug zu wissen.
Anita Daniel

Dummheit ist ein menschliches Privileg; in der Natur gibt's keine. *Sigismund von Radecki*

Dummheit ist Faulheit des Geistes.
Johann Gottfried Seume

Mancher ist wirklich so dumm wie er aussieht.
Unbekannt

Im Glanze des Geldes scheint selbst ein Dummkopf klug. *Unbekannt*

Gegen eine Dummheit, die gerade in Mode ist, kommt keine Klugheit auf. *Theodor Fontane*

Wenn du demjenigen, der für die meisten deiner Dummheiten verantwortlich ist, einen Tritt versetzen würdest, könntest du wochenlang nicht sitzen.
P.H. Rameau

Die letzte Dummheit, die man machen kann, ist sterben, da gibt's keinen Omnibus zurück.
Federico Fellini

Je weniger Hirn man im Kopf hat, desto mehr ist für Dummheiten Platz. *Unbekannt*

Dummköpfe lassen sich besser regieren. Willst Du das ändern, dann laß sie studieren. So, lieber Freund, so erzeugst Du Geschöpfe - immer noch dumm, aber nicht mehr regierbare Tröpfe. *Unbekannt*

Es ist viel leichter, eine Dummheit nachzureden, als eine eigene auszudenken. *Unbekannt*

Auch Dummheiten kann man in kostbare Gewänder kleiden. Viele Buchbinder leben davon. *Paul Fechter*

Gesellschaftlich ist kaum etwas so erfolgreich wie die Dummheit, verbunden mit guten Manieren. *Voltaire*

Keiner ist so dumm, daß er sich nicht hin und wieder dumm stellte. *Unbekannt*

Die Dummen sind immer so sicher und die Gescheiten so voller Zweifel. *Bertrand Russel*

Zwei Dinge sind unendlich: das Universum und die menschliche Dummheit. Aber bei dem Universum bin ich mir noch nicht ganz sicher. *Albert Einstein*

Auch der Dummkopf pflegt manchmal nachzudenken; aber immer erst nach der Dummheit.
Jean Jacques Rousseau

Ein Mensch, der keine Dummheiten macht, macht auch nichts Gescheites. *Walisisches Sprichwort*

Ein Kluger kann sich dumm stellen; aber ein Dummer wirkt überzeugender. *Unbekannt*

Das Wenn und das Aber sind das Erbteil der Dummen.
Ital. Sprichwort

Taucht ein Genie auf - verbünden sich die Dummköpfe. *Unbekannt*

Dummheit, die man bei andern sieht, wirkt meist erhebend aufs Gemüt. *Wilhelm Busch*

Grausamkeit empört, Dummheit entmutigt.
Albert Camus

Die Intelligenz muß stets Grenzen überwinden, die Dummheit hingegen ist grenzenlos.
Matthias Scharlach

Der Gescheitere gibt nach! Ein unsterbliches Wort. Es begründet die Weltherrschaft der Dummheit.
Marie von Ebner-Eschenbach

Alberne Leute sagen Dummheiten. Gescheite Leute machen sie. *Marie von Ebner-Eschenbach*

Dickköpfigkeit ist die Energie der Dummen.
Unbekannt

Nur die dümmsten Kälber wählen ihren Metzger selber. *Sprichwort*

Der Vorteil der Klugheit besteht darin, daß man sich dumm stellen kann. Das Gegenteil ist schon schwieriger. *Kurt Tucholsky*

Die große Stärke der Narren ist es, daß sie keine Angst haben, Dummheiten zu sagen. *Jean Cocteau*

Es ist gefährlich, aufrichtig zu sein, außer wenn man auch dumm ist. *George Bernard Shaw*

Die Dummen haben das Pulver nicht erfunden, aber sie schießen damit. *Gerhard Uhlenbruck*

Nach zwei Millionen Jahren Menschheitsgeschichte haben wir es fertiggebracht, in einer Welt der Platitüden und vornehmen Dümmlichkeiten zu leben. *Matthias Scharlach*

Wenn einer noch so klug ist, so ist er oft doch nicht klug genug, um den Dummen zu begreifen. *Friedl Beutelrock*

Auch die Bretter, die man vor dem Kopf hat, können die Welt bedeuten. *Werner Finck*

Wenn fünfzig Millionen Menschen etwas Dummes sagen, bleibt es trotzdem eine Dummheit. *Anatole France*

Einen Gescheiten kann man überzeugen, einen Dummen muß man überreden. *Curt Goetz*

Dünkel

Manche Menschen wollen immer glänzen, obwohl sie keinen Schimmer haben. *Heinz Erhardt*

Wenn alle erste Violine spielen wollten, würden wir kein Orchester zusammenbekommen. *Robert Schumann*

Manche Hähne glauben, daß die Sonne ihretwegen aufgeht. *Theodor Fontane*

Sei wie das Veilchen im Moose, sittsam, bescheiden und rein, und nicht wie die stolze Rose, die stets bewundert will sein. *Aus dem Poesiealbum*

Erfolg steigt nur zu Kopf, wenn dort der erforderliche Hohlraum vorhanden ist. *Manfred Hinrich*

➪ **Stolz, Überheblichkeit, Arroganz**

Durchhalten

Ein echter Unternehmer zeichnet sich nicht allein durch Erfolgsstreben aus, sondern vor allem durch den Mut zum Durchhalten. *Matthias Scharlach*

➪ **Ausdauer, Beharrlichkeit**

Durchschnitt

Nur wer sich selbst das Letzte an Leistung abverlangt, wird über den Durchschnitt hinauskommen. *Boris Becker*

Was eine Nation groß macht, sind nicht in erster Linie die großen Männer - es ist das Format der Mittelmäßigen. *Jose Ortega y Gasset*

Es gibt Dinge, bei denen die Mittelmäßigkeit unerträglich ist: Dichtkunst, Tonkunst, Malerei und öffentliche Rede. *La Bruyere*

Mit dem Wind, den man selber macht, lassen sich die Segel nicht füllen. *Karl Heinrich Waggerl*

➪ **Mittelmäßigkeit**

Die Demokratie
darf nicht soweit gehen,
daß in der Familie
darüber abgestimmt wird,
wer der Vater ist.

WILLY BRANDT

E

Echo

Das Echo ist eine Naturerscheinung, die sogar Frauen gegenüber das letzte Wort behält. *Unbekannt*

EDV

"Der Computer faßt Fuß in der künstlichen Besamung. - Die EDV läßt selbst den Intimbereich im Kuhstall nicht unberührt." *Aus einer Presse-mitteilung Organisationsberatung Henning Backhaus, Hannover*

Wie man ein Unternehmen ruinieren kann:
1. Durch Frauen (schönste Methode),
2. durch Spielen (schnellste Methode),
3. durch Computer (sicherste Methode). *Empirisch*

Der Computer ist die logische Weiterentwicklung des Menschen: Intelligenz ohne Moral. *John Osborne*

Die Computertechnik katapultiert uns ins nächste Jahrhundert, Gesetzgebung und unser Rechtsempfinden aber hinken Jahrzehnte hinterher. *Urs Gattiker*

Betrug, Einbruch und Belästigung gewinnen mit Computertechnik eine neue Dimension. *FOCUS 2/1995*

Elektronisches Eigentum muß als genauso unantastbar gelten wie materielles. Dazu müssen wir umdenken. Und damit fangen wir am besten schon in der Schule an - vielleicht mit einem neuen Schulfach "elektronische Moral". *Urs Gattiker*

➪ **Computer**

Effekthascherei

Effekthascherei bringt einen Menschen nicht ins Gespräch, sondern ins Gerede. *Gerhard Reichel*

Suche keine Effekte zu erzielen, die nicht in deinem Wesen liegen. *Kurt Tucholsky*

Fremden Stil nachahmen heißt eine Maske tragen. *Arthur Schopenhauer*

Verändere dich täglich, aber bleibe dir immer selbst treu. *Gerhard Reichel*

Effektivität

Was man zur Effektivität braucht, ist eine durch Übung gewonnene Kompetenz. *Peter F. Drucker*

Vielleicht kennzeichnet nichts die effektive Führungskraft so sehr wie die zärtliche Behutsamkeit, mit der sie ihre Zeit pflegt. *Peter F. Drucker*

Egoismus

Egoismus heißt nicht leben, wie man zu leben wünscht, sondern von anderen verlangen, daß sie so leben, wie man es wünscht. *Oscar Wilde*

Ein Egoist . . . ein Mensch, der nicht an mich denkt. *Eugene Labiche*

Ego - das große Wort unseres Jahrhunderts. Wenn es ein einziges Wort gibt, das unser Jahrhundert dem Potential der Sprache hinzugefügt hat, dann dieses Ego. *Norman Mailer*

Egoistisches Leben erntet, was es vermeiden will: Einsamkeit und Leere. *Helmut Gollwitzer*

Nur an sich und an das Gegenwärtige denken ist die Quelle der Fehlgriffe in der Staatskunst. *Jean de la Bruyere*

Egoismus besteht nicht darin, daß man sein Leben nach seinen Wünschen lebt, sondern darin, daß man von anderen verlangt, daß sie so leben, wie man es wünscht. *Oscar Wilde*

Egoisten sind von unseren Freunden alle, denen unsere Freundschaft gleichgültig ist. *Henry de Montherlant*

Der Egoist kann Egoisten nicht leiden; sie kümmern sich nicht um ihn. *Peter Maiwald*

Niemand ist leichter zu täuschen, als wer in sich selbst verliebt ist. *Robert Walser*

Der Egoismus besteht darin, sein Glück auf Kosten anderer zu machen. *Jean-Baptiste Henri Lacordaire*

Die meisten Egoisten sind ehemalige Altruisten. *George Bernard Shaw*

Es gibt flache Egoisten und tiefe Egoisten. Die letzteren nennt man Altruisten. *Egon Friedell*

Egoist: ein unfeiner Mensch, der für sich selbst mehr Interesse hat als für mich. *Ambrose Bierce*

Egoismus ist eine Droge, die es bestimmten Menschen ermöglicht, mit sich selbst auszukommen. *Unbekannt*

Egoismus ist das verabscheuungswürdigste Laster, das keiner bei anderen vergeben will, und ohne das er selbst nicht sein kann. *Henry Ward Beecher*

Egoismus ist die Zärtlichkeit der Ellenbogen. *Norman Mailer*

Ein Egoist ist jemand, der im Flugzeug zwei Armlehnen belegt. *Gerhard Reichel*

Ehe

Manchen Ehemännern geht es wie manchen Eiskunstläufern: schlecht in der Pflicht, aber gut in der Kür. *Pat Mellies*

Viele Ehemänner sind wie erfolglose Patrouillengänger: Sie haben nichts zu melden. *Gunther Philipp*

Die Ehe ist eine geschützte Einrichtung, die Liebesglut allmählich in Sodbrennen verwandelt. *Jean Genet*

Die Ehe ist das teuerste Verfahren, seine Wäsche umsonst gewaschen zu bekommen. *Franklin P. Jones*

Wenn ich das Wort Ehe höre, fühle ich mich wie eine Auster, die man mit Zitronensaft beträufelt hat. *Juliette Greco*

Wollen wir das Licht in der Ehe bewahren, so müssen wir auch den Schatten akzeptieren. *Emil Oesch*

Männer, die behaupten, sie seien die uneingeschränkten Herren im Haus, lügen auch bei anderer Gelegenheit. *Mark Twain*

Die große Kunst in der Ehe besteht darin, recht zu behalten, ohne den anderen ins Unrecht zu setzen. *Käthe Haack*

Die Ehe ist eine Bühne, auf der alle Tage das gleiche Stück gespielt wird. Um so mehr sollten sich die Männer ab und zu einmal eine Neuinszenierung einfallen lassen. *Suzanne Leduc*

Die Ehe ist eine Hölle bei gemeinsamem Schlafzimmer; bei getrennten Schlafzimmern ist sie nur noch ein Fegefeuer; ohne Zusammenwohnen wäre sie vielleicht das Paradies. *Henry de Montherlant*

Die Ehe ist ein Buch, dessen erstes Kapitel aus Poesie besteht, die folgenden sind Prosa. *Beverley Nichols*

Die Ehe ist in vielen Fällen lebenslängliche Doppelhaft ohne Bewährungsfrist und Strafaufschub, verschärft durch Fasten und gemeinsames Lager. *Jean-Paul Sartre*

Die Ehe ist Freiheitsberaubung im beiderseitigen Einvernehmen. *Oscar Wilde*

Ehe und Militärdienst: die zwei staatlich sanktionierten Formen von Freiheitsentzug ohne Gerichtsurteil. *Jean Genet*

Eine glückliche Ehe: eine Ehe, in der die Frau ein bißchen blind und der Mann ein bißchen taub ist. *Gordon Dean*

Der ideale Ehemann raucht nicht und trinkt nicht, er kocht, wäscht das Geschirr, bohnert den Fußboden und ist obendrein Junggeselle. *Margaret Biddle*

Ein moderner Ehemann ist ein Mann, der in seiner Jugend das getan hat, was die Eltern wollten; der später das getan hat, was seine Frau wollte; der jetzt tut, was seine Kinder wollen. Und der höchstwahrscheinlich niemals das tun wird, was er selber möchte. *Clive King*

Die Ehe wäre die schönste Sache der Welt, wenn es mehr Kür und weniger Pflicht gäbe. *Jeanne Moreau*

Das Geheimnis einer glücklichen Ehe liegt darin, daß man einander verzeiht, sich gegenseitig geheiratet zu haben. *Sacha Guitry*

Die Ehe ist eine Institution zur Lähmung des Geschlechtstriebes. *Gottfried Benn*

Die Ehe ist ein Versuch, zu zweit wenigstens halb so glücklich zu werden, wie man allein gewesen ist. *Oscar Wilde*

Manche Ehe ist Verurteilung zu lebenslanger Doppelhaft, verschärft durch gelegentliches weiches Lager. *Harold Pinter*

Die gemeinsame Steuererklärung hat sicherlich mehr zur Rettung bedrohter Ehen beigetragen als die schönste Predigt. *Dale Carnegie*

Die Ehe ist so etwas wie die gegenseitige Zärtlichkeit von zwei Schleifsteinen. *John Osborne*

Die Ehe ist eine Institution zum leichteren Ertragen von Leiden, die man nicht erleiden würde, hätte man nicht geheiratet. *Hans Habe*

Der Mann erträgt die Ehe aus Liebe zur Frau. Die Frau erträgt den Mann aus Liebe zur Ehe. *Gabriel Laub*

Der Ehehafen ist wie alle anderen Häfen. Je länger die Schiffe in ihnen liegen, um so größer ist die Gefahr, daß sie rosten. *George Bernard Shaw*

Eine Ehe funktioniert am besten, wenn beide Partner ein wenig unverheiratet bleiben. *Claudia Cardinale*

Differenzen in der Ehe beginnen meistens damit, daß der eine Teil zuviel redet und der andere zuwenig zuhört. *Curt Goetz*

Wir leben in einer Wegwerfgesellschaft, auch was den Ehepartner betrifft. *Harold Pinter*

Heute ist ein Ehe schon glücklich, wenn man dreimal die Scheidung verschiebt. *Danny Kaye*

Ehen werden im Himmel geschlossen, deshalb fällt man so tief. *August Strindberg*

Die Männer sind alle verschieden, aber die Ehemänner sind alle gleich. *William Somerset Maugham*

Flirtende Ehemänner am Strand sind keine Gefahr, denn sie schaffen es nicht lange, den Bauch einzuziehen. *Heidi Kabel*

Für eine gute Ehe gibt es einen sehr einfachen Maßstab: man ist dann glücklich verheiratet, wenn man lieber heimkommt als fortfährt. *Luise Ullrich*

Das große Geheimnis jeder guten Ehe ist, jeden Unglücksfall als Zwischenfall und keinen Zwischenfall als Unglücksfall zu behandeln. *Harold Nocolson*

Eine gute Ehe ist heutzutage wie ein Familienauto: Sie steuert und er besorgt den Treibstoff. *Irene Thorell*

Glück in der Ehe setzt viele kleine Aufmerksamkeiten und manchmal eine große Unaufmerksamkeit voraus. *Inge Meysel*

Heirate nicht wegen des Geldes: man kann es billiger leihen. *Unbekannt*

Wahre Liebe ist, wenn ein Mann in den Staub auf die Kommode schreibt: "Ich liebe Dich trotzdem." *Unbekannt*

Seit 17 Jahren korrigierst Du mich, egal was ich sage", mosert der Ehemann. "Seit 18 Jahren, mein Lieber, seit 18 Jahren." *Unbekannt*

Heirate, Du wirst es bereuen; heirate nicht, Du wirst es auch bereuen. Heirate oder heirate nicht - Du wirst beides bereuen. *Unbekannt*

"Welchen Wein können Sie uns zu unserem zehnten Hochzeitstag empfehlen, Her Ober?" "Kommt darauf an, ob Sie feiern oder vergessen wollen." *Unbekannt*

Herr Job wird von seinem kleinen Sohn gefragt: "Warum hast Du eigentlich die Mami geheiratet?" Wendet sich dieser vorwurfsvoll an seine Frau: "Siehst Du, Roswitha, nicht mal der Junge begreift das!" *Unbekannt*

"Ehefrauen, die ihre Männer erschießen, haben keinen Anspruch auf Witwenrente." *Urteilsspruch des Bundessozialgerichtes*

"Odysseus kam 20 Jahre zu spät nach Hause und meine Frau meckert schon, wenn ich mal eine Nacht nicht nach Hause komme." *Unbekannt*

Heiraten heißt, seine Rechte halbieren und seine Pflichten verdoppeln. *Unbekannt*

Nicht wenige Beziehungen beginnen bei Wein und Gesang und enden bei Milch und Gebrüll. *Unbekannt*

Verheiratete Frauen werden selten entführt, weil niemand sicher ist, daß das Lösegeld jemals bezahlt wird. *Unbekannt*

Er heiratete sie, weil er sie liebte. Sie liebte ihn, weil er sie heiratete. *Unbekannt*

Es sind nicht die schlechtesten Ehen, wenn ein Blitz mit einem Blitzableiter verheiratet ist. *Tilla Durieux*

➪ **Heirat, Jungfrau, Junggeselle**

Ehering

Der Ehering ist eine Tapferkeitsauszeichnung, die man am Finger trägt. *Noel Coward*

Eheringe sind die Handschellen der bürgerlichen Gesellschaft. *Curth Flatow*

Ehevertrag

Obwohl ein Drittel aller Verbindungen scheitert, läßt das nach wie vor romantische Bild der Ehe bei den meisten eine Vermischung von Liebe und Geschäft nicht zu. Dabei kann Romantik viel besser auf einer soliden Grundlage gedeihen. *Sylvia Rivet*

Bei der wichtigsten Entscheidung des Lebens siegt das Tabu über die Vernunft. *Rudolf Haibach*

Das Scheidungsrecht basiert immer noch auf der klassischen Einverdienerehe. Mann und Frau, jung und mittellos, heiraten, er verdient das Geld, sie bleibt zu Hause, erzieht die Kinder und führt den Haushalt. Für Ehen dieses Zuschnitts reichen die gesetzlichen Grundlagen tatsächlich aus. *Focus-Magazin Nr. 29*

Ehre

Je lauter er von seiner Ehre redete, um so schärfer paßten wir auf unsere Löffel auf. *Ralph Waldo Emerson*

Ehrfurcht

Es ist gut, wenn Männer Ehrfurcht haben; aber es ist gefährlich, wenn sie uns fürchten. *Lord Halifax*

Die wahre Ehrfurcht geht niemals aus der Furcht hervor. *Marie von Ebner-Eschenbach*

Bescheidenheit ist weniger Unterschätzung unserer selbst als Hochschätzung anderer. Der Bescheidene ist der Ehrfürchtige. *Hans Margolius*

Ehrgeiz

Man sollte Ehrgeiz besitzen, ohne von ihm besessen zu sein. *John Huston*

Ich halte Ehrgeiz für ein zu speditives Möbel, dessen Anschaffung sich nicht lohnt, weil es permanent provoziert, über seine Verhältnisse zu leben. *Fred O. Immergrün*

Ehrgeiz ist ein übermächtiges Verlangen, von seinen Feinden zu Lebzeiten geschmäht und von seinen Freunden nach dem Tode verlacht zu werden. *Ambrose Bierce*

Wenn der Ehrgeiz als Zwerg zur Welt kommt, nennt man ihn Eitelkeit. *Lebensweisheit*

Ehrgeiz fängt die kleinen Seelen leichter als die großen, wie Stroh und Hütten leichter Feuer fangen als Paläste. *Chamfort*

Die meisten Menschen sind unglücklich, weil sie vom Glück zuviel verlangen. Der Ehrgeiz ist der größte Feind des Glücks, denn er macht blind. *Jean-Paul Belmondo*

Seht euch die pathologischen Ehrgeizlinge zum Beispiel in der Politik an. Ob sie glücklich sind? *Hubert Pepsin*

Jeder Mann von Ehrgeiz muß gegen sein Jahrhundert mit dessen eigenen Waffen kämpfen. *Oscar Wilde*

Ehrgeiz: ein übermächtiges Verlangen, von seinen Feinden zu Lebzeiten geschmäht und von seinen Freunden nach dem Tode verlacht zu werden. *Ambrose Bierce*

➪ **Begierde, Verlangen**

Ehrlichkeit

Ehrlichkeit ist nie Unrecht; aber ein Fehler ist es, an die Ehrlichkeit der anderen zu glauben. *Henri Barbusse*

Es ist besser, in Ehren zu versagen als durch Betrug erfolgreich zu sein. *Sophokles*

Wenn Du einen Menschen beurteilen willst, beurteile sein Herz. *Malcolm Forbes*

Ziehe einen Verlust einem unehrlichen Gewinn vor; das eine bringt augenblicklich Schmerzen mit sich, das andere für alle Zeit. *Chilon*

Mag die allgemeine Schulbildung des Managers und seine Fortbildung als Erwachsener noch so gut sein, vor allem anderen wird in der Zukunft, wie in der Vergangenheit auch, nicht die Bildung, nicht das Können entscheidend sein, sondern die Lauterkeit des Charakters. *Peter F. Drucker*

➪ **Anständigkeit, Aufrichtigkeit, Charakter, Wahrheit**

Ehrungen

Die Ehre ist die Belohnung der Tugend. (Honor est praemium virtutis.) *Cicero*

Ehrungen haben schon manchen Großen um seine Ehre gebracht. *Rudolf Hagelstange*

Manche Ehrungen sind nur das Heftpflaster auf eine frische Wunde. *Andre Francois Poncet*

➪ **Laudatio, Titel,**

Eifersucht

Eifersucht ist ein Hundegebell, das die Diebe anlockt. *Karl Kraus*

Auch im Haß gibt es Eifersucht; wir wollen unseren Feind für uns allein haben. *Friedrich Nietzsche*

Eifersucht ist die unnötige Besorgnis um etwas, das man nur verlieren kann, wenn es sich sowieso nicht lohnt, es zu halten. *Ambrose Bierce*

Eifersucht ist die Gelbsucht der Seele. *John Dryden*

Eifersucht ist die Angst vor dem Vergleich. *Max Frisch*

Eifersucht ist eine Leidenschaft, die mit Eifer sucht, was Leiden schafft. *Friedrich Schleiermacher*

Eifersüchtig sein heißt, nicht an seiner Frau, sondern an sich selbst zweifeln. *Honore de Baczac*

Moralische Entrüstung ist Eifersucht mit einem Heiligenschein. *Herbert George Wells*

Ein Eifersüchtiger weiß nichts, ahnt viel und fürchtet alles. *Curt Goetz*

➪ **Neid**

Eigensinn

Der Eigensinn ist die Energie der Dummen. *Jean-Paul Sartre*

Die Willenskraft der Schwachen heißt Eigensinn. *Marie von Ebner-Eschenbach*

Eigensinn beruht darauf, daß der Wille sich an die Stelle der Erkenntnis gedrängt hat. *Arthur Schopenhauer*

Eigentum

Wo kein Eigentum ist, da ist auch keine Freude zum Geben; da kann niemand das Vergnügen haben, seinen Freunden, dem Wanderer, den Leidenden in ihrem Mangel zu helfen. *Aristoteles*

Ein Mensch, der kein Eigentum erwerben darf, kann auch kein anderes Interesse haben, als so viel wie möglich zu essen und so wenig wie möglich zu arbeiten. *Adam Smith*

➪ **Besitz**

Eigentumswohnung

Eigentumswohnung: neuzeitliches Heim, das in idealer Weise alle Nachteile des eigenen Hauses mit denen der Mietwohnung vereinigt. *Ron Kritzfeld*

Eile

Eile ist des Teufels Bote. *Serbisches Sprichwort*

Eilen hilft nicht; nur zur rechten Zeit fortgehen, das ist die Hauptsache. *Jean de La Fontaine*

Alles, was mein Leben wertvoll macht, geschieht in der Zeit, in der ich mich nicht beeile. *Unbekannt*

Einbildung

Einbildung verhindert Ausbildung, Ausbildung verhindert Einbildung. *Unbekannt*

Einbildungskraft

Um ein Geschäft erfolgreich zu führen, braucht ein Mann Imagination. Er muß die Dinge wie in einer Vision sehen, wie ein Traum des Ganzen. *Charles M. Schwab*

Einbildungskraft ist die einzige Waffe im Krieg gegen die Wirklichkeit. *Jules de Gaultier*

Einbildungskraft ist das, was uns davon abhält, uns in den Armen eines Stubenmädchens so glücklich zu fühlen wie in den Armen einer Gräfin. *Samuel Johnson*

Einbildungskraft ist eine Eigenschaft, die den Menschen dafür entschädigt, was er nicht ist. *Oscar Wilde*

➪ **Kreativität, Phantasie**

Eindruck

Schau einem Menschen in den ersten 20 Sekunden eines Gespräches in die 20 cm seines Gesichtes und achte auf seine ersten 20 Worte. *Bernard Tapie*

Einfall

Viele herrliche Einfälle verscheiden auf dem Transport zum Schreibtisch. *Max Frisch*

Ein guter Einfall ist wie ein Hahn am Morgen. Gleich krähen andere Hähne mit. *Karl Heinrich Waggerl*

Alles in der Welt kommt auf einen gescheiten Einfall und auf einen festen Entschluß an. *Johann Wolfgang von Goethe*

➪ **Idee, Inspiration, Intuition, Gedanke**

Einfluß

Menschen, die Einfluß auf andere ausüben wollen, müssen dafür sorgen, daß sie nicht zu oft zu sehen sind. *Ricarda Huch*

Es ist häufig nützlicher, viele zu kennen, als viel zu wissen. *Robert Lembke*

Man muß die Leute an ihren Einfluß glauben lassen - Hauptsache ist, daß sie keinen haben. *Ludwig Thoma*

Um einflußreich zu sein, muß ein Mann von Natur gradsinnig sein und das Recht lieben. Er muß die Worte der Menschen prüfen, ihren Ausdruck beobachten und verstehen, daß man auf andere Rücksicht nehmen muß. *Konfuzius*

➪ **Beziehungen, Kontakt, Macht**

Einfühlungsvermögen

Einfühlungsvermögen ist das Vermögen, das sich am besten verzinst. *Gunter Radtke*

Der beste Weg, andere an uns zu interessieren, ist der, an ihnen interessiert zu sein. *Emil Oesch*

Wer gewinnen will, denke an den Vorteil anderer. *Hans Hass*

An dem Kummer eines Freundes teilzunehmen, ist leicht, aber es bleibt das Zeichen einer außergewöhnlichen Natur, sich an den Erfolgen des Freundes mitfreuen zu können. *Oscar Wilde*

Wenn es ein Geheimnis für den Erfolg gibt, so ist es dies: Den Standpunkt des anderen verstehen und die Dinge mit seinen Augen sehen. *Henry Ford*

Ein guter Unternehmer ist, wer nicht nach dem Lehrbuch arbeitet, sondern sensibel und kreativ auf Situationen reagiert. *Justus Frantz*

Die wichtigste Stunde in unserem Leben ist immer der gegenwärtige Augenblick; der bedeutsamste Mensch in unserem Leben ist immer der, der uns gerade gegenübersteht; das notwendigste Werk in unserem Leben ist stets die Liebe. *Leo Tolstoi*

Einigkeit

Einigkeit macht stark, aber meistens auch blind. *Sigmund Graff*

Wer alleine arbeitet, addiert. Wer zusammenarbeitet, multipliziert. *Unbekannt*

Wir sind alle Blätter an einem Baum. Keines gleicht dem anderen. Doch alle sind wichtig für das Ganze. *Unbekannt*

Verbunden werden auch die Schwachen mächtig. *Friedrich Schiller*

Einkommen

Einkommen: die Provision, die einem der Staat für die Erarbeitung der Steuern zuerkennt. *Unbekannt*

Einladung

Der wirklich freie Mensch ist der, der eine Einladung zum Essen ausschlagen kann, ohne dafür einen Vorwand angeben zu müssen. *Jules Renard*

Einsamkeit

Die Menschen sind oft einsam, weil sie Wände bauen statt Brücken. *Unbekannt*

Wer sich der Einsamkeit ergibt, ach, der ist bald allein. *Johann Wolfgang von Goethe*

Allein sein müssen ist das Schwerste, allein sein können das Schönste. *Hans Krailsheimer*

Allein ist der Mensch ein unvollkommenes Ding; er muß einen zweiten finden, um glücklich zu sein. *Blaise Pascal*

Viele Frauen heiraten, weil sie des Alleinseins müde sind. Und viele Frauen lassen sich scheiden, weil sie des Alleinseins müde sind. *Hanne Wieder*

Ich sehne mich immer nach dem Alleinsein, aber bin ich allein, bin ich der unglücklichste Mensch. *Thomas Bernhard*

Der Mensch für sich allein, überhaupt jedes Wesen abgesondert, ist unglücklich. *Wilhelm Heinse*

➪ **Alleinsein**

Einsicht

Lieber Gott! Bekehre doch jene zur Einsicht, die glauben, Verkehrsunfälle können nur anderen passieren. *Unbekannt*

Zu erkennen, daß man sich geirrt hat, ist ja nur das Eingeständnis, daß man heute schlauer ist als gestern. *Unbekannt*

➪ **Selbstkritik**

Einstellung

Alles, was einem Menschen gelingt und alles was ihm mißlingt, ist das unmittelbare Ergebnis seines Denkens. *James Allen*

Das, was jemand von sich selbst denkt, bestimmt sein Schicksal. *Mark Twain*

Der Mensch bringt sogar die Wüsten zum Blühen. Die einzige Wüste, die ihm noch Widerstand leistet, befindet sich in seinem Kopf. *Ephraim Kishon*

Unglücksfälle sind wie Messer. Entweder sie arbeiten für uns oder schneiden uns, je nachdem, ob wir sie am Griff oder an der Schneide fassen. *James Russel Lowell*

➪ **Denken, Gedanke**

Eitelkeit

Bevor man das Erb- und Erzübel, die Eitelkeit, nicht totgelacht hat, kann man nicht beginnen, das zu werden, was man ist: ein Mensch. *Erich Kästner*

Die meisten Menschen hassen die Eitelkeit an anderen, so sehr sie auch selbst damit behaftet sein mögen. *Benjamin Franklin*

Die Eitelkeit ist das letzte Kleid, das der Mensch auszieht. *Ernst Bloch*

Mit der Eitelkeit eines Mannes kämen zehn Frauen aus. *Dunja Rajter*

Ein Kollege berichtete mir von einem Fernsehstar, dessen Eitelkeit so weit gediehen war, daß er sich sogar zu verbeugen pflegte, wenn der Regen an die Fenster klatschte. *Hans-Joachim Kulenkampff*

Eitelkeit ist eine schöne Wiege für Erwachsene. *Gerhard Hauptmann*

Die Eitelkeit ist der Stolz des Schwachen. *Karl Julius Weber*

Wir sind so eitel, daß uns sogar an der Meinung der Leute, an denen uns nichts liegt, etwas gelegen ist. *Marie v. Ebner-Eschenbach*

Eitelkeit ist der Versuch, in einem trüben Spiegel mit sich selbst zu kokettieren. *Romain Gary*

➪ **Stolz, Dünkel**

Eleganz

Eleganz ist guter Geschmack mit einem Hauch von Wagemut. *Unbekannt*

Eleganz ist gemeisterte Verschwendung. *Walter Rathenau*

➪ **Geschmack, Stil**

Elite

Die Gesellschaft ist immer eine dynamische Einheit zweier Faktoren, der Eliten und der Massen. *Jose Ortega y Gasset*

Auslese kann nur wirken, wenn sie von unten herauf beginnt. *Walther Rathenau*

Sechs Leitsätze zur Elite:

1. Elite ist man nicht durch Herkunft, Beziehung oder Vermögen, sondern durch Leistung, Charakter und Wirkung.
2. Elite braucht man in allen Bereichen des Lebens. Ohne Eliten gibt es keinen Fortschritt und keinen Frieden.
3. Elite ist eine Haltung, kein Ziel; sie legitimiert sich stets neu im Anspruch, im Weg und im Ergebnis.
4. Elite nährt sich aus Erkenntnis, Kritik und Verantwortlichkeit, nicht aus Dogma, Tradition und Eitelkeit.
5. Elite wird mißbraucht; sie muß sich schützen und geschützt werden.
6. Elite kann und muß man fördern. Chancengleichheit, wohlverstanden, ist eine Voraussetzung der Eliteförderung, kein Hindernis. *Wilhelm Pfähler*

Elite: das sind immer weniger Menschen, die mehr arbeiten müssen, damit immer mehr weniger arbeiten können. *Herbert Köhler*

Eltern

Eltern haben Vertrauen zu ihrer Tochter und Vertrauen zum Freund ihrer Tochter, aber sie haben selten Vertrauen, wenn beide zusammen sind. *Peter Sellers*

Die erste Hälfte unseres Lebens wird uns von unseren Eltern verdorben, die zweite von unseren Kindern. *Clarence Darrow*

Eltern begabter Kinder glauben unerschütterlich an Vererbung. *Joachim Fuchsberger*

Es muß sich unter jungen Ehepaaren noch viel mehr herumsprechen, daß auch der teuerste Mercedes niemals "Vater" oder "Mutter" zu ihnen sagen wird. *Ignaz Kiechle*

Eltern verzeihen ihren Kindern die Fehler am schwersten, die sie selbst ihnen anerzogen haben. *Marie von Ebner-Eschenbach*

Wenn die Eltern schon alles aufgebaut haben, bleibt den Söhnen und Töchtern nur noch das Einreißen. *Cino Cervi*

Solange unsere Eltern leben, haben wir den Eindruck, unsterblich zu sein. Sie sind die Hüter unserer Vergangenheit. Und dann, eines Tages, verschwinden sie, und man steht da, ohne Erinnerung, weil sie sie mitgenommen haben. *Marek Halter*

Jeder junge Mensch macht früher oder später die verblüffende Entdeckung, daß auch Eltern gelegentlich recht haben können. *Andre Malraux*

Es gibt kein problematisches Kind, es gibt nur problematische Eltern. *Alexander S. Neill*

Eltern, die Respekt verlangen, haben auch nicht mehr verdient. *Peter Tille*

Zuerst lieben die Kinder ihre Eltern. Nach einer gewissen Zeit fällen sie ihr Urteil über sie. Und selten, wenn überhaupt je, verzeihen sie ihnen. *Oscar Wilde*

Moderne Eltern schlagen ihre Kinder nie - außer in Notwehr. *Jean-Luc Michel*

Die Ohrfeige ist der Offenbarungseid des Erziehers. *Unbekannt*

Auch in einem Königshaus lernt man wie die Affen: Indem man die Eltern beobachtet. *Charles, Prince of Wales*

➪ **Erziehen, Erwachsene, Mutter, Vater, Kinder**

Emanzipation

Früher brauchte man nur ein Taschentuch fallen zu lassen, und schon stürzten die Männer herbei. Heute könnte man einen Büstenhalter verlieren, und keiner rührt einen Finger. *Helen Vita*

Ich habe keine Bedenken gegen frauliche Entblößung, wenn es um die Ellbogen geht. *Alice Schwarzer*

Ich bin gegen Emanzipation. Durch Emanzipation verliert die Frau ihre Weiblichkeit, was kann einer Frau Schlimmeres passieren? *Anna Moffo*

In dieser Ballsaison darf die emanzipierte Frau den Tanzpartner ihre Wünsche fühlen lassen! Ob der Betroffene dann noch Wünsche fühlt, ist eine andere Frage. *Oliver Hassencamp*

Es ist nicht leicht, die Frau zu emanzipieren, denn der Wunsch, den Männern zu gefallen, steckt in vielen Frauen drin. *Simone de Beauvoir*

Emanzipation ist die Kunst, auf eigenen Füßen zu stehen und trotzdem in fremden Armen zu liegen. *Alex Winter*

Der emanzipierten Frau ins Stammbuch: Wer Ellbogen zeigt, kann auch Knie zeigen. *Karl Lagerfeld*

Wenn die Frau heute nur die Gleichberechtigung anstrebt und nichts weiter, ist das ein Zeichen, daß sie dem Mann seine jahrhundertelange Vorherrschaft verziehen hat. *Henry Miller*

Emanzipation ist der Übergang eines Sklaven aus der Unterdrückung durch einen anderen zur Unterdrückung durch sich selbst. *Ambrose Bierce*

Emanzipation ist die Kunst, den Mann kleinzukriegen, aber nicht an der falschen Stelle. *Evelyn Blythe*

Emanzipation ist jener enorme Fortschritt, der Frauen erlaubt, nicht nur Kinder zu haben und den Haushalt zu versorgen, sondern auch noch das nötige Geld für die Familie zu verdienen. *Ron Kritzfeld*

Emanzipation ist der Fortschritt der Frau vom Vorrecht zur Gleichberechtigung. *Marcello Mastroianni*

Viele haben sich vorgestellt, von Frauen gemachte Politik sei lediglich pazifistisch oder humanitär oder sentimental. Die wirkliche Gefahr femininer Politik ist: zu viel Liebe zu maskuliner Politik. *Gilbert K. Chesterton*

Frauen, die die gleichen Rechte wie Männer fordern, sind auf jeden Fall bemerkenswert genügsam. *Henning Venske*

Frauen, wacht auf! . . . Was auch immer die Hürden sein werden, die man euch entgegenstellt, es liegt in eurer Macht, sie zu überwinden. Ihr müßt es nur wollen. *Olympe de Gouges*

Je älter ich werde, je nüchterner ich den politischen Männlichkeitswahn durchschaue, um so bewußter bemühe ich mich darum, mich davon zu emanzipieren. *Hildegard Hamm-Brücher*

Die Frauen sind endlich daraufgekommen, daß sie in Wirklichkeit viel stärker sind als die Männer. *Jil Sander*

Das ist das Problem der nichtemanzipierten Männer: die Angst vor der starken Frau. *Lore Lorentz*

Die Emanzipation ist erst dann vollendet, wenn gelegentlich auch eine total unfähige Frau in eine verantwortliche Position aufrücken kann. *Heidi Abel*

➪ **Frauen, Gleichberechtigung**

Engagement

Wer sich nicht mit Politik befaßt, hat die politische Parteinahme, die er sich sparen möchte, bereits vollzogen: er dient der herrschenden Partei. *Max Frisch*

Man muß das Unglück mit Händen und Füßen, nicht mit dem Maul angreifen. *Johann Heinrich Pestalozzi*

Man muß Partei ergreifen. Neutralität hilft dem Unterdrücker, niemals dem Opfer, Stillschweigen bestärkt den Peiniger, niemals den Gepeinigten. *Elie Wiesel*

Einer, der sich heute nur betrachtend verhielte, bewiese eine unmenschliche Philosophie oder eine ungeheuerliche Blindheit. *Andre Gide*

Die Menschen, die es in dieser Welt zu etwas bringen, sind Menschen, die Ausschau halten nach den Umständen, die sie benötigen; und wenn sie diese nicht antreffen, erschaffen sie sie selbst. *George Bernard Shaw*

Der eine wartet, bis die Zeit sich wandelt, der andere packt sie kräftig an und handelt. *Dante Alighieri*

Alles Große in unserer Welt geschieht nur, weil jemand mehr tut, als er muß. *Hermann Gmeiner*

Damit das Mögliche entsteht, muß immer wieder das Unmögliche versucht werden. *Hermann Hesse*

Wenn du begeisterungsfähig bist, kannst du alles schaffen. Begeisterung ist die Hefe, die deine Hoffnungen himmelwärts treibt. Begeisterung ist das Blitzen in deinen Augen, der Schwung deines Schrittes, der Griff deiner Hand, die unwiderstehliche Willenskraft und Energie zur Ausführung deiner Ideen. Begeisterte sind Kämpfer. Sie haben Seelenstärke. Sie besitzen Standfestigkeit. Begeisterung ist die Grundlage allen Fortschritts. Mit ihr gelingen Leistungen, ohne sie höchstens Ausreden. *Henry Ford*

Jeder Mensch, der sich für etwas engagiert, hat eine bessere Lebensqualität als andere, die nur so dahinvegetieren. *Bruno Kreisky*

➪ **Begeisterung, Anstrengung**

Enkel

Ein Enkel ist ein Vorwand für Großväter, sich eine elektrische Eisenbahn zu kaufen. *Unbekannt*

Enthaltsamkeit

Enthaltsamkeit ist das Vergnügen an Dingen, welche wir nicht kriegen. *Wilhelm Busch*

Enthaltsamkeit ist vielleicht die sonderbarste aller sexuellen Verirrungen. *Remy de Gourmont*

➪ **Abstinenz, Disziplin, Verzicht, Zölibat**

Entrüstung

Entrüstung ist ein erregter Zustand der Seele, der meist dann eintritt, wenn man erwischt wird. *Wilhelm Busch*

Entrüstung ist ein Bekenntnis der Hilflosigkeit. *Walter Rathenau*

Moralische Entrüstung: 2 Prozent Moral, 48 Prozent Hemmungen und 50 Prozent Neid. *Unbekannt*

Moralische Entrüstung ist der Heiligenschein der Scheinheiligen. *Helmut Qualtinger*

Entscheiden

Wer sich nicht entscheiden kann muß die Folgen der Entscheidungen hinnehmen, die andere für ihn treffen. *Unbekannt*

Viele Entscheidungen werden nicht getroffen, sie treffen sich. In vielen Organisationen geschieht Vernünftiges nicht wegen, sondern trotz des Managements. *Fredmund Malik*

Alles in der Welt kommt auf einen gescheiten Einfall und auf einen festen Entschluß an. *Johann Wolfgang von Goethe*

Wenige Menschen denken, und doch wollen alle entscheiden. *Friedrich der Große*

Du kannst nicht zwei Pferde mit einem Hintern reiten. *Woody Allen*

"Des Sommers soll sich das General-Direktorium versammeln des Morgens um sieben Uhr, des Winters um acht. Sie sollen nicht eher auseinandergehen, bis alle und jede Sache abgetan worden, damit nicht ein Zettel übrigbleibe."
Aus der Dienstanweisung König Friedrich Wilhelm I. von Preußen von 1713 an seine oberste Staatsbehörde, der er selbst vorstand.

Lieber keinen Erfolg als keinen Entschluß. *Karl Heinrich Waggerl*

Management by Fallobst: Wenn Entscheidungen reif sind, fallen sie von selbst. *Büroweisheit*

Die richtige Lösung eines falschen Problems ist immer eine falsche Lösung. *Edith Hoppe-Gröning*

Gib meinen Entschlüssen Kraft ist eine Bitte, die im Vaterunser stehen könnte. *Georg Christoph Lichtenberg*

Wer schon die Übersicht verloren hat, muß wenigstens den Mut zur Entscheidung haben. *Büroweisheit*

Wer jede Entscheidung zu schwer nimmt, kommt zu keiner. *Harold Macmillan*

Es ist nicht zu glauben, wie schlau und erfinderisch die Menschen sind, um der letzten Entscheidung zu entgehen. *Sören Kierkegaard*

Man löst keine Probleme, indem man sie auf Eis legt. *Winston Churchill*

Es ist besser, ein Problem zu erörtern, ohne es zu entscheiden, als es zu entscheiden, ohne es erörtert zu haben. *Joseph Joubert*

Alles, was sich zu lange hinschleppt, ehe es zu etwas nur irgend Sichtbarem wird, verliert an Interesse. *Wilhelm von Humboldt*

Es ist besser, unvollkommene Entscheidungen durchzuführen, als ständig nach vollkommenen Entscheidungen zu suchen, die es niemals geben wird. *Charles de Gaulle*

In jedem Entscheidungs-Prozeß gibt es dunkle, verschlungene Pfade. *John F. Kennedy*

Niemand ist so reich, daß er nicht durch eine falsche Entscheidung arm werden könnte. *Unbekannt*

Die teuerste Berufskrankheit ist Entscheidungsangst. *Unbekannt*

Ich entscheide die großen Dinge, meine Frau die kleinen - und welche Entscheidung groß oder klein ist, bestimmt meine Frau. *Unbekannt*

Geld verdient man mit Entscheidungen - nicht mit Arbeit. *Jürgen R. Menzel*

Richtige Entscheidungen treffen, bedeutet, entscheidend besser informiert sein. *Gerhard Reichel*

Der Mensch entscheidet zu 90% mit dem Gefühl und nur zu 10% mit dem Verstand. *Gerhard Reichel*

➪ **Entschluß, Aufschieben**

Entschlossenheit

Entschlossenheit ist Starrsinn, der unsere Billigung hat. *Ambrose Bierce*

Feste Entschlossenheit und Klarheit im Innern, sanfte Anpassung und Stärke im Außern; das ist der Weg, etwas zu erreichen. *J Ging*

Wir benötigen nicht mehr Stärken oder mehr Fähigkeiten oder größere Chancen. Was wir tun müssen, ist das zu gebrauchen, was wir bereits haben. *Basil S. Walsh*

Die Menschen, die es in dieser Welt zu etwas bringen, sind Menschen, die Ausschau halten nach den Umständen, die sie benötigen; und wenn sie diese nicht antreffen, erschaffen sie sie selbst. *George Bernard Shaw*

Ein entschlossener Mensch wird mit einem Schraubenschlüssel mehr anzufangen wissen als ein unentschlossener mit einem Werkzeugladen. *Emil Oesch*

Entschlossenheit im Unglück ist immer der halbe Weg zur Rettung. *Johann Heinrich Pestalozzi*

Der eine wartet, bis die Zeit sich wandelt, der andere packt sie kräftig an und handelt. *Dante Alighieri*

Denke immer daran, daß deine eigene Entschlossenheit, erfolgreich zu sein, wichtiger ist als alles andere. *Abraham Lincoln*

Greife nicht in ein Wespennest, doch wenn du greifst, so greife fest. *Matthias Claudius*

Doch der den Augenblick ergreift, das ist der rechte Mann. *Johann Wolfgang von Goethe*

➪ **Mut**

Entschluß

Was alle Erfolgreichen miteinander verbindet, ist die Fähigkeit, den Graben zwischen Entschluß und Ausführung äußerst schmal zu halten. *Peter Drucker*

Gib meinen Entschlüssen Kraft, ist eine Bitte, die im Vaterunser stehen könnte. *Georg Christoph Lichtenberg*

➪ **Entscheiden**

Entschuldigung

Wer die Menschen kennenlernen will, der studiere ihre Entschuldigungsgründe. *Unbekannt*

Die Entschuldigung ist ein gutes Mittel, das letzte Wort zu haben. *Unbekannt*

Erbe

Der Mensch ist an drei Proben zu erkennen: erzürne ihn, berausche ihn, teile mit ihm ein Erbe. Wenn er die letzte Probe besteht, ist er trefflich. *Unbekannt*

Erbonkel

Ein Erbonkel ist ein Betagter, der zu den schönsten Hoffnungen berechtigt. *Ron Kritzfeld*

Erde

Wer mit den Füßen fest auf der Erde steht, kann nicht mit dem Scheitel den Himmel berühren. *Hans Kudszus*

Es steht mehr Geld zur Verfügung, um zu erforschen, wie sich Weltraumfahrer ernähren sollen, als für die Erforschung der Frage, wie sich fast zwei Milliarden hungriger Erdenbewohner am Leben halten können. *Robert Jungk*

In Indien und anderen unterentwickelten Ländern sind wir materiell arm. In vielen anderen Ländern dagegen, in Europa, Amerika und anderswo, gibt es die geistige Armut. *Mutter Teresa*

Wenn ein Mensch zu anderen Himmelskörpern fliegt und dort feststellt, wie schön es doch auf unserer Erde ist, hat die Weltraumfahrt ihren wichtigsten Zweck erfüllt. *Jules Romains*

Die Weltraumfahrt hat nur dann einen Sinn, wenn wir durch sie die Erde entdecken und damit uns selber.
Friedrich Dürrenmatt

Der Himmel gehört allen. Die Erde wenigen.
Klaus Staeck

Die Menschheit tut so, als ob sie eine zweite Erde in Reserve hätte. *Club of Rome*

➪ **Umwelt, Welt**

Erfahrung

Erfahrung ist eine strenge Lehrmeisterin. Sie stellt zuerst die Prüfungsaufgaben und beginnt danach mit dem Unterricht. *Sprichwort*

Die besten Erfahrungen sind die, die andere schon gemacht haben. *Witold Rowicki*

Den Lebenskünstler erkennt man daran, daß er seine schlechten Erfahrungen von anderen machen läßt.
Hans Joachim Clarin

Unsere Weisheit kommt aus unserer Erfahrung. Unsere Erfahrung kommt aus unseren Dummheiten.
Sacha Guitry

Die nützlichsten Erfahrungen, die man macht, sind die schlechten. *Thornton Wilder*

Ein Pessimist ist ein Mensch, der sich über schlechte Erfahrungen freut, weil sie ihm recht geben.
Heinz Rühmann

Erfahrungen sind die beste Schutzimpfung gegen Vorurteile. *Heinz Hilpert*

Erfahrungen sind die vernarbten Wunden unserer Dummheit. *John Osborne*

Ein Versager ist ein Mensch, der Fehler gemacht hat und nicht fähig ist, Nutzen aus seiner Erfahrung zu ziehen. *Francis Ponge*

Erfahrungen sind Maßarbeit; sie passen nur dem, der sie macht. *Carlo Levi*

Die Erfahrung lehrt uns, daß der Mensch aus Erfahrungen nichts lernt. *George Bernard Shaw*

Das einzige, was man aus Erfahrungen lernt, ist die Erkenntnis, daß man nichts aus Erfahrungen lernt.
AndreMaurois

Intellektuelle Erkenntnisse sind Papier. Vertrauen hat immer nur der, der von Erfahrenem redet.
Hermann Hesse

Es gibt keine unnützen Erfahrungen, nur ungenutzte.
Peter Tille

Zuviel Erfahrung ist durchaus geeignet, die Freude am Leben zu trüben. *Andre Maurois*

Erfahrungen sind die Jahresringe des Menschen.
Paul Hörbiger

"Know-How" ist eine harte Währung. *Unbekannt*

Erfahrung ist der beste Lehrmeister. Nur - das Schulgeld ist teuer. *Thomas Carlyle*

Erst hatte ich das Geld und er die Erfahrung. Jetzt hat er das Geld und ich die Erfahrung. *Unbekannt*

Erfahrung ist ein Rüstzeug, bestehend aus Waffen, die uns verletzt haben. *Aus den "Fliegenden Blättern"*

Erfahrung ist das, was uns enthüllt, daß wir die Irrtümer der Jugend gegen die des Alters aufgegeben haben. *Ambrose Bierce*

Erfahrung ist die einzige Schule, in der auch Dummköpfe etwas lernen können. *Benjamin Franklin*

Erfahrung ist der Name, den die Menschen ihren Torheiten und Sorgen geben. *Alfred de Musset*

Erfahrung ist die Summe der Dummheiten, die man machen durfte, ohne sich den Hals zu brechen.
Paul Wegener

Wenn man genug Erfahrungen gesammelt hat, ist man meist zu alt, um sie noch auszuwerten. *Unbekannt*

Vieles erfahren haben heißt noch nicht, Erfahrung besitzen. *Marie von Ebner-Eschenbach*

Erfahrung heißt gar nichts. Man kann eine Sache auch 35 Jahre schlecht machen. *Kurt Tucholsky*

Erfahrung ist der Name, den wir unseren Irrtümern geben. *Oscar Wilde*

Die Schule der eigenen Erfahrung ist zweifellos die beste, aber wenn man sie hinter sich hat, ist man zu alt, um zu arbeiten. *Henry Ford*

Erfindung

Bei Erfindungen ist der Erste immer der Dumme; den Ruhm kassiert der Zweite, und das Geschäft macht erst der Dritte. *Martin Kessel*

Die unheimlichste aller Erfindungen ist der Spiegel. Woher nehmen die Menschen nur den Mut, da hineinzuschauen? *Brendan Behan*

Kann man noch eine Erfindung machen, ohne sich davor zu fürchten? *Elias Canetti*

➪ **Innovation, Neu**

Erfolg

Erfolg hört nur auf Applaus. Für alles andere ist er taub. *Elias Canetti*

Ich habe im Leben Erfolg gehabt. Jetzt versuche ich, das Leben zum Erfolg zu machen. *Brigitte Bardot*

Wer arm, clever und hungrig ist, entwickelt die Power zum Erfolg. *Matthias Scharlach*

Eine Frau, die geliebt wird, hat immer Erfolg. *Vicki Baum*

Hinter jeder Frau, die erfolgreich werden könnte, steht mindestens eine Frau, die sie am Erfolg zu hindern versucht. *Lore Lorentz*

Unzufriedenheit ist der erste Schritt zum Erfolg. *Oscar Wi/de*

Der Erfolg ist das Kind der Keckheit. *Erich Kästner*

Die Ästhetik unserer Tage heißt Erfolg. *Andy Warhol*

Jeder Erfolg, den man erzielt, schafft uns einen Feind. Man muß mittelmäßig sein, wenn man beliebt sein will. *Oscar Wilde*

Der Erfolg schafft eine Welt von Feinden. *Andre Maurois*

Erfolg besteht darin, daß man genau die Fähigkeiten hat, die im Moment gefragt sind. *Henry Ford*

Das Geheimnis des Erfolges ist zweckmäßige Beharrlichkeit. *Benjamin Disraeli*

Wenn es ein Geheimnis für den Erfolg gibt, so ist es dies: Den Standpunkt des anderen verstehen und die Dinge mit seinen Augen sehen. *Henry Ford*

Was alle Erfolgreichen miteinander verbindet, ist die Fähigkeit, den Graben zwischen Entschluß und Ausführung äußerst schmal zu halten. *Peter Drucker*

Ich lese immer zuerst die Sportseiten, denn sie berichten über Erfolge des Menschen. Auf der ersten Seite steht das menschliche Versagen. *Earl Warren*

Erfolge muß man langsam löffeln, sonst verschluckt man sich an ihnen. *Erika Pluhar*

Willst du zum Erfolg kommen, so nimm die Treppe Stufe für Stufe. Es gibt noch keinen Aufzug dafür. *Unbekannt*

Erfolgsmenschen sind leicht zu erkennen: sie haben blaue Flecken an den Ellenbogen. *Rudolf Platte*

Unsere Fehlschläge sind lehrreicher als unsere Erfolge. *Henry Ford*

Am Feinsten ist der Erfolg, der nicht willig kommt wie eine zahme Hauskatze, sondern den man zwingen und beherrschen lernen muß wie ein wildes Pferd. *Peter Ustinov*

Erfolg haben heißt, die richtigen Leute auf der richtigen Party zur richtigen Zeit treffen. *Parkinson*

Der Weg zum Erfolg wäre kürzer, wenn es unterwegs nicht so viele reizvolle Aufenthalte gäbe. *Sacha Guitry*

Bei den meisten Erfolgsmenschen ist der Erfolg größer als die Menschlichkeit. *Daphne du Maurier*

Am schnellsten kommt man auf dem Steckenpferd des Vorgesetzten voran. *Rumänisches Sprichwort*

Das Geheimnis des Erfolges ist es, möglichst viele Menschen vor den Kopf zu stoßen. *G. B. Shaw*

Erfolg ist so ziemlich das Letzte, was einem vergeben wird. *Truman Capote*

Auf dem Weg zum Erfolg herrscht nur auf der untersten Stufe Andrang; je weiter nach oben, desto mehr Raum. *Gerhard Reichel*

Der Grund, warum manche auf der Leiter des Erfolges nicht so recht vorankommen, ist darin zu suchen, daß sie glauben, sie stünden auf einer Rolltreppe. *Unbekannt*

Wenn A für Erfolg steht, gilt die Formel A = X + Y + Z. X ist Arbeit, Y ist Muße, und Z heißt Mundhalten. *Albert Einstein*

Erfolg, das Rattengift des Menschen: ganz wenige kommen davon. *Elias Canetti*

Wenn man jede Nacht drei Stunden weniger schläft, hat man im Jahr eineinhalb Monate mehr Zeit zum Erfolg. *Aristoteles Onassis*

Holzhacken ist bei manchen Leuten deshalb so beliebt, weil sie den Erfolg dieser Tätigkeit sofort sehen können. *Albert Einstein*

Ich habe im Leben
Erfolg gehabt.
Jetzt versuche ich,
das Leben zum Erfolg
zu machen.

BRIGITTE BARDOT

Erfolg verändert den Menschen nicht. Er entlarvt ihn.
Max Frisch

Es ist einer der dunkelsten Augenblicke im menschlichen Leben, wenn man eines Tages grauhaarig und alt, nahe dem Ende einer unbefriedigenden Laufbahn zu der Erkenntnis kommt, daß man in all den Jahren nur von einem kleinen Teil seiner selbst Gebrauch gemacht hat. *Gerhard Reichel*

Auch Erfolg wird bestraft. Die Strafe besteht darin, daß man mit Leuten zusammenkommen muß, die man früher meiden durfte. *John Updike*

Schriftsteller verzeihen ihren Kollegen alles, nur nicht den Erfolg. *Marcel Reich-Ranicki*

Da ich aber ansah alle meine Werke, die meine Hand getan hatte und die Mühe, die ich gehabt hatte, siehe, da war es alles eitel und ein Haschen nach Wind und kein Gewinn unter der Sonne (...) Darum verdroß mich zu leben; denn es gefiel mir übel, was unter der Sonne geschieht, daß alles eitel ist und Haschen nach Wind.
Salomo

Erfolgserlebnisse sind Stufen, denen man nicht ansieht, ob sie zu einer Leiter oder zu einer Tretmühle gehören. *Helmar Nahr*

Wenn alle Wege verstellt sind, bleibt nur der nach oben. *Franz Werfel*

Für großartig angelegte Menschen ist es die schwerste Aufgabe, auf der Zinne des Erfolges dessen natürliche Schranke zu erkennen. *Theodor Mommsen*

Langfristig ist man nur erfolgreich, wenn man weiß, warum man erfolgreich ist. *Rupert Lay*

Tränen und Schweiß sind beide naß und salzig, doch ihre Wirkung ist ganz unterschiedlich. Mit Tränen verschafft man sich Mitgefühl. Der Schweiß bringt einen voran. *Jasse Jackson*

Um Erfolg zu haben, muß man aussehen, als habe man Erfolg. *Valentin Polcuch*

Die erfolgreiche Dreiheit: Der amerikanische Stahlkönig, Andrew Carnegie, wurde einmal gefragt, was er für die entscheidende Kraft in der Großindustrie und für den stärkeren Hebel eines persönlichen Erfolges halte: "Intelligenz, Kapital oder Arbeit." Carnegie: "Ihre Frage kann ich am besten mit einer Gegenfrage beantworten: "Welches ist das wichtigste Bein bei einem dreibeinigen Schemel?"

Acht Fähigkeiten, die Erfolgsmenschen auszeichnen:
1. Zielbewußtes Handeln
2. Erfolgstrategisches Vorgehen
3. Systematisches Planen
4. Sicheres Auftreten
5. Überzeugendes Reden
6. Energisches Durchsetzungsvermögen
7. Vitalität
8. Energetisches Denken *Unbekannt*

Erfolgreiche Menschen sind nicht deshalb so erfolgreich, weil sie auf vielen Gebieten viel wissen, sondern ein Teilgebiet besser beherrschen als andere.
Unbekannt

Erinnerung

Vor der Wirklichkeit kann man seine Augen verschließen, aber nicht vor der Erinnerung.
Stanislaw Jerzy Lec

Erinnerungen sind wie viele Konserven, ein bißchen schön gefärbt und deshalb nicht ganz unschädlich.
Maurice Chevalier

Die Erinnerungen verschönern das Leben, aber das Vergessen allein macht es erträglich.
Honore de Balzac

Erinnerungen sind Wirklichkeiten im Sonntagsanzug.
Oliver Hassencamp

Wir werden alt, wenn die Erinnerung uns zu freuen beginnt. Wir sind alt, wenn sie uns schmerzt.
Peter Sirius

Erinnerungen sind Wärmeflaschen fürs Herz.
Rudolf Fernau

Bei den meisten ruft die Erinnerung nichts anderes hervor als Selbstmitleid. *Siegfried Lenz*

Eine Frau wundert sich oft, was ein Mann so alles vergißt - ein Mann staunt, woran sich eine Frau so alles erinnert. *Mark Twain*

Erinnerungen sind ein goldener Rahmen, der jedes Bild freundlicher macht. *Carl Zuckmayer*

➪ **Gedächtnis**

Ernst

Man kann sich das Leben auch durch zu großen Ernst verscherzen. *Peter Sirius*

Wenn der Ernst zu Jahren kommt, wird er langweilig.
Oscar Wilde

Man kann auch Ernstes heiter sagen. *Curt Goetz*

Ernsthaftigkeit ist die Zuflucht derer, die nichts zu sagen haben. *Oscar Wilde*

Ernstnehmen

Machen Sie sich erst einmal unbeliebt, dann werden Sie auch ernstgenommen. *Konrad Adenauer*

Erotik

Erotik ist Überwindung von Hindernissen. Das verlockendste und populärste Hindernis ist die Moral. *Karl Kraus*

Die Erotik ist sozialisierte Sexualität. *Octavio Paz*

Der Egoismus - ich brauche den anderen für mich, für mein Glück - ist die Kraft des Eros; die Erkenntnis, ich werde nur glücklich durch das Glück des anderen, ist die Weisheit des Eros. *Helmut Gollwitzer*

➪ **Flirt, Kuß, Liebe, Sex**

Erträge

Verwende deine Erträge vernünftig, denn alles ist mit Kosten verbunden. Schwer Erarbeitetes ist schnell ausgegeben. *Cato der Ältere*

➪ **Gewinn**

Erwachsene

Kinder müssen die Dummheiten der Erwachsenen ertragen, bis sie groß genug sind, um sie zu wiederholen. *Jean Anouilh*

Als Kind ist jeder ein Künstler. Die Schwierigkeit liegt darin, als Erwachsener einer zu bleiben. *Pablo Picasso*

Die Jugend kann nicht mehr auf die Erwachsenen hören. Dazu ist ihre Musik zu laut. *Oliver Hassencamp*

Kinder, die man nicht liebt, werden Erwachsene, die nicht lieben. *Pearl S. Buck*

➪ **Eltern**

Erwartung

Fordere viel von dir selbst und erwarte wenig von anderen. So bleibt dir mancher Ärger erspart. *Konfuzius*

Erziehen

Erst wenn man genau weiß, wie die Enkel ausgefallen sind, kann man beurteilen, ob man seine Kinder gut erzogen hat. *Erich Maria Remarque*

Manche Eltern und Schulen beginnen mit dem Versuch, den Kindern völligen Gehorsam beizubringen, ein Versuch, der entweder einen Sklaven oder einen Empörer hervorbringen muß. *Bertrand Russell*

Eltern, die Respekt verlangen, haben auch nicht mehr verdient. *Peter Tille*

Die meisten Eltern nehmen sich heute für die Erziehung oft keine Zeit mehr, sondern parken die Kinder vor dem Fernseher. *Ulrich Wickert*

Erziehen heißt Vorleben. Alles andere ist höchstens Dressur. *Oswald Bumke*

Das Geheimnis der Erziehung liegt in der Achtung vor dem Schüler. *Ralph Waldo Emerson*

Wenn Großeltern es für nötig halten, sich in die Erziehung ihrer Enkel einzumischen, zeigt das nur, daß sie bei der Erziehung ihrer Kinder nicht sehr erfolgreich waren. *Robert Lembke*

Alle Erziehung, ja alle geistige Beeinflussung beruht vornehmlich auf Bestärken und Schwächen. Man kann niemanden zu etwas bringen, der nicht schon dunkel auf dem Wege dahin ist, und niemanden von etwas abbringen, der nicht schon geneigt ist, sich ihm zu entfremden. *Christian Morgenstern*

Ihr müßt die Menschen lieben, wenn ihr sie ändern wollt. *Johann Heinrich Pestalozzi*

Am besten ist die Erziehung, die man nicht merkt. *Andre Malraux*

Der eine stützt sich auf seine gute Erziehung und der andere auf seine Ellbogen. *Werner Mitsch*

Die Ohrfeige ist der Offenbarungseid des Erziehers. *Unbekannt*

Man kann Dummheit sorgfältig durch Erziehung zu Vorurteilen herbeiführen. *Alexander Mitscherlich*

Erziehung ist organisierte Verteidigung der Erwachsenen gegen die Jugend. *Mark Twain*

Es gibt keine andere vernünftige Erziehung als Vorbild zu sein - wenn's nicht anders geht, ein abschreckendes. *Albert Einstein*

Gute Erziehung besteht darin, verbergen zu können, wieviel wir von uns selbst halten und wie wenig von den anderen. *Mark Twain*

Eine großzügige Erziehung sollte ein ehrfürchtiges Studium aller Religionen mit einschließen.
Mahatma Gandhi

Denn wir können die Kinder nach unserm Sinne nicht formen. *Johann Wolfgang von Goethe*

Kinder und Uhren dürfen nicht beständig aufgezogen werden. Man muß sie auch gehenlassen. *Jean Paul*

Auf Kinder wirkt nichts so schwach als eine Drohung und Hoffnung, die nicht noch vor abends in Erfüllung geht. *Jean Paul*

➪ **Eltern, Kinder, Vorbild, Beispiel**

Esel

Einen Esel, der keinen Durst hat, kann man nicht zum Trinken bringen. *Spruch aus Frankreich*

Der hungrige Esel läuft schneller als das satte Rennpferd. *Spruch aus Anatolien*

Esprit

Esprit ist genau das Gegenteil von Geld: je weniger einer davon hat, desto zufriedener ist er. *Voltaire*

Essen

Essen ist eine höchst ungerechte Sache: Jeder Bissen bleibt höchstens zwei Minuten im Mund, zwei Stunden im Magen, aber drei Monate an den Hüften.
Christian Dior

Reden auf Vegetarier-Banketten sind erfreulich kurz, weil man Angst hat, daß sonst das Essen verwelkt.
Mario Adorf

Es gibt kein schöneres Gefühl als den Hunger, kurz bevor man zur Speisekarte greift. *Peter Ustinov*

Es gibt eine einfache Formel für die Verlängerung des Lebens: die Zeit am Eßtisch halbieren, die Zeit im Freien verdoppeln. *Paul Holzer*

Der wirklich freie Mensch ist der, der eine Einladung zum Essen ausschlagen kann, ohne dafür einen Vorwand angeben zu müssen. *Jules Renard*

Der hungrige Esel läuft schneller als das satte Rennpferd. *Spruch aus Anatolien*

Die Mordwerkzeuge, die mehr Tote fordern als alle Bomben und Autos zusammen, liegen täglich vor uns auf dem Tisch: Messer und Gabel.
Manfred Köhnlechner

Man kann einen Menschen mit guten Saucen ebenso unter die Erde bringen wie mit Strychnin, bloß dauert es länger. *Christiaan Barnard*

Schlecht kochen ist keine Kunst, das kann jeder. Aber auch noch stolz darauf sein, das bringen nur deutsche und britische Hausfrauen fertig. *Wolfram Siebeck*

Mir ist es piepegal, ob Salz schlecht für mich ist, Butter, Wein oder die Frauen. Das Leben ist eine unheilbare Krankheit. Alles ist schlecht für einen.
George Tabori

Männer sollen nur schlechte Köchinnen heiraten. Eine gute Köchin ist lebensverkürzend. *Peter Sellers*

Essen heißt die Welt durch den Mund wahrnehmen.
Gerhard Reichel

Das beliebteste Haustier der Deutschen hat nur ein Bein: das halbe Hähnchen. *Unbekannt*

Wer Diät halten muß, weiß, wie gut "Verbotenes" schmeckt. *Unbekannt*

Guter Rat: Wenn sie abnehmen wollen, lassen Sie die Vorspeise weg und nehmen anstelle der Hauptspeise keine Nachspeise. *Unbekannt*

Wer heute Koch werden will, sollte beizeiten Chemie studieren. *Unbekannt*

Wer Hackbraten im Wirtshaus bestellt, hat das Vertrauen zur Menschheit noch nicht verloren. *Unbekannt*

Ein leerer Magen ist ein schlechter Ratgeber.
Albert Einstein

Eher muß man darauf achten, mit wem man ißt und trinkt, als was man ißt und trinkt. Ohne Freund ist das Leben wie Abfüttern eines Löwen oder eines Wolfes.
Lucius Annaeus Seneca

Seit der Erfindung der Kochkunst essen die Menschen doppelt soviel, wie die Natur verlangt.
Benjamin Franklin

Ich halte Essen und Trinken für den ältesten Kulturbeitrag der Menschheit. Die Deutschen brauchen kulinarische Bildung. Sie müssen aus der traditionellen Barbarei heraus. *Vincent Klink*

Auch im Osten gilt das Roßäpfeltheorem: für die Spatzen fällt nur dann etwas ab, wenn die Rösser mit bestem Futter genährt werden. *Rudolf Hickel*

Gutes Essen und Genuß kann man lernen. Die meisten Menschen glauben, weil sie von Geburt an gegessen und getrunken haben, sie könnten es. Stimmt nicht. Wenn man ein Bresse-Huhn ißt und weiß, welches Gefieder es hat, schmeckt es einfach besser. Alles nur die Gurgel hinunterbefördern ohne Sinn und Verstand, da kommt keine Freude auf. *Vincent Klink*

Was wäre das Essen ohne das Gerede darüber.
Wolfram Siebeck

Ein Geschäftsmann, der allein zu Mittag ißt, begeht beruflichen Selbstmord. *Unbekannt*

➪ **Appetit, Hunger, Gastronom, Nahrung, Vegetarier**

Europa

Mit den Europaverhandlungen ist es wie mit dem Liebesspiel der Elefanten: Alles spielt sich auf hoher Ebene ab, wirbelt viel Staub auf- und es dauert sehr lange, bis etwas dabei herauskommt. *Willy Brandt*

Früher waren es auch in Straßburg und Brüssel die Deutschen, von denen Liberalisierungsvorstöße kamen - jetzt sind es die Europäer, die sich dem aus Deutschland kommenden Wirtschaftswürgegriff entgegenstemmen. *Roland Tichy*

Europa ist zweifellos die Wiege der Kultur, aber man kann nicht sein ganzes Leben in der Wiege verbringen.
Oskar Maria Graf

Europa ist kein geographischer, sondern ein kultureller Weltteil. *Oscar Kokoschka*

Europas Zukunft hängt davon ab, ob man die schwerblütigen Völker versüdlichen kann.
Emile M. Cioran

Europäisches Parlament

Die Abgeordneten, diese Typen, kommen hierher, und handeln ihre Deals schon in den Korridoren aus. "Ich gebe Dir die Gesundheit, Du gibst mir die Finanzen."
Bernhard Tapie

Da hat man doch 55 Prozent aller Franzosen für doof verkauft. Die glaubten, sie würden jemanden nach Straßburg schicken, der ihre Ideen verteidigt. Doch was die hier machen, ist nur unter sich fünf Jahre lang kleine Buffets, Chauffeure und Sekretärinnen zu verteilen. *Bernhard Tapie*

Evolution

Wieviel weniger Menschenblut wäre vergossen worden, wenn wir uns nicht so früh vom Affen zum Menschen entwickelt hätten! *Stanislaw Jerzy Lec*

Das menschliche Wesen ist dem menschlichen Tun davongelaufen, das ist unsere Tragik. Trotz aller unserer Kenntnisse verhalten wir uns immer noch wie die Höhlenmenschen von einst. *Friedrich Dürrenmatt*

Der Mensch brauchte Milliarden von Jahren, um Mensch zu werden. Wie lange wird er noch brauchen, um Mensch zu sein? *Hans-Horst Skupy*

Der Übergang vom Affen zum Menschen sind wir.
Konrad Lorenz

Der Mensch ist ein wildes Tier, das sich selbst gezähmt hat. *Pierre Reverdy*

Gott hat den Menschen erschaffen, weil er vom Affen enttäuscht war. Danach hat er auf weitere Experimente verzichtet. *Mark Twain*

Der Mensch ist ein durch die Zensur gerutschter Affe.
Gabriel Laub

Als Gott den Menschen erschuf, war er bereits müde; das erklärt manches. *Mark Twain*

Der Mensch ist das einzige Tier, das mit den Opfern, die es zu essen beabsichtigt, freundschaftliche Beziehungen unterhält, bis es sie ißt. *Samuel Butler*

Es wäre hübsch zu erfahren, wie die ersten zwei Menschen erschaffen wurden, aber es ist hübsch zu wissen, wie der dritte entstanden ist. *Peter Sellers*

Der Mensch ist das einzige Tier, das lacht und eine Staatsverfassung hat. *Samuel Butler*

Der Mensch ist der einzige Primat, der seine Artgenossen ohne biologischen und ökonomischen Grund tötet und quält und der dabei Befriedigung empfindet.
Erich Fromm

Der Mensch ist das gefährlichste Ungeziefer, das die Erde je bevölkert hat. *Friedensreich Hundertwasser*

➪ **Menschheit**

Experiment

Ein künstlerisches Experiment ist eine Jargonvokabel für den Ausdruck bedeutender Unfähigkeit.
Helmut Arntzen

Gott hat den Menschen erschaffen, weil er vom Affen enttäuscht war. Danach hat er auf weitere Experimente verzichtet. *Mark Twain*

➪ **Erfindung, Innovation**

Experte

Die letzte Stimme, die man hört, bevor die Welt explodiert, wird die Stimme eines Experten sein, der sagt: "Das ist technisch unmöglich". *Peter Ustinov*

Experte: ein Spezialist, der über etwas alles weiß und über alles andere nichts. *Ambrose Bierce*

Ein Experte ist ein Mann, der morgen weiß, daß das, was er gestern prophezeit hat, heute nicht eingetroffen ist. *Unbekannt*

Ein Experte ist ein Mensch, der die kleinen Irrtümer vermeidet, während er dem großen Trugschluß entgegentreibt. *Benjamin Stolberg*

Ein Experte ist ein Mann, der ganz genau erklären kann, warum alles ganz anders gekommen ist, als er vorausgesagt hatte. *Wolfram Weidner*

Experten sind Leute, die genau begründen können, warum ihre Prognose nicht stimmte. *Jo Herbst*

Experten sind Leute, die andere daran hindern, den gesunden Menschenverstand zu gebrauchen. *Hannes Messemer*

Experten sind Leute mit Supermikroskopen für Spezialgebiete und Scheuklappen für alles andere. *Jörg Weber*

Mit pompösem Wortgeklingel wappnen sich Experten gegen den Verdacht, sie hätten vielleicht nichts Besonderes zu sagen. *Wolf Schneider*

Wenn alle Experten sich einig sind, ist Vorsicht geboten. *Bertrand Russell*

Man muß nicht Experte sein, um ein Ressort zu leiten. Der Minister hat die Experten im Hause, er hat nur die richtigen Fragen zu stellen. *Katharina Focke*

Es freut die Ärzte, wenn sie sich am Bett des Patienten in einem Idiom unterhalten können, das er nicht versteht. *Wolf Schneider*

Ein Experte ist ein Mensch, der zu denken aufgehört hat. *Frank Lloyd Wright*

Wer heutzutage einen Gedanken in der Welt töten will, braucht nur einen Ausschuß einzusetzen. *Charles F. Kettering*

Ein Ausschuß ist ein beratendes Gremium zur Abwendung echter Entschlüsse. *Michael Schiff*

Laß dir von keinem Fachmann imponieren, der dir erzählt: "Lieber Freund, das mache ich schon seit zwanzig Jahren so." Man kann eine Sache auch zwanzig Jahre lang falsch machen. *Kurt Tucholsky*

Ein Experte ist ein Mensch, der von bestimmten Dingen mehr weiß und es besser ordnet. *Unbekannt*

Der Deutsche versteht von allem alles immer besser als der Fachmann. *Unbekannt*

Wenn Dich ein Laie nicht versteht - heißt das noch lange nicht, daß Du ein Fachmann bist. *Unbekannt*

Experten sind Menschen, die sich einmal selbst ruiniert haben, danach eine Analyse der eigenen Fehler durchführten und glauben, jetzt in der Lage sein zu können, anderen zu sagen, welche Fehler man machen bzw. unterlassen könne. *Unbekannt*

➪ **Erfahrung, Fachmann, Spezialist**

Extreme

Nur durch das Extreme hat die Welt ihren Wert, nur das Durchschnittliche ihren Bestand. *Paul Valery*

Extremismus

Ein Extremist ist ein Bursche, der eine schmutzige Fensterscheibe, durch die man nicht sehen kann, zerschlägt, statt sie zu waschen. *US-Senator Byrd*

➪ **Radikale**

Man kann einen Menschen
mit guten Saucen ebenso
unter die Erde bringen
wie mit Strychnin,
bloß dauert es länger.

CHRISTIAAN BERNARD

F

Facharzt

Ein Facharzt ist ein Arzt, der seinen Patienten beigebracht hat, nur während seiner Sprechzeiten krank zu werden. *Unbekannt*

Ein Facharzt ist ein Arzt, der mehr dafür verlangt, daß er weniger weiß. *Dr. Farquarson*

➪ **Arzt**

Fachmann

Laß dir von keinem Fachmann imponieren, der dir erzählt: "Lieber Freund, das mache ich schon seit zwanzig Jahren so." Man kann eine Sache auch zwanzig Jahre lang falsch machen. *Kurt Tucholsky*

Ein Experte ist ein Mensch, der von bestimmten Dingen mehr weiß und es besser ordnet. *Unbekannt*

Der Deutsche versteht von allem alles immer besser als der Fachmann. *Unbekannt*

Wenn Dich ein Laie nicht versteht - heißt das noch lange nicht, daß Du ein Fachmann bist. *Unbekannt*

Mit einem Fachmann kann man nicht über das Leben reden, er ist gebunden durch seine Lehre. *Tzu Chuang*

Ein Fachmann ist ein Mann, der einige der größten Fehler kennt, die man in dem betreffenden Fach machen kann, und sie deshalb zu vermeiden versteht. *Werner Heisenberg*

➪ **Experte, Erfahrung, Spezialist**

Fähigkeiten

Sag nie, Du kannst etwas nicht, bevor Du bewiesen hast, daß Du es tatsächlich nicht kannst. *Gerhard Reichel*

Man soll die Fähigkeit eines Menschen nicht nach seinen Anstrengungen, sondern nach seinen alltäglichen Leistungen messen. *Blaise Pascal*

Große Fähigkeiten machen stolz und erzeugen Feinde; geringe machen demütig und verschaffen Gönner. *Arthur Schopenhauer*

Leute, die zu nichts fähig sind, sind zu allem fähig. *John Steinbeck*

➪ **Begabung, Talent**

Fahnen

Fahnen sind Gesinnungstextilien. *Rudolf Rolfs*

Fahrlehrer

Fahrlehrer sind Männer, die morgens brünett wegfahren und abends weißhaarig heimkommen. *Peter Frankenfeld*

Familie

Früher war die Familie eine Tankstelle - jetzt ist sie eine Garage. *Graham Greene*

Den Mächtigsten in der Familie erkennt man daran, daß er bestimmt, welches Fernsehprogramm eingestellt wird. *Peter Sellers*

Je besser der Mensch in seiner Familie aufgehoben ist, desto größere Leistungen kann er für die Gesellschaft erbringen, das habe ich am eigenen Leibe erfahren. *Karl Kübel*

Im Namen der Familie verübt man die meisten Gemeinheiten. Sie liefert Rechtfertigungen en masse. *Stanislaw Brzozowski*

Von all den großen Begrenzungen und Rahmenbedingungen, welche die Poesie und Vielfalt des Lebens bilden und schaffen, ist die entschiedenste und wichtigste die Familie. *Gilbert K. Chesterton*

Ganz aufgehen in der Familie heißt ganz untergehen. *Marie von Ebner-Eschenbach*

Familie ist ein steuerlich begünstigter Kleinbetrieb zur Herstellung von Steuerzahlern. *Wolfram Weidner*

In einer Familie ist die Frau die Regierung, der Mann das Volk und die Kinder die Opposition.
Peter H. Martin

Fanatismus

Fanatismus besteht im Verdoppeln der Anstrengung, wenn das Ziel vergessen ist. *George Santayana*

Geistlose kann man nicht begeistern, aber fanatisieren kann man sie. *Marie von Ebner-Eschenbach*

Mit Fanatikern zu diskutieren heißt mit einer gegnerischen Mannschaft Tauziehen spielen, die ihr Seilende um einen dicken Baum geschlungen hat.
Hans Kasper

Fanatismus ist die hochexplosive Mischung von Engstirnigkeit und Energie. *Herbert von Karajan*

Ein Fanatiker ist ein Mensch, der bei der Lektüre eines Buches nicht das liest, was drin steht, sondern das, was er im Kopf hat. *Unbekannt*

Ein Fanatiker ist ein Mensch, der etwas so tut, wie es nach seiner Meinung der Herrgott müßte, wenn der nur besser Bescheid wüßte. *Unbekannt*

Vom Fanatismus zur Barbarei ist es nur ein Schritt.
Denis Diderot

Fanatismus findet sich nur bei solchen, die einen inneren Zweifel zu übertönen suchen. *Carl Gustav Jung*

Jedes Ding hat zwei Seiten. Fanatiker sehen nur die eine. *Hellmut Walters*

Ein Fanatiker ist jemand, der seine Ansicht nicht ändern kann und das Thema ändern will.
Winston Churchill

Fanatismus ist die einzige Willensstärke, zu der auch die Schwachen gebraucht werden können.
Friedrich Nietzsche

➪ **Extremismus, Radikale**

Faulheit

Zwanghaftes Arbeiten allein würde die Menschen ebenso verrückt machen wie absolutes Nichtstun. Erst durch die Kombination beider Komponenten wird das Leben erträglich. *Erich Fromm*

Die Kunst des Ausruhens ist ein Teil der Kunst des Arbeitens. *Voltaire*

Muße ist das Kunststück, sich selbst ein angenehmer Gesellschafter zu sein. *Karl Heinrich Waggerl*

Nichtstun ist die schwierigste Beschäftigung und zugleich diejenige, die am meisten Geist voraussetzt.
Oscar Wilde

Niemals bin ich weniger müßig als in meinen Mußestunden und niemals weniger einsam, als wenn ich allein bin. *Cicero*

Arbeitsregel: Faulenz' und schrei', Du bekömmst für zwei, arbeit' und schweige, Dir bleibt die Neige.
Wilhelm Müller

Muße ist keine Erfindung für bessere Leute - sie ist leibliches, seelisches, geistiges Atemholen, ohne das kein menschliches Wesen auf die Dauer leben kann, am wenigsten der unentwegt arbeitende Mensch unseres Zeitalters. *Rudolf Hagelstange*

Muße ist die Kunst, wirklich nichts zu tun, wenn man nichts tut. *Anton Schnack*

Der Mensch überwindet Hindernisse, um endlich Ruhe zu haben, und findet dann nichts so unerträglich wie Ruhe. *Unbekannt*

Es gibt Millionen von Menschen, die sich nach Unsterblichkeit sehnen die aber nicht wissen, was sie an einem verregneten Sonntagnachmittag anfangen sollen. *Maurice Chevalier*

Ohne Faulheit kein Fortschritt. Weil der Mensch zu faul war zu rudern, erfand er das Dampfschiff; weil er zu faul war, zu Fuß zu gehen, erfand er das Auto; weil er zu faul war, abends die Augen zuzumachen, erfand er das Fernsehen. *Manfred Hausmann*

Die Faulheit ist der heimliche Vater des Fortschritts.
Gabriel Laub

Verbissen auf ein Ziel hinzuarbeiten bringt gar nichts. Man braucht hin und wieder die Freiheit, nichts machen zu müssen und nur das zu tun, worauf man momentan Lust hat. *Artur Fischer*

➪ **Bequemlichkeit, Muße**

Fehler

Man verzeiht gern Fehler, von denen man sich frei weiß. Man genießt dabei eine sehr feine und versteckte Eitelkeit. *Moritz Heimann*

Wer arbeitet, macht Fehler. Wer viel arbeitet, macht mehr Fehler. Nur wer die Hände in den Schoß legt, macht gar keine Fehler. *Alfred Krupp*

Den größten Fehler im Leben macht der, der ständig fürchtet, Fehler zu machen. *Gerhard Reichel*

Ich lerne gerne aus den Fehlern anderer, denn das Leben ist zu kurz, um alle Fehler selbst zu machen.
Unbekannt

Toleranz heißt die Fehler des anderen entschuldigen. Takt heißt sie nicht bemerken. *Arthur Schnitzler*

Die schlimmsten Fehler macht man in der Absicht, einen Fehler zu vertuschen. *Gerhard Reichel*

Das Echteste an jedem Menschen sind seine Fehler.
Michelangelo Antonioni

Unsere Fehlschläge sind lehrreicher als unsere Erfolge.
Henry Ford I.

Die meisten unserer Fehler sind verzeihlicher als die Mittel, die wir anwenden, um sie zu verbergen.
La Rochefoucauld

Fehler sind Stufen, auf denen der Kluge emporsteigt.
Englisches Sprichwort

Ohne unsere Fehler sind wir Nullen. *Arthur Miller*

Viele Leute glauben, wenn sie einen Fehler erst eingestanden haben, brauchen sie ihn nicht mehr abzulegen. *Marie von Ebner-Eschenbach*

Intelligente Fehler zu machen, ist eine große Kunst.
Federico Fellini

Wenn wir keine Fehler hätten, würden wir nicht mit so großem Vergnügen Fehler an anderen entdecken.
La Rochefoucauld

Ein Mensch ist schon zur Hälfte geschlagen, wenn er sich selbst bemitleidet oder wenn er eine Entschuldigung ersinnt, mit der er seine Fehler wegerklären möchte. *Napoleon Hill*

“Natürlich machen wir Ärzte auch einmal Fehler”, sagt der Professor in der Vorlesung. “Vergangene Woche habe ich einem Privatpatienten den Blinddarm herausgenommen. Gestern erfuhr ich, daß der Scheck nicht gedeckt ist.” *Unbekannt*

Ich möchte ewig leben. Und sei es nur, um zu sehen, daß die Menschen in hundert Jahren dieselben Fehler machen wie ich. *Winston Churchill*

Allzu viele Menschen verwechseln Fehlplanung mit Schicksal. *Unbekannt*

Wenn man mit kreativen Menschen zusammenarbeiten will, muß man Fehler zulassen. *Matthias Scharlach*

Drei Fehler qibt es im Umgang mit einem Edlen: Zu sprechen, ohne dazu aufgefordert zu sein, das heißt: vorlautes Wesen; nicht zu sprechen, wenn man dazu aufgefordert ist, das heißt: Geheimnistuerei; zu sprechen, ohne auf den Gesichtsausdruck zu achten, das heißt: blind sein. *Konfuzius*

Menschen, an denen nichts auszusetzen ist, haben nur einen, allerdings entscheidenden Fehler: sie sind uninteressant. *Zsa Zsa Gabor*

Das Schlimmste ist nicht: Fehler haben, nicht einmal sie nicht bekämpfen ist schlimm. Schlimm ist, sie zu verstecken. *Bertolt Brecht*

Es ist von großem Vorteil, die Fehler, aus denen man lernen kann, recht frühzeitig zu machen.
Winston Churchill

Der kluge Mann macht nicht alle Fehler selber. Er gibt anderen auch eine Chance! *Winston Churchill*

Verbirg einen Fehler und die Welt wird das Schlimmste vermuten. *Marcus Valerius Martial*

➪ **Irrtum, Schwäche**

Feigheit

Vernunft ist manchmal nichts anderes als der Mut zur Feigheit. *George Bernard Shaw*

Mut ist oft Mangel an Einsicht, Feigheit dagegen beruht nicht selten auf guten Informationen.
Peter Ustinov

Vorsicht ist das, was wir bei anderen Feigheit nennen.
Oscar Wilde

Feinde

Man ist besser dran mit einem intelligenten Feind als mit einem stupiden Freund. *Ben Gurion*

Feindbilder sind sicher nicht die Ursache für einen Krieg, aber sie erleichtern das Marschieren.
Max Frisch

Die Feinde meines Feindes sind meine Freunde.
Arabisches Sprichwort

Ein schwacher Feind in der Festung ist fürchterlicher als der stärkste von außen. *Wilhelm Heinse*

Lieber aus ganzem Holz eine Feindschaft als eine geleimte Freundschaft. *Friedrich Nietzsche*

Die wahren Feinde hat man nur in der eigenen Partei. Darum gibt es bei uns die Steigerung: Feind, Todfeind, Parteifreund. *Willfried Gredler*

Liebet eure Feinde, vielleicht schadet das ihrem Ruf.
Stanislaw Jerzy Lec

Sei reizend zu den Feinden, nichts ärgert sie mehr.
Thomas Buckle

Ich habe immer auf die Verdienste meiner Widersacher acht gehabt und daraus Vorteil gezogen.
Johann Wolfgang von Goethe

Der Umstand, daß wir Feinde haben, beweist klar genug, daß wir Verdienste besitzen. *Ludwig Börne*

Gegen Feinde schützt man sich am besten dadurch, daß man sie nicht als Menschen betrachtet, die uns schaden, sondern als solche, die uns nützen können.
Emil Oesch

Liebe deine Feinde: sie sagen dir deine Fehler!
Benjamin Franklin

Man fällt nicht über seine Fehler. Man fällt immer über seine Feinde, die diese Fehler ausnutzen.
Kurt Tucholsky

Wer einen ebenbürtigen Gegner überlebt, wird entdecken, daß ihm etwas fehlt. *Otto von Bismarck*

Was deinen Gegnern nicht gelingt, werden deine Schulterklopfer vollbringen. *Rudolf Hagelstange*

Wer einen Gegner schonungslos behandelt, respektiert ihn. *Michel Debre*

Nur der Gesinnungslose hat auf dieser Welt keine Feinde. Es sind geradezu die Besten, die zu Lebzeiten am meisten gehaßt werden. *Emil Oesch*

Intelligente Feindesliebe geht davon aus, daß der Friede nur zusammen mit dem Gegner erhalten werden kann. *Carl Friedrich von Weizsäcker*

➪ **Gegner**

Ferien

Ferien sind eine anstrengende Beschäftigung, die man erst zu genießen beginnt, wenn sie vorbei sind.
Unbekannt

➪ **Freizeit, Urlaub**

Fernsehen

Das Fernsehen darf nicht die Würde des Menschen verletzen. Immer mehr Sendungen basieren auf niederen Instinkten wie Gewalt, Haß und Rache.
Ulrich Wickert

Ich habe in vielen Mistfilmen gespielt, weil ich die Welt kennenlernen wollte. Aber Talkshow im Fernsehen? Mein Gott, da kann man ja gleich auf den Strich gehen. *Richard Widmark*

Über die angebliche Gefahren des Fernsehens kann ich nur lachen. Ein Knopfdruck genügt und die Gefahr ist vorbei. *Liza Minelli*

Willst du dir den Tag versauen, mußt du deutsches Fernsehn schauen. *Otto Waalkes*

Wer zwingt das Fernsehen, Unterricht im Verbrechen zu geben, so daß schon jedes kleine Kind weiß, wie man ein Fenster eindrückt, eine Tür aufbricht, jemanden erwürgt und keine Fingerabdrücke hinterläßt?
Ludwig Rosenberg

Das Fernsehen verbirgt einige seiner größten Vorzüge, zum Beispiel die Beine der Ansagerinnen. *David Frost*

Die Bildröhre ist das Präservativ der Realität.
Dieter Hildebrandt

Die meisten Eltern nehmen sich heute für die Erziehung oft keine Zeit mehr, sondern parken die Kinder vor dem Fernseher. *Ulrich Wickert*

Vermutlich ist Fernsehen der großartigste Wechselbalg unseres technischen Jahrhunderts. Television ist impertinente Zivilisationsbestie, Schwachsinnsplantage und wertvolles Kulturgut zugleich; darum kann das Glotzophon auch niemals simultan den Wünschen aller gerecht werden. Beweis: Als im Juli 1969 erstmals Erdmenschen den Mond betraten und das Fernsehen dieses Ereignis life übertrug, moserten amerikanische Sportfans, weil sie auf "ihr" gewünschtes Programm, ein Rugby Spiel, verzichten mußten! Damit ist alles über das Fernsehen gesagt. *Kurt Wortig*

Unterhaltung im Fernsehen ist eine Lotterie mit einer so miesen Trefferquote, daß keine Lotterieverwaltung der Welt auch nur einen Finger dafür krumm machen würde. *Robert Lembke*

Jeder Säugling sollte sich so früh und so gründlich wie möglich mit einem Fernsehgerät beschäftigen, denn später hat er ja auch nichts anderes. *Loriot*

Eine Fernsehshow ist der Triumph des Hintern über den Geist. *Henning Venske*

Was die meisten Fernsehzuschauer übersehen: daß Ansagerinnen oft aus Schadenfreude lächeln.
Werner Schneyder

Notorische Fernsehzuschauer bekommen größere Gesäße und immer kleinere Köpfe. *Dieter Hildebrandt*

Ein Fernsehstar ist man dann, wenn die Leute vor dem Bildschirm vergessen, daß sie eigentlich längst auf die Toilette müßten. *Gilbert Becaud*

Ein Kollege berichtete mir von einem Fernsehstar, dessen Eitelkeit so weit gediehen war, daß er sich sogar zu verbeugen pflegte, wenn der Regen an die Fenster klatschte. *Hans-Joachim Kulenkampff*

Fernsehredakteure haben eine einmalige Begabung: Sie können Spreu von Weizen trennen. Und die Spreu senden sie dann. *Dieter Hallervorden*

Nach dem ersten Abend einer Fernsehserie schreiben die Kritiker: Das wird böse Folgen haben. *Peter Weck*

Schaffen Sie im Fernsehen die Seifenopern und Krimis ab, und Sie werden einen Zuschaueraufstand erleben, gegen den die Französische Revolution ein Straßenauflauf war. *Dietrich Schwarzkopf*

Fernsehleute, die nicht wissen, wie sie ihre nächste Unterhaltungssendung machen sollen, brauchen nur die Kollegen zu fragen, die noch nie eine gemacht haben. *Robert Lembke*

Der Unterschied zwischen einem Kühlschrank und einem TV-Gerät? Im Kühlschrank ist etwas Frisches, im TV-Gerät nur Konserven. *Heinz Schenk*

Den Mächtigsten in der Familie erkennt man daran, daß er bestimmt, welches Fernsehprogramm eingestellt wird. *Peter Sellers*

Es gibt Fernsehprogramme, bei denen man seine eingeschlafenen Füße beneidet. *Robert Lembke*

Wie intensiv sich ein Individuum täglich und stündlich von den diversen Massenmedien berieseln, beträufeln und narkotisieren läßt, hängt praktisch von ihm selbst ab, vorausgesetzt, er verfügt über einen entschiedenen Willen und eine ausgeprägte Selektionsfähigkeit. Viele Zeitgenossen verhalten sich den Massenmedien gegenüber indifferent und erinnern uns an Hunde, die, wenn man ihnen einen Knochen hinwirft, ihn schnappen und abknabbern. *Kurt Wortig*

In den Medien wird Vielfalt mehr und mehr durch Einfalt ersetzt. *Dieter Stolte*

Das Fernsehen ist ein Hausgast geworden, der alle anderen Hausgäste vor die Wahl stellt, sich ihm unterzuordnen oder wegzubleiben. *Sigmund Graff*

Dem Fernsehen verdanken wir das Phänomen, daß jeden Abend unzählige Menschen aufwachen, bevor sie ins Bett gehen. *Robert Lembke*
Fernsehen ist das einzige Schlafmittel, das mit den Augen eingenommen wird. *Vittorio de Sica*

Fernsehen ist Kaugummi für die Augen. *Orson Welles*

Beim Fernsehen ist der Professor weit billiger als der Clown. *Christian Wallenreiter*

Fernsehansagerinnen sind das einzige Wohnzimmerpersonal, das sich jede Familie leisten kann. *Petra Schürmann*

Fest

Ein Leben ohne Feste ist eine weite Reise ohne Gasthaus. *Demokrit*

Film

Wenn ein Film Erfolg hat, ist er ein Geschäft. Wenn er keinen Erfolg hat, ist er Kunst. *Carlo Ponti*

Finanzamt

Das Finanzamt hebt die Moral. Früher haben reisende Geschäftsleute die Sekretärin als Gattin ausgegeben. Heute geben sie - weil von der Steuer absetzbar- die Gattin als Sekretärin. *Unbekannt*

Bürokratie und Fiskus haben vier Millionen Schwarzarbeiter in die Illegalität getrieben. Geringere Steuern und weniger Staat ebnen den Weg zurück in die Legalität. *Eberhard Hamer*

Das Finanzamt ist eine Einrichtung, die schneller als man selbst zu der Erkenntnis kommt, daß es einem zu gut geht. *Unbekannt*

Finanzbeamte sind Leute, die genau das Doppelte von dem glauben, was man ihnen sagt. *Ugo Tognazzi*

Die Steuerbehörde liebt offensichtlich Arme mehr als Reiche. Warum macht sie ständig Reiche arm? *Unbekannt*

Steuern sind ein erlaubter Fall von Raub. *Thomas von Aquin*

Ein wesentlicher Preis der Zivilisation sind die Steuern. Im Urwald zahlt man keine. *Robert Wagner*

Steuern einheben heißt, die Gans so zu rupfen, daß man möglichst viele Federn mit möglichst wenig Gezische bekommt. *Jean Baptiste Colbert*

Der Mensch ist ein merkwürdiges Wesen. Er arbeitet immer härter für das Privileg, immer höhere Steuern zahlen zu dürfen. *George Mikes*

➪ **Steuern**

Finanzminister

An alle Herren Finanzminister: Erst ziehen Sie uns die Hosen aus, und dann sollen wir auch den Gürtel enger schnallen. *Unbekannt*

Das Känguruh ist das Wappentier der Finanzminister; macht auch mit leerem Beutel große Sprünge. *Unbekannt*

Ein Finanzminister ist eine seltsame Personalunion von Milchkuh, Hamster und Kettenhund der Regierung. *Carlo Franchi*

Fische

Ich weiß nicht, ob ein Fisch noch stumm wäre, wenn er so viele Geheimnisse hätte wie wir. *Unbekannt*

Die großen Fische fressen weniger die kleinen als vielmehr die langsamen. *Unbekannt*

Auch die Fische des Königs haben Gräten. *Spruch aus Thailand*

Fische und Logierbesuch stinken nach drei Tagen. *Unbekannt*

Man muß eine Fliege opfern, um eine Forelle zu fangen. *Unbekannt*

➪ **Angeln**

Fleiß

Ihre Entstehung verdanken die Meisterwerke dem Genie, ihre Vollendung dem Fleiß. *Joseph Joubert*

Auch die blaue Mauritius hat einmal als Briefmarke angefangen. *Unbekannt*

Alles gackert, aber wer will noch still auf dem Neste sitzen und Eier brüten? *Friedrich Nietzsche*

➪ **Ausdauer, Anstrengung, Leistung**

Flirt

Flirten ist das Kunststück, mit einem blauen Auge davonzukommen, nachdem man in zwei blaue Augen geblickt hat. *Roy Black*

Der Flirt ist die Kunst, einer Frau in die Arme zu sinken, ohne ihr in die Hände zu fallen. *Sacha Guitry*

Ein Flirt ohne tiefere Absicht ist ungefähr so sinnvoll wie ein Fahrplan ohne Eisenbahn. *Marcello Mastroianni*

Flirtende Ehemänner am Strand sind keine Gefahr, denn sie schaffen es nicht lange, den Bauch einzuziehen. *Heidi Kabel*

Der Flirt ist ein Spiel, bei dem man nicht weiß, ob man noch in der Qualifikation ist oder schon im Finale. *Ernst Stankovski*

Ich flirte niemals ohne regelmäßige Bremsproben. *Uschi Glas*

Ein Flirt ist ein Rennen mit Vorgabe, bei dem sich die Frau immer nur so weit entfernt, daß sie bestimmt eingeholt wird. *Danny Kaye*

Ein Flirt ist etwas, wozu Frauen immer bereit sind, solange andere Frauen zuschauen. *Oscar Wilde*

Flirts sind Spinnweben zwischen einem Maskulinum und einem Femininum, auf denen ein Sonnenstrahl tanzt. *Thaddäus Troll*

Flirten ist die Kunst, einen Mann, der einem nahe steht, auf Distanz zu halten. *Sabina Sesselmann*

➪ **Erotik, Liebe**

Flittchen

Ein Flittchen ist eine junge Dame, die, nachdem sie sich mit uns getroffen hat, einen anderen vorzieht. *Alfredo La Mont*

Flitterwochen

Flitterwochen ist das, was man heutzutage schon hinter sich hat, wenn man heiratet. *Mary McCarthy*

Flitterwochen sind der verzweifelte Versuch, die Liebe in die Ehe hinüberzuretten. *Helmar Nahr*

Flitterwochen sind eine Probezeit, in der keine Reklamationen mehr angenommen werden. *Peter Sellers*

➪ **Heirat**

Fluch

Jeden Tag ein Fluch erhöht das Glück und die Lebensdauer. *Chinesisches Sprichwort*

Fluktuation

Ein Indikator für eine funktionierende Marktwirtschaft ist die jährliche Fluktuationsrate. In Deutschland liegt sie bei nur drei Prozent, im Unternehmerparadies Kalifornien erreicht sie dagegen 15 Prozent. Das heißt: Jahr für Jahr muß jeder siebte kalifornische Unternehmer einem Konkurrenten weichen, der besser ist als er. In Deutschland trifft es dagegen nur jeden 33. Der rasche Wechsel fegt veraltete Betriebe vom Markt und schafft Platz für neue, dynamische Unternehmen. *Eberhard Hamer*

Fordern

Fordere viel von dir selbst und erwarte wenig von anderen. So bleibt dir mancher Ärger erspart.
Konfuzius

Fortbildung

Wichtig ist, daß heute auch die Vorgesetzten auf Seminaren zu finden sind, die sich bisher gerne Abstinenz auferlegten mit der Geste des Allwissenden. Denn was der Vorgesetzte nicht lernt, das kann er auch nicht in der arbeitenden Gruppe zum Wohle des Betriebes durchsetzen. *Hans Baumann, DIE WELT 08. 10. 1994*

Eine Investition in Wissen bringt immer noch die besten Zinsen. *Benjamin Franklin*

Es kann doch nicht der Sinn von Bildung sein, daß jeder Einsteins Relativitätstheorie erklären, aber keiner mehr einen tropfenden Wasserhahn reparieren kann.
Norbert Blüm

Das große Ziel der Bildung ist nicht Wissen, sondern Handeln. *Herbert Spencer*

➪ **Ausbildung, Bildung, Weiterbildung, Wissen**

Fortschritt

Es gibt keine großen Entdeckungen oder großen Fortschritte, solange es noch ein unglückliches Kind auf Erden gibt. *Albert Einstein*

Den Fortschritt verdanken wir Nörglern. Zufriedene Menschen wünschen keine Veränderungen.
Unbekannt

Elektrisches Licht wurde nicht durch die Verbesserung der Kerze erfunden. *Unbekannt*

Wir dürfen uns von einem erfindungswütigen Zeitalter nicht einreden lassen, es gebe nur eine Art des Fortschritts, nämlich den technischen.
Alexander Mitscherlich

Tradition ist bewahrter Fortschritt, Fortschritt ist weitergeführte Tradition. *Carl Friedrich von Weizsäcker*

Unter Fortschritt verstehen die meisten die Unfähigkeit, Wurzel zu fassen. *Richard von Schaukal*

Dies ist ein kleiner Schritt für einen Menschen, aber ein gigantischer Sprung für die Menschheit.
Neil Armstrong

Den Fortschritt erkennt man schon daran, daß in jedem neuen Krieg die Menschen auf andere Art getötet werden. *Will Rogers*

Zwar können heute Menschen schon auf dem Mond landen, aber die Zahl und der Umfang der sozialen Mondlandschaften auf unserer Erde wurde noch nicht verringert! *Jean-Paul Sartre*

Die Unzufriedenheit ist der erste Weg zum Fortschritt: für jeden Einzelnen wie für die Nation. *Oscar Wilde*

Was bedeutet Fortschritt? Daß es den Menschen materiell immer besser geht und biologisch immer schlechter. *Jean Rostand*

Es gibt doch bei dem Menschengeschlecht keinen wahren Fortschritt der Vernunft, weil alles, was auf der einen Seite als Gewinn angesehen werden kann, durch Verluste auf der anderen Seite wieder aufgewogen wird. *Bernhard Rousseau*

Wir leben heute wirklich im Zeitalter des rasanten Fortschritts, und wer von uns Schriftstellern heute zum Beispiel mit einem utopischen Roman beginnt, weiß nie, ob er ihn morgen nicht als Tatsachenbericht weiterschreiben muß. *Arthur Miller*

Fortschritt ist die Verwirklichung von Utopien.
Oscar Wilde

Der Fortschritt besteht nicht darin, das Gestern zu zerstören, sondern seine Essenz zu bewahren, welche die Kraft hatte, das bessere Heute zu schaffen.
Ortega y Gasset

Fortschritt nennt man den Vorgang, bei dem es durch angestrengte Arbeit schließlich gelingt, so wenig tun zu müssen, wie die Naturvölker schon immer getan haben. *David Frost*

Fortschritt bedeutet, daß wir immer mehr wissen und immer weniger davon haben. *Josef Meinrad*

Die technische Entwicklung hat sich von der sozialen gelöst. Obwohl sich die Güter ständig vermehren, ist kein wesentlicher Fortschritt mehr zu verzeichnen.
Wolfgang Mewes

Für diejenigen, die ihre Hoffnung auf die allgemeinen wirtschaftlichen Fortschritte stellten, muß es fast ein Schock sein zu erleben, wie Armut und Klassenunterschiede in den reichsten Ländern aller Zeiten weiterbestehen. *Olaf Palme*

Alles Alte, soweit es Anspruch darauf hat, sollen wir lieben, aber für das Neue sollen wir recht eigentlich leben. *Theodor Fontane*

Daß uns der technische Fortschritt bequemer machen würde, war vorherzusehen: Neu ist, daß er uns auch immer anspruchsvoller und unzufriedener macht.
Sigmund Graff

Die menschliche Misere ist selten so genüßlich kultiviert worden wie jetzt, da uns der Fortschritt genügend Freizeit beschert, ihn ausgiebig zu bejammern.
Hans Kasper

Wenn die Sicherheitsnadel erst heute erfunden worden wäre, hätte sie vermutlich acht bewegliche Teile, zwei Transistoren, Sensorbedienung und müßte zweimal im Jahr zur Inspektion. *Unbekannt*

Es geht nicht darum, den technischen Fortschritt aufzuhalten oder zu drosseln, sondern darum, diejenigen seiner Züge zu beseitigen, welche die Unterwerfung des Menschen unter den Apparat und die Steigerung des Kampfes ums Dasein verewigen. *Herbert Marcuse*

➪ **Besserung, Wandel, Reformer**

Fragen

Nicht Philosophen stellen die radikalsten Fragen, sondern Kinder. *Hellmut Walters*

Wer noch fähig ist, Fragen zu stellen, dem kann nichts geschehen. Ein fragender Mensch hat nichts Tragisches. *Peter Handke*

Mancher ist von Antworten so fasziniert, daß er die Fragen dazu erfindet. *Samuel Beckett*

Wer fragt, ist ein Narr für ein paar Minuten. Wer nicht fragt, bleibt es ein Leben lang. *Spruch aus China*

Hütet euch vor den Politikern, die auf jede Frage eine Antwort wissen. *Norbert Blüm*

Wo keine Fragen mehr gestellt werden, beginnt die Verantwortungslosigkeit. *Andre Brie*

In Prüfungen stellen Narren Fragen, die Weise nicht beantworten können. *Oscar Wilde*

Die Zeitschrift "Playboy" wollte mit einer repräsentativen Umfrage unter 1092 Männern herausfinden, welche Frage von Frauen sie auf die Palme bringe. Ergebnis: Am meisten (35%) nervt Männer die Frauenfrage: "Was soll ich anziehen?" Gleich danach kommt (21%): "Wo warst Du?" "Liebst du mich noch?" empfinden 13% der Männer als alte Leier.

Den Fortschritt verdanken wir Menschen, die gefragt haben: "Warum?" oder "Warum nicht?" *Unbekannt*

Wenn du eine weise Antwort verlangst, mußt du vernünftig fragen. *Johann Wolfgang von Goethe*

Fragen ist immer der Mühe wert, Antworten nicht immer. *Oscar Wilde*

Eine Frage, die falsch gestellt wurde, kann durch eine richtige Antwort nicht korrigiert werden.
Ernst R. Hauschka

Man muß viel gelernt haben, um über das, was man nicht weiß, fragen zu können. *Jean-Jacques Rousseau*

Schon die Art, eine Frage zu stellen, trennt die Spreu vom Weizen. *Matthias Scharlach*

Freies Fragen wird verhindert werden, solange es Ziel der Erziehung ist, Überzeugung statt Denken hervorzubringen. *Bertrand Russell*

Fragen heißt: hören auf das, was sich einem zuspricht.
Martin Heidegger

Wer sich des Fragens schämt, der schämt sich des Lebens. *Sprichwort*

Nach dem besten Weg sucht man nicht, wenn man danach fragen kann. *Russisches Sprichwort*

Bemerke, höre, schweige. Urteile wenig, frage viel.
August Graf von Platen

➪ **Antwort**

Frauen

Es gibt ein Alter, in dem eine Frau schön sein muß, um geliebt zu werden. Und dann kommt das Alter, in dem sie geliebt werden muß, um schön zu sein.
Francoise Sagan

Eine Frau, die mit einem Archäologen verheiratet ist, darf sich glücklich schätzen, denn je älter sie wird, desto interessanter wird sie für ihren Mann.
Agatha Christie

Hausfrauen sind die letzten Idealisten der Nation.
Richard von Weizsäcker

Kluge Frauen sind so klug, ihre Männer nicht merken zu lassen, wie klug sie sind. *Paul Henckels*

Eine Frau, die ihr wahres Alter verrät, ist fähig, alles zu verraten. *Oscar Wilde*

Frauen wären die bezauberndsten Geschöpfe auf dieser Welt, wenn man, in ihre Arme sinkend, nicht zugleich in ihre Hände fiele. *Henry de Montherland*

Ich kann in zwölf Sprachen Nein sagen. Das ist unerläßlich für eine Frau, die weit herumkommt.
Sophia Loren

Der Pullover einer Frau sitzt richtig, wenn die Männer nicht mehr atmen können. *Zsa Zsa Gabor*

Ein Mann, der eine Frau liebt, achtet auf die Frau und nicht auf ihr Kleid. Fängt er an, auf das Kleid zu achten, hat seine Liebe schon nachgelassen. *Henry Miller*

Am schönsten sind die Frauen so, wie Gott sie erschaffen hat - die Schneider können sie nur verderben. *Paul Gauguin*

Der emanzipierten Frau ins Stammbuch: Wer Ellbogen zeigt, kann auch Knie zeigen. *Karl Lagerfeld*

Alle Männer möchten zwei Frauen haben: eine schlanke, mit der sie angeben, und eine mollige, mit der sie sich abgeben. *Helen Vita*

Welche Frau gäbe nicht gerne zu, daß ihr Mann bei der Partnerwahl einen besseren Geschmack hatte als sie selbst. *Victor de Kowa*

Die Frau, die ihren Mann nicht beeinflussen kann, ist ein Gänschen. Die Frau, die ihn nicht beeinflussen will - eine Heilige. *Marie von Ebner-Eschenbach*

Alle großen Verführer beherrschen die Kunst, einer Frau beim Fallen so behilflich zu sein, daß sie sich nicht wehtut. *Michel Simon*

Am liebsten erinnern sich die Frauen an die Männer, mit denen sie lachen konnten. *Anton Tschechow*

Gut zurechtgemacht fürs Ausgehen ist eine Frau dann, wenn ihr Begleiter lieber mit ihr zu Hause bliebe. *Olga Tschechowa*

Wenn eine Frau die Wahl zwischen einem Pelzmantel und einem Geliebten hat, wählt sie den Pelzmantel aus der Hand des Geliebten. *Jeanne Moreau*

Es ist das Ziel jeder Frau, den Mann zu dem zu machen, was er vor der Hochzeit zu sein behauptet hatte. *Micheline Presle*

Die meisten Frauen setzen alles daran, einen Mann zu ändern; und wenn sie ihn geändert haben, mögen sie ihn nicht mehr. *Marlene Dietrich*

Es stimmt nicht, daß Ehemänner vergessen, verheiratet zu sein, wenn sie eine schöne Frau sehen. Im Gegenteil. Gerade dann werden sie besonders schmerzlich daran erinnert. *Mark Twain*

Die stärkste Wasserkraft der Welt dürften immer noch Frauentränen sein. *Marc Heyral*

Es gibt Frauen, die Darwin falsch verstanden haben: Sie machen aus jedem Mann einen Affen. *Carola Höhn*

Der Mann erträgt die Ehe aus Liebe zur Frau. Die Frau erträgt den Mann aus Liebe zur Ehe. *Gabriel Laub*

Richtig verheiratet ist ein Mann erst dann, wenn er jedes Wort versteht, das seine Frau nicht gesagt hat. *Alfred Hitchcock*

Wenn ein Mann will, daß ihm seine Frau zuhört, braucht er nur mit einer anderen zu reden. *Liza Minelli*

Das ist eine arme Frau, die nichts mehr zu geben hat, wenn sie sich hingegeben hat. *Marie von Ebner-Eschenbach*

Eine liebende Frau ist eine Sklavin, die ihrem Herrn die Ketten anlegt. *George Bernard Shaw*

Es gibt zwei Sorten von Frauen auf der Welt, vor denen man sich um jeden Preis hüten muß: solche, die uns lieben, und solche die uns nicht lieben. Aber die vielen tausend übrigen sind wirklich köstlich! *Erich von Stroheim*

Eine Frau kann tagelang von nichts anderem leben als von einem wunderbaren Kompliment. *Unbekannt*

Zwei Dinge können Sie von jeder Frau erfahren: das Rezept für Käsekuchen und das Alter ihrer Freundin. *Unbekannt*

Was wären die Menschen ohne die Frauen? Rar, sehr rar. *Mark Twain*

Die einzigen Männer, die eine Frau zu durchschauen vermögen, sind die Röntgenologen. *Sacha Guitry*

Niemand ist den Frauen gegenüber aggressiver oder herablassender als ein Mann, der seiner Männlichkeit nicht ganz sicher ist. *Simone de Beauvoir*

Wenn Männer wüßten, was Frauen denken, wären sie tausendmal kühner. *Pablo Picasso*

Männer werden ohne Frauen dumm, und Frauen welken ohne Männer. *Anton Tschechow*

Die Männer haben oft recht, aber die Frauen behalten recht - das ist viel wichtiger. *Jeanne Moreau*

Wenn ein Mann zurückweicht, weicht er zurück. Eine Frau weicht nur zurück, um besser Anlauf nehmen zu können. *Zsa Zsa Gabor*

Frauen mit Vergangenheit und Männer mit Zukunft ergeben eine fast ideale Mischung. *Oscar Wilde*

Es gibt genug charakterfeste Männer, die eine Frau nicht sitzen lassen - vor allem im Bus und in der Straßenbahn. *Grethe Weiser*

Vermutlich hat Gott die Frau erschaffen, um den Mann kleinzukriegen. *Voltaire*

Sage einer Frau dreimal, sie sei schön - und sie wird es! *Spanisches Sprichwort*

Frauen können Recht und Unrecht leicht voneinander unterscheiden. Unrecht hat immer der Mann. *Jerry Lewis*

In Hollywood arbeitet man hart, um eine Traumvilla zu bauen. Hat man es geschafft, muß man noch viel härter arbeiten, um sie seiner geschiedenen Frau wieder abzukaufen. *Burt Lancaster*

Warum wohl die Frauen auf die Idee gekommen sind, einen Fingerring als Ersatz für Handschellen zu benutzen? *Marlon Brando*

Anständige Frauen sind wie der Schiefe Turm von Pisa: Sie zeigen ihre Neigung, aber sie fallen nicht. *Karl Farkas*

Die Frau hat sich im Grunde wenig geändert. Sie trägt zwar Minirock und Hot Pants und sitzt auf dem Motorrad hinter einem langmähnigen jungen Mann, aber wenn sie ihn geheiratet hat, zwingt sie ihn, sich die Haare schneiden zu lassen und zur Arbeit zu gehen. *Henry Miller*

Frauen sind da, um geliebt, nicht um verstanden zu werden. *Oscar Wilde*

Die Frauen verlangen Unmögliches: Man soll ihr Alter vergessen, aber sich immer an ihren Geburtstag erinnern. *Karl Farkas*

Um einen Mann umzustimmen, braucht eine Frau nur ein paar Tränen zu rechten Zeit. Um eine Frau umzustimmen, braucht ein Mann einen Pelzmantel. *Unbekannt*

Viele Frauen sind nur auf ihren guten Rufe bedacht. Die anderen werden glücklich. *Josephine Baker*

Eine Frau, die leicht zu erobern ist, ist auch leicht zu verlieren. *Willy Birgel*

Frauen, die rechtzeitig erkennen, daß man einen Mann nicht erziehen kann, ersparen sich den halben Kummer ihres Ehelebens. *Michele Morgan*

Mancher würde seine Frau in den Himmel emporheben, wenn er wüßte, daß sie oben bleibt. *Sacha Guitry*

Die Haare, die Zehen- und die Fingernägel sind die einzigen Stellen, an denen Frauen noch rot werden. *Karl Schönböck*

Es gibt nichts Schöneres auf der Welt als die Liebe einer verheirateten Frau. Leider lernen die verheirateten Männer sie niemals kennen. *George Bernard Shaw*

Frauen schminken sich aus demselben Grunde, aus dem man Panzerwagen mit Farbe bemalt. *Willy Reichert*

Gerade die feurigsten Frauen kann man mit Worten noch besser streicheln als mit den Händen. *Anthony Quinn*

Die meisten Frauen, die auf den richtigen Mann warten, amüsieren sich inzwischen ganz gut mit dem falschen. *Unbekannt*

Wer behauptet, daß Frauen keine Forschernaturen sind, hat noch nie eine Ehefrau gesehen, die den Anzug ihres Mannes reinigt. *Unbekannt*

Männer beneiden andere Männer um deren Frauen, bis sie sie haben. *Sacha Guitry*

Es ist schon möglich, daß man im Laufe der Zeit an mehrere falsche Frauen gerät. Bei der Wahl seiner Witwe aber sollte man keinen Fehler mehr machen. *Sacha Guitry*

Nichts erhält einen Mann so rüstig wie eine junge Frau und alte Feinde. *Henry Miller*

➪ **Emanzipation**

Freiheit

Der Mensch ist zur Freiheit verurteilt. *Jean-Paul Sartre*

Die Einsicht muß wieder wachsen, daß Freiheit auch Verzicht bedeutet, daß es neben Selbstentfaltung und Individualismus auch Pflichten gibt, daß jeder einzelne Verantwortung übernehmen muß - und zwar freiwillig. *Ulrich Wickert*

Freiheit existiert nicht; sie ist nur ein Wunsch der Seele. *Emile Henriot*

Der Mensch ist frei geschaffen, ist frei, und würd' er in Ketten geboren. *Friedrich Schiller*

Freiheit als moralisches Gut ist nicht die Freiheit, die ich für mich in Anspruch nehme, sondern die Freiheit, die ich dem Mitmenschen gewähre. *Carl Friedrich von Weizsäcker*

Freiheit ist immer nur Freiheit des anders Denkenden. *Rosa Luxemburg*

Die große Freiheit setzt sich aus vielen kleinen Freiheiten zusammen. *Ignazio Silone*

Freiheit ist ein Gut, das durch Gebrauch wächst, durch Nichtgebrauch dahinschwindet. *Carl Friedrich von Weizsäcker*

Spricht der Hungrige von Freiheit, meint er Brot. *Hans Kasper*

Ich habe immer mehr den Eindruck, daß man Freiheit mit Frechheit verwechselt. *Cino Cervi*

Freiheit

Freiheit wird nie geschenkt, immer nur gewonnen.
Heinrich Böll

Es gibt kaum ein Wort heutzutage, mit dem mehr Mißbrauch getrieben wird als mit dem Wort «frei». Ich traue dem Wort nicht, aus dem Grunde, weil keiner die Freiheit für alle will; jeder will sie für sich, aber nur so frei, daß die anderen ihm zu gehorchen und zu folgen haben. *Otto von Bismarck*

Die Freiheit des Menschen liegt nicht darin, daß er tun kann, was er will, sondern daß er nicht tun muß, was er nicht will. *Jean-Jacques Rousseau*

Wisset, daß das Geheimnis des Glücks die Freiheit, das Geheimnis der Freiheit aber der Mut ist. *Perikeles*

Wer frei sein will, muß nichts begehren und nichts fürchten, was in eines anderen Macht steht, andernfalls ist er dessen Knecht. *Epiktet*

Ein Land verliert seine Freiheit, wenn es sie nicht über alles schätzt. Aber es verliert Wohlstand und Reichtum zugleich, wenn Wohlstand und Reichtum mehr gelten als die Freiheit. *Somerset Maugham*

Wer Freiheiten aufgibt, um Sicherheiten zu gewinnen, verdient weder Freiheit noch Sicherheit.
Benjamin Franklin

Die jungen Leute glauben, mit den Blue jeans die Freiheit gewählt zu haben. Am Anfang war das auch wirklich so, inzwischen ist aus der Freiheit aber Zwang geworden, ein Konformismus, schlimmer als zuvor.
Pierre Cardin

Freiheit, die sich nicht ausbreiten will, verliert auch noch das eigene Terrain. *Hans Kasper*

Der Mensch ist frei geboren, und dennoch ist er überall in Ketten. *Jean Jacques Rousseau*

Mir ist die gefährliche Freiheit lieber als eine ruhige Knechtschaft. *Jean Jacques Rousseau*

Viele denken, sie sind frei, weil sie machen können, was sie wollen, und merken doch nicht, daß sie ihre Diktatur in sich tragen. *Ernesto Cardenal*

Niemand ist frei, der nicht über sich selbst Herr ist.
Matthias Claudius

Auf seine Freiheit verzichten heißt auf seine Menschenwürde, Menschenrechte, selbst auf seine Pflichten verzichten. *Jean Jacques Rousseau*

Der Sklave ist frei, solange er sich begnügt, und der Freie ist Sklave, solange er begehrt. *Gabriel Laub*

Die Freiheit umschließt auch das Recht, zu ertrinken, obwohl Rettungsringe vorhanden sind. *Carlo Sforza*

Die Grenze der Freiheit bestimmen die Anrainer.
Stanislaw Jerzy Lec

Die Ungeübten sind gar nicht fähig, frei zu sein; aber das berechtigt niemand, ihnen Freiheit vorzuenthalten. Man wird frei im Gebrauch der Freiheit.
Ludwig Marcuse

Je weniger ich benötige, um frei zu sein, um so freier bin ich. *Werner Mitsch*

Man darf nicht warten, bis der Freiheitskampf Landesverrat genannt wird. *Erich Kästner*

Die gedankliche Freiheit ist die Voraussetzung dafür, um wirklich Neues zu schaffen. *Ida Fleiß*

Ich will unter keinen Umständen ein Allerweltsmensch sein. Ich habe ein Recht darauf, aus dem Rahmen zu fallen - wenn ich es kann. Ich wünsche mir Chancen, nicht Sicherheiten. Ich will kein ausgehaltener Bürger sein, gedemütigt und abgestumpft, weil der Staat für mich sorgt. Ich will dem Risiko begegnen, mich nach etwas sehnen und es verwirklichen, Schiffbruch erleiden und Erfolge haben. Ich lehne es ab, mir den eigenen Antrieb mit einem Trinkgeld abkaufen zu lassen. Lieber will ich den Schwierigkeiten des Lebens entgegentreten, als ein gesichertes Dasein führen; lieber die gespannte Erregung des eigenen Erfolgs, statt die dumpfe Ruhe Utopiens. Ich will weder meine Freiheit gegen Wohltaten hergeben, noch meine Menschenwürde gegen milde Gaben. Ich habe gelernt, selbst für mich zu denken und zu handeln, der Welt gerade ins Gesicht zu sehen und zu bekennen, dies ist mein Werk. Das alles ist gemeint, wenn wir sagen: Ich bin ein freier Mensch. *Albert Schweizer*

Ein freies Land erkennt man daran, daß niemand verpflichtet ist, den Machthabern zuzuhören, wenn sie reden. *Carlo Franchi*

Freiheit ist nicht die Willkür, beliebig zu handeln, sondern die Fähigkeit, vernünftig zu handeln.
Rudolf Virchow

Freiheit bedeutet Verantwortung. Deshalb wird sie von den meisten Menschen gefürchtet.
George Bernard Shaw

Das Freisein von etwas erfährt seine Erfüllung erst in dem Freisein für etwas. Freisein allein um des Freiseins willen aber führt zur Anarchie.
Dietrich Bonhoefer

Wo die Freiheit nicht beizeiten verteidigt wird, ist sie nur um den Preis schrecklich großer Opfer zurückzugewinnen. Hierin liegt die Lehre des Jahrhunderts.
Willy Brandt

So weit deine Selbstbeherrschung geht, so weit geht deine Freiheit. *Marie von Ebner-Eschenbach*

Negative Freiheit ist das Gegeneinander. Ich werde letztlich von der Rücksichtslosigkeit des anderen beherrscht. Eine solche Freiheit ist fremdbestimmt. Positive Freiheit ist das Miteinander und erfordert meine volle Zustimmung. *Hans A. Pestalozzi*

Freizeit

Wer das ganze Elend seiner Mitmenschen ermessen will, braucht sich nur ihre Vergnügungen anzusehen. *Thomas Stearns Eliot*

Wenn die Zukunft den Voraussagen der Techniker folgt, wird sich die Mehrheit aller Menschen mit einem Problem auseinandersetzen müssen, das bisher nur die Aristokratie gekannt hat, nämlich mit einem Überangebot an Freizeit. *W. H. Auden*

Die größte Dummheit eines Unternehmens besteht darin, seinen Mitarbeitern die Freizeit zu nehmen. *Matthias Scharlach*

Freizeit ist ein empfindsames Pflänzchen, das man pflegen muß, damit es wächst. *Matthias Scharlach*

Für die Zukunft der westlichen Wohlstandsgesellschaften gilt ein neues freizeitökonomisches Gesetz: der Erlebniskonsum wächst schneller als der Versorgungskonsum. *Horst W. Opaschowski*

Früher sind die Menschen für die Freiheit auf die Barrikaden gestiegen, jetzt tun sie es für die Freizeit. *Werner Finck*

Die Menschen wissen nicht mehr, was Muße ist, sie sind nur noch Freizeitverbraucher. *Vittorio de Sica*

Niemals bin ich weniger müßig als in meinen Mußestunden und niemals weniger einsam, als wenn ich allein bin. *Cicero*

Muße ist keine Erfindung für bessere Leute - sie ist leibliches, seelisches, geistiges Atemholen, ohne das kein menschliches Wesen auf die Dauer leben kann, am wenigsten der unentwegt arbeitende Mensch unseres Zeitalters. *Rudolf Hagelstange*

Muße ist die Kunst, wirklich nichts zu tun, wenn man nichts tut. *Anton Schnack*

Der Mensch überwindet Hindernisse, um endlich Ruhe zu haben, und findet dann nichts so unerträglich wie Ruhe. *Unbekannt*

Wir sollten wieder lernen, aus der Freizeit Muße zu machen. *Otto Flake*

Wer dauernd unter Strom steht, der blockiert seine Fähigkeiten, auf neue Ideen zu kommen. *Matthias Heister*

Die gedankliche Freiheit ist die Voraussetzung dafür, um wirklich Neues zu schaffen. *Ida Fleiß*

Es gibt Millionen von Menschen, die sich nach Unsterblichkeit sehnen, die aber nicht wissen, was sie an einem verregneten Sonntagnachmittag anfangen sollen. *Maurice Chevalier*

Verbissen auf ein Ziel hinzuarbeiten bringt gar nichts. Man braucht hin und wieder die Freiheit, nichts machen zu müssen und nur das zu tun, worauf man momentan Lust hat. *Artur Fischer*

Schweiß ist Transpiration, die heute nur noch bei Urlaubsreisen und Freizeitbeschäftigungen auftritt. *Michael Schiff*

Durch den zunehmenden Streß in der Freizeit - von Date zu Date hecheln, zum Einkaufen schnell mal nach New York jetten, andauernd golfen oder sich zum Essen verabreden - begibt sich ein Großteil der Menschen in eine Kreativitätsfalle. *Impulse Nr. 8/94*

Der moderne Mensch wird in einem Tätigkeitstaumel gehalten, damit er nicht zum Nachdenken über den Sinn seines Lebens und der Welt kommt. *Albert Schweitzer*

Die Menschen wissen nicht mehr, was Muße ist, sie sind Freizeitverbraucher geworden. *Vittorio de Sica*

➪ **Ferien, Muße, Urlaub**

Fremdenverkehr

Fremdenverkehr besteht hauptsächlich darin, daß die Touristen die Einheimischen fotografieren, und die Einheimischen die Touristen. *Jacques Tati*

Der Tourismus ist die Völkerwanderung der Neuzeit. *Halldor Laxness*

Man verreist ja doch nur, um es daheim wieder schön zu finden. Das ist der Sinn des Tourismus. *Manfred Schmidt*

Als deutscher Tourist im Ausland steht man vor der Frage, ob man sich anständig benehmen muß, oder ob schon deutsche Touristen dagewesen sind. *Kurt Tucholsky*

Da gehen die Menschen, die Höhen der Berge zu bewundern und die Fluten des Meeres, die Strömungen der Flüsse, des Ozeans Umkreis und der Gestirne Bahnen und verlieren dabei sich selbst. *Augustinus*

Das freie Reisen gehört zwar zu den großen Errungenschaften der Demokratie, aber die demokratischen

Grundrechte verlieren ihre Priorität, wo sie zur Zuhälterei des Weltunterganges ausarten. *Andre Heller*

Das große, allerletzte Tabu unserer Gesellschaft ist der Tourismus. Mir ist kein bedeutender weltlicher oder kirchlicher Regierungschef bekannt, der laut und unmißverständlich erklärt hätte, daß der Verkrüppelung der Erde durch generelle Flughafen-Baustops, durch radikale Autobahn-Verringerungen, durch Verbote von Gletscher-Skiliften und Baumschlägerungen für Wintersport-Loipen, durch Verweigerung von Hotelgemeinheiten in jeder Höhe und jedem Ausmaß begegnet werden muß. *Andre Heller*

Das Reisen war ursprünglich eine Tat der Gottsuchenden und später der Handelstreibenden, noch später der Eroberer und ganz spät eine der Touristen. Man begreift, es kam jeweils Schlimmeres nach.
Andre Heller

Die alte Cole Porter Devise "anything goes" ist das Glaubensbekenntnis einer Branche, bei deren perversesten Vertretern man Menschenjagden auf Indios in Amazonaswäldern ebenso buchen kann, wie Pilgerreisen in nationalsozialistische Todeslager mit anschließender günstiger Buttereinkaufsmöglichkeit bei den Bauern der Umgebung. *Andre Heller*

➪ **Reisen, Tourismus**

Fremdsprache

Wer eine Fremdsprache lernt, zieht den Hut vor einer anderen Nation. *Thornton Wilder*

Man kann noch so viele Fremdsprachen beherrschen - wenn man sich beim Rasieren schneidet, gebraucht man die Muttersprache. *Eddie Constantine*

Freude

Freude läßt sich nur voll auskosten, wenn sich ein anderer mitfreut. *Mark Twain*

Das Glück ist ein Mosaikbild, das aus vielen kleinen Freuden zusammengesetzt ist. *Unbekannt*

Wieviel Freuden werden zertreten, weil die Menschen meist nur in die Höhe gucken und, was zu ihren Füßen liegt, nicht achten. *Goethes Mutter*

Seine Freude in der Freude des anderen finden können, das ist das Geheimnis des Glücks. *Georges Bernanos*

Der beste Weg, sich selbst eine Freude zu machen, ist zu versuchen, einem andern eine Freude zu bereiten.
Mark Twain

Hast du eine große Freude an etwas gehabt, so nimm Abschied! Nie kommt es zum zweiten Male.
Friedrich Nietzsche

Freunde

Das schönste Denkmal, das man haben kann, steht nicht auf einem Platz, sondern im Herzen unserer Freunde. *Gerhard Reichel*

Helmut Kohl ist mein Freund. Wenn ich bei der NATO oder bei der G7 das Wort kriege, sage ich oft nur: "Ich stimme dem zu, was Helmut gesagt hat."
Bill Clinton

Ein Hund ist der einzige Freund, den man sich für Geld kaufen kann. *Fritz Herdi*

Freundschaften, die mit Schnaps geschlossen werden, verdunsten schnell. *Wallonisch*

Wenn wir damit fortfahren, unsere Freunde als Feinde und unsere Gegner als Freunde zu behandeln, werden wir bald eine abnehmende Zahl von Freunden und eine größere Zahl Gegner haben. *Senator Henry Jackson*

Die Freundschaft, die der Wein gemacht, wirkt wie der Wein - meist nur eine Nacht. *Unbekannt*

Freude besteht darin, ohne großes Aufheben, aber voller Aufmerksamkeiten an der Seite seiner Freunde zu gehen. *Unbekannt*

Die eigentliche Aufgabe eines Freundes ist, dir beizustehen, wenn du im Unrecht bist. Jedermann ist auf deiner Seite, wenn du im Recht bist. *Mark Twain*

Enttäuscht wird man selten von seinen Feinden, meistens nur von seinen Freunden. *Unbekannt*

Manch einer verdankt seinen Erfolg freundschaftlichen Ratschlägen, die er nicht angenommen hat.
Franz Molnar

Es gibt nur ein Problem, was schwieriger ist, als Freunde zu gewinnen: Sie wieder loszuwerden.
Mark Twain

Und wärest du dem ärmsten Bettler gleich, bleibt dir ein Freund, so bist du reich. Doch wer den höchsten Königsthron gewann und keinen Freund hat, ist ein armer Mann. *Friedrich von Bodenstedt*

Einen kritischen Freund an der Seite, kommt man immer schneller vom Fleck.
Johann Wolfgang von Goethe

Die Freunde erkennst du bei Gegenwind. *Tibet*

Wenn eine Freundin zu teuer wird, ist es Zeit, sie zu heiraten. *Peter Sellers*

Willst du einen Freund gewinnen, sei selber einer.
Herbert Louis Samuel

Ein Freund ist einer, vor dem ich laut denken darf.
Emerson

Freundschaften sind wie alte Dächer: Man muß sie ständig reparieren, damit sie halten. *Samuel Johnson*

Ein Streit zwischen wahren Freunden und Liebenden bedeutet gar nichts. Gefährlich sind nur Streitigkeiten zwischen Menschen, die einander nicht ganz verstehen. *Marie von Ebner-Eschenbach*

Mit Freunden spricht man offen, aber nicht öffentlich.
Egon Bahr

Wenn alle Menschen wüßten, was die einen über die anderen reden, so gäbe es keine vier Freunde auf Erden. *Claude Pascal*

Der Sieger hat viele Freunde, der Besiegte hat gute Freunde. *Mongolisch*

Der Umgang mit einem Egoisten ist darum so verderblich, weil die Notwehr uns allmählich zwingt, in seinen Fehler zu verfallen.
Marie von Ebner-Eschenbach

Man sollte nur den Umgang mit solchen Menschen suchen, denen gegenüber man sich zusammennehmen muß. *Ernst Freiherr von Feuchtersleben*

Der Umgang mit Altersgenossen ist angenehmer, der mit Älteren sicherer. *Ambrosius von Mailand*

Im Unglück lernt man sich selbst am besten kennen, weil man nicht mehr durch Freunde abgelenkt wird.
Samuel Johnson

Es ist oftmals amüsanter, die falschen Leute zu kennen als die richtigen. *Brigitte Hilgner*

Im Privatleben darf Freundschaft nicht zur Selbstaufgabe führen, denn die wird niemals gedankt. Noch mehr gilt das in den zwischenstaatlichen Beziehungen.
Alexander Solschenizyn

Freundschaft: ein Schiff, groß genug, um bei gutem Wetter zwei Menschen, bei schlechtem aber nur einen zu tragen. *Ambrose Bierce*

Mit der Freundschaft ist es wie in der Elektrizität: Wo es Kontakte gibt, gibt es auch Spannungen.
Gerhard Reichel

Freundschaft ist eine Seele in zwei Körpern.
Aristoteles

Freundschaft ist ein Schiff, groß genug, um bei gutem Wetter zwei zu tragen, aber nur einen bei schlechtem.
Ambrose Bierce

Freude besteht darin, ohne großes Aufheben, aber voller Aufmerksamkeiten an der Seite seiner Freunde zu gehen. *Unbekannt*

Die meisten Freundschaften zerbrechen nicht, sondern verwelken. *Unbekannt*

Mir, der ich bloß ein wandernder Rhapsode, genügt ein Freund, ein Becher Wein im Schatten und ein berühmter Name nach dem Tode. *August von Platen*

Wenn du dich zum Richter über deine Freunde aufschwingst, kannst du leicht zum Henker deiner Freundschaften werden. *Andre Brie*

Ein Freund ist einer, der dich durchschaut und trotzdem nicht enttäuscht ist. *Gerhard Reichel*

Die Freunde nennen sich aufrichtig, die Feinde sind es.
Arthur Schopenhauer

Wenn man einmal mächtig ist, gewinnt man keine Freunde mehr. *Max Frisch*

Ich habe Geld, du hast Geld, folglich sind wir Freunde.
Chinesisches Sprichwort

Gott schütze uns vor unseren Freunden, unserer Feinde können wir uns selbst erwehren. *Heiner Geißler*

Freundlichkeit

Freundlichkeit ist eine Sprache, die Taube hören und Blinde lesen können. *Mark Twain*

Freundlichkeit zur Unzeit unterscheidet sich in nichts von Feindschaft. *Griechisch*

Gesegnet, wer etwas Freundliches sagt, dreimal gesegnet, wer es wiederholt. *Arabisches Sprichwort*

Freundlichkeit ist die größte aller ungenützten Kapitalreserven. *Unbekannt*

Freundlichkeit ist wie ein Bumerang. Sie kommt immer wieder zurück. *Unbekannt*

Ein Lächeln ist die kürzeste Entfernung zwischen zwei Menschen. *Unbekannt*

Friede

Abrüstung mit Frieden zu verwechseln, ist ein schwerer Fehler. *Winston S. Churchill*

Wenn Krieg ist, denkt man über ein besseres Leben nach, wenn Friede ist, über ein bequemeres.
Thornton Wilder

Friede - die Fortsetzung des Krieges mit anderen Mitteln. *Oswald Spengler*

Friede: die Epoche des Betrügens zwischen zwei Epochen des Kriegführens. *Ambrose Bierce*

Frieden kannst du nur haben, wenn du ihn gibst. *Marie von Ebner-Eschenbach*

Vielen geht es im Kampf um den Frieden mehr um den Kampf als um den Frieden. *Wolfgang Eschker*

Es kann der Frömmste nicht in Frieden leben, wenn es dem bösen Nachbarn nicht gefällt. *Schiller*

Man vergißt vielleicht, wo man die Friedenspfeife vergraben hat, aber man vergißt niemals, wo das Beil liegt. *Mark Twain*

➪ **Pazifist**

Friedhof

Die Friedhöfe sind voll von Leuten, die sich für unentbehrlich hielten. *George Clemenceau*

Wenn man die Inschriften auf dem Friedhof liest, fragt man sich unwillkürlich, wo denn eigentlich die Schurken begraben liegen. *Peter Sellers*

Der Friedhof ist ein Versammlungsort für Leute, die glaubten, daß das Leben ohne sie nicht weitergeht. *Unbekannt*

Fuchs

Ein kluger Fuchs stiehlt niemals seines Nachbarn Hühner. *Unbekannt*

Hat der Fuchs noch Zähne, geht er nicht ins Kloster. *Unbekannt*

Ein Fuchs wechselt seinen Pelz, aber nicht den Charakter. *Unbekannt*

Die Klugheit des Fuchses besteht zu fünfzig Prozent in der Dummheit der Hühner. *Unbekannt*

Wenn der Fuchs schläft, fallen ihm keine Trauben ins Maul. *Spruch aus England*

Führer

Ein Führer entsteht nur, wenn eine Gefolgschaft bereits da ist. *Ludwig Marcuse*

➪ **Unternehmer**

Führung

Man soll nie einen Menschen aufgeben, bevor er in einer Aufgabe versagt hat, die ihm Freude bereitet. *Lewis E. Lawes*

Der Autoritätsverfall in unserer Zeit beruht auf der Feigheit, notwendige Autorität auszuüben. *Mario Scelba*

Wer meint, Unternehmen über Zahlen und nicht über Menschen führen zu müssen, wird bald die Quittung dafür erhalten. *Matthias Scharlach*

Wessen wir am meisten im Leben bedürfen, ist jemand, der uns dazu bringt, das zu tun, wozu wir fähig sind. *Ralph Waldo Emerson*

Wenn Du ein Schiff bauen willst, dann trommle nicht die Männer zusammen, um Holz zu beschaffen, Aufgaben zu vergeben und die Arbeit einzuteilen, sondern lehre die Männer die Sehnsucht nach dem weiten endlosen Meer. *Antoine de Saint Exupery*

Wer meint, durch straffe Hierarchie effizient führen zu können, hat nichts weiter als eine Profilneurose. *Matthias Scharlach*

Ich habe drei Schätze, die ich hüte und bewahre: der erste ist Mitgefühl, der zweite Mäßigkeit, der dritte, anderen nicht voraus sein wollen. Von Mitgefühl kommt Mut; von Mäßigkeit kommt Großzügigkeit; von Demut kommt Führerschaft. *Laotse*

Mißtraust du einem Menschen, so stelle ihn nicht ein. Stellst du ihn aber ein, so mißtraue ihm nicht. *Chinesisches Sprichwort*

Man kann die Zeit der Menschen kaufen, das heißt, ihre körperliche Anwesenheit an einem bestimmten Platz. Aber man kann keine Begeisterung, keine Initiative und keine Betriebstreue kaufen. Diese Werte muß man sich verdienen. *Cuarence Francis*

Das unfehlbarste Mittel, Autorität über die Menschen zu gewinnen, ist, sich ihnen nützlich zu machen. *Marie von Ebner-Eschenbach*

Wenn jemand in einem Betrieb unverzichtbar ist, dann ist dieser Betrieb falsch organisiert. *Roberto Niederer*

Wenn der Herrscher selbst ein aufrechter Mann ist, wird alles gutgehen, auch wenn er keine Befehle gibt. Ist er aber kein aufrechter Mann, mag er Befehle geben, so viel er will; sie werden doch nicht befolgt werden. *Konfuzius*

Ein guter Soldat ist nicht gewalttätig. Ein guter Kämpfer ist nicht zornig. Ein guter Gewinner ist nicht rachsüchtig. Ein guter Dienstherr ist bescheiden. Dies ist bekannt als Geschick im Umgang mit Menschen. Seit uralten Zeiten war dies bekannt als die vollkommene Einheit mit dem Himmel. *Laotse*

Wer seine Mitarbeiter mit Erdnüssen bezahlt, muß sich nicht wundern, wenn er von lauter Schimpansen umgeben ist. *Klaus Kobjoll*

Sanfte Werte in der Führung werden nur als solche anerkannt, wenn Sie auch hart sein können.
Klaus Kobjoll

Nur wenige Führungskräfte sehen ein, daß sie letztlich nur eine einzige Person führen können und auch müssen. Diese Person sind sie selbst. *Peter F. Drucker*

Freilich ist es auch kein Vorteil für die Herde, wenn der Schäfer ein Schaf ist.
Johann Wolfgang von Goethe

Ohne den Hirten wird aus Schafen nie eine Herde.
Russisches Sprichwort

Wer die anderen neben sich klein macht, ist nie groß.
Johann Gottfried Seume

“Meine Untergebenen bewundern alles an mir!« sagte der Chef. - »Und was bewundern Sie an Ihren Mitarbeitern?” - “Ihr ausgewogenes, treffsicheres Urteil.”
Eberhard Ewel

Es ist immer verkehrt, zu befehlen, wenn man des Gehorsams nicht sicher ist. *Honore Graf Mirabeau*

Laß nicht deinen Willen brüllen, wenn deine Macht nur flüstern kann. *Thomas Fuller*

Führungskräften, die sich behaupten müssen, fehlt es an Kopf. *Unbekannt*

Wer sich wichtig nimmt, nimmt sich nicht ernst.
Franz Luwein

Wer sich zu wichtig für kleinere Arbeiten hält, ist meistens zu klein für wichtige Aufgaben. *Jacques Tati*

Selig, wer sich vor Untergebenen so demütig benimmt, wie wenn er vor seinen Oberen und Herren stünde.
Franz von Assisi

Man muß sich vor dem Siege über Vorgesetzte hüten.
Balthasar Gracian

Täusche deine Vorgesetzten, aber nie deine Untergebenen. *Chinesisch*

Wer andere stützen will, muß Muskeln haben.
Nordamerikanisch

Wer sich fürchtet, wenn du da bist, wird dich hassen, wenn du nicht da bist. *Brasilianisch*

Vor 20 Jahren gab es noch den Spruch “Dienst ist Dienst, und Schnaps ist Schnaps”. Damit ist kein Mitarbeiter im Unternehmen zu halten; wenn er ein privates Problem hat, möchte er, daß dies vom Unternehmen gelöst wird. *Klaus Kobjoll*

Sei Sonne durch deine Lehre, sei Mond durch Deine Anpassungsfähigkeit, sei Wind durch straffe Führung, sei Luft durch Deine Milde, sei wie Feuer durch die schöne Rede Deiner Unterweisung.
Hildegard von Bingen

Drei Fehler gibt es im Umgang mit einem Edlen: Zu sprechen, ohne dazu aufgefordert zu sein, das heißt: vorlautes Wesen; nicht zu sprechen, wenn man dazu aufgefordert ist, das heißt: Geheimnistuerei; zu sprechen, ohne auf den Gesichtsausdruck zu achten, das heißt: blind sein. *Konfuzius*

Die gefährlichsten Manager: Leute mit starker Phantasie und mit schwachen Nerven. *Eberhard Ewel*

Was uns die Geschichte immer wieder lehrt, ist, daß die Kleinen stets durch die Torheiten der Großen leiden. *Jean de La Fontaine*

Wer die Menschen behandelt, wie sie sind, macht sie schlechter. Wer die Menschen aber behandelt, wie sie sein könnten, macht sie besser.
Johann Wolfgang von Goethe

Wo jeder Befehle gibt, wird keiner ausgeführt.
Portugiesisch

Demokratisches Führen: Wenn der Chef Zustimmung zu Entscheidungen erwirkt, die er längst getroffen hat.
Büroweisheit

Angenehme Arbeitsbedingungen: wenn eine Firma ihre Angestellten so behandelt, daß diese am Freitag nicht so müde nach Hause gehen, wie sie am Montagmorgen zur Arbeit erscheinen. *Unbekannt*

Das mittlere Management verliert an Einfluß. Lean Production braucht intelligente, robuste, mehr involvierte Arbeiter, die in Gruppen selbst darüber entscheiden, wie sie sich und die Arbeit einteilen.
Werkleiter der Opelfabrik in Eisenach

Man hätte die Japaner erfinden müssen, um unsere nicht menschengerechte Strukturen, die zu nicht ausreichender Produktivität geführt haben, aufzubrechen...Es gilt nun das Geistkapital als neue Energie freizusetzen...Die Fremdbestimmung muß reduziert, Mitsprache- und Mitgestaltungsmöglichkeiten müssen ausgebaut werden. Menschen funktionieren nicht nur sachlogisch, die psychologischen und sozialen Komponenten sind von größerer Bedeutung.
Knuth Henneke

Die ganze Kunst der so schwierigen Menschenführung besteht darin, seine Untergebenen so zu behandeln,

Wer seine Mitarbeiter
mit Erdnüssen bezahlt,
muß sich nicht wundern,
wenn er von lauter
Schimpansen umgeben ist.

Klaus Kobjoll

wie man selbst von seinem Vorgesetzten behandelt werden möchte. *Richard Nixon*

Wo liegt das eigentliche Ziel des Menschen? Geht es darum, die Erde mit einer Höchstzahl menschlicher Wesen zu bevölkern, die durch eine Höchstmenge an Nahrungsmitteln am Leben erhalten wird? Oder soll es den Menschen ermöglicht werden, die beste Art von Existenz zu leben, die innerhalb ihrer geistigen Grenzen denkbar ist? *Arnold Toynbee*

Führung, wie alles Wichtige im Leben, hat ihre Quelle im Verstehen. Um sich heute der Führungsverantwortung in der Wirtschaft würdig zu erweisen, muß jemand das menschliche Herz kennen; denn wenn er nicht einen Sinn für menschliche Fragen hat, ein Gefühl für die Hoffnungen und Wünsche derer, die er führt, und eine Fähigkeit zum Erkennen der Gefühlskräfte, die sie antreiben, dann wird er die ihm anvertrauten Aufgaben nicht bewältigen - gleichgültig wie oft er die Löhne erhöht. *Clarence F. Randall*

Ich persönlich habe nichts erdacht und nichts erfunden. Ich habe nur Menschen gefunden und dafür gesorgt, daß sie zusammenfinden. *Philip Rosenthal*

Ruhe und Sicherheit sind das Fundament der Führung.
Matthias Scharlach

Was mich anbetrifft, so zahle ich für die Fähigkeit, Menschen richtig zu behandeln, mehr als für irgendeine andere auf der ganzen Welt.
John Davidson Rockefeller sen.

Wer Spitzenleistungen vollbringen soll, hat ein Anrecht auf die denkbar beste Führung.
Matthias Scharlach

➪ **Chef, Management, Mitarbeiter, Vorgesetzter, Vorbild**

Funktionär

Zuständige Funktionäre sind Leute, die immerhin dreimal überlegen, bevor sie nichts tun.
Cyril Northcote Parkinson

➪ **Bürokratie**

Furcht

Mut kann nur der haben, der auch die Furcht kennt; der andere ist nur tollkühn. *Willy Brandt*

Es ist nichts zu fürchten als die Furcht. *Ludwig Börne*

Macht korrumpiert nicht. Furcht korrumpiert, vielleicht die Furcht vor dem Machtverlust.
John Steinbeck

Wer nichts fürchtet, kann leicht ein Bösewicht werden, aber wer zuviel fürchtet, wird sicher ein Sklave.
Johann Gottfried Seume

Die menschlichen Vorurteile sind wie bissige Hunde, die nur den Furchtsamen angreifen. *Isolde Kurz*

Das einzige, was wir zu fürchten haben, ist unsere eigene Furcht. *Franklin D. Roosevelt*

Ein großer Teil der Sorgen besteht aus unbegründeter Furcht. *Jean-Paul Sartre*

Keine durch Furcht veranlaßte Einrichtung kann auf die Dauer leben. Hoffnung, nicht Furcht, ist das schöpferische Prinzip in menschlichen Dingen.
Bertrand Russell

Die Furcht ist ein Zustand, der den Menschen aufhebt.
Jean Paul Sartre

Wenn man den Kopf in den Sand steckt, bleibt doch der Hintern zu sehen. *Japan. Redensart*

Wer heute den Kopf in den Sand steckt, knirscht morgen mit den Zähnen. *Graffito*

Die Furchtsamkeit ist ein Gradmesser der Intelligenz.
Friedrich Nietzsche

Fürchtet einer das Feuer, so riecht er allenthalben Rauch. *Jeremias Gotthelf*

Tue, was du fürchtest, und die Furcht wird dir fremd.
Dale Carnegie

Wer sich fürchtet, wenn du da bist, wird dich hassen, wenn du nicht da bist. *Brasilianisch*

Schüchternheit ist eine Art Furcht vor sich selbst.
Walter Hilsbecher

Spanne den Bogen, aber schieße nicht los! Noch gefürchtet zu sein, ist wirksamer.
Chinesisches Sprichwort

Furcht besiegt mehr Menschen als irgend etwas anderes auf der Welt. *Ralph Waldo Emerson*

➪ **Angst, Lampenfieber, Unsicherheit**

Fusion

Jede Fusion ist wie eine Hochzeit, bei der die Kinder aus erster Ehe mitgebracht werden.
Matthias Scharlach

Das Huhn sagt zum Schwein: "Laß uns zusammenarbeiten: wir fusionieren und erzeugen gemeinsam ham and eggs. Ich liefere die Eier, du den Schinken." Das Schwein denkt lange nach. Schließlich meint es: Im Prinzip eine gute Idee, aber... dabei gehe ich ja drauf!" Da erwiderte das Huhn: "Nun ja, das haben Fusionen nun mal so an sich." *Unbekannt*

Fußball

Wenn das "Hosianna" und das "Kreuziget ihn" nicht in der Bibel stünden, wären sie beim Fußball erfunden worden. *Gerhard Mayer-Vorfelder*

Früher war Fußball Kultur, heute ist er Krieg. *Bernhard Minetti*

Eines der Probleme beim Fußball ist, daß die einzigen Leute, die wissen, wie man spielen sollte, hinter einem Mikrophon sitzen. *Robert Lembke*

Sinnloser als Fußball ist nur noch eines: Nachdenken über Fußball. *Martin Walser*

Fußball in der Abstiegszone ist eine Form von Kannibalismus. *John Lindsay*

Ein Bundestrainer ist bei uns eine Art außerparlamentarischer Bundespräsident. *Dieter Hildebrandt*

Viele der heutigen Fußballprofis sind hochgezüchtete Hühner, Wohlstandsjünglinge, unfähig, mit den Alltagsproblemen fertigzuwerden. *Berti Vogts*

Die Vereine wollen keine mündigen Profis, die wollen Spieler, die sich reinhauen und die Schnauze halten - wie ein Arbeiter am Fließband. *Toni Schumacher*

Früher war Fußball eine Leidenschaft, heute ist es Job. *Toni Schumacher*

Heute werden Spieler schon zum Superstar hochgejubelt, wenn sie zweimal ins Tor getroffen haben. Wundert es da, wenn die Jungs abheben? *Toni Schumacher*

Fußball ist das erfolgreichste Theater der Neuzeit. *Helmut Karasek*

Ein Fußballfan ist jemand, der von jedem deutschen Bundesligaspieler genau die Nationalität kennt. *Unbekannt*

Ein Fußballstadion ist der einzige Ort, an dem man brüllen kann, ohne daß man gleich für einen Sänger gehalten wird. *Raf Vallone*

➪ **Sport**

Fußgänger

Ein Fußgänger ist ein glücklicher Autofahrer, der einen Parkplatz gefunden hat. *Joachim Fuchsberger*

Dank der Modernisierung gibt es heute eigentlich nur noch zwei Gruppen von Fußgängern: die schnellen und die toten. *James Dewar*

Futurist

Futurologe: einer, der sich vorstellen kann, wie die Zukunft einmal sein wird, sich aber nicht vorstellen kann, daß diese ohne ihn auskommen könnte. *Stanislaw Jerzy Lec*

Futurologie ist immer noch ein Lotto, auch wenn es noch so wissenschaftlich aussieht. *James Brooking*

Die meisten Prognosen sind falsch - und es ist kein Fall bekannt, in dem ein Futurist die Verantwortung für die üblen Folgen seiner falschen Prognosen übernommen hätte. *Karl Steinbuch*

Prognosen haben zwei Eigenschaften: Sie stimmen nie genau, aber sie stimmen immer mehr als gar keine Prognosen. *Manfred Rommel*

Ich mache schon lange keine Prognosen mehr, und schon gar nicht für die Zukunft. *Karl Otto Pöhl*

➪ **Prognose, Zukunft**

G

Gäste

Es ist unzweckmäßig, die Gästezimmer allzu gemütlich auszustatten. Man sollte die Einrichtung so wählen, daß die Gäste genau so gerne gehen wie sie gekommen sind. *Marcel Lelong*

➪ **Besuch, Gastfreundschaft**

Gastfreundschaft

Gastfreundschaft ist die Kunst, Besuchern das Gefühl zu vermitteln, sie seien zu Hause, während man wünscht, sie wären es. *Unbekannt*

Gastfreundschaft ist die Kunst, Besucher zum Bleiben zu veranlassen, ohne sie am Aufbrechen zu hindern. *Unbekannt*

Gastronom

Ein Gastronom ist ein Mensch, der die Welt so sieht, wie sie ißt. *Ludwig Schmidseder*

➪ **Trinken, Essen, Wirt**

Geburtstag

Geburtstagsfeiern im vorgerückten Alter sind Bestattungsgratulationen am offenen Grab, während der Patient noch zappelt. *Robert Neumann*

Man wird dann sehr häufig erleben, daß die meisten Jubelredner immer das gleiche aus der Vita des Jubilars - nur mit anderen Worten - vortragen, gleichsam einem Schallplattenschlager, aufgenommen in diversen Besetzungen und unterschiedlichen Instrumentierungen. Hier kann ebenso originelle wie wirksame Abhilfe angeboten werden: Man fixiere die eigene Rede individuell auf den Geburtstag, den Geburtsmonat und das Jahr des Jubilars; auf dieser Idee baue man eine originelle, an Ereignissen breitgefächerte Dokumentation auf! Dieser Geheimtip hat sich in der Praxis mit durchschlagendem Erfolg bewährt. *Kurt Wortig*

Manchmal fühle ich mich schon wie vierzig. Tennisjahre zählen wie Hundejahre. *Boris Becker*

Ein Mann mit weißem Haar ist wie ein Haus, auf dessen Dach Schnee liegt: es beweist noch lange nicht, daß im Herd kein Feuer ist. *Maurice Chevalier*

Man kann nichts dagegen tun, daß man altert, aber man kann sich dagegen wehren, daß man veraltet. *Unbekannt*

Wann ich mich zum erstenmal alt gefühlt habe? Als ich einem hübschen Mädchen zuzwinkerte und sie mich teilnahmsvoll fragte, ob mir etwas ins Auge geflogen sei. *Richard Romanowsky*

Die Kindheit ist jene herrliche Zeit, in der man dem Bruder zum Geburtstag die Masern geschenkt hat. *Peter Ustinov*

Wer im zwanzigsten Jahr nicht schön, im dreißigsten Jahr nicht stark, im vierzigsten Jahr nicht klug, im fünfzigsten Jahr nicht reich ist, der darf danach nicht hoffen. *Martin Luther*

Keine Grenze verführt mehr zum Schmuggeln als die Altersgrenze. *Karl Kraus*

Bei einer öffentlichen Fernsehveranstaltung in Oslo wurde eine ältere Dame um eine Kurzbiografie gebeten. Sie antwortete schlagfertig: “In Kürze werde ich siebzig. Früher hatte ich ein glattes Gesicht und trug einen plissierten Rock. Heute ist es genau umgekehrt.” *Unbekannt*

Jung ist man, solange man noch imstande ist, den eigenen Geburtstag zu vergessen. *Ingrid Bergman*

Die Ehe ist ein Bündnis zweier Menschen, von denen einer sich niemals an Geburtstage zu erinnern vermag und der andere sie nie vergißt. *Ogden Nash*

Je älter man wird, desto mehr ähnelt die Geburtstagstorte einem Fackelzug. *Katharine Hepburn*

Mit vierzig beginnt das Altsein der Jungen, mit fünfzig das Jungsein der Alten. *Französisches Sprichwort*

Bis ins hohe Alter hinein daran arbeiten zu können, woran man Freude hat, ist eine Gnade, von der der Pensionär keine Ahnung hat. *George Bernard Shaw*

Vergiß nicht, ehe es zu spät ist, daß das Geschäft zu leben nicht ein Geschäft ist, sondern Leben.
B.C. Forbes

➪ **Alter, Jugend, Jubiläum**

Gedächtnis

Das Gedächtnis nimmt ab, wenn man es nicht übt (Memoria minuitur, nisi exerceas) *Cicero*

Ein gutes Gedächtnis ist ein Fluch, der einem Segen ähnlich sieht. *Harold Pinter*

Autobiographien sind Enthüllungen über das schlechte Gedächtnis ihrer Verfasser. *Alessandro Blaselli*

Ein Lügner muß ein gutes Gedächtnis haben.
Pierre Corneille

Kalkulierter Gedächtnisverlust ist in der Politik ein Überlebensmittel. *Hans Maier*

Das Gedächtnis des Menschen ist das Vermögen, die Vergangenheit den Bedürfnissen der Gegenwart entsprechend umzudeuten. *George Santayana*

Nichts ist so sehr für die gute alte Zeit verantwortlich wie das schlechte Gedächtnis. *Anatole France*

Wer ein schlechtes Gedächtnis hat, dem bleibt keine andere Wahl, als die Wahrheit zu sagen.
Tennessee Williams

Wer ein schlechtes Gedächtnis hat, erspart sich viele Gewissensbisse. *John Osborne*

Sein Gedächtnis schult man am besten dadurch, daß man etwas vergessen möchte. *Andre Gide*

Die Menschen werden immer vergeßlicher, weil man in Papiertaschentücher keine Knoten machen kann.
Irmgard Wolter

Das Gedächtnis ist ein sonderbares Sieb: es behält alles Gute von uns und alles Üble von den anderen.
Wieslaw Brudzinski

Sie erzählen dir, du würdest das Gedächtnis verlieren, wenn du älter wirst. Was sie dir nicht sagen: du wirst es nicht sonderlich vermissen. *Malcolm Cowley*

Das Gedächtnis ist ein sonderbares Sieb: es behält alles Gute von uns und alles Üble von den anderen.
Wieslaw Brudzinski

Das Gedächtnis ist das Tagebuch, das wir immer mit uns herumtragen. *Oscar Wilde*

Ein Gedächtniskünstler ist ein Mensch, der die dritte Strophe des Deutschlandliedes auswendig kann.
Unbekannt

➪ **Erinnerung**

Gedanke

Die Güte des Intellektuellen ist die Klarheit seiner Gedanken. *Hans Kudszus*

Gedanken sind zollfrei, aber man hat doch Scherereien. *Karl Kraus*

Man muß die Anzahl der Gedanken derart vermehren, daß die Anzahl der Wächter für sie nicht ausreicht.
Stanislaw Jerzy Lec

Gedankenblitze stellen sich nur dann ein, wenn man über die Aufgabenstellung viel weiß und mit dem Problem im Vorfeld ganz intensiv gerungen hat.
Matthias Heister

Wer seine Gedanken nicht aufs Eis zu legen versteht, soll sich nicht in die Hitze des Streites begeben.
Friedrich Wilhelm Nietzsche

Dumme Gedanken hat jeder, nur der Weise verschweigt sie. *Wilhelm Busch*

Auch der Dumme hat manchmal einen gescheiten Gedanken. Er merkt es nur nicht. *Danny Kaye*

Unser Leben ist das, was unsere Gedanken daraus machen. *Marc Aurel*

Wenn ich die Absicht habe, jemanden zu überzeugen, verbrauche ich ein Drittel der Vorbereitungszeit mit Nachdenken über mich und das, was ich sagen werde - zwei Drittel der Zeit aber denke ich an den Gesprächspartner und daran, was er sagen wird.
Abraham Lincoln

Viele Menschen verstehen unter Denken nur die Umgruppierung ihrer Vorurteile. *William James*

Die Würde des Menschen liegt im Denken.
Blaise Pascal

Wer immer sagt, was er denkt, sollte sich schnell einen Paß besorgen. *Persisches Sprichwort*

Man soll Denken lehren, nicht Gedachtes. *Gurlitt*

Denken ist Essig, der Mensch wird zum Sehen erzogen. *Charles Wilp*

Ein wirklich eigener Gedanke ist immer noch so selten wie ein Goldstück im Rinnstein.
Christian Morgenstern

Große Gedanken kommen aus dem Herzen. *Vauvenargues*

Die Menschen werden nicht durch die Dinge, die passieren, beunruhigt, sondern durch die Gedanken darüber. *Epiktet*

Alles, was einem Menschen gelingt und alles, was ihm mißlingt, ist das unmittelbare Ergebnis seines Denkens. *James Allen*

The white people worry too much. *Daley Thompson*

Es liegt eben in der menschlichen Natur, vernünftig zu denken und unlogisch zu handeln. *Anatole France*

➪ **Denken**

Gedichte

Wer Gedichte veröffentlicht, wirft ein Rosenblatt in den Grand Canyon und wartet auf das Echo. *Don Marquis*

Qualität setzt sich immer durch. Wenn man heute eine gute Anthologie der gesamten deutschen Lyrik durchblättert, dann ist ein Gedicht von Goethe genau so modern wie das eines Avantgardisten. *Peter Huchel*

Die Zahl der alljährlich in Deutschland entstehenden Frühlingsgedichte veranschlage ich auf etwa viertausend, in einem verregneten Frühjahr auf etwa die Hälfte. *Otto Julius Bierbaum*

➪ **Dichtung**

Geduld

Geduld ist biegsamer als Stahl. *Unbekannt*

Geduld ist auf die Dauer das schnellste Pferd. *Unbekannt*

Geduld ist mit Dulden und Duldung verwandt, wie auch mit seiner höheren Form: Demut. *Carl J. Burckhardt*

Echte Geduld zeugt von großer Elastizität. *Novalis*

Geduld ist bitter, aber sie trägt süße Früchte. *Unbekannt*

Geduld ist eine Eigenschaft, die wir am dringendsten brauchen, wenn sie uns auszugehen droht. *Unbekannt*

Geduld ist die Kunst, nur langsam wütend zu werden. *Unbekannt*

Bis zu meinem 68. Lebensjahr war ich Kronprinz, da lernt man Geduld. *Gustaf Adolf VI.*

Hab' Geduld, alle Dinge sind schwierig, bevor sie leicht werden. *Französisches Sprichwort*

Immer gibt es einen Ausweg, aber nicht immer sehen wir ihn gleich. *Lech Walesa*

Ein Mensch kann nicht mehr tun, als in seiner Macht steht - aber zumindest das kann er mit aller Macht tun. *Malcolm Forbes*

Fortschritt birgt immer Risiko, man kann nicht die zweite Stufe erklimmen und auf der ersten stehenbleiben. *Frederick Wilcox*

Wenn wir uns etwas vorgenommen haben, lassen wir uns nicht schnell demotivieren, weil etwas angeblich nicht machbar ist und noch nie gegangen ist. Wir sagen uns, es muß gehen, und es geht dann auch plötzlich, merkwürdigerweise. Und das setzt voraus, sich nicht von Argumenten beeindrucken zu lassen, die auf das Mittelmaß zurückführen. *Justus Frantz*

Bewahre mich vor der Angst, ich könnte das Leben versäumen. Gib mir nichts, was ich mir wünsche, sondern was ich brauche. Lehre mich die Kunst der kleinen Schritte. *Antoine de Saint Exupery*

Wenn nichts mehr zu helfen scheint, schaue ich einem Steinmetz zu, der vielleicht 100mal auf seinen Stein einhämmert, ohne daß sich auch nur der geringste Spalt zeigt; doch beim 101. Schlag wird er entzweibrechen, und ich weiß, daß es nicht dieser Schlag war, der es vollbracht hat - sondern alle Schläge zusammen. *Jacob Riis*

Will man Schweres bewältigen, muß man es leicht angehen. *Bertolt Brecht*

Hindernisse sind die furchterregenden Dinge, die Du siehst, wenn Du Deine Augen vom Ziel abwendest. *Unbekannt*

Genie besteht zu 1 Prozent aus Inspiration und 99 Prozent aus Transpiration. *Thomas Alva Edison*

Es gibt keine einfachen Lösungen für sehr komplizierte Probleme. Man muß den Faden geduldig entwirren, damit er nicht reißt. *Michail Gorbatschow*

Kein Weg ist zu lang für den, welcher langsam und ohne sich zu beeilen dahinschreitet; keine Vorteile liegen zu fern für den, der sich mit Geduld rüstet. *Jean de la Bruyere*

Geduld ist Kraft in der höchsten Potenz. *Gertrud von Le Fort*

Die Lebensqualität eines Menschen steht in direktem Verhältnis zu seinem Streben nach Vortrefflichkeit, unabhängig von dem gewählten Betätigungsfeld. *Vicent T. Lombardi*

Wenn die anderen glauben, am Ende zu sein, muß man erst anfangen. *Konrad Adenauer*

➪ **Ausdauer, Besonnenheit, Beharrlichkeit**

Gefolgsmann

Ein Gefolgsmann ist ein Anhänger ohne Verstand. *Ambrose Bierce*

➪ **Anhänger**

Gefühl

Wer aus sich herauslebt, tut immer besser, als wer in sich hineinlebt. *Johann Gottfried Seume*

Wenn ihr's nicht fühlt, ihr werdet's nicht erjagen. *Johann Wolfgang von Goethe*

Der Mensch entscheidet zu 90% mit dem Gefühl und nur zu 10% mit dem Verstand. *Gerhard Reichel*

Gegenwart

Was in der Gegenwart geschieht, erfährt man in der Regel erst eine ganze Weile danach von den Historikern. *Ludwig Marcuse*

Nutze die Gegenwart! Es ist die Zeit, in der Du lebst und die Zukunft mitgestaltest. Wer mit der Vergangenheit immer unzufrieden ist und vor der Zukunft Angst ständig hat, ist ein Mensch, der die Gegenwart zu wenig genützt hat. *Josef Schmidt*

Manch einer arbeitet so eifrig für seinen Lebensabend, daß er ihn gar nicht mehr erlebt. *Markus M. Ronner*

Für Historiker ist die Gegenwart wie ein Camembert: erst eine Weile liegen lassen, damit der reizvolle Hautgout entsteht. *Henri Troyat*

Das Gedächtnis des Menschen ist das Vermögen, die Vergangenheit den Bedürfnissen der Gegenwart entsprechend umzudeuten. *George Santayana*

Sehr wenige Menschen leben in der Gegenwart. Die meisten bereiten sich darauf vor, demnächst zu leben. *Jonathan Swift*

Die Zukunft ist unser Hemd, aber die Gegenwart ist unsere Haut. *Eugene lonesco*

Gib jedem Tag die Chance, der schönste deines Lebens zu werden. *Mark Twain*

Die wichtigste Stunde in unserem Leben ist immer der gegenwärtige Augenblick; der bedeutsamste Mensch in unserem Leben ist immer der, der uns gerade gegenübersteht; das notwendigste Werk in unserem Leben ist stets die Liebe. *Leo Tolstoi*

Die Zukunft ist die Ausrede all jener, die in der Gegenwart nichts tun wollen. *Harold Pinter*

Zukunft ist die Ausrede derer, die Vergangenheit und Gegenwart zu verbergen trachten. *Ludwig Marcuse*

Gegner

Ich begrüße immer intelligente Gegner! *Ben Gurion*

Man muß sich von einem politischen Gegner nicht unbedingt mit einem Fußtritt verabschieden, wenn man es auch mit einem Händedruck tun kann. *Edgar Faure*

Wer einen ebenbürtigen Gegner überlebt, wird entdekken, daß ihm etwas fehlt. *Otto von Bismarck*

Was deinen Gegnern nicht gelingt, werden deine Schulterklopfer vollbringen. *Rudolf Hagelstange*

Wer einen Gegner schonungslos behandelt, respektiert ihn. *Michel Debre*

Wenn man vom Gegner gelobt wird, hat man etwas falsch gemacht. *Amintore Fanfani*

Man muß, um gut zu sein, starke Gegner haben, aber man darf nicht von ihnen überwältigt werden. *Wolf Wondratschek*

Man soll den Gegner nicht schlechter machen, als er ohnehin ist. *Mark Twain*

Dem Gegner Unrecht widerfahren zu lassen, kräftigt ihn moralisch. *Hans Kasper*

Sage mir, wie ein Land mit seinen schlimmsten politischen Gegnern umgeht, und ich will dir sagen, was es für einen Kulturstandard hat. *Kurt Tucholsky*

Es ist überhaupt kein Triumph, wieder einmal beweisen zu können, der Gegner sei und bleibe so verstockt wie stets; man habe es ja immer gewußt. Hinter einer solchen Haltung verbirgt sich in Wahrheit das Bedürfnis, sich den Gegner als Gegner zu erhalten, damit man sich selbst nur ja nicht zu korrigieren braucht. *Richard von Weizsäcker*

Vom wahren Gegner fährt grenzenloser Mut in dich. *Franz Kafka*

Sei reizend zu den Feinden, nichts ärgert sie mehr. *Thomas Buckle*

Ich habe immer auf die Verdienste meiner Widersacher acht gehabt und daraus Vorteil gezogen. *Johann Wolfgang von Goethe*

➪ **Feinde**

Manch einer arbeitet
so eifrig für seinen
Lebensabend,
daß er ihn gar nicht
mehr erlebt.

MARKUS M. RONNER

Gehalt

Mein Gehalt schließt die Verpflichtung ein, Vorwürfe geduldig zu ertragen. *Georges Pompidou*

Erfolgreich argumentierte eine Chemikerin, der man unter Hinweis auf den gleichrangigen Kollegen, der fünf Kinder habe und dennoch zufrieden sei, das Gehalt nicht erhöhen wollte: "Werden wir für das bezahlt, was wir hier, oder für das, was wir daheim produzieren?" *Unbekannt*

"Ich bitte um Gehaltserhöhung", sagt der junge Angestellte zum Chef. "Mit dem, was ich jetzt bekomme, kann ich keine großen Sprünge machen." "Sollen Sie auch nicht", meint der Chef. "Ich habe Sie als Verkäufer angestellt und nicht als Känguruh". *Unbekannt*

⇨ **Einkommen**

Geheimhaltung

Geheimhaltung ist die Methode zur schnellsten Verbreitung betriebsinterner Neuigkeiten. *Michael Schiff*

Geheimnis

Wenn ich wüßte, daß mein Hemd meine Geheimnisse kennt, würde ich es verbrennen. *Harun Al-Raschid*

Drei können ein Geheimnis bewahren, wenn zwei von ihnen tot sind. *Benjamin Franklin*

Für eine Frau ist es schwierig, Geheimnisse zu bewahren. Und ich kenne mehr als einen Mann, der in dieser Hinsicht eine Frau ist. *La Fontaine*

Kein Mann sollte ein Geheimnis vor seiner Frau haben. Sie wird es in jedem Falle herausfinden. *Oscar Wilde*

Ein Geheimnis ist das, was man einem anderen unter dem Siegel der Verschwiegenheit weitererzählt, weil man es nicht für sich behalten kann. *Unbekannt*

Der Junggeselle ist der einzige Mann, der vor seiner Frau keine Geheimnisse hat. *Dalida*

Das schönste aller Geheimnisse: ein Genie zu sein und es als einziger zu wissen. *Mark Twain*

Gehirn

Das Gehirn ist ein Körperorgan, das im Augenblick der Geburt zu arbeiten beginnt und damit erst aufhört, wenn man aufsteht, um eine Rede zu halten. *Mark Twain*

⇨ **Erinnerung, Gedächtnis**

Geist

Mit dem Geist ist es wie mit dem Magen: Man sollte ihm nur Dinge zumuten, die er verdauen kann. *Winston Churchill*

Es gibt Leute, die so in ihren Geist verliebt sind, daß sie darob den Verstand verlieren. *Curt Goetz*

Eine Fernsehshow ist der Triumph des Hintern über den Geist. *Henning Venske*

Es ist der Geist, der sich den Körper baut. *Friedrich Schiller*

Der Stil ist die Physiognomie des Geistes. *Arthur Schopenhauer*

Der Körper ist ohne den Geist nicht denkbar, denn er ist nur die Offenbarung des Verlangens nach dem Geist. *Rudolf Steiner*

Der Geist ist demselben Gesetz unterworfen wie der Körper: Beide können sich nur durch beständige Nahrung erhalten. *Vauvenargues*

Geistesblitze können die Welt zwar erhellen, aber nicht erwärmen. *Hellmut Walters*

Geistlose kann man nicht begeistern, aber fanatisieren kann man sie. *Marie von Ebner-Eschenbach*

Geiz

Ein Geizhals ist ein Mensch, der sich an das Geld verliert, nachdem er es gewonnen hat. *Karl Heinrich Waggerl*

Schwaben sind aus dem Geizland vertriebene Schotten. *Fred Metzler*

Der Geizige wird von den Zeitgenossen verflucht und von den Nachkommen gepriesen. *Nordamerika*

Geiz ist das einzige Laster, das sich in den Augen der Nachkommen in eine Tugend verwandelt. *Martin Held*

Geizhälse sind die Plage ihrer Zeitgenossen, aber das Entzücken ihrer Erben. *Theodor Fontane*

Geiz ist die Mutter aller Übel. (Avaritia prima scelerum mater.) *Tomotheus*

Geiz ist für den Geizigen keine Plage, sondern ein Genuß. Das können nur die Geizigen ganz verstehen. *Moliere*

Geiz ist die Armut der Reichen. *Werner Mitsch*

Geizhälse sind unangenehme Zeitgenossen, aber angenehme Vorfahren. *Viktor de Kowa*

Ein Geizhals ist ein Mann, der seine Finger nachzählt, nachdem er einem anderen die Hand gegeben hat.
Unbekannt

➪ **Sparsamkeit**

Gelassenheit

Das Rezept für Gelassenheit ist einfach: Man darf sich nicht über Dinge aufregen, die nicht zu ändern sind.
Helen Vita

Die Gelassenheit ist eine anmutige Form des Selbstbewußtseins. *Unbekannt*

Der Gelassene nützt seine Chance besser als der Getriebene. *Thornton Wilder*

Es sind die schwächsten Bäume nicht, an denen sich die Säue reiben! *Georg Henry Miller*

Die schwierigste Turnübung ist immer noch, sich selbst auf den Arm zu nehmen. *Werner Finck*

Geld

Geld alleine macht nicht glücklich. Es gehören auch Aktien, Beteiligungen, Gold und Grundstücke hinzu.
Danny Kaye

Erst wenn der letzte Baum gerodet, der letzte Fluß vergiftet, der letzte Fisch gefangen ist, werdet ihr feststellen, daß man Geld nicht essen kann.
Spruch der Creek-Indianer

Der Pfennig ist die Seele der Milliardäre.
Grethe Schickedanz

Durch die Arbeit wurde der Affe zum Menschen, und durch das Geld wurde der Mensch wieder zum Affen.
Matthias Scharlach

Gläubiger haben ein besseres Gedächtnis als Schuldner *Benjamin Franklin*

Keiner arbeitet so hart für sein Geld als der, der es heiratet *Kim Hubbard*

Wenn es eine Wirtschaft der Zukunft gibt, wird sie sich an der Umwelt und nicht am Geld orientieren müssen. *Matthias Scharlach*

Wer hat heutzutage den unglücklichsten Beruf der Welt? Menschen, die sich professionell um anderer Leute Geld kümmern müssen. Noch niemals ist es so schwierig gewesen, anderen Leuten mit gutem Gewissen einen guten Rat zu geben. *Heinz Brestel*

Beklagte man ehemals die Schuld der Welt, so sieht man jetzt mit Grausen auf die Schulden der Welt
Arthur Schopenhauer

Bloß eine Klasse der Gesellschaft denkt mehr über das Geld nach als der Reiche, und das ist der Arme. Der Arme kann sonst nichts denken. Und dies ist das Elend der Armen. *Oscar Wilde*

Die schwerste Last ist ein leeres Portemonnaie . . .
Unbekannt

Geld verdirbt nur den Charakter, der bereits verdorben ist. *Edgar Faure*

Mit Geld bist du ein Drache - ohne Geld ein Wurm.
Japanisches Sprichwort

Willst du wissen, was ein Rubel wert ist, so versuche dir einen zu leihen. *Russisches Sprichwort*

Es gibt keinen besseren Reiseführer als das Scheckbuch. *Heinz Drache*

Für alle diejenigen, die den Hals nicht vollkriegen können: Das letzte Hemd hat keine Taschen!
Hessisches Sprichwort

Gold kauft die Stimme großer Haufen; kein einzig Herz erwirbt es dir. *dt. Sprichwort*

Wer Geld hat, findet Vettern. *Ital. Sprichwort*

Alles wird dich zufriedenstellen, außer Geld - je mehr du hast, desto mehr willst du. *Maurisches Sprichwort*

Geld macht Blinde sehend. *Chinesisches Sprichwort*

Wo die Münzen klingen, schweigen die Philosophen.
Serbischisches Sprichwort

Zähle das Geld her, so kommt die Braut.
Arabisches Sprichwort

Heiraten Sie auf keinen Fall des Geldes wegen! Es ist weitaus einfacher für Sie, sich bei uns welches zu leihen! *Werbeslogan einer Kopenhagener Bank*

Geld stinkt nicht. (Non olet) *Vespasian*

Borge stets von einem Pessimisten! Er rechnet nicht damit, daß er das Geld zurückbekommt. *Unbekannt*

Über Geld spricht man nicht... man hat es. *Paul Getty*

Geld korrumpiert - vor allem jene, die es nicht haben.
Peter Ustinov

Viele Menschen benutzen das Geld, das sie nicht haben, für den Einkauf von Dingen, die sie nicht brauchen, um damit Leuten zu imponieren, die sie nicht mögen. *Walter Slezak*

Geld haben ist schön, solange man nicht die Freude an Dingen verloren hat, die man nicht mit Geld kaufen kann. *Salvador Dali*

Wirklich genießen kann man nur Geld, das man mühsam verdient hat. Aber wenn man es mühsam verdient, hat man keine Zeit, es zu genießen. *Aldous Huxley*

Kein Geld ist vorteilhafter angewandt als das, um welches wir uns haben prellen lassen; denn wir haben dafür unmittelbar Klugheit eingehandelt.
Arthur Schopenhauer

Wenn es sich um Geld handelt, gehört jeder der gleichen Religion an. *Voltaire*

Das Geld gleicht dem Seewasser: je mehr man davon trinkt, desto durstiger wird man. *Schopenhauer*

Geld hat wenig Wert für denjenigen, der mehr als genug davon hat. *George Bernhard Shaw*

Kein Geld ist vorteilhafter angelegt als das, um das wir uns haben prellen lassen. Denn wir haben dafür Erfahrung eingehandelt. *Arthur Schopenhauer*

Die richtige Einstellung dem Geld gegenüber ist die einer begehrlichen Verachtung. *Henry Miller*

Geld ist ein sicheres Mittel, um auch verhältnismäßig anständigen Leuten zum Sündenfall zu verhelfen.
Unbekannt

Geld dringt durch alle Ritzen. *Unbekannt*

Viel Geld erwerben, ist eine Leistung - Geld bewahren, erfordert eine gewisse Weisheit - Geld schön ausgeben, ist eine Kunst. *Unbekannt*

Geld ist eine herrliche Mitgift. Am besten ohne Frau.
Epidicus

Geld ist das Brecheisen der Macht. *Unbekannt*

Dem Geld darf man nicht nachlaufen, man muß ihm entgegengehen. *Aristoteles Onassis*

Je mehr Geld man hat, desto mehr Leute lernt man kennen, mit denen einen nichts verbindet außer Geld.
Tennessee Williams

"Mami", fragte das Millionärstöchterchen, "warum sind wir nicht arm?" Darauf die Mama: "Kindchen, man kann halt nicht alles haben im Leben..."

Geld flieht überall dort, wo man es mit Gewalt festhalten will. *Andre Kostolany*

Geld ist nötig, um jederzeit Goethe zitieren zu dürfen: Götz von Berlichingen. *Andre Kostolany*

Wer viel Geld hat, darf spekulieren, wer wenig Geld hat, sollte nicht spekulieren, und wer kein Geld hat, muß spekulieren. *Andre Kostolany*

Vielleicht verdirbt Geld den Charakter. Auf keinen Fall aber macht Mangel an Geld ihn besser.
John Steinbeck

Alles, was die Sozialisten vom Geld verstehen, ist die Tatsache, daß sie es von anderen haben wollen.
Konrad Adenauer

Ein großer Vorteil des Alters liegt darin, daß man nicht länger die Dinge begehrt, die man sich früher aus Geldmangel nicht leisten konnte. *Charlie Chaplin*

Geld ist ein scheues Reh. *Alte Geschäftsweisheit*

Wenn ein Unternehmer mehr ausgibt als er einnimmt - geht er pleite. Wenn ein Staat mehr ausgibt als er einnimmt - bekommt er Kredite. *Unbekannt*

Wir sitzen alle im gleichen Dampfer: Die einen rudern und die anderen schaufeln die "Kohlen". *Unbekannt*

Die erste Generation verdient das Geld, die zweite verwaltet das Vermögen, die dritte studiert Kunstgeschichte und die vierte verkommt vollends. *Unbekannt*

Erst hatte ich das Geld und er die Erfahrung. Jetzt hat er das Geld und ich die Erfahrung. *Unbekannt*

Wer den Wert der Zeit nicht kennt, lernt auch den Wert des Geldes nicht erkennen. *Unbekannt*

Geld ist nicht die Hauptsache im Leben! Es gibt viele andere schöne Dinge: Autos, Schmuck, Kleider, Kaviar, schöne Reisen ...... *Unbekannt*

Verteilt alles Geld auf dieser Welt gerecht an alle Erdbewohner. Gebt heute mittag jedem hundert Dollar. Morgen mittag hat die Hälfte der Bevölkerung nichts mehr und die andere Hälfte hat zweihundert. Der Vorgang wird sich so lange wiederholen, bis die heutigen Besitzverhältnisse wieder hergestellt sind. *Unbekannt*

Geld ist ein guter Diener und ein böser Herr.
Unbekannt

Wer Geld schenkt, schenkt immer ein bißchen Freiheit mit. *Sigmund Graff*

Wenn man das Geld richtig behandelt, ist es wie ein folgsamer Hund, der einem nachläuft.
Howard H. Hughes

Das Geld, das man besitzt, ist das Mittel zur Freiheit, dasjenige, dem man nachjagt, das Mittel zur Knechtschaft. *Jean-Jacques Rousseau*

Geld ist eine neue Form der Sklaverei. *Leo Tolstoj*

Wenn man das Geld richtig behandelt ist es wie ein folgsamer Hund, der einem nachläuft.

HOWARD H. HUGHES

Geld ist eine Wohltat, die wir genießen, indem wir uns von ihr trennen. *Ambrose Bierce*

Dasjenige Geld, das man besitzt, ist das Mittel zur Freiheit, dasjenige, dem man nachjagt, das Mittel zur Knechtschaft. *Jean Jacques Rousseau*

➪ **Besitz, Reichtum**

Gelegenheit

Ein Mensch von klein auf wird belehrt,
daß sich sein Leben selbst erschwert,
Der, statt daß er sie am Schopfe faßt,
stets die Gelegenheit verpaßt.
Nun endlich, voll Verwegenheit,
ergreift er die Gelegenheit.
Erst viel zu spät wird es ihm klar,
daß diesmal just es keine war. *Eugen Roth*

Glück ist Scharfsinn für Gelegenheiten und die Fähigkeit, sie zu nutzen. *Samuel Goldwyn*

Günstige Gelegenheit... Sie kommt oft verkleidet als Mißerfolg oder vorübergehende Niederlage. *Napoleon Hill*

Inmitten von Schwierigkeiten liegen günstige Gelegenheiten. *Albert Einstein*

Die Verlockungen des Fernen und Schwierigen sind trügerisch. Die günstige Gelegenheit ist da, wo Du bist. *John Burroughs*

Wir benötigen nicht mehr Stärken oder mehr Fähigkeiten oder größere Chancen. Was wir tun müssen, ist das zu gebrauchen, was wir bereits haben. *Basil S. Walsh*

Die Menschen, die es in dieser Welt zu etwas bringen, sind Menschen, die Ausschau halten nach den Umständen, die sie benötigen; und wenn sie diese nicht antreffen, erschaffen sie sie selbst. *George Bernard Shaw*

Der eine wartet, bis die Zeit sich wandelt, der andere packt sie kräftig an und handelt. *Dante Alighieri*

➪ **Chance, Versuchung**

Gelegenheitskauf

Ein Gelegenheitskauf ist eine Geldausgabe für etwas, dessen Verwendungszweck sich schon noch herausstellen wird. *Unbekannt*

Ein Gelegenheitskauf ist etwas, was Sie nicht brauchen können, zu einem Preis, dem Sie nicht widerstehen können. *Unbekannt*

Gelehrte

Gelehrte sind Menschen, die sich von normalen Sterblichen durch die anerworbene Fähigkeit unterscheiden, sich an weitschweifigen und komplizierten Irrtümern zu ergötzen. *Anatole France*

Gelehrsamkeit ist der aus Büchern erworbene Reichtum fremder Erfahrung. Eigene Erfahrung ist Weisheit. *Gotthold Ephraim Lessing*

Geliebte(r)

Ein Geliebter ist ein Mann, den man nicht heiratet, weil man ihn gern hat. *Vanessa Redgrave*

Eine Geliebte wählt man nicht; sie bricht über einen herein. *Claude Anet*

Wenn eine Frau die Wahl zwischen einem Pelzmantel und einem Geliebten hat, wählt sie den Pelzmantel aus der Hand des Geliebten. *Jeanne Moreau*

Geltung

Sage mir, welche Marke du trägst und ich sage dir, wer du gerne sein möchtest. *Gerhard Reichel*

Manche Menschen wollen immer glänzen, obwohl sie keinen Schimmer haben. *Heinz Erhardt*

Um in der Gesellschaft etwas zu gelten, setzt man alles daran, so zu tun, als gelte man dort schon etwas. *Francois de la Rochefoucauld*

Angeber sind Sprachriesen, in denen sich Denkzwerge verstecken. *Werner Mitsch*

Mit dem Wind, den man selber macht, lassen sich die Segel nicht füllen. *Karl Heinrich Waggerl*

Einer der stärksten Antriebsmotoren im Leben der meisten Menschen ist der Wunsch, bedeutend zu sein. *Alfred Adler*

Gemeinsamkeit

Nur Menschen, die fähig sind, einander wahrhaft du zu sagen, können miteinander wahrhaft wir sagen. *Martin Buber*

Nur andere Menschen können unser Leben erfüllen. Hat es nur uns selbst zum Inhalt, so bleibt es leer. *Helmut Gollwitzer*

Schönes, allein gekostet, tut weh. Ohne das "Weißt du noch?" im Gepäck kommen wir von den meisten Reisen arm zurück. *Sigmund Graff*

➪ **Einigkeit, Kontakt, Team, Zusammenarbeit,**

Generaldirektor

Generaldirektor sein heißt: Zwang zur Unterschrift, bevor man kapiert hat, was drinsteht. *Unbekannt*

Generation

Die erste Generation schafft Vermögen, die zweite verwaltet Vermögen, die dritte studiert Kunstgeschichte und die vierte verkommt vollends. *Otto von Bismarck*

Die jüngere Generation ist der Pfeil, die ältere der Bogen. *Unbekannt*

Zum Generationenkonflikt: Die erste Hälfte unseres Lebens wird uns von unseren Eltern verdorben - und die zweite Hälfte von unseren Kindern. *Clarence Darrow*

Es gehört zur Optik der jungen Menschen, daß sie sich das Versagen der vorangehenden Generation gar nicht anders als böse Absicht vorstellen können. Und zur Optik der Älteren gehört es, daß sie die nervöse Ungeduld und Unzufriedenheit als Undank, Überheblichkeit abtun. *Alexander Mitscherlich*

Die dritte Generation ist diejenige, die wieder in Hemdsärmeln anfangen muß. *Englisches Sprichwort*

Jede Generation lächelt über die Väter, lacht über die Großväter und bewundert die Urgroßväter. *William Somerset Maugham*

Nichts zeigt das Alter eines Menschen so sehr, wie wenn er die junge Generation schlechtmacht. *Adlai Stevenson*

➪ **Alter, Jugend**

Genie

Mit acht sind viele Menschen genial, das Kunststück ist, Genie zu bleiben. *Jean Cocteau*

Was ist der letzte Grund jenes Fluches, der auf allen Männern von großem Genius lastet? Warum trifft der Blitz des Unglücks die hohen Geister, die Türme der Menschheit, am öftesten, während er die niedrigen Strohkopfdächer der Mittelmäßigkeit so liebreich verschont? *Heinrich Heine*

Genie - ein Mensch, der alles kann, außer Geld verdienen . . . *Unbekannt*

Der Primitive hat ein natürliches Talent, sich Nahrung zu verschaffen. Das Genie ist ständig der Gefahr ausgesetzt, zu verhungern. *Unbekannt*

Das schönste aller Geheimnisse: ein Genie zu sein und es als einziger zu wissen. *Mark Twain*

Genie besteht immer darin, daß einem etwas Selbstverständliches zum erstenmal einfällt. *Hermann Bahr*

Das Genie überflügelt Hindernisse, die das Talent erklimmt. *Dt. Sprichwort*

Wer ein Genie ist, bestimmt die Nachwelt. Wer ein Star ist, entscheidet die Mitwelt. *Werner Höfer*

Nicht das Genie ist 100 Jahre seiner Zeit voraus, sondern der Durchschnittsmensch ist um 100 Jahre hinter ihr zurück. *Robert Musil*

Die Aufgabe, ihr Volk zu vertreten, fällt den Mittelmäßigen zu, nicht den Genies. *Curzio Malaparte*

Das Genie ist eine Unterform des Irrsinns. Die Menschen, die wir so sehr verehren und denen wir Denkmäler setzen, sind in Wirklichkeit Geisteskranke. *Cesare Lombroso*

Fast jedes Genie verursacht augenblicklich eine Allianz der Mittelmäßigen. *Jonathan Swift*

Ein Genie erkennt man daran, daß es die Dummköpfe gegen sich hat. *Wolfgang Reichmann*

Genie besteht zu 1 Prozent aus Inspiration und 99 Prozent aus Transpiration. *Thomas Alva Edison*

Der Mensch wird als Genie geboren und stirbt als Idiot. *Charles Bukowski*

Die Genialität der Österreicher zeigt sich darin, daß es ihnen gelungen ist, aus Beethoven einen Österreicher zu machen und aus Adolf Hitler einen Deutschen. *Unbekannt*

Genie ist ein Talent mit einem guten Manager. *Unbekannt*

Genie ist geistige Überlegenheit, die es ihrem Besitzer gestattet, von seinen Bewunderern angenehm zu leben und unausgesetzt betrunken zu sein, ohne dafür geschmäht zu werden. *Ambrose Bierce*

Es gibt kein großes Genie ohne einen Schuß Verrücktheit. *Aristoteles*

Genie ist ein Mann, der seiner Frau einreden kann, daß ein Nerzmantel sie dick macht, daß ein Brillantring sie alt macht und daß ein Urlaub in Acapulco ihrem Teint schaden würde. *Georg Thomalla*

➪ **Begabung, Fähigkeiten, Talent, Verrückte**

Genossen

Genossen möchten endlich genießen, was andere nach ihrer Meinung längst genossen haben. *Unbekannt*

Gentleman

Heutzutage gilt ein Mann schon als Gentleman, wenn er die Zigarette aus dem Mund nimmt, bevor er eine Frau küßt. *Barbara Streisand*

Ein Gentleman ist ein Mann, der seiner Frau die Hoteltür öffnet, damit sie das Gepäck in die Halle tragen kann. *Peter Ustinov*

Ein Gentleman ist ein Mann, der einer Frau gegenüber nicht aus dem Rahmen fällt, auch wenn er über sie im Bilde ist. *Werner Finck*

Der wahre Gentleman ist ein Mann, der die Gedanken einer Frau errät und sie trotzdem nicht nach Hause begleitet. *John Barrymore*

Überall schätzt eine Frau einen perfekten Gentleman, nur nicht im Bett. *Noel Coward*

Wenn ein Mann einer Frau höflich die Wagentüre aufreißt, dann ist entweder der Wagen neu oder die Frau. *Uschi Glas*

Ein Gentleman ist ein Mann, der einer Frau auch dann beim Aufstehen behilflich ist, wenn er sie selbst zu Fall gebracht hat. *Alec Guinness*

Ein Gentleman ist, wer etwas tut, was ein Gentleman niemals tun darf, es aber so tut, wie es nur ein Gentleman zu tun versteht. *Peter Ustinov*

Ein Gentleman ist ein Mann, der in einem überfüllten Bus niemals sitzen bleibt, ohne eine Frau auf den Schoß zu nehmen. *David Frost*

Heutzutagegilt ein Mann schon als Gentleman, wenn er die Zigarette aus dem Mund nimmt, bevor er eine Frau küßt. *Barbara Streisand*

In England versteht man unter einem Gentleman einen Mann, der einer Frau beim Fallen so behilflich ist, daß er sich selber nicht wehtut. *Pierre Daninos*

Den Gentleman erkennt man daran, daß er nett ist zu Leuten, von denen er keinen Nutzen hat. *William Lyon Phelps*

Ein Gentleman ist ein Mann, in dessen Gesellschaft die Frauen zu blühen beginnen. *Jeanne Moreau*

In vermintem Gelände sind alle Männer Gentleman - nach dem Motto: Ladies first. *Barbara Streisand*

Ein Gentleman ist ein Mann, der sich nach einem Zusammensein mit einer Frau als freiwilliger Geheimnisträger betrachtet. *Alec Guinness*

Ein Gentleman ist ein Mann, der wenigstens nicht mit den Damen flirtet, wenn er sie im Bus stehen läßt. *Fritz Muliar*

➪ **Kavalier**

Genuß

Wenn der Mensch keinen Genuß mehr an der Arbeit findet und bloß arbeitet, um so schnell wie möglich zum Genusse zu gelangen, so ist es nur ein Zufall, wenn er kein Verbrecher wird. *Theodor Mommsen*

Zu allem Genuß sind zwei Herzen notwendig, die sich lieben. *Eilhelm Heinse*

Genuß kann unmöglich das Ziel des Lebens sein. Genuß ohne etwas darüber ist etwas Gemeines. *Christian Morgenstern*

Ein Leben ohne Feste, ist eine weite Reise ohne Gasthaus. *Demokrit*

Wer nicht genießt, wird ungenießbar. *Konstantin Wecker*

Gerechtigkeit

Juristen sind Leute, die die Gerechtigkeit mit dem Recht betrügen. *Harold Pinter*

Es gibt keinen gefährlicheren Feind der Gerechtigkeit als die Selbstgerechtigkeit. *Richard Schmid*

Wer kein Verbrechen begeht, ist für die Gerechtigkeit uninteressant. *Stanislaw Jerzy Lec*

Wo keine Gerechtigkeit ist, ist keine Freiheit, und wo keine Freiheit ist, ist keine Gerechtigkeit. *Johann Gottfried Seume*

Besser, man riskiert einen Schuldigen zu retten, als einen Unschuldigen zu verurteilen. *Voltaire*

Manche Richter sind so stolz auf ihre Unbestechlichkeit, daß sie darüber die Gerechtigkeit vergessen. *Oscar Wilde*

Gerechtigkeit ohne Gnade ist nicht viel mehr als Unmenschlichkeit. *Albert Camus*

➪ **Recht**

Gerücht

Gerüchte sind die Rauchfahnen der Wahrheit.
Henry de Montherlant

Das Gerücht wächst im Gehen. (Fama crescit eundo)
Vergil

Das Gerücht ist wie Falschgeld: Rechtschaffene Menschen würden es niemals herstellen, aber sie geben es bedenkenlos weiter. *Claire Boothe Luce*

Ein Intrigant ist ein Mensch, der keineswegs alle Gerüchte glaubt, aber alle weitererzählt.
Jacques Baumel

Wenn du etwas weitersagen willst, so seihe es zuvor durch drei Siebe: das erste läßt nur das Wahre hindurch, das zweite läßt nur das Gute hindurch, das dritte läßt nur das Notwendige hindurch. Was durch alle drei Siebe hindurchging, das magst du getrost weitersagen.
Sokrates

Unter einem Dementi versteht man in der Diplomatie die verneinende Bestätigung einer Nachricht, die bisher lediglich ein Gerücht gewesen ist.
John B. Priestley

Wo Nachrichten fehlen, wachsen die Gerüchte.
Alberto Moravia

Eine Gerücht ist eine Aussage, auf deren Wahrheitsgehalt man sich verlassen kann, sobald sie offiziell dementiert wird. *Unbekannt*

Das Gerücht ist die Lieblingswaffe des Rufmörders.
Ambrose Bierce

➪ **Ruf**

Geschäfte

Vergiß nicht, ehe es zu spät ist, daß das Geschäft zu leben nicht ein Geschäft ist, sondern Leben.
B.C. Forbes

Ein Geschäft ist erst dann ein Geschäft, wenn man dem Finanzamt nachweisen kann, daß es gar kein Geschäft ist. *Unbekannt*

Ein Geschäft, bei dem man nichts als Geld verdient, ist kein Geschäft. *Henry Ford*

Geschäfte sind heute das, was früher die Kriege waren. Die Waffen sind allerdings noch gefährlicher geworden. *Jacques Kaplan*

Ein Geschäft ist die Kunst, von einem anderen Geld herauszuschlagen, ohne zu Gewaltmitteln Zuflucht zu nehmen. *Max Amsterdam*

Wenn die eine Hand die andere wäscht, pflegen beide schmutzig zu werden. *Sigmund Graff*

Glücklich ist, wer fern von den Geschäften lebt.
Horaz

Sei am Tage mit Lust bei den Geschäften, aber mache nur solche, daß du des Nachts ruhig schlafen kannst.
Thomas Mann

Geschäftsmann

Ein Geschäftsmann ist ein Mann, der vormittags im Geschäft vom Golf und nachmittags beim Golf vom Geschäft spricht. *Unbekannt*

Geschenke

Es gibt Geschenke, die den Gebenden zum Bettler machen. *Fred O. Immergrün*

Es ist besser zu schenken als zu leihen, und es kommt auch nicht teurer. *Philip Gibbs*

Geben kann ein jeder so viel er will. Nehmen aber darf er nur nach Verdienst. *Ital. Sprichwort*

Ein Geschenk ist genau soviel wert wie die Liebe, mit der es ausgesucht worden ist. *Thyde Monnier*

Ein Buch ist deshalb ein so passendes Geschenk, weil viele Leute nur lesen, um nicht denken zu müssen.
Andre Maurois

Wie wir von manchen Menschen verkannt werden, beweisen uns nicht selten ihre Geschenke.
Sigmund Graff

Das Rechte nach Bedarf zu schenken, macht immer nötig, scharf zu denken. *Eugen Roth*

Was immer du auf Erden verschenkst, es wird dich in den Himmel begleiten. *Koran*

Geschichte

Die Wahrscheinlichkeit, auf Menschen jenseits von Gut und Böse zu stoßen, drastischer gesagt: auf Charakterschweine, ist in keiner Menschengruppe so hoch wie bei den Großen der Weltgeschichte.
Wolf Schneider

Moderne Geschichte sollte man nur mit dem Bleistift schreiben. *Golda Meir*

Die Geschichte ist aus den schlechten Handlungen außerordentlicher Menschen zusammengesetzt.
Thomas B. Macaulay

Die Geschichte der Menschheit ist die Geschichte der menschlichen Visionen. *Hans Kasper*

Die Geschichte ist kein Mantel, den ein Volk ausziehen und in die Garderobe hängen kann. *Golo Mann*

Jede Epoche sucht sich in der Rumpelkammer der Geschichte die zu ihr passenden Requisiten aus. *Henry de Montherlant*

Nicht nur Barbaren sind geschichtslos. Ein Merkmal der Barbarei ist der völlige Mangel an geschichtlichem Bewußtsein. Alles menschliche Handeln hat eine geschichtliche Dimension; wer glaubt, diese ignorieren zu können, denkt barbarisch. Eine demoskopische Befragung nach dem geschichtlichen Bewußtsein der heutigen Erdmenschheit würde einen erstaunlich hohen Koeffizienten an Barbarei offenbaren. *Fred 0. Immergrün*

Unsere geschichtliche Schau gleicht dem Gesichtsfeld, wie es etwa ein Pferd zwischen seinen Scheuklappen oder ein U-Boot-Kommandant beim Blick durch sein Periskop vor sich hat. *Arnold J. Toynbee*

Die Geschichte ist ein Drehbuch von miserabler Qualität. *Norman Mailer*

Ein Volk, das aus seiner Geschichte nicht lernt, ist dazu verurteilt, sie zu wiederholen. *Francisco Franco*

Die Tinte, mit der Geschichte geschrieben wird, ist meistens flüssiges Vorurteil. *Mark Twain*

Geschichte handelt fast nur von schlechten Menschen, die später gutgesprochen worden sind. *Friedrich Nietzsche*

Wenn man die Berichte zweier Augenzeugen über einen Autozusammenstoß mit angehört hat, dann kommen einem allerlei sorgenvolle Gedanken über die Geschichtsbücher. *Unbekannt*

Die Geschichte wiederholt sich, und jedesmal kostet es mehr. *Haldor Laxness*

Geschichtsschreibung ist nichts anderes als die Unfallchronik der Menschheit. *Charles Maurice Talleyrand*

Geschichte muß immer wieder neu geschrieben werden, nicht weil neue historische Tatsachen bekannt werden, sondern weil sich der Standpunkt der Betrachter ändert. *Arnold J. Toynbee*

Die Geschichte ist ein Gewebe von Gemeinheiten und Grausamkeiten, in dem von Zeit zu Zeit einige seltene Tropfen Reinheit aufglänzen. Daß dem so ist, rührt zum ersten daher, daß es nur wenig Reinheit unter den Menschen gibt, ferner daher, daß der größte Teil dieses Wenigen verborgen geblieben ist. *Simone Weil*

Geschichte - ein Versteckspiel unbelehrter Kinder zwischen Gräbern. *Ernst Wilhelm Eschmann*

Der Mensch muß einen Konstruktionsfehler haben, denn seine Geschichte ist die Geschichte der Greuel und des Irrsinns. *Arthur Koestler*

Nicht selten wird die Geschichte gleich von denen gefälscht, die sie machen. *Wieslaw Brudzinski*

Nicht die Gewehrkugeln und Generäle machen Geschichte, sondern die Massen. *Nelson Mandela*

Wenn die Geschichte sich wiederholt, und immer das Unerwartete geschieht, wie unfähig muß der Mensch sein, durch Erfahrung klug zu werden. *George Bernard Shaw*

Wer die Enge seiner Heimat ermessen will, reise. Wer die Enge seiner Zeit ermessen will, studiere Geschichte. *Kurt Tucholsky*

Als Vertreter von Ideen hört der Mensch nicht auf, Sklave seiner menschlichen Eigenschaften zu sein: Die Geschichte wimmelt von Revolutionären, die nur um ihres eigenen Ehrgeizes willen, Maß und Ziel verloren haben. *Milovan Djilas*

Die Geschichte ist meistens die Schande des Menschengeschlechtes. *Johann Gottfried Seume*

Exakte Wiederholung in der Geschichte gibt es nicht. Die Historie ist kein Original mit mehreren Durchschlägen. *Pierre Gaxotte*

Geschichtsschreibung

Geschichtsschreibung ist der Bericht über die Ereignisse, die nie stattgefunden haben, von Leuten abgegeben, die nicht dabei waren. *Unbekannt*

Geschichtsschreibung ist die Unfallchronik der Menschheit. *Charles Maurice Talleyrand*

Geschiedene

Eine Geschiedene ist eine Frau, die geheiratet hat, um nicht mehr arbeiten zu müssen, und nun arbeitet, um nicht wieder heiraten zu müssen. *Anna Magnani*

➪ **Scheidung**

Geschmack

Ich habe einen ganz einfachen Geschmack. Ich bin stets mit dem Besten zufrieden. *Oscar Wilde*

Man muß viel Geschmack haben, um dem seines Zeitalters zu entgehen. *Simon-Theodore Jouffroy*

Ob ein Mensch Geschmack hat, ist leicht zu erkennen: Der Teppich muß zu den Augenbrauen passen.
Salvador Dali

➪ **Eleganz, Stil**

Geschlecht

Die Männer sind das nebensächliche Geschlecht. Im Tierreich braucht man sie bei vielen Arten nicht einmal zur Fortpflanzung. *Orson Welles*

Auch emanzipierte Frauen wünschen sich manchmal, daß der Unterschied zwischen den Geschlechtern etwas größer wäre. *Wolfgang Eschker*

Die Hose ist mittlerweile ein so weibliches Kleidungsstück geworden, daß sich die Männer nach einem anderen Geschlechtssymbol umsehen sollten.
Peter Ustinov

Die Ehe ist eine Institution zur Lähmung des Geschlechtstriebes. *Gottfried Benn*

Man kann erst dann wieder einen Film über Sexualität drehen, wenn ein neues Geschlechtsorgan erfunden worden ist. *Alfred Hitchcock*

➪ **Sex**

Geschwätzigkeit

Das Vaterunser hat 56 Wörter, die Zehn Gebote haben 297. Aber eine Verordnung der EG-Kommission über den Import von Karamellprodukten hat 26911 Wörter.
Alwin Münchmeyer

Reden ohne Schweigen wird Geschwätz.
Romano Guardini

Am Anfang war das Wort und nicht das Geschwätz, und am Ende wird nicht die Propaganda sein, sondern wieder das Wort. *Gottfried Benn*

Verdunkelung ist ein wunderbares Mittel gegen Geschwätzigkeit. Es wirkt bei Papageien; man sollte es auch bei Menschen anwenden . *Louis de Funes*

Die meisten Menschen wenden mehr Kraft an, um um die Probleme herumzureden, statt sie anzupacken.
Henry Ford

➪ **Klatsch, Phrase**

Geschwindigkeit

Der Mensch von heute hat nur ein einziges wirklich neues Laster erfunden: die Geschwindigkeit.
Aldous Huxley

Geschwindigkeitsbeschränkung

Geschwindigkeitsbegrenzung ist für viele männliche Autofahrer so etwas wie eine amtlich verfügte Potenzminderung. *Silvia Mingotti*

Gesellschaft

Die Erwachsenen müssen sich klar darüber werden - und den Jungen muß es beigebracht werden -, daß eine Gesellschaft nur funktionieren kann, wenn bestimmte Regeln eingehalten werden. Die Einsicht muß wieder wachsen, daß Freiheit auch Verzicht bedeutet, daß es neben Selbstentfaltung und Individualismus auch Pflichten gibt, daß jeder einzelne Verantwortung übernehmen muß - und zwar freiwillig. *Ulrich Wickert*

Die absehbare Spaltung der Gesellschaft in solche, die dazu gehören, denen es gut und immer besser geht, und andere, die sich "draußen vor der Tür" fühlen", ist eine zentrale Aufgabe für die soziale Marktwirtschaft, der sich Politik, Wirtschaft und Gesellschaft stellen müssen. *Roman Herzog*

Nichts ist seltener als eine Gesellschaft, die sich heiter unterhält und Einfälle nicht mit Kalauern verwechselt.
Jean Cocteau

Eine klassenlose Gesellschaft ist eine tote Gesellschaft. *Milovan Djilas*

Die Gesellschaft setzt sich nur aus zwei großen Klassen zusammen: die einen haben mehr Mahlzeiten als Appetit, und die anderen weit mehr Appetit als Mahlzeiten. *Nicolas Sebastian Chamfort*

Gesellschaft ist wie die Luft: notwendig zum Atmen, aber nicht ausreichend, daß man davon leben könnte.
George Santayana

Die Gesellschaft neigt dazu, die Stumpfen zu ihren Spitzen zu machen. *Werner Schneyder*

Jede Gesellschaft hat die Schurken, die sie verdient.
Albert Camus

Einer Gesellschaft, die man damit unterhalten kann, daß zwei Menschen einen Ball hin- und herschlagen, ist alles zuzutrauen. *Manfred Rommel*

Unsere Gesellschaft gleicht einem Menschen, der ahnungslos in einem Minenfeld umherirrt und sich dabei Sorgen um seine Altersversorgung macht.
Hoimar von Ditfurth

Lieber in einem Gefängnis in Einzelhaft Tüten kleben, als in einer Gesellschaft stundenlang ausharren zu müssen, in der am Fließband nur gestanztes Blech und Primitivklatsch produziert wird. *Hubert Pepsin*

Die Gesellschaft ist eine verfeinerte Horde, die sich aus zwei mächtigen Stämmen zusammensetzt: den Langweiligen und den Gelangweilten.
George Lord Byron

Die westliche Gesellschaft nähert sich einer Grenze, hinter der das System unstabil wird und zerfallen muß. Immer weniger beschwert von vielhundertjähriger Legalität, marschiert die Gewalt schamlos und siegreich durch die ganze Welt. *Alexander Solschenizyn*

Die Gesellschaft ist immer eine dynamische Einheit zweier Faktoren, der Eliten und der Massen.
Ortega y Gasset

Wir leben in einer Wegwerfgesellschaft, auch was den Ehepartner betrifft. *Harold Pinter*

Gesellschaft ist die Kunst, den Umgang mit sich selbst zu verlernen. *Oscar Blumenthal*

Das System ist noch nicht erfunden, wonach eine Gesellschaft auf Dauer mehr verbrauchen kann, als sie produziert. *Helmut Schmidt*

Die Gesellschaft ist die Menschheit zwischen Dienstschluß und Schlafen. *Unbekannt*

Leute, die im Schmutze wühlen, sind oft unersetzlich für das Wohlergehen der Gesellschaft.
Theodore Roosevelt

Der konservative Aberglaube, eine Gesellschaft könne entweder demokratisch oder leistungsfähig sein, beruht auf einem unrichtigen Demokratieverständnis und einer in gleicher Weise unrichtigen Identifikation der gesellschaftlichen Leistungsfähigkeit mit einer nichtdemokratischen Ordnung. *Horst Ehmke*

Man soll nie vergessen, daß die Gesellschaft lieber unterhalten als unterrichtet sein will.
Freiherr von Knigge

In unserer Gesellschaft gibt es offenbar keinen Mittelweg mehr; entweder verhungert man oder man überfrißt sich. *Enzo Ferrari*

Erzählt man auf einer Party in den USA von den Hütten, Baracken und Erdlöchern armer Teufel in den Entwicklungsländern und nicht davon, wo man in Bangkok ein gutes amerikanisches Steak bekommt, wird man automatisch für übergeschnappt gehalten.
Shirley MacLaine

Beim gesellschaftlichen Aufstieg empfiehlt es sich, freundlich zu den Überholten zu sein. Man begegnet ihnen beim Abstieg wieder. *Jo Herbst*

Eine selbstbewußte Gesellschaft kann viele Narren ertragen. *John Steinbeck*

Wer aber einen Teil der Bürger begünstigt und einen anderen vernachlässigt, schleppt das verderblichste Übel in das Gemeinwesen ein: Aufruhr und Zwietracht. *Cicero*

Wir haben eine Phase erreicht, in der unsere Gesellschaft ihren Wert nur noch an ihren Schwächen mißt, nicht aber zugleich an ihren Stärken und Erfolgen.
Otto Braun

In unserer tierfreundlichen Gesellschaft gilt das Prügeln von Hunden für verwerflicher als das Ohrfeigen von Ehefrauen. *Horst Stern*

Wenn Sie mit einem Gesprächspartner weder politisch noch kulturell übereinstimmen, besagt das nicht, daß der betreffende anderer Meinung ist. Er liest vielleicht nur eine andere Zeitung. *Oliver Hassencamp*

Die Gesellschaft ist so dumm, daß sie für jeden Dreck hunderttausend Dollar bezahlt. *Andy Warhol*

Die moderne Erfolgsgesellschaft neigt allmählich dazu, dem Ermordeten mehr Schuld zu geben als dem Mörder, vielleicht weil er so untüchtig war, sich umbringen zu lassen. *Gino Cervi*

Man kann auch die Gesellschaft einem Feuer vergleichen, an welchem der Kluge sich in gehöriger Entfernung wärmt; nicht aber hineingreift wie der Tor, der dann, nachdem er sich verbrannt hat, in die Kälte der Einsamkeit flieht und jammert, daß das Feuer brennt.
Arthur Schopenhauer

Durch keine politische Revolution lassen sich die gesellschaftlichen Verhältnisse so wirksam umpflügen wie durch industrielle Expansion. *Georg Picht*

Gesetze

Gesetze sind wie Kleider. Eine Zeitlang sitzen sie gut, dann sind sie abgetragen. Es wird Zeit, sie auszuwechseln. *Jean Foyer*

Wir haben heute so viele Gesetze, daß man ein Doppelleben führen müßte, um sie alle zu übertreten.
Perry Como

Vor dem Gesetz sind alle gleich, aber einige möchten halt gleicher sein. *Helmut Qualtinger*

Wer die Gesetze nicht kennt, bringt sich um das Vergnügen, gegen sie zu verstoßen. *Jean Genet*

Ein Gesetz muß kurz sein, daß es leichter von Unkundigen behalten wird. (Legem brevem esse oportet, quo facilius ab imperitis teneatur.) *Seneca*

Unter den Waffen schweigen die Gesetze. (Inter arma silent leges.) *Cicero*

Wer Gesetze schafft, muß streng, wer Gesetze handhabt, milde sein. *Chinesisches Sprichwort*

Wenn man alle Gesetze studieren sollte, so hätte man gar keine Zeit, sie zu übertreten.
Johann Wolfgang von Goethe

Die Gesetze gleichen den Spinnweben: Kleine werden gefangen, Große zerreißen sie. *Anatole France*

Nichts erhält die Gesetze so wirksam als ihre Anwendung gegen hochgestellte Personen. *Tacitus*

➪ **Justiz, Recht, Verfassung**

Gesichter

Gesichter sind die Lesebücher des Lebens.
Federico Fellini

Von einem bestimmten Alter an ist jeder Mensch für sein Gesicht verantwortlich. *Albert Camus*

Sein Gesicht sagte alles. Es war nichtssagend.
Wolfgang Eschker

Manchmal kostet es den Kopf, wenn man sein Gesicht wahren will. *Wolfgang Eschker*

Als er seinen Kopf verloren hatte, zeigte er sein wahres Gesicht. *Gerhard Uhlenbruck*

Wie alt man geworden ist, sieht man an den Gesichtern derer, die man jung gekannt hat. *Heinrich Böll*

Ich habe keine Angst vor dem Alter und finde, jede Falte in meinem Gesicht ist eine Erzählung aus meinem Leben. *Peter Maffay*

In jedes Menschen Gesichte steht seine Geschichte.
Friedrich von Bodenstedt

Der Körper ist der Übersetzer der Seele ins Sichtbare.
Christian Morgenstern

Durch Nachteile seiner äußeren Erscheinung darf man sich nicht beirren lassen. *Aristoteles Onassis*

Mit zwanzig Jahren hat jeder das Gesicht, das Gott ihm gegeben hat, mit vierzig das Gesicht, das ihm das Leben gegeben hat, und mit sechzig das Gesicht, das er verdient. *Albert Schweitzer*

Das Gesicht ist das Protokoll des Charakters.
Karl Julius Weber

➪ **Aussehen**

Gesinnung

Die Menschen werden durch Gesinnungen vereinigt, durch Meinungen getrennt.
Johann Wolfgang von Goethe

Gespräch

Nach manchem Gespräch mit einem Menschen hat man das Verlangen, einen Hund zu streicheln, einem Affen zuzunicken oder vor einem Elefanten den Hut zu ziehen. *Maxim Gorki*

Das echte Gespräch bedeutet: aus dem Ich heraustreten und an die Tür des Du klopfen. *Albert Camus*

Ich spreche nicht gern mit Leuten, die stets meiner Meinung sind. Eine Zeitlang macht es Spaß, mit dem Echo zu spielen, auf die Dauer aber ermüdet es.
Thomas Carlyle

An allen wertvollen Gesprächen hat der, der zuhört, fast ein größeres Verdienst als der, der spricht. Zuhörenkönnen ist immer ein Beweis von Eigenwert.
Sigmund Graff

Die Leute wünschen nicht, daß man zu ihnen redet. Sie wünschen, daß man mit ihnen redet. *Emil Oesch*

Wenn Sie mit einem Gesprächspartner weder politisch noch kulturell übereinstimmen, besagt das nicht, daß der Betreffende anderer Meinung ist. Er liest vielleicht nur eine andere Zeitung. *Oliver Hassencamp*

➪ **Argument, Beredsamkeit, Diskussion, Kommunikation, Meinung, Rede, Rhetorik**

Gesundheit

Wer mit fünfundsechzig Jahren gesund bleiben will, muß mit fünfundzwanzig Jahren damit anfangen.
Elmer White

Wenn wir uns über unsere Gesundheit nur halb so freuen könnten, wie wir uns über jede Krankheit grämen und Sorgen machen, wären wir maßlos glücklich.
Sigmund Graff

Das Gefühl von Gesundheit erwirbt man sich nur durch Krankheit. *Georg Christoph Lichtenberg*

Es gibt tausend Krankheiten, aber nur eine Gesundheit.
Gerhard Reichel

Einen Kranken, der sich gesund hält, kann man nicht heilen. *Amiel*

Da flehen die Menschen die Götter an um Gesundheit, und wissen nicht, daß sie die Macht darüber selbst besitzen. *Demokritos*

Überhaupt aber beruhen neun Zehntel unseres Glückes allein auf der Gesundheit. Mit ihr wird alles eine Quelle des Genusses, hingegen ist ohne sie kein äußeres Gut, welcher Art es auch sei, genießbar.
Arthur Schopenhauer

Es gibt eine einfache Formel für die Verlängerung des Lebens: die Zeit am Eßtisch halbieren, die Zeit im Freien verdoppeln. *Paul Holzer*

Ein Gesunder ist ein Mensch, der nicht oder noch nicht gründlich genug untersucht wurde. *DER SPIEGEL*

Wenn die Menschen nur halb soviel Sorgfalt darauf verwenden würden, gesund zu bleiben und verständig zu leben, wie sie heute darauf verwenden, krank zu werden, die Hälfte aller Krankheiten bliebe ihnen erspart. *Sebastian Kneipp*

Das Gesundheitsamt ist eine staatliche Einrichtung, die sich ausschließlich mit Krankheiten abgibt. *Unbekannt*

➪ **Krankheit, Vegetarier**

Gewalt

Die Gewalt findet ihre einzige Zuflucht in der Lüge, die Lüge ihre einzige Stütze in der Gewalt.
Alexander Solschenizyn

Mit Gewalt ist der Bulle nicht zu melken.
Berliner Sprichwort

Es ist außerordentlich schwierig, die Gewalt zu demaskieren, denn sie trägt tausend Masken, mit Vorliebe die der Moral und Gerechtigkeit.
Friedrich Hacker

Wo Gewalt angewendet wird, wird Gewalt geweckt.
Karl Jaspers

Was mit Gewalt erlangt worden ist, kann auch nur mit Gewalt behalten werden. *Mahatma Gandhi*

Der starke Mann ist stärker ohne Gewalt.
Bertolt Brecht

Gewalt birgt immer ein Element der Verzweiflung.
Thomas Mann

Ausübung von Gewaltlosigkeit erfordert weit größeren Mut als den des Kämpfers. Feigheit und Gewaltlosigkeit passen nicht zusammen. *Mahatma Gandhi*

Am leichtesten erträgt man noch die Gewalt, die man eines Tages selbst auszuüben hofft. *Joseph Joubert*

Der Gewalt auszuweichen ist Stärke. *Laotse*

Was ist Gewalt anderes als Vernunft, die verzweifelt?
Jose Ortega y Gasset

Gewalt ist das Problem, als dessen Lösung sie sich ausgibt. *Friedrich Hacker*

➪ **Aggression**

Gewerkschaften

Die Gewerkschaften sind für Pressefreiheit - aber nur so lange, als nicht ihre eigenen Interessen tangiert werden. *Max von der Grün*

Gewerkschaften müssen politisch sein. Es wäre undenkbar, sie politisch sterilisieren zu wollen, aber man muß mit dem gleichen Maß nach allen Seiten messen. *Rainer Barzel*

Die heutigen Gewerkschaften sind selbstsüchtig wie die Räuberbarone in früheren Jahrhunderten.
Arnold Toynbee

Gewinn

Man läuft Gefahr zu verlieren, wenn man zuviel gewinnen möchte. *La Fontaine*

Ich habe vor langer Zeit gelernt: Wenn man nicht verlieren kann, verdient man auch nicht zu gewinnen.
Edward Kennedy

Wenn Gewinne Investitionsentscheidungen bewirken, dann bedeutet Gewinnerzielung Schaffung von Arbeitsplätzen, Wachstum der Wirtschaft und damit Wachstum der privaten Konsumausgaben, kurzum Wohlstand für alle. Dann ist die gesamtwirtschaftliche Funktion privatwirtschaftlichen Gewinnstrebens sichtbar gemacht. *Horst Albach*

Der Gewinn ist Maßstab, nicht Ziel eines Unternehmens. *Hans Lutz Merkle*

Das Streben der Unternehmen nach Gewinn ist nicht nur legitim, sondern notwendig. Um es im Klartext zu sagen: Gewinn ist erwünscht, förderungsbedürftig und schutzbedürftig dann, wenn manche anfangen, die Bedingungen, aus denen er entsteht, kaputtzutrampeln. Ohne Gewinne gibt es keine Investitionen, ohne Investitionen keine Realisierung von Neuerungen und ohne diese nur Stagnation. Man scheut sich, solche Binsenweisheit auszubreiten. Und doch ist es notwendig angesichts der landauf, landab gängig gewordenen Investitionsverteufelung des Gewinns als eines widerwärtigen kapitalistischen Erzübels.
Staatssekretär Rohwedder

Der Gewinn liegt im Einkauf. Eine Ausbeutung des Verbrauchers verbietet die Konkurrenz, für das Personal sorgen die Gewerkschaften, so daß nur noch eine Ausbeutung des Lieferanten zur Gewinnerzielung möglich erscheint. *Ein Vorstandsvorsitzender*

Da ich aber ansah alle meine Werke, die meine Hand getan hatte und die Mühe, die ich gehabt hatte, siehe, da war es alles eitel und ein Haschen nach Wind und kein Gewinn unter der Sonne (...) Darum verdroß mich zu leben; denn es gefiel mir übel, was unter der Sonne geschieht, daß alles eitel ist und Haschen nach Wind.
Salomo

**Was mit Gewalt
erlangt worden ist,
kann auch nur mit Gewalt
behalten werden.**

MAHATMA GANDHI

Gewinn ist Segen, wenn man ihn nicht stiehlt.
William Shakespeare

Gewinn ist so notwendig wie die Luft zum Atmen, aber es wäre schlimm, wenn wir nur wirtschaften würden, um Gewinne zu machen, wie es schlimm wäre, wenn wir nur leben würden, um zu atmen.
Hermann Josef Abs

Nach Meinung der Sozialisten ist es ein Laster, Gewinne zu erzielen. Ich bin dagegen der Ansicht, daß es ein Laster ist, Verluste zu machen.
Winston Churchill

Die Möglichkeit, Gewinn zu erzielen, entscheidet auch darüber, welche Technik zur Anwendung gelangt. Da die Technik ihrerseits aber wieder über die menschliche Existenz, unsere Strukturen, ja unsere ganze Gesellschaft entscheidet, ist es dann eben auch der Gewinn, der letzten Endes über unsere Zukunft entscheidet. *Hans A. Pestalozzi*

Wer nur um Gewinn kämpft, erntet nichts, wofür es sich lohnt zu leben. *Antoine de Saint Exupery*

Was der Mensch auch gewinne, er muß es teuer bezahlen, wär's auch nur mit der Furcht, ob er's nicht wieder verliert. *Friedrich Hebbel*

Gewinn anderer wird fast wie Verlust empfunden.
Wilhelm Busch

Mit Gewinn unterscheidet man sich; Verluste machen vor dem Fiskus gleich. *Jean-Paul Blum*

Gewinn geht doch bei den meisten Menschen, in der Rangordnung, der Ehre vor. *Aristoteles*

➪ **Ertrag**

Gewissen

Das Gewissen ist die Stimme des Staatsanwalts in uns.
William Casey

Die Stimme des Gewissens wäre ein besserer Berater, wenn wir ihr nicht immerzu soufllieren würden, was sie sagen soll. *Jean Anouilh*

Kein Gebot, das Gehorsam gegenüber einer irdischen Autorität anbefiehlt, ist absolut oder bindend, wenn das Gewissen es nicht gutheißt. *Bertrand Russell*

Die beste Voraussetzung für eine gute Tat ist ein schlechtes Gewissen. *Gerd Uhlenbruck*

Sein Gewissen war rein. Er benutzte es nie.
Stanislaw Jerzy Lec

Gewissen kann nur sein, wo Wissen ist.
Erhard Blanck

Das Gewissen ist ein Wachhund, der die Sünden verbellt. *Unbekannt*

Das Gewissen ist die leise innere Stimme, die dir zuflüstert, was die anderen tun sollten. *Unbekannt*

Das Gewissen ist jene innere Stimme, die uns zwar nicht abhält, etwas zu tun, aber das Vergnügen erheblich stört. *Marcel Archard*

Das Gewissen ist jene innere Stimme, die uns rät, keine Fingerabdrücke zu hinterlassen. *Malcolm Brigg*

Das Gewissen ist eine Schwiegermutter auf Dauerbesuch. *Henry Louis Mencken*

Als Gedächtnisstütze ist schlechtes Gewissen unerreicht. *Oliver Hassencamp*

Wer kein schlechtes Gewissen hat, hat überhaupt keins. *Thomas Niederreuther*

Das Gewissen ist die innere Stimme, die uns warnt, weil jemand zuschauen könnte. *Henry Louis Mencken*

Gewissenserforschung

Gewissenserforschung ist Spionage bei sich selbst.
Jerome K.Jerome

Gewohnheit

Gewohnheiten sind am Anfang Spinnweben, die man leicht durchtrennen könnte. Später werden sie zu schweren Ketten. *Gerhard Reichel*

Gewohnheiten sind die Fingerabdrücke des Charakters. *Alfred Polgar*

Die Gewohnheit ist ein Tyrann. *Horaz*

Für zwei einander ganz entgegengesetzte Dinge sind wir gleich sehr eingenommen: für die Gewohnheit und das Neue. *Jean de la Bruyere*

Die Gewohnheit ist eine zweite Schwerkraft.
Friedrich Georg Jünger

Die Macht, unter der sich Menschen am wohlsten fühlen, ist die Macht der Gewohnheit. *Robert Lembke*

Die Gewohnheit, auch in kleinen und kleinsten Angelegenheiten sich auf sein eigenes Anstandsgefühl zu verlassen, bildet die Basis allen Rittertums.
Ralph W. Emerson

Gewohnheit besteht darin, daß man einen bestimmten Platz für jede Sache hat und sie niemals dort aufbewahrt. *Mark Twain*

Die Gewohnheiten sind die Zugpferde unseres Lebens.
Norwegischer Spruch

Tüchtigkeit ist weder Fähigkeit noch Begabung sondern Gewohnheit. *Peter F. Drucker*

Die meisten wohnen in den Ruinen ihrer Gewohnheiten. *Jean Cocteau*

Jeder Mensch trägt eine Deponie zu recyclender Verhaltensweisen in sich. *Gerhard Reichel*

Der Mensch ändert leichter seine Überzeugungen als seine Gewohnheiten. *Paul Wegener*

Der Mensch würde vermutlich doppelt so lange leben, wenn er sich nicht in der ersten Hälfte seines Daseins jene Angewohnheiten aneignen würde, die in der zweiten Hälfte sein Leben verkürzen. *Mary Louise Wright*

Gewohnheiten machen alt. Jung bleibt man durch die Bereitschaft zum Wechsel. *Attila Hörbiger*

Wer keine üblen Gewohnheiten hat, hat wahrscheinlich keine Persönlichkeit. *William Faulkner*

Hast Du etwas drei Jahre lang auf die gleiche Art erledigt, betrachte es sorgfältig. Hast Du es fünf Jahre lang getan, betrachte es mißtrauisch. Hast Du es gar 10 Jahre lang getan, betrachte es mißtrauisch und mache es anders. *Unbekannt*

Gewohnheiten sind die Fesseln des freien Menschen.
Ambrose Bierce

Gewohnheit ist der Sieg der Zeit über den Willen.
Michel de Montaigne

➪ **Bequemlichkeit, Faulheit**

Ghostwriter

Ghostwriter sind Prostituierte des Geistes.
Hans-Horst Skupi

Gicht

Gicht ist die ärztliche Bezeichnung für den Rheumatismus eines reichen Patienten. *Ambrose Bierce*

Glatze

Die Glatze ist Nacktkultur auf höchster Ebene.
Unbekannt

Eine Glatze ist der beste Schutz gegen Haarausfall.
Telly Savalas

Glaube

Der Glaube an Gott ist wie das Wagnis des Schwimmens: Man muß sich dem Element anvertrauen und sehen, ob es trägt. *Hans Küng*

Denken ist eine Anstrengung, Glauben ein Komfort.
Ludwig Marcuse

Wissenschaft ist nur eine Hälfte. Glauben ist die andere. *Novalis*

Glauben und Wissen verhalten sich wie die zwei Schalen einer Waage: in dem Maße, als die eine steigt, sinkt die andere. *Arthur Schopenhauer*

Das, was jemand von sich selbst denkt, bestimmt sein Schicksal. *Mark Twain*

Wenn der Glaube stark ist, kann er Berge versetzen. Aber ist er auch noch blind, dann begräbt er das Beste darunter. *Karl Heinrich Waggerl*

Gläubige Menschen und geniale Menschen haben dies gemeinsam: Sie wissen vieles, das zu wissen sie sich nicht bewußt sind. *Thornton Wilder*

Ich habe meinen Schülern beigebracht, daß sie mir kein Wort glauben dürfen, sondern alles selbst nachprüfen müssen. *Konrad Lorenz*

Es ist aber das Herz, das Gott spürt, und nicht die Vernunft. Das aber ist der Glaube: Gott im Herzen spüren und nicht in der Vernunft. *Blaise Pascal*

Der Glaube eines Menschen kann durch kein Glaubensbekenntnis, sondern nur durch die Beweggründe seiner gewöhnlichen Handlungen festgestellt werden.
George Bernard Shaw

Der Glaube hat nicht nur den Sinn, sondern auch die Freude in die Welt gebracht. *Paul Claudel*

Mit dem Glauben, wie ich ihn verstehe und wie ich Gott darum bitte, ist mir die Trostlosigkeit ganz unfaßlich. *Otto von Bismarck*

Das Credo des heutigen Menschen lautet: ich glaube an das IMAGE, an den COMPUTER und an die DEMOSKOPIE. *Vittorio de Sica*

Den Glauben an den Schöpfer aufgeben, das hieße, den Urgrund des Lebens verlassen - es hieße das Leben selbst aufgeben. *Gertrud von Le Fort*

Wo der Glaube ist, da ist auch Lachen. *Martin Luther*

Wo das Wissen aufhört, fängt der Glaube an.
Aurelius Augustinus

Hat eigentlich die Skepsis auf die Schlachtfelder geführt oder der Glaube? *Karlheinz Deschner*

Religiöser Glaube ist nicht gleichbedeutend mit dem Für-wahr-Halten von Absurditäten, sondern Ausdruck einer bestimmten Lebenshaltung. *Hoimar von Ditfurth*

Wenn es einen Glauben gibt, der Berge versetzen kann, so ist es der Glaube an die eigene Kraft.
Marie von Ebner-Eschenbach

Glaube ist eine Art von sechstem Sinn, der wirksam wird, wenn die Vernunft versagt. *Mahatma Gandhi*

Glauben heißt Dinge für wahr halten, für die es keine Parallele und keinen Beweis gibt und die jemand verkündet, der über kein Wissen verfügt. *Ambrose Bierce*

Glauben heißt auf etwas vertrauen, von dem du weißt, daß es nicht existiert. *Mark Twain*

➪ **Aberglaube, Gott, Kirche, Religion, Christentum**

Gleichberechtigung

Wenn die Frau heute nur die Gleichberechtigung anstrebt und nichts weiter, ist das ein Zeichen, daß sie dem Mann seine jahrhundertelange Vorherrschaft verziehen hat. *Henry Miller*

Fatales Nebenprodukt der Gleichberechtigung: Viele Männer benehmen sich Frauen gegenüber jetzt noch flegelhafter, als sie es schon vorher waren.
Kurt Wortig

Ich bin schon für die Gleichberechtigung der Frau, besonders für gleiche Bezahlung. Aber daß Männer und Frauen die gleichen Toiletten benutzen und ich meine Büstenhalter verbrennen soll, das geht mir zu weit. *Lynda Bird Johnson-Robb*

Insgeheim wissen alle klugen Frauen, daß echte Gleichberechtigung mit dem Mann ein Zustand wäre, bei dem sie mehr verlieren als gewinnen würden.
Dr. Anna Moffo

In den USA sterben die Männer zehn Jahre früher als die Frauen; auch dieses Vorrecht wollen die radikalen Frauenrechtlerinnen ihnen jetzt bestreiten. *Don Burke*

Ein Chef mit drei Sekretärinnen muß heutzutage vorsichtig operieren: Ist sein Verhältnis mit einer dieser Tastencircen bzw. Stenorettenvirtuosinnen den beiden anderen Aktengrazien bekannt geworden, haben diese im Zeichen demokratisch verbriefter Gleichberechtigung legitimen biologischen Anspruch auf gleiche gepflegt-galante Freizeitkontakte. Nutzanwendung für den Boß: Stimmen Sie Ihr Sekretärinnensortiment - spätestens ab vorgestern - so ab, daß Sie der gesetzlichen Gleichberechtigung jederzeit - und dieser Zeitpunkt kommt! - nicht qualvoll, sondern - in Harmonie mit der Rezeptur des Freudschen Lustmechanismus amüsant- f r e u d voll Rechnung tragen können! Devise: Jederzeit: Drei-Einigkeit! *Fred O. Immergrün*

Gleichberechtigung: manche Männer verstehen darunter, daß sie auch eine Freundin haben möchten, weil ihre Frau eine Freundin hat. *Lisa Goccioni*

➪ **Emanzipation**

Gleichgültigkeit

Gleichgültigkeit ist die Hornhaut der Seele.
Aus den "Fliegenden Blättern"

Das größte Übel, das wir unseren Mitmenschen antun können, ist nicht, sie zu hassen, sondern ihnen gegenüber gleichgültig zu sein. Das ist absolute Unmenschlichkeit. *George Bernard Shaw*

Gleichgültigkeit ist die sicherste Stütze aller Gewaltherrschaft. *Manes Sperber*

Die Probleme, die eine Generation erregen, erlöschen für die folgende Generation nicht, weil sie gelöst wären, sondern weil die allgemeine Gleichgültigkeit von ihnen absieht. *Cesare Pavese*

Die Gleichgültigkeit ist so furchtbar in ihren Folgen, so mörderisch wie die furchtbarste Gewalt.
Manes Sperber

Gleichgültigkeit jeder Art ist verwerflich, sogar die Gleichgültigkeit gegen uns selbst.
Marie von Ebner-Eschenbach

Gleichgültigkeit ist die mildeste Form der Intoleranz.
Karl Jaspers

➪ **Egoismus, Intoleranz**

Gleichmütigkeit

Gleichmütigkeit ist das Selbstgefühl einer gesunden Seele. *Immanuel Kant*

➪ **Gelassenheit**

Glocken

Glocken sind die Artillerie der Geistlichkeit.
Aus den "Fliegenden Blättern"

Glück

Es ist unmöglich, einen Mann, dem durch seine Art zu verfahren viel geglückt ist, zu überzeugen, er könnte gut daran tun, anders zu verfahren. Daher kommt es, daß das Glück eines Mannes wechselt; denn die Zeiten wechseln, er aber wechselt nicht sein Verfahren.
Macchiavelli

Glück ist heutzutage, wenn man im neugekauften Auto mit 150 km/h durch die innere Leere fährt.
Sigismund von *Radecki*

Ich glaube nicht an das Glück. Erfolg hat man nie durch Zufall. *Christoph Lambert*

Glück wächst dort, wo man es sät. *Adalbert Stifter*

Das höchste Glück des Menschen ist die Befreiung von der Furcht. *Walther Rathenau*

Das Glück ist das einzige, was sich verdoppelt, wenn man es teilt. *Albert Schweitzer*

Nicht in der Erkenntnis liegt das Glück, sondern im Erwerben der Erkenntnis. *Edgar Allan Poe*

Neid habe ich nie gekannt, abgesehen davon, daß ich Menschen beneidet habe, denen es gelang, glücklich verheiratet zu sein. *Paul C. Getty*

Viele suchen ihr Glück, wie sie einen Hut suchen, den sie auf dem Kopfe tragen. *Nicolaus Lenau*

Das Glück im Leben hängt von den guten Gedanken ab, die man hat. *Marc Aurel*

Glück kann man nur festhalten, indem man es weitergibt. *Werner Mitsch*

Glück entsteht oft durch Aufmerksamkeit in kleinen Dingen, Unglück oft durch Vernachlässigung kleiner Dinge. *Wilhelm Busch*

Das Glück ist im Grunde nichts anderes als der mutige Wille zu leben, indem man die Bedingungen dieses Lebens annimmt. *Maurice Barres*

Glück hilft nur manchmal, Arbeit immer.
Weisheit des Brahmanen

Das Glück ist eine leichtfertige Person, die sich stark schminkt und von fern schön aussieht. *Nestroy*

Heute hat das Glück etwas mit PS zu tun. Mit der Geschwindigkeit wächst auch mein Glücksgefühl.
Anthony Perkins

Wir bedürfen wenig, wenn wir unglücklich sind; unersättlich macht uns nur das Glück. *Lebensweisheit*

Glück ist Talent für das Schicksal. *Novalis*

Gott, was ist Glück! Eine Grießsuppe, eine Schlafstelle und keine körperlichen Schmerzen - das ist schon viel.
Theodor Fontane

Glück ist ein Buckel, der schwer zu tragen ist.
Russisches Sprichwort

Glück ist: Sich kratzen können, wo es einen juckt.
Ogden Nash

In den meisten Fällen ist Glück kein Geschenk, sondern ein Darlehn. *Albrecht Goes*

Das Geheimnis des Glücks liegt nicht im Besitz, sondern im Geben. Wer andere glücklich macht, wird glücklich. *Andre Gide*

Unser Glück finden wir unterwegs, nicht am Ende der Straße; denn dann ist die Reise vorbei, und es ist zu spät. *David Dunn*

Es bedarf größerer Tugenden, das Glück zu ertragen als das Unglück. *Francois de la Rochefoucauld*

Es gibt kein Licht, das nur sich selber leuchtet. Ein jedes Glück erhellt die Welt. *Hans Margolius*

Nimm einem Durchschnittsmenschen seine Lebenslüge, und du nimmst ihm zugleich sein Glück.
Henrik Ibsen

Glück ist Scharfsinn für Gelegenheiten und die Fähigkeit, sie zu nutzen. *Sam Goldwyn*

Das Glück ist wie ein Schmetterling. Je mehr man ihn jagt, umso mehr narrt er einen. Wenn Sie sich jedoch still hinsetzen und Ihre Gedanken anderen Dingen zuwenden, kommt der Schmetterling und setzt sich sacht auf Ihre Schulter. *Dr. M. Banks*

Glück ist, wenn man die Persönlichkeit hat, ein Clown zu sein. *Charlie Rivel*

Großes Glück ist die Feuerprobe des Menschen, großes Unglück nur die Wasserprobe. *Jean Paul*

Die meisten Menschen sind, um glücklich zu sein, entweder nicht gescheit oder nicht dumm genug.
Hans Krailsheimer

Willst Du glücklich sein im Leben, trage bei zu andrer Glück, denn die Freude, die wir geben, kehrt ins eigne Herz zurück. *Johann Wolfgang von Goethe*

Das Geheimnis des Glücklichseins liegt nicht darin, das zu machen, was man gerne tut, sondern das, was man macht, gerne zu tun. *Sir James Matthew Barrie*

Größtes Glück auf Erden ist es, eine Nacht zwischen einer schönen Frau und einem schönen Himmel zu teilen. *Napoleon*

Es gehört ein starker Magen dazu, großes Glück zu verdauen. *Heinz Rühmann*

Glück bedeutet seine Freude in der Freude des anderen finden. *Georges Bernanos*

Glück ist ein Wohlgefühl, das sich einstellt, wenn man das Elend eines anderen betrachtet. *Ambrose Bierce*

Glück ist das Pseudonym Gottes in Fällen, in denen er nicht unterzeichnen wollte. *Anatole France*

Glück ist selten etwas, das man erlebt, sondern etwas, an das man sich erinnert. *James Garner*

Das wahre Glück ist die Genügsamkeit. *Goethe*

Glücklich und zufrieden ist, wer weiß, was er nicht braucht. *Wolfgang Herbst*

Glück ist das einzige, das wir schenken können, ohne es zu besitzen. *Halen*

Glück ist einfach gute Gesundheit und ein schlechtes Gedächtnis. *Ernest Hemingway*

Glück ist meistens nur ein Sammelname für Tüchtigkeit, Klugheit, Fleiß und Beharrlichkeit. *Charles F. Kettering*

Glück ist ein hübsches Bankkonto, eine gute Köchin und eine tadellose Verdauung. *Jean-Jacques Rousseau*

Glück ist meistens etwas, das man schon hinter sich gelassen hat; man erkennt es erst im Rückspiegel. *Hannelore Schroth*

Glück ist ein Mosaikbild, das aus lauter unscheinbaren kleinen Freuden zusammengesetzt ist. *Daniel Spitzer*

Glück ist ein Wunderding. Je mehr man gibt, desto mehr hat man. *Madame de Stael*

Das Glück besteht darin, zu leben wie alle Welt und doch wie kein anderer zu sein. *Simone de Beauvoir*

Glücklich sein heißt ohne Schrecken seiner selbst innewerden können. *Walter Benjamin*

Wenn das Glück anklopft, muß man um Verstand bitten. *Dt. Sprichwort*

Wer glücklich ist, sollte nicht noch glücklicher sein wollen. *Theodor Fontane*

Glücklich machen ist das höchste Glück. *Theodor Fontane*

Das Geheimnis eines glücklichen Lebens liegt in der Entsagung. *Mahatma Gandhi*

In den meisten Fällen ist Glück kein Geschenk, sondern ein Darlehen. *Albrecht Goes*

➪ **Erfolg, Zufall**

Golf

Polizist zum Golfspieler: "Ihr Golfball ist auf die Straße geflogen, hat die Windschutzscheibe eines Autos zertrümmert, das rammte einen Feuerwehrwagen und dieser einen Baum. Das Haus, das gelöscht werden sollte, brannte bis auf die Grundmauern nieder. Was haben sie dazu zu sagen?" "Wo ist mein Ball?" *Unbekannt*

Golf ist eine teure Variante des Murmelspiels. *Gilbert Keith Chesterton*

Gott

Von den meisten Menschen wird der liebe Gott als eine Art Kundendienst betrachtet, mit dem sie durch Gebete telefonieren: *Ilona Bodden*

Da ich eine Wolke bin, die in einem Universum von Wolken segelt und verzweifelt nach etwas Festem ruft, muß ich unbedingt Gott berühren, den einzigen Fels in diesem ungeheuren Watte-Ozean. *Salvador Dali*

Gerufen oder nicht gerufen - Gott wird da sein. *C. G. Jungk*

Vertrau dein Kamel der Allmacht Gottes an, aber binde es vorher fest an einen Baum. *Marokkanisches Sprichwort*

Wenn du horchst, hörst du eine Stimme zuweilen in dir; sie sagt: ich verstehe dich, und so weiter. - Nimm diese Stimme getrost für das, was sie ist: Gottes Stimme. *Gerhart Hauptmann*

Schweig, leid, meid und vertrag, deine Not allein Gotte klag! An Gott ja nicht verzag, dein Glück kommet alle Tag. *Martin Luther*

Gott hat die einfachen Menschen offenbar geliebt, denn er hat so viele von ihnen gemacht. *Abraham Lincoln*

Gottesgewißheit und Menschengläubigkeit sind, so möchte man meinen, fast unbekannt gewordene Vokabeln in unserer Sprache. Und doch werden Sprache und Literatur wie die ganze Menschheit ohne sie nicht weiterexistieren können. *Hugo Hartung*

Solange ein Mensch Gottgleichgültig gegenübersteht, wird ihn auch das Geschick der Welt nicht berühren, denn er lebt in den Tag hinein. *Alfred Lapple*

Gott hilft immer den Narren, den Betrunkenen und den Verliebten. *Marguerite de Navarre*

Gott läßt vieles zu, was die Menschen verbieten. *Henry Miller*

Ich bin ein Bewunderer der göttlichen Weltordnung. Die Welt ist einmalig. Aber was die Menschen machen, ist entweder unglaublich gemein, dumm oder komisch. *Ephraim Kishon*

Auch Gott lernt dazu. Man merkt das an den Verbesserungen bei der Erschaffung der Frau gegenüber der des Mannes. *Zsa Zsa Gabor*

Der Zufall ist Gottes Deckname, wenn Gott sich nicht zu erkennen geben will. *Anatole France*

Es gibt Zufälle, an denen sind noch die Fingerabdrücke Gottes. *Nikolaus Cybinski*

Wir können uns zwar Gott ohne die Kirche vorstellen, aber nicht die Kirche ohne Gott. *Thomas Mann*

Ich bin nicht so verrückt, an Gott zu glauben: Ich bin verrückter, denn ich glaub' an sein Geschöpf.
Wolf Biermann

Der Glaube an Gott ist wie das Wagnis des Schwimmens: Man muß sich dem Element anvertrauen und sehen, ob es trägt. *Hans Küng*

Erbitte Gottes Segen für deine Arbeit, aber verlange nicht auch noch, daß er sie tut. *Karl Heinrich Waggerl*

Einen Gottlosen habe ich noch nie gesehen; nur Ruhelose sind mir begegnet. *Fjodor M. Dostojewski*

Gott ist der einzige Herr der Welt, der weniger zu sagen hat als seine Diener. *Karlheinz Deschner*

Wer Gott definiert, ist schon Atheist. *Oswald Spengler*

Gäbe es Gott nicht, so müßte man ihn erfinden.
Voltaire

Gott wäre etwas gar Erbärmliches, wenn er sich in einem Menschenkopf begreifen ließe.
Christian Morgenstern

Gott kann auch nicht, was wir können, sonst würde er uns nicht so frei gewähren lassen.
Hermann von Keyserling

Gott würfelt nicht. *Albert Einstein*

➪ **Atheismus, Glaube, Kirche, Religion,**

Gradlinigkeit

Die Gradlinigen ecken leicht an. *Matthias Scharlach*

➪ **Aufrichtigkeit, Charakter, Ehrlichkeit**

Gratulation

Geburtstagsfeiern im vorgerückten Alter sind Bestattungsgratulationen am offenen Grab, während der Patient noch zappelt. *Robert Neumann*

➪ **Geburtstag, Jubiläum**

Grausamkeit

Grausamkeit ist Lustgewinn aus dem Leiden des Gefolterten. *Alexander Mitscherlich*

Mehr oder weniger sind wir alle verführbar, den Mitmenschen zu quälen. Auch die sind es, die solches weit von sich weisen. Sie wissen nur nicht, was sie tun. *Alexander Mitscherlich*

Jeder Mensch ist ein Abgrund. *Georg Büchner*

Das menschliche Wesen ist dem menschlichen Tun davongelaufen, das ist unsere Tragik. Trotz aller unserer Kenntnisse verhalten wir uns immer noch wie die Höhlenmenschen von einst. *Friedrich Dürrenmatt*

Was Eichmann tat, ist den meisten von uns auch zuzutrauen. *Gerhard Reichel*

Greisenalter

Das Greisenalter ist eine zweite Kindheit minus Lebertran. *Mark Twain*

Gremium

Ein Gremium ist eine Gruppe von Fachleuten zum Zerkleinern großer Ideen. *Ron Kritzfeld*

➪ **Ausschuß, Kommission, Konferenz**

Grenze

Keine Grenze verführt mehr zum Schmuggeln als die Altersgrenze. *Karl Kraus*

Es gibt keine Grenzen. Nicht für den Gedanken, nicht für die Gefühle. Die Angst setzt die Grenzen.
Ingmar Bergman

Grobheit

Grobheit ist die Kraftmeierei der Schwachen.
Unbekannt

Grobheit ist geistige Unbeholfenheit.
Marie von Ebner-Eschenbach

Größe

Man hat längst bemerkt: je undeutlicher die Begriffe sind, die man von der Größe eines Menschen hat, desto mehr wirken sie auf das Blut und desto enthusiastischer wird die Bewunderung.
Georg Christoph Lichtenberg

Größe ist möglich, wenn die Phantasie vieler sich mit einem beschäftigt. *Jacob Burckhardt*

Das deutlichste Kennzeichen angeborener Größe ist angeborene Neidlosigkeit.
Francois de la Rochefoucauld

Alle großen Männer sind bescheiden.
Gotthold Ephraim Lessing

Das ist menschliche Größe: auf einem schon lange gegangenen Weg umzukehren. *Peter Bloch*

Was ist der letzte Grund jenes Fluches, der auf allen Männern von großem Genius lastet? Warum trifft der Blitz des Unglücks die hohen Geister, die Türme der Menschheit, am öftesten, während er die niedrigen Strohkopfdächer der Mittelmäßigkeit so liebreich verschont? *Heinrich Heine*

Die größten Menschen sind jene, die anderen Hoffnung geben können. *Jean Jaures*

Alles Große braucht einen Dolmetscher bei der Menge; die Mittelmäßigkeit wird gleich verstanden.
Isolde Kurz

Beneiden wir die großen und berühmten Männer nicht! Könnten wir sie heute sehen - wie viele von ihnen würden mehr unser Mitleid provozieren als unsere Glückwünsche. *Daniel Defoe*

Ins Pantheon kommen nur jene, die das freie Dichten der mythen- und legendenbildenden Massenphantasie zu erregen vermögen. *Theodor Lessing*

Groß ist nicht alles, was ein großer Mann tut.
Bertolt Brecht

Merkmal großer Menschen ist, daß sie an andere weit geringere Anforderungen stellen als an sich selbst.
Marie von Ebner-Eschenbach

Tüchtigkeit und Verworfenheit offenbaren sich nicht unbedingt in den spektakulären Taten, sondern oft wirft ein geringfügiger Vorgang, ein Wort oder ein Scherz ein bezeichnenderes Licht auf einen Charakter als eine Schlacht mit tausend Toten. *Plutarch*

Auch große Männer waren im Leben oft klein. Sie wachsen posthum. *Gabriel Laub*

Was eine Nation groß macht, sind nicht in erster Linie die großen Männer - es ist das Format der Mittelmäßigen. *José Ortega y Gasset*

Ein großer Mann zeigt seine Größe durch die Art, wie er kleine Leute behandelt. *Thomas Carlyle*

Macht besitzen und nicht ausüben ist wahre Größe.
Friedl Beutelrock

➪ **Ruf, Ruhm, Berühmtheit, Image**

Großstädter

Großstädter sind Leute, die vom Land in die Stadt gezogen sind, um hier so hart zu arbeiten, daß sie es sich leisten können, aus der Stadt aufs Land zu ziehen.
George Mikes

➪ **Stadt**

Großwildjagd

Die Großwildjagd ist eine Gelegenheit für große Tiere, große Böcke zu schießen. *Unbekannt*

Grundsätze

Ohne Grundsätze ist der Mensch wie ein Schiff ohne Steuer und Kompaß, das von jedem Winde hin und her getrieben wird. *Samuel Smiles*

In der Aufstellung unserer Grundsätze sind wir strenger als in ihrer Betätigung. *Theodor Fontane*

Es ist besser, hohe Grundsätze zu haben, die man befolgt, als noch höhere, die man außer acht läßt.
Albert Schweitzer

An den Grundsätzen hält man nur fest, solange sie nicht auf die Probe gestellt werden; geschieht das, so wirft man sie fort wie der Bauer die Pantoffeln und läuft, wie einem die Beine von Natur gewachsen sind.
Otto von Bismarck

Höhere Maximen wollen wir nun aussprechen, insofern sie der Welt zugute kommen. Andere wollen wir bei uns behalten. *Goethe zu Eckermann*

Nicht wer Grundsätze weiß, wird uns helfen, sondern wer Maße kennt. *Ludwig Strauß*

Menschen mit unbeirrbaren Grundsätzen sind wie Autos, die auf Schienen fahren. *Roberto Rossellini*

Persönlichkeiten, nicht Grundsätze, bewegen das Zeitalter. *Oscar Wilde*

Der Grundsatz verhält sich im Leben wie der Grundbaß zur Melodie. *Unbekannt*

Wenn ich mit Grundsätzen durchs Leben gehen soll, so komme ich mir vor, als wenn ich durch einen engen Waldweg gehen soll und müßte eine lange Stange im Munde halten. *Otto von Bismarck*

Abraham Lincolns Worte von 1864 - acht Grundsätze, die auch heute noch gültig sind:

1. "Man kann nicht Wohlstand schaffen, indem man die Lust zum Sparen nimmt."
2. "Man kann nicht die Macht dem Schwachen geben, indem man den Starken schwächt."
3. "Man kann nicht dem Arbeitnehmer helfen, indem man den Arbeitgeber beseitigt."
4. "Man kann nicht die Brüderlichkeit fördern, indem man den Klassenkampf anheizt."
5. "Man kann nicht den Armen helfen, indem man den Reichen ruiniert."
6. "Man kann nicht den Sorgen entgehen, indem man mehr ausgibt, als man einnimmt."
7. "Man kann nicht Charakter und Mut schmieden, indem man Initiative und Unabhängigkeit lähmt."
8. "Man kann dem Menschen nicht helfen, indem man für ihn das tut, was er selbst tun könnte und müßte."

Grundsätze sind ein Korsett, das mit der Zeit immer enger wird. *Viktor de Kowa*

Der Grundsatz ist oft nur die bibliophile Ausgabe eines Vorurteils. *Boy Gobert*

➪ **Maximen, Prinzipien**

Gruppe

Wer den höchsten Rang in einer Gruppe von Tieren oder Menschen hat, ist leicht zu erkennen. Es ist immer derjenige, der am meisten angeschaut wird. Davon kommt auch das Wort Ansehen.

Irenäus Eibl-Eibesfeldt

➪ **Gemeinsamkeit, Team, Zusammenarbeit**

Güte

Ein Wort der Güte ist besser als eine dicke Pastete.

Russisches Sprichwort

H

Hammer

Der Hammer ist Werkzeug zum Zerquetschen von Daumen. *Ambrose Bierce*

Händedruck

Man muß sich von einem politischen Gegner nicht unbedingt mit einem Fußtritt verabschieden, wenn man es mit einem Händedruck tun kann. *Edgar Faure*

Mit einer geballten Faust kann man keinen Händedruck wechseln. *Indira Gandhi*

Handel

Der klassische Einzelhandel gerät immer mehr unter den Druck der Fachmärkte. Diese Vertriebsform - gekennzeichnet durch breites und gleichzeitig tiefes Sortiment, mittlere bis hohe Produktqualität, günstige Preise, gute Erreichbarkeit per Auto - entspricht zunehmend den Bedürfnissen der Verbraucher. *Stefanie Vahlbruch*

Handel ist eine Art Geschäftsvorgang, bei dem A von B das Eigentum von C raubt und B sich revanchiert, indem er aus der Tasche von D das Geld zieht, das E gehört. *Ambrose Bierce*

Handeln

Risikoscheues Nichthandeln kann für Unternehmer auf Dauer risikoreicher sein als risikobereites Handeln. *Roman Herzog*

Handle so, daß die Maxime deines Willens jederzeit zugleich als Prinzip einer allgemeinen Gesetzgebung gelten kann. *Immanuel Kant*

Handeln heißt dem Schicksal eine Richtung geben. *Werner Mitsch*

Nicht das, was der Mann in die Luft oder auf das Papier spricht, hat Wert, sondern was er tut. *Johann Gottfried Seume*

Sicherlich ist es leichter zu schreien, daß das Feld vom Unkraut bewachsen ist; konsequenter ist es, das Feld umzupflügen und mit nützlichem Korn zu bebauen. *Aleksander Swietochowski*

Sobald ihr handeln wollt, müßt ihr die Tür zum Zweifel verschließen. *Friedrich Wilhelm Nietzsche*

Der Mensch hat dreierlei Wege, klug zu handeln: erstens durch Nachdenken - das ist der edelste, zweitens durch Nachahmen - das ist der leichteste und drittens durch Erfahrung - das ist der bitterste. *Konfuzius*

Es gibt im Leben nur zwei Sünden: zu wünschen, ohne zu handeln, oder zu handeln ohne Ziel. *Josef Schmidt*

Was Sie nicht tun sollten: schwatzen, plaudern, diskutieren, schwafeln, tratschen, predigen, jammern, hinterfragen, quatschen, deklarieren, zerreden, breittreten, seufzen, zetern, tuscheln, quasseln, palavern, monieren, schreien, bedenken. Richtig wäre: Handeln! *Gerhard Reichel*

Der eine wartet, bis die Zeit sich wandelt, der andere packt sie kräftig an und handelt. *Dante Alighieri*

Die meisten Menschen wenden mehr Kraft an, um die Probleme herumzureden, statt sie anzupacken. *Henry Ford*

➪ **Entscheiden, Entschlossenheit, Entschluß, Tat**

Handkuß

Ich hatte schon immer den Verdacht, daß der Handkuß zu einer Zeit des extremen Serviettenmangels erfunden wurde. *Alexander Roda Roda*

Ich bin für die Beibehaltung des Handkusses. Irgendwo muß man ja schließlich anfangen. *Sacha Guitry*

Handschrift

Die Handschrift verrät den Menschen, weil sie aus dem Gehirn kommt. Die menschliche Schrift ist Gehirnschrift. Die eigentlichen Impulse gibt das Gehirn und nicht die Hand. *Monika Luchterhand*

Handwerker

Den schlechten Handwerker erkennt man daran, daß er kommt. *Alberto Sordi*

Lieber ein großer Könner und geachteter Handwerker oder ein kluger und erfolgreicher Bankspezialist, als ein unbeachteter Akademiker, dem alle Trauben zu hoch hängen, der studiert hat, um ein Kümmerling zu bleiben. *Hans Baumann, DIE WELT, 08. 10. 1994*

Harmonie

Die doppelte Wettbewerbsfähigkeit eines Managers besteht in der Wahrung von Harmonie zwischen der Routine des Alltags und seinen strategischen Entscheidungen. *Matthias Scharlach*

Haß

Wenn der Haß feige wird, geht er maskiert in Gesellschaft und nennt sich Gerechtigkeit. *Arthur Schnitzler*

Weniges auf dieser Welt verbindet so stark wie gemeinsame Abneigung gegen einen Dritten. *Rene Clair*

Mögen sie hassen, wenn sie nur fürchten. (Oderint, dum metuant.) *Accius*

Haß: ein angemessenes Gefühl angesichts der Überlegenheit eines anderen. *Ambrose Bierce*

Haß muß produktiv machen, sonst ist es gescheiter, zu lieben. *Karl Kraus*

Überlasse das Hassen denen, die zu schwach sind, um lieben zu können. *Michel del Castillo*

Haß ist die Rache des Feiglings dafür, daß er eingeschüchtert wurde. *George Bernard Shaw*

Haß ist stets Selbsthaß. Man haßt seine Ohnmacht. *Walter Hilsbecher*

Haß ist Achtung vor der Macht des Gehaßten. *Hans Kudszus*

Hausarbeit

Hausarbeit ist etwas, was man tut, ohne daß es einer merkt, bis man es nicht mehr tut. *Unbekannt*

Hausarbeit ist eine Beschäftigung, der du dich hingibst, ohne daß es einer merkt. *Unbekannt*

Hausarzt

Ein Hausarzt ist der einzige im Bekanntenkreis, der kein todsicheres Mittel gegen den Schnupfen weiß. *Unbekannt*

➪ **Arzt**

Heimat

Die Heimat ist nie schöner, als wenn man in der Fremde von ihr spricht. *Horst Wolfram Geißler*

Es hat auch der Verdienstvollste der Heimat mehr zu danken als diese ihm. *Jacob Burckhardt*

Heimat ist nicht dort, wo man wohnt, sondern wo man liebt und geliebt wird. *Karlheinz Deschner*

Der ist in tiefster Seele treu, wer die Heimat liebt wie du. *Theodor Fontane*

Nicht da ist man daheim, wo man seinen Wohnsitz hat, sondern wo man verstanden wird. *Christian Morgenstern*

Heirat

Heirat ist der Höchstpreis, den man für eine Frau bezahlen muß. *Esther Vilar*

Glücklich verheiratet kann man nur dann sein, wenn man getrennt voneinander lebt. *Shirley MacLaine*

Wenn ein Mann sich zum Heiraten entschließt, ist das vielleicht der letzte eigene Entschluß, den er fassen kann. *Kenneth Krickbaum*

Früher hat ein Mann eine Frau bekommen, die kochen konnte wie seine Mutter. Jetzt bekommt er eine Frau, die trinken kann wie sein Vater. *New York Post*

Wer in ein Grübchen verliebt ist, sollte nicht versuchen, die ganze Wange zu heiraten. *George Bernard Shaw*

Ob man heiraten soll oder nicht? Tue von beiden, was du willst, und es wird dich bestimmt gereuen. *Sokrates*

Die Heirat ist die einzige lebenslängliche Verurteilung, bei der man auf Grund schlechter Führung begnadigt werden kann. *Alfred Hitchcock*

Eine Heirat geht ja furchtbar schnell, nur die Scheidung ist immer so zeitraubend. *Brigitte Bardot*

Hochzeit ist der Austausch von Ringen an den Fingern in Erwartung von Ringen unter den Augen. *Ralph Boller*

Der Alltag
der meisten Menschen
ist stilles Heldentum
in Raten.

ANNA MAGNANI

Hochzeitsreise ist der erste Versuch, der Ehe-Realität zu entgehen. *August Strindberg*

Heiraten ist eine wunderbare Sache, solange es nicht zur Gewohnheit wird. *William Somerset Maugham*

Die Heirat ist Geiselnahme unter Mitwirkung des Staates. *Helen Bells*

Heiraten heißt Nachtigallen zu Hausvögeln machen. *Christian Dietrich Grabbe*

Heiraten heißt seine Rechte halbieren und seine Pflichten verdoppeln. *Arthur Schopenhauer*

➪ **Ehe, Flitterwochen, Jungfrau, Junggeselle**

Heiterkeit

Der Heiterkeit sollen wir, wenn immer sie sich einstellt, Tür und Tor öffnen; denn sie kommt nie zur unrechten Zeit. *Arthur Schopenhauer*

Heiterkeit ist immer das Anzeichen der Freiheit. *Friedrich Georg Jünger*

Heldentum

Der Alltag der meisten Menschen ist stilles Heldentum in Raten. *Anna Magnani*

Das Bild vom furchtlosen Helden täuscht. Er ist ein Fantasieprodukt. Ein Held, der keine Angst hat, braucht keinen Mut. *Reinhold Messner*

Historiker wissen, wie viele Heldentaten auf einen Mangel an Alternativen zurückzuführen sind. *Robert Lembke*

Welch ein tragischer Irrtum, für eine Sache zu sterben, statt für sie zu leben! *Karl Heinrich Waggerl*

Auch der stärkste Mann schaut einmal unters Bett. *Erich Kästner*

Ein Held ist einer, der fünf Minuten länger tapfer ist als der gewöhnliche Mann. *Ralph Waldo Emerson*

Unglücklich das Land, das Helden nötig hat! *Bertolt Brecht*

Ein Held ist ein Mensch, der sein Leben dafür opfert, daß der Lehrer an seinem Beispiel die Kinder zur Folgsamkeit erzieht. *Gabriel Laub*

Pflichterfüllung ist tägliches Heldentum ohne Ordensverleihung. *Werner Krauß*

Die wahren Helden der Geschichte sind nicht die großen Eroberer gewesen, sondern jene, die im Kampf gegen das Unrecht führten. *Martin Andersen-Nexo*

➪ **Mut, Tapferkeit**

Hellseher

Ein Hellseher ist eine Person - meist weiblichen Geschlechts -, die zu sehen vermag, was ihrem Kunden verborgen bleibt: daß er ein Schwachkopf ist. *Ambrose Bierce*

Hellseherei ist eine Art von Schwarzseherei. *Stanislaw Jerzy Lec*

➪ **Prognose, Horoskop, Wahrsagen, Demoskopie**

Herrenabend

Ein Herrenabend ist ein Beisammensein, bei dem man sich nicht wie ein Herr benehmen muß. *Unbekannt*

Herz

Das Herz ist eine Pumpe, die man sich neuerdings pumpen kann. *Unbekannt*

Der Verstand kann uns sagen, was wir unterlassen sollen. Aber das Herz kann uns sagen, was wir tun müssen. *Joseph Joubert*

Wenn bei einem Menschen das Herz einmal hart ist, so ist es aus. Was er auch sonst Gutes hat, man kann nicht mehr auf ihn zählen. *Johann Heinrich Pestalozzi*

Das Herz ist die schwache Seite des Kopfes. *Aus den "Fliegenden Blättern"*

➪ **Gefühl**

Herzensbrecher

Ein Herzensbrecher ist ein Mann, der hauptsächlich Herzen bricht, die schon einen Sprung haben. *Unbekannt*

➪ **Casanova, Macho**

Hessen

Die Hessen glauben, wo geschlagen wird, müssen sie dabei sein. Das ist ihr Charakter aus dem tiefsten Altertum. *J. G. Seume*

Heuchler

Ein Heuchler ist ein Mann, der ein atheistisches Buch schreibt und dann betet, daß es sich gut verkaufen möge. *Unbekannt*

Die Welt ist voll von Leuten, die Wasser predigen und Wein trinken. *Giovanni Guareschi*

Heuchelei ist das schwierigste und anstrengendste aller Laster. Man kann ihr, wie dem Ehebruch oder der Freßsucht, nicht nur gelegentlich frönen, es ist eine Aufgabe rund um die Uhr. *William Somerset Maugham*

Hierarchie

Der Gegensatz zur Hierarchie ist nicht das Chaos, sondern die Autonomie. *Hans A. Pestalozzi*

In hierarchischen Strukturen kommt das Gute nie von oben. Obenauf schwimmt der Abschaum. Das Wertvolle ist der Bodensatz. *Hans A. Pestalozzi*

➪ **Führung, Management, Vorgesetzte**

Highlife

Highlife ist Vortäuschung von Lebenskunst mittels Geld. *Oliver Hassencamp*

➪ **Lebenskünstler, Jet-Set**

Hilfe

Die großen Flüsse brauchen die kleinen Wässer. *Albert Schweitzer*

Wir müssen lernen, daß sich der Wert eines Menschen nicht an seinem Bankkonto oder der Länge seines Wagens messen läßt, sondern allein an seinem Einsatz für andere Menschen. *Martin Luther King*

Du verlierst nichts, wenn du mit deiner Kerze die eines anderen entzündest. *Dänisches Sprichwort*

Es gibt keinen wirklichen Erfolg ohne eine auf das Gemeinschaftswohl gerichtete Gesinnung. *Emil Oesch*

Erfolg haben heißt: Geben, immer wieder geben; man kann nicht verhindern, daß es wieder zurückkommt. *Gottlieb Duttweiler*

Nur derjenige hat den rechten Vorteil im Auge, der auch den Vorteil des anderen mit bedenkt. *Chinesisches Sprichwort*

Gott will nicht, daß du ihn für den Nächsten um Hilfe anflehst, sondern daß du hingehst und hilfst. *Karl Heinrich Waggerl*

Es ist eine der sonderbarsten Belohnungen im Leben, daß kein Mensch aufrichtig versuchen kann, einem anderen Menschen zu helfen, ohne sich selbst dabei etwas Gutes zu tun. *Ralph Waldo Emerson*

➪ **Nutzen bieten, Subventionen**

Himmel

Im Himmel gibt es nur Clowns: Profis und Amateure, lauter Leute, die ihre Mitmenschen zum Lachen gebracht haben. *Charlie Rivel*

Wer gegen den Himmel spuckt, spuckt sich selber ins Gesicht. *Unbekannt*

Es ist noch kein Meister vom Himmel gefallen, sagte der Pilot, als sein Fallschirm versagte. *Harald R. Sattler*

Der Himmel ist ein Ort, wo einen die Bösen nicht mehr mit ihren eigenen Angelegenheiten belästigen und die Guten einem zuhören, wenn man die eigenen darlegt. *Ambrose Bierce*

Unternimm nie etwas, wozu du nicht das Herz hast, dir den Segen des Himmels zu erbitten. *Georg Christoph Lichtenberg*

➪ **Erde, Gott, Hölle, Paradies**

Hindernis

Hindernisse überwinden ist der Vollgenuß des Daseins. *Arthur Schopenhauer*

Was uns den Weg verlegt, bringt uns voran. *Albert Camus*

Für mich ist jeder Schritt ein Schritt zum Ziel, das gilt auch für die Rückschritte. *Ernst Jünger*

➪ **Schwierigkeiten, Niederlage, Fehler**

Hinterbänkler

Hinterbänkler sind Infanteristen der Politik. *Denis Healey*

Historie

Die Wahrscheinlichkeit, auf Menschen jenseits von Gut und Böse zu stoßen, drastischer gesagt: auf Charakterschweine, ist in keiner Menschengruppe so hoch wie bei den Großen der Weltgeschichte. *Wolf Schneider*

Moderne Geschichte sollte man nur mit dem Bleistift schreiben. *Golda Meir*

Die Geschichte ist aus den schlechten Handlungen außerordentlicher Menschen zusammengesetzt. *Thomas B. Macaulay*

Die Geschichte der Menschheit ist die Geschichte der menschlichen Visionen. *Hans Kasper*

Die Geschichte ist kein Mantel, den ein Volk ausziehen und in die Garderobe hängen kann. *Golo Mann*

Jede Epoche sucht sich in der Rumpelkammer der Geschichte die zu ihr passenden Requisiten aus. *Henry de Montherlant*

Nicht nur Barbaren sind geschichtslos. Ein Merkmal der Barbarei ist der völlige Mangel an geschichtlichem Bewußtsein. Alles menschliche Handeln hat eine geschichtliche Dimension; wer glaubt, diese ignorieren zu können, denkt barbarisch. Eine demoskopische Befragung nach dem geschichtlichen Bewußtsein der heutigen Erdmenschheit würde einen erstaunlich hohen Koeffizienten an Barbarei offenbaren. *Fred 0. Immergrün*

Unsere geschichtliche Schau gleicht dem Gesichtsfeld, wie es etwa ein Pferd zwischen seinen Scheuklappen oder ein U-Boot-Kommandant beim Blick durch sein Periskop vor sich hat. *Arnold J. Toynbee*

Die Geschichte ist ein Drehbuch von miserabler Qualität. *Norman Mailer*

Ein Volk, das aus seiner Geschichte nicht lernt, ist dazu verurteilt, sie zu wiederholen. *Francisco Franco*

Die Tinte, mit der Geschichte geschrieben wird, ist meistens flüssiges Vorurteil. *Mark Twain*

Geschichte handelt fast nur von schlechten Menschen, die später gutgesprochen worden sind. *Friedrich Nietzsche*

Wenn man die Berichte zweier Augenzeugen über einen Autozusammenstoß mit angehört hat, dann kommen einem allerlei sorgenvolle Gedanken über die Geschichtsbücher. *Unbekannt*

Die Geschichte wiederholt sich, und jedesmal kostet es mehr. *Haldor Laxness*

Geschichtsschreibung ist nichts anderes als die Unfallchronik der Menschheit. *Talleyrand*

Geschichte muß immer wieder neu geschrieben werden, nicht weil neue historische Tatsachen bekannt werden, sondern weil sich der Standpunkt der Betrachter ändert. *Arnold J. Toynbee*

Die Geschichte ist ein Gewebe von Gemeinheiten und Grausamkeiten, in dem von Zeit zu Zeit einige seltene Tropfen Reinheit aufglänzen. Daß dem so ist, rührt zum ersten daher, daß es nur wenig Reinheit unter den Menschen gibt, ferner daher, daß der größte Teil dieses Wenigen verborgen geblieben ist. *Simone Weil*

Geschichte: ein Versteckspiel unbelehrter Kinder zwischen Gräbern. *Ernst Wilhelm Eschmann*

Der Mensch muß einen Konstruktionsfehler haben, denn seine Geschichte ist die Geschichte der Greuel und des Irrsinns. *Arthur Koestler*

Als Vertreter von Ideen hört der Mensch nicht auf, Sklave seiner menschlichen Eigenschaften zu sein: Die Geschichte wimmelt von Revolutionären, die nur um ihres eigenen Ehrgeizes willen, Maß und Ziel verloren haben. *Milovan Djilas*

Die Geschichte ist meistens die Schande des Menschengeschlechtes. *Johann Gottfried Seume*

Exakte Wiederholung in der Geschichte gibt es nicht. Die Historie ist kein Original mit mehreren Durchschlägen. *Pierre Gaxotte*

Historiker

Historiker sind Anwälte, die erst plädieren, wenn ihr Klient gestorben ist. *Harold Macmillan*

Der Unterschied zwischen Gott und den Historikern besteht hauptsächlich darin, daß Gott die Vergangenheit nicht ändern kann. *Samuel Butler*

Hobby

Der Hobbyraum ist vielleicht die letzte Bastion auf dem Rückzug der Männer. *Gilbert von Monbart*

Hobbies sind Steckenpferde, die den Reitern die Sporen geben. *Heinz Rühmann*

Die Karriere geht über das Steckenpferd des Vorgesetzten. *Rumänisches Sprichwort*

Willst du jemanden für dich gewinnen, so streichle nur sein Steckenpferd tüchtig. *Sprichwort*

Hobby ist die Arbeit, die man Ausbeutung nennen würde, wäre man nicht sein eigener Arbeitgeber. *Unbekannt*

Ein Hobby ist harte Arbeit, die niemand täte, wenn sie sein Beruf wäre. *Günther Schramm*

➪ **Steckenpferd, Freizeit**

Hochmut

Kaum hat der Esel ein paar Streifen, schon nennt er sich Zebra. *Werner Mitsch*

Manche Menschen wollen immer glänzen, obwohl sie keinen Schimmer haben. *Heinz Erhardt*

Wenn alle erste Violine spielen wollten, würden wir kein Orchester zusammenbekommen.
Robert Schumann

Manche Hähne glauben, daß die Sonne ihretwegen aufgeht. *Theodor Fontane*

Herrenmenschen sind in der Regel weder Herren noch Menschen. *Werner Mitsch*

➪ **Arroganz, Dünkel, Stolz, Überheblichkeit**

Hochzeit

Hochzeit ist der Austausch von Ringen an den Fingern in Erwartung von Ringen unter den Augen.
Ralph Boller

Hochzeitsreise ist der erste Versuch, der Ehe-Realität zu entgehen. *August Strindberg*

Heiraten ist eine wunderbare Sache, solange es nicht zur Gewohnheit wird. *William Somerset Maugham*

Die Heirat ist Geiselnahme unter Mitwirkung des Staates. *Helen Bells*

Heiraten heißt Nachtigallen zu Hausvögeln machen.
Christian Dietrich Grabbe

Heiraten heißt seine Rechte halbieren und seine Pflichten verdoppeln. *Arthur Schopenhauer*

Heirat ist der Höchstpreis, den man für eine Frau bezahlen muß. *Esther Vilar*

Glücklich verheiratet kann man nur dann sein, wenn man getrennt voneinander lebt. *Shirley MacLaine*

Wenn ein Mann sich zum Heiraten entschließt, ist das vielleicht der letzte eigene Entschluß, den er fassen kann. *Kenneth Krickbaum*

Früher hat ein Mann eine Frau bekommen, die kochen konnte wie seine Mutter. Jetzt bekommt er eine Frau, die trinken kann wie sein Vater. *New York Post*

Wer in ein Grübchen verliebt ist, sollte nicht versuchen, die ganze Wange zu heiraten.
George Bernard Shaw

Ob man heiraten soll oder nicht? Tue von beiden, was du willst, und es wird dich bestimmt gereuen. *Sokrates*

Die Heirat ist die einzige lebenslängliche Verurteilung, bei der man auf Grund schlechter Führung begnadigt werden kann. *Alfred Hitchcock*

Eine Heirat geht ja furchtbar schnell, nur die Scheidung ist immer so zeitraubend. *Brigitte Bardot*

➪ **Heirat, Ehe**

Hoffnung

Die Kürze des Lebens verbietet uns, lange Hoffnungen zu haben. *Horaz*

Die Hoffnung ist der Zehrpfennig des Lebens.
Französisches Sprichwort

Wer heut noch hoffen macht, der lügt! Doch wer die Hoffnung tötet, ist ein Schweinehund. *Wolf Biermann*

Der Himmel hat den Menschen als Gegengewicht zu den vielen Mühseligkeiten des Lebens drei Dinge gegeben: die Hoffnung, den Schlaf und das Lachen.
Immanuel Kant

Der Himmel gehört allen. Die Erde wenigen.
Klaus Staeck

Es kommt darauf an, das Hoffen zu lernen.
Ernst Bloch

Das "wenn" ist das lenkbarste Reittier der Hoffnung.
Balzac

Man darf das Schiff nicht an einen einzigen Anker und das Leben nicht an eine einzige Hoffnung binden.
Epiktet

Ein Übermaß an Hoffnung ist nicht ungefährlich. Es wirkt wie örtliche Betäubung auf die Tatkraft.
Thornton Wilder

Hoffe nicht ohne Zweifel und zweifle nicht ohne Hoffnung. *Luc. Annäus Seneca*

Die größten Menschen sind diejenigen, die anderen Hoffnung geben können. *Jean Jaures*

Gib leere Hoffnungen auf und komm, solange du es noch kannst, dir selber zu Hilfe, wenn du dich selbst einigermaßen lieb hast. *Marc Aurel*

Hoffnung ist ein viel größeres Stimulans des Lebens als irgendein Glück. *Friedrich Wilhelm Nietzsche*

Hoffnung ist die zweite Seele der Unglücklichen.
Johann Wolfgang von Goethe

➪ **Vision, Ziel**

Höflichkeit

Früher brauchte man nur ein Taschentuch fallen zu lassen, und schon stürzten die Männer herbei. Heute könnte man einen Büstenhalter verlieren, und keiner rührt einen Finger. *Helen Vita*

Höflichkeit ist ein Kapital, das nicht den reicher macht, der es empfängt, sondern den, der es ausgibt. *Iranisches Sprichwort*

Höflichkeit ist das Bestreben, anderen gefallen zu wollen. *Charles de Montesquieu*

Höflichkeit ist eine Art des Benehmens, die man oft irrtümlich für gute Umgangsformen hält. *Harry Ruby*

Höflichkeit ist ein Luftkissen; es mag wohl nichts drin sein, aber es mildert die Stöße deines Lebens. *Arthur Schopenhauer*

Höflichkeit ist die Kunst, unter seinen wahren Gedanken zu wählen. *Madame de Stael*

Höflichkeit ist eine lobenswerte Eigenschaft, die nichts kostet höchstens einmal den Sitzplatz in einer überfüllten Straßenbahn. *Carl Zuckmayer*

"Höflichkeit", sagte die Verkäuferin zur Kundin, "das ist ein Luxus, den ich mir bei meinem Gehalt nicht leisten kann." *Unbekannt*

Höflichkeit ist die annehmbarste Form der Heuchelei. *Ambrose Bierce*

Höflichkeit ist der Versuch, Menschenkenntnis durch gute Manieren zu mildern. *Jean Gabin*

Höflichkeit ist der Versuch, die anderen so zu sehen, wie sie nicht sind. *Victor de Kowa*

Höflichkeit ist ein Minimum von Unaufrichtigkeit, das von jedem verlangt werden kann. *Hans Krailsheimer*

Die wahre Höflichkeit besteht darin, daß man einander mit Wohlwollen entgegenkommt. Sobald es uns an diesem nicht gebricht, tritt sie ohne Mühe hervor. *Jean Jacques Rousseau*

Höflichkeit ist Klugheit; folglich ist Unhöflichkeit Dummheit. *Arthur Schopenhauer*

Nichts bekommt einem großen Menschen besser als Höflichkeit und Duldsamkeit. *Marcus Tullius Cicero*

Höflichkeit ist der dritte Arm, der uns erlaubt, Zudringliche auf Distanz zu halten. *Walter Kiaulehn*

➪ **Anständigkeit, Anstand**

Hölle

Ohne Kirche - keine Hölle. *Unbekannt*

Die Hölle - das sind wir selbst. *Thomas Stearns Eliot*

Wer den Menschen die Hölle auf Erden bereiten will, braucht ihnen nur alles zu erlauben. *Graham Greene*

Arbeit ist schwer, ist oft genug ein freudloses und mühseliges Stochern. Aber nicht arbeiten - das ist die Hölle. *Thomas Mann*

Urlaub ohne Unterlaß wäre ein gutes Training für den Aufenthalt in der Hölle. *George Bernard Shaw*

Wir machen uns diese Welt zur Hölle, und jeder von uns ist sein eigener Teufel. *Oscar Wilde*

Die Hölle ist ein Ort, wo die Franzosen die Mechaniker, die Engländer die Köche, die Deutschen Polizisten, die Russen die Historiker und die Amerikaner die Liebhaber sind. *"Herald Tribune"*

Die Hölle ist ein Ort, an dem die Engländer kochen, die Italiener Lastwagen bewachen und die Deutschen Fernsehunterhaltung machen. *Robert Lembke*

Hölle ist eine Welt, in der nie verziehen wird. *Milan Kundera*

Die Hölle ist ein Ort, wo Frauen ohne Spiegel, Männer ohne Selbstachtung und Uhren ohne Zeiger auskommen. *Jean-Paul Sartre*

Die Hölle, das sind die anderen. *Jean-Paul Sartre*

➪ **Himmel**

Hollywood

Hollywood ist der einzige Ort, an dem man einen Ehemann schon nach fünf Minuten um die Hand seiner Frau bitten darf, ohne daß man deshalb für ungeduldig gehalten wird. *Steve McQueen*

Eine Hollywood-Diva ist eine Dame, die Trauringe mit Mengenrabatt kauft. *Steve Webster*

Eine Hollywood-Schauspielerin ist eine Dame, die nicht gern zweimal mit dem gleichen Ehemann gesehen werden will. *Unbekannt*

Horizont

Wir alle leben unter dem gleichen Himmel, aber wir haben nicht alle den gleichen Horizont. *Konrad Adenauer*

Horoskop

Horoskope sind Religionsersatz, denn wer Religion hat, dem sind die Sterne schnuppe.
Sigismund von Radecki

Ich halte sehr viel von Horoskopen - wenn sie gut sind.
Helmut Schmidt

➪ **Astrologie, Wahrsagen, Hellseher**

Humanität

Eine weise Humanität erwächst nur aus der Besinnung darauf, daß selbst die größten Gruppen aus einzelnen bestehen, daß der einzelne glücklich oder traurig sein kann und daß jedes leidende Individuum ein Zeuge für das Versagen menschlicher Weisheit und allgemeiner Menschlichkeit ist. *Bertrand Russell*

Besinn dich auf deine Humanität, und vergiß alles übrige. Wenn dir dies gelingt, so steht der Weg zu einem neuen Paradies offen, andernfalls steht bloß ein allgemeines Sterben bevor. *Bertrand Russell*

Humanität besteht darin, daß niemals ein Mensch einem Zweck geopfert wird. *Albert Schweitzer*

Das Fundament des Rechts ist die Humanität.
Albert Schweitzer

Human Ressources

Human Ressources ist mehr als ein Schlagwort. Es ist die originäre Quelle des Erfolges eines Unternehmens. Längst ist erkannt, daß es gerade dort zu investieren gilt, wenn Rendite winken soll. Das Schlagwort von der lernenden Organisation beginnt sich langsam mit Leben zu füllen.
Hans Baumann, DIE WELT, 08. 10. 1994

Humor

Humor ist nicht erlernbar. Neben Geist und Witz setzt er vor allem ein großes Maß an Herzensgüte voraus, an Geduld, Nachsicht und Menschenliebe. *Curt Goetz*

Humor unterscheidet sich vom Witz wie sich Lächeln vom Gelächter unterscheidet. *Paul Alverdes*

Wer sich nicht selbst zum besten haben kann, der ist gewiß nicht von den Besten. *Joh. Wolfgang von Goethe*

Ein ernster Mensch sein und keinen Humor haben, das ist zweierlei. *Arthur Schopenhauer*

Ich entdecke die deutsche Humorlosigkeit in fast allem, was bei uns öffentlich passiert, manchmal sogar bei mir selbst. *Heinrich Böll*

Gott erhalte uns den nötigen Humor, uns im Alter selbst zu ertragen! *Ruth Knebel*

Humor ist überwundenes Leiden an der Welt.
Jean Paul

Wenn du deinen Sinn für Humor verlierst, such dir einen Job als Fahrstuhlführer, denn dein Leben wird sowieso nur ein ständiges Auf und Ab sein.
Napoleon Hill

An dem Punkt, wo der Spaß aufhört, beginnt der Humor. *Werner Finck*

Die schwierigste Turnübung ist immer noch, sich selbst auf den Arm zu nehmen. *Werner Finck*

Humor ist die Lust zu lachen, wenn einem zum Heulen ist. *Werner Finck*

Humor ist der Versuch, sich selbst nicht ununterbrochen wichtig zu nehmen. *Ernst Kreuder*

Seit die Menschheit existiert, hat man versucht zu definieren, was Humor ist. Es ist nicht gelungen.
Ephraim Kishon

Die Phantasie tröstet die Menschen über das hinweg, was sie nicht sein können, und der Humor über das, was sie tatsächlich sind. *Albert Camus*

Gibt es schließlich eine bessere Form, mit dem Leben fertig zu werden, als mit Liebe und Humor?
Charles Dickens

Mit dem Humor ist es wie mit den Austern: Eine Perle setzt eine kleine Wunde voraus. *William Saroyan*

Der Humor ist eine Eigenschaft des Herzens - wie die Liebe. Es gibt Menschen, die nicht lieben können; wahrscheinlich sind es dieselben, die keinen Humor haben. *Rudolf G. Binding*

Es ist ein Irrtum der Häupter der Literaturkritik, wenn sie annehmen, Satire sei schwer, Humor dagegen leicht. Literaten glauben, wenn man jemanden zum Lachen bringt, ist es nichts Ernstes. Deshalb gibt man Humoristen auch keinen Nobelpreis. *Ephraim Kishon*

Einzig der Humor - vielleicht die eigenste und genialste Leistung des Menschentums - überzieht und vereinigt alle Bezirke des Menschenlebens mit den Strahlen seiner Prismen. *Hermann Hesse*

Der wirkliche Humor, der menschliche, ist etwas, was nur bei tiefernsten Menschen vorkommt, bei weisen, völlig unfanatischen Menschen. *Carl J. Burckhardt*

Humor ist die Fähigkeit, heiter zu bleiben, wenn es ernst wird. *Ernst Penzoldt*

Humor ist der Knopf, der verhindert, daß uns der Kragen platzt. *Joachim Ringelnatz*

Der noble Humor grinst nicht, sondern lächelt. *Carlo Schmid*

Wer sich mit Humor wappnet, ist praktisch unverwundbar. *Ernst Penzoldt*

Humor ist keine Gabe des Geistes - eine Gabe des Herzens. *Ludwig Börne*

Humor ist die Fähigkeit, über Dinge zu lachen, die man haben sollte, aber nicht hat. *Langston Hughes*

Humor ist das Einzige, was man in Deutschland nicht ernst nimmt. *Lilli Palmer*

Humor ist eines der besten Kleidungsstücke, die man in der Gesellschaft tragen kann. *William Makepeace Thackeray*

Humor ist ein Element, das dem deutschen Menschen abhanden gekommen ist. *Kurt Tucholsky*

Es ist schlimm, in einem Lande zu leben, in dem es keinen Humor gibt. Aber noch schlimmer ist es, in einem Lande zu leben, in dem man Humor braucht. *Bertolt Brecht*

➪ **Geist, Witz, Lachen**

Hund

Ein Hund ist der einzige Freund, den man sich für Geld kaufen kann. *Fitz Herdi*

Der eigene Hund macht keinen Lärm - er bellt nur. *Kurt Tucholsky*

Nach manchem Gespräch mit einem Menschen hat man das Verlangen, einen Hund zu streicheln, einem Affen zuzunicken oder vor einem Elefanten den Hut zu ziehen. *Maxim Gorki*

Viele, die ihr ganzes Leben auf die Liebe verwendeten, können uns weniger über sie sagen als ein Kind, das gestern seinen Hund verloren hat. *Thornton Wilder*

Ein alter Hund gewöhnt sich schwer ans Halsband. *Spruch aus Italien*

Mit einem kurzen Schweifwedeln kann ein Hund mehr Gefühl ausdrücken als mancher Mensch mit stundenlangem Gerede. *Louis Armstrong*

Der Hund, dem man einen Maulkorb umhängt, bellt mit dem Hintern. *Heinrich Heine*

Der Hund sagt: Wer vor den Großen wohl kriecht und gegen die Kleinen laut bellt, der kommt gewiß zu seinem Recht. *Heinrich Pestalozzi*

Ein Hund braucht eine gewisse Anzahl Flöhe, damit sein Temperament erhalten bleibt. *Unbekannt*

Hunde und Heuchler prüfen die Natur von hinten. *Unbekannt*

Woran sollte man sich von der endlosen Verstellung, Falschheit und Heimtücke der Menschen erholen, wenn die Hunde nicht wären, in deren ehrliches Gesicht man ohne Mißtrauen schauen kann? *Arthur Schopenhauer*

Ich verabscheue Leute, die Hunde halten. Es sind Feiglinge, die nicht genug Schneid haben, selbst zu beißen. *August Strindberg*

Wenn ein Hund dabei ist, werden die Menschen gleich menschlicher. *Hubert Ries*

Ein Hund ist ein von Flöhen bewohnter Organismus, der bellt. *Gottfried Wilhelm Freiherr von Leibnitz*

Hunger

Gib einem Hungernden einen Fisch und er wird einen Tag satt; gib ihm eine Angel und er wird ein Leben lang satt. *Chin. Sprichwort*

Es ist schwer, seinen Appetit zu befriedigen, indem man Bilder von Kuchen malt. *Chin. Sprichwort*

Wo der Hunger anfängt, hört der Verstand auf. *Theodor Eschenburg*

Wie sollte ich vor den Millionen, die keine zwei Mahlzeiten am Tage haben, über Gott sprechen? Ihnen kann Gott nur als Brot und Butter erscheinen. *Mahatma Gandhi*

Es steht mehr Geld zur Verfügung, um zu erforschen, wie sich Weltraumfahrer ernähren sollen, als für die Erforschung der Frage, wie sich fast zwei Milliarden hungriger Erdenbewohner am Leben halten können. *Robert Jungk*

Es gibt kein schöneres Gefühl als den Hunger, kurz bevor man zur Speisekarte greift. *Peter Ustinov*

Der Hunger der Menschen in verschiedenen Teilen der Welt rührt daher, daß viele von uns viel mehr nehmen, als sie brauchen. *Mahatma Gandhi*

Der Speisen Würze ist Hunger. (Cibi condimentum fames est.) *Cicero*

Der Satte glaubt dem Hungrigen nie. *Pers. Sprichwort*

Hunger ist nicht nur der beste Koch, sondern auch der beste Arzt. *Peter Altenberg*

➪ **Appetit, Essen, Nahrung, Kochen**

Hypochonder

Ein Hypochonder ist ein Mensch, der sich nicht wohlfühlt, wenn er sich wohlfühlt. *Unbekannt*

Hypothese

Hypothesen sind Wiegenlieder, womit der Lehrer seine Schüler einlullt. *Johann Wolfgang von Goethe,*

Gerüste, die man vor dem Gebäude aufführt und die man abträgt, wenn das Gebäude fertig ist. Sie sind dem Arbeiter unentbehrlich; nur muß er das Gerüst nicht für das Gebäude ansehen.

Johann Wolfgang von Goethe

I

Ideale

Idealismus ist die Fähigkeit, die Menschen so zu sehen, wie sie sein könnten, wenn sie nicht so wären, wie sie sind. *Curt Goetz*

Extreme Idealisten sind immer Feiglinge; sie nehmen vor der Wirklichkeit Reißaus. *Jakob Boßhart*

Ideale sind wie Sterne. Man kann sie nicht erreichen, aber man kann sich nach ihnen orientieren. *Unbekannt, Carl Schurz*

Diejenigen, die eine ganze Generation opfern, um ihr Ideal zu erreichen, sind Feinde der ganzen Menschheit. *Eric Hoffer*

Wer ein Ideal verwirklicht hat, ist um ein Ideal ärmer geworden. *Stanley Baldwin*

Auch unsere Ideale bekommen im Laufe der Zeit Runzeln, Krähenfüße und sehr viele Narben. *Andre Maurois*

Idealisten werden manchmal sehr böse, wenn die Wirklichkeit sie widerlegt. *Jean-Louis Barrault*

Ideale sind das Schönste und Größte und Wertvollste im Leben - außer wenn wir versuchen, danach zu leben. *Charlie Chaplin*

Die großen Ideale der Vergangenheit haben sich nicht überlebt; sie wurden nicht genug gelebt. Keineswegs wurde das christliche Ideal erprobt und als unzulänglich erkannt; man fand es schwierig und ließ es unerprobt. *Gilbert K. Chesterton*

Alles Leben, zumindest alles menschliche, ist unmöglich ohne Ideal, oder, anders gesagt, das Ideal ist ein organischer Bestandteil des Lebens. *Jose Ortega y Gasset*

Die Ideale sind das, was unsere vitalen Geisteskräfte anregt, biologische Sprungfedern, Zündstoff für explosive Energieentladungen. *Jose Ortega y Gasset*

Ein Idealist ist ein Mann, der aus der Tatsache, daß die Rose besser riecht als der Kohl, daraus schließt, eine Suppe aus Rosen müsse auch besser schmecken. *Ernest Hemingway*

Ideale haben merkwürdige Wirkungen, unter anderem die, daß sie sich in ihr Gegenteil verkehren, wenn man sie verwirklicht. *Robert Muriel*

Ideale sind himmlische Meßlatten für irdische Zustände. *Ron Kritzfeld*

Idealismus ist die Fähigkeit, die Menschen so zu sehen, wie sie sein könnten, wenn sie nicht so wären, wie sie sind. *Curt Goetz*

Idealismus ist ein prächtige Toga, die die Politiker um ihren Willen zur Macht drapieren. *Aldous Huxley*

Unsere Menschheit ist gar nicht so materialistisch, wie es in törichtem Gerede immerfort behauptet wird. Nach dem, wie ich die Menschen kennengelernt habe, steht mir fest, daß unter ihnen viel mehr ideales Wollen vorhanden ist, als zum Vorschein kommt. *Albert Schweitzer*

Idealisten sind Menschen, die so tun, als könnte man Ideale verwirklichen. *William Faulkner*

Der Idealismus wächst mit der Entfernung zum Problem. *John Galsworthy*

➪ **Vision, Einbildungskraft, Utopie**

Ideen

Ideen sind keine Schmetterlinge, sie sind Fazit einer Schwerarbeit. *Rudolf Rolfs*

Es kommt darauf an, immer ein bißchen mehr Ideen zu haben, als man braucht. *Matthias Scharlach*

Eine ungefährliche Idee ist nicht wert, eine Idee genannt zu werden. *Oscar Wilde*

Tritt eine Idee in einen hohlen Kopf, so füllt sie ihn völlig aus, weil keine andere da ist, die ihr den Rang streitig machen könnte. *Montesquieu*

Wo die Ideen aufhören, beginnt die Hektik. *Matthias Scharlach*

Die Ideen sind nicht verantwortlich für das, was die Menschen aus ihnen machen. *Werner Heisenberg*

Eine gute Idee ist mehr wert als das beste Formular. *Gerhard Reichel*

Komische Ideen entstehen mit gerunzelter Stirn und nach innen gedrehtem Blick. *Loriot*

Ideen haben vor allem Querdenker. *Matthias Scharlach*

An Ideen fehlt es nicht, aber an Männern, sie auszuführen! *Honore de Balzac*

Der Sinn einer Idee ist ihre Verwirklichung, und taugt die Verwirklichung nichts, war die Idee für die Katz. *Hans Kasper*

Wenn eine neue Idee geboren wird, so ist auch hier nur die Mutter sicher, nämlich der eigene Kopf. Der geistige Vater wird selten angegeben. *Gerd Uhlenbruck*

Jede neue Idee ist ein Witz und wird verlacht, bis sie Wirklichkeit geworden ist. *Robert Goddard*

Ein Mann mit einer neuen Idee gilt solange als verschroben, bis er Erfolg hat. *Mark Twain*

Alle großen Ideen scheitern an den Leuten. *Bertolt Brecht*

Mancher lehnt eine gute Idee bloß deshalb ab, weil sie nicht von ihm ist. *Luis Bunuel*

Neue Ideen begeistern jene am meisten, die auch mit den alten nichts anzufangen wußten. *Karl Heinrich Waggerl*

Ideen halten sich nicht. Es muß etwas mit ihnen getan werden. *Alfred N. Whitehead*

Man muß nicht nur mehr Ideen haben als andere, sondern auch die Fähigkeit besitzen, zu entscheiden, welche dieser Ideen gut sind. *Linus Pauling*

Ein guter Einfall ist wie ein Hahn am Morgen. Gleich krähen andere Hähne mit. *Karl Heinrich Waggerl*

Eine Idee gleicht einer Wolke, die am Horizont für immer verschwindet, wenn du sie nicht festhältst. *Gerhard Reichel*

Nichts auf der Welt ist so mächtig wie eine Idee, deren Zeit gekommen ist. *Victor Hugo*

Ich bin ein guter Schwamm, denn ich sauge Ideen auf und mache sie dann nutzbar. Die meisten meiner Ideen gehörten ursprünglich anderen Leuten, die sich nicht die Mühe gemacht haben, sie weiterzuentwickeln. *Thomas Alva Edison*

Jede neue Idee, die man vorbringt, muß auf Widerstand stoßen. Der Widerstand beweist übrigens nicht, daß die Idee richtig ist. *Andre Gide*

➪ **Einfall, Erfindung, Kreativität, Innovation**

Identität

Identität ist der Schnittpunkt zwischen dem, was eine Person sein will, und dem, was die Welt ihr zu sein gestattet *Erik Eriksen*

➪ **Originalität**

Ideologie

Das Jahrhundert der Ideologien ist nach dem Zusammenbruch des Kommunismus vorbei. *Ulrich Wickert*

Ideologien sind bewaffnete Ideen. *Ignazio Silone*

Ideologie ist Ordnung auf Kosten des Weiterdenkens. *Friedrich Dürrenmatt*

Ideologen sind scharfe Denker, die sich durch Tatsachen nicht beirren lassen. *Carlo Franchi*

Ideologie ist der Versuch, die Straßenbeschaffenheit zu ändern, indem man neue Wegweiser aufstellt. *Carlo Manzoni*

Zwischen Ideologien gibt es weder Dialog noch Kompromiß. Der Gegner wird nicht widerlegt, sondern verdammt. Wo Polarisierung herrscht, wird die Vernunft durch Gesinnung, das Argument durch Diffamierung außer Kraft gesetzt. *Georg Picht*

Ideologen sind legitime Kontrastprogramme zu verschlammten Eintopfhirnen. *Thomas Zell*

Ideologie ist Philosophie aus Fertigbauteilen. *Horst Dieter Schlosser*

Ideologie ist ein Impfstoff, der gegen das Denken immunisiert. *Ron Kritzfeld*

Ein Ideologe ist ein Mann, der anderen beim Nachdenken vordenkt. *Peter Wehle*

Ideologen sind Leute, die glauben, daß die Menschheit besser ist als der Mensch. *Italo Suevo*

Ideologien sind Monokulturen - marktbeherrschend auf Zeit, verkümmern sie mit dem ermüdenden Boden. *Hans Kasper*

Man muß öfter
von sich sagen, daß
man große Klasse ist.
Die anderen tun's
nämlich nicht.

Boy Gobert

Idiot

Idioten sind eine weise Einrichtung der Natur, die es den Dummköpfen erlaubt, sich für klug zu halten.
Orson Welles

Dummkopf: ein Idiot, der keine Karriere gemacht hat.
Gabriel Laub

Es gibt Besserwisser, die niemals begreifen, daß man recht haben und doch ein Idiot sein kann.
Martin Kessel

Der Mensch wird als Genie geboren und stirbt als Idiot. *Charles Bukowski*

Ein Idiot ist der Fahrer des Autos vor dir. *Unbekannt*

Ein Idiot ist Mitglied eines großen und mächtigen Stammes, dessen Einfluß in allen menschlichen Dingen immer beherrschend war. *Ambrose Bierce*

➪ **Dummheit, Narr**

Ignoranz

Die Menschen sind grob in drei Kategorien einzuteilen: Die wenigen, die dafür sorgen, daß etwas geschieht ... die vielen, die zuschauen, wie etwas geschieht ... und die überwältigende Mehrheit, die keine Ahnung hat, was überhaupt geschieht.
Karl Weinhofer

Ein Ignorant ist jemand, der manches nicht weiß, was dir vertraut ist, und anderes weiß, wovon du keine Ahnung hast. *Ambrose Bierce*

➪ **Unwissenheit**

Illusionen

Gib deine Illusionen nicht auf. Hast du sie verloren, dann magst du zwar noch dein Dasein fristen, aber leben im eigentlichen Sinne kannst du nicht mehr.
Mark Twain

Wer den Menschen Illusionen liefert, hat Erfolg und wird berühmt. *Gerhard Reichel*

Nichts ist trauriger als der Tod einer Illusion.
Arthur Koestler

Es ist die Stärke der Frauen, daß sie imstande sind, Illusionen für Tatsachen zu halten. *Federico Fellini*

Illusionen sind das, was ein Mann bisweilen noch vor seinen Haaren verliert. *Yul Brynner*

Es gibt keine größere Illusion als die Meinung, Sprache sei ein Mittel der Kommunikation zwischen Menschen. *Elias Canetti*

Nichts gibt man so ungern auf wie eine angenehme Selbsttäuschung. *John F. Reynolds*

Illusionen sind eine Sache, die ein Mann gleichzeitig mit seinen Haaren und Zähnen verliert. *Unbekannt*

Illusionen sind vielversprechende Kinder, die es zu nichts bringen. *Wolfram Weidner*

Sind Illusionen einmal verflogen, kommen sie nie wieder. *Giuseppe Mazzini*

Trenne dich nie von deinen Illusionen! Wenn sie verschwunden sind, wirst du weiter existieren, aber aufgehört haben zu leben. *Mark Twain*

➪ **Einbildung, Vision, Ideale**

Image

Image ist das, woran man schließlich selber glaubt.
Yul Brynner

Man muß öfter von sich sagen, daß man große Klasse ist. Die andren tun's nämlich nicht. *Boy Gobert*

Image ist eine maßgeschneiderte Zwangsjacke.
Robert Lembke

Angeblich bestimmt der Mensch sein Image. In Wirklichkeit trifft das Gegenteil zu: Die meisten Menschen werden von ihrem Image beherrscht, um nicht zu sagen tyrannisiert. *George Mikes*

Image ist ein geborgtes Gesicht. *Thornton Wilder*

Image ist ein leichtverderbliche Ware. Zum alsbaldigen Verbrauch bestimmt. *Charles Wilp*

Das Image verändert einen Menschen leichter als der Mensch sein Image. *Harold Wilkinson*

Gib dich damit zufrieden, so zu erscheinen wie du wirklich bist. *Marcus Valerius Martial*

Image ist ein Spiegelbild, das meist schöner ist als das Original. *Unbekannt*

Image ist die Kunst, jemandem ein Gesicht zu geben, der höchstens eine Visage hat. *Ralph Boller*

Image ist der Etikettenschwindel der Menschen.
Wolfgang Gruner

Image ist ein Maßanzug, den man sich nach den Maßen der öffentlich-rechtlichen Meinung anfertigen läßt. *Peter Sellers*

➪ **Ansehen, Geltung, Ruf, Ruhm**

Imagination

Um ein Geschäft erfolgreich zu führen, braucht ein Mann Imagination. Er muß die Dinge wie in einer Vision sehen, wie ein Traum des Ganzen.
Charles M. Schwab

Unsere Sehnsüchte sind unsere Möglichkeiten.
Robert B. Browning

Imagination ist mächtiger als Wissen. *Albert Einstein*

Die einzigen Begrenzungen sind - wie immer - die Grenzen Deiner Visionen. *James Broughton*

Eine Seele ohne Imagination ist wie ein Observatorium ohne Teleskop. *H. W. Beecher*

Alles, was ein Mensch sich vorstellen kann, werden andere Menschen verwirklichen können. *Jules Verne*

Fantasie ist alles. Es ist die Vorschau auf die kommenden Ereignisse des Lebens. *Albert Einstein*

Schöpfung geschieht durch Vision. Unsere Unternehmen sind menschliche Schöpfungen. Ihr Ursprung ist die Vision. Sie ist das geistige Bild, wie wir uns das Unternehmen wünschen, in dem wir leben. Wenn wir sie aus den Augen verlieren, fehlt uns die Orientierung. *Rudolf Mann*

Träume gehen in Erfüllung für den, der jede Gelegenheit beim Schopfe packt. *Malcolm Forbes*

In der Idee leben heißt, das Unmögliche behandeln, als wenn es möglich wäre. *Johann Wolfgang von Goethe*

Was also ist Charisma? Charisma hat der, der anderen hilft zu träumen (eine Vision zu haben), der sie stark fordert, der sie anleitet, neue Wege zu gehen und der ihnen hilft, persönlich zu wachsen. *Roland Henssler*

➪ **Einbildungskraft, Kreativität, Ideen, Phantasie, Vorstellung, Vision**

Improvisation

Improvisation ist die Kunst, etwas Unbeabsichtigtes gut vorzubereiten. *Willy Millowitsch*

Improvisation ist die Kunst, ohne Anlauf durch den Stegreif zu springen. *Georg Thomalla*

Indiskretion

Indiskretion ist etwas, auf das man sich nur bei den wenigsten Frauen nicht verlassen kann. *Oscar Wilde*

Indiskretionen sind die verbreitetste Form von Geheimnissen. *Wolfram Weidner*

➪ **Gerücht, Geheimnis, Diskretion**

Individualismus

Individualismus: auf das, was andere sagen, nicht hören und doch darauf antworten. *Rudolf Rolfs*

Der Individualist ist seinem Wesen nach ein Ketzer.
Jean Cocteau

Gegen den Strom der Zeit kann zwar der einzelne nicht schwimmen, aber wer Kraft hat, hält sich und läßt sich von demselben nicht mit fortreißen.
Johann Gottfried Seume

In dieser kollektivistischen Zeit so individualistisch wie möglich zu leben ist der einzig echte Luxus, den es noch gibt. *Orson Welles*

Die Einsicht muß wieder wachsen, daß Freiheit auch Verzicht bedeutet, daß es neben Selbstentfaltung und Individualismus auch Pflichten gibt, daß jeder einzelne Verantwortung übernehmen muß - und zwar freiwillig.
Ulrich Wickert

Je größer ein Staat, desto kleiner die Individuen, die ihn bilden. *Georg Kaiser*

Die Lebenskunst des Individualisten besteht darin, so viel Abstand zu halten, daß er nicht isoliert wird.
Martin Held

Individualismus ohne Solidarität ist Feigheit. Individualismus ohne Engagement ist Flucht.
Hans A. Pestalozzi

Individualität ist das, was mich von der Welt absondert, Liebe das, was mich mit ihr verbindet. Je stärker die Individualität, desto stärker erfordert sie Liebe.
Walther Rathenau

Ein Individualist ist ein Mensch, der es wagt, sein Leben nach seinen Vorstellungen zu gestalten.
Unbekannt

Individualisten nehmen sich in einer Konformgesellschaft aus wie ein Oldtimer zwischen der neuesten Fließbandproduktion. *Kurt Wortig*

In jedermann ist etwas Kostbares, das in keinem anderen ist. *Martin Buber*

Damit der Mensch nicht verlorengehe, tun Personen not, die nicht kollektiviert sind, und Wahrheit, die nicht politisiert ist. *Martin Buber*

Jedenfalls ist es besser, ein eckiges Etwas zu sein als ein rundes Nichts. *Friedrich Hebbel*

Die Menschen aber, die ihren eigenen Weg zu gehen fähig sind, sind selten. Die große Zahl will nur in der Herde gehen, und sie verweigert die Anerkennung denen, die ihre eigenen Wege gehen wollen.
Blaise Pascal

➪ **Charakter, Persönlichkeit, Nonkonformismus**

Inflation

Wenn die Regierung das Geld verschlechtert, um alle Gläubiger zu betrügen, so gibt man diesem Verfahren den höflichen Namen "Inflation".
George Bernard Shaw

Wir haben jetzt so viel Schulden, daß ich schon Angst habe, die Inflationsrate könnte sinken. *Eine Hausfrau*

Inflation ist Wohlstand mit hohem Blutdruck.
Unbekannt

Inflation ist Armut mit viel Geld in der Tasche.
Unbekannt

Inflation ist eine Antriebskraft, welche die Wirtschaft derart in Fahrt bringt, daß sie nicht mehr zu bremsen ist. *Georges Elgozy*

Vision möglicher Steigerungsformen der Inflation: schleichende, trabende, galoppierende Inflation, Stagflation, Resignation, Planifikation, Planwirtschaft.
Arno Sölter

Die Inflation beginnt wie die Masern, aber sie endet wie die Lepra. *Pino Mazza*

Der Kampf gegen die Inflation in den Ländern der EG gleicht einer Operation, bei der man sich ständig narkotisiert, aber niemals schneidet. *Marcel Lesueur*

Inflation ist das erste Wundermittel des schlecht geführten Staates. Das zweite Wundermittel ist der Krieg. Beide führen zu zeitweiligem Wohlstand, und beide führen zu völligem Zusammenbruch.
Ernest Hemingway

Inflation ist der periodisch wiederkehrende Beweis für die Tatsache, daß bedrucktes Papier bedrucktes Papier ist. *Helmar Nahr*

Inflation ist in den meisten Fällen eine subtile Form der entschädigungslosen Enteignung derjenigen, die Geldvermögen besitzen. *Helmut Schlesinger*

Inflation ist die Methode, einen Geldschein zu halbieren, ohne das Papier zu verletzen. *Unbekannt*

Information

Die Zahl derer, die durch zu viele Informationen nicht mehr informiert sind, wächst. *Rudolf Augstein*

Mut ist oft Mangel an Einsicht, Feigheit dagegen beruht nicht selten auf guten Informationen.
Peter Ustinov

Mit dem gekonnten Aufbewahren derzeit nicht benötigter Informationen für spätere Zeiten lernen wir Vergessen. *Matthias Scharlach*

Gewöhnlich ist der im Leben Erfolgreichste auch der Bestinformierte. *Benjamin Disraeli*

Werden wir richtig informiert? Ich übertreibe nicht, wenn ich behaupte, daß von der Antwort auf diese Frage die Zukunft der menschlichen Gesellschaft abhängt.
Arnold Toynbee

Es gibt Pressesprecher und Pressechefs, die statt Information Chloroform verabreichen. *Kurt Wortig*

Öffentlichkeitsarbeit ist Verbreitung von Wahrheit in verschönerter Form. *Conrad Ahlers*

Wenn du etwas weitersagen willst, so seihe es zuvor durch drei Siebe: das erste läßt nur das Wahre hindurch, das zweite läßt nur das Gute hindurch, das dritte läßt nur das Notwendige hindurch. Was durch alle drei Siebe hindurchging, das magst du getrost weitersagen.
Sokrates

Die beste Informationsquelle sind immer noch Leute, die versprochen haben, nichts weiterzuerzählen.
Axel von Ambesser

Ein Gramm Information wiegt schwerer als tausend Tonnen Meinung. *Gerd Bacher*

➪ **Nachricht**

Initiative

Die Menschen, die es in dieser Welt zu etwas bringen, sind Menschen, die Ausschau halten nach den Umständen, die sie benötigen; und wenn sie diese nicht antreffen, erschaffen sie sie selbst. *George Bernard Shaw*

Der eine wartet, bis die Zeit sich wandelt, der andere packt sie kräftig an und handelt. *Dante Alighieri*

➪ **Entschlossenheit, Engagement**

Innovation

Das Neue ist, eben weil es neu ist, dasjenige, was am meisten überrascht. *Gotthold Ephraim Lessing*

Ein guter Einfall ist wie ein Hahn am Morgen. Gleich krähen andere Hähne mit. *Karl Heinrich Waggerl*

Alle Innovation ist das Werk von Unvernünftigen.
Matthias Scharlach

Man entdeckt keine neuen Erdteile, ohne den Mut zu haben, alte Küsten aus den Augen zu verlieren.
Andre Gide

Wenn wirkliches Neuland betreten wird, kann es vorkommen, daß nicht nur neue Inhalte aufzunehmen sind, sondern daß auch die Struktur des Denkens sich ändern muß, wenn man das Neue verstehen will.
Werner Heisenberg

Das Nachahmen ist allezeit, wie mich dünkt, eine sehr nützliche Sache. *Georg Christoph Lichtenberg*

Die meisten Nachahmer lockt das Unnachahmliche.
Marie von Ebner-Eschenbach

Der Rabe, der den Seeraben nachahmt, ersäuft.
Japanisches Sprichwort

Wer in den Fußstapfen eines anderen wandelt, hinterläßt keine eigenen Spuren. *Wilhelm Busch*

Geh lieber nach Hause und mache ein Netz, als daß du im Teich nach Fischen tauchst. *Chinesisch*

Innovation ist sinnvoll umgesetzte Vision.
Matthias Scharlach

Ein Dummkopf hat mehr Einfälle als ein Weiser vorhersehen kann. *Josef Conrad*

Nicht die Klügsten haben immer die besten Einfälle. Gute Einfälle sind Geschenke des Glücks.
Gotthold Ephraim Lessing

Ein Mensch, der keine Dummheiten macht, macht auch nichts Gescheites. *Walisisches Sprichwort*

Jeder Einfall braucht zwei: Einen, der ihn hat. Einen, der ihn zeigt. *Emil Baschnonga*

Ideen bringen Geld, aber Geld nicht Ideen. *Unbekannt*

Gehe nicht auf ausgetretenen Pfaden, sondern bahne Dir selbst einen Weg und hinterlasse eine Spur.
Unbekannt

Jede Lösung eines Problems ist ein neues Problem.
Johann Wolfgang von Goethe

➪ **Erfindung, Neu, Nonkonformismus, Ideen, Einfall**

Inspiration

Genie besteht zu 1 Prozent aus Inspiration und 99 Prozent aus Transpiration. *Thomas Alva Edison*

Inspiration ist die plötzliche Lösung eines Problems, über das man lange nachgedacht hat. *Napoleon 1.*

➪ **Einfall, Genie, Kreativität, Phantasie**

Instinkt

Instinkt ist die Nase des Verstandes. *Unbekannt*

Instinkt ist jener untrügliche innere Kompaß, der einer Frau auch in einer fremden Wohnung sofort verrät, wo das Schlafzimmer liegt. *Marcel Ayme*

Instinkt ist das, was man braucht, wenn der Verstand aussetzt. *Dieter Hallervorden*

➪ **Idee, Intuition, Vorsicht**

Intellektuelle

Intellektuelle sind Leute, die mit ihren Eierköpfen gegen alle Mauern rennen. *Gabriel Laub*

Ein Intellektueller ist ein Mensch, der so klug ist, daß er das Offenkundige nicht begreifen kann. *Unbekannt*

Ein Intellektueller ist ein Mann, der einem hübschen Mädchen über die Schulter blickt, um zu sehen, was es liest. *Unbekannt*

Ist der Intellektuelle destruktiv? Ja, er muß es sein.
Rudolf Augstein

Intellektuelle sind seltener wohlwollend gegeneinander als Einheimische gegen Gastarbeiter. *Ludwig Marcuse*

Intellektuelle sind Leute, die über Bücher reden, die andere Leute geschrieben haben. *Francoise Sagan*

Es ist ein törichtes Vorurteil der Intellektuellen, wenn sie glauben, ihr Wissen sei das einzige, das zählt.
Sommerset Maugham

Definition des Intellektuellen: der Mensch, der sich an nichts gewöhnen kann; auch nicht an sich selbst.
Hans Kudszus

Der kritische Intellektuelle steht am Rande seiner Gesellschaft, aber er bleibt in ihr. Angelpunkt seiner Kritik ist seine Zugehörigkeit, in der auch die Hoffnung beschlossen liegt, durch die Kritik etwas auszurichten. *Ralf Dahrendorf*

Intellektuelle sind Menschen, die 1. die Macht des gesprochenen und geschriebenen Wortes handhaben, 2. keine Kenntnisse aus erster Hand besitzen, wie sie nur tatsächlich die praktische Erfahrung geben kann, und 3. sich durch eine kritische Haltung auszeichnen, welche aus der Situation der Intellektuellen als Zuschauer und Außenseiter, aber auch aus der Tatsache entsteht, daß ihre größten persönlichen Erfolgsaussichten in ihrem tatsächlichen oder möglichen Wert als Störungsfaktor liegen. *Schumpeter*

Der klassische Intellektuelle gefällt sich in seiner Rolle. Er sagt, da er nun einmal unglücklich sei, werde er das auch ausnützen. Und dann jammert er, wie traurig die Welt sei. *Jean-Paul Sartre*

Man ist noch lange kein Intellektueller, wenn man links steht. *Franz Josef Strauß*

Die Intellektuellen nehmen die Welt gleich zweimal in Anspruch: so wie sie ist und so wie sie sein sollte. Von der Welt, wie sie ist, leben sie, von der Welt, wie sie sein sollte, nehmen sie die Maßstäbe, die Welt zu verurteilen, von der sie leben, und indem sie sich schuldig fühlen, sprechen sie sich frei. *Friedrich Dürrenmatt*

Ein Intellektueller ist ein Mensch, der nicht genug Körper hat, um seinen Geist zu bedecken. *Jean Giono*

Es ist immer wieder berauschend, mit welcher Kaltschnäuzigkeit Intellektuelle auftreten, die es gerade einmal fertiggebracht haben, aus fünf angelesenen Sätzen einen sechsten zu formulieren.
Matthias Scharlach

Ein Intellektueller ist ein Mensch, der Rhododendron richtig buchstabiert. *Unbekannt*

Ein Intellektueller ist einer, der mehr Wörter benutzt, als er eigentlich braucht, um mehr zu sagen, als er weiß.
Inschrift an einer Wand in der Universität Cambridge

Ein Intellektueller ist ein Mann, den eine Idee mehr fasziniert als eine Frau. *Friedrich Dürrenmatt*

Intelligenz

Liebe ist der Triumph der Phantasie über die Intelligenz. *Henry Louis Mencken*

Als ich jung war, glaubte ich, ein Politiker müsse intelligent sein. Heute weiß ich, daß Intelligenz wenigstens nicht schadet. *Carlo Schmid*

Die Furchtsamkeit ist ein Gradmesser der Intelligenz.
Friedrich Nietzsche

Die Intelligenz muß stets Grenzen überwinden, die Dummheit hingegen ist grenzenlos.
Matthias Scharlach

Intelligenz ist die Fähigkeit, seine Umgebung zu akzeptieren. *William Faulkner*

Je größer die Intelligenz, desto verheerender kann ihre Dummheit ins Kraut schießen. *Günther Grass*

Der Nachteil der Intelligenz besteht darin, daß man ununterbrochen gezwungen ist, dazuzulernen.
George Bernard Shaw

Es gehört Intelligenz dazu, gut zu leben, ohne zu arbeiten. Fazit: Playboys sind die geistige Elite der Gesellschaft... *Toto*

Intelligenz ist die Eigenschaft, die ein Mann bei einem Mädchen sucht - nachdem er alles andere schon gefunden hat. *Robert Lembke*

Intelligenz ist jene Eigenschaft des Geistes, dank derer wir schließlich begreifen, daß alles unbegreiflich ist.
Emile Picard

Die höchste Form der Intelligenz ist es, mit seinen Mitmenschen auf Erden in Frieden und gegenseitigem Verstehen zusammenleben zu können. *Max Tau*

Das ist der Fluch angeborener Intelligenz: mit vier Jahren Wunderkind - mit 40 wunderlich.
Ernest Hemingway

Wenn ein Intelligenter die falsche Sache vertritt, ist das noch schlimmer, als wenn ein Dummkopf für die richtige eintritt. *Georges Clemenceau*

Intelligenz ist eine verläßliche Eigenschaft, die jeder besitzt, der dir aufmerksam zuhört und bekräftigend nickt zu dem, was du zu sagen hast. *Unbekannt*

Jeder Narr kann die Wahrheit sagen, aber nur ein verhältnismäßig Intelligenter kann gut lügen.
Samuel Butler

Universitäten sind weniger eine Auslese von Intelligenz als von Eitelkeit. *Gerhard Zwerenz*

Wo Intelligenz ist, stellt sich die Bildung von selber ein. *Louis Bromfield*

Manche Menschen benützen ihre Intelligenz zum Vereinfachen, manche zum Komplizieren. *Erich Kästner*

➪ **Geist, Bildung, Begabung, Verstand**

Interessenverbände

Interessenverbände sind Zusammenschlüsse, die bezwecken, daß das Geld unter Kollegen bleibt.
Thaddäus Troll

➪ **Beziehungen, Lobby, Kontakt**

Interesse

Der beste Weg, andere an uns zu interessieren, ist der, an ihnen interessiert zu sein. *Emil Oesch*

Wer gewinnen will, denke an den Vorteil anderer.
Hans Hass

An dem Kummer eines Freundes teilzunehmen, ist leicht, aber es bleibt das Zeichen einer außergewöhnlichen Natur, sich an den Erfolgen des Freundes mitfreuen zu können. *Oscar Wilde*

Verurteile keinen, ehe Du in seiner Lage warst. *Talmud*

Wenn es ein Geheimnis für den Erfolg gibt, so ist es dies: Den Standpunkt des anderen verstehen und die Dinge mit seinen Augen sehen. *Henry Ford*

Die wichtigste Stunde in unserem Leben ist immer der gegenwärtige Augenblick; der bedeutsamste Mensch in unserem Leben ist immer der, der uns gerade gegenübersteht; das notwendigste Werk in unserem Leben ist stets die Liebe. *Leo Tolstoi*

Es ist eine der sonderbarsten Belohnungen im Leben, daß kein Mensch aufrichtig versuchen kann, einem anderen Menschen zu helfen, ohne sich selbst dabei etwas Gutes zu tun. *Ralph Waldo Emerson*

➪ **Einfühlungsvermögen, Nächstenliebe**

Interessenvertreter

Interessenvertreter sind Leute, die in unserem Namen ihre Interessen vertreten. *Helmar Nahr*

Interview

Ein Interviewer sollte die Zitate eines Politikers besser kennen als dieser selbst. *Günter Gaus*

Quiz für Prominente: Nach einem Interview die Sätze suchen, die man tatsächlich gesagt hat. *Oliver Hassencamp*

Wenn der Interviewte zu dem Interviewer sagt: «Das ist eine gute Frage», will er entweder schmeicheln oder Zeit gewinnen. *David Frost*

Wenn ich Interviews gegeben habe, möchte ich wenigstens wissen, was man mir nachher in den Mund legt. *Henry Kissinger*

Ein Interview ist ein Gespräch, bei dem einer die Fragen stellt, die schon viele vorher gestellt haben, und ein anderer Antworten gibt, die er schon zahllosen Leuten gegeben hat. *Dean Acheson*

➪ **Fragen**

Intrigant

Ein Intrigant ist ein Mensch, der keineswegs alle Gerüchte glaubt, aber alle Gerüchte weitererzählt. *Jacques Baumel*

➪ **Verleumdung**

Intuition

Die Rationalität ist als Management-Instrument auf dem Rückzug. Nach einem Jahrzehnt ständigen Desasters strategischer Planung erlebt die Intuition ein Comeback. *Financial Times*

Intuition ist die Fähigkeit, aus nicht vorhandenen Fakten falsche Schlüsse zu ziehen. *Unbekannt*

Intuition ist Intelligenz mit überhöhter Geschwindigkeit. *"Il Tempo"*

Intuition ist der eigenartige Instinkt, der einer Frau sagt, daß sie recht hat, gleichgültig, ob das stimmt oder nicht. *Oscar Wilde*

Intuition ist das Gefühl, das einer Frau sagt, sie sei im Recht, auch wenn sie es nicht ist. *Unbekannt*

Intuition ist die Fähigkeit mancher Leute, eine Lage in Sekundenschnelle falsch zu beurteilen. *Heinz Hilpert*

➪ **Instinkt, Phantasie, Einfühlungsvermögen**

Intoleranz

Das Laster, mit dem wir selbst liebäugeln, pflegen wir am unnachsichtigsten zu verurteilen. *Sigmund Graff*

➪ **Egoismus**

Ironie

Ironie ist unglückliche Liebe zum Leben; der Versuch des Kopfes, sich des Herzens zu erwehren. *Karlheinz Deschner*

Ironie ist keine Waffe, eher ein Trost der Ohnmächtigen. *Ludwig Marcuse*

Ironie ist die Grobheit der Gebildeten. *Unbekannt*

Ironie heißt aus einer Not eine Überlegenheit machen. *Thomas Mann*

Ironie ist ein todsicheres Mittel, dich bei anderen unsympathisch zu machen. *Gerhard Reichel*

➪ **Spott**

Irrtum

Ein neuer Irrtum ist mir lieber als alle Gewißheiten.
Hans Magnus Enzensberger

Wahrheit ist der Name, den wir unseren wechselnden Irrtümern geben. *Rabindranath Tagore*

Diskussion: eine Methode, andere in ihren Irrtümern zu festigen. *Ambrose Bierce*

Wenn weise Männer nicht irrten, müßten die Narren verzweifeln. *Johann Wolfgang von Goethe*

Wer tiefer irrt, der wird auch tiefer weise.
Gerhart Hauptmann

Die Stärke des Irrtums und der Lüge liegt gerade darin, daß sie ebenso klar sein können wie Wahrheiten; weshalb das Falsche ebenso einleuchtend sein mag wie das Richtige. *Ludwig Marcuse*

Wer ja oder nein sagt, riskiert immer den Irrtum. Man erkennt die großen Kritiker in ihren Irrtümern. Nur wer dauernd jein sagt, irrt nie. *Marcel Reich-Ranicki*

Jeder Irrtum hat drei Stufen; auf der ersten wird er ins Dasein gerufen, auf der zweiten will man ihn nicht eingestehen, auf der dritten macht nichts ihn ungeschehen. *Franz Grillparzer*

Zu erkennen, daß man sich geirrt hat, ist ja nur das Eingeständnis, daß man heute schlauer ist als gestern.
Johann Kaspar Lavater

Daß überall mit Wasser gekocht wird, weiß man ja. Aber muß deshalb die Suppe oft gar so dünn sein?
Helmar Nahr

Erfahrung ist der beste Lehrmeister. Nur - das Schulgeld ist teuer. *Thomas Carlyle*

Der Strom der Wahrheit fließt durch die Kanäle von Irrtümern. *Tagore*

Die wirklich genialen Lösungen beruhen meist auf einem Irrtum. *Matthias Scharlach*

Der Irrtum ist die tiefste Form der Erfahrung.
Martin Kessel

Ein alter Irrtum hat mehr Freunde als eine neue Wahrheit. *Unbekannt*

Wer außer Ärzten ist so glücklich dran, seine Irrtümer begraben zu können? *Dave Allen*

Das ist menschliche Größe: auf einem schon lange gegangenen Weg umzukehren. *Peter Bloch*

⇨ **Fehler, Täuschen**

Um ein Geschäft
erfolgreich zu führen,
braucht ein Mann Imagination.
Er muß die Dinge
wie in einer Vision sehen,
wie einen Traum des Ganzen.

CHARLES M. SCHWAB

J

Jagd

Jagd ist die Kunst, Wild zu hegen, bis es alt genug ist, damit es unter hohen Strapazen, hohen Kosten und viel Zeitaufwand wieder aufgespürt und erlegt werden kann. *Alfred Stampfel*

Japan

Die Japaner haben eine raffinierte Art, ihren Stahl in die Vereinigten Staaten zu schmuggeln. Sie malen ihn an, stellen ihn auf vier Räder und nennen das Ganze Auto. *Lee Iacocca*

Was die Japaner machen ist unlauterer Wettbewerb. Die arbeiten doch tatsächlich während der Arbeits-zeit. *Ephraim Kishon*

Wir müssen die Japaner kapieren, nicht kopieren. *Wendelin Wiedeking*

Managerseminar mit 30 Herren aus der mittleren Führungsebene. Treffen im Tagungshotel am letzten Tag. Der Seminarleiter spricht: *"Meine Herren, zum Schluß sollen Sie Gelegenheit haben, Ihre Allgemeinbildung zu testen. Also - ich nenne ein klassisches Zitat und Sie sagen mir, wer es gesagt hat, wo und wann"*. Er beginnt: *"Vom Eise befreit sind Strom und Bäche..."*. Keiner weiß es. Da meldet sich ganz hinten ein kleiner Japaner: *"Johann Wolfgang von Goethe, Faust, Osterspaziergang 1806!"* Die Teilnehmer murmeln anerkennend. Nächste Frage: *"Der Mond ist aufgegangen, die goldnen Sternlein prangen..."*. Und wieder, wie aus der Pistole geschossen, der Japaner: *"Matthias Claudius, Abendlied 1979"*. Die Manager schauen peinlich berührt zu Boden. Der Seminarleiter: *"Fest gemauert in der Erden..."*. *"Schiller"* strahlt der Japaner. *"Das Lied von der Glocke, 1799!"* Jetzt finden es die Manager langsam ärgerlich. Murmelt einer in der ersten Reihe: *"Scheißjapaner"*. Wieder ertönt die Stimme von hinten: *"Max Grundig, CeBIT 1982."*

Jet-Set

Jet-Set sind die Leute, die ständig Urlaub vom Urlaub machen. *SalvadorDali*

Jet-Set sind die Leute, die immer vor dem Problem stehen: Party oder Ferien. *Jimmy Durante*

Jet-Set sind die Leute, die keine Freude kennen und deshalb höchstens bis zum Amüsement gelangen. *Tennessee Williams*

➪ **Prominente**

Journalismus

Journalismus ist alles, was morgen weniger interessant ist als heute. *Andre Gide*

Journalismus ist der Sinn für Neuigkeiten - in Wirklichkeit ein Sinn dafür, was wichtig ist, was lebenswichtig ist, was Farbe hat und Leben: was die Menschen interessiert. *Rascoe*

Journalismus ist der Rahm von heute - der Käse von morgen. *Unbekannt*

Journalismus ist eine ungeheure Schleudermaschine die von kleinen Gehässigkeiten in Bewegung gesetzt wird. *Honore de Balzac*

➪ **Presse**

Journalist

Unter Pressefreiheit verstehen manche Journalisten das Recht, ihren Wagen im Parkverbot zu stationieren. *Franz Böhm*

Kritik ist die subtile Rache der Journalisten an den Satirikern dafür, daß diese auch wegen der Journalisten Satiriker geworden sind. *Werner Schneyder*

Mit kleinen Jungen und Journalisten soll man vorsichtig sein. Die schmeißen immer noch 'nen Stein hinterher. *Konrad Adenauer*

Jeder Politiker kennt einen Journalisten, auf dessen Indiskretion er sich verlassen kann. *Robert Lembke*

Die gefährlichsten Feinde der Pressefreiheit sind Journalisten, die sie mißbrauchen. *Robert Lembke*

Journalisten sind wie Politiker - sie reichen vom Verbrecher bis zum Staatsmann. *Helmut Schmidt*

Ein Journalist ist ein Mensch, der immer etwas Wichtigeres zu tun hat und daher nie zum Wichtigen kommt. *Heimito von Doderer*

Keinen Gedanken haben und ihn ausdrücken können, das macht den Journalisten. *Karl Kraus*

Journalisten sind wie Frauen: die, die nichts verlangen, sind oft die teuersten. *Georges Clemenceau*

Journalisten sind Leute, die über Aktuelles unbefangen schreiben und über bürgerliche Ehren spotten. Dann werden sie Publizisten, schreiben über Ewiges bedeutsam und nehmen bürgerliche Ehren an. *Johannes Groß*

Ein Journalist ist einer, der keinen Gedanken hat und ihn dennoch niederschreibt. *Alois Rummel*

Journalisten sind Menschen, die zum Frühstück dicke Schlagzeilen schlürfen. *Unbekannt*

Journalisten sind Schriftsteller, die keine Geduld haben. *Unbekannt*

Politiker und Journalisten teilen das traurige Schicksal, daß sie oft heute schon über Dinge reden, die sie erst morgen ganz verstehen. *Helmut Schmidt*

Ein Journalist bekommt für die Lösung eines Problems nicht mehr bezahlt als für dessen Formulierung. Deshalb stellt er die Behauptung auf und läuft vor der Lösung davon. *George Bernard Shaw*

Journalisten sind Leute, die ein Leben lang darüber nachdenken, welchen Beruf sie eigentlich verfehlt haben. *Mark Twain*

Der Journalist hat Laie zu sein, die Fragen des Laien zu stellen und stellvertretend für den Laien zu schreiben. *Peter Bichsel*

Der geschickte Journalist hat eine Waffe: das Totschweigen - und von dieser Waffe macht er oft genug Gebrauch. *Kurt Tucholsky*

Wozu sind diese Journalisten da? Sie produzieren nichts, verwalten nichts und verteilen nichts. Fast keine ihrer Nachrichten stimmt, und wenn, ist sie für das Leben der Leser belanglos oder unverständlich. *E. A . Rauter*

Ein Journalist wird man um so leichter, je leichter man schreibt, ein Dichter, je schwerer man schreibt. *Sigmund Graff*

Journalisten klopfen einem ständig auf die Schulter - auf der Suche nach der Stelle, wo das Messer am leichtesten eindringt. *Robert Lembke*

Die besten Journalisten des 19. Jahrhunderts und auch noch des beginnenden 20. Jahrhunderts waren vorher Pfarrer, Lehrer, Ärzte, Juristen, Kaufleute oder sonst etwas gewesen. Sie gingen auch nicht von der Schule weg zur Presse, sondern entschieden sich erst in reiferen Jahren für den journalistischen Beruf. *Helmut Cron*

Chefredakteure sind Despoten, die für Demokratie kämpfen. *Unbekannt*

Journalisten? - Jubelnde, jaulende Hofhunde. *Franz Josef Strauß*

Ein Journalist hat nicht die Pflicht, geliebt zu werden. Aber er hat die Pflicht, gelesen zu werden. *Cecil King*

Der Journalist hat zwei Augen und zwei Ohren, um doppelt so viel zu sehen und zu hören, wie geschieht. *Alexander Roda Roda*

Ein Journalist ist einer, der nachher alles vorher gewußt hat. *Karl Kraus*

Ein Journalist ist ein Mann, der die eine Hälfte seines Lebens damit verbringt, über Dinge zu schreiben, von denen er nichts weiß, und die andere Hälfte, nicht über Dinge zu schreiben, die er genau weiß. *Robert Lembke*

Ein Journalist ist jemand, der anderen einleuchtend Dinge erklärt, die er selber nicht versteht. *Leo Longanesi*

Der Journalist gleicht dem Artisten, der lächelnd auf dem hohen Seil dahinspaziert, ohne an die Tiefe denken zu dürfen. *Sigmund Graff*

➪ **Berichterstatter**

Jubiläum

Man wird sehr häufig erleben, daß die meisten Jubelredner immer das gleiche aus der Vita des Jubilars - nur mit anderen Worten - vortragen, gleichsam einem Schallplattenschlager, aufgenommen in diversen Besetzungen und unterschiedlichen Instrumentierungen. Hier kann ebenso originelle wie wirksame Abhilfe angeboten werden: Man fixiere die eigene Rede individuell auf den Geburtstag, den Geburtsmonat und das Jahr des Jubilars; auf dieser Idee baue man eine originelle, an Ereignissen breitgefächerte Dokumentation auf! Dieser Geheimtip hat sich in der Praxis mit durchschlagendem Erfolg bewährt. *Kurt Wortig*

Ein Jubiläum ist ein Datum, an dem eine Null für eine Null von mehreren Nullen geehrt wird. *Peter Ustinov*

Das Leben wird nach Jahren gezählt und nach Taten gemessen. *Unbekannt*

Man kann nichts dagegen tun, daß man altert, aber man kann sich dagegen wehren, daß man veraltet.
Unbekannt

Alte Bäume behämmert der Specht am meisten.
Wilhelm Busch

Alternde Menschen sind wie Museen: nicht auf die Fassade kommt es an, sondern auf die Schätze im Innern. *Jeanne Moreau*

Eine Laudatio ist ein Nachruf bei Lebzeiten.
Carl Zuckmayer

Ein Jubiläum ist eine Feier zur Ehre einiger Nullen.
Ernst Waldbrunn

➪ **Geburtstag**

Jugend

Mit acht sind viele Menschen genial, das Kunststück ist, Genie zu bleiben. *Jean Cocteau*

Die Jugend kann nicht mehr auf die Erwachsenen hören. Dazu ist ihre Musik zu laut. *Oliver Hassencamp*

Es ist das Vorrecht der Jugend, Fehler zu begehen, denn sie hat genügend Zeit, sie zu korrigieren.
Ernst Barlach

Nicht der ist arm, der sich keinen Jugendtraum erfüllt hat, sondern der schon in der Jugend nichts träumte.
Adolf Nowaczynski

Unsere Jugend liebt den Luxus, hat schlechte Manieren, mißachtet die Autorität und hat keinen Respekt vor dem Alter. Die heutigen Kinder sind Tyrannen. Sie widersprechen den Eltern, schlürfen beim Essen und wollen alles besser wissen als ihre Lehrer. *Sokrates*

Es gäbe keine Gammler mehr, wenn ein Gesetz herauskäme, welches das Gammeln zur Pflicht der jungen Leute macht. *Unbekannt*

Wir leben in einer Zeit, in der schon die Zwanzigjährigen Memoiren schreiben können.
Venessa Redgrave

Jugend ist wie Sauerteig. Aber der Sauerteig ist nicht das ganze Brot. *Alexander Puschkin*

Ich habe keine Hoffnung mehr für die Zukunft unseres Volkes, wenn sie von der leichtfertigen Jugend von heute abhängig sein sollte, denn diese Jugend ist ohne Zweifel unerträglich, rücksichtslos und altklug.
Hesiod

Die so moderne und aufgeschlossene Jugend von heute kämpft gegen die Phrasen von gestern und erfindet dafür laufend die tollsten Schlagworte von heute.
William Saroyan

Das Problem mit der heutigen Jugend liegt darin, daß sie sich nicht als Baufirma versteht, sondern als Abbruchunternehmen. *Marcello Mastroianni*

Das Vertrauen junger Menschen erwirbt man am sichersten dadurch, daß man nicht ihr Vater ist.
Henry de Montherlant

So verloren ist unsere Jugend gar nicht: sie tut schon das, was wir Alten von ihr verlangen - sie wird unentwegt älter. *Dieter Hildebrandt*

Die Jugend soll ihre eigenen Wege gehen, aber ein paar Wegweiser können nicht schaden. *Pearl S. Buck*

Esel und Ochsen zu kommandieren, das ist nicht schwer, aber Kinder auf eine liberale Art zu erziehen, das ist eine ebenso mühselige wie schöne Aufgabe.
Erasmus von Rotterdam

Es scheint mir nun, daß eine weitverbreitete Verzweiflung, ein weitverbreitetes Erlebnis scheinbarer Sinnlosigkeit der Existenz unserer Welt die Grundursache dieser Rebellion eines großen Teils dieser jungen Generation ist. *Richard Löwenthal*

Kinder sollten spätestens mit sechs Jahren rauchen, ihre ersten Bücher sollten erotische Comic strips zeigen, sie sollten schnell ihren de Sade lernen, nackt durch die Straßen laufen, vor dem Einschlafen ein Schimpfwörterbuch studieren, ihren Eltern auf keinen Fall gehorchen und zum Frühstück Kaviar verlangen, wenn es ihnen danach gelüstet. *Nathalie Delon*

Wer es der Jugend so leicht macht, macht es ihr schwer. *Gino Cervi*

Die Jugend weiß, was sie nicht will, bevor sie sich darüber im klaren ist, was sie will. *Jean Cocteau*

Die Jugend hat Heimweh nach der Zukunft.
Jean-Paul Sartre

Der größte Fehler, den die Jugend von heute hat, ist der, daß man nicht mehr zu ihr gehört. *Salvador Dali*

Wir bekamen unsere Prügel von den Eltern. Die Jungen beziehen sie direkt vom Leben.
Waldemar Bonsels

Die Jugend ist ein wunderbarer Paß, der alle Türen öffnet; leider ist er nicht lange gültig. *Unbekannt*

Die Jugend ist eine Torheit, deren Heilung das Alter ist. *Arabisch*

Die Jugend ist der ideale Lebensabschnitt, wenn er etwas später käme. *Lord Asquith*

Die Jugend ist das Übergewicht der Hormone über die Argumente. *David Frost*

Wahre Jugend ist eine Eigenschaft, die sich nur mit den Jahren erwerben läßt. *Jean Cocteau*

Was für eine lasterhafte Jugend! Statt auf die Alten zu hören, ahmt sie die Alten nach! *Wieslaw Brudzinski*

Was bei der Jugend wie Grausamkeit aussieht, ist meistens Ehrlichkeit. *Jean Cocteau*

Die Jüngeren heute lassen zwar jahrhundertealte Probleme und Verkrampfungen und Heucheleien hinter sich, aber sie handeln sich, wie heute schon am Tage ist, mit der neuen Freiheit auch neue Probleme ein.
Helmut Gollwitzer

Die Jugend will, daß man ihr befiehlt, damit sie die Möglichkeit hat, nicht zu gehorchen. *Jean Paul Sartre*

Schnell fertig ist die Jugend mit dem Wort. *Schiller*

Junge Leute leiden weniger unter eigenen Fehlern als unter der Weisheit der Alten. *Vauvenargues*

➪ **Alter**

Jugendliebe

Die Jugendliebe ist ein sorgsam gepflegter Traum, dessen Verwirklichung ein gütiges Geschick verhinderte.
Ron Kritzfeld

Jung

Man bleibt jung, solange man noch lernen, neue Gewohnheiten annehmen und Widerspruch ertragen kann. *Marie von Ebner-Eschenbach*

Die Jungen haben nicht die Aufgabe, uns Vorgänger zu rechtfertigen, sondern sich selber durchzusetzen und sich von allem zu befreien, was Altes, Faules, Hemmendes da war. *Hermann Hesse*

Jungfrau

Eine Jungfrau ist etwas sehr Schönes - vorausgesetzt, sie bleibt es nicht. *Joachim Ringelnatz*

Es ist leichter, als Jungfrau zu sterben, denn als Jungfrau zu altern. *Gerhart H. Mostar*

Eine alte Jungfer ist ein eingefrorenes Guthaben.
Jane Russell

Fast alle Männer wünschen sich eine Jungfrau mit den Erfahrungen einer Marilyn Monroe. *Gerhard Reichel*

Jungfräulichkeit ist etwas sehr Kostbares, das alle Mädchen verlieren möchten.
William Somerset Maugham

➪ **Mädchen**

Junggeselle

Ein Junggeselle ist ein Mann, der sein Ziel erreicht, ohne dort zu verweilen. *Alberto Sordi*

Junggesellen sind Männer, die sich nicht auf eine einzige Frau versteifen. *Helen Vita*

Junggesellen sind Männer, die sich zuallererst über den Notausgang informieren. *Richard Attenborough*

Ein Junggeselle ist ein Mann, der lieber Socken stopft als Mäuler. *Mario Adorf*

Ich bezweifle sehr, daß Ehemänner länger leben als Junggesellen. Ich bezweifle allerdings nicht, daß es ihnen so vorkommt. *Jean Marais*

Junggesellen sind für Frauen insgeheim so etwas wie Feldherren, die noch keine Schlacht verloren haben.
Maurice Chevalier

Ein Junggeselle ist einer, der es vermeidet, den gleichen Fehler ein erstes Mal zu machen. *Ed Wynn*

Ein Junggeselle ist ein Mann, der für Liebe mit Fersengeld zahlt. *Senta Berger*

Junggesellen sind Männer, die wissen, wie klein die Chance ist, daß man in einer Auster eine Perle findet.
Bill Slater

Ein notorischer Junggeselle ist ein Gourmand, der sich für keine Lieblingsspeise entscheiden kann und daher ein ewiger Probierer bleibt. *Elisabeth Wischert*

Ein Junggeselle ist ein Mann, der sich den Frauen zuneigt, aber immer aufpaßt, daß er nie das Übergewicht kriegt. *Unbekannt*

Ein Junggeselle ist ein Mann, der jeden Morgen aus einer anderen Richtung ins Büro kommt. *Unbekannt*

Ein Junggeselle ist ein Mann, der eine Frau dadurch glücklich macht, daß er sie nicht heiratet. *Unbekannt*

Ein Junggeselle ist ein Mann, der noch über Schwiegermutterwitze lachen kann. *Unbekannt*

Eine Junggesellin ist eine Frau, die einmal zu oft nein gesagt hat. *Inge Meysel*

Ein Junggeselle ist ein Mann, der nicht gleich eine Farm kauft, wenn er ein Hühnerei braucht.
Peter Frankenfeld

Junggesellen sind Männer, die aus der Hand fressen - aber nur aus der eigenen. *Mario Adorf*

Junggesellen sind Männer, die nicht davon überzeugt sind, daß eine Mark doppelt soviel wert ist, wenn sie durch zwei geteilt wird. *Mario Adorf*

Junggesellen sind Männer mit einer Allergie am Ringfinger. *Lutz Löhndoff*

Junggesellen sind Männer, die lieber suchen als finden. *Caterina Valente*

Junggesellen sind Männer, die gern verheiratet wären, aber nicht ständig. *Helen Vita*

Junggesellen sind Männer, die lieber Parkgebühren zahlen als eine Garage bauen. *Gina Crespi*

Jungunternehmer

10 Tips von Jungunternehmern:
1. Suche als Geschäftszweck nur etwas, das dir wirklich Spaß macht.
2. Mißtraue den Banken, denn sie mißtrauen auch dir.
3. Wenn du schon Geld borgen mußt, leihe es dir von Eltern und Freunden.
4. Laß bei der Mittelbeschaffung die Phantasie sprießen - oft finden sich auch Mäzene.
5. Glaube daran, daß etwas, das dich total begeistert, auch andere begeistert.
6. Sei ehrlich, denn wer andere bescheißt, wird auch beschissen.
7. Schau dir die Menschen genau an, mit denen du Geschäfte machst.
8. Rechne dich nicht reich, indem du Zahlungseingänge mit Gewinn verwechselst.
9. Gib niemals auf, nutze Fehler zum Lernen.
10. Werde bei Erfolgen nicht euphorisch.

!Forbes

Du spielst in deinem Leben die Hauptrolle, sonst hast du ausgespielt. *Christian Bennewitz*

Juristen

Erfahrene Juristen bezeugen, daß es vor Gericht von Vorteil sein kann, wenn man im Recht ist. *Graham Chapman*

Juristen sind Leute, die die Gerechtigkeit mit dem Recht betrügen. *Harold Pinter*

Jurisprudenz ist die Fähigkeit, recht zu behalten, obwohl man es nicht hat. *Graham Chapman*

Gehe nie vor Gericht, Schluck deinen Stolz und vergleiche dich. Meide Rechtsanwälte. Sie werden deine Sache nie zu der ihren machen, sondern versuchen, sich zu arrangieren. Das kannst du selber besser und billiger. Und dies ist der beste Ratschlag, den je ein Rechtsanwalt kostenlos erteilt hat. *Gerald Sparrow*

Wir haben einen Juristen eingestellt, damit er die Probleme bearbeitet, die wir ohne ihn nicht hätten. *Unbekannt*

Wenn ein Jurist in den Raum tritt, muß es um einige Grade kälter werden. *Walter Hallstein*

Nie hat ein Dichter die Natur so frei ausgelegt wie ein Jurist die Wirklichkeit. *Jean Giraudoux*

➪ **Recht, Gericht, Advokat, Rechtsanwalt**

Justiz

Um einen Staat zu beurteilen, muß man sich seine Gefängnisse von innen ansehen. *Leo Tolstoi*

Das Paragraphenzeichen allein sieht aus wie ein Folterwerkzeug. *Stanislaw Jerzy Lec*

Unser Strafrecht ist eine lange Liste von Grausamkeiten, die als Gerechtigkeit getarnt sind. *Alexander S. Neill*

Wenn der Rechtsprecher nur endlich einmal mit dem Geheimnis der Zellenhaft vertraut würde, wie anders müßten selbst die Urteile der bürgerlichen Justiz aussehen! *Carl von Ossietzky*

K

Kabarett

Das Kabarett ist wie ein Streichholz: es zündet nicht, wenn es sich nicht an etwas reiben kann. *Werner Finck*

Kabarettisten sind wie Florettfechter: Kaum gibt man sich ein Blöße, gleich fangen sie an zu sticheln. *Maxi Böhm*

Vieles, was sich in jüngster Zeit Kabarettist nennt, steht wie ein vollgeschissener Strumpf auf der Bühne und fieselt seinen Text ab. *Thomas Freitag*

Die Kabarettisten haben nicht unwesentlich dazu beigetragen, die Regierungskoalition in den Sattel zu heben. Und nun revanchieren die in Bonn sich, indem sie eine Politik machen, die den Kabaretts aus der Krise heraushilft. Die Zeit für ihr Comeback ist reif. *Kay Lorentz*

Kabarett ist die Kunst, in einer aalglatten Gesellschaft anzuecken. *Unbekannt*

Kabarett ist eine Wortspielbank mit Croupiers, die mehr austeilen als einstecken. *Werner Finck*

Kabarettisten sind geistreiche Leute mit Niedertrachten-Look. *Victor de Kowa*

Irrenanstalten bieten unerschöpfliche tragikomische Weidegründe für Kabarett-Sujets. *Thomas Zell*

Jedes Kabarett ist schlecht, aus dem nicht die Hälfte aller Zuschauer wütend hinausläuft. *Kenneth Tynan*

Kalkulation

Wer billig gibt und teuer kauft, der hat am Markt bald ausgeschnauft. *Börsenweisheit*

Mein Erfolgsrezept ist es, Dinge teuer einzukaufen und sie noch teurer zu verkaufen. Die Tatsache, daß Alfred Taubmann etwas kauft, gilt in der Geschäftswelt als absolute Qualitätsgarantie. *Der Sotheby-Eigentümer Alfred Taubmann*

Die höchste Klugheit besteht darin, den Wert der Dinge genau zu kennen. *Francois de La Rochefoucauld*

Management nennt man den organisierten Wettlauf zwischen dem Anstieg der Kosten und der Erschließung neuer Kreditquellen. *Ein Unternehmer*

Ein Finanzgenie ist ein Mann, der sein Geld schneller verdient, als seine Familie es ausgeben kann. *Unbekannt*

Man muß immer mit Leuten rechnen, auf die man nicht zählen kann. *Willi Richard*

➪ **Bilanz, Preise, Rabatt**

Känguruh

Das Känguruh ist ein Versuch der Natur, einen verkehrssicheren Fußgänger zu entwickeln. *Unbekannt*

Das Känguruh ist das Wappentier der Finanzminister; macht auch mit leerem Beutel große Sprünge. *Unbekannt*

Kanone

Die Kanone ist ein Instrument zur Berichtigung von Staatsgrenzen. *Ambrose Bierce*

Kanzel

Die Kanzel ist eine hochgelegene Kiste, in die der Pfarrer klettert, da er fürchtet, daß die Leute andernfalls seine gehobene Position nicht zur Kenntnis nehmen. *Ambrose Bierce*

Kapitalismus

Das große Verdienst des Kapitalismus liegt nicht in der Anhäufung von Besitz, sondern in der Vielzahl von Möglichkeiten, die er den Menschen zur Ausweitung, Entwicklung und Verbesserung ihrer Fähigkeiten verschafft. *Milton Friedmann*

Sozialismus ist der degenerierte Kapitalismus zahlungsunfähiger Kapitalisten. *Henry Louis Mencken*

Was ist der Unterschied zwischen dem kapitalistischen System und dem sozialistischen? Das kapitalistische System hat soziale Fehler, das sozialistische System hat kapitale Fehler. *Unbekannt*

Eine komische Sache ist das. Der Kapitalismus ist ein System der Ausbeutung, wie doch alle sagen, aber er bereichert die Ausgebeuteten ganz beträchtlich. Der Sozialismus ist das System der Befreiung, wie alle sagen, und verarmt doch die Befreiten so.
Horst Krüger

Es ist ein Schönheitsfehler des Kapitalismus, daß er zwar allen die gleiche Chance gibt, geschäftstüchtig zu sein, es aber unterlassen hat, dafür zu sorgen, daß alle auch die gleiche Geschäftstüchtigkeit besitzen, um sie wahrzunehmen. *Sigmund Graff*

Kapitalismus ist eine Weltanschauung durch Geldanschauung. *Walter Kröpelin*

Ein Kapitalist ist ein Mann, der hauptsächlich in seiner Freizeit Geld verdient. *Aneurin Bevan*

Kapitulieren

Es gibt mehr Leute, die kapitulieren, als solche, die scheitern. *Henry Ford*

Karikatur

Eine treffende Karikatur ist optisches Juckpulver. Sie zwingt den Getroffenen, sich zu kratzen.
Ronald Searle

Eine bissige Karikatur ist ein Volltreffer, durch den der Getroffene nur noch populärer wird.
Ronald Searle

Eine Karikatur ist eine Art Kommentar, um Nicht-Leser für einen Augenblick an Politik zu interessieren.
Ernst-Maria Lang

Karikaturen sind Zeichnungen mit einem Widerhaken, der Denkprozesse auslöst. *Hans-Georg Rauch*

Karneval

Karneval ist der stets mißglückende Versuch des Spießers, das Unerlaubte in seine Moral einzubeziehen. *Sigmund Graff*

Karneval ist eine periodisch im Winter auftretende Epidemie, die Betroffene am Morgen müde, am Abend tatendurstig und nach dem Aschermittwoch arbeitsunfähig macht. *Ron Kritzfeld*

Karriere

Eine Karriere ist wunderbar, aber nichts, woran man sich wärmen könnte in einer kalten Nacht.
Marilyn Monroe

Wer heutzutage Karriere machen will, muß schon ein bißchen Menschenfresser sein. *Salvador Dali*

Karriere machen geht ganz leicht, man muß nur a) ein Quentchen Glück haben, b) die entsprechende Figur besitzen und c) Leute von der Zeitung kennen.
Yvonne Romain

Die meisten Menschen sitzen von falschem Karrierebewußtsein getrieben, auf Positionen, wo der Sieg des Magengeschwürs über ihre Fähigkeiten vorprogrammiert ist. *Matthias Scharlach*

Mit der Karrieritis verhält es sich wie mit der Karies: Je länger, desto schlimmer. Die Karies zerfrißt die Knochen, die Karrieritis zernagt die Seele.
Con Berner

Erfolgsmenschen sind leicht zu erkennen: sie haben blaue Flecken an den Ellenbogen. *Rudolf Platte*

Es ist einer der dunkelsten Augenblicke im menschlichen Leben, wenn man eines Tages grauhaarig und alt nahe dem Ende einer unbefriedigenden Laufbahn zu der Erkenntnis kommt, daß man in all den Jahren nur von einem kleinen Teil seiner selbst Gebrauch gemacht hat. *Gerhard Reichel*

Man kann niemanden überholen, in dessen Fußstapfen man tritt. *Unbekannt*

Die Karriere ist ein Pferd, das auch gute Reiter zuweilen abwirft. *Unbekannt*

Den Aufstieg einer Frau zu einer höheren Position hemmt nicht der Chef, sondern seine Sekretärin.
Lore Lorentz

Anfangen ist leicht, doch Beharren eine Kunst.
Sprichwort

Um weiter zu springen, muß man einen Schritt zurücktreten. *Französisches Sprichwort*

Am besten macht man Karriere, wenn man für jemanden arbeitet, der Karriere macht. *Marion S. Kellogg*

Es gibt hohe Stellungen, die man am leichtesten in gebückter Haltung erreicht. *Robert Lembke*

Wenn Karrieren schwindelnde Höhen erreichen, ist der Schwindel häufig nicht mehr nachzuweisen.
Werner Schneyder

Am schnellsten kommt man auf dem Steckenpferd seines Vorgesetzten voran. *Rumänisches Sprichwort*

Eine Karriere
ist wunderbar,
aber nichts woran man
sich erwärmen könnte
in einer kalten Nacht.

MARILYN MONROE

Es gibt zwei Wege für den politischen Aufstieg: entweder man paßt sich an, oder man legt sich quer.
Konrad Adenauer

Manche Karrieren sind wie Efeu: kriechend steigen sie auf. *Henry Tisot*

Der Direktor zu seinem Assistenten: «Sie arbeiten hart und gewissenhaft, übernehmen gerne Verantwortung; sagen Sie mir, was führen Sie eigentlich im Schild?»
Unbekannt

Die Männer haben nur deshalb ihre führende Position erreichen können, weil sie durch keine Schwangerschaft behindert worden sind. *Anna Magnani*

Nichts riecht besser, als die Leiche eines Vordermannes. *Unbekannt*

Beim gesellschaftlichen Aufstieg empfiehlt es sich, freundlich zu den Überholten zu sein. Man begegnet ihnen beim Abstieg wieder. *Jo Herbst*

Der Beginn einer Karriere ist ein Geschenk der Götter. Der Rest ist harte Arbeit. *Fritzi Massary*

Gerade soviel gelten wollen, als man ist, ist entweder einsichtige Bescheidenheit oder dumme Unbescheidenheit. *Unbekannt*

Was du immer kannst werden. Arbeit scheue nicht und Wachen.
Aber hüte deine Seele vor dem Karrieremachen!
Theodor Storm

Es gibt zwei Möglichkeiten, Karriere zu machen: Entweder man leistet wirklich etwas, oder man behauptet, etwas zu leisten. Ich rate zu der ersten Methode, denn hier ist die Konkurrenz bei weitem nicht so groß!
Danny Kaye

Am sichersten macht man Karriere, wenn man anderen den Eindruck vermittelt, es sei für sie von Nutzen, einem zu helfen. *Jean de La Bruyere*

Teilnehmen ist wichtiger als siegen.
Pierre de Coubertin

Man unterscheidet zwei Arten von Teufeln: degradierte Engel und beförderte Menschen.
Stanislaw Jerzy Lec

In einer hierarchischen Organisation pflegt jeder Beschäftigte so lange aufzusteigen, bis er einen Posten erreicht hat, für den ihm die Kompetenz fehlt.
Laurence J. Peter

Karrieristen sind Leute, die im Berufsverkehr nicht die Überholspur verlassen. *Unbekannt*

➪ **Beruf, Erfolg**

Kartelle

In manchen Bündnissen klopfen die Partner einander so lange auf die Schulter, bis es weh tut.
Malcolm Muggeridge

Es gibt wenig aufrichtige Freunde. Die Nachfrage ist auch gering. *Marie von Ebner-Eschenbach*

Wettbewerb hält die Welt in Gang, nicht die Liebe.
William Faulkner

Wenn ein paar Menschen recht miteinander zufrieden sind, kann man meistens versichert sein, daß sie sich irren. *Johann Wolfgang von Goethe*

Die Erfolgreichen suchen sich die Umstände, die sie brauchen, und wenn sie sie nicht finden, schaffen sie sich die Umstände selber. *George Bernard Shaw*

Kassandra

Eine Kassandra ist eine Dame, die etwas Unangenehmes so lange voraussagt, bis es eintrifft.
Alberto Sordi

Kassenpatient

Ein Kassenpatient ist eine Person, die auch mit billigen Medikamenten wieder gesund wird. *Michael Schiff*

Katastrophe

Wir neigen zu dem Glauben, daß die Katastrophe sich weithin sichtbar ankündet, und daß bedeutende Zeichen ihr vorausgehen. Weit häufiger ist jedoch der Fall, daß ein historisches Gebäude durch Ameisenfüße untergraben wird. *Ernst Jünger*

Katzen

Auf den ersten Blick widerspricht sich das: der ordentliche Deutsche und das Wildtier Katze. Aber eigentlich gibt es für eine Katze keinen besseren Dosenöffner als den Deutschen. Der ist ein sehr sauberes Säugetier, zum überwiegenden Teil sogar stubenrein. Katzen mögen Ordnung. Die Ordnungsliebe der Deutschen, vor allem ihre Neurose, das Klo so sauber zu halten, daß man daraus trinken kann, die gefällt den Katzen. *Akif Pirinçci*

Müßte ein italienischer Designer ein Tier erfinden, käme bestimmt eine Katze dabei heraus. Sie ist windschnittig und einfach das schönste Tier auf der Welt. Hunde sind auch schön, aber sie sabbern. *Akif Pirinçci*

Eine Katze ist ein Miniaturlöwe, der Mäuse mag, Hunde nicht leiden kann und den Menschen toleriert.
Unbekannt

Kaugummi

Kaugummi ist die einzige Entschuldigung der Amerikaner für ihr schlechtes Englisch. *Ralph Boller*

Kavalier

Ein Kavalier ist ein Mann, der seiner Frau die Tür aufhält, wenn sie die Einkaufstüten ins Haus trägt.
Bud Brennan

Ein Kavalier ist ein Mann, der wenigstens nicht mit den Frauen flirtet, die er im Omnibus stehen läßt.
Monika Peitsch

Ein Kavalier ist einer, der eine Frau vor allen Männern beschützen will - sich selbst ausgenommen.
Unbekannt

Ein Kavalier ist ein Mann, der sich den Geburtstag seiner Frau gemerkt und ihr Alter vergessen hat.
Unbekannt

➪ **Gentleman**

Keuschheit

Keuschheit ist ebenso wenig eine Tugend wie Unterernährung. *Alexander Comfort*

Keuschheit ist vieler Laster Anfang. *Rudolf Rolfs*

➪ **Abstinenz, Verzicht**

Kinder

Kinder bringen die letzten Neuigkeiten der Ewigkeit mit. An der Seite eines Kindes wird jeder Mensch in weniger als einer halben Stunde feierlich. Außerordentliche Dinge passieren mit jedem Wesen, das in enger Verbundenheit mit Kindern lebt.
Maurice Maeterlinck

Es muß sich unter jungen Ehepaaren noch viel mehr herumsprechen, daß auch der teuerste Mercedes niemals "Vater" oder "Mutter" zu ihnen sagen wird.
Ignaz Kiechle

Nur wer erwachsen wird und ein Kind bleibt, ist ein Mensch! *Erich Kästner*

Wer Kinder für richtige Menschen hält, weiß, daß Kinder die größeren Menschen sind. Wenn alles richtig läuft, dann erziehen die Kinder uns und nicht wir sie. Wo sie nur können, bringen sie uns auf ihr Niveau.
Erna Lackner

Um die Mysterien eines Weihnachtsmarktes zu durchdringen, ist es nötig, ein Kind bei sich zu haben.
Wilhelm Raabe

Wo keine Kinder sind, fehlt oft der kindliche Geist, der nach oben zieht; nur zu gerne bemächtigt sich die Materie der Erwachsenen und zieht sie nach unten.
Jeremias Gotthelf

Warum kann man nicht Enkel haben, ohne Kinder haben zu müssen? *Göran Järvefelt*

Wo Kinder sind, da ist ein goldenes Zeitalter. *Novalis*

Nicht Philosophen stellen die radikalsten Fragen, sondern Kinder. *Hellmut Walters*

Als Kind ist jeder ein Künstler. Die Schwierigkeit liegt darin, als Erwachsener einer zu bleiben. *Pablo Picasso*

Daß wir wieder werden wie die Kinder, ist eine unerfüllbare Forderung. Aber wir können zu verhüten suchen, daß die Kinder werden wie wir. *Erich Kästner*

Die erste Hälfte unseres Lebens wird uns von unseren Eltern verdorben, die zweite von unseren Kindern.
Clarence Darrow

Kinder sind ein teurer Spaß, den sich vorwiegend die Armen leisten. *Unbekannt*

Kinder sind das einzige, was in einem modernen Haushalt noch mit der Hand gewaschen werden muß.
Unbekannt

Kinder sind kleine Wesen, die sich nicht so benehmen dürfen wie ihre Eltern im gleichen Alter. *Unbekannt*

Eltern begabter Kinder glauben unerschütterlich an Vererbung. *Joachim Fuchsberger*

Einem Menschen, den Kinder und Tiere nicht leiden können, ist nicht zu trauen. *Carl Hilty*

Viele, die ihr ganzes Leben auf die Liebe verwendeten, können uns weniger über sie sagen als ein Kind, das gestern seinen Hund verloren hat. *Thornton Wilder*

Das Kind hat den Verstand meistens vom Vater, weil die Mutter ihren noch besitzt. *Adele Sandrock*

Kinder müssen die Dummheiten der Erwachsenen ertragen, bis sie groß genug sind, sie zu wiederholen.
Jean Anouilh

Es gibt kein problematisches Kind, es gibt nur problematische Eltern. *Alexander S. Neill*

Wer die Lebenslaufbahn seiner Kinder zu verpfuschen gedenkt, der räume ihnen alle Hindernisse weg.
Emil Oesch

Wenn Männer Kinder bekämen, wäre die Abtreibung längst ein Sakrament. *Lore Lorentz*

Kinder, die man nicht liebt, werden Erwachsene, die nicht lieben. *Pearl S. Buck*

Es gibt keine großen Entdeckungen und Fortschritte, solange es noch ein unglückliches Kind auf Erden gibt. *Albert Einstein*

Eltern verzeihen ihren Kindern die Fehler am schwersten, die sie selbst ihnen anerzogen haben. *Marie von Ebner-Eschenbach*

Ein Kind ist ein Lebewesen, dem - kaum daß es gelernt hat zu sprechen - sofort der Mund verboten wird. *Unbekannt*

Ein Kind ist kein Gefäß, das gefüllt, sondern ein Feuer, das entzündet werden will. *Francois Rabelais*

Die Kinder wurden nicht dazu geboren, damit wir glücklich seien. Unsere Freude sollte darin bestehen, daß es ihnen wohl gehe auf Erden und sie ihr Leben erfüllen. *Rabindranath Tagore*

Kinder sind ein Trost im Alter und ein Mittel, es rascher zu erreichen. *Unbekannt*

Nur Kindern und Narren verzeihen wir, daß sie uns die Wahrheit sagen; die anderen werden es früher oder später büßen. *Emile M. Cioran*

Ein Kind zu erziehen, ist leicht. Schwer ist nur, das Ergebnis zu lieben. *Werner Schneyder*

Kinder sind der Höhepunkt menschlicher Unvollkommenheit: Sie weinen. Sie stellen ärgerliche Fragen. Sie erwarten, daß man sie ernährt, wäscht, erzieht und ihnen die Nase putzt. Und im gegebenen Augenblick brechen sie uns das Herz. *Robert Louis Stevenson*

Die Zweige geben Kunde von der Wurzel. *Arabisches Sprichwort*

Denn wir können die Kinder nach unserem Sinne nicht formen. *Johann Wolfgang von Goethe*

Wer nicht einmal ein vollkommenes Kind war, der wird schwerlich ein vollkommener Mann. *Friedrich Hölderlin*

Erst bei den Enkeln ist man dann soweit, daß man die Kinder ungefähr verstehen kann. *Erich Kästner*

➪ **Eltern, Erziehen, Kindheit**

Kindheit

Die Kindheit ist ein Abschnitt des menschlichen Lebens zwischen dem Schwachsinn des Säuglings und der Torheit der Jugend - zwei Schritte entfernt von der Sünde des Erwachsenenlebens und drei von der Reumütigkeit des Alters. *Ambrose Bierce*

Mit einer Kindheit voll Liebe aber kann man ein halbes Leben hindurch für die kalte Welt haushalten. *Jean Paul*

Die meisten Menschen legen ihre Kindheit ab wie einen alten Hut. Sie vergessen sie wie eine Telefonnummer, die nicht mehr gilt. *Erich Kästner*

Kindheit ist jene herrliche Zeit, in der man dem Bruder zum Geburtstag die Masern geschenkt hat. *Peter Ustinov*

Eine glückliche Kindheit ist eines der schönsten Geschenke, die Eltern zu vergeben haben. *Gerhard Reichel*

Kino

Das Kino ist der Ort, an dem man viel über die Leidenschaft der Menschen erfährt, vorausgesetzt, daß man sich durch die Ereignisse auf der Leinwand nicht ablenken läßt. *Danny Kaye*

➪ **Film**

Kirche

Es ist überraschend, daß es Bischöfe gibt, die bereit sind, Schlachtschiffe, Bombenflugzeuge oder Truppen vor dem Kampfe zu segnen, die aber die Geburtenkontrolle verurteilen. *L. Harrison Matthews*

Die Kirche, die so viele zu Märtyrern gemacht hat, hat den Zeitpunkt verpaßt, selbst zum Märtyrer zu werden. *Wolfgang Eschker*

Die Kirche ist eine Konserve von vorgestern, deren Verfallsdatum längst überschritten ist. *Uta Ranke-Heinemann*

Ein Gott, der kirchenförmig gedacht wird, hindert die Kirche daran, gottesförmig zu werden. *Kurt Marti*

Die Kirche hat nicht den Auftrag, die Welt zu verändern. Wenn sie aber ihren Auftrag erfüllt, verändert sich die Welt. *Carl Friedrich von Weizsäcker*

Die Krise der Kirche besteht darin, daß sie bescheidener von sich denken muß, um der Größe ihrer Aufgabe gerecht werden zu können. *Professor Trutz*

Die überfälligen Reformen bleiben aus, die Kluft zwischen Hirten und Herde wird immer größer. *EMNID 11/1994*

Das zentralistische-totalitäre römische System hat keine Zukunft. Es ist für viele Gläubige zu einer unerträglichen Belastung geworden - ein Relikt aus dem Mittelalter. *Hans Küng*

Der Geist des Evangeliums ist ein lebendiger Geist. Er ist nicht der Ungeist des Traditionalismus, Autoritarismus und Antimodernismus. *Hans Küng*

Was die Kirche braucht, ist eine radikale Erneuerung. Nicht ein Machtpapsttum, sondern einen brüderlichen Petrusdienst. *Hans Küng*

Die Kirche ist ständig in Versuchung, sich an die Welt anzupassen, nach Einfluß zu streben, der aus der Macht, dem Privileg und dem Prestige erwächst, und sie vergißt unterdessen, daß ihr Herr und Meister in einem Stall zur Welt kam. *Desmond Tutu*

Machtverzicht ist keine Schande für einen Christen. *Hans Küng*

Der Papst ist immer weniger ein "guter Hirte", sondern ein Wachhund, der seine katholische "Herde" mit drohender und knurrender Aggressivität zu bewachen versucht, während mehr und mehr "Schafe" aus diesem Pferch ausbrechen. *Hans Küng*

Eine Kirche ist ein Gebäude, wo der Pfarrer Gott verehrt und die Frauen den Pfarrer. *Ambrose Bierce*

Eine Kirche ist der einzige Ort, wo jemand zu mir spricht, ohne daß ich ihm zu antworten brauche. *Charles de Gaulle*

Die Kirchensteuer ist die irdische Zwangsabgabe für einen Platz im Jenseits. *Ron Kritzfeld*

➪ **Glaube, Gott, Religion, Christentum, Dogma**

Kitsch

Kitsch ist das Echo der Kunst. *Kurt Tucholsky*

➪ **Kunst**

Klarinette

Die Klarinette ist ein Folterinstrument, das von einer Person mit Watte in den Ohren bedient wird. Es gibt zwei Instrumente, die schlimmer sind als eine Klarinette - zwei Klarinetten. *Ambrose Bierce*

Klassiker

Verleger interessiert an Klassikern vor allem, daß sie tantiemenfrei geworden sind. *Hubert Beuve-Mery*

Klassikerausgaben sind mehr Möbel als Literatur. *Jacques Tati*

Ein Klassiker ist ein Autor, der noch zitiert, aber nicht mehr gelesen wird. *Laurence Olivier*

Klassiker: einer, der uns nicht mehr davon in Kenntnis setzen kann, daß er die Ansichten, auf die wir uns berufen, längst geändert hat. *Gabriel Laub*

Ein Klassiker ist ein Autor, der noch zitiert, aber nicht mehr gelesen wird. *Sir Laurence Olivier*

Ein Klassiker ist ein Autor, dessen Bücher als Kassette zu haben sind. *Hans Weigel*

➪ **Autor, Bücher, Literatur**

Klatsch

Prominent ist man, wenn man erst aus der Klatschspalte erfährt, was man in nächster Zeit vorhat. *Anna Moffo*

Klatsch ist das einzige Geräusch, das schneller ist als der Schall. *Unbekannt*

Klatsch ist die kleine Schwester der Wahrheit. *Spanisches Sprichwort*

Es ist möglich, daß über uninteressante Menschen Klatsch verbreitet wird, aber es ist unmöglich, daß über interessante Menschen nicht geklatscht wird. *Brigitte Bardot*

Frauen lieben es im Grunde gar nicht, Klatsch weiterzuerzählen. Sie wissen nur nicht, was sie sonst damit anfangen sollen. *Romy Schneider*

Die beste Informationsquelle sind Leute, die versprochen haben, nichts weiterzuerzählen. *Axel von Ambesser*

Der Klatsch ist die Mehrwertsteuer der Popularität. *Ben Kingsley*

Was zwischen zwei Zungen gerät, gerät zwischen tausend. *Arabisches Sprichwort*

Geht man unter die Leute, erfährt man was sich zu Hause tut. *Jüdisches Sprichwort*

Ich verzeihe meinen Freunden, die Schlechtes über mich sagen, aber nicht denen, die es mir überbringen. *Andre Malraux*

Klatsch ist die Umsatzsteuer der Popularität. *Maurice Couve de Murville*

Klatsch ist eine feste Verbindung zwischen zwei losen Zungen. *Willy Reichert*

Klatsch ist was man gern über Leute hört, die man nicht mag. *Unbekannt*

➪ **Intrigant, Geschwätzigkeit, Gerücht, Verleumdung**

Klavier

Das Klavier ist ein Musikinstrument, an dem sich Sänger festhalten und auf dem man sein Bier abstellen kann. *Unbekannt*

Ein Klavier ist ein Salongerät, mit dem der unbußfertige Gast mürbe gemacht wird. Die Bedienung erfolgt durch Niederdrücken der Tasten und der Stimmung der Zuhörer. *Ambrose Bierce*

Ein Klavier ist Schreibmaschine, die bei entsprechendem Anschlag ohne Papier gefühlvolle Botschaften direkt ins Herz des Adressaten sendet. *Ron Kritzfeld*

Kleider

Kleider sind Waffen, mit denen die Schönen streiten und die sie - gleich den Soldaten - nur dann von sich werfen, wenn sie überwunden sind. *Jean Paul*

Die Kleidermode ist der teuerste Uniformzwang der Welt. *Maurice Chevalier*

Der Kleiderschrank ist ein Möbelstück, in dem Frauen, die nichts anzuziehen haben, ihre Kleider aufbewahren. *Unbekannt*

Sage mir, welche Marke du trägst und ich sage dir, wer du gerne sein möchtest. *Gerhard Reichel*

Hüte dich, solange du lebst, die Leute nach ihrem Äußeren zu beurteilen. *Jean de la Fontaine*

Die Kleidung eines Mannes verrät seine Werke, und der Gang eines Menschen tut kund, was an ihm ist. *Jesus Sirach*

➪ **Mode**

Kleinaktionäre

Kleinaktionäre sind das Kanonenfutter des Wertpapierhandels. *Helmar Nahr*

Kleinbetriebe

In den USA entstanden zwischen 1988 und 1990 in Kleinbetrieben vier Millionen neue Arbeitsplätze... Ein deutscher Existenzgründer schafft im Schnitt fünf neue Arbeitsplätze, nach drei Jahren kommen drei weitere hinzu. *Eberhard Hamer*

Kleinbetriebe zeichnen sich durch besondere Anpassungsfähigkeit aus und deshalb stehen sie jede Krise leichter durch. *Eberhard Hamer*

Ein riesenhafter Weltmarkt entsteht - aber die erfolgreichsten Macher in diesem wahrhaft globalen Spiel sind nicht die Großkonzerne. Im Gegenteil - die kleinen Unternehmen überleben und sind die Sieger. In der Welt der Sieger sind die Kleinen am erfolgreichsten. *John Naisbitt*

“Think small” - wir wollen unserem riesigen Unternehmenskörper die Seele eines Kleinunternehmens einhauchen.
Aus den Unternehmensleitzielen von General Electric

➪ **Mittelstand**

Kleinstadt

Die Kleinstadt ist ein Ort, wo nachts nur die Lichter ausgehen. *Unbekannt*

Die Kleinstadt ist ein Ort, wo die Leute das Neueste schon wissen, ehe die Zeitung herauskommt - die sie dann aber doch lesen, um zu sehen, ob der Redakteur die Geschichte so gebracht hat, wie sie sie gehört haben. *Unbekannt*

Die Kleinstadt ist ein Vergrößerungsglas für Vorurteile, die es in der Großstadt nicht gibt. *Bob Lawrence*

➪ **Stadt**

Klugheit

Was auf den ersten Blick wie Feigheit aussieht, ist möglicherweise Klugheit. *Jean Giono*

Die Klugheit des Fuchses wird oft überschätzt, weil man ihm auch noch die Dummheit der Hühner als Verdienst anrechnet. *Hans Kasper*

Sie werden es nicht glauben, aber es gibt soziale Staaten, die von den Klügsten regiert werden; das ist bei den Pavianen der Fall. *Konrad Lorenz*

Die Klugheit des Mannes ist eine Leiter, die der Frau eine Wendeltreppe. *Halldor Laxneß*

Um es im Leben zu etwas zu bringen, braucht man Redlichkeit und Klugheit. Die Redlichkeit besteht darin, zu halten, was man versprochen hat, die Klugheit darin, nichts zu versprechen. *Oliver Herford*

Wenn man klug ist, tut man am besten, weise zu sein.
Friedrich Wilhelm Nietzsche

Es ist ein Zeichen von Klugheit, wenn man verhandelt, statt zu kämpfen. *Ho Chi Minh*

Die Klugheit eines Menschen läßt sich aus der Sorgfalt ermessen, womit er das Künftige oder das Ende bedenkt. *Georg Christoph Lichtenberg*

➪ **Weisheit**

Koalition

Eine zu Ende gehende Koalition ist wie ein überreifer Camembert: die Sache stinkt. *Mario Scelba*

Wer auf Erden jemals Chef einer Koalitionsregierung war, dem bleibt nach dem Tode das Fegefeuer erspart. *Mario Scelba*

Die Koalition ist die intimste Form der Gegnerschaft. *Richard Wiggins*

In jeder Koalition verwandelt sich der Bindestrich im Laufe der Zeit in einen Trennungsstrich. *Paul-Henri Spaak*

Koalition ist das Kunststück, den rechten Schuh auf dem linken Fuß zu tragen, ohne Hühneraugen zu bekommen. *Guy Mollet*

In einer Koalition ist es ganz natürlich, daß der Schwanz mit dem Hund zu wedeln versucht. Es kommt nur darauf an, ob der Hund sich das gefallen läßt. *Amintore Fanfani*

Eine Koalition ist ein Tennisdoppel, bei dem der Partner mit einem halben Bein auf der Gegenseite steht. *Hector Velez*

Koalitionsverhandlungen sind der sicherste Weg, bestehende Meinungsverschiedenheiten zu vertiefen. *Helga Metzkow*

Eine Koalition ist die Kunst, den Partner mit einem Kaktus zu streicheln. *Carlo Franchi*

Eine Koalition ist eine Vernunftheirat mit Flitterwochen in getrennten Schlafzimmern. *Jean Marivaux*

➪ **Parteien, Politik**

Kochen

Die Kochkunst ist eine ebenso angenehme wie heimtückische Methode, Muskelfleisch in Bauchspeck zu verwandeln. *Helmar Nahr*

Kochen ist eine Explosion der Kreativität. *Heinz Wehmann*

Die neue Küche ist ein Gaumentheater für entmannte Intellektuelle, eine Küche des Bluffs. *Robert J. Courtine*

Seit der Erfindung der Kochkunst essen die Menschen doppelt soviel. wie die Natur verlangt. *Benjamin Franklin*

Der Unterschied zwischen Kunst und Kochkunst: Von einem Essen bleibt nur die Erinnerung, die kann man nicht wie ein Gemälde besitzen. *Harald Wohlfahrt*

Warum ich koche? Weil ich dadurch an einem Abend gleich mehrere Frauen glücklich machen kann. *Karl Ederer*

Wunderbare Speisen haben etwas gemeinsam mit Musik - sie kennen keine Grenzen und lehren Toleranz. *Harald Wohlfahrt*

Essen heißt die Welt durch den Mund wahrnehmen. *Gerhard Reichel*

Um überzeugend zu kochen muß man das von der Erde aus machen, auf der man steht. Das tun zum Beispiel die Italiener. Die versuchen sich erst gar nicht an einem Rostbraten. *Vincent Klink*

Ich halte Essen und Trinken für den ältesten Kulturbeitrag der Menschheit. Die Deutschen brauchen kulinarische Bildung. Sie müssen aus der traditionellen Barbarei heraus. *Vincent Klink*

Gutes Essen und Genuß kann man lernen. Die meisten Menschen glauben, weil sie von Geburt an gegessen und getrunken haben, sie könnten es. Stimmt nicht. Wenn man ein Bresse-Huhn ißt und weiß, welches Gefieder es hat, schmeckt es einfach besser. Alles nur die Gurgel hinunterbefördern ohne Sinn und Verstand, da kommt keine Freude auf. *Vincent Klink*

Schlecht kochen ist keine Kunst, das kann jeder. Aber auch noch stolz darauf sein, das bringen nur deutsche und britische Hausfrauen fertig. *Wolfram Siebeck*

➪ **Appetit, Essen, Nahrung**

Koexistenz

Koexistenz ist das, was der Bauer mit der Gans bis zur Kirchweih tut. *Unbekannt*

Koexistenz heißt friedlich nebeneinander aufrüsten. *Wolfram Weidner*

Kollegen

Wer ein vernichtendes Urteil über einen Kollegen abgeben will, beginnt mit einem dicken Lob. *Eberhard Ewel*

Der Mensch ist gut, aber die Leut san a Bagasch.
Johann Nepomuk Nestroy

Man kann es auf zweierlei Art zu etwas bringen: durch eigenes Können und durch die Dummheit der anderen.
Jean de La Bruyere

Je mehr Bekannte man hat, um so weniger kennt man die Leute. *Chinesisches Sprichwort*

Wenn man klug ist, tut man am besten, weise zu sein.
Friedrich Wilhelm Nietzsche

Nie zeichnet der Mensch den eigenen Charakter schärfer, als in seiner Manier, einen fremden zu zeichnen.
Jean Paul

Wenn wir keine Fehler hätten, würden wir nicht mit so großem Vergnügen Fehler an anderen entdecken.
La Rochefoucauld

Auf der untersten Sprosse der Erfolgsleiter ist die Unfallgefahr am geringsten. *Rupert Schützbach*

Höflichkeit ist der dritte Arm, der uns erlaubt, Zudringliche auf Distanz zu halten. *Walter Kiaulehn*

Liebe deinen Nachbarn, aber reiße den Zaun nicht ein.
Altdeutsche Weisheit

Ein Kollege ist einer, der ohne jede Eignung unerklärlicherweise dasselbe macht wie man selbst.
Unbekannt

Kollegen sind Leute, die jahrelang zusammenarbeiten und leben, aber über die anderen meist nur gerüchteweise Bescheid wissen. *Gerhard Polt*

Das erste Kamel einer Karawane hält alle auf; das letzte erhält die Prügel. *Äthiopisch*

Nichts riecht besser, als die Leiche eines Vordermannes. *Unbekannt*

Wenn wir nicht mehr weiter wissen, müssen wir uns näher kommen. *Büroweisheit*

➪ **Betriebsklima, Team, Zusammenarbeit**

Komiker

Ein Komiker ist ein Mensch, der nichts, aber auch gar nichts ernst nimmt - außer sich selbst. *Danny Kay*

Komitee

Wenn Moses ein Komitee gewesen wäre, säßen die Juden noch immer in Ägypten. *J.B. Hughes*

Um eine Ente zu treffen, muß man die Flinte bewegen . . . Wenn ein Ausschuß bereit ist zu schießen, ist die Ente fortgeflogen. *Lee Iacocca*

➪ **Ausschuß, Gremium, Kommission**

Kommission

Kommissionen sind Vereinigungen, in denen mehrere Personen die Arbeit nicht leisten, die ein einzelner viel besser machen würde. *Prosper Merimee*

Kommissionen sind die Brutapparate der Bürokratie.
Cyril Northcote Parkinson

Eine Kommission ist eine Henne, die über einem Porzellanei brütet. *Michael Foot*

Eine Kommission ist eine Gruppe von Unwilligen, ausgewählt aus einer Schar von Unfähigen zwecks Erledigung von etwas Unnötigem. *Richard Harkness*

➪ **Ausschuß, Gremium, Kommitee**

Kommentar

Politische Kommentare sind Orakel im nachhinein.
Thornton Wilder

Kommentatoren sind Leute, die andere kratzen, wenn es sie selber juckt. *Robert McNamara*

Kommunikation

Es gibt keine größere Illusion als die Meinung, Sprache sei ein Mittel der Kommunikation zwischen Menschen. *Elias Canetti*

In allen zwischenmenschlichen Beziehungen ist unsere Ohnmacht, uns exakt verständlich zu machen, die häufigste Ursache für ein Versagen.
Cyrill Northcote Parkinson

Ich habe jemanden getroffen, und wir haben unsere Ideen ausgetauscht merkwürdig, wie leer mein Kopf ist. *Ernest Renan*

Der Arbeitgeber muß bei einem Gespräch mit dem Arbeitnehmer damit rechnen, daß der Arbeitnehmer rechtsgeschäftliche Erklärungen abgibt. Der Arbeitgeber kann sich nicht darauf berufen, daß er die Kündigung infolge Schwerhörigkeit nicht verstanden habe und die Erklärung daher nicht zugegangen sei, wenn der Arbeitnehmer die Schwerhörigkeit nicht kannte und aufgrund des Verhaltens des Arbeitgebers davon ausgehen mußte, daß dieser verstanden hat.
Landesarbeitsgericht Baden-Württemberg 1980 - 8 Sa 9180

Im Geschäft soll man schwerhörig sein; dadurch wird der andere zur Deutlichkeit gezwungen.
Cornelius Stüßgen

Es gibt lediglich vier Möglichkeiten des Kontakts mit unserer Umwelt. Man schätzt uns danach ein, wie wir diese vier Kontaktmöglichkeiten nutzen: was wir tun, wie wir aussehen, was wir sagen und wie wir es sagen.
Dale Carnegie

Zu viele Menschen machen sich nicht klar, daß wirkliche Kommunikation eine wechselseitige Sache ist.
Lee Iacocca

Alberne Leute sagen Dummheiten, gescheite machen sie. *Marie von Ebner-Eschenbach*

➪ **Gespräch, Argumentation, Diskussion, Reden, Konversation**

Kommuniqué

Ein gutes Kommuniqué ist die halbnackte Wahrheit - in einem hübschen Bikini. *Bill Woodrich*

Kommunismus

Auch der orthodoxeste Kommunist verteidigt, wenn er Schach spielt, seinen König. *Brana Crncevic*

Der Kommunismus ist das Paradies auf Erden. Sobald man vom Baum der Erkenntnis gegessen hat, wird man daraus vertrieben. *Wolfgang Eschker*

Der Kommunismus findet Zulauf nur dort, wo er nicht herrscht. *Henry Kissinger*

➪ **Kapitalismus, Sozialismus**

Kompetenz

In einer hierarchischen Organisation pflegt jeder Beschäftigte so lange aufzusteigen, bis er einen Posten erreicht hat, für den ihm die Kompetenz fehlt.
Laurence J. Peter

Kompetent ist der, der auf seinem Wirkungsfeld alle Argumente kennt und sie bewerten kann.
Matthias Scharlach

Kompliment

Von einem guten Kompliment kann ich zwei Monate leben. *Mark Twain*

Wenn man gebraucht wird, rieseln Komplimente wie Konfetti. *Toni Impekoven*

Ein Kompliment ist eine freundliche Wahrheit mit etwas Make-up. *Hannelore Schroth*

Frauen werden nie durch Komplimente entwaffnet. Männer immer. *Oscar Wilde*

Ein geglücktes Kompliment ist die charmante Vergrößerung einer kleinen Wahrheit. *Johannes Heesters*

Mache einer Frau ein hübsches Kompliment, und du bleibst ihr ein Leben lang unvergessen. *Varaa Lisi*

Mit Komplimenten kann man eine Frau zwar erfreuen, aber nicht überraschen. *Robert Lembke*

Wenn mir Kollegen Komplimente machen, habe ich immer das Gefühl, etwas falsch gemacht zu haben.
Robert Lembke

Eine Frau ist imstande, zwei Tage lang von nichts anderem zu leben als von einem hübschen Kompliment. *Michele Morgan*

Ein Kompliment ist ein geglückter Seiltanz zwischen Wahrheit und Übertreibung. *Hermann Bahr*

Ein Kompliment ist der Sieg der Höflichkeit über die Ehrlichkeit. *Ralph Boller*

➪ **Anerkennung, Lob**

Kompromiß

Kompromisse schließen heißt Konflikte sehen und austragen. Der Kompromiß ist ein, wenn nicht das Wesenselement der Politik und der Demokratie.
Johann Philipp Freiherr von Bethmann

Ein magerer Kompromiß ist besser als ein dicker Prozeß. *George Herbert*

Ein Kompromiß ist ein Zusammenprall unter Anwendung von Stoßdämpfern. *Unbekannt*

Ein Kompromiß ist ein Übereinkommen, bei dem man vorgibt, daß man nachgibt. *Willy Reichert*

Zwischen Entweder und Oder führt noch manches Sträßlein. *Josef Victor von Scheffel*

Ein Kompromiß ist dann vollkommen, wenn alle unzufrieden sind. *Aristide Briand*

Es kommt nicht darauf an, mit dem Kopf durch die Wand zu gehen, sondern mit den Augen die Tür zu finden. *Werner von Siemens*

Ein Kompromiß, das ist die Kunst, einen Kuchen so zu teilen, daß jeder meint, er habe das größte Stück bekommen. *Ludwig Erhard*

Kompromiß - die einzigen zwei Halbheiten, die nicht ein Ganzes ergeben. Mathematisch unmöglich, aber demokratisch. *Oliver Hassencamp*

Man kann sich auch an offenen Türen den Kopf einrennen. *Erich Kästner*

➪ **Argument, Streit, Diskussion, Konflikt, Verhandeln**

Konferenz

Jeden Abend, bevor man ins Bett geht, sollte man folgende Gewissensprüfung betreiben: 1. Habe ich an einer Sitzung teilgenommen, die nicht unbedingt notwendig war? 2. Habe ich zu einer Sitzung eingeladen, die nicht unbedingt notwendig war? 3. Habe ich die Sitzung durch eine Wortmeldung verlängert, die nicht unbedingt notwendig war? *Franz Hengsbach*

Wenn die Zahl derer, die mitzureden haben, ins unermeßliche steigt, dann hören die auf zu reden, die etwas zu sagen haben. *Unbekannt*

Nicht diejenigen sind zu fürchten, die anderer Meinung sind, sondern diejenigen, die anderer Meinung sind, aber zu feige, es zu sagen. *Napoleon I.*

Gesegnet seien jene, die nichts zu sagen haben und den Mund halten. *Oscar Wilde*

Lieber Gott, hilf mir, mein großes Maul zu halten, wenigstens so lange, bis ich genau weiß, über was ich rede. *Tafel in einem Sitzungssaal*

Wer immer das letzte Wort haben will, spricht bald mit sich allein. *Bretonisches Sprichwort*

Frech gesagt, ist halb gewonnen. *Gerhard Uhlenbruck*

Sachkenntnis ist das letzte, das man für eine lebhafte Diskussion benötigt. *Beaumarchais*

Manche Leute werden hauptsächlich deshalb für gebildet gehalten, weil ihnen das wenige, was sie wissen, im richtigen Augenblick einfällt. *Friedrich Julius Stahl*

Die Menschen sind so subjektiv, daß nichts Interesse für sie hat als ganz allein sie selbst. Daher beziehen sie, selbst wenn man objektiv mit ihnen redet, alles auf sich selbst, sind leicht beleidigt und gekränkt, ebenso leicht aber auch geschmeichelt und gewonnen. *Arthur Schopenhauer*

Wenn man sagt, daß man einer Sache grundsätzlich zustimmt, so bedeutet es, daß man nicht die geringste Absicht hat, sie in der Praxis durchzuführen. *Otto von Bismarck*

In jeder Gesellschaft gibt es Macher, Mitmacher und Miesmacher. *Rido Busse*

Konferenz: "Der Triumph des Sitzfleisches über das Gehirn." *Definition eines amerikanischen Bankers*

Der Gescheitere gibt nach! Eine traurige Wahrheit; sie begründet die Weltherrschaft der Dummheit. *Marie von Ebner-Eschenbach*

Es ist unmöglich, die Fackel der Wahrheit durch ein Gedränge zu tragen, ohne jemandem den Bart zu versengen. *Georg Christoph Lichtenberg*

Wenn wir uns einig sind, gibt es wenig, was wir nicht tun können. Wenn wir uneins sind, gibt es wenig, was wir tun können. *John F. Kennedy*

Konferenzen sind Verschiebebahnhöfe für ungelöste Probleme. *Richard Burton*

Konferenzen sind die Bremsspuren der Geschichte. *Henri Troyat*

Internationale Konferenzen sind Meisterleistungen moderner Kommunikationstechnik, die ein Maximum an Organisation mit einem Minimum an Information verbinden. *Helmar Nahr*

Ein Konferenzsaal ist ein Ort, wo viele hineingehen und wenig herauskommt. *Karl Farkas*

➪ **Diskussion**

Konflikt

Man muß den Punkt kennen, bis zu dem man zurückweichen darf. *Ernst Jünger*

Wer nicht hoffen kann, einen Gegner niederzukämpfen, sollte ihn rechtzeitig entwaffnen. *Jean-Paul Blum*

Wie wollen wir aber fähig sein, Konflikte auszutragen, wenn Andersdenkende von vornherein diffamiert, mit Berufsverbot belegt, ausgeschlossen werden? Wer den Konflikt verdrängt, scheut die Wahrheit. *Hans Pestalozzi*

Wo Kompromisse fehlen, dominieren die Faustregeln. *Werner Mitsch*

Besser: sich zu zanken, als allein zu sein. *Irisches Sprichwort*

➪ **Argument, Streit, Diskussion, Kompromiß, Verhandeln, Konfrontation**

Konfrontation

Konfrontation ist heute gleichbedeutend mit Einnahme von unveränderlichen Positionen; die Lösung kann nur in der Unterdrückung der einen Seite oder im Kompromiß, im Kuhhandel bestehen. *Hans Pestalozzi*

Konkurrenz

Ein Indikator für eine funktionierende Marktwirtschaft ist die jährliche Fluktuationsrate. In Deutschland liegt sie bei nur drei Prozent, im Unternehmerparadies Kalifornien erreicht sie dagegen 15 Prozent. Das heißt: Jahr für Jahr muß jeder siebte kalifornische Unternehmer einem Konkurrenten weichen, der besser ist als er. In Deutschland trifft es dagegen nur jeden 33. Der rasche Wechsel fegt veraltete Betriebe vom Markt und schafft Platz für neue, dynamische Unternehmen.
Eberhard Hamer

➪ **Wettbewerb**

Konservatismus

Konservatismus wird künftig heißen: diese Erde im Zustand der Bewohnbarkeit zu lassen.
Klaus Harpprecht

Konservativer: einer, der in bestehende Mängel verliebt ist, während der Liberale sie durch neue Mängel ersetzen möchte. *Ambrose Bierce*

Ein Konservativer ist ein Mensch mit zwei völlig gesunden Beinen, der nie gehen gelernt hat.
Franklin D. Roosevelt

Ein Konservativer ist ein Mensch, der Radikalisten ein Jahrhundert nach ihrem Tode bewundert.
Leo C. Rosten.

Ein Konservativer ist ein Fahrlehrer, bei dem man vor allem das Parken lernt. *Edith Sitwell*

Ein Konservativer ist ein Mensch, der glaubt, daß nichts zum erstenmal getan werden sollte.
Alfred E. Wiggam

Konservativismus ist Heimweh. *Klaus Harpprecht*

Konservativismus ist Staffellauf auf der Stelle.
Alberto Moravia

➪ **Bewahren, Tradition**

Kontakt

90% aller Leute haben es zu "wenig gebracht", weil sie sich einer falschen Gruppe Menschen anschlossen.
Unbekannt

Es gibt lediglich vier Möglichkeiten des Kontakts mit unserer Umwelt. Man schätzt uns danach ein, wie wir diese vier Kontaktmöglichkeiten nutzen: was wir tun, wie wir aussehen, was wir sagen und wie wir es sagen.
Dale Carnegie

Wir können heute über den Ozean fliegen, hören und sehen, aber der Weg zu uns selbst und zu unserem Nächsten ist sternenweit. *Max Reinhardt*

Jeder Mensch ist eine Insel, die sich nach Vereinigung mit dem Festland sehnt. *Arthur Koestler*

Die beste Insel ist nicht schön, wenn man mit dem falschen Menschen drauf ist. *Boris Becker*

Es ist in jedermanns Macht, über alles, was Menschen trennt, Brücken zu bauen. *Unbekannt*

Alles wirkliche Leben ist Begegnung. *Martin Buber*

Es sind die Begegnungen mit Menschen, die das Leben lebenswert machen. *Guy de Maupassant*

Nur Menschen, die fähig sind, einander wahrhaft du zu sagen, können miteinander wahrhaft wir sagen.
Martin Buber

Nur andere Menschen können unser Leben erfüllen. Hat es nur uns selbst zum Inhalt, so bleibt es leer.
Helmut Gollwitzer

Schönes, allein gekostet, tut weh. Ohne das "Weißt du noch?" im Gepäck kommen wir von den meisten Reisen arm zurück. *Sigmund Graff*

So, wie ich von anderen behandelt werden möchte, behandle ich sie zuvor. *Unbekannt*

Die Menschen sind oft einsam, weil sie Wände bauen statt Brücken. *Unbekannt*

➪ **Beziehungen, Alleinsein, Einsamkeit, Begegnung**

Kontrolle

Vertrauen ist gut, Kontrolle ist besser.
Wladimir Iljitsch Lenin

Kontrolle ist gut, Verantwortung ist besser. Kontrolle der Verantwortlichen ist am besten.
Matthias Scharlach

Konversation

Gesellschaftliche Konversation ist die Kunst, an Wichtiges zu denken, während man Unwichtiges sagt.
Laurence Olivier

Für eine erfolgreiche gesellschaftliche Konversation sind Gedanken meistens hinderlich. *Andre' Maurois*

Konversation ist die Kunst zu reden, ohne zu denken.
Victor de Kowa

Lästige Konversation mit Tischdamen kann man sich ersparen, indem man unverheiratcte Frauen fragt, wie viele Kinder sie schon haben, und verheiratete, warum sie noch keine haben. *George Bernard Shaw*

Konversation ist eine Stimmenkonkurrenz, wo derjenige, der eben Luft holt, Zuhörer genannt wird. *Unbekannt*

Konversation ist eine Kunst, bei der jeder Mensch alle anderen als Konkurrenten hat. *Ralph Waldo Emerson*

Konversation ist Sprache als Gesellschaftsspiel. *Helmar Nahr*

➪ **Kommunikation, Rede, Diskussion**

Kooperation

Wenn du nichts von Kooperation hältst, dann schau, was mit einem Wagen passiert, der ein Rad verliert. *Napoleon Hill*

Das einzige, was die Menschheit zu retten vermag, ist Zusammenarbeit, und der Weg zur Zusammenarbeit nimmt im Herzen der einzelnen seinen Anfang. *Bertrand Russell*

Wer alleine arbeitet, addiert. Wer zusammenarbeitet, multipliziert. *Unbekannt*

Der Mensch für sich allein vermag gar wenig und ist ein verlassener Robinson; nur in der Gemeinschaft mit den andern ist und vermag er viel. *Arthur Schopenhauer*

Wir sind alle Blätter an einem Baum. Keines gleicht dem anderen. Doch alle sind wichtig für das Ganze. *Unbekannt*

➪ **Kollegen, Team, Zusammenarbeit**

Kopf

Es fällt besonders leicht, einen leeren Kopf hoch zu tragen. *Unbekannt*

Was manche Politiker nicht im Kopf haben, haben sie im Kehlkopf. *Peter Handke*

Der Kopf ist vor allem die Kassette des Gehirns, nicht der Humus für die Haare. *Gino Cervi*

Es hat mich nie gestört, wenn man mich mit einem Spargel verglichen hat, denn am Spargel ist der Kopf das Wichtigste. *Charles de Gaulle*

Bestimmt wäre es für die Staaten besser, sie hätten einen Kopf und kein Oberhaupt. *Nikolaus Cybinski*

Viele Menschen sind zu gut erzogen, um mit vollem Mund zu sprechen, aber sie haben keine Bedenken, dies mit leerem Kopf zu tun. *Orson Welles*

Wer kommt, wird nach seinem Gesicht beurteilt. Wer geht, nach seinem Kopf. *Heinrich Wiesner*

Man muß Menschen vor den Kopf stoßen, damit sie lernen, ihn zu gebrauchen. *Dieter Hildebrandt*

Auch die Bretter, die man vor dem Kopf hat, können die Welt bedeuten. *Werner Finck*

Wer heute den Kopf in den Sand steckt, knirscht morgen mit den Zähnen. *Unbekannt*

Ein Mensch mit kühlem Kopf braucht ein warmes Herz. *Unbekannt*

Soviel Köpfe, soviel Sinn (Meinungen). (Tot capita - tot sensus.) *Lat. Sprichwort*

Koran

Der Koran ist ein Buch, von dem die Moslems törichterweise glauben, daß es auf göttliche Inspiration zurückgehe, von dem jedoch die Christen wissen, daß es sich um eine bösartige Hochstapelei handelt, die im Widerspruch zur Heiligen Schrift steht. *Ambrose Bierce*

Körperschaft

Eine Körperschaft ist eine sinnreiche Einrichtung, um ohne persönliche Verantwortung persönlichen Vorteil zu erlangen. *Ambrose Bierce*

Korruption

Korruption ist die laufende Bewässerung bereits vorhandener Sümpfe. *Wolfgang Gruner*

Bei unseren Ämtern nimmt man zwar der Einfachheit halber, um unnötige Rede zu vermeiden, Bestechungen an, aber erreichen kann man dadurch nichts. *Franz Kafka*

Der Nachteil der Korruption besteht darin, daß es gar nicht so einfach ist, jemanden zu finden, der einen korrumpieren möchte. *Raimund Vidranyi*

Die "Kriminalität des Nadelstreifens" ist oft sehr viel gemeinschaftsschädlicher als die Brutalo-Kriminalität der Straße. *Hans-Ludwig Zachert*

Längst gehört der Einsatz von Schmiergeld zum Alltag im blitzsauberen, peniblen Deutschland, von dem man stets annahm, daß es durch preußische Ordnungstraditionen gegen italienische Tangenti oder arabische Bakschisch-Bräuche gefeit sei. *DER SPIEGEL 50/1994*

Zahlst du vorher, ist`s Bestechung, zahlst du hinterher, ist`s Dankbarkeit. *Schwäbisches Sprichwort*

Die öffentliche Hand verkommt zum Prinzip der offenen Hand. *Arno Weinert*

➪ **Bestechung**

Kosmetik

Kosmetik ist die Kunst, den Geburtsschein zu dementieren. *Olga Tschechowa*

Kosmetik ist eine Maßnahme mit aufschiebender Wirkung. *Helmar Nahr*

Eine Kosmetikerin ist ihr eigenes Schaufenster. *Olga Tschechowa*

Kosmetik ist die Kunst, aus der Not eine Jugend zu machen. *Hanns-Hermann Kersten*

Kosmetik ist die Lehre vom Kosmos des Weibes. *Karl Kraus*

Kraft

Kraft kommt nicht aus körperlichen Fähigkeiten. Sie entspringt einem unbeugsamen Willen. *Mahatma Gandhi*

Krankheit

Ich glaube, daß die Krankheiten Schlüssel sind, die uns gewisse Tore öffnen können. *Andre Gide*

Gewisse Menschen müßten, ehe sie morgens mit der Arbeit beginnen, erst einen Rundgang durch ein Krankenhaus machen! Dann würden abhanden gekommene Begriffe wie "Dankbarkeit", "Bescheidenheit" und "Demut" wieder auftauchen! *Michl Lang*

Die Ursache vieler Krankheiten der modernen Menschheit liegt darin, daß wir zum Gehen geboren sind und nicht zum Fahren. *Henry Mondor*

Das Leben ist eine Krankheit, und der einzige Unterschied zwischen den Menschen besteht darin, daß sie sich in verschiedenen Phasen dieser Krankheit befinden. *George Bernard Shaw*

Krankheiten sind Höflichkeitsbesuche des Todes. *Hans Kudszus*

Man stirbt nicht an einer bestimmten Krankheit, man stirbt an einem ganzen Leben. *Charles Peguy*

Gelobt sei die Krankheit, denn die Kranken sind ihrer Seele näher als die Gesunden. *Marcel Proust*

Man kann einen Mann mit guten Saucen ebenso unter die Erde bringen wie mit Strychnin, bloß dauert es länger. *Christian Bernard*

Die gefährlichsten Herzkrankheiten sind immer noch Neid, Haß, Geiz. *Pearl S. Buck*

Krankheit ist die Vergeltung der empörten Natur. *Hosea Ballou*

Krankheit ist der Arzt, den wir am meisten respektieren. Der Freundlichkeit, dem Wissen und anderen Dingen machen wir nur Versprechungen - dem Schmerz gehorchen wir. *Marcel Proust*

Jede Krankheit hat einen Sinn. Nützt sie dem nicht, der sie hat, so nützt sie doch jenem, der sie behandelt. *Werner Mitsch*

Zwei Dinge trüben sich beim Kranken: a) der Urin, b) die Gedanken. *Eugen Roth*

Krankheiten sind die Zinsen für genossenes Vergnügen. *Unbekannt*

Krankheiten sind ein Luxus, den sich bald nur noch Ärzte leisten können. *Wolfram Weidner*

➪ **Arzt, Medizin, Gesundheit**

Kränkung

Auch Kränkungen haben ihr Gutes; sie setzen einen ins Recht. *Henry de Montherlant*

Vergiß Kränkungen, doch vergiß Freundlichkeiten nie. *Konfuzius*

➪ **Beleidigung**

Kreativität

Durch den zunehmenden Streß in der Freizeit - von Date zu Date hecheln, zum Einkaufen schnell mal nach New York jetten, andauernd golfen oder sich zum Essen verabreden - begibt sich ein Großteil der Menschen in eine Kreativitätsfalle. *Impulse Nr. 8/94*

Kreativität ist nichts anderes als die Fähigkeit, Dinge, die nichts miteinander zu tun haben, zu kombinieren. Dazu gehört die Fähigkeit, Dinge völlig unvoreingenommen zu betrachten und sich vom Korsett herkömmlicher Denkstrukturen zu lösen. *Ida Fleiß*

Kreativität ist die Fähigkeit zur einfachen Lösung.
Matthias Scharlach

Laßt endlich die Verrückten ran - ihr seht ja, wohin uns die Normalen gebracht haben. *Horst Tress*

Am liebsten würde ich mal was Verrücktes tun - aber dann hieße es gleich, die dreht durch. *Ulrike Meyfarth*

Es ist nicht lustig, für einen Idioten gehalten zu werden. *Cher*

Es ist inhuman, einem Beamtem etwas von Kreativität zu erzählen. *Matthias Scharlach*

Gedankenblitze stellen sich nur dann ein, wenn man über die Aufgabenstellung viel weiß und mit dem Problem im Vorfeld ganz intensiv gerungen hat.
Matthias Heister

Wer zu spät an die Kosten denkt, ruiniert sein Unternehmen. Wer immer zu früh an die Kosten denkt, tötet die Kreativität. *Philipp Rosenthal*

Ganz neue Zusammenhänge entdeckt nicht das Auge, das über ein Werkstück gebeugt ist, sondern das Auge, das in Muße den Horizont absucht.
Carl Friedrich von Weizsäcker

Wer dauernd unter Strom steht, der blockiert seine Fähigkeiten, auf neue Ideen zu kommen.
Matthias Heister

Die gedankliche Freiheit ist die Voraussetzung dafür, um wirklich Neues zu schaffen. *Ida Fleiß*

➪ **Einbildungskraft, Imagination, Intuition, Phantasie,**

Kredit

Jede Wirtschaft beruht auf dem Kreditsystem, das heißt auf der irrtümlichen Annahme, der andere werde gepumptes Geld zurückzahlen. *Kurt Tucholsky*

Alles wird uns heimgezahlt, wenn auch nicht von denen, welchen wir geborgt haben.
Marie von Ebner-Eschenbach

Fersengeld ist nicht selten das einzige Geld, das der Schuldner dem Gläubiger gibt. *Hellmut Walters*

Gläubiger sind Leute, die kommen, wenn die Kunden ausbleiben. *Richard Wiggins*

Gläubiger haben meistens ein besseres Gedächtnis als Schuldner. Fälligkeitstermine sind für sie dasselbe, was die hohen Festtage des Jahres für die übrigen Menschen sind. *Benjamin Franklin*

Es ist mit der Dankbarkeit wie mit der Redlichkeit der Kaufleute: sie hält den Handel aufrecht. Wir bezahlen nicht, weil es gerecht ist, sondern um leichter wieder Leute zu finden, die uns borgen.
Francois de La Rochefoucauld

Wer nur Mittel hat, die Fassade zu streichen, soll nicht gleich ein ganzes Haus bauen. *Günter Bauer*

Ein auf Kredit gekauftes Schwein grunzt das ganze Jahr. *Spanisches Sprichwort*

Reich ist, wer weder schmeicheln noch borgen muß.
Sprichwort

Kredite wirken wie Drogen. Die Dosen erhöhen sich, die Wirkung läßt nach. Man kommt schwer davon los. Die Entziehungskur ist schmerzlich.
Hartmut Perschau

Kredit ist ein Regenschirm, den man bei Sonnenschein bekommt, aber beim ersten Regentropfen zurückgeben muß. *Lord Chesterfield*

Wollt Ihr den Wert des Geldes erkennen, so versucht, Euch welches zu borgen. *Unbekannt*

Wenn mich jemand um ein Darlehen bittet, dann frage ich immer meinen Anwalt. Und sagt der "ja" dazu, dann nehme ich mir einen anderen Anwalt.
Henry Ford

➪ **Banken, Geld, Schulden**

Krieg

Man vergißt vielleicht, wo man die Friedenspfeife vergraben hat, aber man vergißt niemals, wo das Beil liegt. *Mark Twain*

Der übernächste Krieg wird nur noch mit Pfeil und Bogen entschieden. *Albert Einstein*

Wenn Krieg ist, denkt man über ein besseres Leben nach, wenn Frieden ist, über ein bequemeres.
Thornton Wilder

Kriege sind Rückfälle ins Kannibalentum.
Rudolf Rolfs

Der Krieg ist das Kunstwerk der Militärs, die Krönung ihrer Ausbildung, die goldene Spange ihres Berufes. Sie sind nicht dazu geschaffen, im Frieden zu glänzen.
Isabel Allende

Jede Glorifizierung eines Menschen, der im Kriege getötet worden ist, bedeutet drei Tote im nächsten Krieg. *Kurt Tucholsky*

Militärisches Gleichgewicht ist keine Friedensgarantie, sondern eher eine Herausforderung zu kriegerischem Kräftemessen. *Carl Friedrich von Weizsäcker*

Wer zu spät
an die Kosten denkt,
ruiniert sein Unternehmen.
Wer immer zu früh
an die Kosten denkt,
tötet die Kreativität.

PHILIPP ROSENTHAL

Krieg ist der schlagendste Beweis für die menschliche Unzulänglichkeit. *Unbekannt*

Krieg ist eine Serie von Katastrophen, die mit einem Sieg enden. *Georges Clemenceau*

Krieg ist zuerst die Hoffnung, daß es einem besser gehen wird, hierauf die Erwartung, daß es dem anderen schlechter gehen wird, dann die Genugtuung, daß es dem anderen auch nicht besser geht, und hernach die Überraschung, daß es beiden schlechter geht. *Karl Kraus*

Nicht der Krieg ist revolutionär, der Friede ist revolutionär. *Jean Jaures*

Wer seine Schwiegermutter totschlägt, wird geköpft. Das ist ein uralter verständlicher Brauch. Wer aber Hunderttausende umbringt, erhält ein Denkmal. *Erich Kästner*

Der Krieg wird niemals zu Ende sein, solange noch eine Wunde blutet, die er geschlagen hat. *Heinrich Böll*

Beim modernen Ultimatum droht man nicht mit Krieg, sondern mit Hilfe. *George F. Kennan*

Einen Krieg beginnen, heißt nichts weiter, als einen Knoten zerhauen, statt ihn aufzulösen. *Christian Morgenstern*

Was zuerst geächtet werden muß, sind die gerechten Kriege: Es gibt zwar keine, aber dennoch sind sie der Grund, aus dem es immer wieder andere gibt. *Sigmund Graff*

Die Kriegswaffen werden immer komplizierter, während sich der Krieg selbst immer mehr vereinfacht, nämlich zur Ausrottung. *Sigmund Graff*

Das große Karthago führte drei Kriege. Nach dem ersten war es noch mächtig. Nach dem zweiten war es noch bewohnbar. Nach dem dritten war es nicht mehr aufzufinden. *Bertolt Brecht*

Jeder Krieg ist ein Kind der Furcht. Deshalb muß man vor allem die Furcht beseitigen, wenn man Kriege vermeiden will. *Norman Angell*

Feindbilder sind sicher nicht die Ursache für einen Krieg, aber sie erleichtern das Marschieren. *Max Frisch*

Krieg ist eine Niederlage des menschlichen Geistes. *Henry Miller*

Krieg ist ein Winterschlaf der Kultur. *Friedrich Nietzsche*

Krieg ist ein Vorgang, bei dem sich Menschen umbringen, die einander nicht kennen, und zwar zum Ruhm und zum Vorteil von Leuten, die einander kennen, aber nicht umbringen. *Paul Valery*

Den Fortschritt erkennt man schon daran, daß in jedem neuen Krieg die Menschen auf andere Art getötet werden. *Will Rogers*

In Kriegszeiten verborgt man kein Schwert. *Griechisches Sprichwort*

⇨ **Militär, Krieg, Soldaten, Frieden, Waffe**

Krise

Krise kann ein produktiver Zustand sein. Man muß ihr nur den Beigeschmack der Katastrophe nehmen. *Max Frisch*

Die Kehrseite der Krise ist die Chance. *Unbekannt*

Krisen meistert man am besten, indem man ihnen zuvorkommt. *Walt Whitman Rostow*

Ist erst einmal die Krise entfesselt, steht es in niemandes Macht, sie zu meistern. Es ist eine krampfartige Erschütterung der Natur. Sie hört erst auf, wenn sie sich erschöpft hat. *Romain Rolland*

Die schlimmsten Fehler macht man in der Absicht, einen Fehler gutzumachen. *Jean Paul*

Wenn wir heute bereit sind, ein zukunftorientiertes Chancen-Management einzuführen, werden wir morgen auf ein entwürdigendes Krisen-Management verzichten können. *Gerhard Reichel*

Wir haben der Krise ins Antlitz geschaut, aber die Krise senkte die Augen. *Karl Schiller*

Kassandras hört man nirgends gerne, vor allem dann, wenn sie recht behalten. *George Orwell*

Wer ständig den Teufel an die Wand malt, sollte wenigstens gewappnet sein, wenn er wirklich erscheint. *Günter Bauer*

Krise kann ein produktiver Zustand sein. Man muß ihr nur den Beigeschmack der Katastrophe nehmen. *Max Frisch*

Ein Krisenherd ist eine Feuerstelle, bei der die einen die Kohlen liefern, die anderen die Zugluft. *Carlo Franchi*

Kritik

Gegen die Kritik kann man sich weder schützen noch wehren; man muß ihr zum Trotz handeln, und das läßt sie sich nach und nach gefallen. *Johann Wolfgang von Goethe*

Ich kann mir nicht vorstellen, wie es ohne Kritik Demokratie geben kann. Damit fängt sie an.
Michail Gorbatschow

Schlechte Kritik ist gar nicht so schädlich, wie oft behauptet wird. Sie ist sogar sehr verkaufsfördernd, wenn ein anderer Kritiker dagegenhält und damit die sogenannte Plus-Minus-Spannung entsteht.
Marcel Reich-Ranicki

Menschen, deren Leistung nur in der Kritik besteht, sind geldfressende Innovationshemmer.
Matthias Scharlach

Ich lese keine Kritiken. Sind sie gut, schnappt man über, sind sie schlecht, ist man drei Wochen deprimiert. *Paul Newman*

Kräftige öffentliche Schmähungen können der Wirkung eines Buches ebenso förderlich sein wie ein interessanter Prozeß. *Bernt Engelmann*

Wer mangelhaften Leistungen versöhnlich gegenübertritt, verhält sich wie ein Raucher auf dem Benzinfaß. *Matthias Scharlach*

Bei Buhrufen denke ich, was für ein Glück, du hast dich noch nicht eingeordnet. *Peter Zadek*

Wer mich kritisiert, macht mich klüger.
Gerhard Reichel

Wer sich mit der Kunst verheiratet, bekommt die Kritik zur Schwiegermutter. *Hildegard Knef*

Um Kritik zu vermeiden, darf man nichts sagen, nichts tun, nichts sein. *Elbert Hubbard*

Die Kritik gleicht einer Bürste. Bei allzu leichten Stoffen darf man sie nicht verwenden, denn sonst bliebe nichts mehr übrig. *Balzac*

Schweigen ist die schlimmste oder die gnädigste Form der Kritik. *Pierre Reverdy*

Die Größe eines Chefs läßt sich an seiner Kritikempfindlichkeit messen. *Matthias Scharlach*

Wer Kritik übelnimmt, hat etwas zu verbergen.
Helmut Schmidt

Eine Belehrung soll immer damit anfangen, daß man sich in die Lage des Belehrten versetzt.
Matthias Scharlach

Kritik ist der Versuch, Kurven mit einem Lineal zu messen. *Robert Lembke*

Kritik ist die Kunst, mit der sich der Kritiker einen Anteil am Ruhm des Künstlers zu sichern trachtet.
George Jean Nathan

➪ **Kritiker**

Kritiker

Kritiker sind blutrünstige Leute, die es nicht bis zum Henker gebracht haben. *Bernard Shaw*

Ein Kritiker ist eine Henne, die gackert, wenn andere legen. *Unbekannt*

Ein Kritiker ist ein Mann ohne Beine, der andere das Laufen lehren will. *Channing Pollock*

Ein schlechter Schriftsteller wird manchmal ein guter Kritiker, genauso wie man aus einem schlechten Wein einen guten Essig machen kann. *Henry de Montherlant*

Kritiker ohne Arroganz sind heutzutage so selten wie Fische ohne Flossen. *Harold Pinter*

Es gibt Kritiker, die unglücklich sind, wenn sie loben müssen, besonders wenn sie ihre Sense bereits geschärft haben. *Kurt Wortig*

An den Kritikern überrascht mich am meisten, wie man in so kurzer Zeit eine Kritik schreiben kann über ein Stück, das so lange zu seiner Entstehung gebraucht hat. *Tennessee Williams*

Kritiker: ein Mensch, der zuerst das Unkraut jätet, um danach um so ungehinderter die Blumen zertreten zu können. *Wieslaw Brudzinski*

Es gibt Theaterkritiker, die unterscheiden sich nur darin vom Publikum, daß sie das, was auch sie nicht sehen, ausdrücken können. *Ludwig Marcuse*

Zum Beruf des Kritikers gehört Mut, vor allem Mut zum Irrtum. Wer keinen Mut hat, soll Buchhalter oder Steuerberater werden. *Marcel Reich-Ranicki*

Kritiker sind Leute, die mit einem Rasiermesser am Hals der Autoren geigen. *Per Halvarsson*

Wer ja oder nein sagt, riskiert immer den Irrtum. Man erkennt die großen Kritiker an ihren Irrtümern. Nur wer dauernd jein sagt, irrt nie. *Marcel Reich-Ranicki*

Ich bin von den Kritikern oft zerrissen worden, aber das Publikum hat mich immer wieder zusammengeflickt. *Jacques Tati*

Einem Kritiker ist noch niemals ein Denkmal gesetzt worden. *Unbekannt*

Mittelmäßigkeit ist bei einem Kritiker gefährlicher als bei einem Schriftsteller. *Eugene Ionesco*

Unter der Kritikerzunft gibt es Boxer, Drachentöter und Gärtner. - Gärtner gesucht! *Kurt Wortig*

Ein Kritiker ist ein Mensch, der sehr böse wird, wenn dem Publikum etwas gefällt, was er nicht mag.
Erich Segal

Der Künstler hat keine Zeit, sich mit Kritikern zu beschäftigen. Nur Möchtegern-Schriftsteller lesen Rezensionen. *William Faulkner*

Für Kritiker zu schreiben lohnt sich nicht, wie es sich nicht lohnt, denjenigen Blumen riechen zu lassen, der einen Schnupfen hat. *Anton Tschechow*

Bei manchen Kritikern hat man den Eindruck, daß sie die Schreibmaschine mit dem elektrischen Stuhl verwechseln. *Norman Mailer*

Man soll die Kritiker nicht für Mörder halten. Sie stellen nur den Totenschein aus. *Marcel Reich-Ranicki*

Wenn Kritiker zugeben könnten, möglicherweise Unrecht zu haben, könnte man ihnen möglicherweise recht geben. *Gottfried Edel*

Kritiker sind wie Eunuchen: Sie wissen wie's geht, aber sie können's nicht. *Siegfried Lowitz*

➪ **Kritik**

Krone

Eine Krone ist ein Hut, wo es hineinregnet. *Friedrich der Große*

Kühnheit

Kühnheit ist eine der auffälligsten Eigenschaften eines Mannes, der sich in Sicherheit weiß. *Ambrose Bierce*

➪ **Mut, Tapferkeit**

Kultur

Ohne Kultur aufwachsen heißt, sich der Gewalt hingeben. Der Mensch ist von Natur aus ein gewalttätiges Vieh. *August Everding*

Auch die Kultur hat ihre konzessionierte Prostitution: die Festspiele. *Martin Kessel*

Die Kultur dient dem Menschen, seine Herzensruhe zu finden. Wenn ich mich ausschließlich um geschäftliche Dinge gekümmert hätte, dann hätte ich vielleicht schon vor sehr langer Zeit aufgegeben. *Seinosuke Kuraku*

Es ist ungut, nur und ständig im Sinne der Nützlichkeit zu denken; denn das führt schließlich zur Einseitigkeit und Sterilität. Es gehört eigentlich zur geistigen Gesundheit, als Gegengewicht die Kultur in sein persönliches Wesen einzubeziehen als eine andere und nicht unwesentliche Seite die den Charakter ausmacht und formt. *Ernst Schneider*

Wenn die Sonne der Kultur niedrig steht, werfen selbst Zwerge lange Schatten. *Karl Kraus*

Kultur ist nichts Sichtbares, sondern das unsichtbare Band, das die Dinge zusammenhält. *Fritz Kurt Albrecht*

Kultur ist ein Instrument, das Professoren zur Erzeugung von Professoren benötigen, die damit ihrerseits wieder Professoren hervorbringen. *Simone Weil*

Europa ist zweifellos die Wiege der Kultur, aber man kann nicht sein ganzes Leben in der Wiege verbringen. *Oskar Maria Graf*

Wenn in tausend Jahren künftige Generationen die Reste unserer Kultur ausgraben was werden sie dann finden? Badewannen und Spülmaschinen. *Frank Lloyd Wright*

Ich würde ganz gern in die Kulturpolitik eingreifen - wenn es in Deutschland überhaupt eine gäbe. *August Everding*

Mit Politik kann man keine Kultur machen, aber vielleicht kann man mit Kultur Politik machen. *Theodor Heuss*

Kultur, verstanden als Lebensweise, ist vielleicht die glaubwürdigste Politik. *Richard von Weizsäcker*

Die Kultur der Deutschen kann man täglich an der Zahl der mutwillig zerstörten Telefonzellen arithmetisch ablesen. *Kurt Wortig*

Die größte Kulturleistung eines Volkes sind die zufriedenen Alten. *Japanisches Sprichwort*

Kundennähe

Drei Sätze sollte jeder Verkäufer aus seinem Wortschatz streichen: 1. das kann ich nicht, 2. das geht nicht, 3. das haben wir nicht. *Gerhard Reichel*

Liebe Angestellte, wir wollen auch heute die Kunden gut bedienen, uns für die Fehler entschuldigen und unser Haus sauber halten. Bitte sammeln Sie Weggeworfenes sofort wieder auf und vergessen Sie nie: Es ist der Kunde, dem wir unsere Arbeit verdanken. *Allmorgendliche Lautsprecherstimme in Tokyos größtem und elegantestem Kaufhaus MITSUKOSHI*

Versuche nicht das zu verkaufen, was du hast, sondern habe, was die Kunden benötigen und schätzen. *Gerhard Reichel*

Da die Kundenzufriedenheit erste Priorität hat, bedarf es eines ständigen Dialogs mit den Kunden über deren gegenwärtige und zukünftige Anforderung - und einer regelmäßigen Überprüfung der Kundenzufriedenheit. *IBM-Nachrichten 1991*

Wie verhalten sich unzufriedene Kunden? Eine Meinungsumfrage ergab folgende überraschende Resultate: Ein enttäuschter Kunde gibt seine negativen Erfahrungen mit einer Firma an elf Gesprächspartner weiter. Ein zufriedener Abnehmer spricht über seine positiven Erlebnisse nur mit drei Personen. *Unbekannt*

Jeder dritte Kunde, der sich beschwert, wird erschossen. Zwei haben sich bereits beschwert. *Unbekannt*

➪ **Verkaufen**

Kunst

Kunst muß anstößig sein, die muß Denkanstöße geben. *Henri Nannen*

Ich kann mir nicht vorstellen, wie jemand, der nicht schreibt, malt oder sonstwie schöpferisch tätig ist, überhaupt leben kann. *Graham Greene*

Ich respektiere die Freiheit der Kunst. Ich mache mich doch nicht lächerlich, wenn ich postuliere, daß Kunst nur dann Kunst ist, wenn ich, der Späth, sie auch verstehe. *Lothar Späth*

Es ist statistisch klar: der größte Teil der Kunst des vergangenen Halbjahrtausends ist Steigerungskunst von Psychopathen, von Alkoholikern, Abnormen, Vagabunden, Armenhäuslern, Neurotikern, Degenerierten, Henkelohren, Hustern - das war ihr Leben; und in der Westminsterabtei und im Panthéon stehen ihre Büsten, und über beiden stehen ihre Werke: makellos, ewig, Blüte und Schimmer der Welt. *Gottfried Benn*

Kunst ist zwar nicht das Brot, aber der Wein des Lebens. *Jean Paul*

Kunst ist das unablässige, aber erfolglose Bemühen von Menschen, es der Schöpfung gleichzutun. *Ron Kritzfeld*

Die Kunst gibt nicht das Sichtbare wieder, sondern macht sichtbar. *Paul Klee*

Die Kunst darf nie populär sein wollen. Das Publikum muß künstlerisch werden. *Oscar Wilde*

Wenn die Kunst nach Brot geht, entstehen nur kleine Brötchen. *Eugene Ormandy*

Die meisten Architekten meinen doch: wo ich hinrotze, ist Kunst. *Hans Oelschläger*

Ernst ist das Leben, heiter ist die Kunst. *Schiller*

Kunst ist schön, macht aber viel Arbeit. *Karl Valentin*

Kunst ist ein Luxus, den der Mensch braucht. *Bert Brecht*

Kunst ist eine Zusammenarbeit zwischen Gott und den Menschen. Je weniger der Mensch dabei tut, desto besser. *Andre Gide*

Kunst ist das Bemühen, neben der wirklichen Welt eine menschlichere Welt zu schaffen. *Andre Maurois*

Wer sich mit der Kunst verheiratet, bekommt die Kritik zur Schwiegermutter. *Hildegard Knef*

Der Unterschied zwischen Kunst und Unterhaltung ist eine absurde Trennung, die nur in Deutschland gemacht wird. *Johannes Schaaf*

Kunstwerke ahmen etwas Künftiges nach. *Karol Irzykowski*

An den modernen Gemälden ist nur noch eines verständlich: die Signatur. *Ephraim Kishon*

Kein Zweifel, daß Galeristen keine Tricks und keine Mühen scheuen, ihren Schützlingen zu Ruhm und zu entsprechenden Preisen zu verhelfen (an denen sie in der Regel mit fünfzig Prozent beteiligt sind). *Capital*

Keine Frage, daß es speziell im Bereich junger, noch nicht etablierter Kunst kartellartige Absprachen gibt, die Künstler rascher Karriere machen lassen. *Capital*

Die Kritik muß die Kunst heute nicht so sehr vor ihren Feinden in Schutz nehmen als vielmehr vor sich selber und dem Betrieb, der um sie herum wuchert und mit dem sie immer mehr verwächst. *Die Zeit*

Kunst ist, wenn man unter Beifall mitten in die Stube scheißt. *Bert Brecht*

➪ **Kitsch**

Künstler

Die höchste Verkörperung eines Künstlers ist die Absage an seine Meister ebenso wie die Vernichtung alles dessen, was er selbst einmal war. *Andrè Malraux*

Früher waren die Künstler naiv und die Käufer clever; heute ist es umgekehrt. *Franz Josef Strauß*

Jeder Mensch ist ein Künstler, ob er nun bei der Müllabfuhr ist, Krankenpfleger, Arzt, Ingenieur oder Landwirt. *Joseph Beuys*

Eine der sichersten Methoden, Aufmerksamkeit zu erregen, ist, etwas zu tun, was vom Üblichen abweicht, und wenige Künstler haben das Rückgrat, dieser Versuchung zu entgehen. *Arnold Schönberg*

➪ **Kultur**

Kunstkenner

Den wahren Kunstkenner erkennt man daran, daß er bei Aktbildern Höchstpreise für die Adresse des Modells zahlt. *Jacques Tati*

Galeristen und Kunsthändler: gemeinsam mußten sie das Kunststück zustande bringen, die Öffentlichkeit zu überzeugen, daß, wenn Joseph Beuys eine Kinderbadewanne mit Leukoplast verklebte, mit einem Pferd auf der Bühne Goethe rezitierte, Sauerkraut in einen Konzertflügel schüttete oder an einer acht Meter hohen Holzstange eine kleine Blutwurst baumeln ließ, dies etwas grundsätzlich anderes war, als wenn Hinz und Kunz mit Blutwurst, Leukoplast und Sauerkraut dasselbe taten. *Wolf Schneider*

Sie bilden alle eine Interessengemeinschaft: der Künstler, der gerne als solcher definiert und an seinen Produkten verdienen möchte; der Galerist, der ihm das Forum verschafft und an seinen Produkten verdienen möchte; der Händler, der die Sammler sucht und dabei verdienen möchte. *Wolf Schneider*

Kurve

Eine Kurve ist die lieblichste Entfernung zwischen zwei Punkten. *Mae West*

Kurzgeschichte

Eine Kurzgeschichte ist eine Geschichte, an der man sehr lange arbeiten muß, um sie so kurz wie möglich zu machen. *Unbekannt*

Kuß

Frauen erinnern sich immer noch an der ersten Kuß, wenn der Mann den letzten schon vergessen hat. *Remy de Gourmont*

Ein Mann stiehlt den ersten Kuß, bittet um den zweiten, verlangt den dritten. nimmt sich den vierten, akzeptiert den fünften und erduldet alle weiteren. *Helen Rowland*

Der Kuß ist die Übermittlung einer Drucksache an den Empfänger ohne Mitwirkung der Post. *Georg Thomalla*

Küsse sind das, was von der Sprache des Paradieses übriggeblieben ist. *Joseph Conrad*

Ein Kuß ist der Versuch, unter möglichst intensiver Benützung der Lippen gemeinsam zu schweigen. *Senta Berger*

Ein Kuß ist nichts als eine Weiterentwicklung der Nahrungsübertragung von Schnabel zu Schnabel, wie sie bei Vögeln üblich ist. *Irenäus Eibl-Eibesfeld*

Ein Kuß ist Mund-zu-Mund-Beatmung ohne medizinischen Anlaß. *Joachim Fuchsberger*

Ein Kuß ist zweifellos die angenehmste Art, eine Frau am Sprechen zu hindern. *Robert Taylor*

Ein Kuß ist biologisch betrachtet ein lustvoller Austausch unterschiedlicher Bakterien. *Karl Venz*

Vielleicht wurde das Küssen erfunden, um sich gegenseitig den Mund zu verschließen. *Sacha Guitry*

Der Kuß ist ein schlau erfundenes Verfahren, welches das Reden gegenseitig stoppt, wenn Worte überflüssig sind. *Oliver Herford*

➪ **Erotik, Flirt, Liebe**

Kultur, verstanden als Lebensweise, ist vielleicht die glaubwürdigste Politik.

RICHARD VON WEIZSÄCKER

L

Lachen

Lachen und Lächeln sind Tor und Pforte, durch die viel Gutes in den Menschen hineinhuschen kann. *Christian Morgenstern*

Lachen ist Musik für die Seele. *Matthias Scharlach*

Der Ärger kann das Lächeln so wenig vertragen wie Dracula den Anblick des Kreuzes. *Günter F. Gross*

Wer lachen kann, dort wo er hätte heulen können, bekommt wieder Lust zum Leben. *Werner Finck*

Wer lächelt, statt zu toben, ist immer der Stärkere. *Japanisches Sprichwort*

Wer nicht lächeln kann, sollte kein Geschäft aufmachen. *Chinesisches Sprichwort*

Das Lächeln ist nur ein gut getrocknetes Weinen. *Albert Paris Gütersloh*

Lächeln ist die beste Art, den Leuten die Zähne zu zeigen. *Werner Finck*

Man kann auch mit lauter echten Zähnen ein falsches Lächeln produzieren. *Gabriel Laub*

Wenn dem Menschen am Ende seines Lebens ein Lächeln übrigbleibt, so ist das ein sehr anständiger Reingewinn. *Horst Wolfram Geißler*

Wo das Lachen verboten ist, ist gewöhnlich auch das Weinen nicht gestattet. *Stanislaw Jerzy Lec*

Wer den Tag mit Lachen beginnt. hat ihn bereits gewonnen! *Tschechisches Sprichwort*

Nichts in der Welt wirkt so ansteckend wie Lachen und gute Laune. *Charles Dickens*

Der Himmel hat den Menschen als Gegengewicht zu den vielen Mühseligkeiten des Lebens drei Dinge gegeben: die Hoffnung, den Schlaf und das Lachen. *Immanuel Kant*

Nirgendwo fällt Humorlosigkeit mehr auf als beim Lachen. *Oliver Hassencamp*

Mein Ziel ist es immer gewesen, den Menschen das Glück des Lachens zu verschaffen; das Lachen ist ein Zeichen der Freiheit. *Rene Clair*

Ein Tag ohne Lachen ist ein verlorener Tag. *Japanisches Sprichwort*

Lachen ist die Sonne der Seele. Ich hoffe, daß Sie sich niemals so wichtig nehmen, daß Sie vergessen, wie man lacht. Leicht und herzlich, denn in dem Augenblick, wo Sie es nicht mehr können, sind Sie fast gestorben. *Dr. M. Banks*

Wer über sich selber lachen kann, wird am ehesten ernst genommen. *Unbekannt*

Ein Lächeln kostet weniger als elektrischer Strom und gibt mehr Licht. *Schottisches Sprichwort*

Warum ich immer lache? Weil ich mich nicht überanstrengen will, denn zu einem lachenden Gesicht braucht man nur 13 Muskeln, während man für ein todernstes Gesicht 60 Muskeln benötigt. *Bob Hope*

Hüte dich vor dem Mann, dessen Bauch sich beim Lachen nicht bewegt. *Chinesisches Sprichwort*

Wer lachen kann, dort wo er hätte heulen können, bekommt wieder Lebenslust. *Werner Finck*

Wer nach allen Seiten lächelt, bekommt nichts als Falten ins Gesicht *Altorientalisches Sprichwort*

In seinem Lachen liegt der Schlüssel, mit dem wir den ganzen Menschen entziffern. *Thomas Carlyle*

Der verlorenste aller Tage ist der, an dem man nicht gelacht hat. *Chamfort*

➪ **Humor, Witz, Freundlichkeit**

Lampenfieber

Wenn bei Künstlern von Angstgefühlen die Rede ist, denkt man an Lampenfieber. Ich kriege manchmal eiskalte Hände, so kalt, daß ich das Gefühl habe, sie seien abgestorben (...). Dann denke ich im Stillen: muß ein gutes Konzert gewesen sein. Denn die kalten Hände sind das körperliche Merkmal der Spannung, deren ich bedarf, um über mich selbst hinauszuwachsen.
Hermann Prey

Wenn Sie vor einem Vortrag keine feuchten Hände haben, sollten Sie sich fragen, ob Sie nicht irgend etwas falsch gemacht haben. *Gerhard Reichel*

Lampenfieber ist kein Zeichen rednerischer Unbegabtheit. Es ist ein wichtiger Antriebsmotor, vielleicht sogar Initialzündung für eine glanzvolle Rede.
Gerhard Reichel

Wo ist der Redner, der im Augenblick, da er spricht, nicht gefühlt hätte, wie sich sein Haar sträubte und sein Gebein erstarrte? *Cicero*

Lampenfieber - das sind Schmetterlinge im Magen.
Leo Slezak

Lampenfieber ist der Versuch, so zu tun, als hätte man keines. *Rudolf Platte*

Die neue Schauspielkunst: Dilettanten ohne Lampenfieber. *Karl Kraus*

Das menschliche Gehirn ist eine großartige Sache. Es funktioniert vom Augenblick der Geburt bis zu dem Zeitpunkt, wo du aufstehst, um eine Rede zu halten.
Mark Twain

Lieber Gott, diesmal mußt du mir noch helfen, das nächste Mal will ich mich auch wirklich vorbereiten.
Stoßgebet vor rhetorischen Auftritten aller Art

Angst ist für die Seele ebenso gesund wie ein Bad für den Körper. *Maxim Gorki*

Furcht besiegt mehr Menschen als irgend etwas anderes auf der Welt. *Ralph Waldo Emerson*

Tue was du fürchtest, und die Furcht stirbt einen sicheren Tod. *Latein. Sprichwort*

Wovor einer Angst hat, daran wird er sterben.
Spanisches Sprichwort

Ob du denkst du kannst es, oder du kannst es nicht: in beiden Fällen bekommst du recht. *Henry Ford*

Das Bild vom furchtlosen Helden täuscht. Er ist ein Fantasieprodukt. Ein Held, der keine Angst hat, braucht keinen Mut. Die Angst ist eine ständige Begleiterin. Ohne Angst lebt kein Grenzgänger lange.
Reinhold Messner

➪ **Angst, Streß, Furcht, Unsicherheit**

Landwirt

Der Landwirt hat längst begriffen, daß man auch von zweibeinigen Rindviechern leben kann. *Eugen Roth*

Langeweile

Die Kunst der Langeweile besteht darin, alles zu sagen, was man weiß. *Winston S. Churchill*

Die meisten Genies wurden durch Langeweile getötet.
Matthias Scharlach

Unsere Zeit ist so aufregend, daß man die Menschen nur noch mit Langeweile schockieren kann.
Samuel Beckett

Langweiler

Langweiler: ein Mensch, der redet, wenn man wünscht, daß er zuhört. *Ambrose Bierce*

Der Langweiler ist ein Mensch, der, wenn du dich nach seinem Befinden erkundigst, es dir erklärt.
Channing Pollock

Steril ist der, dem nichts einfällt. Langweilig ist, wer ein paar alte Gedanken hat, die ihm alle Tage neu einfallen. *Marie von Ebner-Eschenbach*

Langweilig zu sein ist die ärgste Sünde des Unterrichts. *Johann Friedrich Herbart*

Wer sich langweilt, der langweilt alle Welt.
Friedrich Georg Jünger

Ein Langweiler ist einer, der seinen Mund aufmacht und seine Heldentaten hineinsteckt. *Henry Ford*

Lärm

Gestank im Ohr. *Robert Lynd*

Katzen erreichen mühelos, was uns Menschen versagt bleibt: durchs Leben zu gehen, ohne Lärm zu machen.
Ernest Hemingway

Ich habe meine Aufgabe immer darin gesehen, die Musik vor dem Lärm zu schützen. *Andres Segovia*

Laster

Die meisten Laster sind Tugenden, die sich nicht entfalten konnten. *Unbekannt*

Die meisten Menschen geben ihre Laster erst dann auf, wenn sie ihnen Beschwerden machen.
Somerset Maugham

In der Großstadt kann man besser die Laster verstecken, in der Kleinstadt besser die Tugenden zeigen.
G. B. Shaw

Man muß den Menschen vor allem nach seinen Lastern beurteilen. Tugenden können vorgetäuscht sein, Laster sind echt. *Klaus Kinski*

Ein höflicher Mensch kokettiert lieber mit seinen Lastern als mit seinen Tugenden. *Johannes Gross*

Laster sind die Vergnügungen, zu denen es uns an dem nötigen Mut fehlt. *Graham Greene*

Je weiter sich ein Laster ausbreitet, desto größer sind seine Chancen, zur Tugend zu werden. *Sacha Guitry*

Wie brav, die Laster zu meiden, deren man nicht fähig ist. *Peter Benary*

Als Laster bezeichnen wir die Vergnügungen, von denen wir uns nicht zu kosten getrauen, und als Tugenden die Pflichten, denen wir uns nicht zu entziehen wagen. *Henry Miller*

Die Laster der Großen nennt man Allüren.
Friedl Beutelrock

Der Mensch möchte vor den Folgen seiner Laster bewahrt werden, aber nicht vor den Lastern selbst.
Ralph Waldo Emerson

Wer sich alle Laster abgewöhnt hat, dessen Tugenden verkümmern. *Jean Genet*

Ich habe die Erfahrung gemacht, daß Leute ohne Laster auch sehr wenige Tugenden haben.
Abraham Lincoln

➪ **Untugenden**

Laudatio

Eine Laudatio ist ein Nachruf bei Lebzeiten.
Carl Zuckmayer

➪ **Nachruf, Ehrung, Jubiläum, Ruhestand**

Lautsprecher

Lautsprecher verstärken die Stimme - nicht die Argumente. *Hans Kasper*

Wenn es immer weniger darauf ankommt, was jemand sagt, sondern wer etwas sagt, bestimmen schließlich die Lautstärksten und nicht die Klügsten unser Schicksal. *Arno Sölter*

Es stimmt nicht, daß Edison den ersten Lautsprecher erfunden hat. Den ersten Lautsprecher hat der liebe Gott aus einer Rippe gebastelt. Edison hat nur den ersten Lautsprecher erfunden, den man abstellen kann.
Heinz Häring

Leben

Haben Sie schon einmal beobachtet, was Ihnen gut tut? In unserem Alltag geht das, was einem gut tut, leicht unter - ob das ein Verkaufsabschluß, eine neue Idee, eine Kundenberatung, ein gutes Gespräch, ein Spaziergang, das Beobachten der Natur, die Fahrt auf dem Motorrad, ein Tennis-Match, ein gepflegtes Essen oder das tägliche Motto ist. Achten Sie in einer ruhigen Minute einmal darauf, was Ihnen gut tut!
Gerhard Klocker

Da ich aber ansah alle meine Werke, die meine Hand getan hatte und die Mühe, die ich gehabt hatte, siehe, da war es alles eitel und ein Haschen nach Wind und kein Gewinn unter der Sonne (...). Darum verdroß mich zu leben; denn es gefiel mir übel, was unter der Sonne geschieht, daß alles eitel ist und Haschen nach Wind. *Salomo*

Sobald die Leute genug haben, wovon sie leben können, stellt sich heraus, daß sie nicht wissen, wofür sie leben könnten. *Victor Frankl*

Die Hälfte des Lebens ist Glück, die andere ist Disziplin - und die ist entscheidend, denn ohne Disziplin könnte man mit seinem Glück nichts anfangen.
Carl Zuckmayer

Am Ende gilt doch nur, was wir getan und gelebt - und nicht, was wir ersehnt haben. *Arthur Schnitzler*

Daß ich bin, erfüllt mich mit immer neuem Staunen. Und dies bedeutet Leben. *Rabindranath Tagore*

Wer nur mit dem Verstand lebt, hat das Leben nicht verstanden! *Gerd Uhlenbruck*

Wahrlich, unser Leben währet nur kurz, darum durchmeßt seine Bahnen auf das fröhlichste. *Euripides*

Mit dem Leben ist es wie mit einem Bühnenstück: Was zählt, ist nicht die Länge, sondern das gekonnte Spiel. *Seneca*

Wenn du eine Stunde glücklich sein willst, schlafe. Wenn du einen Tag glücklich sein willst, gehe fischen. Wenn du eine Woche glücklich sein willst, schlachte ein Schwein. Wenn du ein Jahr glücklich sein willst, habe ein Vermögen. Wenn du ein Leben glücklich sein willst, liebe deine Arbeit. *Chin. Weisheit*

Es ist eine einfache Wahrheit, daß wir mit unseren Fernsehgeräten und Düsenflugzeugen weiter vom wirklichen Leben entfernt sind als Eingeborene im afrikanischen Busch. *Alexander S. Neill*

Leben ist der Anfang des Todes. *Novalis*

Man kann und darf wohl sein eigenes Leben für eine Sache riskieren, aber nie das Leben eines anderen.
Karl R. Popper

Man muß leben, als hätte man hundertfünfzig Jahre Zeit. Hast ist der Feind des Lebens. *Thornton Wilder*

Es entspricht einem Lebensgesetz: Wenn sich eine Tür vor uns schließt, öffnet sich eine andere. Die Tragik ist jedoch, daß man auf die geschlossene Tür blickt und die geöffnete nicht beachtet. *Andre Gide*

Es gehört auch zur Lebensklugheit, daß wir uns nicht dauernd mit Menschen vergleichen, die glücklicher sind als wir. *Sigrid Undset*

Grübeln und Denken haben mich gelehrt, daß sich das Leben in Wahrheit nicht am Vielen, sondern am Geringen auskosten läßt. *Alexander Solschenizyn*

Wir verlangen, das Leben müsse einen Sinn haben - aber es hat nur ganz genau so viel Sinn, als wir selber ihm zu geben imstande sind. *Hermann Hesse*

Wie wenig ist am Ende der Lebensbahn daran gelegen, was wir erlebten, und wie unendlich viel, was wir daraus machten. *Wilhelm von Humboldt*

Das Leben ist wie ein Schulaufsatz. Meist wird das Thema verfehlt. *Werner Mitsch*

Es gibt eine einfache Formel für die Verlängerung des Lebens: die Zeit am Eßtisch halbieren, die Zeit im Freien verdoppeln. *Paul Holzer*

Männer sollen nur schlechte Köchinnen heiraten. Eine gute Köchin ist lebensverkürzend. *Peter Sellers*

Zwanghaftes Arbeiten allein würde die Menschen ebenso verrückt machen wie absolutes Nichtstun. Erst durch die Kombination beider Komponenten wird das Leben erträglich. *Erich Fromm*

Vergiß nicht, ehe es zu spät ist, daß das Geschäft zu leben nicht ein Geschäft ist, sondern Leben.
B.C. Forbes

Das Leben ist eine Brücke von Seufzern über einen Strom von Tränen. *Philip James Bailey*

Manch einer arbeitet so eifrig für seinen Lebensabend, daß er ihn gar nicht mehr erlebt. *Markus M. Ronner*

Das Leben ist eine Krankheit, und der einzige Unterschied zwischen den Menschen besteht darin, daß sie sich in verschiedenen Phasen dieser Krankheit befinden. *George Bernard Shaw*

Unser Leben ist der Fluß, der sich ins Meer ergießt, das Sterben heißt. *Federico Garcia Lorca*

Das Leben ist eine Nuß. Sie läßt sich zwischen zwei weichen Kissen nicht knacken. *Arthur Miller*

Im Leben kommt es darauf an, Hammer oder Amboß zu sein - aber niemals das Material dazwischen.
Norman Mailer

Die größte Gefahr im Leben ist, daß man zu vorsichtig wird. *Alfred Adler*

Das Leben ist eine Komödie für jene, die denken, eine Tragödie aber für jene, die fühlen. *Oscar Wilde*

Man kann das Leben schwerlich zu leicht nehmen, aber leicht zu schwer. *Curt Goetz*

Humor: mit einer Träne im Auge lächelnd dem Leben beipflichten. *Friedl Beutelrock*

Das Dasein ist köstlich, man muß nur den Mut haben, sein eigenes Leben zu führen. *Peter Rosegger*

Ich habe im Leben Erfolg gehabt. Jetzt versuche ich, das Leben zum Erfolg zu machen. *Brigitte Bardot*

Das Leben ist das, was wir daraus machen.
Henry Miller

Für neunzig Prozent der Menschen besteht der Sinn des Lebens darin, es zu fristen. *Helmut Qualtinger*

Nicht der Mensch hat am meisten gelebt, welcher die höchsten Jahre zählt, sondern der, welcher sein Leben am meisten empfunden hat. *Jean Jacques Rousseau*

Ich liebe das Leben, weil ich darin auftreten darf.
Pavel Kohout

Alle Lebewesen außer dem Menschen wissen, daß der Hauptzweck des Lebens darin besteht, es zu genießen.
Samuel Butler

Du kannst dein Leben nicht verlängern, noch verbreitern, nur vertiefen. *Gorch Fock*

Die Menschen haben vor dem Tod zuviel Achtung, gemessen an der geringen Achtung, die sie vor dem Leben haben. *Henry de Montherlant*

Der größte Fehler im Leben ist, daß man ständig fürchtet, Fehler zu machen. *Elbert Hubbard*

Sehr wenige Menschen leben in der Gegenwart. Die meisten bereiten sich darauf vor, demnächst zu leben.
Jonathan Swift

Jetzt erst weiß ich, was im Leben wichtig ist. Wichtig ist, daß man weiß, daß nichts wichtig ist.
Roman Polanski

Das Leben ist ein Wettlauf gegen die Nachbarn, mit der eigenen Frau als Schrittmacherin. *Richard Rogler*

Was lange leben will, muß dienen. Was aber herrschen will, das lebt nicht lange. *Hermann Hesse*

Wir versündigen uns alle, weil wir nur Teile des Lebens überdenken, das Ganze aber überdenkt niemand. *Seneca*

Alles wirkliche Leben ist Begegnung. *Martin Buber*

Dieses brüchige Leben zwischen Geburt und Tod kann eine Erfüllung sein, wenn es eine Zwiesprache ist. *Martin Buber*

Lebe, wie du, wenn du stirbst, wünschen wirst, gelebt zu haben. *Christian Fürchtegott Gellert*

Grau, teurer Freund, ist alle Theorie und grün des Lebens goldner Baum. *Johann Wolfgang von Goethe*

Es ist eine Wahrheit, von der sich jeder möglichst früh zu überzeugen suche, daß sich im Leben nichts nachholen läßt. *Friedrich Hebbel*

➪ **Lebenskunst, Lebenskünstler**

Lebensfreude

Ein Leben ohne Feste ist eine weite Reise ohne Gasthaus. *Demokrit*

Wer nicht genießt, wird ungenießbar. *Konstantin Wecker*

Lebenskunst

Ich lese jeden Morgen die Zeitung, und zwar zuerst die Todesanzeigen. Dann freue ich mich so richtig, daß ich noch da bin. Dies ist meine ganze Lebensphilosophie. *Ella Fitzgerald*

Der Anspruch auf einen Platz an der Sonne ist bekannt. Weniger bekannt ist, daß sie untergeht, sobald er errungen ist. *Karl Kraus*

Sollte unter "Qualität des Lebens" vorzüglich die Erkenntnis verstanden werden, daß Gemeinschaftsaufgaben immer höheren Rang gewinnen, dann können alle, die da glauben, die Qualität des Lebens erfunden zu haben, keineswegs Urheberrechte anmelden. Immer wird es die Marktwirtschaft sein, die wegen ihrer hohen Leistungsergiebigkeit am besten geeignet ist, neben der Produktion von Waren auch Mittel zur Befriedigung geistiger und kultureller Bedürfnisse bereitzustellen. *Ludwig Erhard*

Lebenskunst ist nicht zuletzt die Fähigkeit, auf etwas Notwendiges zu verzichten, um sich etwas Überflüssiges zu leisten. *Vittorio De Sica*

Lebenskunst ist die Kunst des richtigen Weglassens. Das fängt beim Reden an und endet beim Dekolleté. *Gabrielle «Coco» Chanel*

Abraham Lincolns Worte von 1864 - acht Thesen, die auch heute noch stimmen:

1. "Man kann nicht Wohlstand schaffen, indem man die Lust zum Sparen nimmt."
2. "Man kann nicht die Macht dem Schwachen geben, indem man den Starken schwächt."
3. "Man kann nicht dem Arbeitnehmer helfen, indem man den Arbeitgeber beseitigt."
4. "Man kann nicht die Brüderlichkeit fördern, indem man den Klassenkampf anheizt."
5. "Man kann nicht den Armen helfen, indem man den Reichen ruiniert."
6. "Man kann nicht den Sorgen entgehen, indem man mehr ausgibt, als man einnimmt."
7. "Man kann nicht Charakter und Mut schmieden, indem man Initiative und Unabhängigkeit lähmt."
8. "Man kann dem Menschen nicht helfen, indem man für ihn das tut, was er selbst tun könnte und müßte."

Lebenskunst besteht zu neunzig Prozent aus der Fähigkeit, mit Menschen auszukommen, die man nicht mag. *Samuel Goldwyn*

Die doppelte Wettbewerbsfähigkeit eines Managers besteht in der Wahrung von Harmonie zwischen der Routine des Alltags und seinen strategischen Entscheidungen. *Matthias Scharlach*

Wir alle müssen das Leben meistern. Aber die einzige Art, es zu meistern, besteht darin, es zu lieben. *Georges Bernanos*

Die wahre Lebenskunst besteht darin, im Alltäglichen das Wunderbare zu sehen. *Pearl S. Buck*

Es ist auch der Reiz des Lebens, daß man nicht alles für selbstverständlich hält, sondern noch bereit ist, sich zu wundern. *Loriot*

Es gibt drei Methoden, sich durch's Leben zu schlagen: betteln, stehlen oder andere arbeiten zu lassen. *Unbekannt*

Fang jetzt an zu leben, und zähle jeden Tag als ein Leben für sich. *Seneca*

Lebenskünstler

Lebenskünstler nehmen von allem ein wenig, aber immer nur das Beste. *Jacques Chardonne*

Im Glück sagt sich der Lebenskünstler, daß es kaum besser hätte kommen können. Im Unglück sagt er sich, daß es noch schlimmer hätte kommen können. *Paul Hörbiger*

Den Lebenskünstler erkennt man daran, daß er seine schlechten Erfahrungen von anderen machen läßt. *Hans Joachim Clarin*

Lebenskünstler sind Menschen, die nicht nur Zeit für das Notwendige, sondern auch für das scheinbar Überflüssige haben. *Friedl Beutelrock*

Pessimisten sind die wahren Lebenskünstler, denn nur sie erleben angenehme Überraschungen. *Marcel Proust*

Die wahren Lebenskünstler vergleichen sich grundsätzlich nur mit Leuten, denen es schlechter geht als ihnen. *Andre Maurois*

Lebenskünstler sind Menschen, die vollkommen glücklich sind, wenn sie nicht vollkommen unglücklich sind. *Danny Kaye*

Die wahren Lebenskünstler sind bereits glücklich, wenn sie nicht unglücklich sind. *Jean Anouilh*

Lehren

Du kannst einem Menschen nichts lehren; du kannst ihm nur helfen, es in sich selbst zu finden. *Galileo Galiläi*

Lehren heißt: die Dinge zweimal lernen. *Joseph Joubert*

Man lernt am schnellsten und am besten, indem man andere lehrt. *Rosa Luxemburg*

Erziehung ist eine wunderbare Sache, doch muß man sich von Zeit zu Zeit besinnen, daß nichts, was von Wert ist, gelehrt werden kann. *Oscar Wilde*

Wie schade, daß wir im Leben unsere Lektionen immer erst bekommen, wenn wir gar nichts mehr damit anfangen können. *Oscar Wilde*

Der Wille zu lehren ist ein Wille zu schenken. *Margolius*

➪ **Erziehen, Bildung, Lernen, Lehrer**

Lehrer

Es kann nicht früh genug darauf hingewiesen werden, daß man die Kinder nur dann vernünftig erziehen kann, wenn man zuvor die Lehrer vernünftig erzieht. *Erich Kästner*

Werte kann man nicht lehren, sondern nur vorleben. *Viktor. E. Frankl*

Eine einzige offenkundige Lüge des Lehrers gegen seinen Zögling kann den ganzen Ertrag der Erziehung zunichte machen. *Jean Jacques Rousseau*

Erziehen heißt Vorleben. Alles andere ist höchstens Dressur. *Oswald Bumke*

Sei Sonne durch Deine Lehre, sei Mond durch Deine Anpassungsfähigkeit, sei Wind durch straffe Führung, sei Luft durch Deine Milde, sei wie ein Feuer durch die schöne Rede Deiner Unterweisung. *Hildegard v. Bingen*

Der wahrhaft Edle predigt nicht, was er tut, bevor er nicht getan hat, was er predigt. *Konfuzius*

Man erzieht durch das, was man sagt, mehr noch durch das, was man tut, am meisten durch das, was man ist. *Ignatius von Antiochien*

Ein Lehrer, der nicht von seinen Schülern lernt, versagt in seinem Beruf. *Charlotte Wolff*

➪ **Erziehen, Bildung, Lernen, Schule**

Leiden

Nicht nur die Tat, auch das Leiden ist ein Weg zur Freiheit. *Dietrich Bonhoeffer*

Wer nicht ein kleines Leid zu ertragen versteht, muß sich darauf gefaßt machen, viele Leiden über sich ergehen zu lassen. *Jean Jacques Rousseau*

➪ **Krankheit**

Leidenschaft

Wer die Leidenschaft als Jugendsünde abtut, degradiert die Vernunft zur Alterserscheinung. *Hans Kasper*

Leidenschaften sind die Pferde am Wagen des Lebens; aber wir fahren nur gut, wenn der Fuhrmann Vernunft die Zügel lenkt. *Karl Julius Weber*

➪ **Sünde**

Leistung

Leiste mehr als das, wofür du bezahlst wirst, und du wirst bald mehr bezahlt bekommen, als du leistest. Dafür sorgt das Gesetz vom zunehmenden Gewinn." *Napoleon Hill*

Es ist nicht das Übermaß an Leistungszwang, sondern die nicht abgeforderte Leistung, die in Aggression umschlägt! *Unbekannt*

Der Leistungsdruck ist der einzige Weg, der dem jungen Menschen zum Bewußtsein seiner selbst und seiner Kräfte verhilft, also zum Glück. *Heddy Neumeister*

Solange die progressiven Leistungsverweigerer und Systemveränderer noch so aktiv sind, sich selber das Wasser abzuschlagen und eigendynamisch durch die Klobrille zu scheißen, sich selber noch den Hintern mit einem Requisit des kapitalistischen Establishment abwischen, ist ihr langer Marsch durch die Institutionen noch nicht beendet. *Hubert Pepsin*

Wir engagieren nur Leute von Universitäten, die das Leistungsprinzip nicht aufgegeben haben.
Dietrich Wilhelm v. Menges

Es gibt nur drei Methoden, um leben zu können: betteln, stehlen oder etwas leisten.
Honore Graf von Mirabeau

Unabhängig von jeder jeweiligen Regierung: Wir sind ein Volk gelernter Hochstapler geworden, die in provokanter Weise - freilich nur bis zur absehbaren Totalkatastrophe - über ihre Verhältnisse leben!
Hubert Pepsin

Leistungsverweigerer gemahnen an Phantasten, die versuchen, die Schwerkraft der Erde aufzuheben.
Kurt Wortig

Leistungsverweigerer sind menschliche Tragödien: als biologische Antizykler (Blindgänger des Lebens) stolpern sie direktionslos in den Tag, nicht wissend, daß verlorene Zeit - Zeit ohne Leistung - das einzige ist, was selbst mit Raketengeschwindigkeit nicht mehr eingeholt werden kann. Es ist nicht das Übermaß an Leistungszwang, sondern die nicht abgeforderte Leistung, die in Aggression umschlägt! *Unbekannt*

Sobald sich Athleten nur noch mit dem Gewinnen beschäftigen und von diesem Gedanken besessen sind, weisen ihre Leistungen in der Mehrzahl der Fälle eine ständige Verschlechterung auf. Die Leistungsergebnisse sind erheblich besser, wenn sie ihr Augenmerk darauf lenken, ihr Bestes zu geben und dann fortzufahren, die inneren richtigen Bedingungen zu schaffen und darauf zu achten, diese zu erhalten, anstelle allein den Gewinn im Auge zu haben. *James E. Loehr*

Man kann zuviel arbeiten, aber niemals zuviel Leistung bringen. *Matthias Scharlach*

Zu sein, was wir sind, und zu werden, wozu wir fähig sind zu werden, das ist das einzige Ziel des Lebens.
Robert Louis Stevenson

Die größten Leistungen vollbringt nur der, der gelernt hat, im entscheidenden Augenblick letzte Reserven mobil zu machen. *Segal*

Eine Fähigkeit tritt erst mit der Leistung ans Licht.
Matthias Scharlach

Es kommt viel weniger darauf an, was man leistet, als vielmehr darauf, wo man es leistet.
Johann Nepomuk Nestroy

Wenn ich in dreißig Stunden das leisten sollte, wofür mir vierzig nicht ausreichten, dann will ich wenigstens für sechzig bezahlt werden. *Emil Baschnonga*

Etwas Gutes besser zu machen ist leichter, als etwas Gutes immer gut zu machen. *Günter Bauer*

Auf die Dauer bleibt keine gute Tat unbestraft.
Büroweisheit

Unsere Leistungsgesellschaft ist nicht eine Gesellschaft, in der nur Leistung gilt, sondern eine, welche bestimmt, was Leistung ist und wer sie leisten darf. *Gerd Uhlenbruck*

Die Spielregel für "Survival of the fittest" ist der Spaß am permanenten Leistungsdruck.
Matthias Scharlach

➪ **Arbeit, Erfolg, Sinn, Motivation**

Lernen

Lernen ist wie Rudern gegen den Strom; sobald man aufhört, treibt man zurück. *Benjamin Britten*

Bildung ist ein unentreißbarer Besitz. *Menander*

Der Mensch soll lernen. Nur die Ochsen büffeln.
Erich Kästner

Man lernt am schnellsten und am besten, indem man andere lehrt. *Rosa Luxemburg*

Bildung ist das, was übrigbleibt, wenn wir vergessen, was wir gelernt haben. *Halifax*

Das große Ziel der Bildung ist nicht Wissen, sondern Handeln. *Herbert Spencer*

Die Geschichte lehrt uns, daß wir aus ihr nichts gelernt haben. *Unbekannt*

Zuviel Panzer, zu wenig Gehirn. Deshalb sind die Dinosaurier ausgestorben. *Unbekannt*

Jeder, der aufhört zu lernen, ist alt, mag er zwanzig oder achtzig Jahre zählen. Jeder, der weiterlernt, ist jung, mag er zwanzig oder achtzig Jahre zählen.
Henry Ford I.

➪ **Erziehen, Bildung, Lehren, Lehrer, Gehirn**

Lesen

Kein Lesen ist der Mühe wert, wenn es nicht unterhält.
William Somerset Maugham

Lesen ist Fernsehen im Kopf. *Gerhard Reichel*

Auch den Möbelpackern sind Leute, die Bücher lesen, zuwider. Aber sie haben wenigstens einen guten Grund dafür. *Gabriel Laub*

Drei Tage nicht gelesen, und das Gespräch wird schal.
Chin. Sprichwort

Schreib den ersten Satz so, daß der Leser unbedingt auch den zweiten Satz lesen will. Und dann immer so weiter. *William Faulkner*

Es ist erst der Leser, der das Buch zum Buch macht, indem er es liest. *Francis Ponge*

Ein Buch, das nicht wert ist, zweimal wenigstens gelesen zu werden, ist auch nicht wert, daß man es einmal liest. *Karl Julius Weber*

Leser sind Komplizen, die einander nicht kennen.
Martin Walser

Wie wenig du gelesen hast, wie wenig du kennst - aber vom Zufall des Gelesenen hängt es ab, was du bist.
Elias Canetti

Man sollte niemals ein Buch lesen, bloß weil es auf irgendeiner Bestsellerliste steht oder weil es einem zeitgenössischen Trend entspricht. Richtiges Lesen ist Bürsten gegen den Strich. *Doris Lessing*

Von einer Boulevardzeitung, die täglich um Leser kämpft, kann man nicht erwarten, daß sie sich wie ein Kirchenblatt liest. *Alfred C. Northcliffe*

Es gibt Lektüren, die Impfungen vergleichbar sind.
Ernst Jünger

➪ **Buch, Literatur, Schriftsteller, Autor,**

Liberalismus

Liberal ist, wer sich selbst vertraut und etwas gegen Staat und Bürokratie hat. *Karl Moersch*

Früher waren es auch in Straßburg und Brüssel die Deutschen, von denen Liberalisierungsvorstöße kamen - jetzt sind es die Europäer, die sich dem aus Deutschland kommenden Wirtschaftswürgegriff entgegenstemmen. *Roland Tichy*

Manche meinen, sie seien liberal geworden, nur weil sie die Richtung ihrer Intoleranz geändert haben.
Wieslaw Brudzinski

Liberalismus ist durch Vorsicht gemäßigtes Vertrauen, Konservatismus ist durch Furcht gemildertes Mißtrauen der Menschen. *William Gladstone*

Selbst das Bürokratiemonster Brüssel denkt inzwischen liberaler und unbürokratischer als bundesdeutsche Behörden. *Roland Tichy*

Licht

Was wahr ist beim Licht der Lampe, ist nicht immer wahr beim Licht der Sonne. *Joubert*

Lampen, Leuchter und Lüster verraten dem Kundigen viel über seinen Besitzer: Es kommt nicht auf eine knallighohe Watt-Orgie an, sondern auf eine diskrete Plazierung der Lichtquellen. *Fred 0. Immergrün*

Alis lucendo consumor!
(Ein Fürst muß sein wie eine Kerze, die sich verzehrt, um anderen zu leuchten!)
Kurfürst Maximilian I. von Bayern

Man muß nicht unbedingt das Licht des anderen ausblasen, um das eigene leuchten zu lassen.
Griech. Sprichwort

Es ist besser, einen Tropfen Licht zu geben oder zu empfangen als einen Ozean von Dunkelheit. *Joubert*

Gedämpftes Licht, traulicher Ampelschein, entspringt nicht immer abenteuerlich-lüsterner Tango-Atmosphäre; es kann eine balsamische Brücke sein zu jenen kostbar-seltenen Lebensgefilden, die Wissende schlicht zu schätzen wissen als: Kontemplation, also Nachdenklichkeit, Besinnlichkeit, Selbstbesinnung, Zusich-selbst-Finden, traulich-intimer Zwiesprache mit sich selbst. *K. Galenos*

Liebe

Ich habe Angst vor Leuten, die immer nur die Menschheit lieben und niemals einzelne Menschen.
Wolf Biermann

Die wichtigste Stunde in unserem Leben ist immer der gegenwärtige Augenblick; der bedeutsamste Mensch in unserem Leben ist immer der, der uns gerade gegenübersteht; das notwendigste Werk in unserem Leben ist stets die Liebe. *Leo Tolstoi*

In der Liebe und im tariflosen Zustand ist alles erlaubt.
Heinz Kluncker

Wer liebt, hat ein großes Geschenk zu verwalten.
Martin Kessel

Geliebt zu werden kann eine Strafe sein. Nicht wissen, ob man geliebt wird, ist Folter. *Robert Lembke*

Es gibt vielleicht auf der ganzen Welt kein anderes Mittel, ein Ding oder Wesen schön zu machen, als es zu lieben. *Robert Musil*

Liebe ist ein Hauptwort, für Verlobte ein Verhältniswort, für Verheiratete ein Bindewort, für Schwangere ein Umstandswort, für Kavaliere ein Zahlwort und für Eunuchen ein Fremdwort. *Unbekannt*

In der Liebe ergeben ein kluger Mann und eine kluge Frau zusammen zwei Narren. *Helen Vita*

Die Liebe ist eine unheilbare Krankheit. Aber wer von ihr befallen ist, verlangt nicht nach Genesung, und wer daran leidet, wünscht nicht zu gesunden. *Ibn Hazmal-Andaluzi*

Die Liebe ist in Frankreich eine Komödie, in England eine Tragödie, in Italien eine Oper und in Deutschland ein Melodrama. *Heinrich Heine*

Es gibt ein Land der Lebenden und ein Land der Toten, und die Brücke ist die Liebe; nur in ihr überleben wir, und nur sie gibt dem Leben einen Sinn. *Thornton Wilder*

Geliebt wirst du einzig, wo du schwach dich zeigen darfst, ohne Stärke zu provozieren. *Theodor W. Adorno*

Man liebt einen Menschen nicht wegen seiner Stärke, sondern wegen seiner Schwächen. *Tilla Durieux*

Die Liebe ist die Krankheit, die gepflegt, nicht geheilt werden will. *Guido Hildebrandt*

Die Liebe ist ein nicht näher definierbares Gefühl, das im Leben unendliche Komplikationen hervorruft, besonders im Geschlechtsleben. *Gabriel Laub*

Die Liebe ist die Geschichte der Verfolgung des Mannes durch die Frau. *George Bernard Shaw*

In jeder Art von Liebe sollte auch immer ein wenig Trennung und Absonderung sein. *Rabindranath Tagore*

Macht können wir durch Wissen erlangen, aber zur Vollendung gelangen wir nur durch die Liebe. *Unbekannt*

Die Liebe besiegt alles. *Vergil*

Die Liebe ist die einzige Sklaverei, die als Vergnügen empfunden wird. *George Bernard Shaw*

In Liebesdingen ist der Liebhaber ein Künstler, der Ehemann ein Handwerker. *Unbekannt*

Die wirkliche Liebe beginnt, wo keine Gegengabe mehr erwartet wird. *Antoine de Saint-Exupery*

Wenn die Menschen sagen, sie hätten ihr Herz verloren, ist es meistens nur der Verstand. *Robert Lembke*

Lieben bedeutet, zu einem Menschen zu halten. Liebe ist Anerkennung. *Alexander S. Neill*

Das Geschenk der Liebe kann man nicht geben. Es wartet darauf, angenommen zu werden. *Rabindranath Tagore*

Liebe: Sammelbegriff einer Vielfalt menschlicher Gefühlsbedingungen, denen die rational nur unvollständig begründbare Wertbejahung eines Subjektes oder Objektes zugrundeliegt. *Großer Brockhaus*

Behandle nie die am schlechtesten, die du am meisten liebst. *Walter A. Heiby*

Die Liebe ist eine Illusion von Flügeln und eine Wirklichkeit von Ketten. *Sydney Smith*

Gibt es schließlich eine bessere Form, mit dem Leben fertig zu werden, als mit Liebe und Humor? *Charles Dickens*

Liebe ist gemeinsame Freude an der wechselseitigen Unvollkommenheit. *Hans Kudszus*

Liebe und Freundschaft schließen einander aus. *Jean de La Bruyere*

Platonische Liebe ist vegetarischer Sex. *Karl Weigand*

Platonische Liebe ist Sex oberhalb der Ohren. *Thyra Winslow*

Lieben heißt alle Fehler und Unzulänglichkeiten des anderen kennen und sich nichts aus ihnen machen. *Dorothy Dix*

Liebe ist kein Solo. Liebe ist ein Duett. Schwindet sie bei einem, verstummt das Lied. *Adalbert von Chamisso*

Alter schützt vor Liebe nicht, aber Liebe vor dem Altern. *Coco Chanel*

Lieben heißt Seele werden wollen in einem anderen. *David Friedrich Schleiermacher*

Einen Menschen lieben heißt ihn sehen, wie Gott ihn gemeint hat. *Fjodor Michailowitsch Dostojewski*

Liebe ist ein privates Weltereignis. *Alfred Polgar*

Liebe ist zeitweilige Blindheit für die Reize anderer Frauen. *Marcello Mastroianni*

Liebe ist das einzige, was nicht weniger wird, wenn wir es verschwenden. *Ricarda Huch*

Das ist das Eigentümliche an der Liebe, daß sie unaufhörlich wachsen muß, wenn sie nicht abnehmen soll. *Andre Gide*

Liebe

Nichts nützt der Liebe so sehr wie Distanz. Mit jedem Kilometer Entfernung wächst die Zuneigung.
George Bernard Shaw

Liebe ist, wenn sie dir die Krümel aus dem Bett macht.
Kurt Tucholsky

Die Liebe ist eine Waffe, mit der man spielt, ohne daran zu denken, daß sie geladen ist. *Otto Eduard Hasse*

Die Liebe ist eine tolle Krankheit - da müssen immer gleich zwei ins Bett. *Robert Lembke*

Die Liebe ist ein Boogie-Woogie der Hormone.
Henry Miller

Die Liebe ist eine Frucht, die immer Saison hat, und jeder kann davon pflücken, soviel er will.
Mutter Teresa

Jede enttäuschte Liebe macht ein bißchen immun gegen die nächste. *Ursula Andreß*

Die am weitesten verbreitete Augenkrankheit ist die Liebe auf den ersten Blick. *Cino Cervi*

Es sind die kleinen Rechthabereien, die eine große Liebe zerstören können. *Max Frisch*

Liebe ist, je nachdem, ein Zeitwort, ein Verhältniswort, ein Zahlwort oder ein Umstandswort.
Orson Welles

Liebe ist wie ein Verkehrsunfall. Man wird angefahren und fällt um. Entweder überlebt man oder nicht.
Juliette Greco

Das Glück der Liebe: sich vor dem anderen ganz aussprechen zu dürfen. Das Geheimnis der Liebe: vieles unausgesprochen lassen. Beides bindet. *Sigmund Graff*

Platonische Liebe kommt mir vor wie ein ewiges Zielen und niemals Losdrücken. *Wilhelm Busch*

Liebe ist ein Tornado, Freundschaft ein ständig wehender Passat. *Colette*

Das letzte, was eine Frau an der Liebe interessiert, ist die Theorie. *Alfred Charles Kinsey*

Erstaunlich viele Liebespaare sind heutzutage verheiratet, aber nicht miteinander. *Eddie Cantor*

Die erste Liebe sagt: ich werde geliebt; die zweite fragt: wie lange? *Ilona Bodden*

Wir alle benutzen einander und nennen es Liebe, und wenn wir einander nicht benutzen können, nennen wir es Haß. *Tennessee Williams*

Liebe ist die wunderbare Gabe, einen Menschen so zu sehen, wie er nicht ist. *Hannelore Schroth*

Es ist besser zu lieben als geliebt zu werden, denn es ist bedeutend sicherer. *Sacha Guitry*

Liebe ist im Grunde eine chemische Reaktion. Aber es macht Spaß, nach der Formel zu suchen.
Hildegard Knef

Macht können wir durch Wissen erlangen. Aber zur Vollendung gelangen wir nur durch die Liebe.
Rabindranath Tagore

Wir sind alle für die Liebe geboren. Es ist ein Prinzip unserer Existenz und dessen einziges Ziel.
Benjamin Disraeli

Welche Kraft ist mächtiger als die Liebe?
Igor Strawinsky

Leben ohne Liebe ist wie ein Baum ohne Blüten und Früchte. *Kahli Gibran*

Liebe ist der angenehmste Zustand teilweiser Unzurechnungsfähigkeit. *Marcel Ayme*

Gerechtigkeit ohne Liebe macht hart. Wahrheit ohne Liebe macht kritisch. Pflicht ohne Liebe macht verdrießlich. Klugheit ohne Liebe macht gerissen. Freundlichkeit ohne Liebe macht heuchlerisch. Ordnung ohne Liebe macht kleinlich. Sachkenntnis ohne Liebe macht rechthaberisch. Macht ohne Liebe macht gewalttätig. Besitz ohne Liebe macht geizig.
Unbekannt

Die Liebe ist jener seltsame Zustand, den alle belächeln, bevor sie von ihm befallen werden.
Virna Lisi

Die Liebe ist das einzige Märchen, das mit keinem "es war einmal" beginnt - aber schließt. *Hans Lohberger*

Die Liebe ist eine vorübergehende Blindheit für die Reize anderer Frauen. *Marcello Mastroianni*

Si vis amari, ama. Wenn Du geliebt werden willst, liebe. *Lucius Ännäus Seneca*

Ein bißchen Güte von Mensch zu Mensch ist besser als alle Liebe zur Menschheit. *Richard Dehmel*

Liebe ist der Wunsch, etwas zu geben, nicht zu erhalten. *Bertolt Brecht*

Liebe ist stets der Anfang des Wissens, so wie Feuer der Anfang des Lichts ist. *Thomas Carlyle*

➪ **Flirt, Kuß, Sex**

Der verlorenste
aller Tage ist der,
an dem man
nicht gelacht hat.

CHAMFORT

Liebesheirat

Der einzige Entschuldigungsgrund für eine Liebesheirat ist die unüberwindliche gegenseitige Zuneigung. *George Bernard Shaw*

Liebesspiel

Beim Liebesspiel ist es wie beim Autofahren: Die Frauen mögen die Umleitung, die Männer die Abkürzung. *Jeanne Moreau*

Liebeskunst

Liebeskunst besteht darin, mit dem Temperament eines Vampirs die Diskretion einer Anemone zu verbinden. *Emile M. Cioran*

Die Liebeskunst ist außer Kraft getreten; sie ward zur Leibeswissenschaft. *Eugen Roth*

Liebhaber

Es gibt keine guten Liebhaber. Es gibt höchstens Männer, mit denen es völlig hoffnungslos ist, und einige, mit denen es nicht ganz so hoffnungslos ist. *Ingeborg Bachmann*

Wenn man einen Liebhaber hat, dann hat man auch mehrere. *Marguerite Duras*

Die meisten Männer, die Kluges über die Frauen gesagt haben, waren schlechte Liebhaber. Die großen Praktiker reden nicht, sondern handeln. *Jeanne Moreau*

Ein Liebhaber ist die zweite Enttäuschung einer Frau. Die erste ist ihr Ehemann. *Unbekannt*

Liebling

Liebling ist der Rufname für alle Frauen, deren Vornamen uns im Augenblick nicht einfällt. *Oliver Herford*

Liebschaft

Liebschaften sind wie Pilzgerichte: beide sollte man nicht aufwärmen. *Claus Biederstaedt*

Viele kleine Liebschaften sind fortschreitende Immunisierung gegen die große Liebe. *Jeanne Moreau*

Linke

Für manche Linken ist einer schon rechtsradikal, wenn er nur pünktlich zur Arbeit kommt. *Heiner Geißler*

Linksregierungen sind für ihre Anhänger fast immer enttäuschend. *George Orwell*

Lippenstift

Der Lippenstift ist ein Geschenk, das sich Männer nach und nach zurückholen können. *Unbekannt*

Lira

Die Lira ist Italiens beste Abfahrtsläuferin. *George Cox*

Literat

Gerechterweise sollten Literaten auch dafür honoriert werden, was zwischen den Zeilen steht. *Hans-Horst Skupy*

Nichts ist verächtlicher, als wenn Literaten Literaten Literaten nennen. *Kurt Tucholsky*

Ich komme immer mehr zu der ketzerischen Überzeugung, daß es die Rolle der Literaten in der Gesellschaft ist, keine Rolle zu spielen. *Eugene Ionesco*

➪ **Autor, Schriftsteller**

Literatur

Was ist die Literatur? Eine Aufblähung des Alphabets. *Werner Bergengruen*

Klassikerausgaben sind mehr Möbel als Literatur. *Jacques Tati*

Moderne Literatur ist die Kunst, den richtigen Interpreten zu finden. *Wolfgang Herbst*

Literatur ist Kannibalismus mit der Schreibmaschine. *Thornton Wilder*

Eine mit Schlagworten geohrfeigte Zeit produziert eine geschwollene Literatur. *Alfred Polgar*

Literatur ist die Kunst, Außergewöhnliches an gewöhnlichen Menschen zu entdecken und darüber mit gewöhnlichen Worten Außergewöhnliches zu sagen. *Boris Pasternak*

Ein Bücherschatz ist wie ein geistiger Baum, der Bestand hat und seine köstlichen Früchte spendet von Jahr zu Jahr, von Geschlecht zu Geschlecht. *Thomas Carlyle*

Literatur is wat so inne Bücher steht, wo zum Herzeigen da sind. *Jürgen von Manger*

Das Verhältnis vieler Menschen zur Literatur ist gestört, weil man von ihnen in der Kindheit verlangt hat, sich die Hände zu waschen, bevor sie ein Buch anfassen durften. *William Crealy*

Eine seltsamere Ware als Bücher gibt es wohl schwerlich in der Welt. Von Leuten gedruckt, die sie nicht verstehen; von Leuten verkauft, die sie nicht verstehen; gebunden, rezensiert und gelesen von Leuten, die sie nicht verstehen, und nun gar geschrieben von Leuten, die sie nicht verstehen.
Georg Christoph Lichtenberg

Literatur ist Kannibalismus mit der Schreibmaschine. Ich habe unstillbaren Appetit auf Menschen.
Thornton Wilder

Die Literatur hat nichts von ihrer Funktion eingebüßt, zur Erkenntnis des Menschen in der Zeit beizutragen. Es kommt ihr weniger darauf an, Fragen des Daseins zu lösen, als Fragen an das Dasein zu stellen.
Siegfried Lenz

Ich bin kein Literat. Ich bin ein Bauer, der gern Geschichten erzählt. *William Faulkner*

Welches sind die drei dünnsten Bücher der Welt? Die israelische Küche, die italienischen Heldensagen und der Schweizer Humor. *Johannes Gross*

Es gibt keine alte und moderne Literatur, sondern nur eine ewige und eine vergängliche.
Ernst von Feuchtersleben

Die Literatur sollte das Sagbare sagen und das Unsagbare verständlich machen. *Martin Kessel*

Es ist das Schicksal aller Literaturen, eines Tages in toten Sprachen geschriebene lebendige Werke zu sein.
Octavio Paz

Literatur ist Sprache, die mit Sinn geladen ist. Große Literatur ist einfach Sprache, die bis zur Grenze des Möglichen mit Sinn geladen ist. *Ezra Pound*

Literatur ist zu Buch geschlagene Sprache.
Horst Dieter Schlosser

Literatur ist gedruckter Unsinn. *August Strindberg*

Literatur ist die Instrumentierung von Binsenwahrheiten. *Thornton Wilder*

Literatur ist im Grunde genommen die Kunst, Außergewöhnliches an gewöhnlichen Menschen zu entdecken und darüber mit gewöhnlichen Worten Außergewöhnliches zu sagen. *Boris Pasternak*

Eine mit Schlagworten geohrfeigte Zeit produziert eine geschwollene Literatur. *Alfred Polgar*

Eine Büchersammlung ist der Gegenwert eines großen Kapitals, das geräuschlos unberechenbar Zinsen spendet. *Johann Wolfgang von Goethe*

Bücher sind Brillen, durch die die Welt betrachtet wird. *Ludwig Feuerbach*

Ein Buch ist ein Freund, der dich nie verrät.
Jüdisches Sprichwort

Die Bestseller-Listen sind die Friedhofstafeln von morgen. Was dort oben steht, hat fast nie die Chance, zu überleben. *Siegfried Unseld*

Die ganze Bestsellerei finde ich schrecklich - die literarische Bundesligatabelle, die jede Woche erscheint. *Heinrich Böll*

➪ **Bücher**

Lob

Der Mensch braucht zu seinem Wohlbefinden täglich soundsoviele Streicheleinheiten. Wenn er die bekommt, strahlt er, wenn nicht, verkümmert er.
Ruth Knebel

Lob ist wie Champagner, beides muß serviert werden, solange es noch perlt. *Rolf Hebbecker*

Es gibt Augenblicke, da schadet ein Lob mehr, als ein Tadel zerstören könnte. *Nikolaus Cybinski*

Am besten aber wirst du den Charakter eines Menschen kennenlernen, wenn du beobachtest, wie er jemanden lobt und wie er sich verhält, wenn er selbst gelobt wird. *Lucius Annaeus Seneca*

Lob ist eine listige, versteckte feine Schmeichelei, die Spender und Empfänger anders befriedigt. Dieser nimmt sie als Preis für seine Verdienste an, und jener gibt sie, um seine Billigkeit und Urteilskraft ins rechte Licht zu setzen. *La Rochefoucauld*

Lob macht gute Menschen besser und schlechte schlechter. *Thomas Fuller*

Ein klein wenig Lob darf man dem Menschen ins Gesicht sagen, das ganze Lob aber nur in seiner Abwesenheit. *Talmud*

Ein wenig Schmeichelei schadet nicht, vorausgesetzt, man atmet sie nicht tief ein. *Adlai Stevenson*

Sage mir, wer dich lobt, und ich sage dir, worin dein Fehler besteht! *Wladimir Illjitsch Lenin*

Das Bedürfnis hoher Anerkennung ist eines der Passiva, die auf den meisten ungewöhnlichen Begabungen ruhen. *Otto von Bismarck*

Lob ablehnen heißt, zweimal gelobt sein wollen.
La Rochefoucauld

Manches Lob ist so schädlich wie eine Verleumdung.
Jean Paul

Mir ist wenig am Lob der Leute gelegen. Ihr Neid wäre allenfalls das einzige, was mich noch freuen würde. *Georg Christoph Lichtenberg*

Lob ist des Mannes Untergang. *Russisches Sprichwort*

Lobt man bei einem Menschen Tugenden, die er nicht hat, dann macht man ihm eigentlich Vorwürfe.
La Rochefoucauld

Wer ein vernichtendes Urteil über einen Kollegen abgeben will, beginnt mit einem dicken Lob.
Eberhard Ewel

Lob ist die einzige Kraft, die uns zu edlen Handlungen antreibt und Ausdauer dafür verleiht.
Jean de La Bruyere

Die einen werden durch großes Lob schamhaft, die anderen frech. *Friedrich Wilhelm Nietzsche*

Es ist weit besser, echtes Lob unausgesprochen zu lassen, als sich dem Verdacht der Schmeichelei auszusetzen. *George Bernard Shaw*

Lobt dich der Gegner, dann ist das bedenklich; schimpft er, dann bist du in der Regel auf dem richtigen Weg. *August Bebel*

Die feinsten und doch zähesten Fesseln spinnt man aus Lob. *Charles Tschopp*

➪ **Anerkennung, Kompliment**

Lobby

Eine Lobby ist ein Rückenwind, den man selbst erzeugt. *Donald W. Thackeray*

Lobbyisten sind Leute, die andere festlegen, indem sie sie freihalten. *Wolfram Weidner*

➪ **Interessenverbände, Beziehungen, Kontakt**

Logik

Logik ist ein Verfahren, das uns glauben macht, daß eine Sache, die nicht schwarz ist, weiß sein müsse.
Richard Wiggins

Was wir Zufall nennen, ist vielleicht die Logik Gottes.
Georges Bernanos

Logik ist die Leidenschaft, zwei und zwei zu addieren.
Helmar Nahr

Logik ist ein Instrument zum Aufpolstern der Vorurteile. *Elbert Hubbard*

Die Logik ist die Zwangsjacke der Phantasie.
Helmar Nahr

➪ **Verstand, Vernunft, Denken, Rationalität**

Lohnpolitik

Ich meine nur, daß bei uns, in der Lohnpolitik, ein anderer Faktor eine zu große Rolle spielte, das ist der Gedanke der Umverteilung. Dabei kann es auf die Dauer nur Verlierer geben.
Präsident Alwin Münchmeyer

Loyalität

Loyalität kann auch Ausdruck von Bequemlichkeit sein. *Matthias Scharlach*

➪ **Treue, Vertrauen**

Luftschlösser

Luftschlösser verursachen keine Baukosten, aber ihre Zerstörung ist oft sehr teuer. *Francois Mauriac*

In Luftschlössern läßt sich leicht Zuflucht suchen. Und leicht zu bauen sind sie auch. *Henrik Ibsen*

➪ **Illusion, Wünsche, Vision**

Lügen

Es gibt drei Arten von Lügen: Lügen, infame Lügen und Statistiken. *Benjamin Disraeli*

Mit der Lüge kommt man durch die ganze Welt, aber nicht wieder zurück. *Aus Polen*

Um die Wahrheit wahrscheinlicher zu machen, muß man ein bißchen Lüge hineinmischen.
Fjodor Dostojewski

Eine halbe Wahrheit ist nie die Hälfte einer ganzen.
Karl Heinrich Waggerl

Die Wahrheit, die überlebt, ist meistens die Lüge, die am angenehmsten klingt. *H. L. Mencken*

Ein halbleeres Glas Wein ist zwar zugleich ein halbvolles, aber eine halbe Lüge mitnichten eine halbe Wahrheit. *Jean Cocteau*

Eine Lüge ist wie ein Schneeball; je länger man ihn wälzt, je größer wird er. *Martin Luther*

Die Strafe für den Lügner besteht nicht darin, daß man ihm nicht glaubt, sondern darin, daß er selber niemandem mehr glauben kann. *George Bernard Shaw*

Kinder sind Menschen, die mit Lügen erzogen werden, die Wahrheit zu sagen. *Rudolf Rolfs*

Lügen haben kurze Beine, aber weiche Knie. *Gerhard Uhlenbruck*

Es wird niemals so viel gelogen wie vor der Wahl, während des Krieges und nach der Jagd. *Otto v. Bismarck*

Die Lüge ist ein sehr trauriger Ersatz für die Wahrheit, aber sie ist der einzige, den man bis heute entdeckt hat. *Elbert Hubbard*

Eine Lüge ist bereits dreimal um die Erde gelaufen, bevor sich die Wahrheit die Schuhe anzieht. *Mark Twain*

Letzten Endes kommt es nur auf den Wahrheitsgehalt der Lüge an. *Thomas Bernhard*

Die Lüge der Frau unterscheidet sich von der Lüge des Mannes wie ein Florett vom Kavalleriesäbel. *Sacha Guitry*

In vollen Zügen trinken wir die schmeichelnde Lüge, aber nur tropfenweise schlucken wir die bittere Wahrheit hinunter. *Diderot*

Lügen gehören zum Handgepäck des Diplomaten. *Iwan Rebroff*

Eine geistreiche Lüge ist eine geheime Huldigung an den Menschen, den man angelogen. *Sacha Guitry*

Die Lüge tötet die Liebe. Aber die Aufrichtigkeit tötet sie erst recht. *Ernest Hemingway*

Wer die Gewalt als seine Methode proklamiert hat, muß die Lüge zu seinem Prinzip machen. *Alexander Solschenizyn*

Es ist immer die beste Politik, die Wahrheit zu sagen, es sei denn, man ist ein ungewöhnlich guter Lügner. *Jerome K Jerome*

Die Strafe des Lügners besteht nicht darin, daß man ihm nicht mehr glaubt, sondern daß er niemandem glauben kann. *George Bernard Shaw*

Grundsätzlich verlogene Menschen sind ungefährlich. Gefährlich sind nur Lügner, die manchmal die Wahrheit sagen. *George Bernard Shaw*

Manche Lüge ist wie ein Notverband: man ahnt das Blut darunter, aber man sieht es wenigstens nicht. *Andre Gide*

Die Lüge hat zwei Steigerungsformen: Diplomatie und Statistik. *Marcel Achard*

Wer keinen Anlaß zum Lügen hat, ist stolz darauf, kein Lügner zu sein. *Friedrich Nietzsche*

Die Lüge ist ein Double, das die Wahrheit in gefährlichen Situationen vertritt. *Wieslaw Brudzinski*

Die Lüge ist eine terminologische Ungenauigkeit. *Winston Churchill*

Die Lüge ist die Poesie, die nicht aus der Mode kommt. *Paul Marin Möller*

Lügen ist die anstrengendste Sache der Welt, vor allem hinterher. *Anne Morrow Lindbergh*

Der Lügendetektor beruht auf dem einfachen Prinzip, daß es anstrengender ist, zu lügen, als die Wahrheit zu sagen. *Dagobert Lindlau*

Der Beste muß mitunter lügen, zuweilen tut er's mit Vergnügen. *Wilhelm Busch*

Wer für dich lügt, wird auch gegen dich lügen. *Bosnisches Sprichwort*

Es ist schwierig, einem Menschen zu glauben, wenn man weiß, daß man an seiner Stelle lügen würde. *H. L. Mencken*

Eine einzige offenkundige Lüge des Lehrers gegen seine Zöglinge kann den ganzen Ertrag der Erziehung zunichte machen. *Jean Jacques Rousseau*

Ein Lügner haßt Menschen, die ihm nicht glauben, und verachtet diejenigen, die ihm glauben. *Unbekannt*

➪ **Täuschen, Unwahrheit**

Luxus

Armut ist Erniedrigung. Ohne sie durchlebt zu haben, weiß man Luxus kaum zu schätzen. Meine Kinder z.B. wissen es nicht. *Charles Chaplin*

Eskalation des Luxus: eigenes Auto eigene Villa - eigene Meinung. *Wieslaw Brudzinski*

Alles, was uns wirklich nützt, ist für wenig Geld zu haben. Nur das Überflüssige kostet viel. *Axel Munthe*

Luxus treibt den Menschen zu keiner einzigen Tugend an, sondern erstickt meist alle besseren Gefühle in ihm. *Friedrich der Große*

➪ **Reichtum, Verschwender**

Lyrik

Unter einem Lyriker stelle ich mir einen Mann vor, der nicht mehr richtig pissen kann. *Wolf Wondratschek*

➪ **Dichtung**

Die Liebe,
ist eine Frucht,
die immer Saison hat,
und jeder kann davon
pflücken soviel er will.

MUTTER TERESA

M

Macho

Ein Softie ist ein Macho, der mit den Waffen der Frau arbeitet. *Rainhard Fendrich*

Ich glaube, der Machismo ist ein Zeichen der Schwäche des Mannes. *Wolf Wondratschek*

In jedem Mann steckt unter anderem auch ein Gockel, der will manchmal auf den Mist steigen und krähen und den großen Verführer spielen. *Michael Ende*

Ein Macho ist ein Mann, der alte männliche Attribute kultiviert - aus Angst, man könnte ihn für keinen halten. *Rainhard Fendrich*

➪ **Egoismus, Männer**

Macht

Die wahre Macht eines Herrschers besteht nicht so sehr in der Leichtigkeit, mit der erobern kann, als vielmehr in der Schwierigkeit, ihn anzugreifen, und, wenn ich so sagen darf, in der Unantastbarkeit seiner Stellung. *Montesquieu*

Macht korrumpiert nicht. Furcht korrumpiert, vielleicht die Furcht vor dem Machtverlust. *John Steinbeck*

Ich glaube nicht, daß Männer von Natur aus aggressiv sind. Was sie aggressiv werden läßt, ist Macht, zuviel Macht. Diese Macht korrumpiert, nicht das Geschlecht. *Alice Schwarzer*

Es ist eine ewige Erfahrung, daß jeder Mensch, der Macht in Händen hat, geneigt ist, sie zu mißbrauchen. *Montesquieu*

Die Macht, unter der sich Menschen am wohlsten fühlen, ist die Macht der Gewohnheit. *Robert Lembke*

Macht korrumpiert, und absolute Macht korrumpiert absolut. *Lord Action*

Macht hat, wer reden kann. *Robert A. T. Salisbury*

Keiner weiß, was in ihm steckt, bevor er von der Macht gekostet hat. *Otto Flake*

Die Bescheidenheit ist eine Eigenschaft, die vom Bewußtsein der eigenen Macht herrührt. *Paul Cezanne*

Ein an die Macht gekommener Freund ist ein verlorener Freund. *Henry Brooks Adams*

Geld ist das Brecheisen der Macht. *Helmuth Pleßner*

Arbeit und Macht vertragen sich nicht miteinander. Ich kenne keinen, der arbeitet und gleichzeitig die Macht ausübt. *Richard Rogler*

Politik ist der stets neu zu schaffende Kompromiß von Macht und Vernunft. *Carl Friedrich von Weizsäcker*

Viele Politiker, die in der Opposition geschmeidige Düsenjäger waren, werden an der Macht bedächtige Segelflieger. *Ignazio Silone*

Der wirklich Mächtige trägt seine Macht unter dem Revers - nicht im Knopfloch. *Roger Peyrefitte*

Es gibt kein Weib, das seine Macht nicht kennt, doch eine edle Frau gebraucht sie nicht. *Paul Ernst*

Mächtig an den Inhabern der Macht ist oft nur der Bauch. *Wolfram Siebeck*

Macht ist ein emotional aufgeladenes Wort. Wenn wir sie besitzen, nennen wir sie Einfluß, wenn sie aber ein anderer besitzt, belassen wir es bei dem häßlichen Wort Macht. *Arthur F. Corey*

Wachsende Macht verbildet den Mächtigen und erzeugt unter den Beherrschten Angst, die in Gefolgschaft umschlägt. *Frank Thieß*

Man soll politische Machtsysteme nicht zu ernst nehmen, dafür aber stets bereit sein, dem Nächsten zu helfen. *Seneca*

Macht ist in dem Maße schlimm, wie sie unkontrollierbar ist, egal, wer sie ausübt. *Martin Walser*

Da man Macht haben muß, um das Gute durchzusetzen, setzt man zunächst das Schlechte durch, um Macht zu gewinnen. *Ludwig Marcuse*

Die Frage, wer an die Macht kommen soll, ist falsch gestellt. Es genügt, wenn eine schlechte Regierung abgewählt werden kann. *Karl Popper*

Wenn es um die Macht geht, darf man keinem Menschen trauen, sondern muß allen die Fesseln der Verfassung anlegen. *Thomas Jefferson*

Macht ist eine Leiter mit angesägten Sprossen. *Earl of Chesterfield*

Die Menschen sind dazu verdammt, entweder Sklaven der Pflicht oder Sklaven der Macht zu sein. *Joseph Joubert*

Macht ohne Verantwortung ist wie ein Feuer außer Kontrolle. *Ernst R. Hauschka*

Macht hat ihre Legitimität nur im Dienst der Vernunft. Allein von hier bezieht sie ihren Sinn. An sich ist sie böse. *Karl Jaspers*

Wie sehr Macht der Wahrheit im Wege steht, ergibt sich schon daraus, daß zur Macht die Angst gehört. *Hans A. Pestalozzi*

Kein Mensch kann lange ein Rebell sein, ohne sich in einen Autokraten zu verwandeln. *Lawrence Durrell*

Die Menschen bezahlen die Vermehrung ihrer Macht mit der Entfremdung von dem, worüber sie Macht ausüben. *Max Horkheimer*

Man muß die Leute an ihren Einfluß glauben lassen - Hauptsache ist, daß sie keinen haben. *Ludwig Thoma*

Mancher hält sich für taub, bloß weil nicht mehr über ihn gesprochen wird. *Charles Maurice Talleyrand*

Kein Abschied auf der Welt fällt schwerer als der Abschied von der Macht. *Charles Maurice Talleyrand*

Die Krankheit der Welt kann geheilt werden, wenn man den Virus, der sie krank macht und der in uns allen steckt, ausrottet: den Virus der Macht. *Carlo Schmid*

Die Macht hat stets, wer zahlt. *Bertolt Brecht*

Das Geheimnis jeder Macht besteht darin zu wissen, daß andere noch feiger sind als wir. *Ludwig Börne*

Wer die Ausübung einer Funktion als Baden in der Macht versteht, endet früher oder später als Wasserleiche. *Matthias Scharlach*

Macht ist eine Mahlzeit, die wachsenden Appetit verursacht. *Charles Maurice Talleyrand*

Macht ist die einzige Lust, deren man nicht müde wird. *Oscar Wilde*

Machtbewußtsein ist ein fast schon ein sexuelles Gefühl. *Henry Kissinger*

Keiner weiß, was in ihm steckt, bevor er von der Macht gekostet hat. *Otto Flake*

➪ **Führen, Management**

Mächtige

Mächtige verstehen einander immer, mögen sie noch so verfeindet sein. *Georges Clemenceau*

Der Mächtige ist am ohnmächtigsten allein. *Oliver Hassencamp*

Den Mächtigsten in der Familie erkennt man daran, daß er bestimmt, welches Fernsehprogramm eingeschaltet wird. *Peter Sellers*

Wo die Würstchen an die Macht kommen, wird der Senf rationalisiert. *Wolfgang Menge*

Wenn ein Mächtiger teilt, beträgt seine Hälfte mindestens sechzig Prozent. *Georges Clemenceau*

Mädchen

Sexuelle Aufklärung ist insoweit berechtigt, als die Mädchen nicht früh genug erfahren können, wie die Kinder nicht zur Welt kommen. *Karl Kraus*

Jungfräulichkeit ist etwas sehr Kostbares, das alle Mädchen verlieren möchten. *William Somerset Maugham*

Eine Figur ist etwas, das jeder hat, das aber bei jungen Mädchen besser aussieht. *Fred Astaire*

Es gibt zweierlei Mädchen: die einen, die Pullover stricken, und die anderen, die sie ausfüllen. *Daliah Lavi*

Goethes «Faust» beweist, daß ein junger Mann nur bei den Deutschen den Teufel braucht, um ein Mädchen zu verführen. *Friedrich Dürrenmatt*

Jedes Mädchen ist eine frisierte Herausforderung. *Günther Weisenborn*

Hin und wieder verlieren junge Mädchen ihren besten Freund dann, wenn sie ihn heiraten. *Francoise Sagan*

➪ **Jungfrau**

Maitresse

Das Call-Girl hat die Maitresse ersetzt, weil die Männer, die für ihre Frauen keine Zeit haben, nun auch für ihre Geliebten keine Zeit mehr haben. *Hans Habe*

➪ **Callgirl**

Malen

Das Traurige ist nicht, daß ein Maler bei Ausstellungseröffnungen nackt auftritt, vielleicht sogar seine Notdurft verrichtet - das Traurige ist, daß er damit Erfolg hat. *Giorgio de Chirico*

Ein Maler ist ein Mann, der das malt, was er verkauft. Ein Künstler dagegen ist ein Mann, der das verkauft, was er malt. *Pablo Picasso*

Früher waren die Maler verrückt und die Bilderkäufer clever. Heute ist es umgekehrt. *Giorgio de Chirico*

Malerei: die Kunst, Flächen vor dem Wetter zu schützen und sie den Kritikern auszusetzen.
Ambrose Bierce

Die Menschen sind nicht so schlecht, wie die Maler sie darstellen. *Pablo Picasso*

Es gibt den Maler, der aus der Sonne einen gelben Fleck macht, aber es gibt auch den, der mit Überlegung und Geschick aus einem gelben Fleck eine Sonne macht. *Pablo Picasso*

Für einen Maler gibt es nichts Schwierigeres, als eine Rose zu malen, denn dazu muß er zuerst alle Rosen vergessen, die jemals gemalt worden sind.
Henri Matisse

Maler sind Überzeugungstäter, die keinen sehnlicheren Wunsch haben, als gehängt zu werden. *Werner Finck*

Malen ist nicht schwierig, solange man nichts davon versteht. Wenn man diese Kunst aber begriffen hat, dann wird man gefordert. *Edgar Degas*

➪ **Kunst**

Management

Man hätte die Japaner erfinden müssen, um unsere nicht menschengerechte Strukturen, die zu nicht ausreichender Produktivität geführt haben, aufzubrechen... Es gilt nun das Geistkapital als neue Energie freizusetzen... Die Fremdbestimmung muß reduziert, Mitsprache- und Mitgestaltungsmöglichkeiten müssen ausgebaut werden. Menschen funktionieren nicht nur sachlogisch, die psychologischen und sozialen Komponenten sind von größerer Bedeutung.
Knuth Henneke

War es noch vor Jahren der Patriarch, der alles entschied, so war der Unternehmer in den 70er und 80er Jahren mehr das Zugpferd, das alle mitriß. Der Unternehmer der Zukunft ist der Coach. *Josef Schmidt*

Die vier Stufen zur wahren Managertätigkeit: 1. Selbertun, 2. Delegieren, 3. Coachen, 4. Supervisionieren.
Matthias Scharlach

Heimgekehrt von der Geschäftsreise, fand der Manager in seinem Bett den eigenen Prokuristen. Die Gattin hatte eine plausible Erklärung parat: "Er arbeitet deine Rückstände auf." *Unbekannt*

Drei Dinge braucht ein Manager: Ehrgeiz, Hingabe und Disziplin. *Matthias Scharlach*

Früher habe ich für mein Unternehmen jedesmal Leute ausgesucht, die vorher in einem Konzern leitende Funktionen ausübten. Das sind nicht die Leute, die in einem kleinen Unternehmen die Fahne in die Hand nehmen und vorneweg marschieren. Die halten sich eher bedeckt. *Horst Görtz*

Das mittlere Management verliert an Einfluß. Lean Production braucht intelligente, robuste, mehr involvierte Arbeiter, die in Gruppen selbst darüber entscheiden, wie sie sich und die Arbeit einteilen.
Werkleiter der Opelfabrik in Eisenach

Erstklassige Manager stellen erstklassige Mitarbeiter ein, zweitklassige Manager jedoch nur drittklassige.
Gerhard Reichel

Die deutschen Manager müssen vier Fragen lösen, um den globalen Wettbewerb zu bestehen:
- Wie steigere ich den Nutzen meiner Produkte und Dienstleistungen (Produkt- und Servicemanagement)?
- Wie operiere ich flexibler, schneller und pünktlicher am Markt (Speed Management)?
- Wie mobilisiere ich das Geisteskapital meiner Mitarbeiter (Human Resource Management)?
- Wie verbessere ich die Qualität meiner Leistungen (Total Quality Management)? *Dietmar Gottschall*

Als Manager müssen wir lernen, das zu sein, was wir wirklich sind: keine Macher und Befehlsgeber, sondern Katalysatoren und Pfleger eines sich selbst organisierenden Systems in einer sich fortentwickelnden Umwelt. *Fredmund Malik*

Der Manager muß Macht abgeben. Statt sich im Tagesgeschäft aufzureiben, kümmert er sich um die organisatorischen und klimatischen Voraussetzungen, damit das System Betrieb sein Potential auch tatsächlich entfalten kann. Er gibt die Spielregeln vor, stellt

die Ressourcen bereit - und verläßt sich auf den Sachverstand seiner Leute. Er wird zum "Prozeß-Manager", zum Entwicklungshelfer für menschliche Potentiale.
Dietmar Gottschall

Der ideale Manager ist ein Mann, der genau weiß, was er nicht kann, und sich dafür die richtigen Leute holt.
Philip Rosenthal

Antworten führender deutscher Manager auf die Frage: "Welche Verhaltensweisen eines Mitarbeiters irritieren Sie?"
- Radfahren,
- Feigheit,
- Machtmißbrauch,
- Wenn ein Mitarbeiter immer meiner Meinung ist,
- Uneinsichtigkeit,
- Kettenrauchen,
- Wenn private Probleme ins Geschäft getragen werden,
- Die Verteidigung von Fehlern,
- Opportunismus,
- Unaufrichtigkeit,
- Mangel an logischem Denken,
- Nachlässigkeit,
- Gleichgültigkeit,
- Besserwissen, ohne es wirklich besser zu wissen.

Gerhard Reichel-Seminarauswertung

Für Manager, die sich zur Gottheit erklärt haben, ist das Leben auf der Erde eine tägliche Erniedrigung.
Matthias Scharlach

Antworten führender deutscher Manager auf die Frage: "Womit halten Sie Ihre Mitarbeiter in Bewegung?"
- Mit weitgehendster Selbstverantwortung.
- Mit der Faszination, Ziele zu erreichen.
- Wir machen deutlich, daß die Arbeit jedes einzelnen Mitarbeiters für den Gesamterfolg wichtig und mitentscheidend ist.
- Durch neue Ideen und Zielsetzungen.
- Durch das gemeinsame Ziel, es heute besser zu machen als gestern.
- Mit anspruchsvollen Aufgaben und Zielsetzungen.
- Mitarbeiter, die man in Bewegung halten müßte, habe ich nicht mehr.
- Möglichst immer Vorbild sein.
- Eigeninitiative erwarten und fordern.

Gerhard Reichel-Seminarauswertung

Management ist der organisierte Wettlauf zwischen dem Anstieg der Kosten und der Erschließung neuer Kreditquellen. *Unbekannt*

Management ist die Kunst, drei Leute dazu zu bringen, die Arbeit von drei Leuten zu verrichten.
William Faulkner

Management ist die schöpferischste aller Künste. Es ist die Kunst, Talente richtig einzusetzen.
Robert McNamara

Management ist die Kunst, etwas schnell zu entscheiden und dann einen anderen zu finden, der es tut.
John Garland Pollard

Ein Manager ist die Krone der Erschöpfung.
Unbekannt

➪ **Führung, Unternehmer**

Manieren

Manieren sind wie die Null beim Rechnen: Für sich allein sind sie nicht viel wert, aber sie erhöhen den Wert aller Dinge. *Robert Lembke*

Gute Manieren entspringen der Erkenntnis, daß Menschen genauso einen Sicherheitsabstand voneinander einhalten sollten wie Schiffe auf See. *Willy Birgel*

Gute Manieren bestehen aus lauter kleinen Opfern.
Emerson

➪ **Anstand, Charakter, Höflichkeit**

Männer

Der Mann, der nachgibt, wenn er im Recht ist, ist - verheiratet. *Paul Hubschmid*

Verführe deinen Mann, sonst tut es eine andere!
Linda Strauss

Ich glaube nicht, daß Männer von Natur aus aggressiv sind. Was sie aggressiv werden läßt, ist Macht, zuviel Macht. Diese Macht korrumpiert, nicht das Geschlecht. *Alice Schwarzer*

Ich bevorzuge Männer mit Autorität und Kraft, die selbstlos, sympathisch und liebenswürdig sind.
Sophia Loren

Ein Mann ist ein Mensch, dem Gott einen Knüppel zwischen die Beine geworfen hat.
Hanns-Hermann Kersten

Ein Mann kann höchstens vollständig sein, eine Frau aber vollkommen. *Eleonora Duse*

Die Hose ist mittlerweile ein so weibliches Kleidungsstück geworden, daß sich die Männer nach einem anderen Geschlechtssymbol umsehen sollten.
Peter Ustinov

Der Streit, ob der Mann oder die Frau wertvoller sei, ist genauso müßig wie eine Diskussion über die Frage, was schwerer ist, ein Kilo Eisen oder ein Kilo Bettfedern. *Andres Segovia*

Der Mann macht Geschichte, das Weib ist Geschichte.
Oswald Spengler

Management ist die schöpferischste aller Künste. Es ist die Kunst Talente richtig einzusetzen.

Robert McNamara

Die Männer sind Bestien. Darum ist es höchst wichtig, die Kerle gut zu füttern. *Oscar Wilde*

Männer muß man nehmen, wie sie sind, aber man darf sie nicht so sein lassen. *Zsa Zsa Gabor*

Ein Mann wird durch Erfahrungen klüger, eine Frau wird durch Erfahrungen älter. *Henry de Montherlant*

Männer werden ohne Frauen dumm, und Frauen welken ohne Männer. *Anton Tschechow*

Nicht alle Männer, die Konferenzen abhalten, haben eine Geliebte. Manche haben zwei. *Zsa Zsa Gabor*

Die Männer beteuern immer, sie lieben die innere Schönheit bei der Frau - komischerweise gucken sie aber immer ganz woanders hin. *Marlene Dietrich*

Männer sind wie Streichhölzer. Sie entzünden sich sogar an einer alten Schachtel, fangen leicht Feuer, brennen sofort lichterloh. Aber bald krümmen und winden sie sich und verkohlen unter unseren Augen. *Fita Benkhoff*

Kluge Männer sollten niemals tanzen, denn dabei haben die Mädchen Gelegenheit, wieder nüchtern zu werden. *Lil Dagover*

Von einem Mann erfährt man die Wahrheit, indem man ihm widerspricht; von einer Frau, indem man ihr zustimmt. *George Bernard Shaw*

Die Lüge der Frau unterscheidet sich von der Lüge des Mannes wie ein Florett von einem Kavalleriesäbel. *Sacha Guitry*

Wenn Männer wüßten, was Frauen denken, wären sie tausendmal kühner. *Pablo Picasso*

Früher brauchte man nur ein Taschentuch fallen zu lassen, und schon stürzten die Männer herbei. Heute könnte man einen Büstenhalter verlieren, und keiner rührt einen Finger. *Helen Vita*

Wenn ein Mann einer Frau höflich die Wagentüre aufreißt, dann ist entweder der Wagen neu oder die Frau. *Uschi Glas*

Es gibt genug charakterfeste Männer, die eine Frau nicht sitzen lassen - vor allem im Bus und in der Straßenbahn. *Grethe Weiser*

Heutzutage gilt ein Mann schon als Gentleman, wenn er die Zigarette aus dem Mund nimmt, bevor er eine Frau küßt. *Barbara Streisand*

Jeder Durchschnittsmann hat in seinem Leben mindestens zweimal daran gedacht, von zu Haus wegzulaufen, einmal als Kind und einmal als Ehemann. *William Dieterle*

Es ist für einen Mann beunruhigend, wenn er anfängt, auf Frauen beruhigend zu wirken. *Jean Gabin*

Die Männer würden den Frauen gerne das letzte Wort lassen, wenn sie sicher sein könnten, daß es wirklich das letzte ist. *Peter Ustinov*

Unsympathisch sind mir alle Männer, die einer Frau zuerst auf die Beine sehen. Gefährlich sind die Kavaliere, die außer ihrem Scheckbuch kein Buch kennen. Im übrigen: es gibt kein Rezept für die Beurteilung der Männer. Hauptsache ist, daß sie wirklich lieben können. *Marlene Dietrich*

Wenn ein Mann sich für unwiderstehlich hält, liegt es oft daran, daß er nur dort verkehrt, wo kein Widerstand zu erwarten ist. *Francoise Sagan*

Die Männer haben keine Ahnung, wie wenig sich die Frauen aus der sogenannten körperlichen Attraktivität machen, wie sie manchmal auf einen miesen, häßlichen alten Mann fliegen. Du lieber Himmel! Mir scheint, diese häßlichen alten Knacker kriegen oft die schönsten Weiber. *Henry Miller*

Wenn ein Ehemann vom geraden Wege abweicht, geschieht dies meist wegen irgendwelcher Kurven. *Robert Siodmak*

Der ideale Ehemann nach den Vorstellungen der amerikanischen Frau ist ein Butler mit dem Einkommen eines Generaldirektors. *William Somerset Maugham*

Wenn man einem Mann den kleinen Finger nicht reicht, bietet er seine ganze Hand. *Marlene Dietrich*

Je größer der Schreibtisch, desto kleiner der Mann, der dahinter sitzt. *Dominik Tatarka*

Wenn die Männer mit ihrem Latein am Ende sind, reden sie deutsch. *Senta Berger*

Die Klugheit des Mannes ist eine Leiter, die der Frau eine Wendeltreppe. *Halldor Laxness*

Die Frauen sind darauf angewiesen, daß die Männer den Verstand verlieren. *Peter Bamm*

Ein Mann, der liebt, vergißt sich selbst. Eine Frau, die liebt, vergißt die andern Frauen. *Daphne du Maurier*

Ohne Schnurrbart ist ein Mann nicht richtig angezogen. *Salvador Dali*

Ein Mann kann anziehen, was er will - er bleibt doch nur ein Accessoire der Frau. *Gabrielle «Coco» Chanel*

Kein Mann ist so stark wie eine hilflose Frau, die ihre Schwäche zu erkennen gibt. *Hans Holt*

Die Männer haben oft recht, aber die Frauen behalten recht - das ist viel wichtiger. *Jeanne Moreau*

Ich erkenne die Männer an den Früchten, die sie bevorzugen. Apfelsinenesser werden gute Familienväter. Birnenesser schätzen Ruhe und Gemütlichkeit. Himbeeren verraten den Romantiker, Nüsseknacker sind sehr kompliziert. Vorsicht vor Männern, die grüne Früchte lieben! Am temperamentvollsten sind Grapefrucht-Freunde ! *Martine Carol*

Die meisten Männer heiraten aus Gedankenlosigkeit, wie sie aus Gedankenlosigkeit auch Kriege führen. *Henry de Montherlant*

Arme Männer! Wenn sie erst einmal geheiratet haben, haben sie eigentlich immer nur die Wahl, Schurken oder Trottel zu werden. *Sebastian Haffner*

Frauen mit Vergangenheit und Männer mit Zukunft ergeben eine fast ideale Mischung. *Oscar Wilde*

Richtig verheiratet ist ein Mann erst dann, wenn er jedes Wort versteht, das seine Frau nicht gesagt hat. *Alfred Hitchcock*

Männer beneiden andere Männer um deren Frauen, bis sie sie haben. *Sacha Guitry*

Am meisten gefällt mir an den Männern der rührende Versuch, treu zu sein. *Michele Morgan*

Manche Männer erwarten die Untreue ihrer Frau mit der gleichen Spannung, mit der sie im Zirkus den Absturz eines Seiltänzers erwarten. *Henry Miller*

Wenn ein Mann eine Frau loswerden will, sagt er ihr, daß er ihrer nicht würdig ist. *Sandie Shaw*

Nichts erhält einen Mann so rüstig wie eine junge Frau und alte Feinde. *Henry Miller*

Je weniger Zähne ein Mann hat, desto leichter beißt er an. *Trude Hesterberg*

Ein Mann ist am liebenswertesten, wenn er offen, ehrlich und natürlich ist und Sinn für Zärtlichkeit besitzt. *Kim Novak*

Wenn Männer aufs Ganze gehen, meinen sie meistens die untere Hälfte. *Helen Vita*

Die Männer haben keine Geduld. Darum haben sie auch den Reißverschluß erfunden. *Senta Berger*

Zuerst haben die Männer zehn Frauen an einem Finger. Und dann haben sie zehn Finger an einer Frau. *Helen Vita*

Wenn ein Frauenkörper spricht, haben die Männer nicht genug Augen, um zuzuhören. *Alexander Calder*

Männer verlangen von den Frauen immer das Gleiche. Frauen verlangen von den Männern etwas Besonderes. *Sarah Bernhardt*

Niemand ist den Frauen gegenüber aggressiver oder herablassender als ein Mann, der seiner Männlichkeit nicht ganz sicher ist. *Simone de Beauvoir*

Die meisten Männer, die Kluges über die Frauen gesagt haben, waren schlechte Liebhaber. Die großen Praktiker reden nicht, sondern handeln *Jeanne Moreau*

Ein Verführer ist ein Mann, der Frauen wie Bücher liest: keine ganz zu Ende. *Henry Miller*

Frauen schätzen einen raffinierten Mann nur stundenweise. *Hans Arndt*

Am liebsten erinnern sich die Frauen an die Männer, mit denen sie lachen konnten. *Anton Tschechow*

Gegenüber sehr attraktiven Frauen ist meist der Mann der Schutzbedürftige. *Oscar Wilde*

Männer sind gut zur Befriedigung und Begattung. Danach wirft man sie am besten weg, wie einen leeren Karton - sie stehen nur im Weg, stellen Ansprüche und machen Arbeit. *Elisabeth Wischert*

Männer tanken gern, weil sie ihrem Wagen auch ein Besäufnis gönnen. *Trude Hesterberg*

Gute Frauen sind besser als gute Männer. Böse Frauen sind böser als böse Männer. *Marcel Achard*

Wenn ein Mann etwas ganz Blödsinniges tut, so tut er es immer aus den edelsten Motiven heraus. *Oscar Wilde*

Wer die Frauen kennen will, muß die Männer studieren. *Franz Molnar*

Ein Mann fühlt sich erst dann von einer Frau verstanden, wenn sie ihn bewundert. *Kim Novak*

Eine kluge Frau lernt beizeiten, ihren Mann ohne Grund zu bewundern. *Margot Hielscher*

Die Ahnung der Frau ist meistens zuverlässiger als das Wissen des Mannes. *Rudyard Kipling*

Die Phantasie der Männer reicht bei weitem nicht aus, um die Realität Frau zu begreifen. *Anna Magnani*

Brüllt ein Mann, ist er dynamisch. Brüllt eine Frau, ist sie hysterisch. *Hildegard Knef*

Mit der Eitelkeit eines Mannes kämen zehn Frauen aus. *Dunja Rajter*

Ein Mann am Steuer eines Autos ist ein Pfau, der sein Rad in der Hand hält. *Anna Magnani*

Wenn Sie in der Politik etwas gesagt haben wollen, wenden Sie sich an einen Mann. Wenn Sie etwas getan haben wollen, wenden Sie sich an eine Frau. *Margaret Thatcher*

Die Männer sind wie ein Armreif: leicht behämmert passen sie sich am besten an. *Trude Hesterberg*

Man soll einen Mann niemals so hassen, daß man ihm seine Brillantringe zurückgibt. *Zsa Zsa Gabor*

Viele Männer benehmen sich in der Liebe wie im Restaurant. Sie bestellen nach der Karte, und wenn sie das Gewünschte haben, schielen sie auf den Nachbarn, was der auf dem Teller hat. *Leslie Caron*

Die meisten Männer sind der Meinung, ein Stückchen mehr Fleisch am Körper sei schon ein ausreichender Grund für allerlei Vorrechte. *Patricia King*

Die Männer sind in der Regel größer als die Frauen, weil das Unkraut die Blumen stets überwuchert. *Fita Benkhoff*

Wenn man das erotische Verhalten der Männer heute betrachtet, ist es durchaus denkbar, daß Frauen eines Tages auch einen Computer lieben könnten, der Unterschied wäre nicht groß. *Anna Magnani*

Im Leben eines Mannes gibt es zwei Perioden, in denen er eine Frau nicht versteht, die eine vor der Ehe, die andere in der Ehe. *Mark Twain*

Einem Mann, der behauptet, die Frauen zu kennen, darf man auch sonst nicht glauben. *Unbekannt*

Der einzige Ort, an dem die Männer eine Frau bestimmt nicht sitzen lassen, sind die Sitzplätze in den öffentlichen Verkehrsmitteln! *Shirley Maclaine*

Die Männer geben unter Umständen zu, daß sie Unrecht haben, aber sie werden niemals zugeben, daß ihre Frau recht hat. *Fita Benkhoff*

Männer, übergebt uns nie die Zügel der Herrschaft. Laßt eure Liebe nie selbstverständlich werden. Vertraut uns nicht, wenn wir Wünsche direkt aussprechen. Seid nie grob. Man kann eine schreiende Frau immer zum Schweigen bringen - aber nur mit Schweigen. Laßt euch nicht einreden, daß wir Geld, Verstand, Schönheit oder Gleichberechtigung wollen. Wir wollen einen netten Mann. *Judy Garland*

Manuskript

Manuskripte sind wie Sandwiches; auf die richtigen Streichungen kommt es an. *Hans Bertram*

Was nicht auf einer einzigen Manuskriptseite zusammengefaßt werden kann, ist weder durchdacht noch entscheidungsreif. *Dwight D. Eisenhower*

Märchen

Märchen sind der Anfang der Dichtung, die Mitte der Religion und das Ende der Philosophie. *Rudolf Leonhard*

Marionette

Marionetten machen jedes Theater mit. *Wolfgang Eschker*

Marionetten lassen sich sehr leicht in Gehängte verwandeln. Die Stricke sind schon da. *Stanislaw Jerzy Lec*

Marketing

Mütter, die mehrere Töchter verheiraten müssen, verstehen etwas von Marketing. *Edward G. Robinson*

Der Erfolg hat drei Dimensionen: die Kosten, die Qualität und das feeling, zur richtigen Zeit auf dem Markt zu sein. *Matthias Scharlach*

Marketing ist Weltsicht mit den Augen des Kunden. *Matthias Scharlach*

Marketing ist die gestelzte Bezeichnung für systematisch gesammelte Vertriebskenntnisse, die vor 2000 Jahren schon jede bessere Marktfrau beherrschte. *Ron Kritzfeld*

Die Marktforschung macht die Märkte durchsichtig und übersehbar. Bei allen unseren wichtigen unternehmenspolitischen Entscheidungen hat die Marktforschung mitgewirkt. *Konrad Henkel*

In unserer durchstylten Welt wirkliche Bedürfnisse aufzuspüren, ist der Weg zum Erfolg. *Matthias Scharlach*

Marketing ist vor allem Arbeit mit dem Menschen. *Matthias Scharlach*

Ein Marketingkonzept lebt von der beständigen Nähe zum Kunden. *Matthias Scharlach*

Eine gute Marketingabteilung und ein Irrenhaus haben eines gemeinsam: Es wimmelt von Besessenen. *Matthias Scharlach*

Die 10 häufigsten Marketing-Fehler:
1. Das Produkt wird nicht up-to-date gehalten.
2. Das Marktpotential wird nicht exakt ermittelt.
3. Markttrends werden nicht berücksichtigt.
4. Regionale Unterschiede im Marktpotential sowie Markttrends werden übersehen.
5. Saisonale Nachfrage-Verschiebungen werden zu wenig berücksichtigt.

6. Das Werbebudget wird der Aufgabe nicht angepaßt.
7. Es wird nicht an der für langfristige Ziele erarbeiteten Politik festgehalten.
8. Es wird versäumt, neue Ideen zu testen.
9. Es wird nicht zwischen kurzfristiger Taktik und langfristiger Strategie unterschieden.
10. Der Wettbewerb wird nicht richtig eingeschätzt.

Gerhard Reichel-Seminarauswertung

➪ **Werbung, Marktwirschaft, Wettbewerb**

Marktwirtschaft

Soziale Marktwirtschaft nennt man den Trick, zehn Prozent der Bevölkerung zu veranlassen, zwölf Stunden am Tag und sechs Tage in der Woche zu arbeiten, damit sechzig Prozent der Bevölkerung nur acht Stunden am Tag und fünf Tage in der Woche zu arbeiten brauchen - und dreißig Prozent überhaupt nichts tun müssen. *Carl Zimmerer*

Die absehbare Spaltung der Gesellschaft in solche, die dazu gehören, denen es gut und immer besser geht, und andere, die sich "draußen vor der Tür" fühlen," ist eine zentrale Aufgabe für die soziale Marktwirtschaft, der sich Politik, Wirtschaft und Gesellschaft stellen müssen. *Roman Herzog*

Sechs Dinge braucht der Markt:
1. Privateigentum
2. Rechtssicherheit
3. Freien Wettbewerb
4. Leistungsbezogene Einkommen
5. Wahlfreiheit der Konsumenten
6. Staat ohne Einfluß auf die Wirtschaft

FOCUS 2/1995

Die soziale Marktwirtschaft ist der Traum von der Hochzeit zwischen Fuchs und Gans.

Matthias Scharlach

Der freie Markt, der das Sozialprodukt verteilt, ist selbstverständlich "ungerecht". Diese Ungerechtigkeit ist aber gleichzeitig eine Anregung für andere Menschen, überhaupt Sozialprodukt zu erzeugen. Gäbe es keine Einkommensunterschiede - wer würde sich anstrengen, sie auszugleichen?

Friedrich August von Hayek

Das wichtigste Produkt einer jeden Marktwirtschaft ist der Konsument. *Werner Mitsch*

Ohne zentrale Steuerung führen uneigennütziges Handeln der Menschen und freier Wettbewerb in einer Volkswirtschaft zum größtmöglichen Wohlstand. Jeder macht, was er am besten kann und bietet seine Waren oder Dienste anderen an. Der Staat hat in der Wirtschaft nichts verloren. *Adam Smith*

Anbieter und Nachfrager können sich auch in Marktwirtschaften verfehlen. Selbst bei noch so niedrigen Löhnen finden nicht alle Arbeitslosen eine Beschäftigung. Nur der Staat kann die nötigen Jobs schaffen.

John M. Keynes

In einer funktionierenden Marktwirtschaft ist der Staat vor allem Wettbewerbshüter. Die Schwachen schützt er dabei vor den zerstörerischen Kräften des Marktes.

Walter Eucken

Es ist der Trick der Marktwirtschaft, daß sie tut, als gäbe es nur die Alternative Markt oder Bürokratie. Das ist überhaupt nicht wahr. Es muß einen dritten Weg geben. *Ulrich von Weizsäcker*

Unser Wirtschaftssystem muß einem Nachfolger Platz machen, weil es seine Probleme nicht löst.

Robert Heilbroner

Keiner unserer Philosophen, nicht einmal Adam Smith oder Alois Schumpeter, die gewiß Parteigänger des kapitalistischen Systems waren, prophezeiten der Marktwirtschaft einen langen, erfolgreichen Weg.

Robert Heilbroner

Wenn die Bundesrepublik so weitermacht, dann wird sie die Marktwirtschaft in eine Verwaltungswirtschaft umfunktionieren. Daran ist schon die DDR zugrunde gegangen. *Eberhard Hamer*

10 Tips von Jungunternehmern:
1. Suche als Geschäftszweck nur etwas, das dir wirklich Spaß macht.
2. Mißtraue den Banken, denn sie mißtrauen auch dir.
3. Wenn du schon Geld borgen mußt, leihe es dir von Eltern und Freunden.
4. Laß bei der Mittelbeschaffung die Phantasie sprießen - oft finden sich auch Mäzene.
5. Glaube daran, daß etwas, das dich total begeistert, auch andere begeistert.
6. Sei ehrlich, denn wer andere bescheißt, wird auch beschissen.
7. Schau dir die Menschen genau an, mit denen du Geschäfte machst.
8. Rechne dich nicht reich, indem du Zahlungseingänge mit Gewinn verwechselst.
9. Gib niemals auf, nutze Fehler zum Lernen.
10. Werde bei Erfolgen nicht euphorisch.

!Forbes

Ein Indikator für eine funktionierende Marktwirtschaft ist die jährliche Fluktuationsrate. In Deutschland liegt sie bei nur drei Prozent, im Unternehmerparadies Kalifornien erreicht sie dagegen 15 Prozent. Das heißt: Jahr für Jahr muß jeder siebte kalifornische Unternehmer einem Konkurrenten weichen, der besser ist als er. In Deutschland trifft es dagegen nur jeden 33. Der rasche Wechsel fegt veraltete Betriebe vom Markt und schafft Platz für neue, dynamische Unternehmen.

Eberhard Hamer

Das Maß an Einfluß, das die entsandten Vertreter der Vorstände einiger Großbanken in Deutschland auf die Gesamtwirtschaft ausüben, scheint mir viel gefährlicher als das Maß an Einfluß, das die Gewerkschaften heute ausüben. *Helmut Schmidt*

Ich bin tief davon überzeugt, daß auf die Dauer diese Gesellschaft politisch zerbrechen wird, wenn nicht dafür gesorgt wird, daß die arbeitenden Menschen nicht nur alle vier Jahre einmal zum Parlament wählen dürfen, sondern daß sie auch die Möglichkeiten haben, mitwirken zu können an der Gestaltung von Dingen, die sie viel unmittelbarer angehen, als das, was da im Bundestag oder in den Landtagen geschieht. *Helmut Schmidt*

Wer das Marktthermometer abstellt, weiß weder, wie gesund, noch, wie krank er ist. *Wilhelm Hankel*

Bittere Wahrheit: Mittlerweile ist Deutschland das am härtesten reglementierte Land mit festgezurrten Vorschriften und Verboten. *Roland Tichy*

Früher waren es auch in Straßburg und Brüssel die Deutschen, von denen Liberalisierungsvorstöße kamen - jetzt sind es die Europäer, die sich dem aus Deutschland kommenden Wirtschaftswürgegriff entgegenstemmen. *Roland Tichy*

Deutschland galt in Europa als das Land der unbegrenzten Möglichkeiten, wirtschaftsfreundlich und flexibel, wenn es um Mittelstand, Fortschritt und Gesetzesauslegung ging. *Roland Tichy*

Die freie Marktwirtschaft ist ein im Grunde revanchistisches System. Für Rechnungen, die man bekommt, revanchiert man sich so schnell wie möglich mit Rechnungen, die man schreibt. *Erwin Koch*

Gegen den Wettbewerb aus Europa werden wir uns durch Marktabschottungen, Ladenschlußzeiten, Überwachungskammern der Berufsstände und eine immer raffiniertere Handwerksordnung langfristig nicht behaupten können. *Roland Tichy*

Maschine

Die Maschine ist die souveräne Beherrscherin unseres gegenwärtigen Lebens. *Arthur Schopenhauer*

Wenn die Maschinen, die die Menschen so im Lauf der Zeit erfunden haben, nun auch noch funktionierten: was wäre das für ein angenehmes Leben! *Kurt Tucholsky*

Der Antimaschinismus ist reine Phraseologie und Scheinheiligkeit. Der Mensch ist das Maschinentier, und daran ist nichts zu ändern. Und es ist gut, daß es so ist. *José Ortega y Gasset*

Eine Maschine kann die Arbeit von fünfzig gewöhnlichen Menschen leisten, aber sie kann nicht einen einzigen außergewöhnlichen ersetzen. *Elbert Hubbard*

➪ **EDV, Computer**

Maske

Fremden Stil nachahmen heißt eine Maske tragen. *Arthur Schopenhauer*

Mein Maskenbildner hat mir gesagt: "Du siehst immer gleich aus. Nur dauert es jetzt etwas länger, bis es soweit ist." *Hans Joachim Kulenkampf*

Wer nicht weiß, daß er eine Maske trägt, der trägt sie am besten. *Theodore Fontane*

Die beste Maske, die wir tragen, ist unser eigenes Gesicht. *Friedrich Wilhelm Nietzsche*

➪ **Gesicht, Nachahmen, Stil**

Masse

Die wichtigste Eigenschaft der Masse ist ihr Drang zu wachsen. *Elias Canetti*

Das Glück der Masse heißt Zwang. *Sigmund Graff*

Die Masse fühlt sich wohl im Sog der Erfolgreichen. *Matthias Scharlach*

Demagogie ist die Fähigkeit, Massen in Bewegung zu setzen, und die Unfähigkeit, sie wieder zu bremsen. *Wolfgang Herbst*

Mäßigkeit

Ich habe drei Schätze, die ich hüte und bewahre: der erste ist Mitgefühl, der zweite Mäßigkeit, der dritte, anderen nicht voraus sein wollen. Von Mitgefühl kommt Mut; von Mäßigkeit kommt Großzügigkeit; von Demut kommt Führerschaft. *Laotse*

➪ **Abstinenz, Bescheidenheit, Verzicht**

Materialist

Ein Materialist ist ein Mensch, der die Schönheit des Sternenhimmels durch das Zählen der Sterne erfassen zu können glaubt. *Christa Wagner*

➪ **Besitz, Geld, Reichtum**

Mathematik

Mathematik ist das Alphabet, mit dessen Hilfe Gott das Universum beschrieben hat. *Galileo Galilei*

Ein Mathematiker ist ein Mensch, der einen ihm vorgetragenen Gedanken nicht nur sofort begreift, sondern auch erkennt, auf welchem Denkfehler er beruht. *Helmar Nahr*

Mäzen

Ein Mäzen ist ein Wohltäter, der für Geschenke gefeiert wird, die er zum größten Teil vom Finanzamt bezahlen läßt. *Ron Kritzfeld*

Maximen

Maximen beim Handeln sind notwendig, um der Schwäche des Augenblicks Widerstand leisten zu können. *Arthur Schopenhauer*

Maximen sind der konzentrierte gesunde Menschenverstand der Völker. *Sir James Mackintosh*

➪ **Grundsätze, Prinzipien**

Medien

Wenn wir nicht in einem der wirtschaftlich und kulturell wichtigsten Zukunftsmärkte verlieren, wenn wir uns nicht vollständig von ausländischer Daten- und Nachrichtengebung abhängig machen wollen, dann muß den Medienunternehmen eine Basis erlaubt sein, die sie international handlungsfähig macht. *Johannes Gross*

Wer sich auf der Suche nach Popularität den Gesetzen der Medien unterwirft, darf sich nicht wundern, wenn er ihnen am Ende zum Opfer fällt. *Wolfgang Schäuble*

Wie intensiv sich ein Individuum täglich und stündlich von den diversen Massenmedien berieseln, beträufeln und narkotisieren läßt, hängt praktisch von ihm selbst ab, vorausgesetzt, er verfügt über einen entschiedenen Willen und eine ausgeprägte Selektionsfähigkeit. Viele Zeitgenossen verhalten sich den Massenmedien gegenüber indifferent und erinnern uns an Hunde, die, wenn man ihnen einen Knochen hinwirft, ihn schnappen und abknabbern. *Kurt Wortig*

In den Medien wird Vielfalt mehr und mehr durch Einfalt ersetzt. *Dieter Stolte*

Die Menschen werden von keinem Medium verdummt. Sie werden nur in ihrer Dummheit bestätigt. *Gabriel Laub*

Die Medien würden sofort einen großen Teil ihrer Bedeutung verlieren, wenn Seitensprünge von Politikern nicht mehr ehrenrührig wären. *John Osborne*

In anderen förderativen Ländern liegt die Zuständigkeit für Medien beim Gesamtstaat, bei uns liegt sie bei den Ländern. Das ist lächerlich, so lächerlich, wie die Angst der Politiker vor den Medien. *Johannes Gross*

Der Mensch hat schon so viele Katastrophen überstanden, er wird auch die Massenmedien überstehen. *Thornton Wilder*

Das Fernsehen darf nicht die Würde des Menschen verletzen. Immer mehr Sendungen basieren auf niederen Instinkten wie Gewalt, Haß und Rache. *Ulrich Wickert*

Wer zwingt das Fernsehen, Unterricht im Verbrechen zu geben, so daß schon jedes kleine Kind weiß, wie man ein Fenster eindrückt, eine Tür aufbricht, jemanden erwürgt und keine Fingerabdrücke hinterläßt? *Ludwig Rosenberg*

Vermutlich ist Fernsehen der großartigste Wechselbalg unseres technischen Jahrhunderts. Television ist impertinente Zivilisationsbestie, Schwachsinnsplantage und wertvolles Kulturgut zugleich; darum kann das Glotzophon auch niemals simultan den Wünschen aller gerecht werden. Beweis: Als im Juli 1969 erstmals Erdmenschen den Mond betraten und das Fernsehen dieses Ereignis life übertrug, moserten amerikanische Sportfans, weil sie auf "ihr" gewünschtes Programm, ein Rugby Spiel, verzichten mußten! Damit ist alles über das Fernsehen gesagt. *Kurt Wortig*

Unterhaltung im Fernsehen ist eine Lotterie mit einer so miesen Trefferquote, daß keine Lotterieverwaltung der Welt auch nur einen Finger dafür krumm machen würde. *Robert Lembke*

Das, was früher für Freunde oder Vertraute reserviert war, wird heute einem anonymen Millionenpublikum präsentiert. Es gibt keine Geheimnisse mehr. Es muß bis in den Dickdarm hinein fotografiert werden. *Thomas Freitag*

➪ **Fernsehen, Zeitung, Presse**

Medienpolitik

Medienpolitik ist eine Zwischenstufe der Politik, von der im Grunde genommen alle zuwenig verstehen, um am Ende das Richtige zu tun. *Friedrich Nowottny*

Mediziner

Man kann die Erkenntnisse der Medizin auf eine knappe Formel bringen: Wasser, mäßig genossen, ist unschädlich. *Mark Twain*

Unsere Wartezimmer sind deshalb so überfüllt, weil die Patienten jede Stunde, die sie hier absitzen, bezahlt bekommen. *Dr. med. Degenhard*

Bald sind unsere Wissenschaftler so weit, daß sie uns keine Gelegenheit zum Sterben mehr lassen.
Unbekannt

Mediziner verstehen von Krankheiten alles, von Gesundheit nichts. *Wilfrid Jacobs*

Drei Zehntel heilt Medizin, sieben Zehntel heilt Diät.
Chinesisches Sprichwort

Die Pharmazie hat sich soweit emanzipiert, daß die Krankheit als Normalzustand hingenommen wird und der Mensch den Arzt nur noch dann aufsucht, wenn er gesund ist. *Karl Wittlinger*

➪ **Arzt**

Meeting

Jeden Abend, bevor man ins Bett geht, sollte man folgende Gewissensprüfung betreiben: 1. Habe ich an einer Sitzung teilgenommen, die nicht unbedingt notwendig war? 2. Habe ich zu einer Sitzung eingeladen, die nicht unbedingt notwendig war? 3. Habe ich die Sitzung durch eine Wortmeldung verlängert, die nicht unbedingt notwendig war? *Franz Hengsbach*

Wenn die Zahl derer, die mitzureden haben, ins unermeßliche steigt, dann hören die auf zu reden, die etwas zu sagen haben. *Unbekannt*

Nicht diejenigen sind zu fürchten, die anderer Meinung sind, sondern diejenigen, die anderer Meinung sind, aber zu feige, es zu sagen. *Napoleon I.*

Gesegnet seien jene, die nichts zu sagen haben und den Mund halten. *Oscar Wilde*

Lieber Gott, hilf mir, mein großes Maul zu halten, wenigstens so lange, bis ich genau weiß, über was ich rede. *Tafel in einem Sitzungssaal*

Wer immer das letzte Wort haben will, spricht bald mit sich allein. *Bretonisches Sprichwort*

Frech gesagt, ist halb gewonnen. *Gerhard Uhlenbruck*

Sachkenntnis ist das letzte, das man für eine lebhafte Diskussion benötigt. *Beaumarchais*

Manche Leute werden hauptsächlich deshalb für gebildet gehalten, weil ihnen das wenige, was sie wissen, im richtigen Augenblick einfällt.
Friedrich Julius Stahl

Die Menschen sind so subjektiv, daß nichts Interesse für sie hat als ganz allein sie selbst. Daher beziehen sie, selbst wenn man objektiv mit ihnen redet, alles auf sich selbst, sind leicht beleidigt und gekränkt, ebenso leicht aber auch geschmeichelt und gewonnen.
Arthur Schopenhauer

Wenn man sagt, daß man einer Sache grundsätzlich zustimmt, so bedeutet es, daß man nicht die geringste Absicht hat, sie in der Praxis durchzuführen.
Otto von Bismarck

In jeder Gesellschaft gibt es Macher, Mitmacher und Miesmacher. *Rido Busse*

Konferenz: "Der Triumph des Sitzfleisches über das Gehirn." *Definition eines amerikanischen Bankers*

Der Gescheitere gibt nach! Eine traurige Wahrheit; sie begründet die Weltherrschaft der Dummheit.
Marie von Ebner-Eschenbach

Es ist unmöglich, die Fackel der Wahrheit durch ein Gedränge zu tragen, ohne jemandem den Bart zu versengen. *Georg Christoph Lichtenberg*

Wenn wir uns einig sind, gibt es wenig, was wir nicht tun können. Wenn wir uneins sind, gibt es wenig, was wir tun können. *John F. Kennedy*

Konferenzen sind Verschiebebahnhöfe für ungelöste Probleme. *Richard Burton*

Konferenzen sind die Bremsspuren der Geschichte.
Henri Troyat

Internationale Konferenzen sind Meisterleistungen moderner Kommunikationstechnik, die ein Maximum an Organisation mit einem Minimum an Information verbinden. *Helmar Nahr*

Ein Konferenzsaal ist ein Ort, wo viele hineingehen und wenig herauskommt. *Karl Farkas*

➪ **Diskussion**

Mehrheit

Große Mehrheiten verleiten zu großen Dummheiten.
Wolfgang Mischnick

Man darf die Wahrheit nicht mit Mehrheit verwechseln. *Jean Cocteau*

Minderheiten sind die Mehrheiten der nächsten Generation. *Jean-Paul Sartre*

Gesellschaftlicher Fortschritt ist nur über Minderheiten möglich, Mehrheiten zementieren das Bestehende.
Bertrand Russell

Wer das Mehrheitsprinzip auflösen und durch die Herrschaft der absoluten Wahrheit ersetzen will, der löst die freiheitliche Demokratie auf.
Richard von Weizsäcker

Was nützt die Mehrheit des Volkes, wenn die Mehrheit der Regierung dagegen ist? *Wolfgang Eschker*

Die Laster der Mehrheit nennt man Tugenden.
Jean Genet

➪ **Demokratie**

Meinung

Sich eine Meinung selbst zu bilden, ist eine Kunst, die kaum mehr Leute beherrschen, als es Künstler unter den Menschen gibt. *Henry Kissinger*

Eskalation des Luxus: eigenes Auto, eigene Villa - eigene Meinung. *Wieslaw Brudzinski*

Wenn Männer in hoher Stellung den Mut zur eigenen Meinung nicht haben, was läßt sich da von Männern in niedriger Stellung erwarten? *Samuel Smiles*

Die öffentliche Meinung ist für viele bloß eine Entschuldigung dafür, daß sie keine eigene haben.
Thornton Wilder

Die öffentliche Meinung ist ein Schloßgespenst - niemand hat es gesehen, aber alle lassen sich von ihm terrorisieren. *Unbekannt*

Die öffentliche Meinung ist das, was Leute glauben, daß andere Leute glauben. *Alfred Austin*

Die öffentliche Meinung ist die Dirne unter den Meinungen. *Marie von Ebner-Eschenbach*

Die öffentliche Meinung ist etwas, worauf sich hauptsächlich solche Politiker berufen, die keine eigene Meinung haben. *Amintore Fanfani*

Jede Sache hat drei Seiten: meine, deine und die richtige. (Also doch meine). *Unbekannt*

Es gibt 13 Meinungen wenn zwölf Unternehmer an einem Tisch sitzen. *Unbekannt*

Man ist sehr schlecht beraten, wenn man nur mit Leuten zusammenarbeitet, die nie widersprechen.
Unbekannt

Wenn zwei Menschen immer die gleiche Meinung haben, taugen beide nichts. *Konrad Adenauer*

Wenn Sie mit einem Gesprächspartner weder politisch noch kulturell übereinstimmen, besagt das nicht, daß der Betreffende anderer Meinung ist. Er liest vielleicht nur eine andere Zeitung. *Oliver Hassencamp*

Die meisten Meinungen kommen zustande, indem man vergißt, wo man sie gehört oder gelesen hat.
Moritz Heimann

Man verdirbt einen Jüngling am sichersten, wenn man ihn anleitet, den Gleichdenkenden höher zu achten als den Andersdenkenden. *Friedrich Wilhelm Nietzsche*

Eine der erstaunlichsten Erscheinungen ist, daß man sich einbildet, von abhängigen Menschen unabhängige Meinungen erwarten zu dürfen. *Sigmund Graff*

Ich spreche nicht gern mit Leuten, die stets meiner Meinung sind. Eine Weile ist es ganz amüsant, mit dem Echo zu spielen, aber es ermüdet. *Thomas Carlyle*

Seine Meinung zu ändern, erfordert manchmal mehr Mut, als bei seiner Ansicht zu verharren.
Friedrich Hebbel

Nichts kann mehr zu einer Seelenruhe beitragen, als wenn man gar keine Meinung hat.
Georg Christoph Lichtenberg

Nicht die Dinge beunruhigen die Menschen, sondern ihre Meinung über die Dinge. Wenn wir also auf Schwierigkeiten stoßen, in Unruhe und Kümmernis geraten, dann wollen wir die Schuld niemals auf einen andern schieben, sondern nur auf uns selbst, das heißt auf unsere Meinung von den Dingen. *Epiktet*

Wenn alle keine Meinung haben, ist es leicht, einer Meinung zu sein. *Wolfgang Eschker*

Auch wenn alle einer Meinung sind, können alle unrecht haben. *Bertrand Russell*

Die Pressefreiheit ist die Freiheit von 200 reichen Leuten, ihre Meinung zu verbreiten. *Paul Sethe*

Ein Gramm Information wiegt schwerer als tausend Tonnen Meinung. *Gerd Bacher*

Ist ein anderer von seiner Meinung nicht abzubringen, nennen wir ihn einen Starrkopf. Halten wir an unserer Meinung fest, ist das ein Zeichen der Entschlossenheit.
Georg Christoph Lichtenberg

Der größte Luxus ist eine eigene Meinung, nur wenige leisten sich ihn. *Peter Bamm*

Ein Politiker sollte wenigstens alle zwölf Jahre seine Meinung ändern dürfen. *Aristide Briand*

Es ist schwieriger, eine vorgefaßte Meinung zu zertrümmern als ein Atom. *Albert Einstein*

Jede auf Tatsachen sich gründende Meinung ist notwendig ein Irrtum, denn die Tatsachen können nie vollständig sein. *Henry Brooks Adams*

Es gibt Menschen, die sich immer angegriffen wähnen, wenn jemand eine Meinung ausspricht.
Christian Morgenstern

Womit bringt man sein Alter hin? Mit Verteidigung von Meinungen; nicht weil man glaubt, daß sie wahr sind, sondern weil man einmal öffentlich gesagt hat, daß man sie für wahr halte.
Georg Christoph Lichtenberg

Wir sind so eitel, daß uns sogar an der Meinung von Leuten, an denen uns nichts liegt, etwas gelegen ist.
Marie von Ebner-Eschenbach

Man kann überhaupt nichts mehr sagen, ohne Gefahr zu laufen, daß irgendein Idiot der gleichen Meinung ist. *Gabriel Laub*

Überzeugen (oder Verkaufen) ist nichts anderes, als dem Gesprächspartner erlauben, meine Meinung zu seiner eigenen zu machen. *Franz Luwein*

Nicht diejenigen sind zu fürchten, die anderer Meinung sind, sondern diejenigen, die anderer Meinung sind, aber zu feige, es zu sagen. *Napoleon I.*

Die Meinungslosigkeit richtet mehr Unheil an als alle falschen Meinungen, denn sie verhilft der unheilvollsten gegebenenfalls schlagartig zu einer erdrückenden Majorität. *Sigmund Graff*

Jeder hat das Recht auf seine eigene Meinung, aber er hat keinen Anspruch darauf, daß andere sie teilen.
Manfred Rommel

Toleranz wird oft mit Meinungslosigkeit verwechselt. Aber nicht der Meinungslose ist tolerant, sondern der, der eine Meinung hat, aber es anderen zubilligt, eine abweichende Meinung zu haben und diese auch zu sagen. *Manfred Rommel*

Eine Meinung ist ein Minimum an Tatsachen in Verbindung mit Vorurteilen und Gefühlen. *Unbekannt*

➪ **Argument, Standpunkt**

Meinungsfreiheit

Ich mag verdammen, was du sagst, aber ich werde mein Leben dafür einsetzen, daß du es sagen darfst.
Voltaire

Derjenige weiß den hohen und unverzichtbaren Preis der freien Meinungsäußerung am besten zu schätzen, der ihretwegen von Faschisten eingesperrt worden ist.
Kurt Wortig

Verlustanzeige: Wo bleibt die Besinnung auf den Inhalt eines Liedes, das da beginnt: "Freiheit, die ich meine..." Die innewohnende Substanz der Meinungsfreiheit ging verloren oder: wurde sie an Schakale des Meinungsterrors verfüttert? *Michael Resignans*

Für die Freiheit der Meinungsäußerung, der unbandagierten Meinungsfreiheit gehe ich meilenweit – bis zum Äußersten! *Thomas Zell*

Meinungsumfragen

Bei längeren Autofahrten sitze ich nicht im Fond, sondern neben dem Chauffeur. Dort kann ich meine Meinungsumfragen ausführen. Ich lasse die Fahrer sich der Reihe nach abwechseln und mir den neuesten Klatsch und die verschiedenen Meinungen des Volkes erzählen. *Ludwig Erhard*

Die Meinungsforschung beruht auf der irrigen Annahme, daß die Leute überhaupt eine Meinung haben.
Unbekannt

Meinungsforschung ist die Kunst, die Meinung des Auftraggebers zu erforschen und sie durch unverdächtige Zeugen belegen zu lassen. *Unbekannt*

Ich habe eine persönliche Methode der Meinungsumfrage bezüglich der Plakatgestaltung meiner Filme. Mein Pressechef ist zu intellektuell, mein Werbeleiter fast ständig besoffen. Der Graphiker zu pervers. Darum gehe ich mit den Plakatentwürfen unten auf die Straße und frage angehaltene Passanten, möglichst viele Frauen und Männer, die nicht zu klug aussehen, wie ihnen dieses oder jenes Plakat gefällt. Danach richte ich mich. Natürlich frage ich auch daheim die Köchin und Putzfrau. *Kurt Schorcht*

Ein Meinungsforscher ist einer, der tiefgründige Untersuchungen darüber anstellt, warum eine schlechte Zahnpasta nicht gekauft wird, und dann zu dem bündigen Schluß kommt, daß die Tube den Leuten zu wenig sexy ist. *Unbekannt*

➪ **Demoskopie, Interview, Fragen**

Meisterschaft

Sobald jemand in einer Sache Meister geworden ist, sollte er in einer neuen Sache Schüler werden.
Gerhart Hauptmann

Wer sich perfekt fühlt, verhindet, daß er besser wird.
Unbekannt

Es gibt nichts, was man nicht noch besser machen kann. *Gerhard Reichel*

Meisterschaft ist ein Irrweg aber was soll man machen, wenn man nichts anderes gelernt hat. *Peter Rühmkorf*

Wer glaubt, etwas zu sein, hat aufgehört, etwas zu werden. *Henry Ford*

Hüte dich vor geschlecktem Perfektionismus.
Gerhard Reichel

Bonus vir semper tiro. (Ein guter Mann bleibt immer Anfänger). *Lat. Sprichwort*

➪ **Anfang, Perfektionismus**

Melancholie

Melancholie ist eine Stimmung mit Trauerrand.
Heimito von Doderer

Memoiren

Memoiren sind ungefähr das Gegenteil einer Klarsichtpackung. *David Frost*

Memoiren sind die letzte Chance, sich endgültig zu blamieren. *Unbekannt*

Ein Mensch mit reinem Gewissen hat meist Schwierigkeiten, wenn er seine Memoiren schreibt.
Pearl S. Buck

Memoiren sind eine Verleitung, die eigene Nase schöner zu machen, als sie ist. *Helmut Schmidt*

Die meisten Memoiren sind ein nur halb geglückter Versuch, sich an Erinnerungen zu erinnern.
Anthony Eden

Wenn einer sich nicht mehr anders rächen kann, dann schreibt er Memoiren. *Georges Clemenceau*

Memoiren sind ein halber Striptease! *Roberl Lembke*

Man soll nur dann (Memoiren) schreiben, wenn man sehr, sehr viel erlebt hat oder wenn man so gut phantasievoll lügen kann, daß sich die Balken biegen.
Dieter Hildebrandt

Die meisten Memoiren sind ein Make-up aus Worten.
Norman Mailer

Wir leben in einer Zeit, in der schon die Zwanzigjährigen Memoiren schreiben können.
Vanessa Redgrave

Wer Memoiren verfaßt, gibt zu erkennen, daß er seine Karriere als beendet betrachtet. *Edward Heath*

Viele Memoirenschreiber beweisen nur, daß sie den Respekt vor dem eigenen Leben verloren haben.
Anthony Eden

Wer glaubt, daß man seine Vergangenheit nicht ändern kann, hat noch keine Memoiren geschrieben.
Unbekannt

➪ **Autobiographie**

Menge

Der Mensch geht in den Lärm der Menge, um den Schrei seines eigenen Schweigens zu übertäuben.
Tagore

➪ **Masse**

Mengenlehre

Die Mengenlehre? Ganz einfach! Wenn in einem Raum drei sind und vier rausgehen, muß einer wieder rein, damit keiner drin ist. *Lothar Späth*

➪ **Mathematik**

Menschen

Niemand kennt die Menschen so gut wie der Beichtvater, der Bankier und der Bettler.
Sizilian. Sprichwort

Die Menschen sind grob in drei Kategorien zu unterteilen: Die Wenigen, die dafür sorgen, daß etwas geschieht..., die Vielen, die zuschauen, wie etwas geschieht..., und die überwältigende Mehrheit, die keine Ahnung hat, was überhaupt geschieht.
Karl Weinhofer

Es gibt Menschen, die sich immer angegriffen wähnen, wenn jemand eine Meinung ausspricht.
Christian Morgenstern

Gott schuf den Menschen. Der Teufel den Mitmenschen. *Gerhard Uhlenbruck*

Man unterscheidet zwei Arten von Teufeln: degradierte Engel und beförderte Menschen.
Stanislaw Jerzy Lec

Während der ersten Sintflut retteten sich Menschen vor der Natur. Während der zweiten Sintflut versucht sich die Natur vor den Menschen zu retten.
Werner Schneyder

Auf böse Menschen ist Verlaß. Sie ändern sich wenigstens nicht. *William Faulkner*

Als Gott den Menschen erschuf, war er bereits müde; das erklärt manches. *Mark Twain*

Es wäre hübsch zu erfahren, wie die ersten zwei Menschen erschaffen wurden, aber es ist hübsch zu wissen, wie der dritte entstanden ist. *Peter Sellers*

Mit der Entstehung des dritten Menschen begann das Do-it-yourself. *Henry Miller*

Was ist der Mensch? Ein Abfallprodukt der Liebe.
Stanislaw Jerzy Lec

Ungehorsam ist für jeden, der die Geschichte kennt, die eigentliche Tugend des Menschen. *Oscar Wilde*

Wer die Menschen gern hat, verbietet ihnen etwas, damit sie an der Übertretung Spaß haben.
Norman Mailer

Wer den Menschen die Hölle auf Erden bereiten will, braucht ihnen nur alles zu erlauben. *Graham Greene*

Die Menschen sind heutzutage nicht schlechter, als sie früher waren. Nur die Berichterstattung über ihre Taten ist gründlicher geworden. *William Faulkner*

Der moderne Mensch in seiner Grausamkeit hat ein elftes Gebot erfunden: Du darfst nicht alt aussehen.
Michel Simon

Der wahre Beruf des Menschen ist, zu sich selbst zu kommen. *Hermann Hesse*

Der Mensch ist das einzige Wesen, das sich selber nicht gewachsen ist. *Hans Kudszus*

Sprich nicht schlecht vom Menschen. Er sitzt in dir und belauscht dich. *Stanislaw Jerzy Lec*

Die wenigsten Menschen kennen das Geheimnis, zu sich selbst höflich zu sein. *Peter Bamm*

Die meisten Menschen sind Mörder. Sie töten einen Menschen. In sich selbst. *Stanislaw Jerzy Lec*

Das Problem ist heute nicht die Atomenergie, sondern das Herz des Menschen. *Albert Einstein*

Es hat schon etwas Tröstliches, daß selbst der gescheiteste Professor und die feinste Lady unterhalb der Taille auch nur Menschen sind. *Henry Miller*

Es liegt in der Natur des Menschen, vernünftig zu denken und unvernünftig zu handeln. *Anatole France*

Der Mensch ändert leichter seine Überzeugungen als seine Gewohnheiten. *Paul Wegener*

Sympathisch und klug nennen wir jene Leute, die derselben richtigen Ansicht sind wie wir. *Sacha Guitry*

Wir müssen damit aufhören, über die Menschen zu sprechen, als wären sie die Krone der Schöpfung.
Günter Graß

Der Übergang vom Affen zum Menschen sind wir.
Konrad Lorenz

Der Mensch ist ein wildes Tier, das sich selbst gezähmt hat. *Pierre Reverdy*

Wer kann erwarten, die Menschheit werde gute Ratschläge befolgen, wenn sie nicht einmal Warnungen zur Kenntnis nimmt? *Jonathan Swift*

Früher standen sich die Menschen näher. Es blieb ihnen nichts anderes übrig. Die Schußwaffen trugen noch nicht so weit. *Stanislaw Jerzy Lec*

Gefährlich sind nicht die Menschen, die uns widersprechen, sondern jene, die zu feige sind, es zu tun.
Napoleon I.

Der Mensch brauchte Milliarden von Jahren, um Mensch zu werden. Wie lange wird er noch brauchen, um Mensch zu sein. *Hans-Horst Skupy*

Ich glaube an das Gute im Menschen, rate aber, sich auf das Schlechte in ihm zu verlassen. *Alfred Polgar*

Ich glaube, daß der Mensch noch gar nicht die Zeit hatte, etwas anderes zu werden, als er heute ist.
Friedrich Dürrenmatt

Bevor man das Erb- und Erzübel, die Eitelkeit, nicht totgelacht hat, kann man nicht beginnen, das zu werden, was man ist: ein Mensch. *Erich Kästner*

Die Eitelkeit ist das letzte Kleid, das der Mensch auszieht. *Ernst Bloch*

Ein Mensch ohne Fehler ist kein vollkommener Mensch. *Alfred Polgar*

Ein Mensch, der keine Fehler macht, macht im allgemeinen nichts. *Edward John Phelps*

Gott läßt vieles zu, was die Menschen verbieten möchten. *Henry Miller*

Woher sollen die Menschen, denen gesagt wurde, sie seien Ebenbilder Gottes, ihre Demut nehmen?
Erhard Blanck

Wo Menschen angebetet werden, ist es gut, sich zu entfernen. *Günther Weisenborn*

Der Mensch ist zur Freiheit verurteilt.
Jean-Paul Sartre

Man sollte den Menschen auch die Freiheit geben, zu gehorchen. *Ludwig Marcuse*

Jeder Mensch wird als Zwilling geboren: als der, der er ist, und als der, für den er sich hält. *Martin Kessel*

Alle Menschen bemühen sich, anders zu sein, als sie sind. *Olaf Gulbransson*

Ich bin ein Bewunderer der göttlichen Weltordnung. Die Welt ist einmalig. Aber was die Menschen machen, ist entweder unglaublich gemein, dumm oder komisch. *Ephraim Kishon*

Man gebe mir sechs Zeilen, geschrieben von dem redlichsten Menschen, und ich werde darin etwas finden, um ihn aufhängen zu lassen. *Richelieu*

Jeder Mensch ist eine Schallplatte, die mit der Zeit abläuft. *Elisabeth Wischert*

Der Mensch bringt sogar die Wüsten zum Blühen. Die einzige Wüste, die ihm noch Widerstand leistet, befindet sich in seinem Kopf. *Ephraim Kishon*

Die unheimlichste aller Erfindungen ist der Spiegel. Woher nehmen die Menschen nur den Mut, da hineinzuschauen? *Brendan Behan*

Von einem bestimmten Alter an ist jeder Mensch für sein Gesicht verantwortlich. *Albert Camus*

Zerstören Sie einem Menschen seinen Schein, und Sie werden sehen, wie schnell auch das Sein zu Ende ist. *Georg Kreisler*

Idealismus ist die Fähigkeit, die Menschen so zu sehen, wie sie sein könnten, wenn sie nicht so wären, wie sie sind. *Curt Goetz*

Spargel und Menschen haben ein gemeinsames Schicksal: Sobald einer den Kopf hochreckt, wird er abgestochen. *Eugen Gerstenmaier*

Der Mensch wird abgerichtet, oder er wird hingerichtet. *Frank Wedekind*

Ein Fehler, den man mit einem anderen Menschen teilt, verbindet tiefer als ein gemeinsamer Vorzug. *Hermann Bahr*

Die meisten Menschen brauchen mehr Liebe, als sie verdienen. *Marie von Ebner-Eschenbach*

Wer die Menschen liebt, darf sie nur aus nächster Nähe betrachten oder ganz aus der Ferne. *Thomas Niederreuther*

Wenn man ständig mit einem Menschen zusammenlebt, sieht man nur noch die Oberfläche, die aus lauter kleinen Reibungsflächen besteht. *Brigitte Schwaiger*

Man mutet sich so leichtfertig anderen Menschen zu, und dabei kann man sich kaum selbst ertragen. *Wolfgang Borchert*

Jeder Mensch hat zwei Gründe für seine Handlungen: einen moralischen - und den wirklichen. *J. P. Morgan*

Die große Gefahr für die Menschheit liegt in der ständig steigenden Perfektion bei gleichbleibender menschlicher Unzulänglichkeit. *Charles F. Kettering*

Die Menschheit steht endgültig am Scheidewege, und man schaudert unwillkürlich bei dem Gedanken, daß sie die falsche Richtung einschlagen könnte. *Albert Schweitzer*

Ein kluger Mensch wird schon aus Egoismus bescheiden. Er schützt sich damit vor seinem perfidesten Gegner: vor sich selbst. *Egon Friedell*

Der Mensch würde vermutlich doppelt so lange leben, wenn er sich nicht in der ersten Hälfte seines Daseins jene Angewohnheiten aneignen würde, die in der zweiten Hälfte sein Leben verkürzen. *Mary Louise Wright*

Manchen Menschen ist kein Opfer zu groß - sofern es von anderen gebracht wird. *Billy Graham*

Viele Menschen erwerben die "mittlere Reife" - und behalten sie bis ins hohe Alter. *Unbekannt*

Viele Menschen versäumen das kleine Glück, weil sie auf das große vergeblich warten. *Pearl S. Buck*

Menschen mit unbeirrbaren Grundsätzen sind wie Autos, die auf Schienen fahren. *Roberto Rossellini*

Wenn die Menschen wirklich so wären, wie sie auf den Paßbildern ausschauen, könnte man an der Menschheit verzweifeln. *Bob Hope*

Nur mittelmäßige Menschen sind stets in Hochform. *Südländisch*

Engstirnige Menschen sind wie Flaschen mit einem engen Hals: je weniger darin ist, desto mehr Geräusch entsteht beim Ausschütten. *Jonathan Swift*

Wenn ein Mensch keine Bedeutung für andere hat, will er wenigstens schockieren. *Hans Kilian*

Der Mensch ist ein arriviertes Tier. Das ist alles. *Remy de Gourmont*

Der Mensch ist ein Experiment der Natur. *Friedrich Hebbel*

Der Mensch ist ein mißglückter Computer mit Stuhlgang und Blutkreislauf. *Steve Henley*

Der Mensch ist das gefährlichste Ungeziefer, das die Erde je bevölkert hat. *Friedensreich Hundertwasser*

Alle Menschen sind Brüder. Daher der ewige Zank unter ihnen. *Unbekannt*

Wer den Menschen eine neue Erkenntnis vermittelt, den verfolgen sie. Wer ihnen ein neues Vergnügen schenkt, den beten sie an. *Friedrich Joloff*

Der Mensch ist eine unendlich komplizierte Maschine, um edelsten Rotwein in Urin zu verwandeln. *Karen Blixen*

Der Mensch ist das einzige Tier, das mit den Opfern, die es zu essen beabsichtigt, freundschaftliche Beziehungen unterhält, bis es sie ißt. *Samuel Butler*

Der Mensch ist das einzige Tier, das lacht und eine Staatsverfassung hat. *Samuel Butler*

Der Mensch ist der einzige Primat, der seine Artgenossen ohne biologischen und ökonomischen Grund tötet und quält und der dabei Befriedigung empfindet.
Erich Fromm

Der Mensch ist ein sonderbares Wesen: mit den Füßen im Schlamm, mit dem Kopf in den Sternen.
Else Lasker-Schüler

Der Mensch ist ein durch die Zensur gerutschter Affe.
Gabriel Laub

Der Mensch ist die Krone der Schöpfung. Wie schade, daß es eine Dornenkrone ist. *Stanislaw Jerzy Lec*

Der Mensch ist das einzige Lebewesen, das erröten kann. Es ist aber auch das einzige, das Grund dazu hat.
Mark Twain

Der Mensch ist Lärmerzeuger, Luftverpester, Wasserverschmutzer, Waldverschandler, Abfallerzeuger en gros, Nahrungsmittelverderber, Erbmassenbedroher, alles durch sein eigenes Genie. *John B. Priestley*

Der Mensch ist ein Säugetier. Jeder saugt den anderen aus. *Gerhard Uhlenbruck*

Die Menschen sind zwar Brüder, aber ihre Taten sind keine Schwestern. *Unbekannt*

Aufmerksamkeit auf fremdes Tun und Lassen, wie sehr sie sich langweilen. *Arthur Schopenhauer*

Wieviel weniger Menschenblut wäre vergossen worden, wenn wir uns nicht so früh vom Affen zum Menschen entwickelt hätten! *Stanislaw Jerzy Lec*

Wir können heute über den Ozean fliegen, hören und sehen, aber der Weg zu uns selbst und zu unserem Nächsten ist sternenweit. *Max Reinhardt*

Man soll nie einen Menschen aufgeben, bevor er in einer Aufgabe versagt hat, die ihm Freude bereitet.
Lewis E. Lawes

Zivilcourage ist das, was von einem Menschen übrigbleibt, wenn der Vorgesetzte das Zimmer betritt.
Wernher von Braun

Alles, von dem sich der Mensch eine Vorstellung machen kann, ist machbar. *Wernher von Braun*

Die beste Insel ist nicht schön, wenn man mit dem falschen Menschen drauf ist. *Boris Becker*

Jeder Mensch ist eine Insel, die sich nach Vereinigung mit dem Festland sehnt. *Arthur Koestler*

Die Menschen, die etwas von heute auf morgen verschieben, sind dieselben, die es bereits von gestern auf heute verschoben. *Peter Ustinov*

Jeder Mensch hat seinen Weg, und jeder Weg ist richtig. *Thomas Bernhard*

Der Mensch ist ein vernunftbegabtes Wesen, das immer dann die Ruhe verliert, wenn von ihm verlangt wird, daß es nach Vernunftgesetzen handeln soll.
Oscar Wilde

Der Mensch von heute ist das dümmste Lebewesen, das die Erde hervorgebracht hat: Er kriecht mit seinem Auto in der Großstadt wie eine Schnecke, nimmt die Umweltgifte in sich auf wie ein Staubsauger und ist obendrein noch stolz auf das, was er zustande gebracht hat. *John B. Priestley*

Der Mensch kann wohl die höchsten Gipfel erreichen, aber verweilen kann er dort nicht lange.
George Bernard Shaw

Auf tausend Menschen, die bereit sind, etwas Großes zu tun, kommt einer, der bereit ist, etwas Kleines zu tun. *George MacDonald*

Erfolg verändert den Menschen nicht. Er entlarvt ihn.
Max Frisch

Der Alltag der meisten Menschen ist stilles Heldentum in Raten. *Anna Magnani*

Ein junger Mensch, der niemals weint, ist ein Ungeheuer. Ein alter Mensch, der niemals lacht, ist ein Narr. *George Santayana*

Alternde Menschen sind wie Museen: Nicht auf die Fassade kommt es an, sondern auf die Schätze im Innern. *Jeanne Moreau*

Der Mensch ist gut - die Leut' sind schlecht.
Johann Nestroy

Ein reizbarer Mensch ist wie ein verkehrt eingerollter Igel, der sich mit seinen eigenen Stacheln peinigt.
Lebensweisheit

Alle Menschen wissen, was die anderen ihnen schuldig sind, aber nur wenige wissen, was sie sich selbst schuldig sind. *Thornton Wilder*

Das Schicksal des Menschen ist der Mensch.
Bertolt Brecht

Jeder Mensch ist ein Abgrund. *Georg Büchner*

Das menschliche Wesen ist dem menschlichen Tun davongelaufen, das ist unsere Tragik. Trotz aller unserer Kenntnisse verhalten wir uns immer noch wie die Höhlenmenschen von einst. *Friedrich Dürrenmatt*

Je höher der Mensch steht, um so stärkere Schranken hat er nötig, welche die Willkür seines Wesens bändigen. *Gustav Freytag*

Niemand kennt die
Menschen so gut
wie der Bankier,
der Beichtvater
und der Bettler.

SIZILIANISCHES SPRICHWORT

Der Mensch ist Mensch, weil er Selbstbeherrschung üben kann, und nur insoweit, als er Selbstbeherrschung übt. *Mahatma Gandhi*

Das eigentliche Studium der Menschheit ist der Mensch. *Johann Wolfgang von Goethe*

Der Homo sapiens ist kein Tier mehr. Er ist schon fähig, sich selbst als Gattung zu vernichten. *Gabriel Laub*

Gott hat den Menschen erschaffen, weil er vom Affen enttäuscht war. Danach hat er auf weitere Experimente verzichtet. *Mark Twain*

Beim Menschen ist kein Ding unmöglich, im Schlimmen wie im Guten. *Christian Morgenstern*

Gerade durch das, was an ihm typisch menschlich ist, bleibt der Mensch eine zwar wohlgelungene, aber monströse und störende Schöpfung. *Pierre Teilhard de Chardin*

Das beste Mittel, sich von Menschenfurcht zu befreien, ist: Menschenkenntnis. *Ernst von Feuchtersleben*

Besser als durch ihre Reden lernt man die Menschen durch ihre Ausreden kennen. *Peter Tille*

Wenn man einen Menschen richtig beurteilen will, so frage man sich immer: "Möchtest du den zum Vorgesetzten haben? *Kurt Tucholsky*

Was der Mensch vermag, erleben wir am tiefsten in der Kunst, am deutlichsten in der Technik und am beschämendsten in der Politik. *Sigmund Graff*

In jedem Urteil drückt der naiv urteilende Mensch sich selbst aus. *Ricarda Huch*

Menschenkenntnis

Wenn jeder Mensch ahnte, von wie vielen er durchschaut wird! *Elias Canetti*

Man soll den Wert eines Menschen nicht nach den großen Eigenschaften beurteilen, die er hat, sondern nach dem Gebrauch, den er von ihnen macht. *La Rochefoucauld*

Willst du den Charakter eines Menschen erkennen, so gib ihm Macht. *Abraham Lincoln*

Einen Menschen kennen, das heißt ahnen, was er in Zukunft tun wird. *Gerhard Uhlenbruck*

Ich habe immer gefunden, die sogenannten schlechten Leute gewinnen, wenn man sie näher kennenlernt, und die guten verlieren. *Georg Christoph Lichtenberg*

Die Menschen scheuen sich weniger, einen anzugreifen, der sich beliebt gemacht hat, als einen, den sie fürchten. *Niccolo Machiavelli*

Es steht schlimm um einen Menschen, an dem man nicht einen einzigen sympathischen Fehler entdecken kann. *Benjamin Disraeli*

Die meisten Menschen sind wie Stecknadeln: nicht der Kopf ist das Wichtigste an ihnen. *Jonathan Swift*

Wir beschäftigen uns mit großem Eifer mit uns selbst und bilden uns hinterher ein, die Menschen zu kennen. *Iwan Sergejewitsch Turgenjew*

Menschenrechte

Die Menschenrechte sind heutzutage als diplomatisches Gesprächsthema groß in Mode, allerdings werden sie nur zu schnell von Handelsrücksichten verdrängt. *Peter Ustinov*

Nichts, nicht einmal die modernste Waffe, nicht einmal die auf brutalste Weise schlagkräftige Polizei, nein, überhaupt gar nichts wird die Menschen aufhalten können, wenn sie erst einmal entschlossen sind, ihre Freiheit und ihr Menschenrecht zu erringen. *Desmond Tutu*

Menschenwürde

Die Würde des Menschen besteht in der Wahl. *Max Frisch*

Mensch sein heißt Verantwortung fühlen: sich schämen beim Anblick einer Not, auch wenn man offenbar keine Mitschuld an ihr hat; stolz sein über den Erfolg der Kameraden; seinen Stein beitragen im Bewußtsein, mitzuwirken am Bau der Welt. *Antoine de Saint Exupery*

Vielleicht besteht die einzige Würde des Menschen in seiner Fähigkeit, sich achten zu können. *George Santayana*

Mensch sein ist vor allem die Hauptsache. Und das heißt: fest und klar und heiter sein, ja heiter trotz alledem, denn das Heulen ist Geschäft der Schwäche. *Rosa Luxemburg*

➪ **Achtung**

Menschheit

Die moderne Menschheit hat zwei Arten von Moral: eine, die sie predigt, aber nicht anwendet, und eine andere, die sie anwendet, aber nicht predigt.
Bertrand Russell

Man liebt die Menschheit im allgemeinen, um nicht die Menschen im einzelnen lieben zu müssen.
Albert Camus

Die Menschheit muß dem Krieg ein Ende setzen, oder der Krieg setzt der Menschheit ein Ende.
John F. Kennedy

Der Jammer mit der Menschheit ist, daß die Narren so selbstsicher sind und die Gescheiten so voller Zweifel.
Bertrand Russell

Ich habe Angst vor Leuten, die immer nur die Menschheit lieben und niemals einzelne Menschen.
Wolf Biermann

➪ **Evolution**

Metaphysik

Metaphysik ist die Suche in einem dunklen Zimmer nach einer schwarzen Katze, die nicht drin ist.
Max Scheler

➪ **Aberglaube, Astrologie**

Meteorologie

Meteorologen sind Leute, die über Geophysik, Thermodynamik und Klimatologie ungemein viel und über das Wetter von morgen fast nichts wissen.
Ron Kritzfeld

Meteorologen sind die besten Frauenkenner, denn sie geben den Wirbelstürmen Frauennamen. *Peter Ustinov*

Meteorologie ist die Wissenschaft, die uns aufgrund komplizierter Hoch- und Tiefdruckberechnungen genauestens darüber informiert, wie das Wetter hätte sein sollen. *Unbekannt*

➪ **Wetter**

Midlife Crisis

Midlife Crisis ist die Pubertät des Greisenalters.
Werner Schneyder

➪ **Krise**

Mikrofon

Mikrophone sind das einzige, das sich Politiker gerne vorhalten lassen. *Günter Müggenburg*

➪ **Lautsprecher**

Militär

Das Militär ist eine Pflanze, die man sorgfältig pflegen muß, damit sie keine Früchte trägt. *Jacques Tati*

Der Krieg ist das Kunstwerk der Militärs, die Krönung ihrer Ausbildung, die goldene Spange ihres Berufes. Sie sind nicht dazu geschaffen, im Frieden zu glänzen.
Isabel Allende

Eine friedliche und einträchtige Welt ist der geheime Alptraum der Militärs und Advokaten.
Norman Mailer

Die Bundeswehr ist eine Braut, die man immer streicheln muß. *Manfred Wörner*

Die Soldaten müssen für die Fehler der Politiker geradestehen. *Bert Berkensträter*

Militaristen sind Leute, die gern schießen, vor allem ins Kraut. *Joachim Ringelnatz*

➪ **Abrüstung, Krieg, Soldaten**

Millionäre

Ich war mit fünf Millionären verheiratet, und ich muß sagen, es war immer wieder ein schönes Gefühl.
Zsa Zsa Gabor

Ein Millionär ist ein Mann, der gelernt hat, mit Nullen richtig umzugehen. *Unbekannt*

Ein Milliardär ist ein Mann, der auch mal klein als Millionär angefangen hat. *Jerry Lewis*

Ein Millionär ist ein Mann ohne Eigenschuften.
Karel Trinkewitz

➪ **Geld, Reichtum**

Minderheiten

Minderheiten sind das gute oder das schlechte Gewissen ihres Herbergslandes. *Jes Schmidt*

Die meisten Minoritäten reden von Minderheiten nur solange, als sie noch nicht in der Mehrheit sind.
Clemenceau

Minderwertigkeitskomplexe

Minderwertigkeitskomplexe sind häufig mit Überheblichkeitskomplexen gekoppelt. Ein Mensch, der sich seiner nicht sicher ist, gibt sich meist überlegen.
Ilja Ehrenburg

Arrogante Menschen sind letztlich nur unsicher.
Gerhard Reichel

Das schlimmste an den Minderwertigkeitskomplexen ist, daß die falschen Leute sie haben. *Alain Delon*

Hält man sich für zu klein, wird man auf den Kopf getreten. *Jüdisches Sprichwort*

➪ **Unsicherheit**

Minister

Ein Minister ist der einzige hochbezahlte Posten, den Ungelernte ausüben können. *Carlo Franchi*

Ein Minister ist ein Staatsdiener mit eintägiger Kündigungsfrist. *Georg Leber*

➪ **Politik, Staatsdiener**

Misanthrop

Ein Misanthrop ist ein Zeitgenosse, der mühelos die Stecknadel im Heuhaufen findet und sich genüßlich darauf niederläßt, um die Bosheit seiner Mitmenschen beklagen zu können. *Ron Kritzfeld*

Ein Misanthrop ist ein Mensch, der haßt, was andere sagen. *Thornton Wilder*

➪ **Pessimist**

Mißerfolg

Jedes Mißlingen ist eine verkleidete Wohltat, vorausgesetzt, es lehrt uns etwas Wichtiges, das wir sonst nicht hätten lernen können. Die meisten sogenannten Mißerfolge sind nur zeitweilige Rückschläge.
Napoleon Hill

Wer den Zweifel und die Furcht überwunden hat, hat den Mißerfolg überwunden. *James Lane Allen*

Hindernisse überwinden ist der Vollgenuß des Daseins. *Arthur Schopenhauer*

Fürchte dich nicht vor Mißgeschick. Denke daran: der "Adler des Erfolges" erhebt sich im allgemeinen gegen den Wind des Mißgeschickes - nicht mit ihm.
Napoleon Hill

Mißerfolg ist lediglich eine Gelegenheit, mit neuen Einsichten noch einmal zu beginnen. *Henry Ford*

Wer diese Enttäuschung nicht erlebt hat, wem die Tür nie vor der Nase zugeschlagen wurde, wer nicht beschimpft und rausgeworfen wurde, wer das alles nicht mitgemacht hat, der ist eigentlich nicht in der Lage, eine Führungsposition auszufüllen.
Wolfgang Schieren

Wer ein paarmal als Tiger gesprungen und als Bettvorleger gelandet ist, verliert langsam die Lust.
Heide Simonis

Eine stolz getragene Niederlage ist auch ein Sieg.
Marie von Ebner-Eschenbach

Nichts schmerzt so sehr wie fehlgeschlagene Erwartungen, aber gewiß wird auch durch nichts ein zum Nachdenken fähiger Geist so lebhaft wie durch sie erweckt. *Benjamin Franklin*

Mißerfolge stellen sich am leichtesten ein, wenn man seinem Erfolg treu bleiben will, anstatt seiner Art.
Sigmund Graff

Nie pfeifen die Ratten schriller, als wenn das Schiff nicht untergeht, das sie gerade verlassen haben.
Johannes Gross

Unsere Fehlschläge sind lehrreicher als unsere Erfolge.
Henry Ford

Ich betrachte jeden Mißerfolg als eine Stufe zum Erfolg. *Hazrat Inaya Khan*

Erfolge im Leben hängen sehr wesentlich davon ab, was man aus seinen Mißerfolgen macht.
Joseph Schmidt

Der Mißerfolg wird mich nicht beirren. Der Erfolg wird mich nicht verführen. *Unbekannt*

Der Erfolgreiche lernt aus seinen Fehlern und wird auf neuen Wegen von vorne beginnen. *Dale Carnegie*

➪ **Fehler, Niederlage, Pleiten**

Mißtrauen

Zuviel Vertrauen ist häufig eine Dummheit, zuviel Mißtrauen ist immer ein Unglück. *Johann Nestroy*

Wenn Sie erfolgreich arbeiten und Ihr Chef Ihnen beständig mißtraut, ist er Sie nicht wert.
Matthias Scharlach

Mitarbeiter

Meine Mitarbeiter bekommen alles, was sie wollen. Aber: Sie erfahren auch alles über die Firma, was sie wissen wollen. Dann erkennen sie von selbst, wo die Grenzen ihrer Wünsche liegen. *Klaus Kobjoll*

Manche Mitarbeiter sind wie Weißkraut. Wenn man sie belastet, werden sie sauer - Sauerkraut aber ist gut. *Matthias Scharlach*

Den Beweis der Tüchtigkeit erbringt man nicht so sehr in dem, was man selber leistet, als vielmehr durch die Leistungen derer, mit denen man sich zu umgeben versteht. *Andrew Carnegie*

Mitarbeiter kann man in vier Klassen einteilen:
- Die wenigen, die dafür sorgen, daß etwas geschieht;
- die vielen, die dafür sorgen, daß nichts geschieht;
- die vielen, die zusehen, wie etwas geschieht
- und die überwältigende Mehrheit, die keine Ahnung hat, was überhaupt geschehen ist. *Unbekannt*

Schau wie eine Frau aus, benimm dich wie eine Lady, denk wie ein Mann und arbeite wie ein Pferd. *Mrs. Michelsen*

Die einfache Arbeitnehmerphilosophie: Du zahlst, ich schaffe, zahlst du mehr, schaffe ich mehr, zahlst du nicht, haue ich ab. *Matthias Scharlach*

Es gibt Mitarbeiter, die tun genau das, was man von ihnen verlangt - und kein bißchen mehr. *Matthias Scharlach*

Mitarbeiter sind leichter zu überzeugen als die eigenen Kinder. *Ein Unternehmer*

Motivation ist, wenn man seine Mitarbeiter zu Höchstleistungen begeistern kann, obwohl man schon längst resigniert hat. *Unbekannt*

Wer anderen befehlen will, muß sich selbst gehorchen können. *Franz Luwein*

Wer seine Mitarbeiter mit Erdnüssen bezahlt, muß sich nicht wundern, wenn er von lauter Schimpansen umgeben ist. *Klaus Kobjoll*

➪ **Führung, Management**

Mitbestimmung

Mitbestimmung ermöglicht, daß jeder die Schuld auf die anderen abschieben kann. *Arno Sölter*

Wer Mitbestimmung sagt, aber Fremdbestimmung, Klassenkampf und Vorherrschaft meint, will eben eine andere Republik. Wer Eigentum sagt und zugleich die breitere Streuung des Privateigentums mit der Begründung nicht will, dies stabilisiere das System, will eine andere Republik. Wer soziale Marktwirtschaft sagt, aber die Leistung als unnötig und altmodisch abqualifiziert, die Unternehmer verteufelt, den Ertrag durch konfiskatorische Steuern sozialisiert, die Investitionen durch systemsprengende Pläne verunsichert - auch er will eine andere Republik. *Rainer Barzel*

Nur derjenige soll mitbestimmen, der auch im Betrieb mitarbeitet. *Dr. Riemer*

Ohne Mitbestimmung am Arbeitsplatz bleibt jede Mitbestimmungskonzeption ein Koloß auf tönernen Füßen. *Fritz Vilmar*

Mitbestimmung ist die ständige Teilnahme an der Willensbildung im Unternehmen selbst. Wenn man diesen Prozeß der Mitgestaltung verbessern will, muß man sicherstellen, daß die Unternehmensleitung zur Kooperation mit der Arbeitnehmerschaft bereit ist. *Kurt Biedenkopf*

Mitbestimmung: gewährt ausgewählten Betriebsratsmitgliedern das Recht, den Küchenzettel der Kantine mitzugestalten und Wünsche zu äußern, ob die Toiletten im ersten oder im zweiten Stock installiert werden sollen. *Henning Venske*

Mitbestimmung ist die Anschaffung vieler Hähne für die gleiche Zahl Hühner. *Unbekannt*

Mitbestimmung: den kleinsten gemeinsamen Nenner suchen. *Wolfgang Eschker*

Mitbestimmung in die Hände der Arbeitnehmer zu legen, das ist so gefährlich, wie Affen mit Rasierklingen spielen zu lassen. *Naval Tata*

➪ **Arbeit, Management, Zusammenarbeit**

Mitgefühl

Ich habe drei Schätze, die ich hüte und bewahre: der erste ist Mitgefühl, der zweite Mäßigkeit, der dritte, anderen nicht voraus sein wollen. Von Mitgefühl kommt Mut; von Mäßigkeit kommt Großzügigkeit; von Demut kommt Führerschaft. *Laotse*

Mitleid bekommt man geschenkt, Neid muß man sich verdienen. *Robert Lembke*

Mittelmäßigkeit

Was ist der letzte Grund jenes Fluches, der auf allen Männern von großem Genius lastet? Warum trifft der Blitz des Unglücks die hohen Geister, die Türme der Menschheit, am öftesten, während er die niedrigen Strohkopfdächer der Mittelmäßigkeit so liebreich verschont? *Heinrich Heine*

Nur der Mittelmäßige ist ständig in Bestform.
William Somerset Maugham

Die Aufgabe, ihr Volk zu vertreten, fällt den Mittelmäßigen zu, nicht den Genies. *Curzio Malaparte*

Aus einer Reihe von Nullen macht man leicht eine Kette. *Stanislaw Jerzy Lec*

Alles Große braucht einen Dolmetscher bei der Menge; die Mittelmäßigkeit wird gleich verstanden.
Isolde Kurz

Eines der Merkmale geistiger Mittelmäßigkeit ist der stete Hang, unwahre Dinge zu erzählen.
Jean de La Bruyere

Die Mittelmäßigkeit pflegt alles zu verurteilen, was ihren Horizont übersteigt.
Francoise de la Rochefoucauld

Vor Mittelmaß ist keine Größe sicher. *Peter Tille*

Was eine Nation groß macht, sind nicht in erster Linie die großen Männer - es ist das Format der Mittelmäßigen. *Jose Ortega y Gasset*

Es gibt Dinge, bei denen die Mittelmäßigkeit unerträglich ist: Dichtkunst, Tonkunst, Malerei und öffentliche Rede. *La Bruyere*

➪ **Durchschnitt**

Mittelstand

Früher waren es auch in Straßburg und Brüssel die Deutschen, von denen Liberalisierungsvorstöße kamen - jetzt sind es die Europäer, die sich dem aus Deutschland kommenden Wirtschaftswürgegriff entgegenstemmen. *Roland Tichy*

➪ **Kleinbetrieb**

Mob

Der Mob ist Masse, der nicht mehr zu helfen ist.
Anita Daniel

Der Mob ist eine Gruppe von Menschen mit Köpfen, aber ohne Gehirn. *Thomas Fuller*

➪ **Masse, Menge**

Mode

Die Mode entstand, als Eva beschloß, ihr Feigenblatt zu verkleinern. *Victorien Sardou*

Der Wechsel vom Minirock zum Maxirock ist der komische Versuch, den Mann auf die Waren neugierig zu machen, nachdem er schon die Oberschenkel auswendig gelernt hatte. *Rolf Thiele*

Ein Modeschöpfer muß die Seele einer Frau erfassen und das kleiden, was drum herum ist.
Emilio Schuberth

Manchmal habe ich den Verdacht, Modeschöpfer seien verkappte Karikaturisten. *Lil Dagover*

Frauen, die jede Modeschöpfung zuerst tragen wollen, sind meistens jene, die es bleiben lassen sollten.
Yves Saint-Laurent

Man darf anders denken als eine Zeit, aber man darf sich nicht anders kleiden.
Marie von Ebner-Eschenbach

Wenn man bedenkt, daß die Mode mit einem Feigenblatt begonnen hat, sind wir schon fast wieder am Anfang. *Claudia Cardinale*

Die Mode ist eine charmante Tyrannei von kurzer Dauer. *Marcel Achard*

In London ist die Mode eine Pflicht, in Paris ein Vergnügen. *Maurice Chevalier*

Mode, das heißt: Zivil als Uniform. *Hans Lohberger*

Mode muß ein Aufschrei sein. *Wolfgang Joop*

Frauen unterwerfen sich willig der Mode, denn sie wissen, daß die Verpackung wechseln muß, wenn der Inhalt interessant bleiben soll. *Noel Coward*

Das Problem der Damenmodeschöpfer: sie machen Sachen für die Frau, die an den Mann gebracht werden müssen. *Georg Thomalla*

Mode nennt man den Uniformzwang der Zivilisten.
Claus Biederstaedt

Mode ist das, was morgen von gestern sein wird.
Walter Mehring

Kein Diktator kann so vielen Menschen seinen Willen aufzwingen wie ein Modeschöpfer. *Gracia Patricia*

Frauen machen selbst die größte Modetorheit mit, weil sie lieber neu aussehen als hübsch. *Axel von Ambesser*

Mode ist ein Diktat, was wie eine Empfehlung aussieht. *Senta Berger*

Mode ist ein Befehl, den sich die Frauen wünschen.
Senta Berger

Mode ist ein Despot, den die Weisen belächeln und dem sie gehorchen. *Ambrose Bierce*

Es kommt nicht darauf an, daß ich mich in den so eng und so tief ausgeschnittenen Kleidern bequem fühle: viel wichtiger ist, daß die Männer sich unbequem fühlen, wenn sie mich ansehen. *Brigitte Bardot*

Zwei Dinge wird ein Mann niemals verstehen: das Geheimnis der Schöpfung und den Hut einer Frau. Coco Chanel

Der Sarg einer Mode ist die Wiege der anderen. *Französisches Sprichwort*

Die Mode ist eine so unerträgliche Form der Häßlichkeit, daß wir sie alle sechs Monate ändern müssen. *Oscar Wilde*

Mode muß nicht schön sein. Es genügt, daß sie neu ist. *Uschi Glas*

Mode ist die Zwangsjacke für normale Menschen. *Unbekannt*

Mode ist die bereitwillige Bejahung der rätselhaften Tatsache, daß heute etwas schön ist, was gestern häßlich gewesen ist und was morgen unerträglich sein wird. *Senta Berger*

Mode ist die neueste Verpackung für die alte Ware. *Helmar Nahr*

Mode ist das wichtigste Mittel der Textilindustrie gegen die zunehmende Haltbarkeit der Stoffe. *Emilio Schuberth*

Mode ist eine künstlich herbeigeführte Epidemie. *George Bernard Shaw*

Modemacher sind Leute, die einen Tropfen Tinte ins Meer tun und damit eine weltweite Blaufärbung erzielen. *Paul Legros*

Man kann mit der Mode gehen oder mit der Mode laufen. Letzteres sollte man aber nur dann, wenn man noch jung genug dazu ist. *Jeanne Moreau*

Die Mode ist eine angenehme Vergewaltigung. *Maria Perschy*

Der einzige, der einen Ozelotpelz wirklich braucht, ist der Ozelot. *Bernhard Grzimek*

Der Mode entkommt man nicht. Denn auch wenn Mode aus der Mode kommt, ist das schon wieder Mode. *Karl Lagerfeld*

Eines verstehe ich nicht: die Frauen werden immer nackter, trotzdem machen Modeschöpfer und Textilfabrikanten immer bessere Geschäfte. *Peter Sellers*

Die Garderobe einer Frau ist die Visitenkarte des Mannes. *Französisches Sprichwort*

➪ **Kleider, Geschmack**

Moderator

Ein Moderator ist ein Dahinredner, der Pausen mit einem Maximum an Minimum füllt. *Henning Venske*

Ein Moderator ist eine Art Nummerngirl mit Schnauze. *Wolfgang Gruner*

Moderieren ist die Kunst, ein Thema anzuschneiden, ohne auf seinen Kern zu kommen. *Peter Maiwald*

Moderatoren sind Männer, die ihren Senf zu dem Käse anderer Leute geben. *Ralph Boller*

Moderieren ist die Kunst, sehr ruhig eine unruhige Kugel zu schieben. *Ralph Boller*

➪ **Diskussion, Konferenz**

Das Mögliche

Nur mit dem Unmöglichen als Ziel kommt man zum Möglichen. *Miguel de Unamuno*

Man muß das Unmögliche versuchen, um das Mögliche zu erreichen. *Hermann Hesse*

Politik ist die Kunst des Möglichen, aber auch die Wissenschaft vom Unmöglichen. *Harold Macmillan*

Mond

Dies ist ein kleiner Schritt für einen Menschen, aber ein gigantischer Sprung für die Menschheit. *Neil Armstrong*

Ich möchte gerne auf den Mond. Dort soll es einen Mann geben. *Jeanne Moreau*

➪ **Weltall**

Monogamie

Monogamie - das ist genau so, als müßte man jeden Tag Pommes frites essen. *Henry Miller*

Wir Frauen verlieben uns immer in den gleichen Typ von Mann. Das ist unsere Form von Monogamie. *Lauren Bacall*

Der Unterschied zwischen Monogamie und Monotonie liegt darin, daß Monotonie etwas interessanter ist. *Henry Miller*

Monogamie ist die Aufmerksamkeit vieler Männer gegen die Unaufmerksamkeit eines einzelnen eintauschen. *Unbekannt*

Monogamie ist die westliche Sitte, nur eine Frau und fast keine Geliebten zu haben. *Saki*

Bigamie: eine Frau zuviel. Monogamie: dasselbe. *Oscar Wilde*

➪ **Ehe**

Monolog

Ein Monolog ist die Vorstellung mancher Menschen von einer ausgezeichneten Unterhaltung. *Unbekannt*

Moral

In der moralischen Entrüstung schwingt auch immer Besorgnis mit, vielleicht etwas versäumt zu haben. *Jean Genet*

Moral ist, was uns erlaubt, uns selbst treu zu sein. *Jeanne Moreau*

Moral ist die Tugend der Besitzlosen und der Luxus der Begüterten. *Matthias Scharlach*

Moralische Entrüstung ist Eifersucht mit einem Heiligenschein. *Herbert George Wells*

Moral ist die Haltung, die wir Leuten gegenüber einnehmen, die wir nicht leiden können. *Oscar Wilde*

Moral ist, wenn man so lebt, daß es gar keinen Spaß macht, so zu leben. *Edith Piaf*

Moral ist jenes Maß von Anständigkeit, das gerade modern ist. *Federico Fellini*

Moralische Entrüstung besteht in den meisten Fällen aus 2 Prozent Moral, 48 Prozent Hemmungen und 50 Prozent Neid. *Unbekannt*

Nicht selten spielen sich im schützenden Dämmer der Moral grausamere Tragödien ab als im grellen Rampenlicht der so oft entrüstet bekämpften Amoral. *Kurt Wortig*

Moralisch ist, wonach man sich gut fühlt, und unmoralisch ist, wonach man sich schlecht fühlt. *Ernest Hemingway*

Moralisten sind Menschen, die sich dort kratzen, wo es andere juckt. *Samuel Beckett*

Moralisten sind Leute, die sich jedes Vergnügen versagen, außer jenem, sich in das Vergnügen anderer Leute einzumischen. *Bertrand Russell*

Moral ist die Ausrede der Leute, die keine Chance zur Unmoral haben. *Unbekannt*

Moral ist der ständige Kampf gegen die Rebellion der Hormone. *Federico Fellini*

Moral ist so ziemlich die letzte weibliche Tugend, die ein Mann bewundert, wenn er eine Frau zu erobern wünscht. *Sacha Guitry*

Es gibt zwei Arten von Moral: eine, die gepredigt, aber nicht angewendet, und eine, die angewendet, aber nicht gepredigt wird. *Unbekannt*

Sie wollten aus der Not eine Tugend machen. Und so entstand die Moral. *Werner Mitsch*

Moral predigen ist leicht, Moral begründen schwer. *Arthur Schopenhauer*

Die entscheidende moralische Trennlinie verläuft in Deutschland nicht zwischen links und rechts, sondern zwischen Anstand und Ruchlosigkeit. *Helmut Kohl*

➪ **Anstand, Anständigkeit, Tugend**

Motivation

Wir könnten es doch einmal mit Aufrichtigkeit und Vertrauen versuchen, sagte er, nachdem alle Motivationstechniken fehlgeschlagen waren. *Joachim Güthe*

Motivation ist, wenn man seine Mitarbeiter zu Höchstleistungen begeistern kann, obwohl man schon längst resigniert hat. *Unbekannt*

Lust und Liebe sind die Fittiche zu großen Taten. *Johann Wolfgang von Goethe*

Wie oft verglimmen die gewaltigsten Kräfte, weil kein Wind sie anbläst! *Jeremias Gotthelf*

Wer anderen befehlen will, muß sich selbst gehorchen können. *Franz Luwein*

Sie kennen das Phänomen, ich kenne es: da gibt es Untergangspropheten (Realisten?), die es schaffen, einen Raum zu betreten und 125 oder 250 Leuten im Handumdrehen die Motivation zu nehmen. Dann gibt es diese sonnigen Gemüter, die den Menschen auch unter den schlimmsten Umständen die Kraft geben können, doch noch einen oder zwei Augenblicke weiterzumachen. *Thomas J. Peter*

Wer seine Mitarbeiter mit Erdnüssen bezahlt, muß sich nicht wundern, wenn er von lauter Schimpansen umgeben ist. *Klaus Kobjoll*

Sanfte Werte in der Führung werden nur dann als solche anerkannt, wenn Sie auch hart sein können.
Klaus Kobjoll

Wer jemand mit kalten Füßen für seine Sache gewinnen will, biete ihm zuerst einen Fußwärmer.
Emil Baschnonga

Es ist in jedermanns Macht, über alles, was Menschen trennt, Brücken zu bauen. *Unbekannt*

So, wie ich von anderen behandelt werden möchte, behandle ich sie zuvor. *Unbekannt*

Geld, der Meister aller Sachen, weiß aus Nein oft Ja zu machen. *Sprichwort*

Niemandem fällt etwas ein, bloß weil man ihm 100 Mark gibt - wohl aber, wenn man ihm 100 Mark wegnimmt. *Jean-Paul Blum*

Ein Acker, der täglich gepflügt wird, trägt keine Früchte. *Rudolf Scheid*

Einen Esel, der keinen Durst hat, kann man nicht zum Trinken bringen. *Spruch aus Frankreich*

Der hungrige Esel läuft schneller als das satte Rennpferd. *Spruch aus Anatolien*

Wen man nicht dazu bewegen kann, muß man dazu bequemen. *Emil Baschnonga*

Hab' Geduld, alle Dinge sind schwierig, bevor sie leicht werden. *Französisches Sprichwort*

Immer gibt es einen Ausweg, aber nicht immer sehen wir ihn gleich. *Lech Walesa*

Ein Mensch kann nicht mehr tun, als in seiner Macht steht - aber zumindest das kann er mit aller Macht tun.
Malcolm Forbes

Fortschritt birgt immer Risiko, man kann nicht die zweite Stufe erklimmen und auf der ersten stehenbleiben. *Frederick Wilcox*

Wenn wir uns etwas vorgenommen haben, lassen wir uns nicht schnell demotivieren, weil etwas angeblich nicht machbar ist und noch nie gegangen ist. Wir sagen uns, es muß gehen, und es geht dann auch plötzlich, merkwürdigerweise. Und das setzt voraus, sich nicht von Argumenten beeindrucken zu lassen, die auf das Mittelmaß zurückführen. *Justus Frantz*

Bewahre mich vor der Angst, ich könnte das Leben versäumen. Gib mir nichts, was ich mir wünsche, sondern was ich brauche. Lehre mich die Kunst der kleinen Schritte. *Antoine de Saint Exypery*

Wenn nichts mehr zu helfen scheint, schaue ich einem Steinmetz zu, der vielleicht 100mal auf seinen Stein einhämmert, ohne daß sich auch nur der geringste Spalt zeigt; doch beim 101. Schlag wird er entzweibrechen, und ich weiß, daß es nicht dieser Schlag war, der es vollbracht hat - sondern alle Schläge zusammen.
Jacob Riis

Will man Schweres bewältigen, muß man es leicht angehen. *Bertolt Brecht*

Hindernisse sind die furchterregenden Dinge, die Du siehst, wenn Du Deine Augen vom Ziel abwendest.
Unbekannt

Genie besteht zu 1 Prozent aus Inspiration und 99 Prozent aus Transpiration. *Thomas Alva Edison*

Die Lebensqualität eines Menschen steht in direktem Verhältnis zu seinem Streben nach Vortrefflichkeit, unabhängig von dem gewählten Betätigungsfeld.
Vicent T. Lombardi

Wenn die anderen glauben, am Ende zu sein, muß man erst anfangen. *Konrad Adenauer*

Motivation hängt zusammen mit Begeisterungsfähigkeit, mit Sinngebung, mit Visionen - und zwar aus mir selbst heraus. *Reinhold Messner*

Wenn du begeisterungsfähig bist, kannst du alles schaffen. Begeisterung ist die Hefe, die deine Hoffnungen himmelwärts treibt. Begeisterung ist das Blitzen in deinen Augen, der Schwung deines Schrittes, der Griff deiner Hand, die unwiderstehliche Willenskraft und Energie zur Ausführung deiner Ideen. Begeisterte sind Kämpfer. Sie haben Seelenstärke. Sie besitzen Standfestigkeit. Begeisterung ist die Grundlage allen Fortschritts. Mit ihr gelingen Leistungen, ohne sie höchstens Ausreden. *Henry Ford*

Motiviere Dein Pferd mit Hafer und nicht mit der Peitsche. *Unbekannt*

➪ **Führung, Management, Lob, Anerkennung, Kommunikation, Ziele, Vision, Leistung, Erfolg**

Mündig

Mündige Bürger sind Personen, von denen erwartet wird, daß sie einmal zur Wahlzeit ihre Stimme für die richtige Partei erheben und danach den Mund halten.
Ron Kritzfeld

Musik

Musik allein ist die Weltsprache und braucht nicht übersetzt zu werden. Da spricht Seele zu Seele.
Berthold Auerbach

Der Mensch ist ein Lebewesen, das klopft, schlechte Musik macht und seinen Hund bellen läßt. Manchmal gibt er auch Ruhe, aber dann ist er tot. *Kurt Tucholsky*

Die Jugend kann nicht mehr auf die Erwachsenen hören. Dazu ist ihre Musik zu laut. *Oliver Hassencamp*

Die Musik spricht für sich allein. Vorausgesetzt, wir geben ihr eine Chance. *Yehudi Menuhin*

Musik ist höhere Offenbarung als alle Weisheit und Philosophie. *Ludwig von Beethoven*

Die Musik drückt das aus, was nicht gesagt werden kann und worüber zu schweigen unmöglich ist. *Victor Hugo*

Ich habe meine Aufgabe immer darin gesehen, die Musik vor dem Lärm zu schützen. *Andres Segovia*

Die Musik über alles lieben heißt unglücklich sein. *Paul Klee*

Musik ist heutzutage oft Lärm mit Copyright. *Peter Holl*

Musik ist die Sprache der Engel. *Thomas Carlyle*

Musik ist die einzige Sprache, in der man nicht Gemeines oder Höhnisches sagen kann. *John Erskine*

Musik ist die wahre allgemeine Menschensprache. *Karl Julius Weber*

Zeitgenössische Musik ist eine Wüste mit ein paar ausgespuckten Dattelkernen hier und da. *Pablo Casals*

Ein Musikliebhaber ist ein Mann, der sein Ohr an das Schlüsselloch der Tür legt, hinter der ein hübsches Mädchen in der Badewanne singt. *Unbekannt*

Ich glaube fest daran, daß gute Musik das Leben verlängert. *Yehudi Menhuin*

Früher gingen die Leute ins Konzert, um Musik zu hören. Heute gehen sie hin, um Dirigenten zu sehen. *Paul Hörbiger*

Die Komponisten sollten nur Musik schreiben, in der man wohnen kann. *Darius Milhaud*

Moderne Musik ist für mich nichts anderes als Instrumentenstimmen nach Noten. *Peter Sellers*

Es ist nicht erforderlich, Musik zu verstehen. Man braucht sie nur zu genießen. *Leopold Stokowski*

Muße

Anleitung zum produktiven Nichtstun:
1. Bequem hinsetzen.
2. Augen schließen, die Muskeln entspannen, bewußt atmen.
3. Ein Wort, wie etwa "frei" wählen und dieses Wort bei jedem Ausatmen wiederholen.
4. Aufkommende Gedanken ignorieren, passiv bleiben, zum gewählten Wort zurückkehren.
5. Das ganze 10 bis 20 Minuten durchhalten und so oft wie möglich wiederholen. *Herbert Benson*

Muße ist das Kunststück, sich selbst ein angenehmer Gesellschafter zu sein. *Karl Heinrich Waggerl*

Nichtstun ist die schwierigste Beschäftigung und zugleich diejenige, die am meisten Geist voraussetzt. *Oscar Wilde*

Wir sollten wieder lernen, aus der Freizeit Muße zu machen. *Otto Flake*

Muße ist die Kunst, wirklich nichts zu tun, wenn man nichts zu tun hat. *Anton Schnack*

Muße ist der schönste Besitz von allen. *Sokrates*

➪ **Ferien, Freizeit, Urlaub, Ruhe**

Mut

Man ist geneigt, den Erfolg eines anderen nur seinem Glück zuzuschreiben. Das Glück eines Menschen ist eben leichter zu erkennen als seine Courage. *Andre Birabeau*

Derjenige, der Wohlstand verliert, verliert viel; derjenige, der einen Freund verliert, verliert mehr; doch derjenige der seinen Mut verliert, verliert alles. *Miguel de Cervantes*

Mut ist nichts anderes als Angst, die man nicht zeigt. *Sergio Leone*

Die Angst ist die andere Hälfte von Mut. *Reinhold Meßner*

Ich kann nur mutig sein, wenn ich mich dem vorgeschriebenen mutigen Verhalten entziehen kann. *Hans A. Pestalozzi*

Ich habe Mut! Mut zu mir selbst und Mut, der Mensch zu sein, der ich sein möchte und der ich sein kann. Als Mensch bin ich einzigartig auf der Welt. Auch meine Talente und Fähigkeiten sind einzigartig, ich will sie nicht länger unter den Scheffel stellen, sondern ich will sie nutzen und ausbauen. Ich bin mutig. Ich bin einzigartig! Mit dieser Einstellung bin ich auf dem Weg zum Erfolg. *Moitplan-Kalender 1988*

Der Furchtsame erschrickt vor der Gefahr, der Feige in ihr, der Mutige nach ihr. *Jean Paul*

Verloren ist alles, sobald man Mutlosigkeit blicken läßt; nur die Zuversicht. die man selbst zeigt, kann Vertrauen entflammen. *Friedrich Schiller*

Man muß ins Gelingen verliebt sein, nicht ins Scheitern. *Ernst Bloch*

Vernunft ist manchmal nichts anderes als der Mut zur Feigheit. *George Bernard Shaw*

Mut ist oft Mangel an Einsicht, Feigheit dagegen beruht nicht selten auf guten Informationen. *Peter Ustinov*

Mut: Abfallprodukt der Angst. *Rudolf Rolfs*

Genialität ist Mut zu sich selbst. *Hans Kudszus*

Manchmal stellt sich der Mut erst ein, wenn man keinen anderen Ausweg mehr sieht. *William Faulkner*

Der Unwissende hat Mut, der Wissende hat Angst. *Alberto Moravia*

Mut kann nur der haben, der auch die Furcht kennt; der andere ist nur tollkühn. *Willy Brandt*

Wer nichts wagt, der darf nicht hoffen. *Friedrich Schiller*

Alle wichtigen Kämpfe finden in unserem Innern statt. *Sheldon Kopp*

Zaghaften Sinnes ersteigst du nicht des Lebens Höhen. *Publius Syrus*

➪ **Tapferkeit, Zivilcourage**

Mutter

Das Kind hat den Verstand meistens vom Vater, weil die Mutter ihren noch besitzt. *Adele Sandrock*

Jede Mutter hofft, daß ihre Tochter einen besseren Mann bekommt als sie selber, und ist überzeugt, daß ihr Sohn niemals eine so gute Frau bekommen wird wie sein Vater. *Martin Andersen-Nexo*

Es gibt kein Recht der Frau auf ein Kind, sondern es gibt nur das Recht eines Kindes auf eine Mutter. *Gertrud von Le Fort*

➪ **Eltern, Erziehen**

Mutterglück

Mutterglück ist das, was eine Mutter empfindet, wenn die Kinder abends im Bett sind. *Robert Lembke*

Muttertag

Der Muttertag ist der Tag, an dem jeder seiner Mutter zur Hand geht und sie so tut, als mache ihr die Mehrarbeit nichts aus. *Unbekannt*

N

Nachahmen

Das Nachahmen ist allezeit, wie mich dünkt, eine sehr nützliche Sache. *Georg Christoph Lichtenberg*

Die meisten Nachahmer lockt das Unnachahmliche. *Marie von Ebner-Eschenbach*

Ein guter Einfall ist wie ein Hahn am Morgen. Gleich krähen andere Hähne mit. *Karl Heinrich Waggerl*

Nachahmung ist die höchste Form der Schmeichelei. *Charles Colton*

Der Rabe, der den Seeraben nachahmt, ersäuft. *Japanisches Sprichwort*

Wer in den Fußstapfen eines anderen wandelt, hinterläßt keine eigenen Spuren. *Wilhelm Busch*

➪ **Plagiat**

Nachbarn

Verfeindete Nachbarn sind des Teufels Lieblingskinder. *Franz. Sprichwort*

Wir machen uns Freunde. Wir machen uns Feinde. Aber Gott macht uns den Nachbarn nebenan. *Gilbert Keith Chesterton*

Ein Nachbar ist ein Mensch, der die geliehene Schneeschaufel zurückbringt, wenn er sich den Rasenmäher ausleiht. *Unbekannt*

Das Leben ist ein Wettlauf gegen die Nachbarn, mit der eigenen Frau als Schrittmacherin. *Richard Rogler*

Neugierige Nachbarn sind der beste Schutz gegen Einbrecher. *Unbekannt*

Wenn dein Nachbar hungert, kommen seine Mäuse in deinen Keller. *Hans Kasper*

Nachgiebigkeit

Unbewegliche Armee kann nie die Schlacht gewinnen. Unbiegsamer Baum zerbricht im Sturm. *Laotse*

Gib nach, dann gewinnst du. Neige dich, doch sei ehrlich. *Laotse*

Die Leute, denen man nie widerspricht, sind entweder die, welche man am meisten liebt, oder die, welche man am geringsten achtet. *Marie von Ebner-Eschenbach*

Der Gescheitere gibt nach! Eine traurige Wahrheit. Sie begründet die Weltherrschaft der Dummheit. *Marie von Ebner-Eschenbach*

➪ **Anpassung, Verzicht**

Nachrede

Wenn du Schlechtes über jemanden sagen mußt, sprich es nicht aus - schreibe es in den Sand, nahe am Wasser. *Napoleon Hill*

Verleumdung ist wie die Wespe, die uns lästig umschwärmt. Man darf nicht nach ihr schlagen, wenn man sie nicht sicher tötet, sonst greift sie noch wütender an als zuvor. *Sebastien de Chamfort*

Verleumdung mußt du frech betreiben. Es wird schon etwas haften bleiben. *Karl Simrock*

Die Verleumdung, das freche Gespenst, setzt sich auf die edelsten Gräber. *Heinrich Heine*

Die Tochter des Neides ist die Verleumdung. *Casanova*

Verleumdung ist ein Schuldspruch, der in Abwesenheit des Angeklagten hinter verschlossenen Türen, ohne Verteidigungs- und Berufungsrecht, von einem voreingenommenen Richter verkündet wird. *Joseph Roux*

Sich von einem ungerechten Verdacht reinigen wollen ist entweder überflüssig oder vergeblich. *Marie von Ebner-Eschenbach*

Wenn deine Gegenwart makellos ist, so untersucht man deine Vergangenheit. *Georg Christoph Lichtenberg*

➪ **Nachrufe**

Nachricht

Unter einem Dementi versteht man in der Diplomatie die verneinende Bestätigung einer Nachricht, die bisher lediglich ein Gerücht gewesen ist.
John B. Priestley

Das Problem der Zeitungsberichterstattung liegt darin, daß das Normale uninteressant ist. *Saul Bellow*

Nachrichtensprecher fangen stets mit "Guten Abend" an und brauchen dann 15 Minuten, um zu erklären, daß es kein guter Abend ist. *Rudi Carrell*

Niemand weiß, welche Nachricht von Bedeutung ist, bevor hundert Jahre vergangen sind.
Friedrich Nietzsche

Wo Nachrichten fehlen, wachsen die Gerüchte.
Alberto Moravia

➪ **Information**

Nachrufe

Nachrufe sind Führungszeugnisse für das Jenseits.
Unbekannt

Wenn du Schlechtes über jemanden sagen mußt, sprich es nicht aus - schreib es in den Sand, nahe am Wasser.
Napoleon Hill

Anerkennung ist eine Pflanze, die oft nur auf Gräbern blüht. *Unbekannt*

➪ **Ehrung, Laudatio**

Nachsicht

Nachsicht ist eine sympathische Eigenschaft des Herzens, die uns dazu bewegt, anderen jene Sünden und Laster zu verzeihen, denen wir selber verfallen sind.
Ambrose Bierce

Die meiste Nachsicht übt der, der die wenigste braucht. *Marie von Ebner-Eschenbach*

➪ **Amnestie, Verzeihen, Vergessen, Toleranz**

Nächstenliebe

Man sollte die Menschen lehren, nicht von Gerechtigkeit zu sprechen, sondern von Nächstenliebe.
Eugene Ionesco

Das Übel ist nicht, ein paar Feinde zu hassen, sondern unseren Nächsten nicht genug zu lieben.
Anton Tschechow

➪ **Altruismus, Nutzen bieten**

Nahrung

Der Mensch ist das einzige Lebewesen, das seine Nahrung zerstört, bevor es sie ißt. *Werner Kollath*

➪ **Essen**

Name

Der einzige Name, der den Menschen wirklich charakterisiert, ist sein Spitzname. *Boleslaw Barlog*

Er wollte seinen Namen nicht beschmutzen. Deshalb wählte er ein Pseudonym. *Wolfgang Eschker*

Drei Dinge kann ich mir nicht merken: Das eine sind Namen, das zweite sind Zahlen, und das dritte hab' ich vergessen. *Curt Goetz*

Narr

Über das Selbstverständliche staunen nur die Narren und die Weisen. *Jean Giono*

Die dümmste Frau ist in der Lage, einen klugen Mann um den Finger zu wickeln. Um aber einen Narren richtig zu behandeln, bedarf es einer sehr klugen Frau.
Andre Maurois

Es gibt viele Narren, die so tun, als wären sie gescheit. Warum sollte ein Gescheiter nicht so tun dürfen, als wäre er ein Narr? *Salvador Dali*

Nur Kindern und Narren verzeihen wir, daß sie uns die Wahrheit sagen; die andern werden es früher oder später büßen. *Emile M. Cioran*

Ein junger Mensch, der niemals weint, ist ein Ungeheuer. Ein alter Mensch, der niemals lacht, ist ein Narr. *George Santayana*

Die große Stärke der Narren ist es, daß sie keine Angst haben, Dummheiten zu sagen. *Jean Cocteau*

Eine selbstbewußte Gesellschaft kann viele Narren ertragen. *John Steinbeck*

➪ **Idiot, Dummheit**

Nassauer

Menschen lernt man am besten kennen, indem man sie beobachtet; wenn es irgendwo etwas umsonst gibt.
Gerhard Reichel

Nation

Jede Nation ist im Ausland hauptsächlich durch ihre Untugenden bekannt. *Joseph Conrad*

Der sogenannte typische Vertreter einer Nation ist immer bereits eine halbe Karikatur. *Saul Steinberg*

Am Chauvinismus ist nicht so sehr die Abneigung gegen die fremden Nationen als die Liebe zur eigenen unsympathisch. *Karl Kraus*

Eine Nation muß scheitern, wenn sie ihre Zukunft in der Vergangenheit sieht. *Walther Leisler Kiep*

Was eine Nation groß macht, sind nicht in erster Linie die großen Männer - es ist das Format der Mittelmäßigen. *Jose Ortega y Gasset*

Wer eine Fremdsprache lernt, zieht den Hut vor einer anderen Nation. *Thornton Wilder*

Nationalismus

Der Nationalismus kann gewaltig sein. Niemals groß. *Stanislaw Jerzy Lec*

Nationale Eigenschaften sind verbindliche Vorurteile eines Volkes über sich selbst. *Gabriel Laub*

Alle Nationalismen sind Sackgassen. *Jose Ortega y Gasset*

Der Nationalist glaubt gerne, daß Christus Katholik war. *Andre Gide*

➪ **Ausländerfeindlichkeit, Vaterland, Patriotismus**

Natur

Zivilisation ist einfach eine Reihe von Siegen über die Natur. *William Harvey*

Erst wenn der letzte Baum gerodet, der letzte Fluß vergiftet, der letzte Fisch gefangen ist, werdet ihr feststellen, daß man Geld nicht essen kann. *Spruch der Creek-Indianer*

Wer sich mit der Natur verträgt, dem tut sie nichts. *Henry Miller*

Während der ersten Sintflut retteten sich Menschen vor der Natur. Während der zweiten Sintflut versucht sich die Natur vor den Menschen zu retten. *Werner Schneyder*

Die Natur wird nie dem Menschen folgen, sondern der Mensch hat die Gesetze der Natur zu befolgen. *Dioskurides*

➪ **Umwelt**

Natürlichkeit

Nichts hindert uns mehr, natürlich zu sein, als das Bestreben, so zu erscheinen. *Francoise de la Rochefoucauld*

Fremden Stil nachahmen heißt eine Maske tragen. *Arthur Schopenhauer*

Wir würden weit mehr gewinnen, wenn wir uns zeigten, wie wir sind, als bei dem Versuche, das zu scheinen, was wir nicht sind. *Francoise de la Rochefoucauld*

Verändere dich täglich, aber bleibe dir immer selbst treu. *Gerhard Reichel*

Suche keine Effekte zu erzielen, die nicht in deinem Wesen liegen. *Kurt Tucholsky*

➪ **Nachahmen, Maske**

Naturwissenschaft

Die Naturwissenschaft braucht der Mensch zum Erkennen, den Glauben zum Handeln. *Max Planck*

Neid

Des Ruhms Begleiter ist der Neid. (Invidia gloriae comes.) *Cornelius Nepos*

Der Neid ist die aufrichtigste Form der Anerkennung. *Richard Wiggins*

Man sollte lieber Neid als Mitleid erregen. *Jacques Prevert*

Jeder Erfolg, den wir erzielen, verschafft uns einen Feind. Um beliebt zu sein, muß man ein unbedeutender Mensch sein. *Oscar Wilde*

Neid habe ich nie gekannt, abgesehen davon, daß ich Menschen beneidet habe, denen es gelang, glücklich verheiratet zu sein. *Paul C. Getty*

An eine ungetrübte Freude glaubt nur der Neider. *Hans Arndt*

Beneidet zu werden ist besser, als bemitleidet zu werden. *Unbekannt*

Mitleid kriegst Du geschenkt - den Neid aber mußt Du Dir verdienen. *Robert Lembke*

Ich habe immer Männer gekriegt, die mir gesagt haben: mach das, du kannst das, du kriegst das. Wer immer neidisch war, waren die Weiber. *Trude Herr*

Stell dein Licht unter den Scheffel, sonst blasen es dir die Neider aus. *Gerhard Uhlenbruck*

Gegen Raubtiere kann man sich schützen, gegen Neider nicht. *Unbekannt*

Das Neue

Neu - das ist in der Regel nur, was einer Generation neu vorkommt. *Ludwig Marcuse*

Die Jugend überschätzt das Neueste, weil sie sich mit ihm gleichaltrig fühlt. Darum ist es ein zweifaches Unglück, wenn das Neueste zu ihrer Zeit schlecht ist. *Robert Musil*

Menschen gibt es, die entwickeln eine panische Angst vor Neuheiten, weil ihr Motor in Kreisläufen und nicht in Zyklen arbeitet. *Matthias Scharlach*

Für zwei einander ganz entgegengesetzte Dinge sind wir gleich sehr eingenommen: für die Gewohnheit und das Neue. *Jean de La Bruyere*

➪ **Erfindung, Innovation, Aufgeschlossenheit, Interesse**

Neugier

Neugier ist nichts als Eitelkeit. Meist will man nur wissen, um davon reden zu können. *Blaise Pascal*

Die Öffentlichkeit hat eine unersättliche Neugier, alles zu wissen, nur nicht das Wissenswerte. *Oscar Wilde*

Man wird alt, wenn man spürt, daß man nicht mehr neugierig ist. *Gerhard Reichel*

Neugier ist der Docht in der Kerze des Lernens. *Unbekannt*

➪ **Interesse**

Neurotiker

Ein Neurotiker ist ein Mensch, der Luftschlösser baut - ein Geisteskranker ein Mensch, der sie bewohnt und ein Psychiater, der die Miete dafür kassiert. *Allister McLean*

Nichtstun

Nichtstun ist die allerschwierigste Beschäftigung und zugleich diejenige, die am meisten Geist voraussetzt. *Oscar Wilde*

➪ **Faulheit, Muße, Freizeit**

Niederlage

Niederlagen sind die Ratenzahlungen für den Erfolg. *Unbekannt*

Eine stolz getragene Niederlage ist auch ein Sieg. *Marie von Ebner-Eschenbach*

Wer diese Enttäuschung nicht erlebt hat, wem die Tür nie vor der Nase zugeschlagen wurde, wer nicht beschimpft und rausgeworfen wurde, wer das alles nicht mitgemacht hat, der ist eigentlich nicht in der Lage, eine Führungsposition auszufüllen. *Wolfgang Schieren*

Ganz neue Zusammenhänge entdeckt nicht das Auge, das über ein Werkstück gebeugt ist, sondern das Auge, das in Muße den Horizont absucht. *Carl Friedrich von Weizsäcker*

Wer dauernd unter Strom steht, der blockiert seine Fähigkeiten, auf neue Ideen zu kommen. *Matthias Heister*

Die gedankliche Freiheit ist die Voraussetzung dafür, um wirklich Neues zu schaffen. *Ida Fleiß*

Wer ein paarmal als Tiger gesprungen und als Bettvorleger gelandet ist, verliert langsam die Lust. *Heide Simonis*

Du kannst so rasch sinken, daß du zu fliegen meinst. *Marie von Ebner-Eschenbach*

Ohne das Salz der Niederlage sind Siege ungenießbar. *Peter Tille*

➪ **Mißerfolg, Pleiten**

Niedertracht

Niedertracht ist die einzige Tracht, die nie aus der Mode kommt. *Helga Idssun*

Nonkonformismus

Nur Lebendiges schwimmt gegen den Strom. *Karlheinz Deschner*

Es ist ganz natürlich, daß man anstößt, sobald man der Strömung nicht mehr folgt. *Andre Gide*

Die bunten Vögel in der Politik werden immer weniger. Die Zeit der grauen Mäuse dämmert herauf. Oder ist schon da, wie ich befürchte. *Friedrich Nowottny*

Zaghaften Sinnes ersteigst du nicht des Lebens Höhen. *Publius Syrus*

Ohne das Salz
der Niederlage
sind Siege
ungenießbar.

PETER TILLE

Der so handelt wie alle Welt, ärgert sich notwendigerweise über den, der nicht so handelt wie er.
Andre Gide

Nichts ärgert die Menge mehr, als wenn einer sie nötigt, ihre Meinung von ihm zu ändern.
Hermann Hesse

Wer nichts wagt, der darf nicht hoffen.
Friedrich Schiller

Nichts ist schwerer und nichts erfordert mehr Charakter, als sich in offenem Gegensatz zu seiner Zeit zu befinden und laut zu sagen: "Nein." *Kurt Tucholsky*

Bei Buhrufen denke ich, was für ein Glück, du hast dich noch nicht eingeordnet. *Peter Zadek*

Laßt endlich die Verrückten ran - ihr seht ja, wohin uns die Normalen gebracht haben. *Horst Tress*

Am liebsten würde ich mal was Verrücktes tun - aber dann hieße es gleich, die dreht durch. *Ulrike Meyfarth*

Es ist nicht lustig, für einen Idioten gehalten zu werden. *Cher*

Wer sich gezwungen sieht, mit den Wölfen zu heulen, mag sich in reinster Notwehr befinden. Aber ist das ein Grund, hinterher auch mit den Schafen zu blöken?
Martin Kessel

Der Weg zu den Quellen geht gegen den Strom.
Fritz von Unruh

➪ **Individualität**

Nörgler

Den Fortschritt verdanken wir Nörglern. Zufriedene Menschen wünschen keine Veränderungen. *Unbekannt*

Nostalgie

Nostalgie? - Ein romantisches Spiritusandenken an gestern. *Fred 0. Immergrün*

Nostalgie ist nichts anderes als ein schlechtes Gedächtnis für schlimme Ereignisse und ein gutes Gedächtnis für hübsche. *Wolfgang Gruner*

Die wahre Nostalgie ist die Sehnsucht nach einer Zeit, von der man absolut keine Ahung hat. *Lore Lorentz*

Nostalgie ist das Gegenteil dessen, was den Unternehmer ausmacht. *Willy Brandt*

Nostalgie ist Sehnsucht nach der guten alten Zeit, in der man nichts zu lachen hatte. *Charles Aznavour*

Nostalgie ist die Fähigkeit, darüber zu trauern, daß es nicht mehr so ist, wie es früher auch nicht gewesen ist.
Manfred Rommel

➪ **Vergangenheit**

Nutzen bieten

Der beste Weg, andere an uns zu interessieren, ist der, an ihnen interessiert zu sein. *Emil Oesch*

Es ist eine der sonderbarsten Belohnungen im Leben, daß kein Mensch aufrichtig versuchen kann, einem anderen Menschen zu helfen, ohne sich selbst dabei etwas Gutes zu tun. *Ralph Waldo Emerson*

In Wahrheit nützt mir nicht, was mir allein nützt, sondern was dem Mitmenschen, der Gemeinschaft, der Gesellschaft nützt. *Carl Friedrich von Weizsäcker*

Das unfehlbarste Mittel, Autorität über die Menschen zu gewinnen, ist, sich ihnen nützlich zu machen.
Marie von Ebner-Eschenbach

Tue immer Dein Bestes. Was Du jetzt säst, wirst Du später ernten. *Og Mandino*

Du verlierst nichts, wenn du mit deiner Kerze die eines anderen entzündest. *Dänisches Sprichwort*

Es gibt keinen wirklichen Erfolg ohne eine auf das Gemeinschaftswohl gerichtete Gesinnung.
Emil Oesch

Durch Dienen zu herrschen ist das Geheimnis des Erfolgs. Wahres Herrschen muß Dienen sein. *J. Ging*

Versuche nicht das zu verkaufen, was Du hast... sondern habe, was die Kunden benötigen und schätzen.
Gerhard Reichel

Da die Kundenzufriedenheit erste Priorität hat, bedarf es eines ständigen Dialogs mit den Kunden über deren gegenwärtige und zukünftige Anforderung - und einer regelmäßigen Überprüfung der Kundenzufriedenheit.
IBM-Nachrichten 1991

Wir müssen lernen, daß sich der Wert eines Menschen nicht an seinem Bankkonto oder der Länge seines Wagens messen läßt, sondern allein an seinem Einsatz für andere Menschen. *Martin Luther King*

Erfolg haben heißt: Geben, immer wieder geben; man kann nicht verhindern, daß es wieder zurückkommt.
Gottlieb Duttweiler

Nur derjenige hat den rechten Vorteil im Auge, der auch den Vorteil des anderen mit bedenkt.
Chinesisches Sprichwort

Nutzen bieten

Eine auf Profit beruhende Industrie ist bestrebt, Menschen für den Kaugummi und nicht Kaugummi für den Menschen hervorzubringen.

Antoine de Saint Exupery

Unsere unternehmerische Aufgabe besteht von Anfang an darin, den Menschen zu dienen. *C. E. Woolman*

Wenn wir die Katastrophe vermeiden wollen, dann müssen die Mythen der Konsumgesellschaft von einer Ethik der Nächstenliebe abgelöst werden.

Club of Rome

Wer gewinnen will, denke an den Vorteil anderer.

Hans Hass

Eine Wirtschaft, die ihren Sinn - nämlich Dienstleistung an der Gesellschaft - verfehlt, entzieht sich ihre Existenzgrundlage, wie ein Herz, das nur sich selbst versorgt und nicht den Organismus, von dem es abhängt. *Walter Böckmann*

Die großen Flüsse brauchen die kleinen Wässer.

Albert Schweitzer

Gott will nicht, daß du ihn für den Nächsten um Hilfe anflehst, sondern daß du hingehst und hilfst.

Karl Heinrich Waggerl

➪ **Altruismus, Hilfe, Nächstenliebe, Interesse**

O

Objektivität

Objektivität ist das, wovon wir uns wünschen, daß andere Leute es anderen Leuten gegenüber an den Tag legen. *Gabriel Laub*

Manche sehen mit dem rechten und mit dem linken Auge genau dasselbe. Und glauben, dies sei Objektivität. *Stanislaw Jerzy Lec*

Öffentliche Hand

Das ist die gelenkige und hartnäckige Extremität des Staates zum dauernden Griff in die Taschen aller Bürger. *Ron Kritzfeld*

Öffentliche Meinung

Die öffentliche Meinung ist für viele bloß eine Entschuldigung dafür, daß sie keine eigene haben. *Thornton Wilder*

Die öffentliche Meinung ist ein Schloßgespenst - niemand hat es gesehen, aber alle lassen sich von ihm terrorisieren. *Unbekannt*

Die öffentliche Meinung ist das, was Leute glauben, daß andere Leute glauben. *Alfred Austin*

Die öffentliche Meinung ist die Dirne unter den Meinungen. *Marie von Ebner-Eschenbach*

Die öffentliche Meinung ist etwas, worauf sich hauptsächlich solche Politiker berufen, die keine eigene Meinung haben. *Amintore Fanfani*

Öffentlicher Dienst

Ein Öffentlicher Dienst, der nichts weiter tut, als ordentlich Dokumente zu stempeln, abzuheften, nochmals zu stempeln - das wäre eine Verwaltung, die wir uns nicht leisten könnten. *Heide Simonis*

Der Öffentliche Dienst muß den wirtschaftlichen und sozialen Wandel aktiv begleiten, vielleicht sogar einmal zwei Schritte vorweg sein, nicht immer hinterherhinken. *Heide Simonis*

Vor 40 Jahren kamen auf einen Beamten vier Selbständige. Heute stehen jedem Staatsdiener nur noch ein Unternehmer gegenüber. *Wolfram Gruhler*

Das Beamtenrecht schafft Verhältnisse, die eine Gesellschaft spalten. *Heide Simonis*

"Willst Du Butter von den Behörden, schicke Milch auf den Dienstweg." *Unbekannt*

Bürokratie ist die Vervielfältigung von Problemen durch die Einstellung weiterer Beamter. *Cyril Northcote Parkinson*

Das deutsche Schicksal: "Vor einem Schalter zu stehen." Das deutsche Ideal: "Hinter einem Schalter zu stehen." *Unbekannt*

Aus einer Zeitungsmeldung: "Beim Brand des Gemeindehauses wurden drei Beamte leicht verletzt. Menschen kamen nicht zu Schaden." *Unbekannt*

Kleinstlebewesen vermehren sich durch Zellteilung, Bürokratie durch Arbeitsteilung. *Unbekannt*

Bei der Eignungsprüfung für die höhere Beamtenlaufbahn wird ein Bewerber gefragt: "Jemand kauft eine Ware für 15,20 DM und verkauft sie für 12,80 DM weiter. Hat er da Verlust oder Profit gemacht?" Der Kandidat: "Bei den Märkern hat er etwas verloren, aber bei den Pfennigen hat er enorm gewonnen." *Unbekannt*

Beamte mit SPD-Parteibuch sind nicht weniger widerstandsfähig als Beamte mit CDU-Parteibuch. Keiner redet mehr über das, was Öffentlicher Dienst leisten könnte, schon leistet oder leisten sollte. Jeder redet nur davon: Wo sind meine Privilegien, und wer ist der Mensch, der mir die wegnehmen will?" *Heide Simonis*

➪ **Beamte**

Öffentlichkeitsarbeit

Öffentlichkeitsarbeit ist Verbreitung von Wahrheit in verschönerter Form. *Conrad Ahlers*

Macht ein Journalist aus einem Schwan eine Gans. so ist das eine Ente; wenn ein Unternehmensjournalist aus einer Gans einen Schwan macht, nennt man's Öffentlichkeitsarbeit. *Robert Schulte*

Wer in der Öffentlichkeit Kegel schiebt, muß sich gefallen lassen, daß nachgezählt wird, wieviel er getroffen hat. *Kurt Tucholsky*

Die Öffentlichkeit hat eine unersättliche Neugier, alles zu wissen, nur nicht das Wissenswerte. *Oscar Wilde*

Man soll nicht vor die Öffentlichkeit treten, wenn die Öffentlichkeit nicht hinter einem steht. *Gerhard Uhlenbruck*

Wer in die Öffentlichkeit tritt, hat keine Nachsicht zu erwarten und keine zu fordern. *Marie von Ebner-Eschenbach*

Wer den Ehrgeiz hat, sich in einer Menge Gehör zu verschaffen, muß unermüdlich drängen und drücken und schieben und klettern, bis er sich zu einer gewissen Höhe über sie erhoben hat. *Jonathan Swift*

Der literarische Autor wird dafür sorgen müssen, daß er im Gespräch bleibt. Also hat er jedes zweite Jahr ein neues Buch zu publizieren, muß er sich zu politischen, allgemein interessierenden Dingen öffentlich äußern, muß er Kontroversen stiften, muß er den Clown, den Weisen spielen, denn von dem Stillen im Lande hält keiner etwas. *Peter Härtling*

➪ **Public Relation, Publizität, Publikum**

Ohrfeige

Die Ohrfeige ist der Offenbarungseid des Erziehers. *Unbekannt*

Olympische Spiele

Olympische Spiele sind eine wundervolle Gelegenheit, Zwietracht auch unter jenen Nationen zu stiften, die sonst keine Reibungsflächen haben. *George Bernard Shaw*

Olympische Spiele finden im Zeichen der fünf Schlagringe statt. *Werner Schneyder*

➪ **Sport**

Oper

Oper: ein Schauspiel, welches das Leben in einer anderen Welt darstellt, deren Bewohner nicht reden, sondern singen, die sich nicht bewegen, sondern gestikulieren, und denen keine Haltung außer der Pose eigen ist. *Ambrose Bierce*

Die Oper ist ein Zaubertheater, darauf angelegt, auf Kosten des Verstandes Auge und Ohr zu erfreuen. *Lord Chesterfield*

Ein Opernsänger ist ein Mensch, der singt, statt zu bluten, wenn man ihm einen Dolch ins Herz stößt. *Unbekannt*

➪ **Kultur, Kunst**

Opfer

Hinter jedem einzelnen, der sich opfert, stehen andere, die opfert er mit ohne sie zu fragen, ob sie es wollen. *Manes Sperber*

Vergiß nicht, daß es besser ist, Opfer zu sein als Henker. *Anton Tschechow*

Niemand wird so gestreichelt wie das Opferlamm auf dem Weg zur Schlachtbank. *Johannes Groß*

Opportunisten

Opportunist: ein Jenachdemer. *Wilhelm Busch*

Opportunisten sind Leute, die den Zug auf der Endstation besteigen. *Ernst Schröder*

Opportunisten sind Leute, die den Bleistift an beiden Enden spitzen. *Peter Wehle*

Erfahrene Opportunisten schwimmen so mit dem Strom, daß sie später behaupten können, sie wären abgetrieben worden. *Oliver Hassencamp*

Wer einer Partei angehört, hat nur mehr zwei Möglichkeiten: Opportunist oder Nestbeschmutzer. *Oliver Hassencamp*

Opportunisten sind Leute mit der politischen Blutgruppe null. *Franklin J. Schaffner*

Opportunisten sind Leute, die schon heute die Windrichtung von übermorgen kennen. *Alec Guinness*

Opportunisten: Raubvögel, die kriechen. *Rudolf Rolfs*

Opportunismus ist jener Zweig der politischen Nautik, in dem vor allem das Verlassen sinkender Schiffe geübt wird. *Ralph Boller*

Opportunismus ist die Kunst, mit dem Winde zu segeln, den andere machen. *Carlo Manzoni*

Ein Opportunist ist ein Mensch, der gelernt hat, die Meinungen anderer zu haben. *Unbekannt*

➪ **Nachgiebigkeit, Unterwürfigkeit, Schmeichelei**

Opposition

Opposition ist die Kunst, dem Gegner das Bein so zu stellen, daß der Wähler als Schiedsrichter darin kein Foul sieht. *Henry Tisot*

Niemals, absolut niemals darf eine Macht auf dieser Welt ohne Opposition sein. *Dobriga Cosic*

Die Opposition hat zu verhindern, daß zu allem, was die Regierung will, untertanenhaft ja gesagt wird. *Carlo Schmid*

Die Opposition bestimmt die Nichtlinien der Politik. *Walter Scheel*

Es ist die Aufgabe der Opposition, die Regierung abzuschminken, während die Vorstellung läuft. *Jacques Chirac*

Der Niedergang einer Oppositionspartei beginnt, wenn Opposition innerhalb der Opposition gemacht wird. *Maurice Faure*

Viele Politiker, die in der Opposition geschmeidige Düsenjäger waren, werden an der Macht bedächtige Segelflieger. *Ignazio Silone*

Die Opposition zu unterdrücken, ist Ermunterung zum Terrorismus. *Andre Gide*

Opposition ist die Kunst, den Ast, auf dem die Regierung sitzt, so anzusägen, daß man selbst darauf Platz nehmen kann. *Carlo Manzoni*

Auf den harten Bänken der Opposition ißt man oft trockenes Brot. *Franz Josef Strauß*

Die Opposition ist der vom Volk gewählte Aufpasser. *Rudolf Schiller*

Eine Opposition erhält spätestens am Wahltag die Quittung für ihre geleistete Arbeit. *Thomas Zell*

Opposition ist die Kunst, etwas zu versprechen, was die Regierung nicht halten kann. *Harold Nicolson*

Die Opposition ist eine Ziege, die ihre Pflicht bereits durch Meckern erfüllt. Milch sollte man von ihr nicht auch noch verlangen. *Kai Jensen*

Die Opposition sind Andersdenkende, die allein deshalb alles besser können, weil keine Gefahr besteht, es beweisen zu müssen. *Ron Kritzfeld*

Opposition ist jener erkenntnisfördernde Zustand, in dem eine Partei zur Einsicht kommt, daß Mißstände, die während ihrer eigenen Regierungszeit klein und unbedeutend waren, nun wirklich überhandnehmen. *Helmar Nahr*

Man sollte der Opposition stets einen Knochen zum Nagen lassen. *Joseph Joubert*

Opposition ist die Kunst, so geschickt dagegen zu sein, daß man später dafür sein kann. *Charles Maurice Talleyrand*

➪ **Partei, Politik, Regierung**

Optimisten

Ein Optimist ist ein Mann, der sich freuen würde, im Gefängnis zu sitzen, weil er des Nachts nicht aufstehen muß, um nachzusehen, ob auch alle Türen gut verschlossen sind. *Hans Albers*

Ein Optimist ist ein Mann, der ohne einen Pfennig Geld Austern bestellt in der Hoffnung, eine Perle zu finden, mit der er bezahlen kann. *Hans Albers*

Ein Optimist ist jemand, der genau weiß, wie traurig die Welt sein kann, während ein Pessimist jemand ist, der täglich neu zu dieser Erkenntnis gelangt. *Peter Ustinov*

Ein Optimist ist einer, der Kreuzworträtsel mit Tinte löst. *Marcel Achard*

Der Optimist sieht bereits die Narbe über der Wunde, der Pessimist immer noch die Wunde unter der Narbe. *Ernst Schröder*

Der Optimist erklärt, daß wir in der besten aller möglichen Welten leben, und der Pessimist fürchtet, daß dies wahr ist. *James B. Cabell*

Sobald ein Optimist ein Licht erblickt, das es gar nicht gibt, findet sich ein Pessimist, der es wieder ausbläst. *Giovanni Guareschi*

Der Pessimist sagt: "Alle Frauen sind verführbar." Der Optimist sagt: "Gott sei Dank." *Unbekannt*

Optimismus ist die Lehre oder der Glaube, daß alles schön sei, eingeschlossen das Häßliche, daß alles gut sei, besonders das Ungute, und daß alles richtig sei, was verkehrt ist. *Ambrose Bierce*

Optimist ist einer, der an einem Wintermorgen den Sicherheitsgurt anlegt, bevor er den Wagen zu starten versucht. *Unbekannt*

Ein Optimist ist einer, der eine Tüte Grassamen und gleichzeitig einen Rasenmäher kauft. *Unbekannt*

Ein Optimist ist ein Gartenfreund, der davon überzeugt ist, daß alles, was er in die Erde steckt, auch wieder herauskommt. *Unbekannt*

Ein Optimist ist jemand, der zum Standesamt geht, um zu fragen, ob sein Heiratsvertrag abgelaufen ist. *Unbekannt*

Ein Optimist ist ein Mann, der seinen Wagenmotor laufen läßt, während seine Frau zum Einkaufen geht. *Unbekannt*

Ein Optimist ist ein Achtzigjähriger, der nochmals heiratet und eine Wohnung in der Nähe einer Schule sucht. *Unbekannt*

Ein Optimist ist ein Mann, der seine Sekretärin heiratet und dann glaubt, ihr auch weiterin diktieren zu können. *Unbekannt*

Ein Optimist ist ein Junggeselle, der heiratet und glaubt, dann seine Putzfrau entlassen zu können. *Unbekannt*

Ein Optimist ist ein Mensch, der glaubt, daß die Fliege, die nachts in seinem Zimmer summt, nur einen Weg nach draußen sucht. *George Jean Nathan*

Eine Optimistin ist eine Frau, die Fettpölsterchen für Kurven hält. *Francoise Hardy*

Ein Optimist sieht stets nur grünes Licht, ein Pessimist immer rotes - der wirklich Weise jedoch ist farbenblind. *Friedrich Dürrenmatt*

➪ **Zuversicht, Positives Denken**

Orden

Es gibt eine Logik der Ordensverleihungen: den ersten bekommt man, weil man noch keinen hat; den zweiten, weil man schon einen hat; den dritten, weil ein anderer schon einen hat. *Alberto Sordi*

Wenn man mit Vorschlägen für Ordensverleihungen nicht sparsamer ist, werde ich einen Wäschekorb voll Orden im Garten des Palais Schaumburg zur gefälligen Selbstbedienung aufstellen lassen. *Gustav Heinemann*

Orden sind ein kostensparender Gegenstand, der es ermöglicht, mit wenig Blech viel Eitelkeit zu befriedigen. *Aristide Briand*

Orden sind ein gutes Mittel, die Eitelkeit der Menschen zu befriedigen, ohne die Staatskasse zu belasten. *George Brown*

Mir tun alle leid, die sich ohne Orden an der Brust halb nackt fühlen. *Gustav Heinemann*

➪ **Ehrungen, Laudatio, Titel, Statussymbole**

Ordnung

Bei uns herrscht Ordnung! Ein Griff, und schon beginnt die Sucherei. *Spruch in einer Registratur*

Wer seine Sachen in Ordnung hält, ist bloß zu faul zum Suchen. *Georg Thomalla*

Die Basis einer gesunden Ordnung ist ein großer Papierkorb. *Kurt Tucholsky*

Ordnung ist etwas Künstliches. Das Natürliche ist das Chaos. *Arthur Schnitzler*

Durch Ruhe und Ordnung kann die Demokratie ebenso gefährdet werden wie durch Unruhe und Unordnung. *Hildegard Hamm-Brücher*

Ordnung ist jenes Durcheinander, an das man sich gewöhnt hat. *Robert Lembke*

Kein schöpferischer Geist war je auf Ordnung bedacht! *Frei nach A. S. Neill*

Ordnung ist etwas für Kleingeistige - das Genie überblickt das Chaos. *Unbekannt*

Ein Kind, das noch keinen Ordnungssinn nötig hat, muß leiden unter dem Ordnungszwang eines Erwachsenen. *Peter Handke*

Vom höchsten Ordnungssinn ist nur ein Schritt zur Pedanterie. *Christian Morgenstern*

Ordnung ist das Vergnügen der Vernunft, die Unordnung aber ist die Wonne der Phantasie. *Paul Claudel*

Ordnung ist, wenn man genau weiß, wo man gar nicht erst zu suchen braucht. *Unbekannt*

➪ **Disziplin, Pedant**

Organisieren

Organisation besteht darin, weder den Dingen ihren Lauf noch den Menschen ihren Willen lassen. *Helmar Nahr*

Alles sollte so einfach wie möglich gemacht werden, aber nicht einfacher. *Albert Einstein*

Bevor du dich daranmachst, die Welt zu verändern, gehe dreimal durch dein eigenes Haus. *Chinesische Weisheit*

Wer in einer Organisation drinsteckt, kann nicht gleichzeitig auch außerhalb stehen und sie durchschauen. *Unbekannt*

Die besten Reformer, die die Welt je gesehen hat, sind die, die bei sich selbst anfangen. *George Bernard Shaw*

Viele Regeln sind eigentlich nur geregelte Ausnahmen. *Unbekannt*

Wer sich zugute hält, improvisieren zu können, muß doppelt gut organisiert haben. *Gundolf Kühn*

➪ **Arbeitsmethodik, Zeitmanagement**

Orgasmus

... du woisch doch, wie's ischt, wenn's de a Zeitlang en dr Nase kutzelt, ond no kascht uf oimol saumäßig niasa. Des ischt a bißle so ähnlich, aber viel, viel scheener. *Thaddäus Troll*

Originalität

Originalität ist die Kunst, sich Bonmots zu merken und zu vergessen, von wem sie stammen. *Danny Kaye*

Die ewig Originellen sind die Todfeinde der Originalität. *Hans Kasper*

Originalität ist meistens nichts anderes als ein noch nicht entdecktes Plagiat. *Voltaire*

Originalität ist etwas, das man nie mit Absicht erreicht. *William Somerset Maugham*

Originalität ist die Kunst, geheimzuhalten, woher man seine Weisheit hat. *Unbekannt*

Originalität ist etwas sehen, das noch keinen Namen trägt, noch nicht genannt werden kann, ob es gleich vor aller Augen liegt. *Friedrich Nietzsche*

Unter den Menschen gibt es viel mehr Kopien als Originale. *Pablo Picasso*

Was glänzt, hat kein eigenes Licht. *Karl Heinrich Waggerl*

➪ **Kreativität, Charakter, Persönlichkeit, Identität**

P

Papagei

Verdunkelung ist ein wunderbares Mittel gegen Geschwätzigkeit. Es wirkt bei Papageien; man sollte es auch bei Menschen anwenden. *Louis de Funes*

Eine Familie ist in Ordnung, wenn man den Papagei unbesorgt verkaufen kann. *Will Rogers*

Mit einem Papagei finden Menschen leicht eine gemeinsame Sprache. *Stanislaw Jerzy Lec*

Papier

Bei der nächsten Sintflut wird Gott nicht Wasser, sondern Papier verwenden. *Romain Gary*

Papier ist geduldig. Es könnte sogar die Wahrheit ertragen. *Gabriel Laub*

Wir können die Schwerkraft überwinden, aber der Papierkram erdrückt. *Wernher von Braun*

Papierkorb

Zum Schreiben braucht es nicht nur Papier, sondern vor allem einen Papierkorb. *Gerhard Uhlenbruck*

Die Basis einer gesunden Ordnung ist ein großer Papierkorb. *Kurt Tucholsky*

Paradies

Das Fatale am Paradies ist, daß man es nur im Leichenwagen erreichen kann. *Sacha Guitry*

Das Paradies pflegt sich erst dann als Paradies zu erkennen zu geben, wenn wir aus ihm vertrieben sind. *Hermann Hesse*

Zu meiner Vorstellung von Paradies gehört auch die Möglichkeit, es wieder verlassen zu können. *Markus M. Ronner*

Paradox

Was ist paradox? Wenn zwei zusammenkommen, um sich auseinanderzusetzen. *Gerhard Reichel*

Parfüm

Frauen benützen Parfüm, weil die Nase leichter zu verführen ist als das Auge. *Jeanne Moreau*

Versuchung ist ein Parfüm, das man so lange riecht, bis man die Flasche haben möchte. *Jean-Paul Belmondo*

Parlament

Ein Parlamentarier ist ein Mensch, der das Glück hat, daß sich sein Auftraggeber nur alle vier Jahre um ihn kümmert. *Unbekannt*

Parteien

Die CDU kann programmatisch überhaupt nichts mehr aussagen, das sich in einleuchtender Weise mit der christlichen Religion verknüpfen ließe. *Johannes Gross*

Niemand kann mehr sagen, was gegenwärtig Sozialismus heißen soll; ein paar Phrasen von Partei der Menschenfreundlichkeit und Gerechtigkeit können das ideologische und intellektuelle Vakuum der SPD nicht verhüllen. *Johannes Gross*

Die FDP hat sich darauf spezialisiert, dem Wähler mitzuteilen, was sie alles nicht will, doch im Kampf um solide Marktwirtschaft so versagt, daß sie um Worte ringt zu erklären, warum sie noch jemand wählen solle. *Johannes Gross*

Die Grünen können jenseits des Ökologischen ideale Gesinnungen bündeln, die ihnen auf lokaler wie auf Landesebene ein Überleben sichern und auch immer wieder einen Einbruch in die Bundesrepublik. *Johannes Gross*

Die PDS drückt als ostdeutsche Regionalpartei ein Identitätsbewußtsein aus, das die anderen nicht vermitteln können. *Johannes Gross*

Wo große Fragen enden, beginnen kleine Parteien. *Walter Bagehot*

Mit den Parteiprogrammen verhält es sich wie mit den Theaterprogrammen: Es steht sehr viel drin, was hinterher nicht vorkommt. *Achim Striezel*

Eine Partei kann nicht nur aus Flügeln bestehen, sie muß auch einen Rumpf haben. *Amintore Fanfani*

Es liegt im Wesen der Parteiflügel, daß sie mehr Luftzug als Bewegung erzeugen. *Alberto Sordi*

Meist sind es die Flügel, die den Aufschwung einer Partei verhindern. *Wolfgang Eschker*

Koalition: eine Partei wäscht die andere. *Paul Renner*

Die größte Partei ist immer eine Art Verschwörung gegen den Rest der Nation. *Edward Frederick Halifax*

Für den Wähler ist die Partei eine Geliebte, die man jederzeit sitzen lassen kann. *Henri Tisot*

Die Partei ist eine Kampfgemeinschaft von Intimfeinden. *Helmar Nahr*

Eine Partei ist ein Vorteil für wenige und Schwachsinn für viele. *Alexander Pope*

Eine Partei ist ein Zweckverband, um Menschen in Stellungen zu bringen, für die das eigene Können nicht ausgereicht hätte. *Thaddäus Troll*

Eine Partei ist die Gesamtheit jener, die sich einbilden, derselben Meinung zu sein. *Charles Tschopp*

Ein Parteiloser ist ein Mensch, der von zwei Übeln das Dritte gewählt hat. *Unbekannt*

Parteiprogramme sind Versuche, möglichst viele Wähler auf einen Nenner zu bringen. *Wolfram Weidner*

Wer einer Partei angehört, hat nur mehr zwei Möglichkeiten: Opportunist oder Nestbeschmutzer. *Oliver Hassencamp*

Es gibt keinen besseren Kitt für eine Partei als bevorstehende Wahlen. *Amintore Fanfani*

➪ **Koalition, Opposition, Regierung, Politik, Wahlen**

Partnerschaft

Wir haben gelernt, wie die Vögel zu fliegen, wie die Fische zu schwimmen; doch wir haben die einfache Kunst verlernt, wie Brüder zu leben. *Martin Luther King*

Allein ist der Mensch ein unvollkommenes Ding; er muß einen zweiten finden, um glücklich zu sein. *Blaise Pascal*

Eine dauernde Bindung zu einer Frau ist nur möglich, wenn man im Theater über dasselbe lacht. Wenn man gemeinsam schweigen kann. Wenn man gemeinsam trauert. Sonst geht es schief. *Kurt Tucholsky*

➪ **Ehe, Team, Zusammenarbeit**

Patriotismus

Patriotismus ist die Überzeugung, daß unser Vaterland allen anderen Ländern überlegen ist, weil wir darin geboren wurden. *G. B. Shaw*

Patriotismus ist die Bereitschaft, wegen unbedeutender Gründe zu töten und getötet zu werden. *Bertrand Russell*

Ein Patriot ist ein Staatsbürger, den es schmerzt, daß er nur ein Einkommen hat, das er dem Staat geben kann. *Unbekannt*

So richtig als Tugend geschätzt wird der Patriotismus doch erst, wenn das Schießen losgeht. *Hermann Hesse*

Patriotismus ist eine gefährliche, psychopathische Form des Schwachsinns. *George Bernard Shaw*

Patriotismus ist die Liebe zu den guten Sachen, die wir in der Kindheit gegessen haben. *Lin Yutang*

➪ **Ausländerfeindlichkeit, Vaterland, Nationalismus**

Pazifist

Von den Pazifisten geht viel Unfrieden aus. *Ludwig Marcuse*

Pazifisten sind wie Schafe; sie glauben, der Wolf sei Vegetarier. *Yves Montand*

Ich habe etwas gegen Pazifisten, die auf die Jagd gehen. *Aristide Briand*

➪ **Friede**

**Es ist besser,
ein eckiges Etwas,
als ein rundes Nichts
zu sein.**

FRIEDRICH HEBBEL

Pech

Pech ist ein Deckname für Unfähigkeit.
Charles Maurice Talleyrand

Ein Unglücksrabe fällt auf den Rücken und bricht sich die Nase. *Litauisches Sprichwort*

Wer Pech hat, den beißt der Hund auch, wenn er ein Kamel reitet. *Persisches Sprichwort*

➪ **Unglück**

Pedant

Nichts ist imstande, ein derartiges Chaos hervorzurufen, wie eine Gruppe von Pedanten.
Wieslaw Brudzinski

Vom höchsten Ordnungssinn ist nur ein Schritt zur Pedanterie. *Christian Morgenstern*

➪ **Ordnung, Disziplin**

Pensionär

Bis ins hohe Alter hinein daran arbeiten zu können, woran man Freude hat, ist eine Gnade, von der der Pensionär keine Ahnung hat. *George Bernard Shaw*

➪ **Ruhestand**

Perfektionismus

Wer sich perfekt fühlt, verhindert, daß er besser wird.
Unbekannt

Hüte dich vor geschlecktem Perfektionismus. Vergiß nicht: deine Fehler und Schwächen machen dich menschlich. *Gerhard Reichel*

Die große Gefahr für die Menschheit liegt in der ständig steigenden Perfektion bei gleichbleibender menschlicher Unzulänglichkeit. *Charles F. Kettering*

Es ist besser, ein eckiges Etwas als ein rundes Nichts zu sein. *Friedrich Hebbel*

Ein guter Mann bleibt immer Anfänger.
Latein. Sprichwort

➪ **Meisterschaft, Vervollkommnung, Vollkommenheit**

Persönlichkeit

In Arizona erklärte James Carlson - angeklagt wegen Vergewaltigung - dem Gericht, er bestehe aus elf verschiedenen Persönlichkeiten. Die Verteidigung rief jede einzelne zu dem Fall auf. Ergebnis: Chaos.
Impulse 7/94

Die meisten Menschen sind Münzen, nur wenige sind Prägestöcke. *Wilhelm Raabe*

Persönlichkeiten, nicht Prinzipien bringen Zeit in Bewegung. *Oscar Wilde*

Für seine Handlungen sich allein verantwortlich fühlen und allein ihre Folgen, auch die schwersten, tragen, das macht die Persönlichkeit aus. *Ricarda Huch*

Stehenbleiben: es wäre der Tod; nachahmen: es ist schon eine Art von Knechtschaft; eigene Ausbildung und Entwicklung: das ist Leben und Freiheit.
Leopold von Ranke

Da gehen die Menschen, die Höhen der Berge zu bewundern und die Fluten des Meeres, die Strömungen der Flüsse, des Ozeans Umkreis und der Gestirne Bahnen und verlieren dabei sich selbst. *Augustinus*

Wer keine üblen Gewohnheiten hat, hat wahrscheinlich auch keine Persönlichkeit. *William Faulkner*

Der höchste Lohn für unsere Bemühungen ist nicht das, was wir dafür bekommen, sondern das, was wir dadurch werden. *Unbekannt*

Er wollte etwas für eine Persönlichkeitsentfaltung tun. Deshalb ging er zum Bodybuilding. *Gerhard Reichel*

Es ist besser, ein eckiges Etwas als ein rundes Nichts zu sein. *Friedrich Hebbel*

Als das eigentlich Wertvolle im menschlichen Getriebe empfinde ich nicht den Staat, sondern das schöpferische und fühlende Individuum, die Persönlichkeit: sie allein schafft das Edle und Sublime. *Albert Einstein*

Die Welt in ihrer lebendigen Wirklichkeit ist das Reich der menschlichen Persönlichkeit und nicht des Verstandes, der, mag er noch so nützlich und groß sein, doch nicht der Mensch selbst ist.
Rabindranath Tagore

➪ **Charakter, Originalität**

Pessimist

Ein Pessimist ist ein Mensch, der sofort nach dem Sarg Ausschau hält, wenn er Blumen gerochen hat.
Henry Louis Mencken

Ein Unglücksrabe fällt auf den Rücken und bricht sich die Nase. *Litauisches Sprichwort*

Wer Pech hat, den beißt der Hund auch, wenn er ein Kamel reitet. *Persisches Sprichwort*

Der Pessimist findet zu jeder Lösung ein passendes Problem. *Franz Luwein*

Ein Pessimist ist ein Mensch, der das Schlimmste erhofft und auf das Beste gefaßt ist. *Werner Kraus*

In jeder Gesellschaft gibt es Macher, Mitmacher und Miesmacher. *Rido Busse*

Wer in Gefahr ist, Pessimist zu werden, soll eine Rose betrachten. *Jean Rostand*

Pessimisten sind Leute, die nur ein einziges Instrument blasen: Trübsal. *Wim Thoelke*

Ein Pessimist lacht höchstens so, daß es keiner merkt. *Peter Ustinov*

Ein Pessimist ist jemand, der sein ganzes Leben in einer Dunkelkammer verbringt und nur Negative entwickelt. *Unbekannt*

Ein Pessimist ist ein Mensch, der sich über Lärm beklagen würde, wenn das Glück bei ihm anklopfte. *Unbekannt*

Ein Pessimist ist ein Mensch, der nicht glücklich ist, außer, wenn er sich unglücklich fühlt, und selbst dann ist er noch nicht zufrieden. *Unbekannt*

Ein Pessimist ist ein Mensch, der nach zwei Richtungen schaut, bevor er eine Einbahnstraße überquert. *Unbekannt*

Ein Pessimist ist ein Mensch, der sich über schlechte Erfahrungen freut, weil sie ihm recht geben. *Heinz Rühmann*

Ein Pessimist ist ein Mensch, der glücklich ist, wenn er unglücklich ist. *Francis Herbert Bradley*

Ein Pessimist ist nicht einmal glücklich, wenn er unglücklich ist. *Johnnie Ray*

Ein Pessimist ist ein Mensch, dem nicht wohl zumute ist, wenn er sich wohl fühlt, weil er befürchtet, daß er sich schlechter fühlen wird, wenn er sich besser fühlt. *George Bernard Shaw*

Ein Pessimist ist ein Mensch, der sich den Kuß vom Bakteriologen erklären läßt. *Paul Hubschmid*

Pessimisten sind die wahren Lebenskünstler, denn nur sie erleben angenehme Überraschungen. *Marcel Proust*

Wir dürfen uns dort, wo wir in der Spitzentechnologie Probleme haben, nicht gesundbeten, wir sollten uns jedoch auch nicht krankreden, denn wer kauft schon gern von Leuten, die von sich selbst nichts mehr halten? *Unbekannt*

Wenn einem eingefleischten Pessimisten ein Stein vom Herzen fällt, dann fällt er ihm bestimmt auf den Fuß. *Unbekannt*

Der Pessimist sagt: “Alle Frauen sind verführbar.” Der Optimist sagt: “Gott sei Dank.” *Unbekannt*

Pfälzer

Die Pfalz beheimatet einen fröhlichen und weltoffenen Menschenschlag, der viel Sinn für gesellschaftliches Zusammenleben und die Freuden der Zeit hat und dem dogmatischen denken abgeneigt ist. Neben einem ausgeprägten Sinn für Toleranz besteht jedoch häufig ein zu starkes und unangenehmes Selbstgefühl. *Helmut Kohl*

Pflicht

Pflichten erfüllt man am besten, indem man sie zu Neigungen macht. *Ingrid van Bergen*

Wer seine Pflicht erfüllt, hat Charakter, wer nur seine Pflicht erfüllt, hat keinen. *Hellmut Walters*

Die Einsicht muß wieder wachsen, daß Freiheit auch Verzicht bedeutet, daß es neben Selbstentfaltung und Individualismus auch Pflichten gibt, daß jeder einzelne Verantwortung übernehmen muß - und zwar freiwillig. *Ulrich Wickert*

Pflichterfüllung ist tägliches Heldentum ohne Ordensverleihung. *Werner Kraus*

Die Welt lebt von Menschen, die mehr tun als ihre Pflicht. *Ewald Balser*

Wer sich zu groß fühlt, um kleine Aufgaben zu erfüllen, ist zu klein, um mit großen Aufgaben betraut zu werden. *Jacques Tati*

Ein Mitarbeiter wird seine Pflichten lieber erfüllen, wenn er auch Kompetenzen bekommt. *Gerhard Reichel*

Eingeräumte Rechte sind auferlegte Pflichten. *Hans Lohberger*

Die Ehe wäre die schönste Sache der Welt, wenn es mehr Kür und weniger Pflicht gäbe. *Jeanne Moreau*

Du kannst; denn du sollst. *Immanuel Kant*

Männer werden nicht durch ihr Wissen zu Mythen, selbst nicht durch ihre Erfolge, sondern durch die Aufgabe, die sie sich selber stellen. *Henry Kissinger*

Wenn man das Dasein als eine Aufgabe betrachtet, dann vermag man es immer zu ertragen. *Marie von Ebner-Eschenbach*

Das Muß ist hart, aber beim Muß kann der Mensch allein zeigen, wie's inwendig mit ihm steht. Willkürlich leben kann jeder. *Johann Wolfgang von Goethe*

Unter Pflicht verstehen wir meistens das, was andere tun sollen. *Unbekannt*

➪ **Arbeit, Aufgabe, Verantwortung, Zwang**

Phallus

Ich habe es satt, mir einreden zu lassen, daß der Phallus nichts anderes ist als ein Instrument zur Vergewaltigung der Frau. *Karin Struck*

Phantasie

Größe ist möglich, wenn die Phantasie vieler sich mit einem beschäftigt. *Jacob Burckhardt*

Ins Pantheon kommen nur jene, die das freie Dichten der mythen- und legendenbildenden Massenphantasie zu erregen vermögen. *Theodor Lessing*

Phantasie ist etwas, was sich manche Leute gar nicht vorstellen können. *Gabriel Laub*

Die Logik ist die Zwangsjacke der Phantasie.
Helmar Nahr

Phantasie ist das, was uns schon beim Holzhacken die wohlige Wärme des Herdfeuers spüren läßt.
Gerhard Reichel

Ehemänner haben im allgemeinen mehr Phantasie als Junggesellen; sie haben sie auch nötig.
Tristan Bernard

Aufrichtigkeit ist die Zuflucht derer, die weder Phantasie noch Taktgefühl haben. *Henry de Montherlant*

Fernsehen ist die Phantasie der Armen.
Wieslaw Brudzinski

Die Phantasie tröstet die Menschen über das hinweg, was sie nicht sein können. *Albert Camus*

Phantasie ist das eigentlich Schöpferische im Menschen, der Überfluß, der die Schönheit des Lebens ausmacht. *Walter Muschg*

Eines Tages werden Maschinen vielleicht nicht nur rechnen, sondern auch denken. Mit Sicherheit aber werden sie niemals Phantasie haben. *Theodor Heuß*

Aufrichtigkeit ist die Zuflucht derer, die weder Phantasie noch Taktgefühl haben. *Henry de Montherlant*

Nichts regt die Phantasie mehr an als das Lesen.
Gerhard Reichel

➪ **Einbildungskraft, Kreativität, Imagination, Vision Genie,**

Philologe

Ein Philologe ist ein Mensch, dessen französische Sprachkenntnisse ihn befähigen, in einem Pariser Lebensmittelgeschäft mit einer Originalrede des Voltaire auf den Lippen zu verhungern.
Helmuth M. Backhaus

Philosophie

Die Fähigkeit, uns zu wundern, ist das einzige, was wir brauchen, um gute Philosophen zu werden.
Jostein Gaarder

Wenn ein Philosoph einem antwortet, versteht man überhaupt nicht mehr, was man ihn gefragt hat.
Andre Gide

Philosophie ist die geistreiche Übersetzung des Unerklärlichen in das Unverständliche.
Hans Joachim Clarin

Philosophen sind Wegweiser ohne Weg.
Carlo Franchi

Die Philosophen sind wie Zahnärzte, die Löcher aufbohren, ohne sie füllen zu können.
Giovanni Guareschi

Ein Philosoph ist ein Mann, der in Ermangelung einer Frau die ganze Welt umarmt. *Peter Ustinov*

Wer in einem blühenden Frauenkörper das Skelett zu sehen vermag, ist ein Philosoph. *Kurt Tucholsky*

Ein Philosoph ist ein Mann, der alle Probleme lösen kann, ausgenommen die eigenen. *Phil Holden*

Ein Philosoph ist ein Mann, der den Sinn seines Lebens darin sieht, einen Sinn darin zu sehen.
Hannes Messemer

Philosophen sind Menschen, die über etwas reden, was sie selbst nicht verstehen, und einem das Gefühl geben, daran schuld zu sein. *Unbekannt*

Philosophen sind Leute, die nicht glauben, was sie sehen, weil sie gerade damit beschäftigt sind, über das nachzudenken, was sie nicht sehen.
Bernard de Fontenelle

Philosophen sind nicht Feuerwehrleute zur Löschung "brennender" Probleme, sondern Brandstifter.
Hans Kudszus

Philosophen sind Leute, die freiwillig auf das verzichten, was sie sowieso nicht bekommen. *George Mikes*

Philosophen sind Leute, die Kaviar nicht mögen, wenn sie kein Geld haben, welchen zu kaufen. *George Mikes*

Philosophen sind Gewalttäter, die keine Armee zur Verfügung haben und sich deshalb die Welt in der Weise unterwerfen, daß sie sie in ein System sperren.
Robert Musil

Philosophie ist gesunder Menschenverstand im Frack.
Oliver Braston

Philosophieren ist die Annäherung an eine Offenbarung, die nie stattfindet. Der Weg dahin ist voll von den scharfsinnigsten menschlichen Weisheiten.
Ludwig Marcuse

Nicht Philosophen stellen die radikalsten Fragen, sondern Kinder. *Hellmut Walters*

Zuweilen darf ein Philosoph auf seinem Sterbelager sagen: "Zum Glück hat man mich nicht verstanden!"
Stanislaw Jerzy Lec

Phrase

Die großen Dinge haben einen tödlichen Feind: die großen Worte. *Hans Krailsheimer*

Es gibt so große leere Worte, daß man darin ganze Völker gefangen halten kann. *Stanislaw Jerzy Lec*

➪ **Geschwätzigkeit, Platitüde**

Physiker

Ein Physiker ist jemand, der jeden technischen Defekt erklären, aber nicht reparieren kann. *Michael Schiff*

➪ **Naturwissenschaften**

Plagiat

Die Besten sind nicht die, die als Plagiat ihrer Lehrer herumlaufen. *Matthias Scharlach*

➪ **Nachahmen**

Planen

Planst du für ein Jahr, so säe Korn, planst du für ein Jahrzehnt, so pflanze Bäume, planst du fürs Leben, so bilde Menschen. *Kuan-Tzu*

Sind die Worte im voraus festgelegt, so stockt man nicht. - Sind die Arbeiten im voraus festgelegt, so kommt man nicht in Verlegenheit. - Sind die Handlungen im voraus festgelegt, so macht man keinen Fehler. - Ist der Weg im voraus festgelegt, so wird er nicht plötzlich ungangbar. *Konfuzius*

Plane - und du wirst irren. Je genauer man plant, desto härter trifft der Zufall. Je weniger man plant, desto leichter hat es der Zufall. Je mehr der Zufall trifft, desto nötiger ist der Plan. Plane nicht - und du wirst nicht wissen, ob du geirrt hast. *Franz Luwein*

Gegen das Fehlschlagen eines Planes gibt es keinen besseren Trost, als auf der Stelle einen neuen zu machen oder bereitzuhalten. *Jean Paul*

Es ist zu spät, einen Brunnen zu graben, wenn der Durst brennt. *Sprichwort*

Eine solide Planung ist die beste Grundlage für eine geniale Improvisation. *Jean-Paul Blum*

Solange man Pläne schmiedet, gehört man nicht zum alten Eisen. *Werner Mitsch*

Die sechs Phasen der Planung:
1. Begeisterung
2. Ernüchterung
3. Panik
4. Suche nach dem Schuldigen
5. Bestrafung der Unschuldigen
6. Auszeichnung der Nichtbeteiligten.

Unbekannt

Pläne sind die Träume der Verständigen.
Ernst Freiherr von Feuchtersleben

Planen heißt: Zukunft gestalten. *Matthias Scharlach*

Man sollte die Dinge so nehmen, wie sie kommen. Aber man sollte auch dafür sorgen, daß sie so kommen, wie man sie nehmen möchte. *Curt Goetz*

Entwirf deinen Reiseplan im großen - und laß dich im einzelnen von der bunten Stunde treiben.
Kurt Tucholsky

➪ **Organisieren**

Platitüde

Eine Platitüde ist die Weisheit einer Million Narren, ausgedrückt von einem Hohlkopf. *Ambrose Bierce*

Wer dauernd Endgültiges zu sagen bemüht ist, der kommt über Platitüden nicht hinaus. *Günter Grass*

➪ **Phrase**

Playboy

Ein Playboy ist meistens weder das eine noch das andere. *Zsa Zsa Gabor*

Ein Playboy ist ein Mann, der keinen Roman, sondern immer nur Kurzgeschichten erlebt. *Erika Pluhar*

Ein Playboy ist ein Zweitakter, der den Zwölfzylinder spielt. *Oliver Hassencamp*

Playboys sind Männer, die nicht immer an Mädchen denken. Aber wenn sie denken, dann an Mädchen.
Alberto Sordi

➪ **Verführer**

Plebiszit

Ein Plebiszit ist ein Volksentscheid zur Bestätigung des Herrscherwillens. *Ambrose Bierce*

Pleiten

Pleiten sind unvermeidlich, wenn das Ausmaß der Reklamationen die Aussagen der Reklame übertrifft.
Ron Kritzfeld

Wenn man Dummheiten macht, müssen sie wenigstens gelingen. *Napoleon*

Wenn die anderen glauben, man ist am Ende, so muß man erst richtig anfangen. *Konrad Adenauer*

Zum Trost: Glück strengt genauso an wie Unglück.
Robert Musil

Die Pleite ernährt Geier auf Kosten Gläubiger.
Emil Baschnonga

Konkurs - was ist das anderes als eine Sanierung über den Markt? *Jean-Paul Blum*

Soll man fallen, dann schon lieber ins Meer als in eine Pfütze. *Russisch*

Es gibt wenige Dinge, welche so sicher die Leute in gute Laune versetzen, wie wenn man ihnen ein beträchtliches Unglück, davon man kürzlich betroffen worden, erzählt. *Arthur Schopenhauer*

Wer das Risiko tilgt, zertrümmert die Chance.
Emil Baschnonga

Die Frau erhält den Namen ihres Mannes in der Stunde der Heirat. Der Mann erhält den Namen seiner Frau in der Stunde der Pleite. *Unbekannt*

➪ **Niederlage, Mißerfolg**

Pointen

Eine Pointe ist das, was einem nicht einfällt, wenn man es am dringendsten braucht. *Peter Wehle*

Die Beliebtheit von Pointen erkennt man daran, daß sie ungeniert - und honorarfrei -, nur gelegentlich ein wenig umfrisiert, mit eigenem Namen signiert bzw. "nachempfunden" werden. Selbst Spitzenpolitiker machen von dieser Pointenanleihe eifrig Gebrauch.
Kurt Wortig

Frauen sind wie Pointen: sie kommen häufig zu spät.
Robert Lembke

Eine Pointe pointiert vor den richtigen Empfängern zu servieren, ist höherer geistiger Orgasmus.
Fred O. Immergrün

Polemik

Polemik ist eine öffentliche moralische Balgerei zwischen zwei gebildeten Menschen, wobei statt Blut Tinte fließt. *Aus den "Fliegenden Blättern"*

Politik

Unter Politik verstehen manche Leute die Kunst, Brände zu löschen, die sie selbst gelegt haben.
Lawrence Durrell

Politik ist Bühnenwirkung. *Karl Kraus*

Der gerade Weg in der Politik ist meistens unpassierbar. *Harold MacMillan*

Meistens ist die Politik ein Geschäft, das entweder von zwielichtigen Charakteren betrieben wird oder bei dem der Saubere nicht sauber bleiben kann. *Wolf Schneider*

Außenpolitik ist die Kunst, einem anderen so lange auf die Zehen zu treten, bis dieser sich entschuldigt.
Charles de Talleyrand

Die Politik ist die Kunst, sich der Leute zu bedienen.
Henry de Montherlant

Es gibt welche, die für die Politik leben, und solche, die von ihr leben. *Max Weber*

Politik ist die Kunst, das Notwendige möglich zu machen. *Herbert Wehner*

Politik ist die Kunst des Möglichen, aber auch die Wissenschaft vom Unmöglichen. *Harold MacMillan*

Politik ist der stets neu zu schaffende Kompromiß von Macht und Vernunft. *Carl Friedrich von Weizsäcker*

Politik: ein Streit der Interessen, der sich als Wettstreit der Prinzipien maskiert. *Ambrose Bierce*

Wer Harmonie wünscht, soll in einen Gesangsverein eintreten, aber nicht in die Politik gehen. *Norbert Blüm*

Der Politik ist eine bestimmte Form der Lüge fast zwangsläufig zugeordnet: das Ausgeben des für eine Partei Nützlichen als das Gerechte. *Carl Friedrich von Weizsäcker*

Schwerlich hat es je einen Staatsmann gegeben, der Großes erreichte und sich nicht danach hätte fragen müssen, ob er sich noch zu den anständigen Menschen zählen dürfe. *Thomas Mann*

In der Politik ist es wie in der Elektrizität: Wo es Kontakte gibt, gibt es auch Spannungen. *Pierre Mendes-France*

Die bunten Vögel in der Politik werden immer weniger. Die Zeit der grauen Mäuse dämmert herauf. Oder ist schon da, wie ich befürchte. *Friedrich Nowottny*

Ein Nachteil der Politik liegt darin, daß manche vernünftige Maßnahme bloß deswegen unterbleibt, weil der Gegner sie vorgeschlagen hat. *Romain Cary*

Viel Unheil in der Weltpolitik entsteht durch Leute, die Muskeln spielen lassen, ohne welche zu haben. *Malcolm Muggeridge*

Politik ist so schmutzig wie die Menschen sind, die Politik machen. *Björn Engholm*

Politik: das Paradies zungenfertiger Schwätzer. *George Bernard Shaw*

Was der Mensch vermag, erleben wir am tiefsten in der Kunst, am deutlichsten in der Technik und am beschämendsten in der Politik. *Sigmund Graff*

Die Politik ist kein Mädchenpensionat. Wer keine schweren Stöße vertragen kann, sollte sich nicht in dieses Geschäft begeben. *Peter von Oertzen*

Unter Politik verstehen manche Leute die Kunst, Brände zu löschen, die sie selbst gelegt haben. *Lawrence Durrell*

Die Kunst der Politik besteht manchmal darin, Gas zu geben und gleichzeitig die Handbremse anzuziehen. *Carlo Franchi*

Wenn ich etwas in der Politik verabscheue, dann den Typ des Aals, der sich vor lauter Geschmeidigkeit am liebsten selbst in sein Hinterteil beißen würde. *Margaret Thatcher*

Wer an der Regierung ist, muß Brände sofort löschen. Die Opposition kann über die Verbesserung der Feuerwehr in Ruhe nachdenken. *Norbert Blüm*

Allem Anschein nach gehören zum Erfolg des Politikers die List und die Lüge, die Bereitschaft, Freunde zu opfern und den politischen Gegner zu verteufeln - in Konrad Adenauer offenkundig und von der Mehrheit der Deutschen ihm nicht einmal verübelt. *Wolf Schneider*

Politik ist die Bestimmung des Verhältnisses der Menschen zum Staat. Politik ist aber auch der richtige, vom erkennenden Verstande und der Sorge um die anvertrauten Menschen inspirierte Umgang mit der Macht. *Carlo Schmid*

In der Politik können nicht alle Probleme gelöst werden. Manchmal reicht es aus, wenn man sie zerredet. *Roger Peyrefitte*

Politik in einer Demokratie wäre eine relativ einfache Sache, wenn man nicht immer wieder Wahlen gewinnen müßte. *Dean Acheson*

Wer holzen als Mittel der Politik wählt, verwechselt mündige Bürger mit Holzköpfen. *Arno Sölter*

Wer nicht diese Anstrengung macht, gleichzeitig die Sicherheit im Handeln zu zeigen und die Unsicherheit im Denken als die wahre Sicherheit des bewußten Menschen zu praktizieren, der wird nicht sinnvoll Politik treiben können. *Carl Friedrich von Weizsäcker*

Wenn man in der Politik alles chemisch rein machen will, dann stirbt man am ersten Schnupfen. *Carlo Schmid*

Wer sich nicht mit Politik befaßt, hat die politische Parteinahme, die er sich sparen möchte, bereits vollzogen: Er dient der herrschenden Partei. *Max Frisch*

Leute, die anvertraute Geheimnisse wirklich für sich behalten, sind in der Politik unbrauchbar. *Roger Peyrefitte*

Kalkulierter Gedächtnisverlust ist in der Politik ein Überlebensmittel. *Hans Maier*

Politik wird mit dem Kopf, nicht mit dem Kehlkopf gemacht. *Franz Josef Strauß*

Politik ist nur selten eine Schußfahrt, meistens ist sie ein Slalom. *Edgar Faure*

Politik ist Schnupftabak egozentrischer Führernaturen. *Kurt Wortig*

In der Politik ist es wie beim Pferderennen. Ein guter Jockey weiß sich beim Fallen so wenig wie möglich zu verletzen. *Edouard Herriot*

Wenn Sie in der Politik etwas gesagt haben wollen, wenden Sie sich an einen Mann. Wenn Sie etwas getan haben wollen, wenden Sie sich an eine Frau. *Margaret Thatcher*

Der Papst nimmt künftig an allen Sitzungen des Bundeskabinetts teil. Er will sein Versprechen wahr machen, immer dort zu sein, wo das Elend am größten ist. *Unbekannt*

Die Politik bedeutet ein starkes langsames Bohren von harten Brettern mit Leidenschaft und Augenmaß zugleich. *Max Weber*

Wer in der Politik seinen Charme einsetzt, nimmt anderen die Möglichkeit, ihren Verstand zu gebrauchen. *Hermann Höcherl*

Politik ist nichts weiter als der Kampf um die Macht. *Matthias Scharlach*

In der Politik gibt es viele, die anderen auf die Zehen treten und dabei laut um Hilfe rufen. *Pietro Quaroni*

➪ **Demokratie, Staat, Opposition, Koalition**

Politiker

Die Mehrheit der Politiker reproduziert sich selbst. Man wird von der Schulbank Politiker und wenn man Karriere machen will, muß man sich ständig arrangieren, anpassen, stromlinienförmig verhalten. Einer, der aneckt tut sich schwer. *Ulrich Wickert*

Ich liebe Politiker auf Wahlplakaten. Sie sind tragbar, geräuschlos und leicht zu entfernen. *Loriot*

Für Politiker gehört zum Geschäft, die Unwahrheit zu sagen. Deshalb kann ein Politiker im moralischen Sinne des Wortes nicht lügen. *Richard Nixon*

So soll der ideale Politiker beschaffen sein (überparteiliche Checkliste):
Kompetent, aber nicht arrogant; Loyal, aber nicht unterwürfig; selbständig, aber nicht eigenbrötlerisch; ehrlich, aber nicht naiv; engagiert, aber nicht verbohrt; sachlich, aber nicht leidenschaftslos; informiert, aber nicht überlegen; wortgewandt, aber nicht redselig; kämpferisch, aber nicht rücksichtslos; konsenswillig, aber nicht opportunistisch.
Ronald Hitzler, DER SPIEGEL 41/1994

Manche Politiker reden auf die Wähler ein, als müßten sie einem Heer von geistig Zurückgebliebenen Binsenweisheiten eintrichtern. Die Werbefilmchen, oft in altmodischem Reklamestil, lassen zweifeln, ob die Parteistrategen ihre Spots wirklich für die Zielgruppe mündiger Bürger konzipiert haben.
Helmut Markwort, FOCUS 41/1994

Eine mittelmäßige Intelligenz ist gut für einen Politiker. Wenn man zu intelligent ist, wird man nicht geliebt. *Nello Celio*

Politiker sollten so ehrliche Leute sein, daß man jederzeit ein gebrauchtes Auto von ihnen kaufen könnte. *Thornton Wilder*

Es gibt Politiker, die das, was sie sagen, glauben. Und es gibt solche, die das, was sie sagen, nicht glauben. Erstere sind gefährlich. *Manfred Rommel*

Politiker rechnen so sehr mit der Stimme des Wählers, daß sie nicht dazu kommen, sie zu hören. *Werner Schneyder*

Zum Vorbild des Politikers gehört, daß er aus einer inneren Überzeugung heraus handelt. *Ulrich Wickert*

Der Politiker denkt an die nächsten Wahlen, der Staatsmann an die nächste Generation. *William Gladstone*

Ein kluger Politiker begnügt sich mit dem Erfolg und verzichtet auf den Triumph. *Pietro Quaroni*

Alle spielen Politiker. Aber keiner arbeitet. *Albert Schweitzer*

Wenn ein Politiker uneingeschränkte Ehrlichkeit verspricht, ist er entweder dumm, naiv oder besonders durchtrieben, denn jeder Praktiker weiß, daß eine Politik absoluter Ehrlichkeit undurchführbar ist. Charles de *Talleyrand*

Wer dem politischen Gegner eine Sympathie für Schweinerei andichten will, ist selbst ein Schwein. *Willy Brandt*

Politiker, die sich um 360 Grad zu drehen vermögen, werden Kreisvorsitzende. *Unbekannt*

Für viele Politiker ist die Statistik etwa das Gleiche wie eine Straßenlaterne für einen Betrunkenen: sie dient zum Festhalten und nicht zur Erleuchtung. *Unbekannt*

Was manche Politiker nicht im Kopf haben, haben sie im Kehlkopf. *Peter Handke*

Unter einem Bündnis der internationalen Politik versteht man zwei Partner, die ihre Hände gegenseitig so tief in den Taschen haben, daß sie nicht imstande sind, einen dritten auszuplündern. *Ambros Bierce*

Noch niemals hat sich die Politik mit dem Schicksal der Enkel befaßt. Davon kenne ich nur eine Ausnahme: Bismarck lagerte ein Faß Kognak ein, damit seine Enkelkinder etwas Anständiges zu trinken hätten. *Arnold Gehlen*

Als ich Junge war, glaubte ich, ein Politiker müsse intelligent sein. Heute weiß ich, daß Intelligenz wenigstens nicht schadet. *Carlo Schmid*

Die politische Philharmonie kennt vor allem Trommler und Paukenschläger. *Jean-Jacques Servan-Schreiber*

Politiker sind Leute, die anderen beim Rücktritt den Vortritt lassen. *Carl Merz*

Wenn man sieht, wie Minister von heute auf morgen in ein anderes, vollkommen fremdes Ressort wechseln, kommt man unwillkürlich zu dem Schluß, daß ein Ministeramt der einzige hochbezahlte Posten ist, den Ungelernte ausüben können. *Carlo Franchi*

Der Politiker, der ehemals lernen mußte, wie man Königen schmeichelt, muß jetzt lernen, wie man die Phantasie der Wähler bezaubert, unterhält, bestrickt, beschwindelt, erschreckt oder sonst irgendwie verblüfft. *George Bernard Shaw*

Viele Politiker, die in der Opposition schneidige Düsenjäger waren, werden an der Macht bedächtige Segelflieger. *Ignazio Silone*

Die Überzeugung, daß er es draußen im Lande mit Millionen von Idioten zu tun hat, gehört zur psychischen Grundausstattung des Politikers.
Hans Magnus Enzensberger

Die Politiker arbeiten alle nach der gleichen Methode: Zuerst sagen sie voraus, wie alles kommen wird, und nachher erklären sie, warum alles anders kam.
Andre Francois-Poncet

Manche Politiker muß man behandeln wie rohe Eier. Und wie behandelt man rohe Eier? Man haut sie in die Pfanne. *Dieter Hallervorden*

Zu Hause ist man nur Politiker, im Ausland dagegen ist man Staatsmann. *Harold MacMillan*

Es gibt Politiker, die sind zu nichts fähig. Es gibt andere, die sind zu allem fähig. *Werner Grunert*

Ich habe mein Amt so organisiert, daß es mich möglichst wenig beim Segeln stört. *Edward Heath*

Ein konservativer Staatsmann ist einer, der in bestehende Mängel verliebt ist, während der liberale sie durch neue ersetzen möchte. *Ambrose Bierce*

➪ **Staatsmann**

Positives Denken

Nur wer sich selbst gut findet, arbeitet auch gut.
Gerhard Reichel

Ich bin ok, du bist ok, und zusammen sind wir unschlagbar. *Lebenseinstellung von "Gewinnern"*

Manche verwechseln Positives Denken mit erfolgreichem Verdrängen unliebsamer Realitäten.
Matthias Scharlach

Die drei Gesetze des Positiven Denkens:
1. Du bist, was du denkst.
2. Was du denkst, strahlst du aus.
3. Was du ausstrahlst, ziehst du an. *Unbekannt*

Man kann einen anderen Menschen in der Sache leichter für sich gewinnen, wenn man ihm in irgendeiner Form signalisiert: Du bist ok. *Gerhard Reichel*

Sprich immer davon, wofür du bist - wogegen du bist, merkt man von selbst. *Matthias Scharlach*

Wer andere klein macht, ist selbst nie groß. Wer andere groß macht, wächst mit. *Gerhard Reichel*

➪ **Optimismus**

Preis

Es ist unklug, zuviel zu bezahlen, aber es ist noch schlechter, zu wenig zu bezahlen. Wenn Sie zuviel bezahlen, verlieren Sie etwas Geld, das ist alles. Wenn Sie dagegen zu wenig bezahlen, verlieren Sie manchmal alles, da der gekaufte Gegenstand die ihm zugedachte Aufgabe nicht erfüllen kann. Das Gesetz der Wirtschaft verbietet es, für wenig Geld viel Wert zu erhalten. Nehmen Sie das niedrigste Angebot an, müssen Sie für das Risiko, das Sie eingehen, etwas hinzurechnen. Und wenn Sie das tun, dann haben Sie auch genug Geld, um für etwas Besseres zu bezahlen.
John Ruskin

Wenn Sie Ihre Partner nach den Kriterien des Preises aussuchen, schauen Sie durch die falsche Seite des Fernrohrs. Viel wichtiger als der Preis ist doch wohl das Preis-Leistungs-Verhältnis. *Unbekannt*

Wer nichts bietet, bietet billige Preise. *Unbekannt*

Nur der kann billiger sein, der weniger Leistung erbringt. *Unbekannt*

Was eine Sache wert ist und was man dafür bekommt, sind zwei sehr verschiedene Dinge. *Unbekannt*

Ein Geschäftsmann in den besten Jahren fährt mit seiner Frau nach Paris. Dort schleppt sie ihn von einem Couturier zum anderen, bis er endlich um einen Tag Pause bittet - und ihn auch bekommt. Während seine Frau wieder zum Einkaufen unterwegs ist, setzt er sich an die Bar des Ritz-Hotels und entdeckt bald eine reizende Pariserin. Alles läuft prima, bis die Rede auf das Geld kommt. Sie will 100 Dollar, er will nur 20 Dollar bezahlen. Sie können sich nicht über den Preis einig werden und so wird aus dem Schäferstündchen auch

nichts. Abends geht er mit seiner Frau in ein teures Restaurant in der Rue de Rivoli und sieht plötzlich am Nebentisch sein Mädchen vom Nachmittag. "Voila, Monsieur", sagt sie mit einem zauberhaften Lächeln, "da sehen Sie, was Sie für 20 Dollar bekommen!"
Unbekannt

Es gibt kaum etwas auf dieser Welt, was nicht irgend jemand etwas schlechter machen und darum auch billiger verkaufen könnte. *John Ruskin*

Erfahrene Verkäufer bestätigen immer wieder, daß man den Leuten eine teure Sache leichter verkaufen kann als eine billige. *Gerhard Reichel*

➪ **Bilanz, Kalkulation, Verkaufen, Rabatt**

Presse

Die Presse ist die Artillerie der Gedanken.
Gotthold Ephraim Lessing

Die Presse ist der Pulsschlag der öffentlichen Meinung. Man sollte nicht versuchen, ihn künstlich zu beschleunigen oder zu verlangsamen. *John Gunther*

Unter Pressefreiheit verstehen manche Journalisten das Recht, ihren Wagen im Parkverbot zu stationieren.
Franz Böhm

In manchen Ländern bedeutet Druck- und Pressefreiheit die Freiheit zu pressen und unter Druck zu setzen.
Wolfgang Eschker

Die Pressefreiheit ist die Freiheit von 200 reichen Leuten, ihre Meinung zu verbreiten. *Paul Sethe*

Von der Pressefreiheit hängt praktisch jede andere Freiheit ab. *Salvador de Madariaga*

In früheren Zeiten bediente man sich der Folter. Heutzutage bedient man sich der Presse. *Oscar Wilde*

Die Presse ist ein Gewissen aus Papier.
Malcolm Muggeridge

Die Presse hat auch die Aufgabe, das Gras zu mähen, das über etwas zu wachsen droht. *Alfred Polgar*

Ich habe mich immer vehement für Pressefreiheit eingesetzt und auch gegen Selbstzensur gekämpft. Freiheit bedeutet für mich aber nicht, daß man alles darf. Das Fernsehen darf nicht die Würde des Menschen verletzen. *Ulrich Wickert*
Pressesprecher sind Leute, die dort eine Narbe haben, wo ihr Chef verwundet worden ist. *Henry Spangler*

Ich bin der Meinung, für die Presse ist nichts wichtiger als die Macht, ihre Informanten decken zu können.
Lecat

Die Presse muß die Freiheit haben, alles zu sagen, damit gewisse Leute nicht die Freiheit haben, alles zu tun. *Alain Peyrefitte*

Presse: die Möglichkeit, Dinge zu verschweigen, indem man andere druckt. *Rudolf Rolfs*

➪ **Journalismus**

Prestige

Prestige ist eine Seifenblase, die sofort platzt, wenn man sie selbst aufbläst. *Heinz Hilpert*

Prestige ist eine Daumenschraube, die man auch einer Weltmacht anlegen kann. *George E. Kennan*

Manche Menschen wollen immer glänzen, obwohl sie keinen Schimmer haben. *Heinz Erhardt*

Um in der Gesellschaft etwas zu gelten, setzt man alles daran, so zu tun, als gelte man dort schon etwas.
Francois de la Rochefoucauld

Angeber sind Sprachriesen, in denen sich Denkzwerge verstecken. *Werner Mitsch*

Mit dem Wind, den man selber macht, lassen sich die Segel nicht füllen. *Karl Heinrich Waggerl*

Sage mir, welche Marke du trägst und ich sage dir, wer du gerne sein möchtest. *Gerhard Reichel*

Einer der stärksten Antriebsmotoren im Leben der meisten Menschen ist der Wunsch bedeutend zu sein.
Alfred Adler

➪ **Ansehen, Geltung**

Prinzipien

Beständigkeit ist oft nur die Furcht, schwach zu erscheinen, wenn man seine Meinung ändert.
Alberto Moravia

Prinzipientreue ist die letzte Zuflucht der Phantasielosen. *Gerhard Reichel*

Da man Gesetze nicht brechen darf, andererseits aber durchaus etwas haben muß, was gebrochen werden kann, wurde das Prinzip eingeführt. Prinzipien sind diejenigen Gesetze, die gebrochen werden dürfen.
Peter Bamm
Persönlichkeiten, nicht Prinzipien bringen die Zeit in Bewegung. *Oscar Wilde*

Man kann Prinzipien aufstellen wie Wegweiser. Oder wie Galgen. *Hans Kasper*

Es ist leichter, für seine Prinzipien zu sterben, als für sie zu leben. *Alfred Adler*

Es ist immer ein heiter stimmender Anblick, wenn Prinzipienreiter abgeworfen werden. *Werner Finck*

Prinzipien sind der jämmerlichste Grund, den es gibt, um sich unbeliebt zu machen. *George Bernard Shaw*

Unsere Prinzipien dauern gerade so lange, bis sie mit unseren Leidenschaften oder Eitelkeiten in Konflikt kommen, und ziehen dann jedesmal den kürzeren. *Theodor Fontane*

Mir gefallen Menschen besser als Prinzipien und Menschen ohne Prinzipien besser als irgendwas in der Welt. *Oscar Wilde*

➪ **Grundsätze, Werte**

Privileg

Wer das erste Privilegium erfunden hat, verdient vorzugsweise so lange im Fegefeuer in Öl gesotten oder mit Nesseln gepeitscht zu werden, bis das letzte Privilegium vertilgt ist. *Johann Gottfried Seume*

Privilegien aller Art sind das Grab der Freiheit und Gerechtigkeit *Peter Ustinov*

Der größte Feind des Rechtes ist das Vorrecht. *Marie von Ebner-Eschenbach*

Auf Rechte ist niemand stolz, sondern auf Vorrechte. *Jean Paul*

➪ **Vorrecht**

Problem

Die meisten Menschen wenden mehr Kraft an, um die Probleme herumzureden, statt sie anzupacken. *Henry Ford*

Man ist entweder Teil der Lösung oder Teil des Problems. Ich habe mich für ersteres entschieden. *Michail Gorbatschow*

Es ist besser, einen vollen Bauch und psychologische Probleme zu haben, als einen leeren Bauch und keine Probleme. *Alwin Toffler*

Die, die niemals Probleme haben, sind Schwätzer. *Matthias Scharlach*

Wer ein Problem nicht in zwei Minuten darlegen kann, ist ein Schwätzer. *Gerhard Reichel*

Probleme sind Möglichkeiten in Arbeitskleidung, *Henry J. Kaiser*

Die Probleme werden dadurch am besten gelöst, daß man sie erkennt, bevor sie Probleme werden. *Joachim Zahn*

Willst du ein Problem lösen, mußt du dich von dem Problem lösen. *Gerhard Reichel*

Es ist irrig, ein Problem lösen zu wollen, dessen Vorhandensein man sich nicht eingesteht. *Matthias Scharlach*

Probleme lassen sich anscheinend immer am besten mit anderer Leute Geld lösen. *Paul Getty*

Es ist besser, ein Problem zu erörtern, ohne es zu entscheiden, als es zu entscheiden, ohne es erörtert zu haben. *Joubert*

In meinem Amt sucht man nicht erst nach Lösungen für ein Problem, sobald es sich stellt. Man handelt sofort. Schließlich hat man lange genug Zeit gehabt, darüber nachzudenken. *Henry Kissinger*

Probleme mit Geld sind besser als Probleme ohne Geld. *Malcolm Forbes*

Jedes Problem ist eine Chance, etwas besser zu machen. *Matthias Scharlach*

Der Weitblick mancher Leute besteht darin, die nächsten Probleme zu übersehen. *Wolfgang Eschker*

Konferenzen sind ein vorzügliches Mittel, Probleme so lange zu diskutieren, bis sie nicht mehr aktuell sind. *Alex Möller*

Der Idealismus wächst mit der Entfernung vom Problem. *John Galsworthy*

Wohin wir auch blicken, überall entwickeln sich die Chancen aus den Problemen. *Nelson A. Rockefeller*

Wenn die Lösung eines Problems besonders paradox erscheint, dann ist meistens der Weg zur Kreativität frei. *Gerhard Skop*

Professor

Ein Professor ist ein Mann, der anderer Meinung ist. *Eduard von Hartmann*

Wieviel Unsinn ist im Laufe der Zeit von Professoren gesagt worden! Warum sollten Studenten nicht auch mal dummes Zeug reden dürfen? *Alexander Mitscherlich*

Es hat schon etwas Tröstliches, daß selbst der gescheiteste Professor und die feinste Lady unterhalb der Taille auch nur Menschen sind. *Henry Miller*

Profit

Es versteht sich von selbst, daß man nicht zugleich hohe Prinzipien und hohe Profite haben kann.
Howard Hughes

Die Kultur dient dem Menschen, seine Herzensruhe zu finden. Wenn ich mich ausschließlich um geschäftliche Dinge gekümmert hätte, dann hätte ich vielleicht schon vor sehr langer Zeit aufgegeben.
Seinosuke Kuraku

Es ist ungut, nur und ständig im Sinne der Nützlichkeit zu denken; denn das führt schließlich zur Einseitigkeit und Sterilität. Es gehört eigentlich zur geistigen Gesundheit, als Gegengewicht die Kultur in sein persönliches Wesen einzubeziehen als eine andere und nicht unwesentliche Seite die den Charakter ausmacht und formt. *Ernst Schneider*

Eine auf Profit beruhende Industrie ist bestrebt, Menschen für den Kaugummi und nicht Kaugummi für den Menschen hervorzubringen. *Antoine de Saint Exupery*

Wer nur um Gewinne kämpft, erntet nichts, wofür es lohnt, zu leben. *Antoine de Saint Exupery*

➪ **Ertrag, Gewinn**

Prognose

Es lohnt sich meistens, die Prognosen der Meinungsforscher nicht gelesen zu haben. *Franz Josef Strauß*

“Wenn es besser kommt als vorausgesagt, dann verzeiht man sogar den falschen Propheten.”
Ludwig Erhard

Die meisten Prognosen sind falsch - und es ist kein Fall bekannt, in dem ein Futurist die Verantwortung für die üblen Folgen seiner falschen Prognosen übernommen hätte. *Karl Steinbuch*

Prognosen haben zwei Eigenschaften: Sie stimmen nie genau, aber sie stimmen immer mehr als gar keine Prognosen. *Manfred Rommel*

Ich mache schon lange keine Prognosen mehr, und schon gar nicht für die Zukunft. *Karl Otto Pöhl*
Es gehört zu den Grundsätzen unserer Wirtschaftspolitik, daß Prognosen im allgemeinen, ganz besonders aber Prognosen über die Zukunft einer Branche von Übel und gefährlich sind. *Lorenz Schomerus*

Futurologie ist immer noch ein Lotto, auch wenn es noch so wissenschaftlich aussieht. *James Brooking*

Ein Prognostiker ist ein Mann, der in lichten Momenten düstere Ahnungen hat. *Tennessee Williams*

Prophezeien sollten nur Mathematiker.
Louis de Broglie

Prognostizieren ist die Kunst zu kratzen, bevor es juckt. *Unbekannt*

➪ **Futurist, Zukunft, Wahrsagen, Prophet**

Prominente

Für einen Prominenten gibt es nur eines, was schlimmer ist, als auf der Straße erkannt zu werden - nämlich nicht erkannt zu werden. *Wim Thoelke*

Prominente sind Menschen, die sich sehr bemühen, ihr Inkognito zu wahren, und die sehr enttäuscht sind, wenn das gelingt. *Viktor de Kowa*

Ein Prominenter ist ein Mensch, der sich ein Leben lang Mühe gegeben hat, um bekannt zu werden, und dann dunkle Brillen trägt, damit man ihn nicht erkennt.
Unbekannt

Die heutige Prominenz hat nicht einmal soviel Intimsphäre wie ein Goldfisch im Aquarium.
Federico Fellini

➪ **Jet-Set**

Propaganda

Propaganda ist die Kunst, den Teufel mit zwei gesunden Füßen zu fotografieren. *Hans Kasper*

Am Anfang war das Wort und nicht das Geschwätz, und am Ende wird nicht die Propaganda sein, sondern wieder das Wort. *Gottfried Benn*

Propaganda ist eine Lüge, die man einer Million Menschen erzählt. *Gerhard Reichel*

Ein guter Propagandist kann sogar mit Hilfe der Wahrheit überzeugen. *Wieslaw Brudzinski*

➪ **Werbung, Public Relation**

Prophet

Propheten müssen eine starke Stimme und ein schwaches Gedächtnis haben. *John Osborne*

Mit Propheten unterhält man sich am besten drei Jahre später. *Peter Ustinov*

Wenn es besser kommt, als vorausgesagt, verzeiht man auch falschen Propheten. *Ludwig Erhard*

➪ **Futurist, Zukunft, Wahrsagen,**

Prostitution

Eine Prostituierte ist eine Frau, die durch langsames Auf- und Ab-Gehen schneller vorwärts kommen will.
Unbekannt

➪ **Call-Girl**

Protest

Protest ist heute eine der bemerkenswertesten Formen der Anpassung. *Johannes Gross*

➪ **Opposition**

Protokoll

Ein Protokoll ist die nachträgliche Niederschrift dessen, was man bei einer Besprechung gern gesagt oder von anderen gehört hätte. *Robert Lembke*

➪ **Kommunique**

Prozeß

Ein Prozeß ist eine Maschine, in die man als Schwein hineingeht, um als Wurst wieder herauszukommen.
Ambrose Bierce

Ein Prozeß ist eine förmliche Untersuchung zu dem Zweck, den makellosen Charakter von Richtern, Advokaten und Geschworenen zu beweisen und aktenkundig zu machen. Dazu ist eine Kontrastperson in Form eines sogenannten Angeklagten, Gefangenen oder Beschuldigten erforderlich. *Ambrose Bierce*

➪ **Gericht, Recht, Justiz**

Prüderie

Prüderie ist die Neigung weiblicher Personen von lockerem Lebenswandel, sich hinter dem Rücken ihres Wohlverhaltens zu verstecken. *Ambrose Bierce*

Prüderie ist eine Festung, die um so hartnäckiger verteidigt wird, je weniger Gefahr ihr droht. *Delphine Gay*

Prüde Leute haben eine schmutzige Phantasie.
Jonathan Swift

Prüderie ist eine besondere Art von Geiz, und zwar die schlimmste, die es geben kann. *Stendhal*

➪ **Keuschheit, Tugend**

Psychiater

Auch Psychiater haben Alpträume: Ihre schrecklichste Halluzination ist eine Welt ohne Irre.
Adolf Neuwert Nowaczynski

Der Psychiater ist der letzte Mensch, mit dem man spricht, bevor man anfängt, mit sich selbst zu sprechen. *Frank Sinatra*

Psychiater sind Leute, die sich selbst nicht konsultieren, weil sie zu teuer sind. *Peter Sellers*

Gerissene Psychiater schicken Schizophrenen zwei Rechnungen. *Achim Strietzel*

Die Psychoanalyse hat aus der Kindheit die Apotheke für unsere Erwachsenenschmerzen gemacht.
Werner Ross

Ein Psychiater lebt von Leuten, die mit ihrer Vergangenheit nicht fertig werden und sich die Gegenwart mit Zukunftssorgen verderben. *Unbekannt*

Die Psychoanalyse ist eine herrliche Entdeckung. Sie gibt auch einfachen Menschen das Gefühl, komplizierte Wesen zu sein. *Samuel N. Behrman*

Ein Psychiater ist ein Mann, der sich keine Sorgen zu machen braucht, solange andere Leute sich noch welche machen. *Unbekannt*

Ein Psychiater ist ein Mann, der in eine Striptease-Show geht, um sich die Gäste anzusehen. *Unbekannt*

Psychoanalyse

Die Psychoanalyse ist die Religion der privaten Verwirrung. *Karl Jaspers*

Die Psychoanalyse ist mehr eine Leidenschaft als eine Wissenschaft. *Karl Kraus*

Der Psychoanalytiker ist ein Mann, der gegen Honorar die gleichen Fragen an uns stellt, die eine Frau gratis an uns richtet. *Unbekannt*
Der Psychoanalytiker ist ein Beichtvater, den es gelüstet, auch die Sünden der Väter abzuhören. *Karl Kraus*

Der Psychoanalytiker ist ein Mann, der nach Gesprächen mit vielen Patienten sagen kann, was ihm selber fehlt. *Peter Sellers*

Psychologen

Psychologie ist eine Wissenschaft, die uns über den Menschen Dinge, die jeder weiß, in einer Sprache lehrt, die keiner versteht. *Unbekannt*

Ein Psychologe ist ein Mann, der beim Auftauchen eines hübschen Mädchens nicht das Mädchen anschaut, sondern die Männer, die das Mädchen anschauen. *Jo Herbst*

Die Lektüre des Buches "Psychologie für jedermann" hat ihm sehr geholfen. Jetzt fallen ihm seine Fehler wenigstens bei den anderen auf. *Günther Schatzdorfer*

Psychologie ist die Wissenschaft von der Seele dessen, der sie betreibt. *Egon Friedell*

Psychologie ist die Naturwissenschaft der Seele. *Hans Lohberger*

Psychologie ist Philosophie nach dem Sündenfall. *Rudolf Alexander Schröder*

Psychotherapie ist ein Zweig der Heilkunde, der den Menschen beibringen soll, auf eigenen Füßen zu stehen, während sie auf einem Sofa liegen. *Unbekannt*

Pubertät

Die Pubertät ist jene Zeitspanne, während derer Jungen nicht wissen, ob sie Mädchen küssen oder verprügeln sollen. *Unbekannt*

Public Relation

Tüchtigkeit und Verworfenheit offenbaren sich nicht unbedingt in den spektakulären Taten, sondern oft wirft ein geringfügiger Vorgang, ein Wort oder ein Scherz ein bezeichnenderes Licht auf einen Charakter als eine Schlacht mit tausend Toten. *Plutarch*

Wenn du einen Dollar investierst, gib einen zweiten aus, um es bekannt zu machen. *Henry Ford*

In den Wahlkämpfen von heute sind die Politiker längst nicht mehr nur Politiker. Sie sind PR-Manager in eigener Sache, Stars einer Inszenierung, die das Publikum mit demoskopischen Daten, mit Talkshows und Werbegags unterhält. Entscheidend ist, wie sie sich in Szene setzen und wer sich dabei durchsetzt, Images sind wichtiger als Inhalte. *DER SPIEGEL 41/1994*

Wenn ein junger Mann ein Mädchen kennenlernt und ihr sagt, was für ein großartiger Kerl er ist, so ist das Reklame ... Wenn er ihr sagt, wie reizend sie aussieht, dann ist das Werbung ... Aber wenn das Mädchen sich für ihn entscheidet, weil sie von anderen gehört hat, was für ein feiner Kerl er wäre, dann ist das Public Relations. *Alwin Münchmeyer*

Öffentlichkeitsarbeit ist die Verbreitung von Wahrheit in verschönerter Form. *Conrad Ahlers*

Der literarische Autor wird dafür sorgen müssen, daß er im Gespräch bleibt. Also hat er jedes zweite Jahr ein neues Buch zu publizieren, muß er sich zu politischen, allgemein interessierenden Dingen öffentlich äußern, muß er Kontroversen stiften, muß er den Clown, den Weisen spielen, denn von dem Stillen im Lande hält keiner etwas. *Peter Härtling*

Meine Herren, in hundert Jahren wird man über diese schrecklichen Tage einen schönen Farbfilm drehen. Wollen Sie keine Rolle darin spielen? Dann verhalten Sie sich so, daß das Publikum nicht pfeifen wird, wenn Sie auf der Leinwand erscheinen. *Joseph Goebbels*

Eine der sichersten Methoden, Aufmerksamkeit zu erregen, ist, etwas zu tun, was vom üblichen abweicht, und wenige Künstler haben das Rückgrat, dieser Versuchung zu entgehen. *Arnold Schönberg*

Macht ein Journalist aus einem Schwan eine Gans. so ist das eine Ente; wenn ein Unternehmensjournalist aus einer Gans einen Schwan macht, nennt man's Öffentlichkeitsarbeit. *Robert Schulte*

Berufsbild eines Ghostwriters: Ich bin die Null, die aus dem Chef eine Zehn macht. *Unbekannt*

Es gibt immer Leute, in deren Gegenwart es nicht ratsam ist, zu bescheiden zu sein; sie nehmen dich allzugern beim Wort. *Louis Pasteur*

Jedes überflüssige Wort wirkt seinem Zweck gerade entgegen. *Arthur Schopenhauer*

Die Wahrheit kommt mit wenigen Worten aus. *Laotse*

Ein PR-Mann ist der Mann, der gegen Honorar gackert, wenn du ein Ei legst. *Unbekannt*

Public Relations ist die wichtigste Abteilung jedes Verlags, die viel Mühe und Geld aufwendet für gute Bücher, denen es nicht nützt, und für schlechte Bücher, die es nicht nötig haben. *Hans Weigel*

Zuerst müssen wir die Fakten haben, ehe wir sie verdrehen. *Büroweisheit*

➪ **Öffentlichkeitsarbeit**

Publikum

Das moderne Theater muß nicht danach beurteilt werden, wieweit es die Gewohnheiten des Publikums befriedigt, sondern danach, wieweit es sie verändert. *Bertolt Brecht*

Das Publikum weiß erst dann, was es will, wenn es das, was es will, zu sehen bekommt. *Sam Goldwyn*

Das Publikum ist wunderbar nachsichtig. Es verzeiht alles - außer Genie. *Oscar Wilde*

Verärgere niemals das Publikum, sonst ist es aus mit dir. *Sammy Davis jr.*

Ich bin von den Kritikern oft zerrissen worden, aber das Publikum hat mich immer wieder zusammengeflickt. *Jacques Tati*

Man muß das Publikum zu sich heraufholen; man darf nicht zu ihm hinuntersteigen. *Gustaf Gründgens*

Die Kunst darf nie populär sein wollen. Das Publikum muß künstlerisch werden. *Oscar Wilde*

Ein Kritiker ist ein Mensch, der sehr böse wird, wenn dem Publikum etwas gefällt, was er nicht mag. *Erich Segal*

Das Publikum will gekitzelt werden und nicht gekniffen. *Wolfgang Borchert*

Wer dem Publikum nachläuft, sieht nur dessen Hinterteil. *Birgit Breuel*

Jedes Publikum kriegt die Vorstellung, die es verdient. *Curt Goetz*

Es gibt Abende, an denen nicht das Schauspiel, sondern das Publikum durchfällt. *Max Reinhardt*

Das Publikum liebt neue Ideen, in dramatische Form gebracht. Nur müssen es Ideen sein, die jeder im Publikum gehabt haben könnte und sie nur aus Mangel an Mut nicht auszusprechen gewagt hat. *William Somerset Maugham*

Publizität

Journalisten sind Leute, die über Aktuelles unbefangen schreiben und über bürgerliche Ehren spotten. Dann werden sie Publizisten, schreiben über Ewiges bedeutsam und nehmen bürgerliche Ehren an. *Johannes Gross*

Wer in die Öffentlichkeit tritt, hat keine Nachsicht zu erwarten und keine zu fordern. *Marie von Ebner-Eschenbach*

Wer den Ehrgeiz hat, sich in einer Menge Gehör zu verschaffen, muß unermüdlich drängen und drücken und schieben und klettern, bis er sich zu einer gewissen Höhe über sie erhoben hat. *Jonathan Swift*

Man soll schweigen oder Dinge sagen, die noch besser sind als das Schweigen. *Pythagoras*

Ehrlichkeit ist anstrengend. *Stendhal*

Man darf das Maul nur so weit aufreißen, daß man es auch schnell wieder zumachen kann. *Büroweisheit*

Die Strafe des Lügners ist nicht, daß ihm niemand mehr glaubt, sondern, daß er selbst niemandem mehr glauben kann. *George Bernard Shaw*

Gleichgültigkeit gegenüber der öffentlichen Meinung ist eine unentbehrliche aristokratische Tugend. *Diana Mitford*

Ein Dementi ist nach den internationalen Gepflogenheiten die verneinende Bestätigung einer Wahrheit, die bisher nur als Gerücht verbreitet war. *Alain Peyrefitte*

Es ist sehr fraglich, ob man auf Dauer Politik durch Publicity ersetzen kann. *George F. Kennan*

Die Popularität einer Sache macht mich viel eher zweifelhaft und nötigt mich, mein Gewissen noch einmal zu fragen: ist sie auch wirklich vernünftig? *Otto von Bismarck*

Wer in der Öffentlichkeit Kegel schiebt, muß sich gefallen lassen, daß nachgezählt wird, wieviel er getroffen hat. *Kurt Tucholsky*

Die Öffentlichkeit hat eine unersättliche Neugier, alles zu wissen, nur nicht das Wissenswerte. *Oscar Wilde*

Man soll nicht vor die Öffentlichkeit treten, wenn die Öffentlichkeit nicht hinter einem steht. *Gerhard Uhlenbruck*

Das mächtigste Hirngespinst ist die öffentliche Meinung: Niemand weiß genau, wer sie macht, niemand hat sie je persönlich kennengelernt, alle lassen sich von ihr tyrannisieren. *Johann Wolfgang von Goethe*

➪ **Öffentlichkeitsarbeit**

Pünktlichkeit

Pünktlichkeit stiehlt uns die beste Zeit. *Oscar Wilde*

Pünktlichkeit ist die Kunst, richtig abzuschätzen, um wieviel sich der andere verspäten wird. *Bob Hope*

Pünktlichkeit ist eine Tugend, die wenig einbringt, weil in der Regel niemand da ist, der sie bemerken könnte. *Unbekannt*
Pünktlichkeit ist eine Tugend, die bewirkt, daß man ständig auf andere warten muß. *Unbekannt*

Pünktlichkeit ist eine Tugend, die bei Gläubigern abnorm gut entwickelt zu sein scheint. *Ambrose Bierce*

Pünktlichkeit ist der beste Nachweis einer guten Erziehung. *Hans Kilian*

Pünktlichkeit ist die Kunst, sich so zu verspäten, daß man immer noch früher da ist als die anderen.
Monika Peitsch

Pünktlichkeit ist das erste Gebot der Höflichkeit.
Franz Luwein

Sich beeilen nützt nichts. Zur rechten Zeit aufbrechen ist die Hauptsache.
La Fontaine

Wer zu spät kommt, den bestraft das Leben.
Michael Gorbatschow

➪ **Zeitmanagement**

Der Pessimist sagt:
„Alle Frauen
sind verführbar."
Der Optimist sagt:
„Gott sei Dank."

UNBEKANNT

Qualität

Über alles andere können wir streiten, aber Qualität darf nicht Gegenstand unserer Auseinandersetzung sein. *Lee Iacocca*

Es war mir immer ein unerträglicher Gedanke, es könne jemand bei der Prüfung eines meiner Erzeugnisse nachweisen, daß ich irgendwie Minderwertiges leiste. Deshalb habe ich stets versucht, nur Arbeit hinauszugeben, die jeder sachlichen Prüfung standhielt. *Robert Bosch*

Es ist unklug, zu viel zu bezahlen; aber es ist noch schlechter, zu wenig zu bezahlen. Wenn Sie zu viel zahlen, verlieren Sie etwas Geld; wenn Sie zu wenig zahlen, verlieren Sie manchmal alles, da der gekaufte Gegenstand die ihm zugedachte Aufgabe nicht erfüllen kann. *John Ruskin*

Die wichtigste Loyalität des Künstlers ist jene gegenüber der Qualität. *Jean-Louis Barrault*

Quelle

Die meisten Quellen sind mit dem Flußlauf nicht einverstanden. *Jean Cocteau*

Zu den Quellen gelangt man gegen den Strom. *Stanislaw Jerzy Lec*

Gott liebt es, wenn seine Quellen rauschen. Aber niemand weiß, welche Art Mühlen er damit antreibt. *Karl Heinrich Waggerl*

Quiz

Quiz ist der Versuch, aus einem Menschen mehr herauszuholen, als in ihm steckt. *Peter Frankenfeld*

Ein Quizmaster ist eine seltsame Mischung von Clown, Buchhalter und Oberlehrer. *Peter Sellers*

R

Rabatt

Nachdem ich Mehrwertsteuer, Einfuhr-, Umsatzsteuer, Zölle, Gewerbesteuer, Einkommenssteuer, Vermögenssteuer, Haus- und Grundsteuer, Vermögensabgabe, Solidarzuschlag, Zinsabschlagssteuer, Kapitalertragssteuer, Lohnsteuer, Kirchensteuer, Beiträge zur Krankenversicherung, Sozialversicherung, Arbeitslosenversicherung, Haftpflichtversicherung, Pflegeversicherung, Berufsgenossenschaft, Industrie- und Handelskammer, Feuer- und Wasserschädenversicherung, Produktausfallversicherung, Einbruch- und Diebstahlversicherung, Gebühren für Gas, Wasser, Strom, Heizung, Müllabfuhr, Schornsteinfeger, Telefon, Porto und Fachzeitschriften bezahle, bleibt mir vom Gewinn nur noch Geld für diese Reklame übrig. Bitte verschonen Sie mich deshalb mit Rabattwünschen. *Unbekannt*

➪ **Kalkulation, Preise, Verkaufen**

Rache

Die beste Art, sich zu rächen: Nicht Gleiches mit Gleichem vergelten. *Mark Aurel*

Die Strafe, die züchtigt, ohne zu verhüten, heißt Rache. *Albert Camus*

Haß ist die Rache des Feiglings dafür, daß er eingeschüchtert wurde. *George Bernard Shaw*

Einen Menschen erkennt man daran, wie er sich rächt. *Ernest Hemingway*

Du willst dich dafür rächen, daß einer dich verleumdet? Sprich die Wahrheit über ihn, und ihr seid quitt. *Arthur Schnitzler*

Resignation ist die sublimste Rache am Schicksal. *Hans Kudszus*

Rache ist ein Gericht, das man kalt verspeisen muß. *Napoleon III.*

Nach Beendigung der Jagdsaison erscheint ein kleiner Hase mit finsterer Miene im Dorfgasthaus. Er setzt sich an den Tisch, überfliegt die Speisekarte und bittet den Ober mit hämischem Grinsen: "Ein Jägerschnitzel, bitte."

Radikale

Ein Radikaler ist ein Mann, der mit beiden Beinen fest in der Luft steht. *Franklin D. Roosevelt*

Radikalismus ist eine Rasur, bei der man zugleich mit dem Bart auch die Haut entfernt *Romain Gary*

Radikal ist, wer das Erreichbare möglich macht. *Klaus Dieter Arndt*

Für manche Linken ist einer schon rechtsradikal, wenn er nur pünktlich zur Arbeit kommt. *Heiner Geißler*

Man kann die bürgerliche Intelligenz nicht fortjagen und vernichten, sondern muß sie besiegen, ummodeln, umwandeln und umerziehen. *Wladimir Iljitsch Lenin*

Radikalismus und Apathie liegen nahe beieinander. *Theodor Eschenburg*

➪ **Extremismus, Fanatismus**

Rang

Wer den höchsten Rang in einer Gruppe von Tieren oder Menschen hat, ist leicht zu erkennen. Es ist immer derjenige, der am meisten angeschaut wird. Davon kommt auch das Wort Ansehen. *Irenäus Eibl-Eibesfeldt*

➪ **Ansehen, Geltung**

Rasieren

Man kann noch so viele Fremdsprachen beherrschen - wenn man sich beim Rasieren schneidet, gebraucht man die Muttersprache. *Eddie Constantine*

Die Rasur ist das Abzeichen der Zivilisation. *Arthur Schopenhauer*

Rat

Am schwierigsten zu befolgen sind die Ratschläge, die man sich selber gibt. *Sean O'Casey*

Eine Frau holt gerne den Rat ihres Mannes ein - schon deshalb, um ihn nicht zu befolgen. *Arthur Schnitzler*

Niemand kann dich besser beraten als du selbst. *Cicero*

Prüfe einen Rat, den du gibst; prüfe ihn zweimal, wenn du ihn bekommst. *Unbekannt*

Man sollte nie den Ratschlägen anderer folgen. Wenn du dich irrst, so soll dein Irrtum dir allein gehören. *Anton Tschechow*

Wer an einem Weg baut, findet viele Ratgeber. *Martin Luther*

Vom sichern Port läßt sich's gemächlich raten. *Friedrich Schiller*

Rat erbitten: sich den eingeschlagenen Weg von einem anderen bestätigen lassen. *Ambrose Bierce*

Rat zu geben, ist das dümmste Handwerk, das einer treiben kann. Rate sich jeder selbst und tue, was er nicht lassen kann. *Johann Wolfgang von Goethe*

Anderen etwas Unbequemes zu empfehlen, ist immer wesentlich leichter, als es selber zu tun. Deshalb ist unsere Welt zwar reich an guten Ratschlägen, aber wesentlich ärmer an denen, die sie befolgen. *Manfred Rommel*

Ratschläge sind wie abgetragene Kleider: man benutzt sie ungern, auch wenn sie passen. *Thornton Wilder*

Die guten Freunde sind dazu da, uns zu sagen, was unsere Feinde von uns denken. *Marie von Ebner-Eschenbach*

Wo guter Rat teuer ist, wird schlechter Rat unbezahlbar. *Unbekannt*

Ein Maßanzug vom Dorfschneider ist auch ein Maßanzug. *Unbekannt*

Ein Pfuscher in eigener Sache wird mitunter ein tüchtiger Kritiker in fremder. *Emil Baschnonga*

Man hat beobachtet, daß niemand besser geeignet ist, anderen Ratschläge zu erteilen, als diejenigen, die sie selbst am wenigsten befolgt haben. *Oliver Goldsmith*

Wer anderen Unbequemes sagt, macht sich selbst unbequem. *Johann Wolfgang von Goethe*

Eine Hand voller Geld ist besser als beide Hände voller Ratschläge. *Sprichwort*

Das ständige Befolgen von Ratschlägen ist der Tod alles Schöpferischen. *Matthias Scharlach*

Gute Ratschläge sollte man weitergeben; das ist das einzige, was man damit anfangen kann. *Oscar Wilde*

➪ **Berater**

Rationalisierung

Unter Rationalisierung verstehen die meisten Postminister, daß man die Gebühren laufend erhöht und die Zustellung ständig verschlechtert. *Cyril Northcote Parkinson*

Ein Rationalisierungsfachmann wurde von einem belgischen Kraftwerk ersucht, die Arbeitsabläufe auf etwaige Verbesserungen zu untersuchen. In seiner Studie schrieb der Experte: "Ich würde lediglich vorschlagen, daß Sie die Kurve unmittelbar vor der Stechuhr rennbahnmäßig überhöhen lassen." *Unbekannt*

"Wir werden Sie durch einen Elektronenrechner ersetzen", erklärte ein Chef seinem Angestellten die Rationalisierungsmaßnahmen. "Aber vielleicht freut es Sie, daß dieser 200 000 Dollar wert sein wird." *Unbekannt*

Rationalität

Die Rationalität ist als Management-Instrument auf dem Rückzug. Nach einem Jahrzehnt ständigen Desasters strategischer Planung erlebt die Intuition ein Comeback. *Financial Times*

➪ **Logik**

Raucher

Ein leidenschaftlicher Raucher, der immer wieder von der Bedeutung der Gefahr des Rauchens für seine Gesundheit liest, hört in den meisten Fällen auf - zu lesen. *Sir Winston Churchill*

Die Raucher vernebeln nicht nur die Luft, sondern meist auch ihren Geist, und so kann man dann leichter mit ihnen fertig werden. *Konrad Adenauer*

Was Raucher Nichtrauchern antun, heißt bei Nichtschwimmern: ersäufen. *Werner Schneyder*

Toleranz kann man von Rauchern lernen: Noch nie hat sich ein Raucher über einen Nichtraucher beschwert. *Alessandro Pertini*

Rauschgift

Rauschgift ist eine Droge, die ihre Käufer zeitweise in jenes Paradies entführt, in dem die Verkäufer ständig wohnen. *Unbekannt*

Rauschgift ist eine unverriegelte Tür im Gefängnis der Identität. Sie führt auf den Gefängnishof.
Ambrose Bierce

➪ **Doping**

Reaktionär

Ein Reaktionär ist ein Schlafwandler, der rückwärts geht. *Franklin D. Roosevelt*

Reaktionäre sind Leute, die sogar den Neumond nicht mögen. *Jo Herbst*

➪ **Konservatismus, Tradition**

Realität

Realität: der Unterschied zwischen dem, was uns freut, und dem, womit wir uns trösten. *Gabriel Laub*

Realismus ist die Kunst, die Natur aus der Froschperspektive abzubilden. *Ambrose Bierce*

Ein Realist ist ein Mann, der den richtigen Abstand zu seinen Idealen hat. *Truman Capote*

In Zukunft wird sich die Utopie beeilen müssen, wenn sie die Realität einholen will. *Wernher von Braun*

➪ **Gegenwart, Wirklichkeit**

Recht

Autofahrer, die auf ihr Recht pochen, tun es meistens mit dem Finger an die Stirn. *Gerhard Uhlenbruck*

Juristen sind Leute, die die Gerechtigkeit mit dem Recht betrügen. *Harold Pinter*

Der größte Feind des Rechtes ist das Vorrecht.
Marie von Ebner-Eschenbach

Eingeräumte Rechte sind auferlegte Pflichten.
Hans Lohberger

Wer immer auf sein Recht pocht, bekommt wunde Finger. *Volker Schlöndorff*

Das Recht auf Dummheit wird von der Verfassung geschützt. Es gehört zur Garantie der freien Persönlichkeitsentfaltung. *Mark Twain*

Wenn du im Recht bist, kannst du es dir leisten, die Ruhe zu bewahren, und wenn du im Unrecht bist, kannst du es dir nicht leisten, sie zu verlieren.
Mahatma Gandhi

Wer immer recht haben will, wird schnell einsam.
Gerhard Reichel

Außer dem Licht wird nichts auf Erden so oft gebrochen wie das Recht. *Alfred Polgar*

Manche Richter sind so stolz auf ihre Unbestechlichkeit, daß sie darüber die Gerechtigkeit vergessen.
Oscar Wilde

Ein Richter ist erst, wer nachts verfassungsrechtlich träumt. *Ernst Benda*

Es kommt nicht darauf an, recht zu behalten, sondern das Richtige zu tun. *Norbert Blüm*

In zweifelhaften Fällen entscheide man sich für das Richtige. *Karl Kraus*

Erfahrene Juristen bezeugen, daß es vor Gericht von Vorteil sein kann, wenn man im Recht ist.
Graham Chapman

Das Recht ist der Inbegriff der Bedingungen, unter denen die Willkür des einen mit der Willkür des anderen in Einklang gebracht werden kann. *Immanuel Kant*

Ein Rechtsanwalt ist ein Mann, der unser Vermögen schützt, damit möglichst viel davon für ihn abfällt.
Markus M. Ronner

"Meine Herren", sagte der Generaldirektor bei einer Sitzung des Vorstandes, "ich bin gern bereit zuzugeben, daß ich vielleicht nicht immer Recht habe. Aber Unrecht, Unrecht habe ich nie." *Unbekannt*

➪ **Gesetz, Gericht, Justiz**

Rechtsanwalt

Nichts macht den Menschen so unverträglich wie das Bewußtsein, genug Geld für einen guten Rechtsanwalt zu haben. *Richard Widmark*

Rechtschreibung

Die schwierige Rechtschreibung der deutschen Sprache könnte vereinfacht werden. In vier Schritten:
Erster Schritt: Wegfall der Großschreibung. einer sofortigen einführung steht nichts im wege, da dies manche dichter schon praktizieren.
zweiter schritt: wegfall der dehnungen und schärfungen. dise masname eliminirt di gröste felerursache.
driter schrit: v, pf, sowi ph ersetzt durch f; z und sch durch s" q, und k. das alfabet wird um seks bukstaben redusirt. in der sule könen fäker wi fisik, kemi und reknen mer geflegt werden.
firtr srit: wegfal der punkte über Ä,Ö, und Ü. naturlik benotigt es seit, bis dise fereinfakung sik durksetzt.
Unbekannt

Rechtsradikal

Für manche Linken ist einer schon rechtsradikal, wenn er nur pünktlich zur Arbeit kommt. *Heiner Geißler*

Recycling

Recycling besagt, daß die alten Flaschen immer wieder verwendet werden können, das ist wie bei uns in der Partei. *Der Spiegel*

Recycling ist die Lieferung veralteter Waffen in neue Krisengebiete. *George Bentley*

➪ **Umwelt**

Redaktion

Ein Redakteur ist ein Verlagsangestellter, der sich seinen Kaffee nicht mehr selbst kochen muß. *Unbekannt*

Ein Redakteur ist jemand, der die Spreu vom Weizen sondert und die Spreu druckt. *Adlai Stevenson*

Redaktionsstatuten sind Dokumente, die Verlagsangehörigen, die nichts zu sagen haben, das Recht geben, es trotzdem zu sagen. *Robert Lembke*

➪ **Zeitung, Journalist**

Rede

Die größten Tragödien in der Welt und im Leben des einzelnen entspringen Mißverständnissen. Das Heilmittel: die Aussprache. *Gordon Dean*

Wenn der Redner sagt, was ich schon weiß, brauche ich nicht zuzuhören; wenn er das Gegenteil sagt, interessiert es mich sowieso nicht. *Unbekannt*

Um eine gut improvisierte Rede halten zu können, braucht man mindestens drei Wochen. *Mark Twain*

Eine gute Rede soll das Thema erschöpfen, nicht die Zuhörer. *Winston S. Churchill*

Wahre Beredsamkeit besteht darin, alles zu sagen, was notwendig ist aber wirklich nur das zu sagen, was notwendig ist. *La Rochefoucauld*

Wenn dein Weib im Reden innehält, mußt du nicht gleich glauben, sie wolle nun deine Gründe hören, sie schöpft nur Atem. *Nassr'Eddin -Hodja*

Die Tatsache, daß die Menschen mit zwei Augen und zwei Ohren, aber nur mit einem Mund geboren werden, läßt darauf schließen, daß sie zweimal soviel sehen und hören als reden sollen. *Marquise de Sevigne*

Ich habe eine feste Regel für die Teilnahme an Banketten - ich vermeide sie, wo immer möglich. Wenn das nicht geht und wenn Reden zu erwarten sind, versuche ich, sie selbst zu halten. Ich finde, meinen Reden läßt sich viel besser zuhören als denen anderer Leute. *Dowson*

Wer gut reden will, muß erst gut nachdenken. *Italienisches Sprichwort*

Sprachkürze gibt Denkweite. *Jean Paul*

Es ist keine Kunst, etwas kurz zu sagen, wenn man etwas zu sagen hat. *Georg Christoph Lichtenberg*

Nichts ist leichter, als sich schwierig auszudrücken. *Karl Heinrich Waggerl*

Nichts ist schwerer, als bedeutende Gedanken so auszudrücken, daß jeder sie verstehen muß. *Arthur Schopenhauer*

Bei kurzer Rede ist gut zuhören, bei langer gut nachdenken. *Russisch*

Der Redner ist einer, der bewirkt, daß die Menschen mit den Ohren zu sehen vermögen. *Arabisches Sprichwort*

Jede Rede gleicht der Belagerung der Seele des Hörers. *Johannes Chrysostomus*

Wer viel redet, glaubt am Ende, was er sagt. *Honore de Balzac*

Wenn du die Menschen verstehen willst, darfst du nicht auf ihre Reden hören. *Antoine de Saint-Exupery*

Die großen Sprecher sind nicht die großen Macher. *Französisches Sprichwort*

Wenn es immer weniger darauf ankommt, was jemand sagt, sondern wer etwas sagt, bestimmen schließlich die Lautstärksten und nicht die Klügsten unser Schicksal. *Arno Sölter*

Wie der Mensch, so seine Rede. *Cicero*

Ich sage seit jeher, willst du eine Rede hören, dann gehe zu einem Mann, willst du Taten sehen, dann geh zu einer Frau. *Margret Thatcher*

Viele Worte zu machen, um wenige Gedanken mitzuteilen, ist überall das untrügliche Zeichen von Mittelmäßigkeit. *Arthur Schopenhauer*

Da ich älter werde und meine Karriere nicht mehr lang ist, kann ich es mir leisten, etwas einfach auszudrücken. *Hans Willgerodt*

Ein Kluger bemerkt alles. Ein Dummer macht über alles eine Bemerkung. *Heinrich Heine*

Nichts ist schwerer,
als bedeutende Gedanken
so auszudrücken,
daß jeder
sie verstehen muß.

ARTHUR SCHOPENHAUER

Ein Merkmal geistiger Mittelmäßigkeit ist die Sucht, immer etwas zu erzählen. *La Bruyere*

Wer keine Gelegenheit auslassen kann, etwas Kluges zu sagen, dem kann man die Behandlung eines großen Problems nicht anvertrauen. *William Hazlitt*

Ein einziges Wort, gesprochen mit Überzeugung in voller Aufrichtigkeit und ohne zu schwanken, während man Auge in Auge einander gegenüber steht, sagt bei weitem mehr als einige Dutzend Bogen beschriebenen Papiers. *Fjodor Dostojewski*

Man soll schweigen oder Dinge sagen, die doch besser sind als das Schweigen. *Pythagoras*

Reden auf Vegetarier-Banketten sind erfreulich kurz, weil man Angst hat, daß sonst das Essen verwelkt. *Mario Adorf*

Ein Redner ist ein Mensch, der durch Länge den Mangel an Tiefe ausgleicht. *Unbekannt*

Ein guter Redner ist ein Mann, der mit einem Vortrag über die Kunst des Zwiebelschälens einen vollen Saal zum Weinen bringen kann. *Edouard Herrio*

Reden ohne Schweigen wird Geschwätz. *Romano Guardini*

Eine gute Rede hat einen guten Anfang und ein gutes Ende - und beide sollten möglichst dicht beieinanderliegen. *Mark Twain*

Das menschliche Gehirn ist eine großartige Sache. Es funktioniert bis zu dem Zeitpunkt, wo du aufstehst, um eine Rede zu halten. *Mark Twain*

Nichts ist einfacher als sich schwierig auszudrücken, und nichts ist schwieriger als sich einfach auszudrücken. *Karl Heinrich Waggerl*

➪ **Beredsamkeit, Argument, Diskussion, Kommunikation, Konversation, Rhetorik**

Reformer

Die besten Reformer, die die Welt je gesehen hat, sind die, die bei sich selbst anfangen. *George Bernard Shaw*

Unsere progressiven Sozialreformer sind in Wirklichkeit die konservativsten: Sie messen soziale Probleme mit der marxistischen Elle des vorigen Jahrhunderts. *Arno Sölter*

Man kann Reformen nicht wie Gefrierspinat in die Tiefkühltruhe stecken, um sie zum Gebrauch wieder aufzutauen. *Erhard Eppler*

Ich wünschte das Volk vor dem größten aller Übel zu warnen - vor dem blindwütigen Geist der Neuerung unter dem Namen "Reform". *Edmund Burke*

Das ewige Reformieren ist daran schuld, daß wir eine Reform brauchen. *Montesquieu*

Wenn ich für einen Tag König wäre, würde ich alle Reformen auf morgen verschieben. *Peter Ustinov*

Nichts bedarf so sehr der Reform wie die Gewohnheiten der Mitmenschen. *Mark Twain*

➪ **Besserung, Innovation**

Regeln

1. Das was schon immer so.
2. Das war noch nie so.
3. Da könnte ja jeder kommen.

Preussische Verwaltungsregel

➪ **Gesetze**

Regieren

Wir stehen hinter jeder Regierung, bei der wir nicht sitzen müssen, wenn wir nicht hinter ihr stehen. *Werner Finck*

Was nützt die Mehrheit des Volkes, wenn die Mehrheit der Regierung dagegen ist? *Wolfgang Eschker*

Die Dummheit von Regierungen sollte niemals unterschätzt werden. *Helmut Schmidt*

Welche Regierung die beste sei? Diejenige, die uns lehrt, uns selbst zu regieren. *Johann Wolfgang von Goethe*

Jedes Volk hat die Regierung, die es verdient. *Joseph de Maistre*

Die Demokratie ist ein Verfahren, das garantiert, daß wir nicht besser regiert werden, als wir verdienen. *George Bernard Shaw*

Es ist die Aufgabe der Opposition, die Regierung abzuschminken, während die Vorstellung läuft. *Jacques Chirac*

Wenn die Menschen aus den Ferien zurückkommen, neigen sie dazu, sogar die Regierung etwas milder zu beurteilen. Ein geschickter Regierungschef setzt Wahlen daher für den Frühherbst an. *David Frost*

Die Revolution ist die erfolgreiche Anstrengung, eine schlechte Regierung loszuwerden und eine schlechtere zu errichten. *Oscar Wilde*

Regierungskunst ist die Fähigkeit, die größere Hälfte der Nation zufriedenzustellen, ohne die kleinere Hälfte zu vergrämen. *Edgar Faure*
Opposition ist die Kunst, etwas zu versprechen, was die Regierung nicht halten kann.
Harold George Nicolson

Wer an der Regierung ist, muß Brände sofort löschen. Die Opposition kann über die Verbesserung der Feuerwehr in Ruhe nachdenken. *Norbert Blüm*

Die Frage, wer an die Macht kommen soll, ist falsch gestellt. Es genügt, wenn eine schlechte Regierung abgewählt werden kann. *Karl Popper*

Eine Regierung, die so großzügig ist, dir alles zu geben, was du verlangst, ist auch so großzügig, dir alles zu nehmen, was du hast. *Präsident Ford*

Regieren ist die Kunst, Probleme zu schaffen, mit deren Lösung man das Volk in Atem hält. *Ezra Pound*

Man sollte eine Regierung nicht an den Preisen messen, die sie bekommt, sondern an den Preisen, die sie zu verantworten hat. *Raoul Lesueur*

In einer Regierungskoalition ist es schwierig, wenn die größere Partei der kleineren beim Regieren auch noch ständig die Brust geben muß. *Carlo Franchi*

Das Regieren in einer Demokratie wäre wesentlich einfacher, wenn man nicht immer wieder Wahlen gewinnen müßte. *Georges Clemenceau*

Wer in der Diktatur die Regierenden kritisiert, kommt ins Gefängnis. Wer in der Demokratie über die Regierenden schimpft, kommt ins Fernsehen.
Manfred Rommel

Eine gute Regierung ist wie eine geregelte Verdauung. Solange sie funktioniert, merkt man kaum etwas von ihr. *Erskine Caldwell*

Warum verspricht eigentlich jede Regierung mehr, als sie halten kann? Klüger wäre es, Erfolge zu erzielen, die man gar nicht versprochen hat. *Thornton Wilder*

Regierungen sind die Segel, das Volk ist der Wind.
Georg Wilhelm Friedrich Hegel

➪ **Staat, Politik, Demokratie**

Regierungssprecher

Ein guter Regierungssprecher versteht es, aus Magermilch Schlagsahne zu machen. *George F. Kennan*

Ein Regierungssprecher ist ein Mann, der Haselnüsse als Kokosnüsse verkaufen kann. *Carlo Franchi*

Regierungssprecher sind das Deodorant des Kabinetts.
Carlo Franchi

Ein Regierungssprecher ist ein Mann, der mehr verdauen muß, als er gegessen hat. *Carlo Franchi*

Das Gesicht eines Regierungssprechers: mit den Jahren sieht es aus wie sein eigenes Dementi.
Heinrich Nüsse

Regisseur

Ein Dramatiker stirbt heute nicht einmal, sondern mehrmals - umgebracht von den Regisseuren seiner Stücke. *Fernando Arrabal*

Niemand auf der Welt ist so wehrlos wie ein toter Autor gegen einen lebenden Regisseur.
Laurence Olivier

Die Karriere mancher Schauspielerin hat mit der bedeutenden Rolle begonnen, die sie im Leben des Regisseurs spielte. *Gabriel Laub*

Eine Diskussion mit dem Regisseur beginnen Schauspieler immer dann, wenn sie den Text nicht kennen.
Otto Schenk

➪ **Film, Kino**

Reibungsfläche

Wenn man ständig mit einem Menschen zusammenlebt, sieht man nur noch die Oberfläche, die aus lauter kleinen Reibungsflächen besteht. *Brigitte Schwaiger*

Zwischen Mann und Frau ist alles in Ordnung, wenn er das Zündholz ist und sie die Reibungsfläche.
Henry Miller

Olympische Spiele sind eine wundervolle Gelegenheit, Zwietracht auch unter jenen Nationen zu stiften, die sonst keine Reibungsflächen haben.
George Bernard Shaw

Reibungsflächen sind auch Berührungspunkte.
Gerhard Reichel

➪ **Konflikt**

Reichtum

Kriege führen auch die Ameisen, Staaten haben auch die Bienen, Reichtümer sammeln auch die Hamster.
Hermann Hesse

Es gibt nur einen wirklichen Reichtum: die menschlichen Beziehungen. *Antoine de Saint-Exupery*

Der sicherste Reichtum ist die Armut an Bedürfnissen.
Franz Werfel

Reichtum ist wie Stallmist, er nützt nur, wenn man ihn ausstreut. *Bacon*

Für alle diejenigen, die den Hals nicht vollkriegen können: Das letzte Hemd hat keine Taschen! *Hessisches Sprichwort*

Gold kauft die Stimme großer Haufen; kein einzig Herz erwirbt es dir. *dt. Sprichwort*

"Mami", fragte das Millionärstöchterchen, "warum sind wir nicht arm?" Darauf die Mama: "Kindchen, man kann halt nicht alles haben im Leben..." *Unbekannt*

Geld flieht überall dort, wo man es mit Gewalt festhalten will. *Andre Kostolany*

Nicht wer viel besitzt, ist reich, sondern wer viel gibt. *Erich Fromm*

Man schmeichelt nicht dem Reichen, nur seinem Geld. *Jüdisches Sprichwort*

Geld ist nötig, um jederzeit Goethe zitieren zu dürfen: Götz von Berlichingen. *Andre Kostolany*

Reichtum macht ein Herz schneller hart, als kochendes Wasser ein Ei. *Ludwig Börne*

Der Weg zum Reichtum liegt in zwei Wörtern: Arbeit und Sparsamkeit. *Benjamin Franklin*

Reiche Leute sind arme Leute mit viel Geld. *Leo Lehmann*

Reichtum gleicht dem Seewasser: je mehr man davon trinkt, desto durstiger wird man. Dasselbe gilt vom Ruhm. *Arthur Schopenhauer*

Der Reiche setzt eher sein Leben für seinen Reichtum als seinen Reichtum für sein Leben aufs Spiel. *Frank Wedekind*

Ein Mann ist reich im Verhältnis zur Zahl der Dinge, auf die er verzichten kann. *Henry David Thoreau*

Wer seine Wünsche zähmt, ist immer reich genug. *Voltaire*

Wirklich genießen kann man nur Geld, das man mühsam verdient hat. Aber wenn man es mühsam verdient, hat man keine Zeit, es zu genießen. *Aldous Huxley*

Kein Geld ist vorteilhafter angewandt als das, um welches wir uns haben prellen lassen; denn wir haben dafür unmittelbar Klugheit eingehandelt. *Arthur Schopenhauer*

Ich habe niemals einen wirklich großen Geschäftsmann gesehen, dem das Verdienen die Hauptsache war. *Walther Rathenau*

Arm sein ist natürlich keine Schande, aber es ist verdammt unbequem. *Sydney Smith*

Wer gut verdient, strengt sich nicht an. Wer sich anstrengt, verdient nicht gut. *Chinesisches Sprichwort*

Wer kein Geld hat, hat auch keinen Mut. *Adolf Freiherr von Knigge*

In einem Traum-Bungalow kann es schlaflosere Nächte geben als in einer Mietwohnung. *Gerhard Reichel*

Der Pfennig ist die Seele der Milliardäre. *Grethe Schickedanz*

Bloß eine Klasse der Gesellschaft denkt mehr über das Geld nach als der Reiche, und das ist der Arme. Der Arme kann sonst nichts denken. Und dies ist das Elend der Armen. *Oscar Wilde*

Reich ist, wer keine Schulden hat - glücklich ist, wer gesund ist. *Unbekannt*

Was ist Reichtum? Für jemanden ist ein altes Hemd schon Reichtum. Ein anderer ist mit zehn Millionen arm. Reichtum ist etwas ganz Relatives und Unbefriedigendes. Im Grunde ist es nur eine besondere Situation. Reichtum bedeutet eine Abhängigkeit von Dingen, die man besitzt und die man durch neuen Besitz, durch neue Abhängigkeiten vor dem Dahinschwinden schützen muß. Es ist nur eine materialisierte Unsicherheit. *Franz Kafka*

Es hat wenig Sinn, der reichste Mann auf dem Friedhof zu sein. *Unbekannt*

Wahrer Reichtum besteht nicht im Besitz, sondern im Genießen. *Unbekannt*

Niemand ist so reich, daß er nicht durch eine falsche Entscheidung arm werden könnte. *Unbekannt*

Reich ist, wer seine Steuern bezahlen kann, ohne Schulden machen zu müssen. *Bing Crosby*

Wer in einem Jahr reich werden will, wird schon nach zehn Monaten gehängt. *Französisches Sprichwort*

➪ **Geld, Besitz, Millionär, Wohlstand**

Reife

Reife hat erreicht, wer auf sich selbst nicht mehr hereinfällt. *Heimito von Doderer*

Reife bedeutet, in einer Isolierung zu leben, die sich selbst genügt. *Cesare Pavese*

Wer keine Zeit hat, wird nicht reif. *Friedrich Georg Jünger*

Reif ist, wer etwas tut, obwohl die Eltern es empfohlen haben. *Gerhard Reichel*

➪ **Charakter, Persönlichkeit**

Reingewinn

Reingewinn ist derjenige Teil der Bilanz, den der Vorstand beim besten Willen nicht mehr vor den Aktionären verstecken kann. *Carl Fürstenberg*

➪ **Bilanz, Ertrag**

Reisen

Der verborgene Sinn allen Reisens ist es, Heimweh zu haben. *Erich Kästner*

Der Sinn des Reisens ist, an ein Ziel zu kommen, der Sinn des Wanderns, unterwegs zu sein. *Theodor Heuß*

Das Reisen führt uns zu uns zurück. *Albert Camus*

Das Beste und Schönste einer Reise wird daheim erlebt: teils vorher, teils nachher. *Sigmund Graff*

Manche Leute gehen nur auf Reisen, um ihre Vorurteile bestätigt zu bekommen. *Josef Pieper*

Manche Leute kommen von einer Reise dümmer zurück, als sie hingefahren sind. *Wolf Biermann*

Alle Reisen haben eine heimliche Bestimmung, die der Reisende nicht ahnt. *Martin Buber*

Keiner kommt von einer Reise so zurück, wie er weggefahren ist. *Graham Greene*

Das große, allerletzte Tabu unserer Gesellschaft ist der Tourismus. Mir ist kein bedeutender weltlicher oder kirchlicher Regierungschef bekannt, der laut und unmißverständlich erklärt hätte, daß der Verkrüppelung der Erde durch generelle Flughafen-Baustops, durch radikale Autobahn-Verringerungen, durch Verbote von Gletscher-Skiliften und Baumschlägerungen für Wintersport-Loipen, durch Verweigerung von Hotelgemeinheiten in jeder Höhe und jedem Ausmaß begegnet werden muß. *Andre Heller*

Das freie Reisen gehört zwar zu den großen Errungenschaften der Demokratie, aber die demokratischen Grundrechte verlieren ihre Priorität, wo sie zur Zuhälterei des Weltunterganges ausarten. *Andre Heller*

Das Reisen war ursprünglich eine Tat der Gottsuchenden und später der Handelstreibenden, noch später der Eroberer und ganz spät eine der Touristen. Man begreift, es kam jeweils Schlimmeres nach. *Andre Heller*

Reisen heißt entdecken, daß alle unrecht haben mit dem, was sie über andere Länder denken. *Aldous Huxley*

So schön sind die Reisen niemals gewesen, wie sie in den Augenblicken des Heimkommens sind. *Erhart Kästner*

Aber was kommt schon dabei heraus, wenn sie alle in fremde Länder zu reisen anfangen! Nichts; sie tragen ja doch wie die Zinnsoldaten ihr bißchen Standort mit sich herum. *Erhart Kästner*

Der Zauber des Reisens besteht darin: unzählig reiche Szenen streifen und wissen, daß eine jede unser sein könnte, und weitergehen, wie ein großer Herr. *Cesare Pavese*

Die alte Cole Porter Devise "anything goes" ist das Glaubensbekenntnis einer Branche, bei deren perversesten Vertretern man Menschenjagden auf Indios in Amazonaswäldern ebenso buchen kann, wie Pilgerreisen in nationalsozialistische Todeslager, mit anschließender günstiger Buttereinkaufsmöglichkeit bei den Bauern der Umgebung. *Andre Heller*

➪ **Fremdenverkehr, Tourismus**

Reiten

Reiten ist die Kunst, ein Pferd zwischen sich und dem Erdboden zu halten. *Unbekannt*

Reklamation

Wie verhalten sich unzufriedene Kunden? Eine Meinungsumfrage ergab folgende überraschende Resultate: ein enttäuschter Kunde gibt seine negativen Erfahrungen mit einer Firma an elf Gesprächspartner weiter. Ein zufriedener Abnehmer spricht über seine positiven Erlebnisse nur mit drei Personen. *Unbekannt*

Jeder dritte Kunde, der sich beschwert, wird erschossen. Zwei haben sich bereits beschwert. *Unbekannt*

➪ **Kundennähe, Verkaufen**

Religion

Die Religion hat der Liebe einen großen Dienst erwiesen, indem sie sie zur Sünde gestempelt hat. *Anatole France*

Horoskope sind Religionsersatz, denn wer Religion hat, dem sind die Sterne schnuppe.
Sigismund von Radecki

Der Bayer hat ein irdisches Verhältnis zur Religion und ein mystisches zum Bier. *Johann-Baptist Metz*

Wir haben gerade Religion genug, um einander zu hassen, aber nicht genug, um einander zu lieben.
Jonathan Swift

Wie die Gesundheit eine Lebensbedingung des menschlichen Körpers ist, so ist es die Religion für sein ganzes Wesen. *Rabindranath Tagore*

Religion ist ein Prisma, von dessen sieben Farben sich jeder seine Lieblingsfarbe wählen mag; alle aber rühren nur von einem Sonnenstrahl. *Karl Julius Weber*

Die Sünden sind die Pfeiler der Religion.
Hans Lohberger

Der Mensch hat zwei Beine und zwei Überzeugungen: eine, wenn's ihm gut geht, und eine, wenn's ihm schlecht geht. Die letztere heißt Religion.
Kurt Tucholsky

Ein wenig Wissen entfremdet Menschen oft von der Religion, tieferes Wissen bringt sie zu ihr zurück.
Dean William Ralph Inge

Die Irreligiösen sind religiöser, als sie selbst wissen, und die Religiösen sind es weniger, als sie meinen.
Franz Grillparzer

Religionen sind oft Kinder der Unwissenheit, die ihre Mutter nicht lange überleben. *Arthur Schopenhauer*

Religion ist für die meisten etwas, woran man glaubt, weil man glaubt, daß der andere daran glaubt.
Hjalmar Söderberg

Der Nachteil des Himmels besteht darin, daß man die gewohnte Gesellschaft vermissen muß. *Mark Twain*

Religion ist eine Versicherung im Diesseits, gegen Feuer im Jenseits. *Robert Lembke*

Religion ist das, was die Armen davon abhält, die Reichen umzubringen. *Napoleon I.*

Die Religion ist der Seufzer der bedrängten Kreatur, das Gemüt einer herzlosen Welt, wie sie der Geist geistloser Zustände ist. Sie ist das Opium des Volkes.
Karl Marx

Religion ist Ehrfurcht - die Ehrfurcht zuerst vor dem Geheimnis, das der Mensch ist. *Thomas Mann*

Religion ist die Suche in einem dunklen Raum nach einer schwarzen Katze, wenn keine Katze da ist und doch plötzlich einer ruft: "Ich habe sie gefangen."
Manfred Rommel

Religion ist für die meisten etwas, woran man glaubt, weil man glaubt, daß der andere daran glaubt.
Hjalmar Söderberg

Religionen sind Fertighäuser für arme Seelen.
Karlheinz Deschner

Die Naturwissenschaft ohne Religion ist lahm, die Religion ohne Naturwissenschaft ist blind.
Albert Einstein

Eine großzügige Erziehung sollte ein ehrfürchtiges Studium aller Religionen mit einschließen.
Mahatma Gandhi

Ich bin zu dem Schluß gekommen, daß, wer die Lehren anderer Religionen ehrfürchtig studiert - ganz gleich, zu welchem Glauben er sich selbst bekennt - sein Herz weitet und nicht verengt. *Mahatma Gandhi*

Eine Religion, die den Menschen finster macht, ist falsch; denn er muß Gott mit frohem Herzen und nicht aus Zwang dienen. *Immanuel Kant*

Eine Religion, die der Vernunft unbedenklich den Krieg ankündigt, wird es auf die Dauer gegen sie nicht aushalten. *Immanuel Kant*

Die sogenannten Religionsstreitigkeiten, welche die Welt so oft erschüttert und mit Blut bespritzt haben, sind nie etwas anderes als Zänkereien um den Kirchenglauben gewesen. *Immanuel Kant*

Ist es nicht seltsam, daß die Menschen so gern für ihre Religion fechten und so ungern nach ihren Vorschriften leben? *Georg Christoph Lichtenberg*

Religion ist das Werk Gottes, das durch den Teufel seine Perfektion erhielt. *Peter Ustinov*

Die Religion stützt sich hauptsächlich und vor allem auf die Angst. *Bertrand Russell*

Naturwissenschaft ohne Religion ist lahm, Religion ohne Naturwissenschaft ist blind. *Albert Einstein*

➪ **Atheismus, Glaube, Gott, Christentum, Kirche**

Reporter

Reportern sage ich nie die Wahrheit.
William Faulkner

Was man heute als Sciencefiction beginnt, wird man vielleicht schon morgen als Reportage zu Ende schreiben müssen. *Norman Mailer*

Reporter: ein Schreiber, der den Weg zur Wahrheit errät und ihn mit einem Wolkenbruch von Worten verschüttet. *Ambrose Bierce*

➪ **Journalist, Presse, Berichterstatter**

Resignation

Wer ein paarmal als Tiger gesprungen und Bettvorleger gelandet ist, verliert langsam die Lust.
Heide Simonis

Wer heute den Kopf in den Sand steckt, knirscht morgen mit den Zähnen. *Graffito*

Nichts ist erbärmlicher als die Resignation, die zu früh kommt. *Marie von Ebner-Eschenbach*

Zufriedene sind Resignierende, ohne es zu wissen.
Rudolf Rolfs

Resignation ist die Zuversicht, die sich zur Ruhe gesetzt hat. *Unbekannt*

Restaurant

Restaurants sind Gelegenheiten, wo Wirte grüßen, Gäste bestellen und Kellner essen. *Karl Kraus*

Die Mordwerkzeuge, die mehr Tote fordern als alle Bomben und Autos zusammen, liegen täglich vor uns auf dem Tisch: Messer und Gabel.
Manfred Köhnlechner

➪ **Gastronom, Wirt, Essen, Trinken**

Reue

Die Reue ist das Bedauern darüber, daß man so lange gewartet hat, es zu tun. *Henry Louis Mencken*

Mancher sündigt bloß um des Genusses der Reue willen. *Sacha Guitry*

Reue ist der feste Vorsatz, beim nächstenmal keine Fingerabdrücke zu hinterlassen. *Marcel Achard*

Unsere Reue ist nicht so sehr ein Bedauern des Bösen, das wir getan haben, als eine Furcht vor den Folgen, die uns daraus entstehen könnten.
Francois de la Rochefoucauld

Reue ist selten mehr als die Einsicht, daß irgendein Gewinn den Preis nicht wert war, den man dafür bezahlen mußte. *Arthur Schnitzler*

Reue ist die unpünktlichste aller Tugenden; sie kommt immer zu spät. *Unbekannt*

Reue ist eine nachträglich entrichtete Vergnügungssteuer. *Senta Berger*

Reue ist der Versuch, in sich zu gehen, nachdem man gerade so schön aus sich herausgegangen war.
Hans Clarin

Reue ist eine große Trauer darüber, daß wir sind, wie wir sind. *Marie von Ebner-Eschenbach*

Reue ist nicht so sehr Kummer über das Böse, das wir getan haben, wie Furcht vor dem, das uns daraus erwachsen kann. *Marie von Ebner-Eschenbach*

Reue ist Verstand, der zu spät kommt.
Ernst Freiherr von Feuchtersleben

Reue ist das Dessert der Genießer. *Willy Reichert*

Späte Reue ist echte Zerknirschung mit falschen Zähnen. *Carl Merz*

Revolution

Die Revolution kennt keine Triebe; denn die Revolution ist Trieb. *Fidel Castro*

Revolutionsregel: Die Masse ist Wasser. Gieß sie in einen Topf und mach Feuer drunter. Das Zeug kocht.
Unbekannt

Die Revolution löst nichts. Am Morgen nach der Revolution beginnt wieder der mühsame Alltag der Probleme. *Olaf Palme*

Die Rache der Geschichte an jungen Revolutionären besteht darin, daß sie in späteren Jahren mit Frack und Orden zum Opernball gehen müssen. *Bruno Kreisky*

Revolutionen gelingen, wenn sie dem Volk aufs Maul schauen. *Heinrich Nüsse*

Ich kenne französische Kollegen, die vor Fabriktoren die Arbeiter zur Revolution aufriefen. Dabei verdienen diese Kollegen an einem Abend mehr als ein Arbeiter in einem ganzen Jahr. *Salvatore Adamo*

Die Revolution verabscheut grundsätzlich das Laster. Ihr genügen als Stimulanzien Mord und Folter!
Edward Kennedy

In Deutschland kann es niemals eine Revolution geben, weil es dort keine Intellektuellen gibt, die dafür ihr Leben einzusetzen bereit sind. Oder auch nur ihren Job. Mich selbst nehme ich nicht aus. *Rolf Hochhuth*

Eine Revolution in der Politik ist ein plötzlicher Wechsel in der Form der Mißregierung. *Ambrose Bierce*

Eine Revolution ist das Feuer, an dem die einen verbrennen und die anderen ihre Suppe kochen.
John Carrick

Eine Revolution ist eine Meinung, die auf Bajonette trifft. *Napoleon I.*

Eine Revolution ist eine Unternehmung, in der einige hundert oder tausend Unschuldige oder wenigstens

Unrichtige umgebracht werden, damit irgendein Schuldiger oder wenigstens ein Unrichtiger zur Macht gelangt. *Arthur Schnitzler*

Wer eine friedliche Revolution verhindert, macht eine gewaltsame Revolution unausweichlich.
John F. Kennedy

Revolutionen sind jene skandalösen Zeitabschnitte, in denen die Wahrheit nackt über die Straße geht, ohne daß die Polizei einzuschreiten wagt. *Gabriel Laub*

In allen Revolutionen war die Utopie, die Phantasie von einer glücklichen Gesellschaft, immer die stärkste Kraft. *Ludwig Marcuse*

Die Revolution ist die erfolgreiche Anstrengung, eine schlechte Regierung loszuwerden und eine schlechtere zu errichten. *Oscar Wilde*

Jede Revolution ist viel weniger Bauplatz der Zukunft als Auktion der Vergangenheit. *Heimito von Doderer*

Eine Revolution ist eine Einrichtung zur Wiederbelebung der Höflichkeit im Geschäftsleben.
Unbekannt

Die Sauberkeit einer Revolution dauert höchstens vierzehn Tage. *Jean Cocteau*

Revolutionäre

Indem der Revolutionär die Macht übernimmt, übernimmt er die Ungerechtigkeit der Macht.
Octavio Paz

Ein Revolutionär ist ein Mann, der das Feuer der Unzufriedenheit mit Benzin löscht.
Henry de Montherlant

Verärgerte Bürgerliche sind noch keine Revolutionäre.
Kurt Tucholsky

Der traurigste Beruf in der Welt ist der des alternden Revolutionärs. *Peter Ustinov*

Dubiose Tugend aller Revolutionäre: So viel Gefühle für die Menschheit, daß keins mehr bleibt für den Menschen. *Hans Kasper*

Rezensent

Ein Rezensent ist Fachmann, dessen negative Besprechung für den Absatz eines Buches schädlich, dessen positive Besprechung für den Absatz des besprochenen Buches unerheblich ist. *Hans Weigel*

➪ **Kritiker**

Rezension

Der Künstler hat keine Zeit, sich mit Kritikern zu beschäftigen. Nur Möchtegern-Schriftsteller lesen Rezensionen. *William Faulkner*

Rezession

Eine Rezession ist eine Wirtschaftslage, in der wir Geld, das wir nicht haben, nicht ausgeben können.
Unbekannt

Rhetorik

Man muß kurze Sätze schreiben, auf jede Ausschmückung verzichten. Das Ideal ist das Skelett, aber eines mit Pulsschlag. *Ernest Hemingway*

Reden auf Vegetarier-Banketten sind erfreulich kurz, weil man Angst hat, daß sonst das Essen verwelkt.
Mario Adorf

Der seriöse Rhetoriker hinterläßt absichtlich Fingerabdrücke am Rednerpult. *Gerhard Reichel*

Wer`s nicht einfach und klar sagen kann, der soll schweigen und weiterarbeiten, bis er`s klar sagen kann. *Karl Popper*

Mach's Maul auf! Tritt fest auf! Hör' bald auf!
Martin Luther

Eine Geschichte ist nicht nur dann wahr, wenn man sie so erzählt, wie sie passiert ist, sondern auch so, wie sie hätte passieren können. *Johannes Mario Simmel*

Eine Erzählung hat genau zu sein wie eine militärische Meldung und ein Bankscheck. Die Klarheit und die Kraft der Sprache besteht nicht darin, daß man zu einem Satz nichts mehr hinzufügen kann, sondern darin, daß man aus ihm nichts wegstreichen kann.
Isaak Babel

Wer mit 20 Wörtern sagt, was man auch mit 10 Wörtern sagen kann, der ist auch zu allen anderen Schlechtigkeiten fähig. *Giosue Carducci*

Einen guten Redner erkennt man daran, daß er das Pedal sparsam gebraucht. *Edward Heath*

Er trat ans Rednerpult und monolog.
Wolfgang Eschker

Der Mensch hat den Drang, Leere für Fülle auszugeben. Unzufrieden mit dem, was er zu sagen hat, möchte er mit einem Liter Einsicht eine Tonne Wortschwall füllen. Wer sich aber auskennt, kann alles Mitteilbare in ein paar Worten sagen. *Ezra Pound*

Wenn es möglich ist, ein Wort zu streichen - streiche es. *Orson Welles*

Beherrsche die Sache, dann folgen die Worte.
Cato der Ältere

Es freut die Ärzte, wenn sie sich am Bett des Patienten in einem Idiom unterhalten können, das er nicht versteht. *Wolf Schneider*

Die Gesetzgeber sollen denken wie ein Philosoph und reden wie ein Bauer. *Gustav Radbruch*

Der Stil der großen, dunklen, eindrucksvollen und unverständlichen Worte sollte nicht länger bewundert, ja er sollte von den Intellektuellen nicht einmal länger geduldet werden. Er ist intellektuell unverantwortlich. Er zerstört den gesunden Menschenverstand.
Karl Popper

Es ist ein Beweis hoher Bildung, die größten Dinge auf einfachste Art zu sagen. *Ralph Waldo Emerson*

Mit pompösem Wortgeklingel wappnen sich Experten gegen den Verdacht, sie hätten vielleicht nichts Besonderes zu sagen. *Wolf Schneider*

Ihr müßt so schreiben, daß euch die Marktfrau am Dom versteht, der Winzer in Rheinhessen das Blatt lesenswert findet und auch der Universitätsprofessor euch ernst nimmt. *Erich Dombrowski*

Eine gute Rede beginnt mit einem "Streich"-Konzert.
Gerhard Reichel

Vermeide lahme, farblose, unverbindliche Wörter. Schreibe nicht: "Eine Periode widrigen Wetters setzte ein", sondern: "Eine Woche lang regnete es jeden Tag." *William Strunk*

Verständlich reden heißt: Dem Zuhörer die Hand reichen auf einem steinigen Weg. *Gerhard Reichel*

Wer sechs Roß im Stall stehen hat, ist ein Bauer und sitzt im Wirtshaus beim Bürgermeister und beim Ausschuß. Wenn er das Maul auftut und über die schlechten Zeiten schimpft, gibt man acht auf ihn.
Wer fünf Roß und weniger hat, ist ein Gütler und schimpft auch. Aber er hat nicht das Gewicht und ist nicht wert, daß man es weitergibt.
Wer aber kein Roß hat und seinen Pflug von ein paar mageren Ochsen ziehen läßt, der ist ein Häusler und muß das Maul halten. *Ludwig Thoma*

Man soll nie vergessen, daß die Gesellschaft lieber unterhalten als unterrichtet sein will.
Freiherr von Knigge

Man wird sehr häufig erleben, daß die meisten Jubelredner immer das gleiche aus der Vita des Jubilars - nur mit anderen Worten - vortragen, gleichsam einem Schallplattenschlager, aufgenommen in diversen Besetzungen und unterschiedlichen Instrumentierungen. Hier kann ebenso originelle wie wirksame Abhilfe angeboten werden: man fixiere die eigene Rede individuell auf den Geburtstag, den Geburtsmonat und das Jahr des Jubilars; auf dieser Idee baue man eine originelle, an Ereignissen breitgefächerte Dokumentation auf! Dieser Geheimtip hat sich in der Praxis mit durchschlagendem Erfolg bewährt.
Kurt Wortig

Der Versprecher bei einer Rede ist wie der Druckfehler in der Zeitung: ein dankbar begrüßter Vorstoß gegen die Perfektion. *Wolfgang Büttne*

Die beste Methode, aus der Anonymität herauszukommen und etwas zu werden, ist immer noch die hochqualifizierte Rede. *Eugen Gerstenmeier*

Die Topstars unter den wissenschaftlichen Festrednern für Jubiläen und Kongresse kassieren pro Auftritt ebensoviel wie Popstars: viele tausend Mark. *Capital*

Das Publikum läßt sich lieber unterhalten als belehren. Wenn man das Rednerpult in ein Lehrerpult verwandelt, bleiben die Leute weg. *Gerhard Reichel*

Kluge Redner hüten sich vor geschlecktem Perfektionismus. Sie kommen sonst in Gefahr, mit einer Schallplatte oder einem Tonband verwechselt zu werden. Nein! Gute Redner legen auch kreative Pausen ein, suchen nach einer Formulierung, ziehen sie zurück, um eine noch bessere und treffendere anzubieten. Eine solche demonstrierte Live-Kreativität wird bemerkt und sehr wohl vom Publikum wohlwollend als geistiger Service diskontiert. *Kurt Wortig*

Macht hat, wer reden kann. *Robert A. T. Salisbury*

Manche Festredner, die nicht wissen wohin mit den Händen, sollten sich diese vor den Mund halten.
Unbekannt

Das menschliche Gehirn ist eine großartige Sache. Es funktioniert vom Augenblick der Geburt bis zu dem Zeitpunkt, wo du aufstehst, um eine Rede zu halten.
Mark Twain

Redner sollten beim Vorbereiten stehend an einem Pult schreiben. Dann würden sie sich kürzer fassen.
Gerhard Reichel

Der Unterschied zwischen Kunst und Unterhaltung ist eine absurde Trennung, die nur in Deutschland gemacht wird. *Johannes Schaaf*

Die Engländer haben die Tischreden erfunden, damit man ihr Essen vergißt. *Pierre Daninos*

Wer in Deutschland unterhalten will, ist von vornherein verdächtig. *Michael Pfleghar*

Nichts wird in Deutschland so ernst genommen wie die Vorbereitungen zum Spaß. *Hermann Höcherl*

Rhetorik ist die Kunst, Glauben zu erwecken.
Aristoteles

Lebenskunst ist die Kunst des richtigen Weglassens. Das fängt beim Reden an und endet beim Dekollete.
Gabrielle « Coco» Chanel

➪ **Beredsamkeit, Reden, Gespräch**

Risiko

Seit Jahrzehnten haben die Politiker die Menschen gelehrt, alle Risiken des Lebens auf den Staat zu übertragen. So hat man ihnen jede Bereitschaft zum Risiko regelrecht aberzogen. *Klaus E. Bregger*

Nicht die akribischen Perfektionisten haben in der Wirtschaft Erfolg, sondern die risikobereiten Pragmatiker. *Matthias Scharlach*

Risikoscheues Nichthandeln kann für Unternehmer auf Dauer risikoreicher sein als risikobereites Handeln.
Roman Herzog

Man entdeckt keine neuen Erdteile, ohne den Mut zu haben, alte Küsten aus den Augen zu verlieren.
Andre Gide

Wenn wirkliches Neuland betreten wird, kann es vorkommen, daß nicht nur neue Inhalte aufzunehmen sind, sondern daß auch die Struktur des Denkens sich ändern muß, wenn man das Neue verstehen will.
Werner Heisenberg

Wer in einem Jahr reich werden will, wird schon nach zehn Monaten gehängt *Französisches Sprichwort*

Das Neue ist immer risikoreich. Denn für das Neue gibt es keine Erfahrungen. *Norbert Blüm*

Nur wenn du wagst, Dinge zu tun, die du bisher noch nicht beherrschst, wirst du wachsen.
Ralph Waldo Emerson

Von einem stärkeren Partner gefressen zu werden, kann bekömmlicher sein, als einen schwächeren selbst zu fressen. *Aus dem Tierreich*

Gehe nicht auf ausgetretenen Pfaden, sondern bahne dir selbst einen Weg und hinterlasse eine Spur.
Unbekannt

Risiko ist die Bugwelle des Erfolgs. *Carl Amery*

➪ **Mut, Innovation, Neu**

Rolle

Die Frage ist nicht, ob eine schöne Frau schön genug für die Rolle ist. Die Frage ist, ob die Rolle schön genug für eine schöne Frau ist. *Otto Preminger*

Die Welt ist eine Bühne, aber die Rollen sind schlecht verteilt. *Oscar Wilde*

Beim Theater ist jede Rolle wichtig. Ich werde nicht dadurch zum König, daß ich mich königlich gebärde, sondern dadurch, daß der Diener sich vor mir verneigt.
Will Quadflieg

Die Karriere mancher Schauspielerin hat mit der bedeutenden Rolle begonnen, die sie im Leben des Regisseurs spielte. *Gabriel Laub*

Routine

Wenn du etwas so machst, wie du es seit zehn Jahren gemacht hast, dann sind die Chancen groß, daß du es falsch machst. *Charles Kettering*

Manche leben mit einer so erstaunlichen Routine, daß es schwerfällt zu glauben, sie lebten zum ersten Mal.
Stanislaw Jerzy Lec

➪ **Alltag, Gewohnheit**

Rücksicht

Um einflußreich zu sein, muß ein Mann von Natur gradsinnig sein und das Recht lieben. Er muß die Worte der Menschen prüfen, ihren Ausdruck beobachten und verstehen, daß man auf andere Rücksicht nehmen muß. *Konfuzius*

➪ **Toleranz, Einfühlungsvermögen, Takt, Verständnis**

Ruf

Man hat einen zu guten oder einen zu schlechten Ruf; nur den hat man nicht, den man verdient.
Marie von Ebner-Eschenbach

Im Leben hat man meistens zwischen dem guten Ruf und dem Vergnügen zu wählen. Und man erkennt, daß der gute Ruf kein Vergnügen ist. *Michael Groß*

Der gute Ruf geht weit, aber der schlimme geht noch viel weiter. *Serbisches Sprichwort*

Es gibt nur ein sicheres und unfehlbares Mittel, sich einen guten Ruf in der Welt zu erhalten: nämlich das wirklich zu sein, was man vor der Welt scheinen möchte. *Friedrich der Große*

➪ **Image, Ansehen, Ruhm, Berühmtheit, Gerücht**

Ruhe

Ruhe und Ordnung; ist dies Glückseligkeit? Im Kerker ist auch Ruhe und Ordnung. *Wilhelm Heinse*

Wenn man seine Ruhe nicht in sich findet, ist es zwecklos, sie andernorts zu suchen.
Francois de la Rochefoucauld

Nur in ruhigem Gewässer spiegeln sich die Dinge unverzerrt. Nur in ruhigem Gemüt gibt es ein adäquates Erkennen der Welt. *Hans Margolius*

Man strebt danach, eine Arbeit zu haben, um das Recht zu haben, sich auszuruhen. *Cesare Pavese*

➪ **Muße, Gelassenheit**

Ruhestand

Niemals bin ich weniger müßig als in meinen Mußestunden und niemals weniger einsam, als wenn ich allein bin. *Cicero*

Muße ist keine Erfindung für bessere Leute - sie ist leibliches, seelisches, geistiges Atemholen, ohne das kein menschliches Wesen auf die Dauer leben kann, am wenigsten der unentwegt arbeitende Mensch unseres Zeitalters. *Rudolf Hagelstange*

Muße ist die Kunst, wirklich nichts zu tun, wenn man nichts tut. *Anton Schnack*

Der Mensch überwindet Hindernisse, um endlich Ruhe zu haben, und findet dann nichts so unerträglich wie Ruhe. *Unbekannt*

Wer dauernd unter Strom steht, der blockiert seine Fähigkeiten, auf neue Ideen zu kommen.
Matthias Heister

Die gedankliche Freiheit ist die Voraussetzung dafür, um wirklich Neues zu schaffen. *Ida Fleiß*

Es gibt Millionen von Menschen, die sich nach Unsterblichkeit sehnen die aber nicht wissen, was sie an einem verregneten Sonntagnachmittag anfangen sollen. *Maurice Chevalier*

Muße ist das Kunststück, sich selbst ein angenehmer Gesellschafter zu sein. *Karl Heinrich Waggerl*

Nichtstun ist die schwierigste Beschäftigung und zugleich diejenige, die am meisten Geist voraussetzt.
Oscar Wilde

Muße ist der schönste Besitz von allen. *Sokrates*

Alt ist man dann, wenn man an der Vergangenheit mehr Freude hat als an der Zukunft. *John Knittel*

Das Leben wird nach Jahren gezählt und nach Taten gemessen. *Unbekannt*

Manch einer arbeitet so eifrig für seinen Lebensabend, daß er ihn gar nicht mehr erlebt. *Markus M. Ronner*

Es ist ganz schön, erleben zu können, daß man in der Abendsonne mehr aufgescheucht wird, als man es sich eigentlich vorgestellt hatte. *Willy Brandt*

Alt sein ist eine herrliche Sache, wenn man nicht verlernt hat, was anfangen heißt. *Martin Buber*

Daß ich bin, erfüllt mich mit immer neuem Staunen. Und dies bedeutet Leben. *Rabindranath Tagore*

Es entspricht einem Lebensgesetz: Wenn sich eine Tür vor uns schließt, öffnet sich eine andere. Die Tragik ist jedoch, daß man auf die geschlossene Tür blickt und die geöffnete nicht beachtet. *Andre Gide*

Mit dem Leben ist es wie mit einem Bühnenstück: Was zählt, ist nicht die Länge, sondern das gekonnte Spiel. *Seneca*

Man wird alt, wenn man spürt, daß man nicht mehr neugierig ist. *Gerhard Reichel*

Ein Mann mit weißem Haar ist wie ein Haus, auf dessen Dach Schnee liegt: es beweist noch lange nicht, daß im Herd kein Feuer ist. *Maurice Chevalier*

Man kann nichts dagegen tun, daß man altert, aber man kann sich dagegen wehren, daß man veraltet.
Unbekannt

Alte Bäume behämmert der Specht am meisten.
Wilhelm Busch

Vergiß nicht, ehe es zu spät ist, daß das Geschäft zu leben nicht ein Geschäft ist, sondern Leben.
B.C. Forbes

Ich interessiere mich sehr für die Zukunft, denn ich werde den Rest meines Lebens in ihr verbringen.
Charles F. Kettering

Was mag uns die Zukunft bringen? Was wir der Zukunft bringen. *Peter Benary*

Wer aus Freude am Leben und aus Erfahrungen der Vergangenheit Ziele entwickelt, die Gegenwart zur Planung und zum wirklichen Leben nützt, kann guten Mutes in die Zukunft sehen. *Josef Schmidt*

Sehr wenige Menschen leben in der Gegenwart. Die meisten bereiten sich darauf vor, demnächst zu leben.
Jonathan Swift

Sobald die Leute genug haben, wovon sie leben können, stellt sich heraus, daß sie nicht wissen, wofür sie leben könnten. *Victor Frankl*

Gott, was ist Glück! Eine Grießsuppe, eine Schlafstelle und keine körperlichen Schmerzen - das ist schon viel.
Theodor Fontane

Unser Glück finden wir unterwegs, nicht am Ende der Straße; denn dann ist die Reise vorbei, und es ist zu spät. *David Dunn*

Glück ist ein hübsches Bankkonto, eine gute Köchin und eine tadellose Verdauung. *Jean-Jacques Rousseau*

Zwanghaftes Arbeiten allein würde die Menschen ebenso verrückt machen wie absolutes Nichtstun. Erst durch die Kombination beider Komponenten wird das Leben erträglich. *Erich Fromm*

Die Kunst des Ausruhens ist ein Teil der Kunst des Arbeitens. *Voltaire*

➪ **Freizeit, Muße, Leben, Genuß, Zukunft, Alter**

Ruhm

Beneiden wir die großen und berühmten Männer nicht! Könnten wir sie heute sehen - wie viele von ihnen würden mehr unser Mitleid provozieren als unsere Glückwünsche. *Daniel Defoe*

Der Ruhm ist die unnützeste, nichtigste und falscheste Münze, die unter uns im Umlauf ist. *Michel de Montaigne*

Ein Kaufmann macht durch allzu großes Rühmen die Ware, die ihm feil ist, nur verdächtig. *Flaccus Q. Horaz*

Der Ruhm läßt keinen von uns unberührt. Er hat einige Leute zerstört und viele andere verkrüppelt. *Charlton Heston*

Ruhmsüchtige bläst man am besten so lange auf, bis sie platzen. *Martin Kessel*

Ich bin berühmt, aber es hat sich noch nicht herumgesprochen. *Karl Kraus*

Mir, der ich bloß ein wandernder Rhapsode, genügt ein Freund, ein Becher Wein im Schatten und ein berühmter Name nach dem Tode. *August von Platen*

Der Ruhm ist die Sonne der Toten. *Honore de Balzac*

Des Ruhms Begleiter ist der Neid. (Invidia gloriae comes.) *Cornelius Nepos*

Der Ruhm ist eine jugendliche Form der Blindheit. *ArthurMiller*

Ruhm ist nichts weiter als die Summe der Mißverständnisse, die sich um einen Namen sammeln. *Rainer Maria Rilke*

Eine Berühmtheit ist jemand, der sich freut, daß ihn viele kennen, die er nicht kennenzulernen braucht. *Henry Louis Mencken*

Wenn ein Mann berühmt geworden ist, trifft er in seinem Leben merkwürdig viele Schulfreunde wieder. *Lyndon B. Johnson*

Ich habe dreißig Jahre gebraucht, um über Nacht berühmt zu werden. *Harry Belafonte*

Vielleicht der größte Vorteil des Ruhmes liegt darin, daß man ungestraft die größten Dummheiten sagen darf. *Andre Gide*

Der Ruhm steigt am leichtesten in leere Köpfe. *Gabriel Laub*

Ruhm sind Zinsen des Ehrgeizes. *Kurt Wortig*

Ruhm ist ein Gift, das der Mensch nur in kleinen Dosen verträgt. *Honore de Balzac*

Ruhm bedeutet vor allem, daß man im richtigen Zeitpunkt stirbt. *Alfred Polgar*

Man muß den Ruhm der Menschen nach den Mitteln messen, deren sie sich bedient haben, um ihn zu erwerben. *Francois de la Rochefoucauld*

Ruhm und Ruhe sind Dinge, die nicht zusammen wohnen können. *Georg Christoph Lichtenberg*

➪ **Image, Ansehen, Berühmtheit, Geltung, Gerücht**

Rüstung

Die Rüstung ist der teuerste Schrott der Welt. *Linus Pauling*

➪ **Abrüstung, Krieg, Militär, Waffe**

Risikoscheues Nichthandeln
kann für Unternehmer
auf Dauer risikoreicher sein
als risikobereites Handeln.

ROMAN HERZOG

S

Sachbearbeiter

Ein Sachbearbeiter ist jemand, der die Aufgabe beherrscht, für die ein anderer bezahlt wird.
Unbekannt

Sachverständige

Die zehn Gebote sind deshalb so kurz und verständlich, weil sie ohne Mitwirkung einer Sachverständigenkommission entstanden sind. *Charles de Gaulle*

➪ **Kompetenz, Fachmann, Experte, Spezialist**

Sammler

Sammler sind glückliche Menschen.
Johann Wolfgang von Goethe

Sammler sind Leute, die Seltenes zusammentragen in der Hoffnung, daß es noch seltener wird.
Sigismund von Radecki

Es gibt kaum etwas Schöneres, als den Frauen beim Sammeln von Erfahrungen behilflich zu sein.
Marcel Achard

➪ **Steckenpferd**

Sarg

Die aufregendste Beziehungskiste ist zweifellos der Sarg. *Nikolaus Cybinski*

Ein Pessimist ist ein Mensch, der sofort nach dem Sarg Ausschau hält, wenn er Blumen gerochen hat.
Henry Louis Mencken

Wenn du im Sarg liegst, haben sie dich das letzte Mal reingelegt. *Hanns Hermann Kersten*

Wenn ein Arzt hinter dem Sarg seines Patienten geht, so folgt manchmal tatsächlich die Ursache der Wirkung. *Robert Koch*

➪ **Sterben, Tod**

Sarkasmus

Produzenten von Sarkasmen sollte es ergehen wie den Wespen: Wer seinen Stachel betätigt, müßte umkommen. *Eleonora Duse*

Sarkasmus ist das, was entsteht, wenn sich Intelligenz und Erfolg nicht die Waage halten.
Oliver Hassencamp

Der Witz ist das Erdgeschoß des Humors, die Satire der erste Stock, die Ironie der zweite, der Sarkasmus die Mansarde. *Werner Krauß*

➪ **Ironie, Spott, Witz**

Satire

Der Satire steht das Recht auf Übertreibung zu. Aber sie hat es schon seit langem nicht mehr nötig, von diesem Recht Gebrauch zu machen. *Gabriel Laub*

Die Satire hat auszugraben, was das Pathos zugeschüttet hat. *Stanislaw Jerzy Lec*

Was darf die Satire? Alles. *Kurt Tucholsky*

Nicht die Satire wird verfolgt, sondern die in ihr enthaltene Wahrheit. *Gabriel Laub*

Satire kann nichts bewirken, sie wirkt sich lediglich negativ auf die Karriere des Satirikers aus.
Gerhard Uhlenbruck

Satire ist eine veraltete Literaturgattung, in der die Laster und Torheiten der persönlichen Feinde des Autors mit mangelhaftem Zartgefühl dargelegt werden. *Ambrose Bierce*

Satire ist die Lyrik des Hasses. *Ernst Hohenemser*

Satire ist die Kunst, einem anderen so auf den Fuß zu treten, daß er es merkt, aber nicht aufschreit.
Helmut Qualtinger

Eine Satire ist ein Spiegel, in dem der Betrachter alle anderen Gesichter erkennt, nur nicht das eigene.
Jonathan Swift

Ein Satiriker ist Moralist, der aus rückwärtiger Stellung angreift. *Wieslaw Brudzinski*

Ein Satiriker ist ein Irrer, der dem Elefanten Mausefallen stellt. *Adolf Nowaczynski*

Ein Satiriker ist ein gekränkter Idealist; er will die Welt gut haben, sie ist schlecht, und nun rennt er gegen das Schlechte an. *Kurt Tucholsky*

Bei der Satire gilt das Prinzip: Wer sich getroffen fühlt, ist gemeint. *Werner Finck*

Die feinste Satire ist unstreitig die, deren Spott mit so weniger Bosheit und so vieler Überzeugung verbunden ist, daß er selbst diejenigen zum Lächeln nötigt, die er trifft. *Georg Christoph Lichtenberg*

➪ **Spott, Kritik**

Sehnsucht

Die Sehnsucht läßt alle Dinge blühen, der Besitz zieht alle Dinge in den Staub. *Marcel Proust*

Bisweilen glauben wir, uns nach einem fernen Orte zurückzusehnen, während wir eigentlich uns nur nach der Zeit zurücksehnen, die wir dort verlebt haben, da wir jünger und frischer waren. *Arthur Schopenhauer*

➪ **Nostalgie, Verlangen, Begehren, Wünsche, Illusion**

Sekretärin

Das Finanzamt hebt die Moral. Früher haben reisende Geschäftsleute die Sekretärin als Gattin ausgegeben. Heute geben sie - weil von der Steuer absetzbar- die Gattin als Sekretärin aus. *Unbekannt*

Das ist meine Privatsekretärin. Sie ist nicht nur eine Schönheit, sondern auch meine beste Mitarbeiterin, vielleicht die einzige, der ich mein volles Vertrauen schenken kann. Sie ist nämlich nicht besonders intelligent und versteht keine Spur von all dem, was ich ihr diktiere. Außerdem hat sie ein außergewöhnlich schlechtes Gedächtnis und vergißt sofort alles, was sie gehört und geschrieben hat. *Forster Dulles*

Rat für alle Sekretärinnen und Stenotypistinnen: Falls Sie mal Krach mit Ihrem Mann oder Ihrem Bräutigam haben, stenographieren Sie ruhig die Worte Ihres Partners mit, denn das wird ihn verwirren, und wie ich durch ausgedehnte Versuche und Umfragen feststellen konnte, wird durch diese einfache Methode jeder Mann so aus dem Konzept gebracht, daß er zu stottern beginnt! *Ein Psychiater*

Meine Sekretärin schreibt wie eine arabische Terroristin: Jede Stunde ist mit einem Anschlag zu rechnen. *Unbekannt*

Die ideale Sekretärin ist eine rechte Hand, die alles mit der linken Hand erledigt. *Unbekannt*

Nichts können Sekretärinnen ihrem Chef schwerer verzeihen als die Tatsache, daß er mit seiner Frau glücklich ist. *Irene Thorell*

Antworten führender deutscher Manager auf die Frage: Welche Eigenschaften muß eine Sekretärin haben?

- Humor und Ausgeglichenheit.
- Charme und Langmut.
- Pfiffigkeit.
- Viele gute, um meine schlechten auszugleichen.
- Die Geduld von Mutter Theresa.
- Diskretion.
- Belastbarkeit.
- Persönliches Engagement und Takt.
- Zuverlässigkeit, vor allem auch in den Kleinigkeiten des Büroalltags.
- Selbständiges Handeln und Mitdenken.
- Einfühlungsvermögen.
- Gewissenhaftigkeit.
- Verständnis für immer wechselnde Situationen.
- Schnelle Auffassungsgabe.
- Mitdenken, mithandeln und mich ertragen.

Seminarauswertung Gerhard Reichel

Nachtgebet einer Sekretärin: "Lieber Gott, ich danke Dir, daß ich den heutigen Arbeitstag ohne Nervenzusammenbruch überstanden habe. Ich bitte Dich, laß mich stets unterscheiden, welcher Anrufer oder Besucher zu den Freunden, Geschäftspartnern oder Gegnern meines Chefs zu rechnen ist. Hilf mir, rechtzeitig die mir nie genannten Termine herauszufinden. Schenke mir den Charme einer Audrey Hepburn, das stets verständnisvolle Lächeln einer Mona Lisa, den majestätischen Schritt einer Sophia Loren, das universelle Wissen eines Gymnasialprofessors, die Ruhe und Ausgeglichenheit eines Asiaten! Hilf mir vor allem, seinem Charme lady-like zu begegnen! Amen." *Unbekannt*

Die Sekretärin ist eine zu den Geißeln der Menscheit gehörende anmutige Schlange, die für ein monatliches Gehalt ihre zerstörerischen Kräfte entfaltet. *Unbekannt*

Die ideale Sekretärin: denkt wie ein Mann, benimmt sich wie eine Dame und arbeitet wie ein Pferd. *Unbekannt*

Selbstachtung

Wir verbringen einen großen Teil des Lebens damit, die Achtung anderer zu erwerben. Aber Selbstachtung zu gewinnen, darauf verwenden wir wenig Zeit.
Josef von Sternberg

Wer nicht zu sich selbst steht, verliert sich am Beispiel anderer. *Hans Arndt*

Der Weise weiß, aber nicht, um zu glänzen. Selbstachtung hat er, doch nicht Arroganz. *Laotse*

Ein Mensch kann viel ertragen, solange er sich selbst ertragen kann. *Axel Munthe*

Vielleicht besteht die einzige Würde des Menschen in seiner Fähigkeit, sich achten zu können.
George Santayana

➪ **Würde, Selbstbewußtwein, Selbstvertrauen**

Selbstbeherrschung

Der Mensch ist Mensch, weil er Selbstbeherrschung üben kann, und nur insoweit, als er Selbstbeherrschung übt. *Mahatma Gandhi*

Je höher der Mensch steht, um so stärkere Schranken hat er nötig, welche die Willkür seines Wesens bändigen. *Gustav Freytag*

Wer sich keine Annehmlichkeiten versagen kann, wird sich nie ein Glück erobern.
Marie von Ebner-Eschenbach

Dem wird befohlen, der sich nicht selber gehorchen kann. *Friedrich Nietzsche*

Ein reizbarer Mensch ist wie ein verkehrt eingerollter Igel, der sich mit seinen eigenen Stacheln peinigt.
Lebensweisheit

➪ **Disziplin, Abstinenz, Verzicht**

Selbstbewußtsein

Wir würden weit mehr gewinnen, wenn wir uns zeigten, wie wir sind, als bei dem Versuche, das zu scheinen, was wir nicht sind. *Francois de la Rochefoucauld*

Viel von sich reden kann auch ein Mittel sein, sich zu verbergen. *Friedrich Nietzsche*

Um sich selbst ins richtige Licht setzen zu können, darf man die anderen nicht in den Schatten stellen.
Gerhard Reichel

Selbstbewußtsein ist die Fähigkeit, sich als Original zu fühlen, auch wenn man nur eine Kopie ist. *Unbekannt*

Bescheiden können nur die Menschen sein, die genug Selbstbewußtsein haben. *Gabriel Laub*

Durch nichts bezeichnen die Menschen mehr ihren Charakter als durch das, was sie lächerlich finden.
Johann Wolfgang von Goethe

Er hatte so eine Art, sich in den Hintergrund zu drängen, daß es allgemein Ärgernis erregte. *Karl Kraus*

Kleine Fehler geben wir gern zu, um den Eindruck zu erwecken, wir hätten keine großen.
Francois de la Rochefoucauld

➪ **Sicherheit, Selbstachtung, Charakter, Reife**

Selbstgerechtigkeit

Nichts Lästigeres als ein Sünder, der Buße getan hat - selbstgerechter als alle Gerechten. *Johannes Gross*

Jeder will lieber einen Weltteil als sich bekehren.
Jean Paul

Selbsthilfe

Man hilft den Menschen nicht, wenn man für sie tut, was sie selbst tun können. *Abraham Lincoln*

Gib einem Hungernden einen Fisch und er wird einen Tag satt; gib ihm eine Angel und er wird ein Leben lang satt. *Chinesisches Sprichwort*

Selbstironie

Die schwierigste Turnübung ist immer noch, sich selbst auf den Arm zu nehmen. *Werner Finck*

Selbstkritik

Die meisten Menschen leben von der Annahme, daß sie eine Ausnahme seien. *Unbekannt*

Erst soll man an sich selbst den strengsten Maßstab legen, eh man sich unterfängt, des anderen Tun zu wägen. *Jean Baptiste Moliere*

Jeder Mensch hat ein Brett vor dem Kopf - es kommt nur auf die Entfernung an.
Marie von Ebner-Eschenbach

Jeder Mensch glaubt, er sei unter allen der wichtigste, der beste; aber nur der Narr und der Dummkopf haben den Mut, es zu sagen. *Jean Paul*

Ehe man kritisiert, sollte man seine Kritik kritisieren.
Jean Anouilh

Nur wer sich ändert, bleibt sich treu. *Wolf Biermann*

Jeder Mensch wird als Zwilling geboren: als der, der er ist, und als der, für den er sich hält. *Martin Kessel*

Es ist leichter zu ertragen, daß man uns verleumdet, als zu merken, daß man uns richtig einschätzt.
Robert Lembke

Wie leicht sich das sagt: sich selber finden! Wie man erschrickt, wenn es wirklich geschieht! *Elias Canetti*

Es ist leichter, zum Mars vorzudringen, als zu sich selbst. *Carl Gustav Jung*

Wer zu sich selber finden will, darf andere nicht nach dem Weg fragen. *Peter Tille*

Bescheidenheit ist weniger Unterschätzung unserer selbst, als Hochschätzung anderer. Der Bescheidene ist der Ehrfürchtige. *Hans Margolius*

Wer glaubt, etwas zu sein, hat aufgehört, etwas zu werden. *Philipp Rosenthal*

Fremde Fehler sehen wir, die unsrigen aber nicht.
Seneca

Gut ist, wer besser von sich denkt, als er ist; klug ist, wer das bemerkt. *Emil Baschnonga*

Im Leben ist es besser, zu wollen, was man nicht hat, als zu haben, was man nicht will. *Jonathan Swift*

Kommst du vom Vorgesetzten, überprüf deine Identität. *Wieslaw Brudzinski*

Fragwürdig wie alles, was wir treiben, ist auch die Selbstkritik. Ihre Wonne besteht darin, daß ich mich scheinbar über meine Mängel erhebe, indem ich sie ausspreche und ihnen dadurch das Entsetzliche nehme, das zur Veränderung zwingen würde. *Max Frisch*

In dem Maße, wie der Wille und die Fähigkeit zur Selbstkritik steigen, hebt sich auch das Niveau der Kritik am andern. *Christian Morgenstern*

Ich glaube von jedem Menschen das Schlechteste, selbst von mir, und ich habe mich noch selten getäuscht. *Johann Nestroy*

Selbstkritik ist Voraussetzung des Selbstvertrauens. Sie verhindert aber Einbildung, Überheblichkeit, Dünkel - die Merkmale des Machtmenschen.
Hans A. Pestalozzi

Wir unterschätzen das, was wir haben, und überschätzen das, was wir sind.
Marie von Ebner-Eschenbach

Selbst der bescheidenste Mensch hält mehr von sich, als sein bester Freund von ihm hält.
Marie von Ebner-Eschenbach

Man kann die Erfahrung nicht früh genug machen, wie entbehrlich man in der Welt ist.
Johann Wolfgang von Goethe

Was deprimierend ist: Du bist wie alle anderen. Was tröstlich ist: Alle anderen sind wie du.
Johannes Gross

Nichts bewahrt uns so gründlich vor Illusionen wie ein Blick in den Spiegel. *Aldous Huxley*

Alles, was uns an anderen mißfällt, kann uns zu besserer Selbsterkenntnis führen. *Carl Gustav Jung*

Ohne vollendetes Selbstverständnis wird man nie andere wahrhaft verstehen lernen. *Novalis*

Andere erkennen ist weise. Sich selbst erkennen ist Erleuchtung. *Laotse*

Der Narr hält sich für weise, aber der Weise weiß, daß er ein Narr ist. *Shakespeare*

Nur die Oberflächlichen kennen sich selbst.
Oscar Wilde

➪ **Einsicht**

Selbstmanagement

Selbstmanagement ist der Weg vom Reagieren zum Aktivieren der anderen. *Matthias Scharlach*

Selbstsucht

Je mehr du dich selbst liebst, desto mehr bist du dein eigener Feind. *Marie von Ebner-Eschenbach*

➪ **Egoismus**

Selbsttäuschung

Es ist die gewöhnlichste und schädlichste Täuschung, daß man sich allzeit für den einzigen hält, der gewisse Dinge bemerkt. *Jean Paul*

Es ist ebenso leicht, sich selbst zu täuschen, ohne es zu merken, wie es schwer ist, die andern zu täuschen, ohne daß sie es bemerken.
Francois de la Rochefoucauld

Wer ohne die Welt auszukommen glaubt, irrt sich. Wer aber glaubt, daß die Welt nicht ohne ihn auskommen könne, irrt sich noch viel mehr.
Francois de la Rochefoucauld

Mancher glaubt, beliebt zu sein, aber man hat sich nur an seine Art gewöhnt. *Upton Sinclair*

Es ist gefährlich, anderen etwas vorzumachen; denn es endet damit, daß man sich selbst etwas vormacht. *Eleonora Duse*

Man wird nie betrogen, man betrügt sich selbst. *Goethe*

Der Machtlose entschädigt sich gern durch die Überzeugung, ein besserer Mensch zu sein. *Johannes Gross*

Selbstüberwindung

Es tut nichts weher, als sich selbst zu überwinden. Es tut aber nichts wohler, als sich selbst überwunden zu haben. *Seuse*

Selbstvertrauen

Zwei Dinge verleihen der Seele am meisten Kraft; Vertrauen auf die Wahrheit und Vertrauen auf sich selbst. *Seneca*

Selbstvertrauen ist die Quelle des Vertrauens zu anderen. *Unbekannt*

Der Weg zum Erfolg beginnt mit der Selbstbesinnung auf die eigenen Kräfte. *Matthias Scharlach*

Wer kein Selbstvertrauen hat, muß immer angeben. *Emilio Pucci*

Die beiden wichtigsten Worte für den Erfolg sind: Ich kann! *Unbekannt*

Das Selbstwertgefühl ist der Steuermann unseres Lebens. *Gerhard Reichel*

Sobald sich Athleten nur noch mit dem Gewinnen beschäftigen und von diesem Gedanken besessen sind, weisen ihre Leistungen in der Mehrzahl der Fälle eine ständige Verschlechterung auf. Die Leistungsergebnisse sind erheblich besser, wenn sie ihr Augenmerk darauf lenken, ihr Bestes zu geben und dann fortzufahren, die inneren richtigen Bedingungen zu schaffen und darauf zu achten, diese zu erhalten, anstelle allein den Gewinn im Auge zu haben. *James E. Loehr*

Wenn es einen Glauben gibt, der Berge versetzen kann, so ist es der Glaube an die eigene Kraft. *Marie von Ebner-Eschenbach*

Selbstvertrauen ist die Quelle des Vertrauens zu anderen. *Francois de la Rochefoucauld*

Zu sein, was wir sind, und zu werden, wozu wir fähig sind zu werden, das ist das einzige Ziel des Lebens. *Robert Louis Stevenson*

Die größten Leistungen vollbringt nur der, der gelernt hat, im entscheidenden Augenblick letzte Reserven mobil zu machen. *Segal*

➪ **Glaube**

Selbstverwirklichung

Wünsche nicht etwas anderes zu sein als was Du bist, aber versuche dies so gut wie möglich zu sein. *St. Francis de Sales*

Die einmalige Gelegenheit, die Du suchst, ist in Dir selbst. Sie ist nicht in Deiner Umgebung, sie ist kein Glücks- oder Zufall oder eine Chance oder Hilfe anderer. Sie liegt in Dir allein. *Orison Swett Marden*

Da gehen die Menschen, die Höhen der Berge zu bewundern und die Fluten des Meeres, die Strömungen der Flüsse, des Ozeans Umkreis und der Gestirne Bahnen und verlieren dabei sich selbst. *Augustinus*

Jeder sollte all das werden können, wozu er bei der Geburt die Fähigkeiten mitbekommen hat. *Thomas Carlyle*

Wenn man das Ziel nicht kennt, ist kein Weg der richtige. *Koran*

Erfolg ist eine Reise, kein Ziel. *Ben Sweetland*

Der höchste Lohn für unsere Bemühungen ist nicht das, was wir dafür bekommen, sondern das, was wir dadurch werden. *John Ruskin*

➪ **Sinn, Ziel, Vision, Fähigkeiten, Erfolg, Aufgabe**

Selbstzufriedenheit

Selbstzufriedenheit ist der Sargdeckel jeden Fortschritts. *Philip Rosenthal*

➪ **Zufriedenheit**

Sex

Ich habe mich niemals im Film ausgezogen, weil ich glaube, daß zum Reiz einer Frau auch eine Mischung von Geheimnis und Würde gehört. *Rita Hayworth*

Eine richtige Frau wirkt voll bekleidet auf einen Mann anziehender als ein nacktes Weib. *Romy Schneider*

Sex ist sehr unkompliziert, wenn man von keinem Komplex, sondern von einem Bedürfnis geleitet wird. *Georges Simenon*

Gruppensex ist angewandter Sozialismus: Er demonstriert in sinnfälliger Weise die Vergesellschaftung von Produktionsmitteln.
Klaus Peter Schreiner

Sex-Appeal ist das, was Männer nur mit den Händen beschreiben können. *Uschi Glas*

In Sachen Sexualität verwechseln viele das Stimmen der Instrumente mit dem Konzert. *Henry Miller*

Sex ohne Eros ist ein Kontakt zweier Hautbesitzer.
Marguerte Duras

Sex ist das immer wiederholte Sechstagerennen der Hormone. *Henry Miller*

Sex in längerer Verbindung ist die Kunst, Reprisen immer wieder wie Premieren erscheinen zu lassen.
Jeanne Moreau

Die Frau kontrolliert ihren Sex, weil sie für Sex all das bekommt, was ihr noch wichtiger ist als Sex.
Esther Vilar

Sex ist die einzige Domäne, auf der nach Meinung der Neuen Linken ein Angehöriger der Leistungsgesellschaft keuchen darf, ohne unter sein Niveau zu gehen. *Armin Mohler*

Die Sexualschulung hat das Bett um die Prüfungsangst bereichert. *Werner Schneyder*

Sexualität als zwischenmenschliche Beziehung bringt Menschen als Menschen zusammen und nicht nur als Dinge. Dasein für den anderen wird hier zur Bedingung eigenen Glücks. *Helmut Gollwitzer*

Die Erotik ist sozialisierte Sexualität. *Octavio Paz*

Die Sexwelle mußte scheitern, weil alle daran verdienen wollten, statt sich daran zu beteiligen.
Werner Schneyder

➪ **Erotik, Liebe, Partnerschaft**

Showbusiness

Avantgardistische Ideen im Showbusiness sind riskant. Hier beißen die Hunde den ersten, nicht den letzten.
Michael Pfleghar

Heute muß einer im Showbusiness schon von Schwein reden, wenn er nicht zur Sau gemacht wird.
Harald Juhnke

Showbusiness ist nur mit drei Eigenschaften zu ertragen: Mit Dummheit, Demut oder Zynismus.
Ernst Stankowski

Der ideale Showmaster ist ein junger Mann im gesetzten Alter, witzig und seriös, ein politisches Neutrum mit ausgeprägter Meinung und ein Schwerenöter mit einem wunderbaren Familienleben. Ach ja, und eine Frau muß er natürlich sein. *Kurt Rittig*

Die beste Kombination für einen guten Showmaster ist ein sagenhaft dickes Fell und die Sensibilität einer Operndiva. *Wim Thoelke*

➪ **Medien**

Sicherheit

Sicherheit beruht auf der vermeintlichen Kenntnis und der tatsächlichen Unkenntnis der Zukunft.
Helmar Nahr

Wer sich gegen alles sichern will, vermehrt die Gefängnisse. *Friedrich Georg Jünger*

Immer auf dem Sprung sein, bedeutet Leben. Von Sicherheit eingewiegt werden, bedeutet Tod.
Oscar Wilde

Unsere Sicherheiten dürfen nichts Starres werden, sonst brechen sie. *Robert Walser*

➪ **Tradition, Konservatismus, Risiko**

Sieger

Der Sieger hat viele Freunde, der Besiegte hat gute Freunde. *Mongolisch*

Ohne das Salz der Niederlage sind Siege ungenießbar.
Peter Tille

Der Sieger ist meistens berauscht - so rächt sich der Besiegte. *Ernst R. Hauschka*

Sinn

Da ich aber ansah alle meine Werke, die meine Hand getan hatte und die Mühe, die ich gehabt hatte, siehe, da war es alles eitel und ein Haschen nach Wind und kein Gewinn unter der Sonne (...) Darum verdroß mich zu leben; denn es gefiel mir übel, was unter der Sonne geschieht, daß alles eitel ist und Haschen nach Wind.
Salomo

Nichts im Leben hätte auch nur den geringsten Sinn, wenn es den Tod nicht gäbe. *Wolfgang Hildesheimer*

Sehr wenige Menschen leben in der Gegenwart. Die meisten bereiten sich darauf vor, demnächst zu leben.
Jonathan Swift

Sehr wenige Menschen
leben in der Gegenwart,
Die meisten bereiten
sich darauf vor,
demnächst zu leben.

Jonathan Swift

Wer keinen Sinn in der Welt finden kann, der übersieht ihn gewöhnlich, weil es ihm aus diesem oder jenem Grunde paßt, daß die Welt sinnlos sein soll.
Aldous Huxley

Für neunzig Prozent der Menschen besteht der Sinn des Lebens darin, es zu fristen. *Helmut Qualtinger*

Der Mensch lebt nicht vom Brot allein. Die Vision der Fülle, die alte sozialistische Idee, daß die materielle Befriedigung von selbst in Frieden und Glück umschlagen werde, stimmt nicht. Gewiß, Hunger ist für niemand erträglich und zumutbar. Wenn aber der Mensch satt ist, dann stellen sich ihm die Fragen nach dem Sinn seines Lebens in neuer und nicht minderer Dringlichkeit. *Richard von Weizsäcker*

Die Frage ist falsch gestellt, wenn wir nach dem Sinn unseres Lebens fragen. Das Leben ist es, das Fragen stellt; wir sind die Befragten, die zu antworten haben.
Viktor E. Frankl

Erkennen heißt nicht, sich mit den Dingen zufriedengeben, so wie sie uns entgegentreten, sondern heißt, hinter ihnen nach ihrem Sein suchen.
José Ortega y Gasset

Alles, was passiert, hat seinen Sinn. *Unbekannt*

Sobald die Leute genug haben, wovon sie leben können, stellt sich heraus, daß sie nicht wissen, wofür sie leben könnten. *Victor Frankl*

Der höchste Lohn für unsere Bemühungen ist nicht das, was wir dafür bekommen, sondern das, was wir dadurch werden. *Unbekannt*

Es kommt darauf an wie einer netto lebt, nicht brutto.
Alfred Polgar

Wir verlangen, das Leben müsse einen Sinn haben - aber es hat nur ganz genau so viel Sinn, als wir selber ihm zu geben imstande sind. *Hermann Hesse*

Wie wenig ist am Ende der Lebensbahn daran gelegen, was wir erlebten, und wie unendlich viel, was wir daraus machten. *Wilhelm von Humboldt*

Das Leben hat keinen Sinn außer dem, den wir ihm geben. *Thornton Wilder*

Wer Leistung fordert, muß Sinn bieten.
Walter Böckmann

➪ **Aufgabe, Selbstverwirklichung, Leben**

Skandal

Seine Karriere soll man nicht mit einem Skandal beginnen; man soll ihn für spätere Lebensjahre aufbewahren. *Oscar Wilde*

Skandal ist wie ein Ei: Wenn es ausgebrütet ist, bekommt es Flügel. *Aus Madagaskar*

Skepsis

Der Skeptizismus ist der Beginn des Glaubens.
Oscar Wilde

Skeptiker, Besserwisser und Nörgler sind für jeden schöpferischen Menschen die beste Motivation zum unbeirrten Beschreiten des eigenen Weges.
Matthias Scharlach

Die Skepsis ist die Eleganz der Angst. *Cioran*

Skeptiker sind jene Menschen, die einfach nicht an die friedliche Nutzung der Atombombe glauben wollen.
Werner Mitsch

Hat eigentlich die Skepsis auf die Schlachtfelder geführt oder der Glaube? *Karlheinz Deschner*

➪ **Nörgler, Pessimisten**

Skifahren

Skifahren ist eine Form vorübergehender geistiger Umnachtung, zumal beim Skifahren geduldig Leiden auf sich genommen werden, die sonst unzumutbar sind. *Wilhelm Beyer*

Snobismus

Snobs sind schlechte Kopien eines mißverstandenen Originals. *Loriot*

Snobismus ist das Selbstbewußtsein derjenigen, die ihrer selbst nicht sicher sind. *Thornton Wilder*

Snobismus? - Wenn man zu seinem eigenen Geburtstag seinen Eltern einen Glückwunsch schickt.
Fred Metzler

Ein Snob ist, wer sich den Spinat durch die Fleurop zuschicken läßt. *Unbekannt*

Früher, sagte der Snob, habe ich auch dann und wann Kaviar gegessen. Jetzt lasse ich essen. *Unbekannt*

Snobs sind Leute, die am Käse nur die Löcher mögen, und auch die nicht immer. *Paul Kuhn*

Ein Snob ist, wer mit dem Auto von Berlin nach Wien fährt, um sich von Karajan die Hupe stimmen zu lassen. *Unbekannt*

Snobismus heißt gegen den Strom schwimmen, wo kein Strom ist. *Oliver Hassencamp*

Ein Snob ist ein Mann, der seinen Wagen verkauft, weil der Aschenbecher voll ist. *Unbekannt*

Ein Snob ist jemand, der sich Sekt in die Scheibenwaschanlage füllt. *Mia Jertz*

➪ **Arroganz, Überheblichkeit, Stolz, Dünkel, Anmaßung**

Softi

Ein Softi ist ein Macho, der mit Waffen der Frau arbeitet. *Rainhard Fendrich*

➪ **Männer**

Soldaten

Soldaten sind Männer, die offene Rechnungen der Politiker mit ihrem Leben bezahlen. *Ron Kritzfeld*

➪ **Militär, Krieg**

Solidarität

Solidarität ist das Bindeglied zwischen Freiheit und Gerechtigkeit, denn nur durch solidarisches Verhalten kann das Streben nach möglichst viel Gerechtigkeit in unserer Gesellschaft in Einklang gebracht werden mit dem Bedürfnis nach möglichst viel individueller Freiheit. *Willy Brandt*

Verbunden werden auch die Schwachen mächtig. *Schiller*

Solidarität ist die bewußte Bereitschaft, durch Selbstbeschränkung die Freiheit aller zu mehren; sie kann nicht verordnet, wohl aber muß sie geweckt und motiviert werden. *Willy Brandt*

➪ **Einigkeit, Zusammenarbeit, Verzicht**

Sorgen

Es hat keinen Sinn, Sorgen in Alkohol ertränken zu wollen, denn Sorgen sind gute Schwimmer. *Robert Musil*

Wie einfach wäre das Leben, wenn sich die unnötigen Sorgen von den echten unterscheiden ließen! *Karl Heinrich Waggerl*

Sorgen sind wie Babys. Je mehr man sie hätschelt, desto besser gedeihen sie. *Unbekannt*

Sozialismus

Was ist ein Sozialist? Ein Mann, der fünfzig Jahre in einem dunklen Keller nach einer schwarzen Katze sucht, erst dann Licht einschaltet und feststellt, daß die Katze nicht im Keller ist. *Unbekannt*

Sozialismus ist der ideologische Griff in fremde Taschen. Preisfrage: Was machen Sozialisten, wenn die fremden Taschen leer sind? *Unbekannt*

Was der Sozialismus will, ist nicht Eigentum aufheben, sondern im Gegenteil individuelles Eigentum, auf Arbeit gegründetes Eigentum erst einführen. *Ferdinand Lasalle*

Höchstes Ziel konsequenter Sozialreformer ist der Nulltarif für alle Konsumgüter. *Arno Sölter*

Die Sozialisten halten Profit für ein Laster. Ich dagegen halte ein Defizit für ein Laster. *Winston Churchill*

Ich war immer der Meinung, daß soziale Gerechtigkeit, bis hinab zum Letzten und Niedrigsten, durch Gewaltanwendung unmöglich erreicht werden kann. *Mahatma Gandhi*

Sozialpolitik ist der verzweifelte Entschluß, an einem Krebskranken eine Hühneraugenoperation vorzunehmen. *Karl Kraus*

Man wagt heute keinen Furz mehr loszulassen, wenn er nicht durch die Sozialversicherung vergütet wird. *Jean Anouilh*

Der Sozialismus ist zu Ende gedachte Hammelherdenmoral, bewacht von mächtigen Hirten, Oberhirten und scharfen Hunden auf karger Weide. *Frei nach Nietzsche*

Sozialismus ist Teilung der Gewinne ohne Verantwortlichkeit für die Verluste. *Albert Hubert*

Sozialismus ist der degenerierte Kapitalismus zahlungsunfähiger Kapitalisten. *Henry Louis Mencken*

Auch dem Sozialismus wohnt eine Tugend inne: die gleichmäßige Verteilung des Elends. *Winston Churchill*

Wer vor seinem dreißigsten Lebensjahr niemals Sozialist war, hat kein Herz. Wer nach seinem dreißigsten Lebensjahr noch Sozialist ist, hat keinen Verstand. *Benedetto Croce*

Alles, was die Sozialisten vom Geld verstehen, ist die Tatsache, daß sie es von anderen haben wollen. *Konrad Adenauer*

Es ist das Vorurteil der Sozialisten, Gewinngeschäfte für ein Verbrechen zu halten. Das wirkliche Verbrechen besteht nach meiner Ansicht darin, mit Verlust zu arbeiten. *Winston Churchill*

Sozialismus ist die Philosophie des Versagens, das Credo der Ignoranz und das Glaubensbekenntnis - des Neids. *Winston Churchill*

Sozialismus ist eine Utopie, solange es mehr faule als fleißige Menschen gibt. *Marie von Ebner-Eschenbach*

➪ **Kapitalismus, Kommunismus, Gesellschaft**

Soziologie

Soziologie ist die Kunst, zwischenmenschliche Probleme mit unscharfen Definitionen zu beleuchten. *Helmar Nahr*

Soziologie ist der Mißbrauch einer zu diesem Zweck erfundenen Terminologie. *Kurt Tucholsky*

Sparsamkeit

Sparen ist die richtige Mitte zwischen Geiz und Verschwendung. *Theodor Heuß*

Sparsamkeit ist die Fähigkeit, Geld so auszugeben, daß es einem keine Freude bereitet. *Arthur Brauner*

Die Sparsamkeit ist die Tochter der Vorsicht, die Schwester der Mäßigkeit und die Mutter der Freiheit. *Samuel Smiles*

Mein Volk soll lieber über meine Sparsamkeit lachen als über meine Vergnügungssucht weinen. *König Oskar II. von Schweden*

➪ **Geiz**

Spekulant

Ein Spekulant ist ein Mann, der ohne Geld im besten Restaurant Austern bestellt, in der Hoffnung, mit einer darin gefundenen Perle die Rechnung bezahlen zu können. *Unbekannt*

Die einzigen Zeugen für die Erfolge eines Spekulanten sind die Erben. *Unbekannt*

Wer viel Geld hat, kann spekulieren. Wer wenig Geld hat, darf nicht spekulieren. Wer kein Geld hat, muß spekulieren. *A. Kostolani*

Wie wird man Spekulant? Ähnlich wie ein unschuldiges Mädchen, das auf den Strich gelangt. Erst aus Neugier, dann aus Leidenschaft und letztendlich für Geld. *A. Kostolani*

➪ **Börse, Risiko**

Spesen

Spesen sind steuerfreies Einkommen, von dem leitende Mitarbeiter ihre Familien ernähren. *Michael Schiff*

Es gibt zu viele Fernsehredakteure, die lieber Spesenrechnungen als Programme machen. *Günter Verheugen*

Spezialisten

Spezialisten sind Leute, die nur eine Saite auf ihrer Fidel haben. *Henry Miller*

Spezialisten sind Leute, die alles über etwas und nichts über alles wissen. *Danny Kaye*

Ich habe nichts gegen Fachleute. Es wird immer welche geben. Es wird zum Beispiel immer Chirurgen geben. Man soll nur verhindern, daß sie eine Klasse oder eine Kaste bilden, das heißt nichts anderes tun, als ihre Kompetenzen zu pflegen und zu monopolisieren, eine Quelle der Macht aus ihnen zu machen. *Andre Gorz*

Die Fachleute sind immer böse, wenn einem Laien etwas einfällt, was ihnen nicht eingefallen ist. *John Steinbeck*

Ein Spezialist ist einer, der sich auf eine von ihm gewählte Form der Unwissenheit beschränkt hat. *Elbert Hubbard*

Der Spezialist ist in seinem winzigen Weltwinkel vortrefflich zu Hause; aber er hat keine Ahnung von dem Rest. *Jose Ortega y Gasset*

➪ **Fachmann, Experte**

Spiel

Ich bin mit der Vorstellung aufgewachsen, daß Spielen synonym mit Arbeiten ist. *Sacha Guitry*

Spielen ist eine Tätigkeit, die man gar nicht ernst genug nehmen kann. *Jacques-Yves Cousteau*

Spielen ist das dem Menschen innewohnende Prinzip. *Edmund Burke*

Ernst ist Nichtspiel und nichts anderes. Der Bedeutungsinhalt von Spiel dagegen ist mit Nicht-ernst keineswegs definiert oder erschöpfend erläutert. *Werner Finck*

Aus der Art, wie das Kind spielt, kann man erahnen, wie es als Erwachsener seine Lebensaufgabe ergreifen wird. *Rudolf Steiner*

Der Mensch spielt nur, wo er in voller Bedeutung des Wortes Mensch ist, und er ist nur da ganz Mensch, wo er spielt. *Friedrich Schiller*

Sport

Das wichtigste Requisit der Sportausrüstung jedes Athleten ist sein Geist. *Noell Blundall*

Siegertypen empfinden ihren Auftritt nicht als Bedrohung, sondern als Herausforderung.
Hans Eberspächer

Ich finde die Vermischung von Sport und Politik lächerlich. Eine Goldmedaille mehr oder weniger entscheiden nicht über den Wert einer Lebensform oder eines politischen Systems. *Jesse Owens*

Man verwöhnt die Athleten durch immer mehr Perfektion und denkt nicht daran, daß viele von ihnen nach den Olympischen Spielen in den Dschungel zurück müssen und sich nicht mehr auskennen.
Bill Toomey

Der Sport ist eine völkerverbindende Sache. Vor allem die Ärzte haben viel zu verbinden.
Herbert Rosendorfer

Der große Sport fängt da an, wo er längst aufgehört hat, gesund zu sein. *Bertolt Brecht*

Vor allem die Diktatoren wissen, warum sie immer und in jedem Fall für den Sport sind: er unterhält, benebelt und verdummt. *Thomas Bernhard*

Sport ist ein vernünftiger Versuch des modernen Zivilisationsmenschen, sich Strapazen künstlich zu verschaffen. *Peter Bamm*

Je mehr man im Match denkt, desto langsamer werden die Bewegungen. Das kostet meist den Sieg.
Steffi Graf

Spott

Spott ist die Waffe derer, die keine andere besitzen.
Hubert Pierlot

Spott ist oft Geistesarmut. *Jean de la Bruyere*

➪ **Ironie**

Sprache

Es gibt keine größere Illusion als die Meinung, Sprache sei ein Mittel der Kommunikation zwischen Menschen. *Elias Canetti*

Die Sprache ist die Quelle aller Mißverständnisse.
Antoine de Saint-Exupery

Eine Sprache mit vielen Konsonanten ist wie ein Kartoffelacker. Eine Sprache mit vielen Vokalen ist wie ein Blumenbeet. *Enrico Caruso*

Mit jeder Sprache, die ausstirbt, wird ein Bild des Menschen ausgelöscht. *Octavio Paz*

Eine fremde Sprache kann man in sechs Wochen erlernen, für die eigne reicht das Leben nicht. *Peter Tille*

Slang ist der durchgescheuerte Hosenboden der Sprache. *Truman Capote*

Slang ist Sprache in Rollkragenpullover und Blue Jeans. *Thornton Wilder*

Er ergriff das Wort. Da verschlug es ihm die Sprache.
Peter Benary

Die Sprache ist die Mutter, nicht die Magd des Gedankens. *Karl Kraus*

Die unmittelbare Wirklichkeit des Gedankens ist die Sprache. *Karl Marx*

Wir haben die Sprache, um stumm zu werden.
Max Frisch

Es wäre eine reine Freude, Journalist zu sein, wenn die Bürger soviel acht auf die Sprache gäben wie auf den Lack ihrer Autos. *Fritz Richert*

Mit einem Papagei finden Menschen leicht eine gemeinsame Sprache. *Stanislaw Jerzy Lec*

Die Menschen haben, wie es scheint, die Sprache nicht empfangen, um die Gedanken zu verbergen, sondern um zu verbergen, daß sie keine Gedanken haben.
Sören Kierkegaard

Die tödlichste Waffe des Menschen ist die Sprache. Er ist für die hypnotische Wirkung von Schlagworten ebenso anfällig wie für ansteckende Krankheiten.
Arthur Koestler

Sprache ist eine Waffe. Haltet sie scharf.
Kurt Tucholsky

Wer die Sprache liebt, weiß, daß sie das Menschlichste am Menschen ist und darum auch schrecklichster Ausdruck seiner Unmenschlichkeit werden kann.
Heinrich Böll

Küsse sind das, was von der Sprache des Paradieses übriggeblieben ist. *Joseph Conrad*

Die Fähigkeit, sich klar auszudrücken, ist die Voraussetzung dafür, andere zu beeinflussen. *Dale Carnegie*

Wer fremde Sprachen nicht kennt, weiß nichts von seiner eigenen. *Johann Wolfgang von Goethe*

Der Geist einer Sprache offenbart sich am deutlichsten in ihren unübersetzlichen Worten.
Marie von Ebner-Eschenbach

➪ **Reden, Rhetorik, Sprechen**

Sprechen

Zwei Jahre braucht der Mensch, um das Sprechen, ein Leben lang, um das Schweigen zu lernen.
Ernest Hemingway

Wer in seinem Sprechen die Windstille ist, kann in seinem Schweigen ein Orkan sein. *Hans Kudszus*

Im Leben lernt der Mensch zuerst das Gehen und Sprechen. Später lernt er dann stillzusitzen und den Mund zu halten. *Marcel Pagnol*

Sprichwort

Sprichwörter sollten immer paarweise verkauft werden, denn jedes gibt immer nur die halbe Wahrheit wieder. *Brander Matthews*

Aphoristiker: ein Mensch, der sich freut wie ein kleines Kind, wenn es ihm gelingt, etwas zu erfinden, was höchstwahrscheinlich schon die Phönizier als uraltes Sprichwort gekannt hatten. *Bertolt Brecht*

Ein Sprichwort ist eine allgemein bekannte Weisheit, an die sich niemand hält. *Wolfgang Herbst*

➪ **Aphorismen, Zitate**

Subventionen

Wir brauchen eine Deregulierungsoffensive. Das heißt: Weg mit allen Vergünstigungen, die Unternehmer schützen. Weg mit allen Privilegien, weg mit allen Subventionen. *Michael Fuchs*

Subventionen: Staatliche Kraftnahrung für jene am Kinder der Nation, die am lautesten brüllen. *Toto*

Subventionen sind wirtschaftspolitischer Denkmalschutz. *Helmar Nahr*

Unter Subventionen empfangen versteht man die Kunst, so lange zu jammern, bis einem die Fettpolster als Hungerödeme angerechnet werden.
Raymond Leclerc

Wenn wir Subventionen gewähren, dann tun wir dies mit jenem Geld, das wir ihnen vorher abgenommen haben. *Hans Friderichs*

➪ **Hilfe**

Sünde

Wie groß sieht jede Sünde aus, wenn zufällig ein anderer sie begangen hat. Und wie klein wird sie, wenn wir sie selbst tun ! *Viktor Berg*

Die Sünden sind die Pfeiler der Religion.
Hans Lohberger

Wenn eine Frau ihrem Mann einmal verziehen hat, darf sie ihm seine Sünden nicht immer wieder aufgewärmt zum Frühstück servieren. *Marlene Dietrich*

Wir werden nicht für unsere Sünden bestraft, sondern durch sie. *Elbert Hubbard*

Im Alter bereut man vor allem die Sünden, die man nicht begangen hat. *William Somerset Maugham*

Wer sich zum Ärger hinreißen läßt, büßt für die Sünden anderer. *Konrad Adenauer*

Die sieben Todsünden unserer Zeit heißen:
1. Bewegungsmangel,
2. Kontaktmangel,
3. Trägheit des Geistes,
4. Überernährung,
5. Disziplinlosigkeit im Straßenverkehr,
6. Tabletten-Mißbrauch
7. Verschmutzung der Luft, des Wassers und der Nahrung. *Bundesärztekammer*

Wenn man sich auch wünscht, tugendhaft zu bleiben, eines Tages stellt man fest, daß die wirklich glücklichen Augenblicke jene gewesen sind, die man der Sünde gewidmet hat. *Sacha Guitry*

Die Sünde ist das einzig Farbige, das im modernen Leben übriggeblieben ist. *Oscar Wilde*

Es gibt keine Sünde außer Dummheit. *Oscar Wilde*

Von Zeit zu Zeit muß man einmal sündigen, sonst verliert man den Spaß an der Tugend. *Ilona Bodden*

Die kleinsten Sünder tun die größte Buße.
Marie von Ebner-Eschenbach

Alter: der Lebensabschnitt, in dem wir die Sünden, derer wir noch frönen, dadurch wettmachen, daß wir die Sünden schmähen, die zu begehen wir nicht mehr unternehmungslustig genug sind. *Bierce*

➪ **Fehler**

Sympathie

Nichts macht uns feiger und gewissenloser als der Wunsch, von allen Menschen geliebt zu werden.
Marie von Ebner-Eschenbach

Der beste Weg, andere an uns zu interessieren, ist der, an ihnen interessiert zu sein. *Emil Oesch*

➪ **Liebe, Anerkennung**

Sozialismus ist
eine Utopie, solange es
mehr faule als fleißige
Menschen gibt.

MARIE VON EBNER-ESCHENBACH

Sch

Schach

Neben den Anstrengungen der Werbewirtschaft ist Schach die größte Verschwendung menschlicher Intelligenz. *Raymond Chandler*

Schach ist ein geistiges Catch-as-catch can, bei dem sich nur der Brutale durchsetzen kann. *Robert "Bobby" Fischer*

Schach ist ein Symbol für den Lebenskampf. Man droht und wird bedroht, man belauert einander, während die Figuren, selber symbolische Krieger, inmitten eines elektrisch geladenen Schweigens gegeneinander vorrücken. *Garri Kasparow*

Schach ist ein realistisches Spiel: niemand ist hier stärker als die Dame. *Georg Thomalla*

Schadenfreude

Schadenfreude ist die Freude, die durch Schaden nicht klug wird. *Hellmut Walters*

Mitleid ist legale Schadenfreude. *Hans Lohberger*

Wer sich freut, wenn wer betrübt, macht sich meistens unbeliebt. *Wilhelm Busch*

Schadenfreude ist ein typisch deutsches Wort - für mich die mieseste Äußerung des Humors. *Loriot*

Schadenfreude ist ein Wort, das es nur im Deutschen gibt. *Chandra Singh*

Schäferstündchen

Zu einem Schäferstündchen gehören vor allem eine Schäferin und ein Hammel. *Max Pallenberg*

Scham

Man soll sich vor den Menschen nicht mehr schämen als vor sich selbst. Demokrit

Der Verlust von Scham ist das erste Zeichen des Schwachsinns. *Sigmund Freud*

Der Wert eines Menschen hängt ab von der Zahl der Dinge, für die er sich schämt. *George Bernard Shaw*

Schande

Es ist keine Schande hinzufallen, aber es ist eine Schande liegenzubleiben. *Theodor Heuss*

➪ **Ruf, Image, Mißerfolg, Reue**

Schauspieler

Ich wüßte nicht, wer den Menschen besser über den Menschen belehren sollte als der Schauspieler. *Laurence Olivier*

Schauspieler schauspielern einfach zuviel. *Norman Mailer*

Schauspieler kommen direkt in den Himmel, weil sie das Fegefeuer schon auf Erden erlebt haben. *Rudolf Fernau*

Ein Schauspieler ist ein Mensch, dem es gelungen ist, die Kindheit in die Tasche zu stecken und sie bis an sein Lebensende darin aufzubewahren. *Max Reinhardt*

Er glaubte an seine Berufung als Schauspieler, weil er schon in der Schule nicht ohne Souffleur ausgekommen war. *Wolfgang Eschker*

Die Karriere mancher Schauspielerin hat mit der bedeutenden Rolle begonnen, die sie im Leben des Regisseurs spielte. *Gabriel Laub*

Schauspielerinnen sind ideale Ehefrauen; sie machen ihre Szenen auf der Bühne. *Bernhard Wicki*

Eine Schauspielerin, die Erfolg haben will, muß die Schönheit einer Aphrodite, die Klugheit einer Athene, das Gedächtnis eines Elefanten und das dicke Fell eines Rhinozerosses haben. *Kim Novak*

Eine Diskussion mit dem Regisseur beginnen Schauspieler immer dann, wenn sie den Text nicht kennen.
Otto Schenk

Ein Schauspieler ist ein Bildhauer, der in Schnee meißelt. *Lawrence Barret*

Schauspieler sind Leute, die nicht zuhören, wenn man nicht über sie spricht. *Marlon Brando*

Schauspieler sind etwas mehr als die Spiegel, in denen sich die Menschen betrachten, und etwas weniger als das, wofür sie sich halten. *Bernhard Minetti*

Ein Schauspieler ist der Spiegel und die abgekürzte Chronik des Zeitalters. *William Shakespeare*

Schauspielerei ist die einzig richtige Art und Weise, seine Neurosen abzureagieren. *James Dean*

Italien besteht aus fünfzig Millionen Schauspielern. Die schlechtesten von ihnen stehen auf der Bühne.
Orson Welles

Die Schauspielerei ist ein herrlich überbezahltes Hobby für kindliche Gemüter. *David Niven*

Ein Schauspieler sollte auch dann etwas zu sagen haben, wenn seine Rolle nichts zu sagen vorsieht.
Stanislaw Jerzy Lec

Der wahre Schauspieler ist von der unbändigen Lust getrieben, sich unaufhörlich in andere Menschen zu verwandeln, um in den anderen am Ende sich selbst zu entdecken. *Max Reinhardt*

➪ **Kunst, Kultur, Regisseur, Theater, Rolle**

Scheidung

An Scheidungsgründen fehlt es nie, wenn nur der gute Wille da ist. *Joh. Nepomuk Nestroy*

Heute ist eine Ehe schon glücklich, wenn man dreimal die Scheidung verschiebt. *Danny Kaye*

Eine Scheidung ist eine Trennung, bei der in der Regel die Frau die Kinder und der Mann das Kindermädchen behält. *Unbekannt*

Eine Scheidung ist ein Spiel unter Rechtsanwälten.
Gary Grant

Scheidungen sind Entscheidungen eines Schiedsrichters, der das Spiel nicht gesehen hat.
Robert Lembke

Eine Heirat geht ja furchtbar schnell, nur die Scheidung ist immer so zeitraubend. *Brigitte Bardot*

Keine Ehe ist so viel wert, wie ihre Scheidung kostet.
Rolf Hochhuth

"Ich hab' mich scheiden lassen. Mein Mann bekommt das Auto, ich die Kinder und unsere Anwälte teilen sich unser Vermögen." *Unbekannt*

Laut Statistik ist die Ehe die Hauptursache aller Scheidungen. *Unbekannt*

➪ **Geschiedene, Ehe, Heirat**

Scheitern

Es gibt mehr Leute, die kapitulieren, als solche, die scheitern. *Henry Ford*

➪ **Mißerfolg, Niederlage, Resignation**

Schenken

Schenken ist ein Brückenschlag über den Abgrund deiner Einsamkeit. *Antoine de Saint-Exupery*

➪ **Geschenke, Nutzen bieten, Nächstenliebe, Korruption, Bestechung**

Schicksal

Ich bin der Typ, dem das Schicksal auf den Fuß tritt und der schnoddrig dagegenredet: "Macht nichts, ich hab ja noch einen." *Heinz Rühmann*

Das Schicksal nimmt nichts, was es nicht gegeben hat.
Seneca

Ich meine, daß das Schicksal die eine Hälfte unserer Taten bestimmt, uns aber die andere Hälfte - oder fast so viel entscheiden läßt. *Niccolo Machiavelli*

Da gibt es Leute, die fummeln an Menschenschicksalen herum, wie ein Betrunkener an einem Haustürschloß. *Erhard Eppler*

Wer seinem Schicksal davonläuft, dem schießt es in den Rücken. *Unbekannt*

Schicksal kann man nur durch Begreifen überwinden.
Hermann Hesse

Der Mensch kann sein Schicksal, das auf ihn zukommt, nicht ändern, wenn er sich nicht selbst ändert. *Aurelio Pecce*

Das Schicksal mischt die Karten und wir spielen.
Arthur Schopenhauer

Schicksal nennt man die zusammengerechneten Fehler, die ein Mensch gemacht hat. *John Oliver Herford*

Wir werden vom Schicksal hart oder weich geklopft. Es kommt auf das Material an.
Marie von Ebner-Eschenbach

➪ **Glück, Zufall, Erfolg, Leben**

Schlacht

Schlacht: eine Methode, mit den Zähnen einen politischen Knoten zu lösen, der der Zunge nicht nachgeben wollte. *Ambrose Bierce*

➪ **Krieg**

Schlaf

Schlaf ist der Waffenstillstand im Kampf ums Dasein.
Aus den "Fliegenden Blättern"

Schlaf ist ein Hineinkriechen des Menschen in sich selbst. *Friedrich Hebbel*

Der Himmel hat den Menschen als Gegengewicht zu den vielen Mühseligkeiten des Lebens drei Dinge gegeben: die Hoffnung, den Schlaf und das Lachen.
Immanuel Kant

Schlaf ist Unhöflichkeit gegenüber der Nacht.
Hans Kudszus

Schlaf ist das einzige Glück, das man erst recht genießt, wenn es vorbei ist. *Alfred Polgar*

Schlaf ist für den Menschen das, was das Aufziehen für die Uhr ist. *Arthur Schopenhauer*

Der Schlaf ist die Nabelschnur, durch die das Individuum mit dem Weltall zusammenhängt.
Friedrich Hebbel

Schlaflosigkeit ist etwas, woran ein Mensch leidet, der eine Stunde lang die ganze Nacht kein Auge zugetan hat. *Unbekannt*

➪ **Bett, Ruhe**

Schlagersänger

Schlagersänger sind junge Männer, die bei Stromausfall keine Sänger mehr sind. *Danny Kaye*

Schlagersänger sind heisere Hähne, die abends krähen statt am Morgen. *Jacques Tati*

Schlagersänger sind Leute, die immer schon Gesangsunterricht nehmen wollten, aber niemals dazu gekommen sind, und die es jetzt bleiben lassen, weil sie inzwischen berühmt geworden sind. *Jacques Tati*

Schlager sind Texte, die gesungen werden müssen, weil sie zu dumm sind, um gesprochen zu werden.
Gisela Uhlen

➪ **Musik, Showbusiness**

Schlagfertigkeit

Schlagfertigkeit ist die schnellste Bestätigung des Selbstgefühls. *Hans Arndt*

Schlagfertigkeit ist etwas, worauf man erst 24 Stunden später kommt. *Mark Twain*

Eine Dame kommt in Trauerkleidung in die Buchhandlung. Sie hält das Buch "Die Pilze unserer Heimat" in den Händen. Der Buchhändler drückt ihr ergriffen die Hand: "Herzliches Beileid. Der Verlag hat den Druckfehler inzwischen berichtigt." *Unbekannt*

Schlagfertigkeit ist eine Erwiderung in Form einer vorsichtigen Beleidigung. *Ambrose Bierce*

➪ **Argument, Rhetorik**

Schlagwort

Je hohler ein Schlagwort ist, desto mehr Lärm kann man mit ihm erzeugen. *John B. Priestley*

Schlagwörter sind zur Faust geballte Gedanken.
Kurt Wildner

Schlagworte sind Kommandos der Dummheit.
Hans Lohberger

Eine mit Schlagworten geohrfeigte Zeit produziert eine geschwollene Literatur. *Alfred Polgar*

➪ **Phrasen, Platitüde**

Schlagzeile

Schlagzeilen heißen darum so, weil man von ihnen erschlagen werden kann. *Helmut Qualtinger*

Schlagzeilen - das ist Weltgeschichte in Pillenform.
Norman Mailer

➪ **Zeitung, Presse**

Schmeichelei

Eine Schmeichelei ist etwas Angenehmes, das jemand über dich erzählt, und wovon du wünschst, es möge wahr sein. *Frank Malester*

Eine Schmeichelei ist eine Bestätigung nicht vorhandener Vorzüge. *Erik Ode*

Schmeichelei ist die Strafe für Eitelkeit. *Wilhelm Raabe*

Schmeichelei ist eine falsche Münze, die ihren Kurswert nur durch unsere Eitelkeit erhält. *Francois de La Rochefoucauld*

Schmeichler sind geschickte Gedankenleser; sie sagen genau das - was du denkst. *Aus den "Fliegenden Blättern"*

Ein Schmeichler ist ein Freund, der dir unterlegen ist oder vorgibt, es zu sein. *Aristoteles*

Eine Schmeichelei ist jemand, der dir ins Gesicht sagt, was er nicht hinter deinem Rücken sagen würde. *Henry Millington*

Wenn wir auch der Schmeichelei keinen Glauben schenken, der Schmeichler gewinnt uns doch. *Marie von Ebner-Eschenbach*

Was deinen Gegnern nicht gelingt, werden deine Schulterklopfer vollbringen. *Rudolf Hagelstange*

Manchmal meint man, die Schmeichelei zu hassen, während man nur die Art des Schmeichelns haßt. *Francois de la Rochefoucauld*

Empfindsame Gemüter trifft kein Tadel härter als falsches Lob, und unerbetener Zuspruch bewegt sie mit größerer Gewißheit als ätzende Kritik zur Einkehr. *Wolfgang Pohrt*

Für gewöhnlich lobt man nur, um gelobt zu werden. *Francois de la Rochefoucauld*

Eine Schmeichelei ist ein Mensch, der seiner Meinung nach deine Fähigkeiten außerordentlich übertreibt, so daß sie näher an deine eigene Vorstellung von ihnen herankommen. *Oscar Wilde*

➪ **Opportunismus, Kompliment, Unterwürfigkeit, Lob, Kompliment**

Schmerz

Der Schmerz ist der große Lehrer der Menschen. Unter seinem Hauche entfalten sich die Seelen. *Marie von Ebner-Eschenbach*

Kein Schmerz ist größer, als sich der Zeit des Glückes zu erinnern, wenn man im Elend ist. *Dante Alighieri*

Das ist meine allerschlimmste Erfahrung: Der Schmerz macht die meisten Menschen nicht groß, sondern klein. *Christian Morgenstern*

Den Schmerz vertraut man nur dem Freund; das Glück teilt man mit jedem. *Otto Ludwig*

Schminken

Schminken ist eine Tätigkeit, deren Zeitbedarf proportional zum Alter ansteigt. *Unbekannt*

➪ **Lippenstift, Schönheit, Gesicht**

Schnelligkeit

Schild am Wegrand: Wer meint, er könne dieses Feld in zehn Sekunden überqueren, sollte sich das gut überlegen. Mein Stier schafft es in NEUN SEKUNDEN. *Unbekannt*

Schönheit

Ich habe die Erfahrung gemacht, daß weibliche Schönheit die Männer einschüchtert. Aber nicht alle! *Raquel Welch*

Und wenn wir die ganze Welt durchreisten, um das Schöne zu finden: wir müssen es in uns tragen, sonst finden wir es nie. *Ralph Waldo Emerson*

Schönheit lockt mehr Diebe an als Geld. *Shakespeare*

Schönheit ist ein Feuer, das nicht brennt, sondern glüht. *Shakespeare*

Die Schönheit einer Frau besteht in dem Grad des Verlangens, das sie bei einem Manne auslöst. *Italo Svevo*

Die Schönheit brauchen wir Frauen, damit die Männer uns lieben, die Dummheit, damit wir die Männer lieben. *Gabrielle "Coco" Chanel*

Schönheit: die Macht, womit eine Frau ihren Liebhaber bezaubert und ihren Ehegatten in Schranken hält. *Ambrose Bierce*

Schönheit ist nach drei Tagen genauso langweilig wie die Tugend. *George Bernard Shaw*

Schönheit ist ein Geschenk für einige Jahre, aber kein Lebensinhalt. *Lil Dagover*

Schön ist eigentlich alles, was man mit Liebe betrachtet. *Christian Morgenstern*

Schönheit ist
nach drei Tagen
genauso langweilig
wie die Tugend.

GEORGE BERNARD SHAW

Alles wahrhaft Schöne trägt seine Schönheit in sich selbst und ist in sich vollendet. Anerkennung macht es weder schlechter noch besser. *Mark Aurel*

Schönheit ist ein offener Empfehlungsbrief, der die Herzen im voraus für uns gewinnt. *Schopenhauer*

Wenn eine Frau oft in den Spiegel schaut, ist es vielleicht nicht Eitelkeit - sondern Tapferkeit. *Unbekannt*

Schönen Mädchen ist es erlaubt, auf ihre Gabe stolz zu sein. *Martin Luther*

Es gibt vielleicht auf der ganzen Welt kein anderes Mittel, ein Ding oder Wesen schön zu machen, als es zu lieben. *Robert Musil*

Schönheit ist eines der seltenen Wunder, die unsere Zweifel an Gott verstummen lassen. *Jean Anouilh*

Im Schaufenster eines Pariser Schönheitssalons stand ein Schild: "Sie brauchen nur Ihr Geburtsdatum zu ändern, alles andere machen wir." *Unbekannt*

➪ **Eitelkeit, Gesicht, Mode, Kleider, Schminken**

Schöpfung

Wenn das ein Mensch vermöchte, daß er eine einzige Rose machen könnte, so sollte man ihm ein Kaisertum schenken! *Martin Luther*

Jeder dumme Junge kann einen Käfer zertreten. Aber alle Professoren der Welt können keinen herstellen. *Arthur Schopenhauer*

➪ **Evolution**

Schreiben

Mit Papier und Schreibpinsel kannst du einen Menschen töten, du brauchst kein Messer dazu. *Spruch aus China*

Schreiben heißt, von einer sehr merkwürdigen Arbeit existieren, von der man nicht verlangen darf, daß die Gesellschaft sie als Beruf, als nützlich und notwendig anerkennt. *Ingeborg Bachmann*

Manuskripte sind wie Sandwiches: auf die richtigen Streichungen kommt es an. *Hans Bertram*

Tiefgang nennt man beim Stückeschreiben die Stellen, wo Personen untertauchen, für die einem nichts mehr einfällt. *Noel Coward*

Aus einem Buch abschreiben gibt ein Plagiat. Aus zwei Büchern abschreiben gibt einen Essay. Aus drei Büchern abschreiben gibt eine Doktordissertation. Aus vier Büchern abschreiben gibt ein fünftes gelehrtes Buch. *Roda Roda*

Es ist idiotisch, sieben oder acht Monate an einem Roman zu schreiben, wenn man in jedem Buchladen für zwei Dollar einen kaufen kann. *Mark Twain*

Einen Aphorismus kann man nicht in die Schreibmaschine diktieren - es würde zu lange dauern. *Karl Kraus*

Das Schreiben zwischen den Zeilen zahlt sich nicht aus, weil nur die Zeilen honoriert werden. *Zarko Petan*

Wer beim Schreiben viele Ausrufezeichen verwendet, spricht auch sehr laut. *Heimito von Doderer*

Ihr müßt so schreiben, daß euch die Marktfrau am Dom versteht, der Winzer in Rheinhessen das Blatt lesenswert findet und auch der Universitätsprofessor euch ernst nimmt. *Erich Dombrowski*

Seit Lucrezia Borgia bin ich die Frau, die am meisten Menschen umgebracht hat - wenn auch nur mit der Schreibmaschine. *Agatha Christie*

Ein Feuilleton schreiben heißt auf einer Glatze Locken drehen. *Karl Kraus*

➪ **Buch, Autor, Schriftsteller**

Schriftsteller

Der Schriftsteller bei uns ist vogelfrei. Gesellschaftlich gesehen, gehört er zu den Asozialen, den Bettlern, den Landstreichern, den Verrückten. *Wolfgang Koeppen*

Die Schriftstellerei ist, je nachdem wie man sie treibt, eine Infamie, eine Ausschweifung, eine Tagelöhnerei, ein Handwerk, eine Kunst oder eine Tugend. *August Wilhelm Schlegel*

Ein Arzt weiß, daß er gegen unheilbare Krankheiten nichts ausrichten kann, trotzdem behandelt er weiter. Für den Schriftsteller gilt dasselbe. *Walter Mehring*

Man mußte bisweilen den Eindruck gewinnen, daß ein deutscher Schriftsteller ein Mensch ist, dem die Konstruktion eines deutschen Satzes unüberwindliche Schwierigkeiten bereitet. *Marcel Reich-Ranicki*

Viele Leser werden erschrecken, wenn sie wüßten, daß es in der Bundesrepublik Literaturpreisträger gibt, die sich nicht einmal ein Frühstücksei leisten können. *Horst Bingel*

Ein Schriftsteller, der eilt, heute und morgen verstanden zu werden, läuft Gefahr, übermorgen vergessen zu sein. *Johann Georg Hamann*

Die Kunst, verständlich zu schreiben, ist die Höflichkeit des Genies. Das Komplizierte kompliziert wiederzugeben, ist Sache der halben Talente. *Hans Kasper*

Das erste, was ein wahrhafter Schriftsteller tut, ist an seiner eigenen Existenz zweifeln. *Octavio Paz*

Die Literatur existiert nicht im luftleeren Raum. Der Schriftsteller übt als solcher eine bestimmte soziale Funktion aus, die genau im Verhältnis zu seiner Fähigkeit als Schriftsteller steht. *Ezra Pound*

Der sogenannte freie Schriftsteller ist eine der letzten Bastionen der Freiheit. *Heinrich Böll*

Ich schreibe nicht für die Ewigkeit. Dieses elitäre Getue scheißt mich an. *Johannes Mario Simmel*

Man muß so schreiben, daß es für einen selbst eine Freude ist, sonst kann es auch für andere keine Freude sein. *Astrid Lindgren*

Es ist an der Zeit, Denkmäler für Leute zu errichten, die noch kein Buch geschrieben haben. *George Mikes*

Schriftsteller ist jemand, der einen Großteil seines Lebens in Einzelhaft vor dem Schreibgerät verbringt. *Barbara Frischmuth*

Versuche nie, einen Bestseller zu schreiben, das ist der sicherste Weg, daneben zu landen. *Arthur Haley*

Ein großer Schriftsteller ist einer, der unvergeßliche Sätze schreibt. *Henry de Montherlant*

Schriftsteller müssen das schlechte Gewissen ihrer Nation artikulieren, weil die Politiker ein so gutes haben. *Rolf Hochhuth*

Ein Schriftsteller braucht kein ganzes Schaf zu essen, um schildern zu können, wie Hammel schmeckt. Es genügt, wenn er ein Kotelett ißt. Das aber sollte er tun. *William Somerset Maugham*

Manche Schriftsteller schreiben nur ab und zu, vor allem ab. *Heinz Erhardt*

Schriftsteller verzeihen ihren Kollegen alles, nur nicht den Erfolg. *Marcel Reich-Ranicki*

Ein schlechter Schriftsteller wird manchmal ein guter Kritiker, genauso wie man aus einem schlechten Wein einen guten Essig machen kann. *Henry de Montherlant*

Es ist eine traurige Tatsache, daß nie zuvor in der Geschichte Schriftsteller so gut für so schlechte Arbeit bezahlt wurden. *Davis Davidson*

Schriftsteller zu werden, sollte sich nur der leisten, der entweder materiell abgesichert oder Masochist ist. *Angelika Mechtel*

Schriftsteller sind Leute, die ihre ungelösten Lebensprobleme, interessant verpackt, an andere weiterreichen. Gegen bar. *Hanns-Hermann Kersten*

Das ist der Vorteil des Schriftstellers: Wenn man etwas loswerden will, schreibt man ein Buch. *Peter Bamm*

Ein Schriftsteller kann die Welt im besten Fall beunruhigen, im seltensten Fall beeinflussen - verändern nie. *Friedrich Dürrenmatt*

Ich zweifle an dem Geisteszustand der Menschen, wenn sie freie Schriftsteller werden wollen. *Walter Jens*

Ein Schriftsteller ist jemand, dessen Intelligenz nicht groß genug ist, um mit dem Schreiben aufhören zu können. *Günter Grass*

Ein Schriftsteller ist einer, der Leuten Vergnügen liefert, die selbst nicht genug Witz haben, sich zu unterhalten. *George Bernard Shaw*

Leute, die Bücher schreiben, sind selten intellektuell. Die Intellektuellen sind Leute, die über die Bücher reden, die andere Leute geschrieben haben. *Francoise Sagan*

➪ **Autor, Buch, Schreiben**

Schüchternheit

Schüchternheit verleiht eine Schönheit der Seele, die oft auf den Körper ausstrahlt. *Sigmund Graff*

➪ **Bescheidenheit, Unsicherheit, Minderwertigkeitskomplexe**

Schuld

Neunmal Pech mag neunmal Pech sein, aber zehnmal Pech ist Schuld. *Alfred Kerr*

Für die Schuld der Väter werden oft erst die Söhne ausgezeichnet. *Stanislaw Jerzy Lec*

Die große Schuld des Menschen ist, daß er in jedem Augenblick die Umkehr tun kann und nicht tut. *Martin Buber*

Seid gerecht. Sucht nicht Schuldige, sondern Ursachen. *Werner Mitsch*

Schuld wird nicht getilgt, wenn man sich nicht zu ihr als der eigenen Schuld bekennt.
Carl Friedrich von Weizsäcker

Schuld oder Unschuld eines ganzen Volkes gibt es nicht. Schuld ist, wie Unschuld, nicht kollektiv, sondern persönlich. *Carl Friedrich von Weizsäcker*

Wenn man liebt, sucht man die Schuld bei sich selbst.
Richard Burton

Wer nicht tanzen kann, schimpft auf die Musikkapelle.
Polnisches Sprichwort

Alle Schuld auf sich zu nehmen, ist die gewiefteste Art, andere abhängig zu machen. *Heinrich Nüsse*

➪ **Verantwortung**

Schulden

Vor Schulden, die man gemacht hat, auch Staatsschulden, kann man nur eine Zeitlang davonlaufen, eingeholt wird man schließlich doch.
Milton Friedmann

Wer genau Buch über seine Schulden führt, kann nicht deswegen schon mit Geld umgehen. *Unbekannt*

Borge stets von einem Pessimisten! Er rechnet nicht damit, daß er das Geld zurückbekommt.
Unbekannt

Ich zahle: So bin ich niemand; ich schulde: so bin ich jemand. *Emil Baschnonga*

➪ **Kredit**

Schule

Wenn die Schulen zunehmen, dann steht's wohl im Land. *Martin Luther*

Warum lernt man in den Schulen Planimetrie, Trigonometrie und all den anderen Kram, den man doch nur braucht, um in die Nervenheilanstalt zu kommen? Warum lehrt man uns nicht, wie man Ärger überwinden kann, wie man Bitterkeit vermeidet oder wie man günstig einkauft? Glauben Sie nicht, daß das wichtiger ist? *Dr. M. Banks*

Wenn Sie nicht 1,5 haben, können Sie nicht Arzt werden - wenn Sie aber 4,5 haben - also zum Bedauern des Kollegiums noch das Abitur bestanden haben -, können Sie immer noch Philosophieprofessor werden.
Johannes Rau

Die Wettbewerbsfähigkeit eines Landes beginnt nicht in der Fabrikhalle oder im Forschungslabor. Sie beginnt im Klassenzimmer. *Lee Iacocca*

Die Welt ist die wahre Schule, denn da lernt man alles von selbst. *Johann Nestroy*

Und deshalb meine ich, daß unsere jungen Leute in den Schulen ganz und gar verdummt werden. Von der Wirklichkeit hören und sehen sie dort nichts.
Gaius Petronius

Man erstickt den Verstand der Kinder unter einem Ballast unnützer Kenntnisse. *Voltaire*

Die Schule ist jenes Exil, in dem der Erwachsene das Kind solange hält, bis es imstande ist, in der Erwachsenenwelt zu leben, ohne zu stören. *Maria Montessori*

Schulen sind Gefängnisse, in die die Kinder kommen, die deren Eltern nicht mehr wollen und die die Industrie noch nicht will. *John Updike*

➪ **Erziehen, Bildung, Lernen, Schule**

Schwäche

Die Frau liebt die Schwäche des Starken mehr als seine Stärke, die Dummheit des Gescheiten mehr als seine Gescheitheit. *Shirley MacLaine*

Man liebt einen Menschen nicht wegen seiner Stärke, sondern wegen seiner Schwächen. *Tilla Durieux*

Das Erkennen von Mängeln und das geplante Verwandeln dieser Schwächen in Stärken eröffnen ungeahnte Chancen. *Manfred Helfrecht*

Viele Leute wären beliebter, wenn sie sich entschließen könnten, etwas mehr von ihren kleinen Schwächen merken zu lassen. *Sigmund Graff*

Die stärkste Kraft reicht nicht an die Energie heran, mit der manch einer seine Schwäche verteidigt.
Karl Kraus

Unsere größte Schwäche ist die gegen unsere Schwächen. *Sigmund Graff*

Eine gute Schwäche ist besser als eine schlechte Stärke. *Charles Aznavour*

Erwarte keine Dankbarkeit, wenn du einem Menschen Gutes tust; du hast seine Schwächen aufgedeckt.
Elbert Hubbard

Kein Mann ist so stark wie eine hilflose Frau, die ihre Schwäche zu erkennen gibt. *Hans Holt*

➪ **Fehler**

Schwarzarbeit

Der Anteil der Schattenwirtschaft ist von 1990 - 1995 dramatisch von rund fünf auf fast 15 Prozent gestiegen. Das heißt doch, daß viele Leistungen in der regulären Wirtschaft zu teuer sind, also werden sie schwarz nachgefragt. Wir nähern uns italienischen Verhältnissen. *Herbert Henzler*

Wir müssen unser Steuer- und Abgabensystem so ändern, daß arbeitswillige Menschen nicht in die Illegalität gehen und krimininalisiert werden. *Bernhard Jagoda*

Bürokratie und Fiskus haben vier Millionen Schwarzarbeiter in die Illegalität getrieben. Geringere Steuern und weniger Staat ebnen den Weg zurück in die Legalität. *Eberhard Hamer*

➪ **Arbeit**

Schwätzer

Einen Schwätzer beim Wort zu nehmen heißt: einen Aal beim Schwanz halten zu wollen. *Unbekannt*

➪ **Geschwätzigkeit**

Schweigen

Ich habe in meinem Leben sehr viel gehalten, aber nicht den Mund. *Werner Finck*

Wer eine Frau von der Schweigepflicht entbindet, nimmt ihr das Vergnügen, dagegen zu verstoßen. *Curt Goetz*

Nichts wird so oft versehentlich geöffnet wie der Mund. *Chinesisches Sprichwort*

Es gibt Leute, die nichts zu sagen haben; es gibt andere, die nicht einmal etwas zu schweigen haben. *Unbekannt*

Man kann sich auf zwei Arten äußern: entweder durch nichtssagendes Reden oder durch beredtes Schweigen. *Unbekannt*

Schweigen kann die grausamste Lüge sein. *R. Louis Stevenson*

Es gibt Leute, die schweigen, damit man meint, sie seien klug. *Unbekannt*

Vom Schweigen schmerzt die Zunge nicht. *Russisches Sprichwort*

Schweigen können zeigt Kraft, schweigen wollen von Nachsicht, schweigen müssen vom Geist der Zeit. *Karl Weber*

Durch Schweigen sündigen, wo protestiert werden müßte, macht aus Männern Feiglinge. *Abraham Lincoln*

Große Dinge sprechen sich am besten durch Schweigen aus. *Poln. Sprichwort*

Manche Festredner, die nicht wissen wohin mit den Händen, sollten sich diese vor den Mund halten. *Unbekannt*

Richtiges Schweigen ist das lebendige Gegenspiel des rechten Redens. Es gehört dazu, wie Einatmen und Ausatmen. *Romano Guardini*

Der Mensch atmet leichter, wenn er den Mund hält. *Unbekannt*

Gepriesen sei derjenige, der nichts zu sagen hat und es trotzdem für sich behält. *Unbekannt*

Mir hat noch nie etwas geschadet, was ich nicht gesagt habe. *Calvin Coolidge*

Schweigen ist eines der am schwierigsten zu widerlegenden Argumente. *Josh Billings*

Schweigen ist der vollkommenste Ausdruck der Verachtung. *George Bernard Shaw*

Schweigen ist eine wundervolle Sprache, die nur wenige beherrschen. *Gerhard Reichel*

Schweigen ist eines der am schwierigsten zu widerlegenden Argumente. Josh Billings

Schweigen ist so ziemlich das Letzte, in das sich eine Frau zu hüllen wünscht. *Ralph Boller*

Schweigen ist die unerträglichste Antwort. *Gilbert Keith Chesterton*

Schweigen ist die ärgste oder die bescheidenste Form der Kritik. *Pierre Reverdy*

Der einzige gute Ersatz für Klugheit ist Schweigen. *Jerome K. Jerome*

Es gibt kaum etwas Schöneres, als dem Schweigen eines Dummkopfs zuzuhören. *Helmut Qualtinger*

➪ **Zuhören**

Schwierigkeiten

Schwierigkeiten werden nicht dadurch überwunden, daß sie verschwiegen werden. *Bertolt Brecht*

Beim Beginne einer Unternehmung und unweit des Zieles ist die Gefahr des Mißlingens am größten. Wenn Schiffe scheitern, so geschieht es nahe am Ufer. *Ludwig Börne*

Staat

Der Staat ist nicht die einzige und schon gar nicht die totale Ordnung. Er ist kein geweihtes Über-Ich und besitzt nicht das Amt der Letztinstanzlichkeit für den Menschen. Aber in aller Vorläufigkeit dieser Erde hat er die Aufgabe, als haltende Kraft dem Menschen zu dienen und ihm die Selbstverwirklichung und Freiheit zu ermöglichen, gerade auch die Freiheit der Schwachen. *Richard von Weizsäcker*

Das Datum 20. Juli 1944 wird die Deutschen für immer daran erinnern, daß die Würde jedes einzelnen Menschen aller staatlichen Gewalt vorausgeht, ihr übergeordnet ist. *Helmut Kohl*

Diejenige Staatsform ist die beste, in welcher die Gesetze am meisten und die Redner der Parteien am wenigsten Gehör finden. *Plutarch*

Wenn sich ein Staatsmann auf die Geschichte hinausredet, will er damit nur seine Unzulänglichkeit beschönigen. *George F. Kennan*

Vaterland nennt sich der Staat immer dann, wenn er sich anschickt, auf Menschenmord auszugehen. *Friedrich Dürrenmatt*

Zwischen Staaten gibt es keine Freundschaft, sondern nur Allianzen. *Charles de Gaulle*

Nicht was wir gestern waren, sondern was wir morgen zusammen sein werden vereinigt uns zum Staat. *Ortega y Gasset*

Seit Jahrzehnten haben die Politiker die Menschen gelehrt, alle Risiken des Lebens auf den Staat zu übertragen. So hat man ihnen jede Bereitschaft zum Risiko regelrecht aberzogen. *Klaus E. Bregger*

Demokratische Staatsmänner müssen laut denken, aber ihr Handeln muß ganz leise geschehen! *Amintore Fanfani*

Die Staatsautorität, die es auch in der Demokratie geben muß, wird durch die Regierung repräsentiert. Sie kann nur wirksam werden, wenn jedes Mitglied der Regierung über diese Autorität zumindest im moralischen Sinne verfügt. *Theodor Eschenburg*

Der Staat ist eine Notordnung gegen das Chaos. *Gustav Heinemann*

Je größer ein Staat, desto kleiner die Individuen, die ihn bilden. *Georg Kaiser*

Sobald einer über die Staatsangelegenheiten sagt: "Was geht's mich an?", muß man damit rechnen, daß der Staat verloren ist. *Jean-Jaques Rousseau*

Wer sich in schlechten Zeiten den Staat ins Boot holt, wird ihn in guten Zeiten kaum mehr vom Steuer verdrängen können. *Walter Scheel*

In der Verfassung eines idealen Staates sollte an erster Stelle das Recht stehen, alle, die uns lästig werden, auszumerzen. *Emile M. Cioran*

Der Schriftsteller behält den Staat kritisch im Blick wie der Dompteur den Tiger und weiß doch, daß er sein Gegenüber nicht zu bändigen vermag. *Stefan Andres*

Ein autoritärer Staat ist ein Staat, in dem jeder das tun darf, was er tun muß. *Danny Kaye*

Eine Diktatur ist ein Staat, in dem sich alle vor einem fürchten und einer vor allen. *Alberto Moravia*

Die Demokratie ist die schlechteste Staatsform, ausgenommen alle anderen. *Winston S. Churchill*

Der Staatshaushalt ist ein Haushalt, in dem alle essen möchten, aber niemand Geschirr spülen will. *Werner Finck*

Eine Diktatur ist ein Staat, in dem das Halten von Papageien mit Lebensgefahr verbunden ist. *Jack Lemmon*

Sie werden es nicht glauben, aber es gibt soziale Staaten, die von den Klügsten regiert werden; das ist bei den Pavianen der Fall. *Konrad Lorenz*

Kriege führen auch die Ameisen, Staaten haben auch die Bienen, Reichtümer sammeln auch die Hamster. *Hermann Hesse*

Der Staat ist eben auch nur ein Menschengebilde - und kann verlangen, - daß wir ein bißchen nachsichtig mit ihm sind. *Ludwig Marcuse*

Wenn die Repräsentanten dieses Staates etwas Dummes tun und ich mich als Bürger nicht davon betroffen fühle, dann lebe ich in keinem demokratischen Staat. *Alexander Mitscherlich*

➪ **Heimat, Verfassung, Vaterland, Patriotismus, Nationalismus, Regierung, Diktatur, Demokratie, Volk**

Staatsdiener

Immer schon hatten die Narren am Sockel des Throns gesessen. Deshalb sahen sie auch als erste, wenn er zu wackeln anfing. *Stanislaw Jerzy Lec*

➪ **Beamte, Öffentlicher Dienst**

Staatsmann

Ein Staatsmann muß sagen können, was getan werden soll. Und er muß hinterher erklären können, warum es nicht getan worden ist. *Winston S. Churchill*

Der Schein ist heute wichtiger als das Sein. Ein Staatsmann muß sich darstellen können. Es ist nicht mehr wichtig, wie er selber ist, sondern wie er bei den Leuten ankommt. *Tankred Dorst*

Je weniger Bedeutung ein Staatsmann hat, desto mehr liebt er die Fahne. *Kim Hubbard*

Manche Staatsmänner sind wie Klavierstimmer: Sie wollen die Harmonie wiederherstellen, indem sie die Spannung verstärken. *Walter Lippmann*

Ein Politiker denkt an die nächste Wahl; ein Staatsmann an die nächste Generation. *James Fernamt Clarke*

Staatsmänner schweben mit beiden Beinen fest über den Tatsachen. *Oliver Hassencamp*

Die Staatsmänner sind wie die Chirurgen: ihre Irrtümer sind tödlich. *Francois Mauriac*

Zu Hause ist man nur Politiker, im Ausland dagegen ist man Staatsmann. *Harold Macmillan*

Immer wieder kommen Staatsmänner mit großen Farbtöpfen des Weges und erklären, sie seien die neuen Baumeister. Und immer wieder sind es nur Anstreicher. Die Farben wechseln, die Dummheit bleibt. *Erich Kästner*

➪ **Politiker**

Stadt

Großstädter sind Leute, die vom Land in die Stadt gezogen sind, um hier so hart zu arbeiten, daß sie aus der Stadt aufs Land ziehen können. *George Mikes*

➪ **Kleinstadt**

Standpunkt

Man kann auf einem Standpunkt stehen, aber man sollte nicht darauf sitzen. *Erich Kästner*

Jeder Standpunkt ist unerträglich, aber gar keinen Standpunkt haben, das ist noch unerträglicher. *Gottfried Benn*

Wer einen Standpunkt allzu lange vertritt, bekommt schiefe Absätze. *Gustav Knuth*

Es gibt mehr Standpunktvertreter als Handelsvertreter; das sagt alles über den Wert von Standpunkten. *Unbekannt*

Ein Standpunkt sollte nicht nur das sein, worauf man ständig stehenbleibt. *Friedl Beutelrock*

Nie tritt man anderen so auf die Füße, als wenn man den eignen Standpunkt vertritt. *Karlheinz Deschner*

Man braucht nicht immer denselben Standpunkt zu vertreten, denn niemand kann einen daran hindern, klüger zu werden. *Konrad Adenauer*

Was ist ein Standpunkt? - Ein geistiger Horizont mit dem Radius Null. *Unbekannt*

Wer die Orientierung verliert, der verliert auch seinen Standpunkt. *Peter Bichsel*

➪ **Meinung, Argument**

Star

Ein Star ist ein Mensch, der dir nicht zuhört, wenn du nicht über ihn sprichst. *Marlon Brando*

Wer ein Genie ist, bestimmt die Nachwelt. Wer ein Star ist, entscheidet die Mitwelt. *Werner Höfer*

Stars sind Leute, die man mehr vom Hörensagen als vom Gesehenhaben kennt. *Werner Höfer*

Ein Star ist ein Mensch, von dem alle wissen, was er gerade tut, ausgenommen seine Familie. *Rock Hudson*

Ein Star ist ein Mensch, der überall zu Hause ist - nur nicht bei sich selbst. *Sammy Davis jr.*

Leute mit Starallüren sind keine Stars. Ein Star hat keine Allüren. *Anna Moffo*

➪ **Showbusiness**

Stärke

Eine gute Schwäche ist besser als eine schlechte Stärke. *Charles Aznavour*

Wenn du stark bist, dann beginne, wo du stark bist. Wenn nicht, beginne dort, wo du eine Niederlage am leichtesten verschmerzen kannst. *Machiavelli*

Anpassung ist die Stärke der Schwachen. *Wolfgang Herbst*

Das Recht des Stärkeren ist das stärkste Unrecht. *Marie von Ebner-Eschenbach*

Die Frauen haben gelernt, die Stärke der Männer zu bewundern. Die Stärke anderer Frauen ist ihnen verdächtig. *Alice Schwarzer*

Man liebt einen Menschen nicht wegen seiner Stärke, sondern wegen seiner Schwächen. *Tilla Durieux*

Die Frau liebt die Schwäche des Starken mehr als seine Stärke, die Dummheit des Gescheiten mehr als seine Gescheitheit. *Shirley MacLaine*

➪ **Begabung, Fähigkeiten, Talent**

Starrsinn

Wo ein Kopf durch die Wand will, ist der Sachschaden gering, der Dachschaden erheblich. *Ernst R. Hauschka*

➪ **Borniertheit**

Statistik

Die Statistik ist das Märchen der Vernunft. *Martin Kessel*

Es gibt drei Arten von Lügen: Lügen, infame Lügen und Statistiken. *Benjamin Disraeli*

Jede Statistik hat ihre Mängel, denn ein wohlgenährter Millionär und ein völlig verarmter Bettler haben durchschnittlich eine halbe Million Vermögen. *Harold Wilson*

Statistiken sind wie Bikinis. Was sie zeigen, ist verwirrend - aber was sie verhüllen, ist lebenswichtig. *Lord Mankroft*

Steigerung: Lüge - Meineid - Statistik. *Unbekannt*

Die Statistik ist wie eine Laterne im Hafen, sie dient dem betrunkenen Seemann mehr zum Halt als zur Erleuchtung. *Hermann Josef Abs*

Ich stehe Statistiken etwas skeptisch gegenüber. Denn laut Statistik haben ein Millionär und ein armer Kerl je eine halbe Million. *Franklin D. Roosevelt*

Mit Statistiken läßt sich vieles beweisen - auch das Gegenteil. *Unbekannt*

Traue keiner Statistik, die du nicht selbst gefälscht hast. *Unbekannt*

Statistik ist ein Verfahren, welches gestattet, geschätzte Größen mit der Genauigkeit von Hundertstelprozent auszudrücken. *Helmar Nahr*

Statistik ist der Triumph mathematischer Exaktheit über die Unzulänglichkeit des Datenmaterials. *Brigitte Hilgner*

Die Lüge hat zwei Steigerungsformen: Diplomatie und Statistik. *Marcel Achard*

Politiker benützen die Statistik oft wie einen Laternenpfahl - nämlich nicht, um sich davon erleuchten zu lassen, sondern um sich im Rausch daran zu klammern. *David Frost*

Unanfechtbare Wahrheiten gibt es überhaupt nicht, und wenn es sie gäbe, wären sie langweilig. *Theodor Fontane*

Statussymbole

Statussymbole sind die Rangabzeichen der Zivilisten. *Vance Packard*

Statussymbole sind Orden, die man sich selbst kauft. *Bernhard Wicki*

Wer auf sich hält, muß an einem Magenleiden laborieren, denn Magenbeschwerden beweisen, daß man von Verantwortung gequält und total überarbeitet ist. *Ernest Dichter*

Das Merkwürdige an den Statussymbolen ist, daß die Symbole den Menschen wichtiger sind als der Status. *Cyril Northcote Parkinson*

Keine Zeit zu haben - das war das Statussymbol von gestern. Zeit zu haben - danach strebt man heute. *Franz Luwein*

Wenn du einen Menschen glücklich machen willst, dann füge nichts seinen Reichtümern hinzu, sondern nimm ihm einige von seinen Wünschen. *Epikur*

Eine über die Gleichheit der Chancen hinausgehende Gleichmachung der Menschen ist die höchste Ungerechtigkeit. *Karl Jaspers*

Prestige ist etwas furchtbar Lästiges, etwas, an dem man schwer zu tragen hat und das man leicht satt wird. *Otto von Bismarck*

➪ **Orden, Prestige, Rang, Titel**

Steckenpferd

Willst du jemanden für dich gewinnen, so streichle nur sein Steckenpferd tüchtig. *Sprichwort*

Der Hobbyraum ist vielleicht die letzte Bastion auf dem Rückzug der Männer. *Gilbert von Monbart*

Hobbies sind Steckenpferde, die den Reitern die Sporen geben. *Heinz Rühmann*

Die Karriere geht über das Steckenpferd des Vorgesetzten. *Rumänisches Sprichwort*

Hobby ist die Arbeit, die man Ausbeutung nennen würde, wäre man nicht sein eigener Arbeitgeber. *Unbekannt*

Ein Hobby ist harte Arbeit, die niemand täte, wenn sie sein Beruf wäre. *Günther Schramm*

➪ **Freizeit**

Stehlen

Es gibt drei Methoden, sich durch's Leben zu schlagen: betteln, stehlen oder andere arbeiten zu lassen. *Unbekannt*

Stellvertreter

Ein Stellvertreter ist ein Mann, der sich jeden Morgen nach unserem Befinden erkundigt und sehr enttäuscht ist, wenn man gut geschlafen hat. *Charles de Gaulle*

Sterben

Das Bewußtsein unserer Sterblichkeit macht unser Dasein erst menschlich. *Max Frisch*

Unser Leben ist der Fluß, der sich ins Meer ergießt, das Sterben heißt. *Federico Garcia Lorca*

Man stirbt, wie man lebte; das Sterben gehört zum Leben, nicht zum Tod. *Ludwig Marcuse*

Sterben ist das Auslöschen der Lampe im Morgenlicht, nicht das Auslöschen der Sonne. *Rabindranath Tagore*

Wir kümmern uns nicht, daß wir nicht dagewesen sind, ehe wir geboren wurden. Warum uns kümmern, nicht mehr da zu sein, wenn wir gestorben sind? *Karl Julius Weber*

Die Tragödie besteht meistens im Weiterleben, nicht im Sterben. *Carlo Menotti*

Die nicht zu leben verstehen, müssen aus dem Sterben eine Tugend machen. *George Bernard Shaw*

Der Mensch ist das einzige Lebewesen, das weiß, daß es sterben wird. Die Verdrängung dieses Wissens ist das einzige Drama des Menschen. *Friedrich Dürrenmatt*

Wir müssen immer lernen, zuletzt auch noch sterben lernen. *Marie von Ebner-Eschenbach*

Wenn dem Menschen am Ende seines Lebens ein Lächeln übrigbleibt, so ist das ein sehr anständiger Reingewinn. *Horst Wolfram Geisler*

➪ **Sarg, Tod**

Steuern

Der Mensch ist ein merkwürdiges Wesen. Er arbeitet immer härter für das Privileg, immer höhere Steuern zahlen zu dürfen. *George Mikes*

Bürokratie und Fiskus haben vier Millionen Schwarzarbeiter in die Illegalität getrieben. Geringere Steuern und weniger Staat ebnen den Weg zurück in die Legalität. *Eberhard Hamer*

Ein wesentlicher Preis der Zivilisation sind die Steuern. Im Urwald zahlt man keine. *Robert Wagner*

Steuern einheben heißt, die Gans so zu rupfen, daß man möglichst viele Federn mit möglichst wenig Gezische bekommt. *Jean Baptiste Colbert*

Steuerrückzahlung: Die öffentliche Hand klopft dir auf die Schulter. *Werner Mitsch*

Die Steuerwirklichkeit in Italien sieht so aus, daß immer noch viele Italiener absolute Steuerehrlichkeit für eine mildere Form des Schwachsinns halten. *Carlo Frigerio*

Die Einkommenssteuer hat mehr Menschen zu Lügnern gemacht als der Teufel. *Will Rogers*

Ihr klagt über die vielen Steuern: unsere Trägheit nimmt uns zweimal soviel ab, unsere Eitelkeit dreimal soviel und unsere Torheit viermal soviel. *Benjamin Franklin*

Die Steuerbehörde liebt offensichtlich Arme mehr als Reiche. Warum macht sie ständig Reiche arm? *Unbekannt*

Der Mensch ist ein merkwürdiges Wesen. Er arbeitet immer härter für das Privileg, immer höhere Steuern zahlen zu dürfen.

GEORGE MIKES

Steuern sind ein erlaubter Fall von Raub.
Thomas von Aquin

Die Steuern sind der Blutkreislauf des Staates.
Jean Monnet

An alle Herren Finanzminister: Erst ziehen Sie uns die Hosen aus, und dann sollen wir auch den Gürtel enger schnallen. *Unbekannt*

Die Berechnung der Einkommenssteuer ist für mich selbst zu hoch. Das ist für einen Mathematiker zu schwierig, dazu muß man Philosoph sein.
Albert Einstein

Steuerflüchtlinge: Leute, die sich selbst und ihr Geld zur Erholung in die Schweiz schicken. *US-Definition*

Wer seinem Hund Schappi kaufen kann, kann auch höhere Steuern zahlen. *Rudolf Schöfberger*

Steuern sind nicht das Mittel zur Besteuerung, die der Gleichheit dienen soll, Besteuerung, die den wahren Bedarf der Allgemeinheit überschreitet, und vor allem eine Steuer, die so gestaffelt ist, daß sie die Bildung von Privatkapital unterbindet, ist mit Freiheit unvereinbar. *Parkinson*

➪ **Finanzamt**

Stil

Fremden Stil nachahmen heißt eine Maske tragen.
Arthur Schopenhauer

Wer`s nicht einfach und klar sagen kann, der soll schweigen und weiterarbeiten, bis er's klar sagen kann. *Karl Popper*

Eine Erzählung hat genau zu sein wie eine militärische Meldung und ein Bankscheck. Die Klarheit und die Kraft der Sprache besteht nicht darin, daß man zu einem Satz nichts mehr hinzufügen kann, sondern darin, daß man aus ihm nichts wegstreichen kann.
Isaak Babel

Der Mensch hat den Drang, Leere für Fülle auszugeben. Unzufrieden mit dem, was er zu sagen hat, möchte er mit einem Liter Einsicht eine Tonne Wortschwall füllen. Wer sich aber auskennt, kann alles Mitteilbare in ein paar Worten sagen. *Ezra Pound*

Wenn es möglich ist, ein Wort zu streichen - streiche es. *Orson Welles*

Der Mensch verrät sich leicht am Stil:
Sagt er statt schlicht, er wiegt zuviel,
gespreizt, er hat Gewichtsprobleme -
woraus man resigniert vernehme:
Probleme hat er schon, das heißt,
nicht mit dem Körper- mit dem Geist!
Karl-Heinz Söhler

Unter Stil verstehe ich die Fähigkeit, komplizierte Dinge einfach zu sagen - nicht umgekehrt. *Jean Cocteau*

Wenn einem Autor der Atem ausgeht, werden die Sätze nicht kürzer, sondern länger. *John Steinbeck*

Es freut die Ärzte, wenn sie sich am Bett des Patienten in einem Idiom unterhalten können, das er nicht versteht. *Wolf Schneider*

Die Gesetzgeber sollen denken wie ein Philosoph und reden wie ein Bauer. *Gustav Radbruch*

Der Stil der großen, dunklen, eindrucksvollen und unverständlichen Worte sollte nicht länger bewundert, ja er sollte von den Intellektuellen nicht einmal länger geduldet werden. Er ist intellektuell unverantwortlich. Er zerstört den gesunden Menschenverstand.
Karl Popper

Es ist ein Beweis hoher Bildung, die größten Dinge auf einfachste Art zu sagen. *Ralph Waldo Emerson*

Ein Volk, das sich an schlampigen Stil gewöhnt, ist ein Volk, das im Begriff steht, seinen inneren Halt und die Gewalt über sein Reich zu verlieren. *Ezra Pound*

Ob ein Mensch Stil hat oder nicht, ist leicht zu erkennen. Der Teppich muß zu den Augenbrauen passen.
Salvador Dali

Stil ist die Geliebte der Kunst.
Gabrielle "Coco" Chanel

Stil fängt da an, wo die Begabung aufhört.
Max Liebermann

Stil ist nichts Endgültiges, sondern beständiger Wandel. *Walter Gropius*

Mit pompösem Wortgeklingel wappnen sich Experten gegen den Verdacht, sie hätten vielleicht nichts Besonderes zu sagen. *Wolf Schneider*

Vermeide lahme, farblose, unverbindliche Wörter. Schreibe nicht: "Eine Periode widrigen Wetters setzte ein", sondern: "Eine Woche lang regnete es jeden Tag." *William Strunk*

Prägnante Sätze sind wie scharfe Nägel, welche die Wahrheit in unser Gedächtnis hineinzwängen.
Denis Diderot

Stil ist Sicherheit. *Wolfgang Joop*

Stil ist Verzicht auf Hochmut. *Alessandro Pertini*

➪ **Sprache, Kultur, Schreiben, Geschmack**

Stimme

Von allen Frauen, deren Charme ich erlegen bin, habe ich hauptsächlich Augen und Stimme in Erinnerung. *Marcel Proust*

Die Stimmen werden lauter, wenn das Verständnis abnimmt. *Friedrich Georg Jünger*

Lautsprecher verstärken die Stimme, aber nicht die Argumente. *Hans Kasper*

Hüte dich vor Menschen mit hörbarem Ausrufezeichen in der Stimme. *Karl Heinrich Waggerl*

Sprich, damit ich dich ehe. *Sokrat*

➪ **Sprache, Sprechen**

Stimmzettel

Der Stimmzettel ist ein Dolch aus Papier. *Lloyd George*

➪ **Wahlen**

Stoffwechsel

Unter Stoffwechsel verstehen Frauen ein neues Kleid. *Peter Ustinov*

Stolz

Was wir bei uns Stolz nennen, nennen wir bei anderen Aufgeblasenheit. *Heinz Hilpert*

Nur Stolz schützt vor Neid. *Hans Habe*

Bewunderung: eine beliebte Form von Selbsterniedrigung, nicht frei von Stolz. *Ambrose Bierce*

Der Stolze verlangt von sich das Außerordentliche, der Hochmütige schreibt es sich zu. *Marie von Ebner-Eschenbach*

➪ **Arroganz, Eitelkeit, Überheblichkeit, Dünkel, Einbildung, Selbstbewußtsein**

Strafe

An der Härte der Strafen erkennt man die Schwäche des Regimes. *Martin Kessel*

Die Strafe, die züchtigt, ohne zu verhüten, heißt Rache. *Albert Camus*

Die Strafe folgt meist so, daß es scheint, sie wäre ein Unrecht. *Karol Irzykowski*

Sträflinge sind Leute, die “in” sind, obwohl sie viel lieber “out” wären. *David Frost*

Keiner, der für eine Lüge geschlagen wurde, hat dadurch die Wahrheit liebengelernt. *Ellen Key*

Die Strafen dienen zur Abschreckung derer, die keine Sünden begehen wollen. *Karl Kraus*

➪ **Erziehen, Sünde**

Straße

Die Straße des geringsten Widerstandes ist nur am Anfang asphaltiert. *Hans Kasper*

Für einen Prominenten gibt es nur eines, was schlimmer ist, als auf der Straße erkannt zu werden - nämlich nicht erkannt zu werden. *Wim Thoelke*

Die Huren auf der Straße benehmen sich so schlecht, daß man daraus auf das Benehmen der Bürger im Hause schließen kann. *Karl Kraus*

Straßenverkehr

Am gefährlichsten im Straßenverkehr sind die Leute, die immer so dicht vor einem herfahren. *Georg Thomalla*

Das Gefährlichste im modernen Straßenverkehr sind die niedrig fliegenden Sportwagen. *Georg Thomalla*

Strategie

Strategie ist, wenn man keine Munition mehr hat, aber trotzdem weiterschießt, damit der Feind nichts davon merkt. *Unbekannt*

➪ **Planen, Ziel**

Streit

Beim Streit um die Wahrheit bleibt der Streit die einzige Wahrheit. *Rabindranath Tagore*

Streiten verbindet. *Gerhard Reichel*

Alle Streitigkeiten entstehen, weil einer dem anderen seine Ansichten aufzwingen will. *Mahatma Gandhi*

Heute treffen wir uns wieder. Wie gewöhnlich an der empfindlichsten Stelle. *Rupert Schützbach*

Ein Zitat ist besser als ein Argument. Man kann damit in einem Streit die Oberhand gewinnen, ohne den Gegner überzeugt zu haben. *Gabriel Laub*

Reibungspunkte sind auch Berührungspunkte.
Gerhard Reichel

Wenn in der Ehe ein Partner unter allen Umständen einen Streit vermeidet, hat er etwas zu verbergen.
Henry Miller

Nicht jene, die streiten, sind zu fürchten, sondern jene, die ausweichen. *Marie von Ebner-Eschenbach*

➪ **Diskussion, Argument, Konflikt, Dialektik, Reden, Verhandeln, Kompromiß**

Streß

Ein wenig Streß, das berühmte leichte Kribbeln in den Nerven, das einige Menschen geradezu genießen, die innere Erregung vor einer großen Aufgabe - dies alles ist unerläßlich, wenn man beweisen will, daß man etwas kann. *Vitus Dröscher*

Streß - das sind die Handschellen, die man ums Herz trägt. *Helmut Qualtinger*

Man muß leben, als hätte man hundertfünfzig Jahre Zeit. Hast ist der Feind des Lebens. *Thornton Wilder*

Wer immer gehetzt ist, nimmt sich selbst zu wichtig.
Hermann Gentsch

Streß: man leistet mehr als man sich leisten kann.
Gerhard Uhlenbruck

Streß ist für viele lebensgefährlich, für andere dagegen lebensnotwendig. *Franz Weiner*

Auf die Sturm- und Drangjahre folgen oft die Streß- und Bangjahre. *Unbekannt*

Der Gestreßte fühlt sich wie ein Karpfen im Hechtteich. *Gerhard Uhlenbruck*

Es sind die täglichen Kleinkriege, die uns kleinkriegen. *Gerhard Uhlenbruck*

Wer es gelernt hat, sich von der Herrschaft des Ärgers zu befreien, wird das Leben viel lebenswerter finden, als es ihm schien, solange er in beständiger Gereiztheit einherging. *Bertrand Russell*

Magengeschwüre bekommt man nicht von dem, was man ißt; man bekommt sie von dem, wovon man aufgefressen wird. *Lady Mary Montagu*

Managerkrankheit ist eine Epidemie, die durch den Uhrzeiger hervorgerufen und durch den Terminkalender übertragen wird. *John Steinbeck*

Manche halten einen ausgefüllten Terminkalender für ein ausgefülltes Leben. *Gerhard Uhlenbruck*

Mische Tun mit Nichtstun, und du wirst nicht verrückt.
Russisches Sprichwort

Einen Satz trag' in den Ohren: Wer sich aufregt, hat verloren. *Karl-Heinz Söhler*

Streß ist die moderne Form des Selbstmords.
Walter Henkels

Streß ist alles, was nicht Kaffeepause ist. *Unbekannt*

Durch den zunehmenden Streß in der Freizeit - von Date zu Date hecheln, zum Einkaufen schnell mal nach New York jetten, andauernd golfen oder sich zum Essen verabreden - begibt sich ein Großteil der Menschen in eine Kreativitätsfalle. *Impulse Nr. 8/94*

➪ **Muße, Eile, Faulheit, Freizeit, Ferien**

Striptease

Striptease: Die Verwandlung hübscher Mädchen von brutto in netto. *Arthur-Maria Rabenalt*

Eine Striptease-Tänzerin ist eine Frau, die zum Ausziehen dreimal so lange braucht wie andere Frauen zum Anziehen. *Peter Sellers*

Striptease: Anatomieunterricht mit Musik.
Frank Sinatra

Strom

Lernen ist wie Rudern gegen den Strom. Sobald man aufhört, treibt man zurück. *Benjamin Britten*

Zu den Quellen gelangt man gegen den Strom.
Stanislaw Jerzy Lec

Da er immer gegen den Strom schwamm, war er mit allen Wassern gewaschen. *Gerhard Uhlenbruck*

Die entscheidenden Veränderer der Welt sind immer gegen den Strom geschwommen. *Walter Jens*

Studenten

Studenten sind das Fieberthermometer der Gesellschaft. *Alberto Moravia*

Ich bin Student an der Universität des Lebens.
Gerhard Reichel

➪ **Universität, Lehren, Lernen, Wissen, Bildung**

Studium

Das Studium ist die einzige Erholung des Mannes zwischen Mutter und Frau. *Unbekannt*

Sturheit

Wo ein Kopf durch die Wand will, ist der Sachschaden gering, der Dachschaden erheblich.
Ernst R. Hauschka

Jeder Mensch hat ein Brett vor dem Kopf. Es kommt nur auf die Entfernung an.
Marie von Ebner-Eschenbach

Auch die Bretter, die man vor dem Kopf hat, können die Welt bedeuten. *Werner Finck*

➪ **Borniertheit**

T

Tabus

Nichts ist leichter, als Tabus zu brechen, und nichts schwieriger, als ein vernünftiges Zusammenleben zu organisieren. *Alexander Mitscherlich*

Manchmal werden mehr Tabus verletzt, als überhaupt vorhanden sind. *Heinrich Böll*

Tabus gehören zur Sexualität wie das Ei zum Kuchen. *Hans Giese*

Antworten ist nie so schlimm wie die Tabuisierung von Fragen. *Ludwig Marcuse*

Wenn man sämtliche Tabus zerstört und den Menschen alles erlaubt, nimmt man ihnen eine der wenigen Freuden, die sie auf Erden noch haben: die Übertretung von Verboten. *Donald Prick*

➪ **Verbote**

Tadel

Das Lob von tausend Narren wiegt nicht den Tadel eines einzigen klugen Mannes auf. *Sprichwort*

An der Form des Tadels erkennt man die Qualität der Menschenführung. *Gerhard Reichel*

Die Menschen sind zum Tadeln aufgelegt, weil sie sich durch dieses indirekt selbst loben. *Arthur Schopenhauer*

Ein angeknurrter Hund knurrt wieder, ein geschmeichelter schmeichelt zurück. *Arthur Schopenhauer*

Es gibt Augenblicke, da schadet ein Lob mehr, als ein Tadel zerstören könnte. *Nikolaus Cybinski*

Empfindsame Kinder und bedeutende Männer ertragen Tadel nur in Lob eingewickelt. *Walther von Hollander*

Wir tadeln an anderen nur die Fehler, aus denen wir keinen Nutzen für uns selbst ziehen können. *Alexandre Dumas*

Ehe man tadelt, sollte man immer erst überlegen, ob man nicht entschuldigen kann. *G. Ch. Lichtenberg*

Lob dem, der auch Kritik verträgt. *Josef H. Titz*

Bloß Lob allein nützt einem nicht viel; da muß noch etwas Solideres hinzukommen. *Jean Baptiste Moliere*

Glücklich sind, die erfahren, was man an ihnen aussetzt, und sich danach bessern können. *William Shakespeare*

Nicht nur Lob, sondern auch Tadel zur Unzeit bringt Schaden. *Plutarch*

Die jetzigen Menschen sind zum Tadeln geboren. Vom ganzen Achilles sehen sie nur die Ferse. *Marie von Ebner-Eschenbach*

Fürchtet Lob mehr als Tadel! Einer, der euch tadelt, hat sicherlich mehr Ursache dazu, als einer, der euch lobt. *Niccolo Tommaseo*

Was man tadelt, hätte man gern, und was man lobt, wäre man gern los. *Sprichwort*

Kritik soll zur rechten Zeit erfolgen. Man darf sich nicht angewöhnen, erst dann zu kritisieren, wenn das Unheil passiert ist. *Mao Tse-tung*

Der herbste Tadel läßt sich ertragen, wenn man fühlt, daß derjenige, der tadelt, lieber loben würde. *Marie von Ebner-Eschenbach*

Für jeden berechtigten Tadel am andern sollte man gleichzeitig eine Eigenschaft suchen, um derenwillen man ihn loben kann. *Frank Thieß*

Aufmunterung nach dem Tadel ist Sonne nach dem Regen. *Johann Wolfgang von Goethe*

➪ **Kritik**

Tag

Jeder Tag ist ein Lehrer, der lehrt, was kein anderer Tag lehrt. *Johann Kaspar Lavater*

Es mag nicht immer wichtig sein, was man täglich denkt. Aber ungeheuer wichtig ist, was man täglich nicht gedacht hat. *Elias Canetti*

Gegenüber der Fähigkeit, die Arbeit eines einzige Tages sinnvoll zu ordnen, ist alles andere im Leben ein Kinderspiel. *Johann Wolfgang von Goethe*

Ich kann dem Leben nicht mehr Tage geben - aber dem Tag mehr Leben. *Unbekannt*

Gib jedem Tag die Chance, der schönste deines Lebens zu werden. *Mark Twain*

➪ **Alltag, Gegenwart**

Tagebuch

Ein Tagebuch ist tägliche Aufzeichnungen über jenen Teil des eigenen Lebens, den man sich ohne Erröten eingestehen kann. *Ambrose Bierce*

Tagungen

Menü-Vorschlag für eine Tagung: Vorspeisen: warme Händedrücke, mit tiefgekühlter Herzlichkeit garniert. Altbackene Grußworte, brühwarmes Eigenlob. Hauptgänge: gedämpfter Optimismus mit hartgesottenen Standpunkten und süßsauren Dementis. Angeschnittene Probleme mit Phrasensoße. Echtes Anliegen nach Sonntagsrednerart, dazu Unausgegorenes und eingelegte Widersprüche. Dessert: Gefrorenes Lächeln. Gemeinplätzche,. Käse, Kalter Kaffee, Weine: Plappersberger Miesling. Schwulstheimer Langweiler, Simpelsbacher Schwätzerling, Trockenredenauslese. *Helmut Seitz*

➪ **Meetings**

Takt

Takt ist die Fähigkeit, einem anderen auf die Beine zu helfen, ohne ihm dabei auf die Zehen zu treten. *Curt Goetz*

Takt ist vor allem die Kunst des Überhörens. *Hans Söhnker*

Takt besteht darin, daß man weiß, wie weit man zu weit gehen darf. *Jean Cocteau*

Takt ist etwas, das kaum bemerkt wird, wenn man es hat, das aber sofort auffällt, wenn man es nicht hat. *Käte Haack*

Takt ist die Kunst, etwas deutlich zu machen, ohne sich Feinde zu schaffen. *Madeleine Carroll*

Takt ist unhörbare Harmonie. *Richard von Schaukal*

Aufrichtigkeit ist die Zuflucht derer, die weder Phantasie noch Taktgefühl haben. *Henry de Montherlant*

Takt ist die Fähigkeit, andere so zu sehen, wie sie nicht sind. *Victor de Kowa*

Toleranz heißt die Fehler des anderen entschuldigen. Takt heißt sie nicht bemerken. *Arthur Schnitzler*

Takt ist die schwierige Kunst, die brutale nackte Wahrheit anständig und sauber zu verkleiden. *Marlene Dietrich*

Takt ist der ungesagte Teil dessen, was du denkst. *Henry van Dyke*

Takt ist der Verstand des Herzens. *Karl Gutzkow*

Takt ist die Kunst des richtigen Weghörens. *Viktor de Kowa*

Takt ist die Fähigkeit, mit dem Gehirn des anderen denken zu können. *Wilhelm Lichtenberg*

➪ **Rücksicht, Toleranz**

Taktik

Ein durchdachter Angriffsplan schließt die Rückzugsmöglichkeit ein. *Hans Kasper*

Taktik: Sie ließ ihn steigen, um ihn besser treffen zu können. *Wieslaw Brudzinski*

➪ **Planen, Strategie, Angriff**

Talent

Entscheidend ist nicht, was uns an Fähigkeiten mit in die Wiege gelegt wurde. Entscheidend ist das, was wir daraus machen. Das - und nur das - ist das wirklich Entscheidende. *Gerhard Reichel*

Talent ist oft nur ein Charakterdefekt. *Karl Kraus*

Talente sind Genies, die von außen her befruchtet werden, Genies Talente, die aus sich selbst Früchte tragen. *Hans Lohberger*

Das Talent arbeitet, das Genie schafft. *Robert Schumann*

Das Genie entdeckt die Frage. Das Talent beantwortet sie. *Karl Heinrich Waggerl*

Erfolg ist die bestmögliche Nutzung der Talente, die du hast. *Zig Ziglar*

Willst du ein Meister werden, so schließe einen Pakt mit dir - und halte ihn auch ein. Talent allein genügt nicht. *Charles F. Moore jr.*

Es ist ein Irrtum anzunehmen, daß man Talent haben muß, um Erfolg zu haben. Wenn man Erfolg hat, entdecken die Kritiker sehr bald, daß man auch Talent hat. *Pierre Benoit*

Es ist einer der dunkelsten Augenblicke im menschlichen Leben, wenn man eines Tages grauhaarig und alt nahe dem Ende einer unbefriedigenden Laufbahn zu der Erkenntnis kommt, daß man in all den Jahren nur von einen kleinen Teil seiner selbst Gebrauch gemacht hat. *Gerhard Reichel*

Der eigentliche Beweis, daß wir Talent besitzen, ist die Fähigkeit, das Talent in anderen Menschen zu entdecken. *Elbert Hubbard*

Im Entwurf zeigt sich das Talent, in der Ausführung die Kunst. *Marie von Ebner-Eschenbach*

Talente finden Lösungen, Genies entdecken Probleme. *Hans Krailsheimer*

Menschen, die tun können, wozu sie begabt sind, werden eher Erfolg haben und das Leben mehr lieben. *Rudolf Bossle*

Der Genius weist den Weg, das Talent geht ihn. *Marie von Ebner-Eschenbach*

Mir tut es allemal weh, wenn ein Mann von Talent stirbt, denn die Welt hat dergleichen nötiger als der Himmel. *Georg Christoph Lichtenberg*

➪ **Begabung, Genie, Fähigkeiten, Vererbung, Stärken**

Talk-Shows

Talk-Shows - die hohe Schule der Stümperei. *Herbert John*

Ich habe in vielen Mistfilmen gespielt, weil ich die Welt kennenlernen wollte. Aber Talkshow im Fernsehen? Mein Gott, da kann man ja gleich auf den Strich gehen. *Richard Widmark*

In Talk-Shows wird meistens zuviel geredet und zu wenig gesagt. *Ida Ehre*

Eine Talkshow ist eine Veranstaltung, bei der mehrere Menschen versuchen, zuerst das letzte Wort zu bekommen. *Gerhard Reichel*

➪ **Fernsehen, Medien, Showbusiness, Interview**

Tanz

Der Tanz ist ein gutes Training für junge Mädchen. Sie lernen dabei zu erraten, was der Mann im nächsten Augenblick tun wird. *Christopher Morley*

Tanz ist ein Telegramm an die Erde mit der Bitte um Aufhebung der Schwerkraft. *Fred Astaire*

Tanz ist Esperanto mit dem ganzen Körper. *Fred Astaire*

Wer nicht tanzen kann, schimpft auf die Musikkapelle. *Polnisches Sprichwort*

➪ **Musik**

Tapferkeit

Tapferkeit ist ein Anfall, der bei den meisten Menschen schnell vorübergeht. *Mark Twain*

Der Ehering ist eine Tapferkeitsauszeichnung, die man am Finger trägt. *Noel Coward*

Tapferkeit ist eine soldatische Mischung aus Eitelkeit, Pflicht und der Hoffnung eines Glücksspielers. *Ambrose Bierce*

Tapferkeit ist ein Widerspruch in sich. Sie ist der mächtige Wille, am Leben zu bleiben, gekleidet in die Bereitschaft zu sterben. *Gilbert Keith*

➪ **Mut, Heldentum**

Tat

Tat ist Trägheit mal Wille. *Otto Michel*

Kleine Taten, die man ausführt, sind besser als große, die man plant. *George C. Marshall*

Ich sage seit jeher, willst du eine Rede hören, dann gehe zu einem Mann, willst du Taten sehen, dann geh zu einer Frau. *Margret Thatcher*

Taten lehren den Menschen, und Taten trösten ihn. *Johann Heinrich Pestalozzi*

Eine Reform der Beichte wäre vorzuschlagen: Der Sünder beichtet nur seine guten Taten. *Karol Irzykowski*

Geh lieber nach Hause und mache ein Netz, als daß du im Teich nach Fischen tauchst. *Chinesisches Sprichwort*

Es wird immer schwerer, etwas zu tun, und immer leichter, etwas zu verhindern. *Manfred Rommel*

➪ **Entschlossenheit, Handeln**

Tatsachen

Tatsachen schafft man nicht dadurch aus der Welt, daß man sie ignoriert. *Aldous Huxley*

Nicht Tatsachen, sondern Meinungen über Tatsachen bestimmen das Zusammenleben. *Epiktet*

Tatsachen sind die Schwachstellen der Theorie.
Helmar Nahr

Man erschrickt nur vor Drohungen; mit vollendeten Tatsachen findet sich der Mensch schnell ab.
Oswald Spengler

➪ **Realität**

Täuschen

Täusche deine Vorgesetzten, aber nie deine Untergebenen. *Chinesisches Sprichwort*

Niemand kann man so leicht täuschen wie sich selbst.
Niko Kazantzakis

Man täuscht sich nirgends leichter als in dem, was die gute Meinung von sich selbst begünstigt.
Immanuel Kant

Am leichtesten läßt man sich täuschen, wenn man sich für klüger hält als andere. *Francois La Rochefoucauld*

Es ist ebenso leicht, sich selber zu täuschen, ohne es zu merken, wie es schwer ist, die anderen zu täuschen, ohne daß sie es bemerken.
Francois La Rochefoucauld

➪ **Irrtum, Lüge, Unwahrheit**

Team

Wer alleine arbeitet, addiert. Wer zusammenarbeitet, multipliziert. *Unbekannt*

Der Mensch für sich allein vermag gar wenig und ist ein verlassener Robinson; nur in der Gemeinschaft mit den andern ist und vermag er viel.
Arthur Schopenhauer

Letzten Endes kann man alle wirtschaftlichen Vorgänge auf drei Worte reduzieren: Menschen, Produkte und Profite. Die Menschen stehen an erster Stelle. Wenn man kein gutes Team hat, kann man mit den beiden anderen nicht viel anfangen. *Lee Iacocca*

Wir sind alle Blätter an einem Baum. Keines gleicht dem anderen. Doch alle sind wichtig für das Ganze.
Unbekannt

Das Huhn sagt zum Schwein: "Laß uns zusammenarbeiten: wir fusionieren und erzeugen gemeinsam ham and eggs. Ich liefere die Eier, du den Schinken." Das Schwein denkt lange nach. Schließlich meint es: "Im Prinzip eine gute Idee, aber... dabei gehe ich ja drauf!" Da erwidert das Huhn: "Nun ja, das haben Fusionen nun mal so an sich." *Unbekannt*

➪ **Einigkeit, Zusammenarbeit**

Technik

Von den meisten Menschen werden die Lebenserleichterungen der Technik als selbstverständlich hingenommen: der Fernseher, das Auto, ein Mobilfunktelefon, die Waschmaschine, der Computer, ein Geschirrspüler, Kontaktlinsen, Quarzuhren, Halogenlampen, das Faxgerät oder der Mikrowellenherd - alles gibt es einfach. Wir haben das Staunen über die Möglichkeiten der Technik verlernt...Dadurch kann aber Erreichtes riskiert oder womöglich neuen Herausforderungen gar nicht erst begegnet werden.
Norbert Lossau

Der moderne Mensch geht in die Technik, wie der mittelalterliche Mensch ins Kloster gegangen ist.
D. H. Lawrence

Die Entwicklung der Technik ist bei der Wehrlosigkeit vor der Technik angelangt. *Karl Kraus*

Der Mensch hat angesichts der gewaltigen technischen Umwälzungen mit seiner inneren Entwicklung nicht Schritt gehalten, und daher verfehlt er, sie geistig zu meistern. *Emil Oesch*

Haben wir denn derart jeden Maßstab verloren, daß wir glauben, der Mensch müsse sich neuen Technologien anpassen, statt daß wir als Vorbedingung jeder neuen Technologie fordern, daß sie dem Menschen angepaßt sein müsse? *Hans A. Pestalozzi*

Jeder Zuwachs an Technik bedingt, wenn damit ein Zuwachs und nicht eine Schmälerung des menschlichen Glücks verbunden sein soll, einen entsprechenden Zuwachs an Weisheit. *Bertrand Russell*

Das Übel kommt nicht von der Technik, sondern von denen, die sie mißbrauchen - mutwillig oder auch nur fahrlässig. *Jacques Cousteau*

"Wasch mich, aber mach mich nicht naß", beschreibt das Verhältnis manch eines Zeitgenossen zur Technik.
Norbert Lossau

Hütet euch vor den Technikern! Mit der Nähmaschine fangen sie an, und mit der Atombombe hören sie auf.
Marcel Pagnol

Menschen, die von einer neuen Erfindung nur die guten Seiten sehen wollen, nennt man Techniker.
Werner Mitsch

Wenn die Sicherheitsnadel erst heute erfunden worden wäre, hätte sie vermutlich acht bewegliche Teile, zwei Transistoren, Sensorbedienung und müßte zweimal im Jahr zur Inspektion. *Unbekannt*

Teenager

Teenager sind Mädchen, die mehr über die Pille wissen als ihre Mütter über die Geburt. *Dustin Hoffmann*

➪ **Mädchen, Jugend**

Teilzeitarbeit

Teilzeitarbeit ist in Deutschland bisher von der Gesellschaft noch nicht voll akzeptiert. 97 Prozent der Teilzeitbeschäftigten sind Frauen, nur drei Prozent Männer. Das müssen wir ändern. Wir müssen Teilzeitarbeit gesellschaftsfähig machen. *Bernhard Jagoda*

Würden wir alle Möglichkeiten zur Teilzeitarbeit nutzen, gäbe es zwei Millionen Beschäftigte mehr in Deutschland. *Bernhard Jagoda*

➪ **Arbeit, Arbeitslosigkeit**

Telefon

Telefon: eine Erfindung des Teufels, die die erfreuliche Möglichkeit, sich einen lästigen Menschen vom Leib halten zu können, teilweise wieder zunichte macht. *Ambrose Bierce*

Das Telefon gehört zu den Unentbehrlichkeiten, die nicht gekannt zu haben, ein rohes Zeitalter adelt. *Richard von Schaukal*

Das Telefon ist ein beliebtes Einbrecherwerkzeug, mit dem man sich auch außerhalb der Besuchszeit Zutritt zu Privatwohnungen verschafft. *Ron Kritzfeld*

➪ **Kommunikation, Konversation, Kontakt, Information**

Tennis

Manchmal fühle ich mich schon wie vierzig. Tennisjahre zählen wie Hundejahre. *Boris Becker*

➪ **Sport**

Terror

Der Terror braucht drei Verbündete um mächtig zu werden: Die Allesversteher, die Drumherumsteher, die Zuspätweiner. *Unbekannt*

In einem freien Land muß es doch erlaubt sein, seine Bomben zu werfen wohin man will. *Unbekannt*

Terroristen haben kein Gewissen, da sie meinen, das Gewissen zu sein. *Friedrich Hacker*

➪ **Aggression, Krieg, Radikalismus, Extremismus**

Teufel

Ich habe oft über das Pech nachdenken müssen, daß die interessanteste deutsche Bühnenfigur der Teufel ist. *Friedrich Dürrenmatt*

Der größte Erfolg des Teufels besteht darin, den Eindruck zu erwecken, daß es ihn nicht gibt. *Karol Wojtyla*

Der Teufel ist sicher kein Atheist. *Paul von Heyse*

Man unterscheidet zwei Arten von Teufeln: degradierte Engel und beförderte Menschen. *Stanislaw Jerzy Lec*

Wer in ein Pfarrhaus hineingeboren wird, macht bald einmal Bekanntschaft mit dem Teufel. *Ingmar Bergman*

Wir machen uns diese Welt zur Hölle, und jeder von uns ist sein eigener Teufel. *Oscar Wilde*

Er versprach ihr den Himmel auf Erden. Dann schickte er sie zum Teufel. *Wolfgang Eschker*

Propaganda ist die Kunst, den Teufel mit zwei gesunden Füßen zu fotografieren. *Hans Kasper*

➪ **Hölle, Himmel, Glaube, Sünde, Kirche**

Theater

Das moderne Theater muß nicht danach beurteilt werden, wieweit es die Gewohnheiten des Publikums befriedigt, sondern danach, wieweit es sie verändert. *Bertolt Brecht*

Wer ein Theater füllen will, bedient sich der Dramaturgie. Um es zu leeren, genügt Ideologie. *Oliver Hassencamp*

Das politische Theater erreicht nichts, weil die, die gemeint sind, nicht ins Theater gehen. *Wolfgang Bauer*

Die Menschen würden noch viel schlechter schlafen, wenn es das Theater nicht gäbe. *Mark Twain*

Auf die Theaterkritiker ist Verlaß. Was überwiegend verrissen wird, verspricht einen amüsanten Abend. *Oliver Hassencamp*

Ich kenne viele Theaterstücke, bei denen man schon im ersten Akt nach dem Ausgang fragt.
Wolfgang Eschker

Es gibt Theaterstücke, die so schwach sind, daß sie aus eigener Kraft nicht vom Spielplan herunter können.
Stanislaw Jerzy Lec

Theater ist masochistischer Exhibitionismus.
Laurence Olivier

Beim Theater ist jede Rolle wichtig. Ich werde nicht dadurch zum König, daß ich mich königlich gebärde, sondern dadurch, daß der Diener sich vor mir verneigt.
Will Quadflieg

➪ **Schauspieler, Kunst, Kultur**

Theorie

Was ist eine Theorie? Eine Vermutung mit Hochschulbildung. *Unbekannt*

Nichts ist für eine erfolgreiche Praxis so nützlich wie eine gute Theorie. *Dr. Bruno Kreisky*

Theorie und Praxis verhalten sich wie die bibliophile Ausgabe eines Kochbuchs zum verkohlten Steak.
Michael Kehlmann

Das letzte, was eine Frau an der Liebe interessiert, ist die Theorie. *Alfred Charles Kinsey*

Die Theorie träumt, die Praxis belehrt.
Karl von Holtei

Ein Theoretiker ist ein Mann, der mit beiden Füßen fest in der Luft steht. *Unbekannt*

Unsere Theorien sind unsere Erfindungen. Sie sind nie mehr als kühne Vermutungen, Hypothesen; von uns gemachte Netze, mit denen wir die wirkliche Welt einzufangen versuchen. *Karl R. Popper*

Theorie ist, wenn man alles weiß und nichts läuft. Praxis ist, wenn man nichts weiß und alles läuft.
Unbekannt

Thesen

Abraham Lincolns Worte von 1864 - acht Thesen, die auch heute noch stimmen:
1. "Man kann nicht Wohlstand schaffen, indem man die Lust zum Sparen nimmt."
2. "Man kann nicht die Macht dem Schwachen geben, indem man den Starken schwächt."
3. "Man kann nicht dem Arbeitnehmer helfen, indem man den Arbeitgeber beseitigt."
4. "Man kann nicht die Brüderlichkeit fördern, indem man den Klassenkampf anheizt."
5. "Man kann nicht den Armen helfen, indem man den Reichen ruiniert."
6. "Man kann nicht den Sorgen entgehen, indem man mehr ausgibt, als man einnimmt."
7. "Man kann nicht Charakter und Mut schmieden, indem man Initiative und Unabhängigkeit lähmt."
8. "Man kann dem Menschen nicht helfen, indem man für ihn das tut, was er selbst tun könnte und müßte."

➪ **Grundsätze, Prinzipien**

Tiere

Alle Tiere sind gleich, aber einige Tiere sind gleicher als andere. *Georges Orwell*

Wenn ich Lottokönigin würde, gründete ich ein Tierasyl und einen Tierpark, denn Sie alle kennen ja meine Tierliebe und meine fast buddhistische Weltanschauung. Ich möchte überhaupt die Eigenschaften der meisten Tiere besitzen, nur nicht die, die den Menschen aus der Hand zu fressen! *Lil Dagover*

Wenn Tiere sich dem Menschen sprachlich verständlich machen könnten, müßte er vermutlich schamrot werden und etliche Klafter in den Boden versinken! *Kurt Wortig*

Der Mensch ist das Tier, das Geschichte hat.
Carl Friedrich von Weizsäcker

Der Mensch ist ein wildes Tier, das sich selbst gezähmt hat. *Pierre Reverdy*

Ohne das Tier in uns sind wir kastrierte Engel.
Hermann Hesse

Einem Menschen, den Kinder und Tiere nicht leiden können, ist nicht zu trauen. *Carl Hilty*

Daß uns der Anblick der Tiere so ergötzt, beruht hauptsächlich darauf, daß es uns freut, unser eigenes Wesen so vereinfacht vor uns zu sehn.
Arthur Schopenhauer

Auf das Tier angewendet, heißt die Ehrfurcht vor dem Leben zunächst: Das Töten der Tiere sei kein Schauspiel und kein Sport. *Albert Schweitzer*

Wenn die Tiere einander beschimpfen, sagen sie vielleicht: Du Mensch! *Paul Jensen*

Die Wildtiere im Dschungel werden immer weniger. Aber die menschlichen Wildtiere in den Slums werden immer mehr. *Indira Gandhi*

➪ **Evolution**

Tischrede

Die Engländer haben die Tischreden erfunden, damit man ihr Essen vergißt. *Pierre Daninos*

Reden auf Vegetarier-Banketten sind erfreulich kurz, weil man Angst hat, daß sonst das Essen verwelkt. *Mario Adorf*

➪ **Reden, Rhetorik**

Titel

Titel zeichnen die Mittelmäßigen aus, bringen die Hochstehenden in Verlegenheit und werden von Tiefstehenden herabgewürdigt. *George Bernard Shaw*

Es gibt eine Logik der Ordensverleihungen: den ersten bekommt man, weil man noch keinen hat; den zweiten, weil man schon einen hat; den dritten, weil ein anderer schon einen hat. *Alberto Sordi*

Orden sind ein gutes Mittel, die Eitelkeit der Menschen zu befriedigen, ohne die Staatskasse zu belasten. *George Brown*

Mir tun alle leid, die sich ohne Orden an der Brust halb nackt fühlen. *Gustav Heinemann*

Titel sind tiefe Gräben um die Festung Mensch. *Hans Arndt*

Einen Namen hat man, wenn man seine Titel wegläßt, weil sie ihn verkleinern würden. *Sigmund Graff*

➪ **Orden, Ehrungen, Statussymbole**

Töchter

Wenn die Eltern schon alles aufgebaut haben, bleibt den Söhnen und Töchtern nur noch das Einreißen. *Cino Cervi*

Jede Mutter hofft, daß ihre Tochter einen besseren Mann bekommt als sie selber, und ist überzeugt, daß ihr Sohn niemals eine so gute Frau bekommen wird wie sein Vater. *Martin Andersen-Nexo*

Nicht jeder, der danach aussieht, ist ein Gammler. Vielleicht hat er vier Töchter und nur ein Badezimmer. *Markus M. Ronner*

Eltern haben Vertrauen zu ihrer Tochter und Vertrauen zum Freund ihrer Tochter, aber sie haben selten Vertrauen, wenn beide zusammen sind. *Peter Sellers*

➪ **Eltern, Erziehen, Jugend**

Tod

Die Stillen haben heute nicht die geringste Chance, ausgenommen auf dem Friedhof. *Norman Mailer*

Der Tod geht uns nichts an; denn solange wir existieren, ist der Tod nicht da, und wenn der Tod kommt, existieren wir nicht mehr. *Epikur*

Philosophieren heißt sterben lernen. *Michel de Montaigne*

Da man in das Leben sich hat fügen müssen, wieviel leichter sollte man sich in den Tod fügen können. *Wilhelm Raabe*

Wer den Tod fürchtet, hat das Leben verloren. *Johann Gottfried Seume*

Jeder kann reich sterben, wenn er sich entschließt, arm zu leben. *Henry Gould*

Der Tod ist das Solideste, was das Leben bisher erfunden hat. *Emile M. Cioran*

Die Menschen haben vor dem Tod zuviel Achtung, gemessen an der geringen Achtung, die sie vor dem Leben haben. *Henry de Montherlant*

Alles ist lächerlich, wenn man an den Tod denkt. *Thomas Bernhard*

Der Tod geht zwei Schritte hinter dir. Nütze den Vorsprung und lebe. *Werner Mitsch*

Der Tod ist die Ruhe, aber der Gedanke an den Tod ist der Störer jeglicher Ruhe. *Cesare Pavese*

Das einzig Tröstliche am Tod ist, daß man dann wirklich wissen wird, was los ist. *John Osborne*

Beim Lesen der Todesanzeigen wird man belehrt, daß nur engelsgleiche Wesen diese Welt verlassen. *Hans Arndt*

Der Tod ist die uns zugewandte Seite jenes Ganzen, dessen andere Seite Auferstehung heißt. *Romano Guardini*

Der Tod kommt nur einmal, und doch macht er sich in allen Augenblicken des Lebens fühlbar. Es ist herber, ihn zu fürchten, als ihn zu erleiden. *Jean de la Bruyere*

Der Mensch hat die Furcht vor dem Tod in die Welt gebracht, nicht Gott. Der Tod ist das Zeichen unserer Verwundbarkeit. *Henry Miller*

Erst wenn der Sarg zugenagelt ist, erweist sich die Haltbarkeit eines Namens. *Japan. Sprichwort*

Herr, gib jedem seinen eigenen Tod.
Rainer Maria Rilke

Wir fragen immer nur, ob es ein Leben nach dem Tode gebe. Wir sollten fragen: Gibt es ein Leben nach der Geburt? *Samuel Beckett*

Der Tod ist nichts Schreckliches; nur die fürchterliche Vorstellung vom Tode macht ihn furchtbar. *Epiktet*

Die Friedhöfe sind voll von Leuten, die sich für unentbehrlich halten. *Georges Clemenceau*

Nicht die Toten sollten wir beklagen, sondern all die Lebenden, die tot herumlaufen. *Hans Leopold Davi*

Immer auf dem Sprung sein, bedeutet Leben. Von Sicherheit eingewiegt werden, bedeutet Tod.
Oscar Wilde

Das einzige Mittel gegen Geburt und Tod besteht darin, die Zeit dazwischen zu nützen. *George Santayana*

Wir sterben viele Tode, solange wir leben; der letzte ist nicht der bitterste. *Karl Heinrich Waggerl*

Es gibt keinen Trost über den Tod hinaus, weil der Tod selbst schon der Trost ist. *Dolf Sternberger*

Es gibt kein erstrebenswerteres Ziel auf Erden, als gesund zu sterben! *Vorsitzender eines Vereins naturverbundene Lebensweise in London*

Ich lese jeden Morgen die Zeitung, und zwar zuerst die Todesanzeigen. Dann freue ich mich so richtig, daß ich noch da bin. Dies ist meine ganze Lebensphilosophie.
Ella Fitzgerald

Jeder Augenblick im Leben ist ein Schritt zum Tode hin. *Pierre Corneille*

➪ **Sarg, Sterben, Leben**

Todesstrafe

Der kultivierte Herr sprach von den guten alten Zeiten und dachte an die Todesstrafe. *Werner Schneyder*

Die Menschheit verurteilt den einzelnen zur Todesstrafe und begeht dadurch gegen ihn ein größeres Verbrechen, als er gegen sie begangen hat, indem sie ihm die Besserung unmöglich macht.
Friedrich Hebbel

Solange die Todesstrafe besteht, atmet das ganze Strafrecht Blutgeruch aus, trägt das ganze Strafrecht den Stempel der Grausamkeit, ist das ganze Strafrecht mit dem Makel der rächenden Vergeltung behaftet.
Gustav Radbruch

Daß es die Todesstrafe gibt, ist weniger bezeichnend für unsere Gesittung, als daß sich Henker finden.
Franz Werfel

Könnte man nicht die Todesstrafe einführen für Leute, die sie vorschlagen? *Wolfgang Neuß*

➪ **Rache, Strafe**

Tohuwabohu

Tohuwabohu ist, wenn beim Gruppensex der Unterste zum Telefon gerufen wird. *Fred Metzler*

Toleranz

Toleranz ist das unbehagliche Gefühl, der andere könne am Ende vielleicht doch recht haben. *Robert Frost*

Toleranz wird zum Verbrechen, wenn sie dem Bösen gilt. *Thomas Mann*

Toleranz wird oft mit Meinungslosigkeit verwechselt. Aber nicht der Meinungslose ist tolerant, sondern der, der eine Meinung hat, aber es anderen zubilligt, eine abweichende Meinung zu haben und diese auch zu sagen. *Manfred Rommel*

Um einen Schmetterling lieben zu können, müssen wir auch ein paar Raupen mögen.
Antoine de Saint Exupery

Um sanft, tolerant, weise und vernünftig zu sein, muß man über eine gehörige Portion Härte verfügen.
Peter Ustinov

Toleranz wird oft mit Meinungslosigkeit verwechselt. Aber nicht der Meinungslose ist tolerant, sondern der, der eine Meinung hat, aber es anderen zubilligt, eine abweichende Meinung zu haben und diese auch zu sagen. *Manfred Rommel*

Toleranz ist die Fähigkeit, Widerspruch zu ertragen.
Philippe Soupault

Toleranz ist immer ein Zeichen dafür, daß sich eine Herrschaft als gesichert betrachtet. *Max Frisch*

Toleranz der meisten: Sie haben nichts dagegen, wenn sich ihnen eine Ameise in den Weg stellt.
Sigmund Graff

Toleranz darf nicht bestehen gegenüber der Intoleranz, wenn diese nicht als ungefährliche, private Verschrobenheit gleichgültig behandelt werden darf. Es darf keine Freiheit geben zur Zerstörung der Freiheit.
Karl Jaspers

Wenn's um Toleranz geht, machen die Christen einen Heidenlärm. *Bert Berkensträter*

Toleranz kann man von Rauchern lernen: Noch nie hat sich ein Raucher über einen Nichtraucher beschwert.
Allessandro Pertini

Man verdirbt einen Jüngling am sichersten, wenn man ihn anleitet, den Gleichdenkenden höher zu achten als den Andersdenkenden. *Friedrich Wilhelm Nietzsche*

Ignorieren ist noch keine Toleranz. *Theodor Fontane*

Man soll die Toleranz nie so weit treiben, daß die Intoleranten daraus Vorteil ziehen können.
Erich Limpach

Toleranz heißt: die Fehler der anderen entschuldigen. Takt heißt: sie nicht bemerken. *Arthur Schnitzler*

Toleranz sollte eigentlich nur eine vorübergehende Gesinnung sein: Sie muß zur Anerkennung führen. Dulden heißt beleidigen. *Johann Wolfgang von Goethe*

Wer mit mir reden will, der darf nicht bloß seine eigene Meinung hören wollen. *Wilhelm Raabe*

➪ **Rücksicht, Nachsicht, Einfühlungsvermögen, Takt, Verzeihen, Vergessen**

Touristen

Touristen haben ein diapositives Lebensgefühl.
Unbekannt

Der schlimmste Feind des Touristen ist der Tourist.
Gerhard Reichel

Der Tourismus ist die Völkerwanderung der Neuzeit.
Halldor Laxness

Das freie Reisen gehört zwar zu den großen Errungenschaften der Demokratie, aber die demokratischen Grundrechte verlieren ihre Priorität, wo sie zur Zuhälterei des Weltunterganges ausarten. *Andre Heller*

Das große, allerletzte Tabu unserer Gesellschaft ist der Tourismus. Mir ist kein bedeutender weltlicher oder kirchlicher Regierungschef bekannt, der laut und unmißverständlich erklärt hätte, daß der Verkrüppelung der Erde durch generelle Flughafen-Baustops, durch radikale Autobahn-Verringerungen, durch Verbote von Gletscher-Skiliften und Baumschlägerungen für Wintersport-Loipen, durch Verweigerung von Hotelgemeinheiten in jeder Höhe und jedem Ausmaß begegnet werden muß. *Andre Heller*

Da gehen die Menschen, die Höhen der Berge zu bewundern und die Fluten des Meeres, die Strömungen der Flüsse, des Ozeans Umkreis und der Gestirne Bahnen und verlieren dabei sich selbst. *Augustinus*

Man verreist ja doch nur, um es daheim wieder schön zu finden. Das ist der Sinn des Tourismus.
Manfred Schmidt

Als deutscher Tourist im Ausland steht man vor der Frage, ob man sich anständig benehmen muß oder ob schon deutsche Touristen dagewesen sind.
Kurt Tucholsky

Das Reisen war ursprünglich eine Tat der Gottsuchenden und später der Handelstreibenden, noch später der Eroberer und ganz spät eine der Touristen. Man begreift, es kam jeweils Schlimmeres nach.
Andre Heller

Touristen sind Reisende, die man leichter melken kann als Kühe. *Unbekannt*

Touristen sind eine unbewaffnete Besatzungsarmee auf Zeit. *Guy Abecassis*

Touristen sind Leute, die in einem fremden Land nur blättern. *Guido Baumann*

Wir brauchen keinen dritten Weltkrieg. Wir haben Kapitalismus, Kommunismus und Tourismus.
Oliver Hassencamp

Die Deutschen werden nicht besser im Ausland, wie das exportierte Bier. *Heinrich Heine*

Touristen sind Reisende, die ihren Besitz verbrauchen, um sich den Besitz anderer anzusehen.
Ernst Heimeran

Die alte Cole Porter Devise "anything goes" ist das Glaubensbekenntnis einer Branche, bei deren perversesten Vertretern man Menschenjagden auf Indios in Amazonaswäldern ebenso buchen kann, wie Pilgerreisen in nationalsozialistische Todeslager mit anschließender günstiger Buttereinkaufsmöglichkeit bei den Bauern der Umgebung. *Andre Heller*

➪ **Fremdenverkehr, Reisen, Umwelt**

Tradition

Tradition ist das Ruhekissen der Urteilskraft.
Sigmund Graff

Die Tradition ist lediglich eine Sammlung schlechter Angewohnheiten. *Artur Schnabel*

Tradition ist ein Sprungbrett und kein Ruhekissen.
Harold Macmillan

Traditionen sind Bleisohlen. *Rudolf Rolfs*

Tradition ist bewahrter Fortschritt, Fortschritt ist weitergeführte Tradition. *Carl Friedrich von Weizsäcker*

Der Wunsch, die Vergangenheit festzuhalten, beherrscht diejenigen, die die Erziehung der Jugend leiten, mehr als die Hoffnung, die Zukunft zu schaffen.
Bertrand Russell

Tradition ist die Summe von verjährten Werten. *Kazimierz Brandys*

Tradition ist die gewaltsame Fortsetzung einer abgeschlossenen Geschichte. *Wolfgang Herbst*

Tradition ist nicht das Bewahren der Asche, sondern das Schüren der Flamme. *Jean Jaures*

Tradition ist das System, das verhindern will, daß Kinder ihre Eltern übertreffen. *Unbekannt*

Tradition ist die Gesinnung der Faulen, die Pfützen stehen läßt, weil sie vielleicht noch von der Sintflut herrühren könnten. *Bob Singleton*

Nicht in der Nachahmung der Tradition, in der Auseinandersetzung mit ihr liegt der Gewinn. *Martin Kessel*

Der oft unüberlegten Hochachtung gegen alte Gesetze, alte Gebräuche und alte Religion hat man alles Übel in der Welt zu verdanken. *Georg Christoph Lichtenberg*

Traditionalismus ist einem silbernen Salzstreuer, aus dem kein Salz kommt, den Vorzug geben vor einem aus Plastik, der tatsächlich Salz streut. *Herzog von Bedford*

Wenn immer etwas in gleicher Weise getan wird, kann das gute Tradition sein oder die Unfähigkeit, es besser zu machen. *Matthias Scharlach*

Traditionen sind die Dogmen der Bequemlichkeit. *Hans Lohberger*

Stolz sein sollte ein Volk vor allem auf die Traditionen, die es nicht hat. *Helmut Qualtinger*

Tradition gleicht den Laternen, die den Weg erhellen. Nur Betrunkene klammern sich an ihnen fest. *Englisches Sprichwort*

Die Tradition ist eine Ausdehnung des Wahlrechts. Tradition heißt, der unbekanntesten aller Klassen - unseren Vorfahren - Stimmen zu geben. Tradition ist die Demokratie der Toten. *Gilbert K. Chesterton*

➪ **Beharren, Bewahren, Kultur, Konservatismus**

Trägheit

Jede künstlerische Leistung ist ein Sieg über die menschliche Trägheit. *Herbert von Karajan*

Tat ist die Trägheit mal Wille. *Herbert Heckmann*

Immer wieder klammert man sich an das Liebgewonnene und meint, es sei Treue; es ist aber bloß Trägheit. *Hermann Hesse*

➪ **Faulheit, Bquemlichkeit**

Tragödie

Es gibt im Leben zwei Tragödien. Die eine ist die Nichterfüllung eines Herzenswunsches. Die andere ist seine Erfüllung. Von den beiden ist die zweite die weitaus tragischere. *Oscar Wilde*

Wer noch fähig ist, Fragen zu stellen, dem kann nichts geschehen. Ein fragender Mensch hat nichts Tragisches. *Peter Handke*

Wer eine Tragödie überlebt hat, ist nicht ihr Held gewesen. *Stanislaw Jerzy Lec*

Die Tragödie besteht meistens im Weiterleben, nicht im Sterben. *Cian Carlo Menotti*

Was ist der Mensch? Die Tragödie Gottes. *Christian Morgenstern*

Das Leben ist eine Komödie für jene, die denken, eine Tragödie aber für jene, die fühlen. *Oscar Wilde*

Tränen

Tränen sind wie Perlen. Denn man weiß nie genau, ob sie echt sind. *Indochina*

Krokodilstränen rinnen eine harte Haut hinunter. *Hans Kasper*

Das Leben ist eine Brücke von Seufzern über einen Strom von Tränen. *Philip James Bailey*

Was sind das für Menschen, die kein Blut sehen können, aber Tränen? *Nikolaus Cybinski*

Beim Jüngsten Gericht werden einzig die Tränen in die Waagschale gelegt. *Emile M. Cioran*

Frauentränen sind die stärkste Wasserkraft der Welt. *Wilson Mizner*

➪ **Leid, Weinen**

Träume

Es genügt nicht, schöne Träume zu haben. Man muß sie verwirklichen wollen, sonst werden sie zu tödlichen Alpträumen. *Servan Schreiber*

Um ein Geschäft erfolgreich zu führen, braucht ein Mann Imagination. Er muß die Dinge wie in einer Vision sehen, wie ein Traum des Ganzen. *Charles M. Schwab*

Selbst solche Amerikaner, die die Grenzen von Kennedys tausend Tagen sehen und die Enthüllungen über seine Fehler und Torheiten kennen, finden in ihm ihre verlorenen Träume wieder. *Tom Wicker*

Willst du
deinen Traum
verwirklichen,
dann erwache.

RUDYARD KIPLING

Willst du deinen Traum verwirklichen, dann erwache.
Rudyard Kipling

Träume sind eine Art Fernsehen im Schlaf.
Alberto Sordi

Große Träume - ich kenne keine, die nicht im Morgengrauen enden. *Wieslaw Brudzinski*

Nach jedem Traum gibt es ein Erwachen, auch nach dem erfüllten Traum. *Sam Peckinpah*

Wer seine Träume verwirklichen will, muß wach sein.
Michael Pfleghar

Aus den Träumen von gestern werden manchmal die Alpträume von morgen. *Friedrich Nowottny*

Das Leben ist ein kurzer Traum (Vita somnium breve)
Richarda Huch

Die Jugend ernährt sich von Träumen, das Alter von Erinnerungen. *Jüdisches Sprichwort*

Ein Traum, ein Traum ist unser Leben auf Erden hier; wie Schatten auf den Wogen schweben und schwinden wir und messen unsere trägen Schritte nach Raum und Zeit und sind - und wissen's nicht - in Mitte der Ewigkeit. *Gottfried Herder*

Nenne dich nicht arm, weil deine Träume nicht in Erfüllung gegangen sind; wirklich arm ist nur der, der nicht geträumt hat. *Marie von Ebner-Eschenbach*

➪ **Vision, Hoffnung, Sehnsucht, Imagination, Illusion, Vorstellung, Phantasie, Ziele**

Trend

Es gibt auch so etwas wie geistiges Asthma. Man bekommt es, wenn man hinter jedem Trend herrennt.
Jean Marais

➪ **Anpassung, Nonkonformismus, Mode, Neu**

Treue

Fast jede Frau wäre gerne treu. Schwierig ist es bloß, den Mann zu finden, dem man treu sein kann.
Marlene Dietrich

Eheliche Treue ist hauptsächlich Gewohnheit. Man geht weiterhin zum Einzelhändler, obwohl es genug Großmärkte gäbe. *Brendan Behan*

Wenn einem die Treue Spaß macht, dann ist es Liebe.
Julie Andrews

Treue ist ein starker Juckreiz mit dem Verbot, sich zu kratzen. *Unbekannt*

Treue ist eine Tugend, die jenen eigentümlich ist, die wissen, daß sie bald betrogen werden. *Ambrose Bierce*

Treue geht überhaupt nicht. Ich erwarte keine Treue. Ich erwarte Liebe, ich erwarte Zuneigung. Aber: ich bin immer verletzt, wenn ich betrogen werde.
Franz Xaver Kroetz

Die Treue eines Tieres würde uns nicht rühren, wenn die Treue unter den Menschen häufiger wäre.
Sigmund Graff

Wer sich selbst treu bleiben will, kann nicht immer anderen treu bleiben. *Christian Morgenstern*

Treue ist nicht immer Resultat von Tugend, sondern beruht oft auf mangelnder Attraktivität oder mangelnder Gelegenheit. *Ernst Bornemann*

Treue ist meist nur noch die zur Moral erstarrte Liebe von gestern. *Hans Lohberger*

Treue ist entweder die erschlaffende Wirkung der Gewohnheit oder ein Mangel an Einbildungskraft.
Oscar Wilde

Treue ist erst ein Problem, wenn man nicht mehr liebt.
Esther Vilar

Es sind nicht die dümmsten Frauen, die sich für eine Untreue des Mannes durch bedingungslose Treue rächen. *Alec Guinness*

➪ **Solidarität, Moral, Tugend, Vertrauen**

Trinken

Trinke, wenn du glücklich bist, niemals wenn du unglücklich bist. *Gilbert K. Chesterton*

Wenn du das Trinken aufgeben willst, schau dir mit nüchternen Augen einen Betrunkenen an.
Chinesisches Sprichwort

Es gibt zwei Gründe, um zu trinken: der eine ist, den Durst zu beseitigen; der andere, um ihm vorzubeugen.
Thomas L. Peacock

Toren besuchen im fremden Land die Museen, Weise gehen in die Tavernen. *Erhart Kästner*

➪ **Alkohol, Bier, Wein, Whisky, Wasser**

Trost

Der Himmel hat dem Menschen als Gegengewicht zu den vielen Mühseligkeiten des Lebens drei Dinge gegeben: die Hoffnung, den Schlaf und das Lachen.
Immanuel Kant

Trost und Rat sind oft die Abwehr eines Nichtbetroffenen gegen das Leid eines Betroffenen.
Ludwig Marcuse

➪ **Rat**

Trotz

Der Trotz ist die einzige Stärke des Schwachen - und eine Schwäche mehr. *Arthur Schnitzler*

Tüchtigkeit

Tüchtigkeit ist weder Fähigkeit noch Begabung, sondern Gewohnheit. *Peter F. Drucker*

➪ **Fleiß, Leistung**

Tugend

Die Laster der Mehrheit nennt man Tugenden.
Jean Genet

Wer sich alle Laster abgewöhnt hat, dessen Tugenden verkümmern. *Jean Genet*

Früher hat man aus der Not eine Tugend gemacht. Heute macht man aus der Tugend eine Not.
Joana Maria Gorvin

Was ist die Tugend denn anderes als die Gewerkschaftsbewegung der Verheirateten?
George Bernard Shaw

Alt ist ein Mann dann, wenn er an einer Frau vor allem ihre Tugend bewundert. *Sacha Guitry*

Tugend ist eine Eigenschaft, die nie so angesehen war wie das Geld. *Mark Twain*

Als Laster bezeichnen wir die Vergnügungen, von denen wir uns nicht zu kosten getrauen, und als Tugenden die Pflichten, denen wir uns nicht zu entziehen wagen. *Henry Miller*

Je weiter sich ein Laster ausbreitet, desto größer sind seine Chancen, zur Tugend zu werden. *Sacha Guitry*

Die Tugend nistet, wie der Rabe, mit Vorliebe in Ruinen. *Anatole France*

Tugend ist die Summe der Dinge, die wir aus Trägheit, Feigheit oder Dummheit nicht getan haben.
Henry Miller

Wir verlangen sehr oft nur deshalb Tugenden von anderen, damit unsere Fehler sich bequemer breitmachen können. *Marie von Ebner-Eschenbach*

Von allen Tugenden die schwerste und seltenste ist die Gerechtigkeit. Man findet zehn Großmütige gegen einen Gerechten. *Franz Grillparzer*

Unter den nützlichen Tugenden steht die falsche Bescheidenheit obenan. *Johannes Gross*

Unsere Tugenden sind meist nur verkappte Laster.
Francois de la Rochefoucauld

Es hat sich schon manche Tugend als ganz normale Unlust erwiesen. *Werner Mitsch*

Die Tugend besteht nicht im Verzicht auf das Laster, sondern darin, daß man es nicht begehrt.
George Bernard Shaw

Tugend ist bei einigen Furcht vor der Gerechtigkeit, bei vielen Schwäche, bei anderen Berechnung.
Gerard de Nerval

Auch Tugenden stecken an. *Erich Kästner*

Schönheit ist nach drei Tagen genauso langweilig wie Tugend. *George Bernard Shaw*

➪ **Anständigkeit, Moral**

Tun

Mische Tun mit Nichtstun, und du wirst nicht verrückt.
Russisches Sprichwort

Nicht das, was der Mann in die Luft oder auf das Papier spricht, hat Wert, sondern was er tut.
Johann Gottfried Seume

Wer etwas kann, der tut es; wer etwas nicht kann, der lehrt es. *George Bernard Shaw*

Neben der edlen Kunst, Dinge zu tun, gibt es die Kunst, Dinge ungetan zu lassen. Die Weisheit des Lebens besteht im Weglassen des Unwesentlichen.
Lin Yutang

Verantwortlich ist man nicht nur für das, was man tut, sondern auch für das, was man nicht tut. *Laotse*

Was man vorgestern hätte tun sollen, hat auch noch bis übermorgen Zeit. *Spanisches Sprichwort*

➪ **Handeln, Tat, Initiative**

Tür

Es entspricht einem Lebensgesetz: Wenn sich eine Tür vor uns schließt, öffnet sich eine andere. Die Tragik ist jedoch, daß man auf die geschlossene Tür blickt und die geöffnete nicht beachtet. *Andre Gide*

Es ist Unsinn, Türen zuzuschlagen, wenn man sie angelehnt lassen kann. *James William Fulbright*

Renne keine offene Tür ein; man schlägt sie dir sonst vor der Nase zu. *Stanislaw Jerzy Lec*

Man kann sich auch an offenen Türen den Kopf einrennen. *Erich Kästner*

Weltverbesserer sind Leute, die sofort das ganze Haus einreißen, wenn eine Tür quietscht. *Gustav Knuth*

Die Tür zur Vergangenheit ist ohne Knarren nicht zu öffnen. *Alberto Moravia*

Tyrannei

Tyrannei? - Wenn Väter ihre Kinder gewähren lassen und sich vor ihnen geradezu fürchten, wenn Söhne ohne Erfahrung handeln wollen wie die Väter, sich nichts sagen lassen, um selbständig zu erscheinen, wenn Lehrer, statt ihre Schüler mit sicherer Hand auf den richtigen Weg zu führen, sich vor ihnen fürchten und staunen, daß ihre Schüler sie verachten, wenn sie die Unerfahrenen den älteren Erfahrenen gleichstellen und in Wort und Tat gegen sie auftreten, die Alten sich aber unter die Jungen setzen und versuchen, sich ihnen gefällig zu machen, indem sie Ungehörigkeiten übersehen oder gar daran teilnehmen, damit sie nicht als vergreist oder autoritätsgierig erscheinen, wenn auf diese Weise verführte Jugend aufsässig wird, sofern man ihr auch nur den mindesten Zwang auferlegen will, weil niemand sie lehrte, die Gesetze zu achten, ohne die keine Gemeinschaft leben kann...dann ist Vorsicht geboten: Dieser Weg droht in die Tyrannei zu führen. *Platon*

Der Tyrann ist ein Gemisch aus Feigheit, Borniertheit, Willkür, Unverantwortlichkeit und Selbstgefälligkeit. Er repräsentiert also wirklich die Majorität.
Gabriel Laub

⇨ **Diktatur, Regierung**

Verantwortlich
ist man nicht nur für das,
was man tut,
sondern auch für das,
was man nicht tut.

LAOTSE

U

Übel

Das Übel gedeiht nie besser, als wenn ein Ideal davorsteht. *Karl Kraus*

Eingebildete Übel gehören zu den unheilbaren. *Marie von Ebner-Eschenbach*

Das schlimmste Übel, an dem die Welt leidet, ist nicht die Stärke der Bösen, sondern die Schwäche der Guten. *Romain Rolland*

Ein Pessimist ist ein Mensch, der unter mehreren Übeln keines missen möchte. *Victor de Kowa*

➪ **Böse**

Überheblichkeit

Manche Menschen wollen immer glänzen, obwohl sie keinen Schimmer haben. *Heinz Erhardt*

Manche Hähne glauben, daß die Sonne ihretwegen aufgeht. *Theodor Fontane*

Wenn alle erste Violine spielen wollten, würden wir kein Orchester zusammenbekommen. *Robert Schumann*

Wer andern den Spiegel vorhält, braucht selbst nicht hineinzuschauen. *Johannes Gross*

Wer sich überhebt, verrät, daß er noch nicht genug nachgedacht hat. *Christian Morgenstern*

Mit dem Wind, den man selber macht, lassen sich die Segel nicht füllen. *Karl Heinrich Waggerl*

Sei wie das Veilchen im Moose, sittsam, bescheiden und rein, und nicht wie die stolze Rose, die stets bewundert will sein. *Aus dem Poesiealbum*

Erfolg steigt nur zu Kopf, wenn dort der erforderliche Hohlraum vorhanden ist. *Manfred Hinrich*

➪ **Arroganz, Anmaßung, Dünkel, Snobismus, Selbsttäuschung**

Übertreibung

Nichts wird so sehr für Übertreibung gehalten wie die nackte Wahrheit. *Joseph Conrad*

Erst in der Übertreibung der Dinge werden sie klar und einsichtig. Natürlich muß man in der richtigen Richtung übertreiben. *Marcel Reich-Ranicki*

Es ist der Zauber guter Satiren zu beweisen, daß die Wirklichkeit ohne Übertreibung unerträglich ist. *Nikolaus Cybinski*

Der Satire steht das Recht auf Übertreibung zu. Aber sie hat es schon seit langem nicht mehr nötig, von diesem Recht Gebrauch zu machen. *Gabriel Laub*

Ein hübsches Kompliment ist eine glaubwürdige Übertreibung. *Peter Alexander*

Die Liebe beruht auf einer starken Übertreibung des Unterschiedes zwischen einer Person und allen anderen. *George Bernard Shaw*

Überzeugung

Ich habe mehr Achtung vor Männern, die ihre Partei wechseln und ihre Überzeugung behalten, als vor Männern, die ihre Überzeugung wechseln und die Partei behalten. *Franz Ludwig Graf Stauffenberg*

Überzeugungen sind Krankheiten, die durch Begeisterung übertragen werden. *Siegfried Lenz*

Der Mensch ändert leichter seine Überzeugungen als seine Gewohnheiten. *Paul Wegener*

Ich bin fest davon überzeugt, daß jedes Unternehmen, um zu überleben und erfolgreich zu sein, einen gesunden Bestand an Grundüberzeugungen braucht, von denen es sich bei allen Entscheidungen und Maßnahmen leiten läßt. *Thomas Watson junior*

Überzeugung ist jener Irrtum, dem die Menschen sich in der Jugend verschrieben und den sie dann später aus Trotz und falscher Scham nicht mehr korrigieren wollen. *Wilhelm Lichtenberg*

Überzeugungen sind Vorurteile, die man sich selbst erarbeitet hat. *Wolfram Weidner*

Der Mensch hat zwei Beine und zwei Überzeugungen: eine, wenn's ihm gut geht, und eine, wenn's ihm schlecht geht. Die letztere heißt Religion. *Kurt Tucholsky*

➪ **Meinung, Glaube, Vorurteil**

Überzeugungskraft

Überzeugungskraft ist die Kunst, eine Sache so einseitig darzustellen, daß man alle anderen Seiten vergißt. *Ron Kritzfeld*

Ehe wir uns anschicken, andere zu überzeugen, müssen wir selbst überzeugt sein. *Dale Carnegie*

Besonders wenn wir durch unsere Rede überzeugen wollen, ist es unumgänglich, daß wir unsere Meinung mit der inneren Glut vortragen, die von echter Überzeugung gespeist wird. *Dale Carnegie*

➪ **Beredsamkeit, Argument, Begeisterung, Rhetorik**

Uhr

Die Uhr schlägt. Alle. *Stanislaw Jerzy Lec*

Ich trage nie eine Uhr. Uhrzeiger sind Peitschen für all jene, die sich als Rennpferde mißbrauchen lassen. *Francois Mitterand*

Jetzt gehe ich mit der Zeit, sagte er, nachdem er sich eine Uhr gekauft hatte. *Wolfgang Eschker*

Das Gewissen ist eine Uhr, die immer richtig geht. Nur wir gehen manchmal falsch. *Erich Kästner*

Die Zeit ist eine Uhr ohne Ziffern. *Ernst Bloch*

➪ **Zeit**

Ultimatum

Beim modernen Ultimatum droht man nicht mit Krieg, sondern mit Hilfe. *George F. Kennan*

Ultimatum: eine letzte Forderung, bevor man seine Zuflucht zu Konzessionen nimmt. *Ambrose Bierce*

Umkehr

Das ist menschliche Größe: auf einem schon lange gegangenen Weg umzukehren. *Peter Bloch*

Die große Schuld des Menschen ist, daß er in jedem Augenblick die Umkehr tun kann und nicht tut. *Martin Buber*

Bei einer Umkehr in einer Sackgasse werden die Letzten die Ersten sein. *Max Thürkauf*

➪ **Reue, Einsicht, Selbstkritik**

Umwelt

Das große, allerletzte Tabu unserer Gesellschaft ist der Tourismus. Mir ist kein bedeutender weltlicher oder kirchlicher Regierungschef bekannt, der laut und unmißverständlich erklärt hätte, daß der Verkrüppelung der Erde durch generelle Flughafen-Baustops, durch radikale Autobahn-Verringerungen, durch Verbote von Gletscher-Skiliften und Baumschlägerungen für Wintersport-Loipen, durch Verweigerung von Hotelgemeinheiten in jeder Höhe und jedem Ausmaß begegnet werden muß. *Andre Heller*

Je konsequenter der einzelne seinen Nutzen für die Umwelt steigert, desto erfolgreicher wird er selbst. *Wolfgang Mewes*

Wenn es eine Wirtschaft der Zukunft gibt, wird sie sich an der Umwelt und nicht am Geld orientieren müssen. *Matthias Scharlach*

Die Menschheit tut so, als ob sie eine zweite Erde in Reserve hätte. *Club of Rome*

Steigere deinen Nutzen für deine Umwelt, um dich unter deren besserem Echo selbst am besten verwirklichen zu können. *Roland Vees*

Es ist zu spät, einen Brunnen zu graben, wenn der Durst brennt. *Sprichwort*

Wir sind auf dem Weg von der Versorgungs- zur Entsorgungsgesellschaft. *Hans Millendorfer*

Ich glaube, daß wir den sauren Regen auch in unserer Seele haben. *Will Quadflieg*

Weniger Menschen wäre die beste Ökologie. Liebet euch und vermehret euch nicht. *Günther Nenning*

Die Reparatur unserer Welt ist wichtiger als die Aufrüstung des Weltraumes. *Johannes Rau*

Freunden des Bleigießens ist zu raten, bei weiterer Verknappung des wertvollen Schwermetalles auf die einheimischen Gemüsemärkte auszuweichen. Schon Petersilie enthält viel Blei für Spiel und Spaß. *Loriot*

Wer die Welt und die Menschen genug liebt, muß mithelfen, die Menschen vor sich selbst zu retten.
Leonard Bernstein

Ich glaube, daß die Zukunft nur dann möglich sein wird, wenn wir lernen, auf Dinge, die machbar wären, zu verzichten, weil wir sie nicht brauchen.
Günter Grass

Es ist entsetzlich zu sehen, wieviel Barbarei eine Spezies betreibt, die sich Menschheit nennt.
Cesar Manrique

Ich glaube, daß die anderen Schwierigkeiten, in denen unser Planet steckt, so groß werden, daß die Atomfrage in den Hintergrund tritt. *Friedrich Dürrenmatt*

In Sachen Umweltschutz sind die meisten Regierungen kriminelle Vereinigungen. *Oliver Hassencamp*

Wir alle sind Passagiere an Bord des Schiffes Erde, und wir dürfen nicht zulassen, daß es zerstört wird. Eine zweite Arche Noah wird es nicht geben.
Michail Gorbatschow

Erst wenn der letzte Baum gerodet, der letzte Fluß vergiftet, der letzte Fisch gefangen ist, werdet ihr feststellen, daß man Geld nicht essen kann.
Spruch der Creek-Indianer

➪ **Menschen, Natur, Erde, Leben**

Unbeherrschtheit

Es ist ein Grundirrtum, Heftigkeit und Starrheit Stärke zu heißen. *Thomas Carlyle*

➪ **Zorn**

Undank

So ist es manchmal im Leben: Wenn die Pferde sich geschunden haben, bekommt der Kutscher das Trinkgeld. *Daphne du Maurier*

Unfreiheit

Bei den wenigsten Gefängnissen sieht man die Gitter.
Oliver Hassencamp

Die Nöte des Menschen sind ohne Zahl. Und doch kann ihm nichts Schlimmeres zustoßen als der Verlust der Freiheit. *Ho Chi Minh*

➪ **Diktatur, Tyrannei**

Ungeduld

Liebe ist Geduld, Sex Ungeduld. *Erich Segal*

Geduld ist die Kunst, die Ungeduld zu verbergen.
Hermann Schridde

Die Ungeduld ist die einzige Eigenschaft der Jugend, deren Verlust man im Alter nicht beklagt.
Frank Thieß

Was Ungeduld ist, kann nur der ermessen, der einen steinreichen kranken Erbonkel hat. *Mark Twain*

Ungehorsam

Es gibt keine schöpferische Tätigkeit ohne Ungehorsam. *Jean Cocteau*

Ungehorsam ist für jeden, der die Geschichte kennt, die eigentliche Tugend des Menschen. *Oscar Wilde*

Ungehorsam ist ein Lichtstreif am dunklen Horizont der Knechtschaft. *Ambrose Bierce*

Die Franzosen wollen kommandiert sein, aber nur, um einen Grund zum Ungehorsam zu haben.
Harold Wilson

Ungerechtigkeit

Der höchste Grad von Ungerechtigkeit ist geheuchelte Gerechtigkeit. *Platon*

Ungerechtigkeit ist verhältnismäßig leicht zu ertragen. Es ist die Gerechtigkeit, die schmerzt.
Henry Louis Mencken

Immer habe ich das Unrecht gehaßt und die Gerechtigkeit geliebt, darum sterbe ich in der Verbannung! (Semper odi iniuriam et dilexi inequitatem, itaque morior in exilio!) *Papst Hadrian*

Wehe und wohl dem Menschen, der an keine Ungerechtigkeit mehr glaubt. *Christian Morgenstern*

➪ **Justiz, Recht, Gericht, Unrecht**

Unglaube

Ein Ungläubiger ist in New York jemand, der nicht an die christliche Religion glaubt; in Istanbul jemand, der an sie glaubt. *Ambrose Bieroe*

➪ **Atheismus**

Unglück

Kein Schmerz ist größer, als sich der Zeit des Glücks zu erinnern, wenn man im Elend ist. *Dante Alighieri*

Unglücksfälle sind wie Messer. Entweder sie arbeiten für uns oder schneiden uns, je nachdem, ob wir sie am Griff oder an der Schneide fassen.
James Russel Lowell

Wer andere unglücklich macht, gibt gewöhnlich vor, ihr Bestes zu wollen. *Vauvenargues*

Unglück ist eine Probe auf die Zuverlässigkeit des Menschen. *Ho Chi Minh*

Zwischen Unglück haben und unglücklich sein ist, Gott sei Dank, ein himmelweiter Unterschied.
Karl Julius Weber

Die Unglücklichen und die Schlaflosen sind immer auch ein bißchen stolz auf ihr Malheur.
Bertrand Russell

Ob die Liebe ein Glück ist? Jedenfalls ist sie das charmanteste Unglück, das uns zustoßen kann.
Curt Goetz

Wer liebt, sucht nicht das Glück, sondern das Unglück.
Marcel Proust

Im Grunde ist jedes Unglück gerade nur so schwer, wie man es nimmt. *Marie von Ebner-Eschenbach*

Das meiste Unglück der Menschen besteht eigentlich nur darin, daß sie sich mit Händen und Füßen gegen das Kreuz, das sie tragen müssen, stemmen und wehren. *Jeremias Gotthelf*

Frauen sind im Unglück weiser als Männer, weil sie Übung darin haben. *Eleonora Duse*

Im Unglück finden wir meistens die Ruhe wieder, die uns durch die Furcht vor dem Unglück geraubt wurde.
Marie von Ebner-Eschenbach

Unter den Dummen findet man wenige Unglückliche.
George Bernard Shaw

Das Unglück ist der Prüfstein des Charakters. *Smiles*

Erst im Unglück weiß man wahrhaft, wer man ist.

Stefan Zweig

➪ **Pech**

Universität

Die Universität steht um so höher, je mehr Studenten sich nicht allein am Gängelbande der Studienordnung führen lassen, sondern ihrem Genius folgen, der ihnen Weisung gibt auf ihren Weg. *Karl Jaspers*

➪ **Gelehrsamkeit, Bildung, Wissen, Student, Wissenschaft**

Universum

Das Universum ist vollkommen. Es kann nicht verbessert werden. Wer es verändern will, verdirbt es. Wer es besitzen will, verliert es. *Laotse*

Zwei Dinge sind unendlich, das Universum und die menschliche Dummheit, aber bei dem Universum bin ich mir noch nicht ganz sicher. *Albert Einstein*

➪ **Weltall**

Das Unmögliche

Das Unmögliche ist das, was man nie versucht hat.
Hans Günther Adler

Nur mit dem Unmöglichen als Ziel kommt man zum Möglichen. *Miguel de Unamuno*

Die Wissenschaftler bemühen sich oft, das Unmögliche möglich zu machen, die Politiker das Mögliche unmöglich. *Bertrand Russell*

Man muß das Unmögliche versuchen, um das Mögliche zu erreichen. *Hermann Hesse*

Hoffnung ist der krankhafte Glaube an den Eintritt des Unmöglichen. *Henry Louis Mencken*

➪ **Vision, Ziel, Utopie, Wunder**

Unordnung

Die perfekte Ordnung verbirgt Unordnung.
Heinrich Nüsse

Durch Ruhe und Ordnung kann die Demokratie ebenso gefährdet werden wie durch Unruhe und Unordnung.
Hildegard Hamm-Brücher

Unordnung ist die Wonne der Phantasie. *Paul Claudel*

Unrecht

Unrecht ertragen ist leicht, es sei denn, du denkst immer daran. *Konfuzius*

Jedes Unrecht bringt die Menschheit einen Schritt weiter, denn man lernt, es in Zukunft zu verhindern.
Thornton Wilder

Das Recht des Stärkeren ist das stärkste Unrecht.
Marie von Ebner-Eschenbach

Kein Mensch hat öfter unrecht als der, der es nicht ertragen kann, unrecht zu haben.
Francois de la Rochefoucauld

Die eigentliche Aufgabe eines Freundes ist, dir beizustehen, wenn du im Unrecht bist. Jedermann ist auf deiner Seite, wenn du im Recht bist. *Mark Twain*

Wer Unrecht einfach hinnimmt, fügt ein weiteres hinzu. *Peter Tille*

Wenn du im Recht bist, kannst du es dir leisten, die Ruhe zu bewahren, und wenn du im Unrecht bist, kannst du es dir nicht leisten, sie zu verlieren.
Mahatma Gandhi

Wenn man mir zustimmt, habe ich immer das Gefühl, im Unrecht zu sein. *Oscar Wilde*

Recht zu haben, ist nur halb so schön, wenn kein anderer Unrecht hat. *Orson Welles*

Nichts lernen wir so spät und verlernen wir so früh, als zugeben, daß wir unrecht haben.
Marie von Ebner-Eschenbach

Wirklich verdient macht sich, wer gegen das Unrecht protestiert. *Ho Chi Minh*

Das Unrecht triumphiert, sobald die Gerechtigkeit ihren Lauf nimmt. *Martin Kessel*

Es kommt nicht darauf an, wieviel Unrecht einer erleiden kann; wie wenig er erträgt, ist entscheidend.
Nikolaus Cybinski

Dem Gegner Unrecht widerfahren zu lassen, kräftigt ihn moralisch. *Hans Kasper*

Auch wenn alle einer Meinung sind, können alle Unrecht haben. *Bertrand Russell*

Verurteile nicht das Unrecht, dessen Gründe du nicht kennst; vielleicht hast du es nicht verstanden. *Persien*

Unrecht hat ein langes Gedächtnis.
Slowakische Volksweisheit

Unrecht gewinnt oft Rechtscharakter einfach dadurch, daß es häufig vorkommt. *Bert Brecht*

Niemals ist das Unrecht nur auf einer Seite.
Indochina

Wenn das Haus eines Großen zusammenbricht, werden viele Kleine erschlagen. *Bertolt Brecht*

➪ **Gerechtigkeit, Recht, Justiz**

Unschuld

Wer zu handeln versäumt, ist noch keineswegs frei von Schuld. Niemand erhält seine Reinheit durch Teilnahmslosigkeit. *Siegfried Lenz*

Unsicherheit

Ist dir noch nicht aufgefallen, wieviel Frechheit durch Unsicherheit zu erklären ist? *Kurt Tucholsky*

Das schlimmste an den Minderwertigkeitskomplexen ist, daß die falschen Leute sie haben. *Alain Delon*

Arrogante Menschen sind letztlich nur unsicher.
Gerhard Reichel

➪ **Minderwertigkeitskomplexe, Angst, Furcht, Lampenfieber**

Unsterblichkeit

Unsterblichkeit bedeutet, von vielen Anonymen geliebt zu werden. *Sigmund Freud*

Kinder sind eine Art Lebensversicherung die einzige Art der Unsterblichkeit, derer wir sicher sein können.
Peter Ustinov

Manche Menschen bleiben nur durch ihr Scheitern in Erinnerung. Auch das ist Unsterblichkeit.
Henri Troyat

Unterdrückung

Gewissenszwang ist die schlimmste Form der Unterdrückung. *Rosa Luxemburg*

Unterhaltspflicht

Die Ehe ist vielfach nur der Kontrakt, auf dessen Bruch die Unterhaltspflicht als Konventionalstrafe steht. *Karl Jaspers*

Unterhaltszahlung

Bigamie ist die Möglichkeit, zugleich die Schmutzwäsche der Scheidung und die Last der Unterhaltszahlungen zu vermeiden. *Oliver Herford*

➪ **Alimente**

Unterhaltung

Höre geduldig den an, der mit dir spricht und beeile dich nicht, ihn zu unterbrechen. Man fängt keine Unterhaltung mit Antworten an.
Tausendundeinenacht

Auch die gescheiteste und geistreichste Unterhaltung besteht zumeist aus oberflächlichen Redensarten und Gemeinplätzen, die nur dem einen Zweck dienen, die Zeit durch Sprechen totzuschlagen. Jedermann muß sich also dazu verstehen, zum größten Teil gewöhnliche Dinge zu sagen, um wenigstens hier und da etwas Ungewöhnliches sagen zu können. *Leopardi*

Unsere Kultur besteht aus drei Schubladen, deren zwei sich schließen, wenn eine geöffnet wird: Arbeit, Unterhaltung, Belehrung. *Karl Kraus*

Der Unterschied zwischen Kunst und Unterhaltung ist eine absurde Trennung, die nur in Deutschland gemacht wird. *Johannes Schaaf*

Das gestörte Verhältnis der deutschen Intelligenz zur Unterhaltung mag es wohl geben. Das gestörte Verhältnis der deutschen Unterhaltung zur Intelligenz ist Programmbestandteil. *Werner Schneyder*

Unterhaltung besteht meistens nicht darin, daß man selbst etwas Gescheites sagt, sondern daß man etwas Dummes anhören muß. *Wilhelm Busch*

Geistvolle Leute sind fast ebenso eintönig in der Unterhaltung wie Dummköpfe. *Benjamin Constant*

➪ **Konversation, Gespräch, Vergnügen**

Unternehmen

Ein Unternehmen ist erst dann wirklich erfolgreich, wenn es sich einen unfähigen Chef leisten kann.
Unbekannt

Jedes Unternehmen, das so unrationell produzieren würde wie die Natur, wäre sofort pleite. *Julian Huxley*

Die blühenden Unternehmen sind dem Verwelken immer etwas näher als die Newcomer.
Matthias Scharlach

Wird das Unternehmen gut geführt, ist der Aufsichtsrat arbeitslos. Wird es schlecht geführt, ist er hilflos.
Unbekannt

Die besten Unternehmen funktionieren wie eine gute Familie. *Matthias Scharlach*

Es gibt immer mehr Unternehmen, die ihre Unternehmer überlebt haben - und umgekehrt.
Matthias Scharlach

Unternehmer

Vor 40 Jahren kamen auf einen Beamten vier Selbständige. Heute steht jedem Staatsdiener nur noch ein Unternehmer gegenüber. *Wolfram Gruhler*

Existenzgründer bringen mehr Leistung, mehr Arbeitsplätze und mehr Demokratie. *Impulse 5/94*

Nur wer die Kunst des Nutzenbietens beherrscht, wird auf Dauer ein guter Unternehmer sein und einen hervorragenden Platz in der Gesellschaft einnehmen.
Josef Schmidt

Wirklich motivierend ist nur die Inspiration, die vom Unternehmer ausgeht, der sich selbst und einen möglichst großen Teil der mit ihm Zusammenwirkenden mit "Sinn und Ziel" dessen, was sie zusammen unternehmen, identifiziert. *Oswald von Nell-Breuning*

Wir müssen wieder mehr Menschen dazu bringen, sich als Existenzgründer zu versuchen. Dafür brauchen sie aber nicht nur Geld, sondern auch psychologischen Beistand im Kampf gegen die Bürokratie. Deshalb sollte in allen Ratshäusern ein Schild stehen: Unternehmer gesucht - hier sind Menschen willkommen, die sich selbständig machen wollen. *Klaus E. Bregger*

Eine demokratische Gesellschaft ist um so stärker, je mehr Menschen es gibt, die ein hohes Maß an Selbstverantwortung tragen. Keine andere Gruppe übernimmt eine so große Eigenverantwortung wie Existenzgründer. Denn wenn ihr Unternehmen scheitert, fängt kein soziales Netz sie auf. *Eberhard Hamer*

10 Tips von Jungunternehmern:
1. Suche als Geschäftszweck nur etwas, das dir wirklich Spaß macht.
2. Mißtraue den Banken, denn sie mißtrauen auch dir.
3. Wenn du schon Geld borgen mußt, leihe es dir von Eltern und Freunden.
4. Laß bei der Mittelbeschaffung die Phantasie sprießen - oft finden sich auch Mäzene.
5. Glaube daran, daß etwas, das dich total begeistert, auch andere begeistert.
6. Sei ehrlich, denn wer andere bescheißt, wird auch beschissen.
7. Schau dir die Menschen genau an, mit denen du Geschäfte machst.
8. Rechne dich nicht reich, indem du Zahlungseingänge mit Gewinn verwechselst.
9. Gib niemals auf, nutze Fehler zum Lernen.
10. Werde bei Erfolgen nicht euphorisch.

!Forbes

Wer es als Nichtunternehmer unternimmt, die Funktion des Unternehmers zu übernehmen, läuft nach aller Erfahrung Gefahr, sich zu übernehmen. *Arno Sölter*

Die besten Unternehmen funktionieren wie eine gute Familie.

MATTHIAS SCHARLACH

Es gibt Leute, die halten den Unternehmer für einen räudigen Wolf, den man totschlagen müsse. Andere meinen, der Unternehmer sei eine Kuh, die man ununterbrochen melken könne. Nur wenige sehen in ihm, was er wirklich ist, nämlich das Pferd, das den Karren zieht. *Winston Churchill*

Es gibt heute noch vielzuviele Unternehmer, die im letzten Wagen des Zuges sitzen und nach hinten blicken. Ihr Platz sollte aber längst der Führerstand vorne auf der Lokomotive sein. *Unbekannt*

Die Unternehmer leben auf einer Insel. Haben sie eigentlich begriffen, daß sie in einer Massengesellschaft leben? In einer Massengesellschaft, die auf Privilegien sehr empfindlich reagiert. Alles, was nach Exklusivität aussieht, schafft Verdacht... Indem sie für Stillstand sind, versuchen sie, Reformen zu verhindern, und arbeiten damit den Revolutionären in die Hand. Sie wollen lieber reagieren als agieren. Aber können sie sich auf die Dauer damit zufrieden geben, immer nur Zeit gewinnen zu wollen? *Norbert Blüm*

Wir brauchen eigentlich wieder große Unternehmer, aber die sind nach den jahrelangen Publikumsbeschimpfungen auch nicht gerade fröhlich und optimistisch gestimmt. *Ludwig Poullain*

Vier Gesetze der Unternehmensführung:
1. Menschen vor Sachen.
2. Gewinn vor Umsatz.
3. Liquidität vor Rentabilität.
4. Bestandssicherung vor Expansion.

Gerhard Reichel

Ein guter Unternehmer ist, wer nicht nach dem Lehrbuch arbeitet, sondern sensibel und kreativ auf Situationen reagiert. *Justus Frantz*

Ein Unternehmer lebt nicht von der Hoffnung auf bessere Zeiten, sondern er macht sie. *Gerhard Reichel*

So glaube ich, daß die Unternehmer ihr gestörtes Verhältnis zur Öffentlichkeit in Ordnung bringen müssen. Es sollte deutlich werden, daß es ihnen nicht nur um Gewinnmaximierung geht, sondern auch um den Beitrag, den sie für die Gesellschaft leisten. Wenn es nicht gelingt, der Öffentlichkeit ein neues Unternehmerbild zu vermitteln, dann werden der Marktwirtschaft schwere Zeiten bevorstehen. *Hans Friderichs*

Der Unternehmer sieht Chancen, die andere nicht sehen, er überwindet die Angst vor dem Neuen.

Branco Weiss

➪ **Führen, Management, Chef, Vorgesetzte**

Unterschrift

Unterschriften sind Handschellen aus Tinte.

Rumänisches Sprichwort

Untersuchungsausschuß

Parlamentarische Untersuchungsausschüsse sind Teppichklopfer, die gerade so stark drauflosschlagen, daß es nicht staubt. *Enrique Morales*

Unterwürfigkeit

Wer sich zum Wurm macht, kann nachher nicht klagen, wenn er mit Füßen getreten wird.

Immanuel Kant

Sklaverei ist kein Rechts-, sondern ein Geisteszustand.

Gabriel Laub

Es gibt hohe Stellungen, die man am leichtesten in gebückter Haltung erreicht. *Robert Lembke*

➪ **Nachgiebigkeit, Anpassung, Opportunismus**

Untreue

Manche Männer erwarten die Untreue ihrer Frau mit der gleichen Spannung, mit der sie im Zirkus den Absturz eines Seiltänzers erwarten. *Henry Miller*

Viele Ehen brauchen die Untreue, damit sie Bestand haben. *Alexander Comfort*

Es sind nicht die dümmsten Frauen, die sich für eine Untreue des Mannes durch bedingungslose Treue rächen. *Alec Guinness*

➪ **Ehe, Treue, Frauen, Männer**

Untugenden

Untugenden, die ein einzelner hat, nennt man Laster. Untugenden, die ein ganzes Volk hat, nennt man Mentalität. *Werner Mitsch*

➪ **Laster**

Unvernunft

Kein Mann ist imstande, die weibliche Vernunft zu begreifen. Deshalb gilt sie als Unvernunft.

Eleonora Duse

Unwahrheit

Die Unwahrheiten sind oft nicht in dem, was man sagt, sondern, was man nicht sagt. *Ludwig Marcuse*

Immer wieder behauptete Unwahrheiten werden nicht zu Wahrheiten, sondern, was schlimmer ist, zu Gewohnheiten. *Oliver Hassencamp*

➪ **Lüge**

Unwissenheit

Es gibt nur ein Elend, und das ist Unwissenheit.
Thornton Wilder

Durch unser Wissen unterscheiden wir uns nur wenig, in unserer grenzenlosen Unwissenheit aber sind wir alle gleich. *Karl Popper*

Ein Spezialist ist einer, der sich auf eine von ihm gewählte Form der Unwissenheit beschränkt hat.
Elbert Hubbard

Die Unwissenheit ist eine Situation, die den Menschen ebenso hermetisch abschließt wie ein Gefängnis.
Simone de Beauvoir

Verhältnis von Lebensalter und Unwissen: Welche mathematische Kurve ergibt das? Trotz Zuwachs an Wissen schnellt die Kurve mit dem Lebensalter: das Unwissen wird unendlich. *Max Frisch*

Der Unwissende hat Mut, der Wissende hat Angst.
Alberto Moravia

Wissen ist jener kleine Teil der Unwissenheit, den wir geordnet und klassifiziert haben. *Ambrose Bierce*

➪ **Ignoranz, Ahnungslosigkeit**

Unzufriedenheit

Den Fortschritt verdanken die Menschen den Unzufriedenen. *Aldous Huxley*

Unzufriedenheit ist der erste Schritt in der Entwicklung von Menschen und Völkern. *Oscar Wilde*

Agitatoren sind Störenfriede, die eine zufriedene Bevölkerung zur Unzufriedenheit aufstacheln. Deshalb sind Agitatoren notwendig. *Oscar Wilde*

Aus dem Guten kommt das Bessere, aus dem Besseren das Beste und aus dem Besten die Unzufriedenheit.
Werner Mitsch

Wir denken selten an das, was wir haben, aber immer an das, was uns fehlt. *Arthur Schopenhauer*

Urgroßvater

Jede Generation lächelt über die Väter, lacht über die Großväter und bewundert die Urgroßväter.
William Somerset Maugham

➪ **Generation**

Urlaub

Urlaub ohne Unterlaß wäre ein gutes Training für den Aufenthalt in der Hölle. *George Bernard Shaw*

Das beste, was man vom Reisen nach Hause bringt, ist eine heile Haut. *Persisches Sprichwort*

Urlaub - das ist jene Zeit, in der man zum Ausspannen eingespannt wird. *Hans Söhnker*

Urlaub ist der Versuch, dem Nachbarn zu entgehen, obwohl man ziemlich sicher sein kann, daß man ihn im Strandkorb nebenan trifft. *Jacques Tati*

Manche Menschen reisen hauptsächlich in den Urlaub, um Ansichtskarten zu kaufen, obwohl es doch vernünftiger wäre, sich diese Karten kommen zu lassen.
Robert Musil

Nur im Urlaub gibt es die ewige Liebe für vierzehn Tage. *Uschi Glas*

Schweiß ist Transpiration, die heute nur noch bei Urlaubsreisen und Freizeitbeschäftigungen auftritt.
Michael Schiff

Urlaub ist eine Mehrkampfdisziplin mit den Nachbarn.
Charles Aznavour

Flirten im Urlaub ist annähernd so ungefährlich wie Bergsteigen ohne Kletterschuhe und Seil.
Helmut Lohner

"Wir wollten während Ihres Urlaubes Ihre Arbeit übernehmen, aber wir konnten nicht herausfinden, was Sie eigentlich machen." *Unbekannt*

Wer das ganze Elend seiner Mitmenschen ermessen will, braucht sich nur ihre Vergnügungen anzusehen.
Thomas Stearns Eliot

Wenn die Zukunft den Voraussagen der Techniker folgt, wird sich die Mehrheit aller Menschen mit einem Problem auseinandersetzen müssen, das bisher nur die Aristokratie gekannt hat, nämlich mit einem Überangebot an Freizeit. *W. H. Auden*

Für die Zukunft der westlichen Wohlstandsgesellschaften gilt ein neues freizeitökonomisches Gesetz: der Erlebniskonsum wächst schneller als der Versorgungskonsum. *Horst W. Opaschowski*

Die Menschen wissen nicht mehr, was Muße ist, sie sind nur noch Freizeitverbraucher. *Vittorio de Sica*

Niemals bin ich weniger müßig als in meinen Mußestunden und niemals weniger einsam, als wenn ich allein bin. *Cicero*

Muße ist keine Erfindung für bessere Leute - sie ist leibliches, seelisches, geistiges Atemholen, ohne das kein menschliches Wesen auf die Dauer leben kann, am wenigsten der unentwegt arbeitende Mensch unseres Zeitalters. *Rudolf Hagelstange*

Muße ist die Kunst, wirklich nichts zu tun, wenn man nichts tut. *Anton Schnack*

Wer dauernd unter Strom steht, der blockiert seine Fähigkeiten, auf neue Ideen zu kommen.
Matthias Heister

Die gedankliche Freiheit ist die Voraussetzung dafür, um wirklich Neues zu schaffen. *Ida Fleiß*

Es gibt Millionen von Menschen, die sich nach Unsterblichkeit sehnen die aber nicht wissen, was sie an einem verregneten Sonntagnachmittag anfangen sollen
Maurice Chevalier

➪ **Ferien, Freizeit, Muße, Ruhe, Tourismus**

Ursache

Wenn ein Arzt hinter dem Sarg seines Patienten geht, so folgt manchmal tatsächlich die Ursache der Wirkung. *Robert Koch*

Urteil

O großer Geist, hilf mir, nie über einen anderen Menschen zu urteilen, bevor ich nicht zwei Wochen lang in seinen Mokassins gelaufen bin. *"Lachender Fuchs"*

Um über andere zu urteilen und sie zu verurteilen, mußt du ein Heiliger sein. *Ukraine*

Der eigene Vorteil verfälscht das Urteil vollständig.
Arthur Schopenhauer

Viele Urteile sind Vorurteile. Es sollte immer die Chance der zweiten Instanz geben. *Franz Luwein*

Je reicher man an Urteilen ist, desto ärmer wird man an Vorurteilen. *Henry Miller*

Vorurteil! Das Wort ist nicht übel, wollte nur das Urteil nachkommen. *Peter Hille*

Ein Urteil läßt sich widerlegen, aber niemals ein Vorurteil. *Marie von Ebner-Eschenbach*

Das Urteil der Menge mache dich immer nachdenklich, aber niemals verzagt. *Platen*

Das Urteil, das man über die Dinge fällt, ändert sich je nach der Zeit, die man noch zu leben hat - die man glaubt noch zu leben zu haben. *Andre Gide*

Man urteilt über andere nicht so falsch wie über sich selbst. *Vauvenargues*

➪ **Meinung, Vorurteil, Überzeugung, Recht**

Urteilskraft

Ein Mann ohne Urteilskraft mag bis zur Spitze aufsteigen, aber er wird sich dort nicht sehr lange halten.
Clement Richard Attlee

➪ **Einsicht, Klugheit, Weisheit**

Utopie

Heute ist die Utopie vom Vormittag die Wirklichkeit vom Nachmittag. *Truman Capote*

Wir brauchen die Utopie. Ohne Utopien würde sich die Welt nicht ändern. *Thornton Wilder*

Mensch sein heißt Utopien haben. *Paul Tillich*

Ohne Utopie leben nur die Tiere. *Max Frisch*

Ein guter Vorsatz ist eine private Utopie.
Bernhard Wicki

Eine Utopie ist eine Mesalliance zwischen Hoffnung und Phantasie. *Jean Cotelli*

In Zukunft wird sich die Utopie beeilen müssen, wenn sie die Realität einholen will. *Wernher von Braun*

Jede neue Idee wird als Utopie verlacht, bis sie Wirklichkeit geworden ist. *Robert Goddard*

Nichts sieht hinterher so einfach aus wie eine verwirklichte Utopie. *Wernher von Braun*

Man muß an Utopien glauben, um sie verwirklichen zu können. *Jean Jacques Servan-Schreiber*

Utopien sind heutzutage geplante Wunder.
Halldor Laxness

Unter Utopie versteht man heute eine realisierbare Unmöglichkeit. *Hans Clarin*

Was man heute als Sciencefiction beginnt, wird man morgen vielleicht als Reportage zu Ende schreiben müssen. *Norman Mailer*

Es ist ein bedrohliches Zeichen, daß alle Utopien der jüngeren Zeit pessimistisch sind. *Carlo Schmid*

Heutzutage ist kaum etwas realistischer als Utopien.
Thornton Wilder

➪ **Ideale, Unmöglich, Vision, Wunder**

Jede Generation
lächelt über die Väter,
lacht über die Großväter,
und bewundert
die Urgroßväter.

WILLIAM SOMERSET MAUGHAM

V

Vater

Das Vertrauen junger Menschen erwirbt man am sichersten dadurch, daß man nicht ihr Vater ist.
Henry de Montherlant

Das schlimmste Mißgeschick für einen gewöhnlichen Menschen besteht darin, einen außergewöhnlichen Vater zu haben. *Austin O'Malley*

Der Wunsch nach dem Sohn ist der Vater vieler Töchter. *Karl Schiller*

Das Kind hat den Verstand meistens vom Vater, weil die Mutter ihren noch besitzt. *Adele Sandrock*

Ich hatte immer Angst, wie mein Vater zu werden. Jetzt bin ich's, und es ist gar nicht so schlimm.
Manfred Krug

Als Sohn eines berühmten Vaters hat man erst dann wirklich Karriere gemacht, wenn die Leute den Vater fragen, wie es dem Sohn geht. *Hans Haß*

Jede Generation lächelt über die Väter, lacht über die Großväter und bewundert die Urgroßväter.
William Somerset Maugham

Jede Mutter hofft, daß ihre Tochter einen besseren Mann bekommt als sie selber, und ist überzeugt, daß ihr Sohn niemals eine so gute Frau bekommen wird wie sein Vater. *Martin Andersen-Nexo*

Für die Schuld der Väter werden oft erst die Söhne ausgezeichnet. *Stanislaw Jerzy Lec*

➪ **Generation, Eltern, Erziehen**

Vaterland

Frag nicht, was dein Vaterland für dich tun kann; frag, was du für dein Vaterland tun kannst.
John F. Kennedy

Das eigene Vaterland lieben kann nur einer, der auch die Vaterländer der anderen liebt. *Alessandro Pertini*

Man soll das Vaterland nicht mehr lieben als einen Menschen. *Friedrich Dürrenmatt*

Vaterland nennt sich der Staat immer dann, wenn er sich anschickt, auf Menschenmord auszugehen.
Friedrich Dürrenmatt

Ehe du für dein Vaterland sterben willst, sieh's dir erst mal genauer an. *Arno Schmidt*

➪ **Heimat, Nationalismus, Patriotismus, Staat, Volk**

Vaterschaft

Vaterschaft ist ein Beruf, der einem auferlegt wird, ohne daß man gefragt wird, ob man sich auch dafür eignet. *Unbekannt*

➪ **Alimente, Unterhaltszahlung**

Vatikan

Unter Engeln ist der Vatikan als eine Art Las Vegas beliebt. *Jürg Federspiel*

➪ **Kirche**

Vegetarier

Mit Vegetariern muß man diskutieren, sobald sie eine Wurstfabrik geerbt haben. *Danny Kaye*

Seltsam: Auch die größten Vegetarier beißen nicht gern ins Gras. *Joachim Ringelnatz*

Pazifisten sind wie Schafe; sie glauben, der Wolf sei Vegetarier. *Yves Montand*

Vegetarier: ein Mensch, der es ablehnt, Tiere zu schlachten - und ihnen dafür das Futter wegißt.
Unbekannt

Reden auf Vegetarier-Banketten sind erfreulich kurz, weil man Angst hat, daß sonst das Essen verwelkt.
Mario Adorf

➪ **Essen**

Verachtung

Höflichkeit ist die sicherste Form der Verachtung. *Heinrich Böll*

Verachtung ist ein gefahrloser Ersatz für Ohrfeigen, die man nicht anbringt. *Unbekannt*

Verachtung ist das Gefühl eines vorsichtigen Mannes für einen Feind, der zu mächtig ist, um ihn gefahrlos zu bekämpfen. *Ambrose Bierce*

Schweigen ist der vollkommenste Ausdruck der Verachtung. *George Bernard Shaw*

Verallgemeinerung

Verallgemeinerung ist die Philosophie der Primitiven. *Unbekannt*

Verallgemeinerungen sind Lügen. *Gerhart Hauptmann*

Veränderung

Ihr müßt die Menschen lieben, wenn ihr sie verändern wollt. *Johann Heinrich Pestalozzi*

Das Alte stürzt, es ändert sich die Zeit, und neues Leben blüht aus den Ruinen. *Schiller*

Die besten Reformer, die die Welt je gesehen hat, sind die, die bei sich selbst anfangen. *George Bernard Shaw*

Unsere Wirtschaftsgeschichte ist voll von Beispielen über Firmen, die es versäumten, sich einer sich ändernden Welt rechtzeitig anzupassen, und sich dadurch auf dem weiten Friedhof untergegangener Firmen ihren eigenen Grabstein setzten. *Walter B. Wriston*

Alles Leben steht unter dem Paradox, daß, wenn es beim alten bleiben soll, es nicht beim alten bleiben darf. *Franz von Baader*

Man weiß nie, was daraus wird, wenn die Dinge verändert werden. Aber weiß man denn, was draus wird, wenn sie nicht verändert werden? *Elias Canetti*

Wir können gegen die Veränderung leben, bis unsere Kräfte erlahmen. Wir können mit der Veränderung leben und uns von ihr treiben lassen. Wir können aber auch durch die Veränderung leben und ihre Energie auf unsere Segel lenken. *Gerhard Reichel*

Dies ist die riesige moderne Irrlehre: die Menschenseele zu ändern, um sie den Verhältnissen anzupassen, anstatt die Verhältnisse zu ändern, um sie der Menschenseele anzupassen. *Gilbert K. Chesterton*

Die konstruktive Veränderung ist der Lebensquell des erfolgreichen Unternehmens. *Matthias Scharlach*

Leben heißt, sich ändern. Und der erreichbaren Perfektion nahe zu sein, heißt, sich oft geändert zu haben. *John Henry Newman*

Sei immer du selbst und ändere dich täglich. Denn nur wer sich selbst verändert, bleibt sich selber treu. *Gerhard Reichel*

Wer will, daß die Welt so bleibt, wie sie ist, der will nicht, daß sie bleibt. *Erich Fried*

Wer sich nicht bewegt, der bewegt nichts. *Friedrich Georg Jünger*

Ich kann freilich nicht sagen, ob es besser wird, wenn es anders wird; aber soviel kann ich sagen, es muß anders werden, wenn es gut werden soll. *Georg Christoph Lichtenberg*

Es hat zu allen Zeiten mehr Weltveränderer gegeben als Weltverbesserer. *Werner Mitsch*

Den Fortschritt verdanken wir den Nörglern. Zufriedene Menschen wünschen keine Veränderung. *Herbert George Wells*

Werte kann man nur durch Veränderung bewahren. *Richard Löwenthal*

Bedenke: Alles verändert sich jeden Tag ein bißchen - auch du. *Matthias Scharlach*

Der Genuß am Wandel ist der Seismograph für die Firmenkultur. *Matthias Scharlach*

➪ **Ändern, Besserung, Wandel, Verbessern, Fortschritt**

Verantwortung

Eine demokratische Gesellschaft ist um so stärker, je mehr Menschen es gibt, die ein hohes Maß an Selbstverantwortung tragen. Keine andere Gruppe übernimmt eine so große Eigenverantwortung wie Existenzgründer. Denn wenn ihr Unternehmen scheitert, fängt kein soziales Netz sie auf. *Eberhard Hamer*

Die Scheu vor Verantwortung ist eine Krankheit unserer Zeit. *Bismarck*

Verantwortung ist die Primzahl der oberen Etagen. Sie läßt sich nicht teilen. *Unbekannt*

Wenn man nichts tut, glaubt man, daß man für alles die Verantwortung trägt. *Jean-Paul Sartre*

Wer ein Wettrennen verlieren kann, ohne andere dafür verantwortlich zu machen, hat sehr gute Chancen, auf seinem weiteren Lebensweg erfolgreich zu sein.
Napoleon Hill

Freiheit bedeutet Verantwortung. Deshalb wird sie von den meisten Menschen gefürchtet.
George Bernard Shaw

Macht ohne Verantwortung ist wie ein Feuer außer Kontrolle. *Ernst R. Hauschka*

Als menschliche Wesen sind wir ausgestattet mit der Freiheit der Wahl, und wir können unsere Verantwortung nicht auf Gott oder die Natur abschieben. Wir müssen sie selbst auf uns nehmen. *Arnold J. Toynbee*

Sorgt doch, daß ihr, die Welt verlassend, nicht nur gut wart, sondern verlaßt eine gute Welt! *Bertolt Brecht*

Der Preis der Größe heißt Verantwortung.
Winston Churchill

Das Kernstück der Persönlichkeitsbildung ist die Erziehung des Sinnes für Verantwortung. *Emil Oesch*

Unser Ziel ist es, die Menschen selbständig und eigenverantwortlich für ihr Leben zu machen. Deshalb geben wir ihnen keine Fische zum Essen, sondern eine Angel und eine Leine. *Bhumipol*

Der einzelne kann vor der Verantwortung ins private Glück fliehen. Ein Volk kann es nicht. *S. Tyndall*

➪ **Schuld**

Verbessern

Auch Gott lernt dazu. Man merkt das an den Verbesserungen bei der Erschaffung der Frau gegenüber der des Mannes. *Zsa Zsa Gabor*

Bevor du daran gehst, die Welt zu verbessern, geh dreimal durch das eigene Haus. *Chin. Sprichwort*

Wenn es einen Weg gibt, etwas besser zu machen, finde ihn. *Thomas Alpha Edison*

➪ **Besserung, Fortschritt, Wandel**

Verbote

Bittere Wahrheit: Mittlerweile ist Deutschland das am härtesten reglementierte Land mit festgezurrten Vorschriften und Verboten. *Roland Tichy*

Ein Verbot ist eine raffinierte Methode, Lust an Belustigungen zu wecken, zu denen kein Mensch Lust hätte, wenn sie nicht verboten wären. *Unbekannt*

Das Gefährliche an den Verboten: daß man sich auf sie verläßt, daß man nicht darüber nachdenkt, wann sie zu ändern wären. *Elias Canetti*

Verbotenes bekämpft man am besten, indem man es erlaubt. *John B. Priestley*

➪ **Befehl, Gesetz, Strafe, Vorschrift, Tabu**

Verbraucher

Der klassische Einzelhandel gerät immer mehr unter den Druck der Fachmärkte. Diese Vertriebsform - gekennzeichnet durch breites und gleichzeitig tiefes Sortiment, mittlere bis hohe Produktqualität, günstige Preise, gute Erreichbarkeit per Auto - entspricht zunehmend den Bedürfnissen der Verbraucher.
Stefanie Vahlbruch

➪ **Marktwirtschaft**

Verbrechen

Bücherschreiben ist das einzige Verbrechen, bei dem sich der Täter bemüht, Spuren zu hinterlassen.
Gabriel Laub

Wer kein Verbrechen begeht, ist für die Gerechtigkeit uninteressant. *Stanislaw Jerzy Lec*

Jedes Verbrechen hat zwei Grundlagen: die biologische Veranlagung eines Menschen und das soziale Milieu, in dem er lebt. *Kurt Tucholsky*

Wer die Wahrheit nicht weiß, der ist bloß ein Dummkopf. Aber wer sie weiß und sie eine Lüge nennt, der ist ein Verbrecher. *Bertolt Brecht*

Verbündete

Verbündete sind Freunde, die sich erst dann aus dem Staube machen, wenn man sie braucht.
Charles Maurice Talleyrand

➪ **Koalition, Freunde, Nutzen bieten, Team**

Verdienen

Tun Sie gelegentlich etwas, womit Sie weniger oder gar nichts verdienen. Es zahlt sich aus.
Oliver Hassencamp

Niemals zuvor hat es in der Geschichte der Menschheit so viele Möglichkeiten wie heute für den gegeben, der bereit ist zu dienen, bevor er versucht zu verdienen.
Napoleon Hill

➪ **Dienen, Erfolg, Geld, Karriere, Profit**

Verdruß

Wenn ein Mann nicht gar zuviel Verdruß hat, ist er bereits glücklich. *Henry de Montherlant*

Verdunkelung

Verdunkelung ist ein wunderbares Mittel gegen Geschwätzigkeit. Es wirkt bei Papageien; man sollte es auch bei Menschen anwenden. *Louis de Funes*

Vereine

Nur in freiwilligen Vereinigungen ist der Mensch schön. *Oscar Wilde*

Vereine fördern die Bestrebungen ihrer Mitglieder und stören die der anderen. *Robert Musil*

Man muß spätestens aus einem Verein austreten, wenn man Vorsitzender wird. *Ernst Jünger*

Ich würde niemals einem Verein beitreten, der mich als Mitglied aufnähme. *Groucho Marx*

Wie entsteht ein Vereinsvorstand? 30 Desinteressierte wählen 5 Unfähige mit dem Auftrag, Überflüssiges zu tun. *Unbekannt*

Ein Verein ist eine Vereinigung von Personen, die entweder gemeinsam Krach machen oder untereinander Krach haben. *Gerhard Uhlenbruck*

Vereinfachen

Manche Menschen benützen ihre Intelligenz zum Vereinfachen, manche zum Komplizieren. *Erich Kästner*

Nichts ist schwerer, als bedeutende Gedanken so auszudrücken, daß sie jeder verstehen muß. *Arthur Schopenhauer*

Politik machen bedeutet, einen simplen Tatbestand so zu komplizieren, daß alle nach einem neuen Vereinfacher rufen. *Giovanni Guareschi*

Es ist ein Beweis hoher Bildung, die größten Dinge auf einfachste Art zu sagen. *Ralph Waldo Emerson*

Unser Leben wird mit Details vertan . . . Vereinfache, vereinfache. *Henry David Thoreau*

Keep it simple and stupid. *Unbekannt*

Vererbung

Eltern begabter Kinder glauben unerschütterlich an Vererbung. *Joachim Fuchsberger*

Vererbung ist das, woran man glaubt, wenn man ein intelligentes Kind hat. *Unbekannt*

Vererbung ist eine Gesetzmäßigkeit der Natur, die dafür sorgt, daß unerwünschte Eigenschaften der Kinder immer vom anderen Elternteil stammen. *Unbekannt*

Vererbung ist eine biologische Tatsache, die du anerkennst, wenn deine Kinder lauter Einsen aus der Schule mit nach Hause bringen. *Unbekannt*

➪ **Begabung, Talent**

Verfassung

Die Verfassung muß elastisch sein - lieber aus Gummi als aus Eisen. *Charles de Gaulle*

Wir haben eine gute Verfassung - aber sind wir auch in guter Verfassung? *Richard von Weizsäcker*

Das Recht auf Dummheit wird von der Verfassung geschützt. Es gehört zur Garantie der freien Persönlichkeitsentfaltung. *Mark Twain*

In der Verfassung eines idealen Staates sollte an erster Stelle das Recht stehen, alle, die uns lästig werden, auszumerzen. *Emile M. Cioran*

➪ **Staat**

Verführer

Alle großen Verführer wissen, daß man Frauen erst die Augen öffnen muß, damit sie sie schließen können. *Henry Miller*

Wenn Verführer wüßten, wie oft sie selbst die Verführten sind, wären sie sehr kleinlaut. *Jeanne Moreau*

Das Geheimnis des Agitators ist, sich so dumm zu machen, wie seine Zuhörer sind, damit sie glauben, sie seien so gescheit wie er. *Karl Kraus*

Agitation läßt Herzen höher schlagen und macht Gehirne gähnen. *Karl Kraus*

Ein Verführer ist ein Mann, der Frauen wie Bücher liest: keine ganz zu Ende. *Henry Miller*

Alle großen Verführer beherrschen die Kunst, einer Frau beim Fallen so behilflich zu sein, daß sie sich nicht wehtut. *Michel Simon*

➪ **Playboy**

Vergangenheit

Wer die Vergangenheit verleugnen will, der fühlt sich ihr entweder nicht gewachsen oder aber von ihr verfolgt. *Otto Heuschele*

Erzähle mir die Vergangenheit, und ich werde die Zukunft erkennen. *Konfuzius*

Die Vergangenheit ist das einzige Rüstzeug, das uns die Mittel liefert, unsere Zukunft zu gestalten.
Ortega y Gasset

Alles geht vorüber. Nur die Vergangenheit nicht.
Werner Mitsch

Wer vor der Vergangenheit die Augen verschließt, wird blind für die Gegenwart.
Richard von Weizsäcker

Das, was war, wirkt auf uns allemal tiefer als das, was ist. *Egon Friedell*

Man kann die Vergangenheit nicht löschen wie ein Tonband; sie lebt mit uns. *Francois Mauriac*

Das Vergangene ist nie tot. Es ist nicht einmal vergangen. *William Faulkner*

Die Vergangenheit muß reden, und wir müssen zuhören. Vorher werden wir und sie keine Ruhe finden.
Erich Kästner

Die Vergangenheit kann uns nicht sagen, was wir tun, wohl aber, was wir lassen müssen.
Jose Ortega y Gasset

Wer die Vergangenheit nicht versteht, versteht nichts wirklich. *Stefan Zweig*

Wer sich an die Vergangenheit nicht erinnern kann, ist dazu verdammt, sie zu wiederholen.
George Santayana

Der Unterschied zwischen Gott und den Historikern besteht hauptsächlich darin, daß Gott die Vergangenheit nicht ändern kann. *Samuel Butler*

Der einzige Unterschied zwischen dem Heiligen und dem Sünder ist, daß jeder Heilige eine Vergangenheit und jeder Sünder eine Zukunft hat. *Oscar Wilde*

Alt ist man dann, wenn man an der Vergangenheit mehr Freude hat als an der Zukunft. *John Knittel*

Eine Nation muß scheitern, wenn sie ihre Zukunft in der Vergangenheit sieht. *Walther Leisler Kiep*

Das Gedächtnis des Menschen ist das Vermögen, die Vergangenheit den Bedürfnissen der Gegenwart entsprechend umzudeuten. *George Santayana*

Die Vergangenheit ändert sich dauernd. Die Leute erinnern sich an nichts, und wenn sie es doch mal tun, dann verliert man eben ein paar Dokumente.
Arthur Miller

Wer die Vergangenheit nicht kennt, wird die Zukunft nicht in den Griff bekommen. *Golo Mann*

Die Tür zur Vergangenheit ist ohne Knarren nicht zu öffnen. *Alberto Moravia*

Man wendet sich zur Vergangenheit zurück - und schon springt sie einen an. *Jacques Prevert*

Die Vergangenheit ist ein Sprungbrett, kein Sofa.
Harold Macmillan

Wer in der Zukunft lesen will, muß in der Vergangenheit blättern. *Andre Malraux*

Ein Blick in die Vergangenheit hat nur Sinn, wenn er der Zukunft dient. *Konrad Adenauer*

Die Vergangenheit ist der Teil unseres Lebens, der immer größer und schöner wird. *Unbekannt*

Frauen mit Vergangenheit und Männer mit Zukunft ergeben eine fast ideale Mischung. *Oscar Wilde*

Sich seiner Vergangenheit bewußt zu sein heißt Zukunft haben. *Hans Lohberger*

➪ **Geschichte, Zukunft**

Vergebung

Vergebung ist ein taktischer Zug der dazu dient, einen Finsterling einzulullen, um ihn beim nächsten Mal in flagranti zu ertappen. *Ambrose Bierce*

Vergeben und vergessen heißt kostbare Erfahrungen zum Fenster hinaus werfen. *Arthur Schopenhauer*

➪ **Amnestie, Verzeihen, Vergessen**

Vergessen

Eine Frau wundert sich oft, was ein Mann so alles vergißt - ein Mann staunt, woran sich eine Frau so alles erinnert. *Mark Twain*

Erst wenn man einen Menschen vergessen hat, ist er richtig tot. *Werner Mitsch*

Drei Dinge kann ich mir nicht merken: Das eine sind Namen, das andere sind Zahlen, und das dritte hab' ich vergessen. *Curt Goetz*

Vergeben und vergessen heißt gemachte kostbare Erfahrungen zum Fenster hinauswerfen.
Arthur Schopenhauer

Das Vergessen kann eine große produktive Tat sein.
Hans Arndt

Vergessen können ist das Geheimnis ewiger Jugend. Wir werden alt durch Erinnerung.
Erich Maria Remarque

Zum Weiterleben ist Vergeßlichkeit nötig.
Friedrich Sieburg

Zweitausend Jahre lang haben sich die Juden der Welt gesagt: "Vergeßt Jerusalem nicht!" Dieser Gedanke ist es, der sie trotz aller Widerstände und aller Tragödien hat überleben lassen. Für jeden von uns muß es in Zukunft heißen: "Vergeßt Berlin nicht!" *Axel Springer*

Jemanden vergessen wollen heißt an ihn denken.
Jean de La Bruyere

Vergeßlichkeit ist eine Alterserscheinung, die sich mit Hilfe von Sigmund Freud in eine Jugendsünde verwandeln läßt. *Unbekannt*

Vergessen ist Gnade und Gefahr zugleich.
Theodor Heuss

➪ **Erinnerung, Gedächtnis, Verzeihen**

Vereinte Nationen

Die Vereinten Nationen sind ein Forum, auf dem ein Zwergpinscher jederzeit einen Elefanten anpinkeln kann. *Joao Filhes*

Vergnügen

Vergnügen kann ein Fließbanderzeugnis sein. Glück niemals. *John Steinbeck*

Im Leben hat man meistens zwischen dem guten Ruf und dem Vergnügen zu wählen. Und man erkennt, daß der gute Ruf kein Vergnügen ist. *Michael Groß*

Man sollte nur für das Vergnügen leben, denn nichts geht so schnell vorüber. *Oscar Wilde*

Das Gewissen ist jene innere Stimme, die uns zwar nicht abhält, etwas zu tun, aber das Vergnügen erheblich stört. *Marcel Achard*

Vergnügt sein geht über reich sein.
Schweizer Sprichwort

Der Unterschied zwischen Vergnügen und Glück ist derselbe wie zwischen einem Kahn und einem Ozeandampfer. Auf den Tiefgang kommt es an.
Ewald Balser

Der Unterschied zwischen Glück und Vergnügen besteht darin, daß man sich das Vergnügen selber wählen kann. *Gustav Knuth*

Moralisten sind Leute, die sich jedes Vergnügen versagen, außer jenem, sich in das Vergnügen anderer Leute einzumischen. *Bertrand Russell*

Wer das ganze Elend seiner Mitmenschen ermessen will, braucht sich nur ihre Vergnügungen anzusehen.
Thomas Stearns Eliot

Laster sind die Vergnügungen, zu denen es uns an dem nötigen Mut fehlt. *Graham Greene*

Wer die Gesetze nicht kennt, bringt sich um das Vergnügen, gegen sie zu verstoßen. *Jean Genet*

Wo es eheliche Pflichten gibt, gibt es außereheliches Vergnügen. *Henry Miller*

Manches Vergnügen besteht darin, daß man mit Vergnügen darauf verzichtet. *Peter Rosegger*

Mit dem Vergnügen ist es wie mit der Lebensversicherung: je älter man wird, desto mehr kostet es.
Frank Sinatra

Vergnügen kann man kaufen, Glück nicht.
Matthias Wiemann

➪ **Unterhaltung**

Verhandeln

Gute Verhandlungstaktik besteht darin, die Antworten zu provozieren, die man haben will. *Hans Habe*

Das Bedürfnis, recht zu haben, ist das Kennzeichen eines gewöhnlichen Geistes. *Albert Camus*

Man sollte die Wahrheit dem anderen wie einen Mantel hinhalten, daß er hineinschlüpfen kann - nicht wie ein nasses Tuch um den Kopf schlagen. *Max Frisch*

Der erfolgreichste Gesprächspartner ist der, der die größte Zahl von Worten unausgesprochen läßt.
Unbekannt

Wenn wir mit einem Brett vor dem Kopf aufeinander losgehen, gibt es ein klapperndes Geräusch, aber keinen Dialog. *Helmut Kohl*

Kraftausdrücke und Superlative sind das Eingeständnis des Bankrotts an Worten. *Unbekannt*

Zwischen Entweder und Oder führt noch manches Sträßlein. *Josef Victor von Scheffel*

Es ist nicht sehr menschenfreundlich, wenn man von einem Gegner das Schlimmste erwartet, aber es ist selten falsch. *Talleyrand*

Ich glaube, daß niemand etwas für uns tut, der nicht zugleich sein Interesse dabei findet. *Otto von Bismarck*

Geld ist ein Argument. Und oft nicht einmal das schlechteste. *Werner Mitsch*

Wenn der eine nicht will, können zwei nicht miteinander streiten. *Spanisches Sprichwort*

Wer den Gegner matt setzen will, darf selbst nicht im Schach stehen. *Josef H. Titz*

Verhandeln ist nicht die schlechteste Form des Handelns. *William Rogers*

Das Wissen um den richtigen Zeitpunkt ist der halbe Erfolg. *Couve de Murville*

Am besten überzeugt man andere mit den Ohren - indem man ihnen zuhört. *Dean Rusk*

Das Kunststück ist nicht, daß man mit dem Kopf durch die Wand rennt, sondern daß man mit den Augen die Tür findet. *Georg von Siemens*

Einen Gegner, den man nicht besiegen kann, muß man als Verbündeten gewinnen. *Unbekannt*

Mit einer geballten Faust kann man keinen Händedruck wechseln. *Indira Gandhi*

Mit Aufrichtigkeit kann man bei diplomatischen Verhandlungen die verblüffendsten Wirkungen erzielen. *Andre Francois-Poncet*

Wer seine Gedanken nicht auf's Eis zu legen versteht, soll sich nicht in die Hitze des Streites begeben. *Friedrich Nietzsche*

Der Beste muß mitunter lügen, zuweilen tut er's mit Vergnügen. *Wilhelm Busch*

Man muß eine Schlacht oft mehr als einmal schlagen, um sie zu gewinnen. *Margaret Thatcher*

Die Hürde wird im Anlauf genommen - nicht unbedingt im ersten. *Emil Baschnonga*

➪ **Argument, Dialektik, Diskussion**

Verherrlichung

Die Verherrlichung der Toten beruht unter anderem darauf, daß sie uns nicht mehr enttäuschen können. *Martin Kessel*

Verhindern

Es wird immer schwerer, etwas zu tun, und immer leichter, etwas zu verhindern. *Manfred Rommel*

Verirrung

Die sonderbarste aller sexuellen Verirrungen ist vielleicht die Enthaltsamkeit. *Remy de Courmont*

Verkaufen

Verkäuferschulung Mitte des 16. Jahrhunderts: Ist dir an einer Kundin was gelegen, so mache sie gesellig, sage, daß sie schönleibig sey und du Wohlgefallen an ihr findest, sie wird geblendet sain und kannst auf vortheilhaften Verkauff sicher sein, auch wenn die Weiber häßlich und narbig saint, thue ihnen schön, es bringt Nutz. *Unbekannt*

Schlanke Verkäuferinnen bringen um 20% mehr an den Mann als dicke. Diese Erkenntnis veranlaßte ein kanadisches Warenhaus zu hohen Prämien: 20 Dollar für die ersten fünf Kilo weniger, 21/2 Dollar für jedes weitere Kilo. *Unbekannt*

Erfolgreiche Verkäufer haben drei Eigenschaften gemeinsam: sie arbeiten schwerer als andere, sie arbeiten länger als andere, und sie besitzen die Fähigkeit, sich in ihre Kunden hineinzudenken. *Marshall Wolper*

Verkaufen ist nichts anderes, als dem Partner erlauben, meine Meinung zu seiner eigenen zu machen. *Franz Luwein*

Menschenkenner haben immer gewußt, daß man den Leuten eine teure Sache leichter verkaufen kann als eine billige. *William Somerset Maugham*

Wer nicht ständig mit seinen Kunden im Gespräch bleibt, wird bald nichts mehr zu sagen haben. *Matthias Scharlach*

Drei Sätze sollte jeder Verkäufer aus seinem Wortschatz streichen:
1. das kann ich nicht,
2. das geht nicht,
3. das haben wir nicht. *Gerhard Reichel*

Versuche nicht das zu verkaufen, was Du hast... sondern habe, was die Kunden benötigen und schätzen. *Gerhard Reichel*

Da die Kundenzufriedenheit erste Priorität hat, bedarf es eines ständigen Dialogs mit den Kunden über deren gegenwärtige und zukünftige Anforderung - und einer regelmäßigen Überprüfung der Kundenzufriedenheit. *IBM-Nachrichten 1991*

Liebe Angestellte, wir wollen auch heute die Kunden gut bedienen, uns für die Fehler entschuldigen und unser Haus sauber halten. Bitte sammeln Sie Weggeworfenes sofort wieder auf und vergessen Sie nie: Es ist der Kunde, dem wir unsere Arbeit verdanken.
Allmorgendliche Lautsprecherstimme in Tokyos größtem und elegantestem Kaufhaus MITSUKOSHI

Alles wird teurer, nur die Ausreden werden immer billiger. *Rudolf Bernhard*

Ich lebe nach der goldenen Regel: Wer das Gold hat, macht die Regel. *Unbekannt*

Wenn man nur das verkaufen würde, was Menschen wirklich brauchen, wären wir wieder bei der Naturalwirtschaft. *Matthias Scharlach*

Niemals einen Kunden nur deshalb ignorieren, weil er schmutzige Fingernägel hat. Vielleicht sind sie schmutzig, weil er sein Geld irgendwo im Hinterhof verscharrte.
Rat eines Jachtverkäufers an seine Angestellten, Wall Street Journal

Woran erkennt man einen Außendienstmitarbeiter? Im Portemonnaie sind nur Belege. *Unbekannt*

Lege das Ruder erst aus der Hand, wenn das Boot an Land ist. *Aus Gabun*

Gute Verkäufer wissen, daß sie nicht alles wissen: sie lassen den Kunden wissen, daß er etwas weiß.
Unbekannt

Ein guter Verkäufer bringt den Einkäufer so weit, daß er ein schlechtes Gewissen hat, wenn er nichts kauft.
Unbekannt

Wenn du stark bist, dann beginne, wo du stark bist. Wenn nicht, beginne dort, wo du eine Niederlage am leichtesten verschmerzen kannst. *Machiavelli*

Billig kaufen, teuer verkaufen, rasch kassieren und spät zahlen. *Richard Levin*

Es gibt Leute, die bei einem Fünfzig-fünfzig-Vorschlag darauf bestehen, auch noch den Bindestrich zu kriegen. *Lawrence J. Peter*

Es ist unklug, zuviel zu bezahlen, aber es ist noch schlechter, zu wenig zu bezahlen. Wenn Sie zuviel bezahlen, verlieren Sie etwas Geld, das ist alles. Wenn Sie dagegen zu wenig bezahlen, verlieren Sie manchmal alles, da der gekaufte Gegenstand die ihm zugedachte Aufgabe nicht erfüllen kann. Das Gesetz der Wirtschaft verbietet es, für wenig Geld viel Wert zu erhalten. Nehmen Sie das niedrigste Angebot an, müssen Sie für das Risiko, das Sie eingehen, etwas hinzurechnen. Und wenn Sie das tun, dann haben Sie auch genug Geld, um für etwas Besseres zu bezahlen.
John Ruskin

Wenn Sie Ihre Partner nach den Kriterien des Preises aussuchen, schauen Sie durch die falsche Seite des Fernrohrs. Viel wichtiger als der Preis ist doch wohl das Preis-Leistungs-Verhältnis. *Unbekannt*

Wer nichts bietet, bietet billige Preise. *Unbekannt*

Nur der kann billiger sein, der weniger Leistung erbringt. *Unbekannt*

Was eine Sache wert ist und was man dafür bekommt, sind zwei sehr verschiedene Dinge. *Unbekannt*

Ein Geschäftsmann in den besten Jahren fährt mit seiner Frau nach Paris. Dort schleppt sie ihn von einem Couturier zum anderen, bis er endlich um einen Tag Pause bittet - und ihn auch bekommt. Während seine Frau wieder zum Einkaufen unterwegs ist, setzt er sich an die Bar des Ritz-Hotels und entdeckt bald eine reizende Pariserin. Alles läuft prima, bis die Rede auf das Geld kommt. Sie will 100 Dollar, er will nur 20 Dollar bezahlen. Sie können sich nicht über den Preis einig werden und so wird aus dem Schäferstündchen auch nichts. Abends geht er mit seiner Frau in ein teures Restaurant in der Rue de Rivoli und sieht plötzlich am Nebentisch sein Mädchen vom Nachmittag. "Voila, Monsieur", sagt sie mit einem zauberhaften Lächeln, "da sehen Sie, was Sie für 20 Dollar bekommen!"
Unbekannt

Es gibt kaum etwas auf dieser Welt, was nicht irgend jemand etwas schlechter machen und darum auch billiger verkaufen könnte. *John Ruskin*

➪ **Kundennähe, Marketing, Rabatt, Preis**

Verkehrsproblem

Das Verkehrsproblem zeigt uns, was wir für Schildbürger sind. *Wolfgang Eschker*

Die Verkehrspolitik hat dazu geführt, daß der Stau auf den Straßen so groß und das Defizit der Bahn so hoch ist wie noch nie, und das nennt man erfolgreiche Verkehrspolitik. *Hans A. Pestalozzi*

Verlangen

Die Schönheit einer Frau besteht in dem Grad des Verlangens, das sie bei einem Manne auslöst. *Italo Svevo*

Das Verlangen läßt alle Dinge blühen, der Besitz zieht alle Dinge in den Staub. *Marcel Proust*

➪ **Begehren, Sehnsucht**

Verleger

Ein Verleger ist ein Mann, der zu wenig investiert, zu wenig wirbt und zu viel verdient. *Robert Neumann*

Der Verleger schielt mit einem Auge nach dem Schriftsteller, mit dem andern nach dem Publikum. Aber das dritte Auge, das Auge der Weisheit, blickt unbeirrt ins Portemonnaie. *Alexander Döblin*

Ein Verleger trägt aufgrund übereinstimmender Aussagen von Autoren und Buchhändlern die alleinige Schuld am Mißerfolg eines Buches. *Hans Weigel*

➪ **Autor, Buchhändler, Bestseller, Bücher**

Verleumdung

Verleumdung ist wie die Wespe, die uns lästig umschwärmt. Man darf nicht nach ihr schlagen, wenn man sie nicht sicher tötet, sonst greift sie noch wütender an als zuvor. *Sebastien de Chamfort*

Verleumdung mußt du frech betreiben. Es wird schon etwas haften bleiben. *Karl Simrock*

Die Verleumdung, das freche Gespenst, setzt sich auf die edelsten Gräber. *Heinrich Heine*

Die Tochter des Neides ist die Verleumdung.
Casanova

Verleumdung ist ein Schuldspruch, der in Abwesenheit des Angeklagten hinter verschlossenen Türen, ohne Verteidigungs- und Berufungsrecht, von einem voreingenommenen Richter verkündet wird.
Joseph Roux

Sich von einem ungerechten Verdacht reinigen wollen ist entweder überflüssig oder vergeblich.
Marie von Ebner-Eschenbach

Wenn deine Gegenwart makellos ist, so untersucht man deine Vergangenheit.
Georg Christoph Lichtenberg

➪ **Nachrufe**

Verliebtheit

Verliebtheit ist eine psychische Angina, ein Zustand geistiger Verengung. *Jose Ortega y Gasset*

Verliebtheit ist eine Art Vorgeplänkel, eine Ouvertüre, nach der sich entscheidet, ob daraus ein Drama oder ein Lustspiel wird.
Hanna-Renate Laurin

Verlobung

Verlobung ist eine Art Ausnüchterungszelle für Berauschte. *Evelyn Waugh*

Die Würze einer langen Verlobungszeit liegt darin, daß die Bräute wechseln. *Alexander Roda Roda*

Verlobung ist das Versprechen, nicht auseinanderzugehen, solange man nicht zusammengekommen ist. *Karl Farkas*

Verlobung ist die bedingte Verurteilung zu lebenslänglicher Doppelhaft mit vorläufigem Strafaufschub. *August Strindberg*

➪ **Verliebtheit, Ehe, Heirat**

Verluste

Meistens belehrt uns erst der Verlust über den Wert der Dinge. *Arthur Schopenhauer*

Was du am meisten liebst, erkennst du beim Verlust.
Polnisches Sprichwort

Kein Weiser jammert um den Verlust, er sucht mit freud'gem Mut ihn zu ersetzen. *William Shakespeare*

Bei dem größten Verlust müssen wir sogleich umherschauen, was uns zu erhalten übrigbleibt.
Johann Wolfgang von Goethe

Was einem genommen wird, dem soll man nicht nachweinen, das ist verloren für immer. Nur was man gibt, bekommt man mitunter zurück.
Karl Heinrich Waggerl

Für alles, was du verloren, hast du etwas gewonnen; und für alles, was du gewinnst, verlierst du etwas.
Ralph Waldo Emerson

➪ **Abschied**

Vermögen

Die erste Generation schafft Vermögen, die zweite verwaltet Vermögen, die dritte studiert Kunstgeschichte und die vierte verkommt vollends.
Otto von Bismarck

➪ **Besitz, Reichtum, Geld**

Vermögenspolitik

Die Vermögenspolitik darf nicht dazu führen, daß die Gewinne sozialisiert und die Verluste privatisiert werden. *Kurt Biedenkopf*

Wie kommt man zu einem kleinen Vermögen? - Indem man ein großes Vermögen in einem sozialdemokratisch regierten Land anlegt. *FAZ*

Wissen Sie, wer unter den Sozialdemokraten zu einem kleinen Vermögen kommen kann? Wer vorher ein großes gehabt hat. *Rudi Arndt*

Wenn unsere Arbeitnehmer über das Gebrauchsvermögen hinaus wirklich kein Vermögen wollen, dann soll man sie nicht damit behelligen. Nach allem, was ich wahrzunehmen Gelegenheit hatte, ist unsere Arbeitnehmerschaft durchaus nicht so vermögensfeindlich, wie ihr nachgesagt wird. *von Nell-Breuning*

Schließlich sind die Milliardenbeträge, die in die Alters- und Krankenversorgung gehen, immer noch die wichtigste Vermögensbildung der Lohn- und Gehaltsempfänger. Sie werden es für alle Zukunft bleiben. *Hans-Dietrich Ortlieb*

➪ **Vermögen, Besitz**

Vernichtung

Bisher mußte der Mensch mit dem Gedanken an seinen sicheren persönlichen Tod leben. Jetzt hat er sich auch noch mit dem Gedanken an den möglichen Untergang der ganzen Menschheit abzufinden. *Arthur Koestler*

➪ **Tod, Sterben**

Vernunft

Ich weiß sehr wohl, daß Mehrheitsentscheidungen nicht immer und nicht überall Ausdruck höchster Vernunft sein müssen. Das Prinzip der Demokratie hat das nie behauptet. *Alfred Kubel*

Daß man Vernunft weder beleihen, borgen, horten, kaufen, messen, produzieren, stehlen noch tauschen kann, macht Vernunft zu einer ebenso unersetzlichen wie wertvollen Ware, an der die Erdmenschheit stündlich größeren Mangel leidet. *Kurt Wortig*

Der einzige Mensch, der sich vernünftig benimmt, ist mein Schneider; er nimmt jedesmal neu Maß, wenn er mich trifft, während alle anderen immer die alten Maßstäbe anlegen in der Meinung, sie paßten heute noch auf mich. *G. B. Shaw*

Die Vernunft spricht leise, deshalb wird sie so oft nicht gehört. *Jawaharlal Nehru*

Vernunft annehmen kann niemand, der nicht schon welche hat. *Marie von Ebner-Eschenbach*

Vernunft muß sich jeder selbst erwerben, nur die Dummheit pflanzt sich gratis fort. *Erich Kästner*

Vernunft ist manchmal nichts anderes als der Mut zur Feigheit. *George Bernard Shaw*

Kein Mann ist imstande, die weibliche Vernunft zu begreifen. Deshalb gilt sie als Unvernunft. *Eleonora Duse*

Die Raumfahrt ist ein Triumph des Verstandes, aber ein tragisches Versagen der Vernunft. *Max Born*

Der Glaube ist eine Art von sechstem Sinn, der wirksam wird, wenn die Vernunft versagt. *Mahatma Gandhi*

Politik ist der stets neu zu schaffende Kompromiß von Macht und Vernunft. *Carl Friedrich von Weizsäcker*

Wozu weibliche Unvernunft imstande ist, hat sich schon an der Idee erwiesen, sich von einer sprechenden Schlange Diätvorschriften geben zu lassen. *Orson Welles*

Wenn die Vernunft einschläft, kommen die Ungeheuer. *Francisco Goya*

Ob jemand weiß, ob jemand wohl erwägt, daß die Vernunft der Güter Höchstes ist? *Sophokles*

Wenn der Mensch soviel Vernunft hätte wie Verstand, wäre alles viel einfacher. *Linus Pauling*

Verstand sieht jeden Unsinn, Vernunft rät, manches davon zu übersehen. *Wieslaw Brudzinski*

Keine Begeisterung sollte größer sein als die nüchterne Leidenschaft zur praktischen Vernunft. *Helmut Schmidt*

➪ **Verstand, Denken, Gedanken, Rationalität**

Verpackung

Frauen unterwerfen sich willig der Mode, denn sie wissen, daß die Verpackung wechseln muß, wenn der Inhalt interessant bleiben soll. *Noel Coward*

Verrat

Tausend Feinde außerhalb des Hauses sind besser als einer drinnen. *Arabisches Sprichwort*

Verrückte

Der Unterschied zwischen mir und einem Verrückten besteht darin, daß ich nicht verrückt bin. *Salvador Dali*

An einem Verrückten erschrickt uns am meisten die vernünftige Art, auf die er sich unterhält. *Anatole France*

Es gibt kein großes Genie ohne einen Schuß Verrücktheit. *Aristoteles*

➪ **Genie**

Versager

Ein Versager ist ein Mensch, der Fehler gemacht hat und nicht fähig ist, Nutzen aus der Erfahrung zu ziehen. *Francis Ponge*

Die häufigsten Versager sind nicht die Nein-, sondern die Jasager. *Gerhard Uhlenbruck*

➪ **Fehler, Mißerfolg**

Verschwender

Geiz ist Grausamkeit gegen die Dürftigen, und die Verschwendung ist es nicht weniger.
Christian Fürchtegott Gellert

➪ **Luxus**

Verschwiegenheit

Verschwiegenheit ist eine Tugend, Schweigsamkeit kann eine sein, Verschweigen ist keine.
Wolf Dietrich Schnüre

➪ **Geheimnis, Schweigen, Diskretion**

Versicherung

Versicherung: ein geniales modernes Glücksspiel, bei dem sich der Spieler der angenehmen Überzeugung hingeben darf, den Mann, der die Bank hält, zu schlagen. *Ambrose Bierce*

Ein Versicherungsagent ist der einzige Mensch, der an einer Versicherung verdient, ohne daß er gleich stirbt oder abbrennt. *Unbekannt*

Versprechen

Es ist leichter, den Mund zu halten als ein Versprechen. *Gustav Knuth*

Wenn ein Mensch sein Versprechen wiederholt, ist er entschlossen, es zu brechen. *Max Halbe*

Die erste Liebe ist ein Versprechen, das andere halten werden. *Senta Berger*

Wer Kindern was verspricht, sei es ein Spiel, ein Geschenk oder sei es die Rute, der halte es wie einen Eid. *Peter Rosegger*

Hüte dich vor Leuten, die dir Versprechungen machen, ohne Gegenleistungen zu fordern.
Bernard Mannes Baruch

Verstand

Natürlicher Verstand kann fast jeden Grad von Bildung ersetzen, aber keine Bildung den natürlichen Verstand. *Arthur Schopenhauer*

Der gesunde Menschenverstand ist blind sowohl für das äußerste Böse, wie für das höchste Gute.
Karl Jaspers

Viele verlieren den Verstand nicht, weil sie keinen haben. *Schopenhauer*

Der Verstand und die Fähigkeit, ihn zu gebrauchen, sind zwei verschiedene Gaben. *Franz Grillparzer*

Das Kind hat den Verstand meistens vom Vater, weil die Mutter ihren noch besitzt. *Adele Sandrock*

Verstand ohne Gefühl ist unmenschlich, und Gefühl ohne Verstand ist Dummheit. *Egon Bahr*

Du hascht's gut, du bischt dumm, aber ich mit meine scharfe Verstand. *Alemannischer Spruch*

Überhaupt ist es geratener, seinen Verstand durch das, was man verschweigt, an den Tag zu legen, als durch das, was man sagt. *Arthur Schopenhauer*

Menschen mit wenig Verstand können nicht entschlossen sein. Sie können in schwierigen Fällen ohne Zaudern handeln, aber dann tun sie es ohne Überlegung. *Clausewitz*

Der Verstand kann uns sagen, was wir unterlassen sollen. Aber das Herz kann uns sagen, was wir tun müssen. *Joubert*

Nichts auf der Welt ist so gerecht verteilt wie der Verstand: jeder glaubt, genug bekommen zu haben.
Jacques Tati

Nur in einem Punkt sind alle Menschen zufrieden: ihr Verstand genügt ihnen, egal, wieviel sie davon haben.
Harold Pinter

Wer keinen Verstand besitzt, ist dennoch mit dem seinen zufrieden. *Afrikanisches Sprichwort*

Wo die Eitelkeit anfängt, hört der Verstand auf.
Marie von Ebner-Eschenbach

Verstand sieht jeden Unsinn, Vernunft rät, manches davon zu übersehen. *Wieslaw Brudzinski*

Der Verstand, der uns nicht hindert, hie und da eine großherzige Dummheit zu begehen, ist ein braver Verstand. *Marie von Ebner-Eschenbach*

Daß der Verstand erst mit den Jahren kommt, sieht man nicht eher ein, als bis der Verstand und die Jahre da sind. *Jean Paul*

Wer nur mit dem Verstand lebt, hat das Leben nicht verstanden! *Gerd Uhlenbruck*

Die Frauen sind darauf angewiesen, daß die Männer den Verstand verlieren. *Peter Bamm*

➪ **Denken, Vernunft, Rationalität**

Verständnis

Die Stimmen werden lauter, wenn das Verständnis abnimmt. *Friedrich Georg Jünger*

Verurteile keinen, ehe du in seiner Lage warst. *Talmud*

Die Ungebildeten haben das Unglück, das Schwere nicht zu verstehen, dagegen verstehen die Gebildeten häufig das Leichte nicht, was ein noch viel größeres Unglück ist. *Franz Grillparzer*

Nicht da ist man daheim, wo man seinen Wohnsitz hat, sondern wo man verstanden wird. *Christian Morgenstern*

Nur der Mensch, der sich verstanden fühlt, ist bereit, sich verstehen und führen zu lassen. *Emil Oesch*

Das Verständnis reicht oft viel weiter als der Verstand. *Marie von Ebner-Eschenbach*

Kontrahenten lassen sich leichter überzeugen, wenn man für ihren Standpunkt zumindest Verständnis zeigt. *Gerhard Reichel*

Es macht mehr Freude, Menschen zu verstehen, als sie zu richten. *Stefan Zweig*

Der Spott endet, wo das Verständnis beginnt. *Marie von Ebner-Eschenbach*

An dem Kummer eines Freundes teilzunehmen, ist leicht, aber es bleibt das Zeichen einer außergewöhnlichen Natur, sich an den Erfolgen des Freundes mitfreuen zu können. *Oscar Wilde*

Wenn es ein Geheimnis für den Erfolg gibt, so ist es dies: den Standpunkt des anderen verstehen und die Dinge mit seinen Augen sehen. *Henry Ford*

Wenn die Menschen nur über das sprächen, was sie begreifen, dann würde es sehr still auf der Welt sein. *Albert Einstein*

➪ **Einfühlungsvermögen**

Verstellung

Wir gewöhnen uns so sehr daran, uns vor den anderen zu verstellen, daß wir uns schließlich vor uns selbst verstellen. *Francois de la Rochefoucauld*

Selbsttäuschung, Maske, Täuschen

Versuchung

Niemals ist die Versuchung zu besonnenem Handeln größer als nach einer schmählichen, selbstverschuldeten Niederlage. *Jonathan Swift*

Eine Versuchung, der man sofort nachgibt, ist keine Versuchung mehr. Die richtige Versuchung kommt erst, wenn man sich eine Sache nochmals überlegt hat. *Peter Ustinov*

Frauen warten auf die Versuchung, Männer gehen ihr entgegen. *Catherine Spaak*

Versuchung ist ein Parfüm, das man so lange riecht, bis man die Flasche haben möchte. *Jean-Paul Belmondo*

Manch einer, der vor der Versuchung flieht, hofft doch heimlich, daß sie ihn einholt. *Giovanni Guareschi*

Versuchung im vorgerückten Alter ist wie ein Dudelsack ohne Luft. *John Barrymore*

Versuchungen bekämpft man am besten mit Geldmangel und Rheumatismus. *Joachim Ringelnatz*

Versuchungen sind wie Vagabunden: wenn man sie freundlich behandelt, kommen sie wieder und bringen andere mit. *Mark Twain*

Das sicherste Mittel gegen die Versuchung ist Feigheit. *Mark Twain*

Ich kann allem widerstehen, nur nicht der Versuchung. *Oscar Wilde*

Der einzige Weg, eine Versuchung loszuwerden, ist, ihr nachzugeben. *Oscar Wilde*

➪ **Gelegenheit**

Verträge

Wenn man einem Menschen trauen kann, erübrigt sich ein Vertrag. Wenn man ihm nicht trauen kann, ist ein Vertrag nutzlos. *Paul Getty*

Verträge sind ein Beispiel dafür, daß sich Menschen nicht trauen. *Unbekannt*

Verträge sind überflüssige Schriftstücke, die von Gutwilligen ohnehin und von Bösartigen doch nie eingehalten werden. *Ron Kritzfeld*

Vertrag: ein System, unter dem die Treuen immer gebunden, die Treulosen immer frei sind.
Lord Robert Gilbert Vantissart

Vertrag bricht allen Streit. *Rechtsgrundsatz*

Nützliche Unklarheit in den Staatsverträgen ist eine hohe Kunst. *Talleyrand*

Ich möchte feststellen: die besten Verträge sind die, die Auslegungsmöglichkeiten haben. *Egon Bahr*

Vertrauen

Autorität wie Vertrauen werden durch nichts mehr erschüttert als durch das Gefühl, ungerecht behandelt zu werden. *Theodor Storm*

Das Vertrauen ist die Schwester der Verantwortung.
Indochina

Zuviel Vertrauen ist häufig eine Dummheit, zuviel Mißtrauen ist immer ein Unglück. *Johann Nestroy*

Vertrauen ist das Gefühl, einem Menschen sogar dann glauben zu können, wenn man weiß, daß man an seiner Stelle lügen würde. *Henry Louis Mencken*

Das Vertrauen junger Menschen erwirbt man am sichersten dadurch, daß man nicht ihr Vater ist.
Henry de Montherlant

Wer die Dummköpfe gegen sich hat, verdient Vertrauen. *Jean-Paul Satre*

Kann man Vertrauen zu einer Frau haben, die einen selber zum Mann nimmt? *Curt Goetz*

Eltern haben Vertrauen zu ihrer Tochter und Vertrauen zum Freund ihrer Tochter, aber sie haben selten Vertrauen, wenn beide zusammen sind. *Peter Sellers*

Vertrauen ist gut, Kontrolle ist besser.
Wladimir lljitsch Lenin

Wenn man einmal das Vertrauen seiner Mitbürger verliert, kann man ihre Achtung und ihr Ansehen niemals wiedergewinnen. *Abraham Lincoln*

Wer aufrichtig ist, dem vertraut das Volk. *Konfuzius*

Wer nicht genügend vertraut, wird kein Vertrauen finden. *Laotse*

Menschen, die sich überall zu Hause fühlen, wenn sie verreisen, verdienen auch sonst nicht viel Vertrauen.
George Bernard Shaw

Ein Vertrauensvorschuß ist ein Kredit mit Maximalzins. *Ron Kritzfeld*

Vertrauen wird dadurch erschöpft, daß es in Anspruch genommen wird. *Bertolt Brecht*

Verurteilen

Verurteile niemand, bevor du in seiner Lage warst.
Talmud

Wer seinen nächsten verurteilt, der kann irren. Wer ihm verzeiht, der irrt nie. *Karl Heinrich Waggerl*

➪ **Kritik**

Vervollkommnung

Macht können wir durch Wissen erlangen, aber zur Vollendung gelangen wir nur durch die Liebe.
Rabindranath Tagore

Sobald jemand in einer Sache Meister geworden ist, sollte er in einer neuen Sache Schüler werden.
Gerhart Hauptmann

➪ **Meisterschaft, Perfektionismus, Vollkommenheit**

Verwaltung

Eine Verwaltung ist der einzige Organismus, der auf die Umweltvergiftung mit Wachstum reagiert.
Wolfram Weidner

➪ **Bürokratie**

Verwandte

Verwandte sind eine Gesellschaft von Leuten, die weder im geringsten ahnen, wie man leben soll, noch den Takt besitzen, im rechten Augenblick zu sterben.
Oscar Wilde

Seitdem es Flugzeuge gibt, sind die entfernten Verwandten auch nicht mehr, was sie einmal waren.
Helmut Qualtinger

Ich verabscheue meine Verwandten. Das kommt vermutlich daher, daß unsereins es nicht ausstehen kann, wenn andere Leute dieselben Fehler haben wie wir.
Oscar Wilde

Verwandte sind Menschen, die wir besuchen, sofern sie reich sind, und die uns besuchen, sofern sie arm sind. *Ambrose Bierce*

Verwunderung

Verwunderung ist unfreiwillig gespendetes Lob.
Edward Young

Verzeihen

Man sollte immer verzeihen: dem Reuigen um seinetwillen, dem Reuelosen um unsretwillen.
Marie von Ebner-Eschenbach

Verzeihen ist keine Narrheit, nur ein Narr kann nicht verzeihen. *Chinesisches Sprichwort*

Man verzeiht, solange man liebt.
Francois de la Rochefoucauld

Nie verzeiht dir eine Frau, daß sie dir etwas verzeihen muß. *Maria Schell*

➪ **Amnestie, Vergessen**

Verzichten

Wer glaubt, daß er auf alle Welt verzichten kann, täuscht sich; aber wer glaubt, daß man auf ihn nicht verzichten könnte, täuscht sich noch viel mehr.
Francois La Rochefoucauld

➪ **Abstinenz, Disziplin, Enthaltsamkeit**

Verzweiflung

Wenn Menschen verzweifelt sind, werden sie zur Durchsetzung ihrer Ziele verzweifelte Mittel anwenden. *Desmond Tutu*

➪ **Resignation**

Villenbesitzer

Zu den Villenbesitzern kommt die Wahrheit nicht mit den Gästen, sie kommt mit den Lieferanten.
Martin Kessel

Virus

Die Krankheit der Welt kann geheilt werden, wenn man den Virus, der sie krank macht und der in uns allen steckt, ausrottet: den Virus der Macht.
Carlo Schmid

Virus ist ein lateinisches Wort, das die Ärzte verwenden, wenn sie sagen wollen: "Ich weiß es auch nicht."
Bob Hope

Vision

Wenn das Leben keine Vision hat, nach der man strebt, nach der man sich sehnt, die man verwirklichen möchte, dann gibt es auch kein Motiv, sich anzustrengen. *Erich Fromm*

Meine Vision der Zukunft ist so genau, daß ich, falls ich Kinder hätte, sie sogleich erwürgen würde.
Emile M. Cioran

Der einzige wahre Realist ist der Visionär.
Federico Fellini

Ein Manager ohne Visionen im Bauch ist ein abgeschlaffter Manager. *Matthias Scharlach*

Um ein Geschäft erfolgreich zu führen, braucht ein Mann Imagination. Er muß die Dinge wie in einer Vision sehen, wie ein Traum des Ganzen.
Charles M. Schwab

Die einzigen Begrenzungen sind - wie immer - die Grenzen deiner Visionen. *James Broughton*

Eine Seele ohne Imagination ist wie ein Observatorium ohne Teleskop. *H. W. Beecher*

Alles, was ein Mensch sich vorstellen kann, werden andere Menschen verwirklichen können. *Jules Verne*

Phantasie ist alles. Es ist die Vorschau auf die kommenden Ereignisse des Lebens. *Albert Einstein*

Schöpfung geschieht durch Vision. Unsere Unternehmen sind menschliche Schöpfungen. Ihr Ursprung ist die Vision. Sie ist das geistige Bild, wie wir uns das Unternehmen wünschen, in dem wir leben. Wenn wir sie aus den Augen verlieren, fehlt uns die Orientierung. *Rudolf Mann*

Träume gehen in Erfüllung für den, der jede Gelegenheit beim Schopfe packt. *Malcolm Forbes*

In der Idee leben heißt, das Unmögliche behandeln, als wenn es möglich wäre. *Johann Wolfgang von Goethe*

Vision ist die Kunst, Unsichtbares zu sehen.
Jonathan Swift

Was also ist Charisma? Charisma hat der, der anderen hilft zu träumen (eine Vision zu haben), der sie stark fordert, der sie anleitet, neue Wege zu gehen und der ihnen hilft, persönlich zu wachsen. *Roland Henssler*

➪ **Ideale, Träume, Utopie, Ziele**

Volk

Ein Volk ist mehr als ein Konsumverein.
Charles de Gaulle

**Vision
ist die Kunst,
Unsichtbares
zu sehen.**

Jonathan Swift

Ich werde manchmal gefragt, ob das Volk reif sei für die Demokratie. Ich antworte dann mit der Gegenfrage: "Gibt es ein Volk, das reif ist für die Despotie?"
John Russel

Es ist beruhigend festzustellen, daß die, die uns regieren, eigentlich gar kein Volk brauchen.
Dieter Hildebrandt

Die Aufgabe, ihr Volk zu vertreten, fällt den Mittelmäßigen zu, nicht den Genies. *Curzio Malaparte*

Diplomatie ist ein Schachspiel, bei dem die Völker matt gesetzt werden. *Karl Kraus*

Große Völker vergessen Leiden, nicht aber Demütigungen. *Winston S. Churchill*

Das Volk will niemals die Freiheit. Erstens: weil es keinen Begriff von ihr hat. Und zweitens: weil es mit ihr gar nichts anfangen könnte. *Egon Friedell*

Ein Volk, das seine Rechte nicht wahrt, hat keine.
Moshe Dayan

Unglück kann durch andere kommen; aber erniedrigt werden kann ein Volk nur durch seine eigenen Handlungen. *Thomas Buckle*

Nur der einzelne ist naturgewachsen, nicht das Volk. Das Volk ist ein menschlicher Organisationsbegriff.
Carl von Ossietzky

Zigeuner sind das einzige Volk auf dieser Erde, das noch nie einen Krieg geführt hat. Ein solches Volk darf nicht aussterben! *Axel von Ambesser*

➪ **Staat, Vaterland**

Volksvertretung

Eine Volksvertretung ist ein repräsentativer Querschnitt der Verbandsfunktionäre. *Helmar Nahr*

➪ **Politik, Beamte**

Volkswirtschaft

Ein Volkswirtschaftler ist ein Mann, der mehr von dem Geld versteht, das er nicht hat, als derjenige, der es hat. *Unbekannt*

Ein Volkswirtschaftler ist ein Mensch, der über etwas schreibt, was er nicht versteht, und dich glauben macht, das sei dein Fehler. *Unbekannt*

Ein Volkswirtschaftler ist einer, der alle Lösungen für die Probleme des vergangenen Jahres kennt.
Unbekannt

Ein Volkswirtschaftler ist ein Mann, der uns sagt, was wir mit dem Geld machen sollen, das wir verloren hätten, wenn wir seinem Rat gefolgt wären.
Aldo Cammarota

Vollkommenheit

Zur Vollkommenheit gehört, daß man sie nicht bemerkt, wohl aber vermißt, wenn sie nicht vorhanden.
Jascha Heifetz

Alle Geister werden angezogen von Vollkommenheit.
Friedrich Schiller

Das Streben nach Vollkommenheit macht manchen Menschen vollkommen unerträglich. *Pearls Buck*

Jedes Meisterwerk ist auf seine Art konventionell. Es prunkt und protzt nicht. Es ist seiner Mittel so sicher, als wären sie schon immer vorhanden gewesen.
Martin Kessel

Schon mancher, der die Vollkommenheit suchte, landete im Perfektionismus. *Werner Mitsch*

Vollendung ist Vollkommenheit, und der es in etwas, sei es noch so gering, zur Vollkommenheit bringt, der ist für sein Leben geborgen.
Johann Heinrich Pestalozzi

➪ **Meisterschaft, Perfektionismus, Vervollkommnung**

Vorahnung

Vorahnung ist das Vorgefühl von etwas Unangenehmem, wenn man um drei Uhr morgens nach Hause kommt und im Schlafzimmer der Ehefrau Licht sieht.
Ambrose Bierce

Vorbild

Die besten Reformer, die die Welt je gesehen hat, sind die, die bei sich selbst anfangen.
George Bernard Shaw

Es gibt nichts, was man nicht noch besser machen könnte. Aber man kann nur fordern, wenn man selbst ein gutes Beispiel gibt! *Grete Schickedanz*

Vorbilder werden geachtet, aber nicht geliebt.
John Flanagan

Werte kann man nicht lehren, sondern nur vorleben.
Viktor E. Frankl

Mit Vorbildern ist es wie mit Gespenstern: rückt man ihnen zu Leibe, nennt man sie beim Namen, so lösen sie sich in Rauch auf. *Barbara Bondy*

Bei Vorbildern ist es unwichtig, ob es sich dabei um einen großen toten Dichter, um Mahatma Gandhi oder um Onkel Fritz aus Braunschweig handelt, wenn es nur ein Mensch ist, der im gegebenen Augenblick ohne Wimpernzucken das gesagt und getan hat, wovor wir zögern. *Erich Kästner*

Erziehen heißt Vorleben. Alles andere ist höchstens Dressur. *Oswald Bumke*

Sei Sonne durch deine Lehre, sei Mond durch deine Anpassungsfähigkeit, sei Wind durch straffe Führung, sei Luft durch deine Milde, sei wie ein Feuer durch die schöne Rede deiner Unterweisung. *Hildegard v. Bingen*

Der wahrhaft Edle predigt nicht, was er tut, bevor er nicht getan hat, was er predigt. *Konfuzius*

Man erzieht durch das, was man sagt, mehr noch durch das, was man tut, am meisten durch das, was man ist. *Ignatius von Antiochien*

Setze dir ein Muster und Vorbild und lebe nach ihm, sowohl wenn du allein bist, als wenn du unter die Leute kommst. *Epiktet*

In dir muß brennen, was du in anderen entzünden willst. *Aurelius Augustinus*

Aber da ich kurz zuvor gesagt habe, unsere Vorfahren sollten uns zum Muster dienen, so gelte als erste Ausnahme, daß man nicht ihre Fehler nachahmen muß. *Cicero*

Auf Vorbilder wird es auch weiterhin in jeder menschlichen Gesellschaft ankommen; die, nach denen wir suchen, müssen Ähnlichkeit mit uns selber haben. Sie müssen die Spuren unserer Sorgen und Nöte verraten. *Alexander Mitscherlich*

Kritik ist gut, Vorbild besser. *Lothar Schmidt*

Wenige Dinge auf Erden sind lästiger als die stumme Mahnung, die von einem guten Beispiele ausgeht. *Mark Twain*

Es gibt keine andere vernünftige Erziehung, als Vorbild sein, wenn's nicht anders geht, ein abschrekkendes. *Albert Einstein*

Nachahmen und nacheifern ist zweierlei. *Julius Langbein*

➪ **Beispiel, Erziehung**

Vorgesetzte

Vorgesetzte sind oft die Juwelen der Firma, darum muß man sie auch mit Fassung tragen. *Unbekannt*

Die ganze Kunst der so schwierigen Menschenführung besteht darin, seine Untergebenen so zu behandeln, wie man selbst von seinem Vorgesetzten behandelt werden möchte. *Richard Nixon*

Drei Charaktere hat mancher Vorgesetzte: einen, den er hat, einen, den er zeigt und einen, den er zu haben glaubt. *Unbekannt*

Wenn man einen Menschen richtig beurteilen will, so frage man sich immer: "Möchtest du den zum Vorgesetzten haben?" *Kurt Tucholsky*

Es gibt keine schlechten Mitarbeiter, sondern nur schlechte Chefs. *Rudolf Leiding*

Wer die erste Geige spielen will, muß immer den richtigen Ton treffen. *Gerhard Uhlenbruck*

Erstklassige Männer stellen erstklassige Männer ein; zweitklassige nur drittklassige. *Franz Luwein*

Ein gescheiter Mann muß so gescheit sein, Leute anzustellen, die viel gescheiter sind als er. *John F. Kennedy*

Was wir am nötigsten brauchen ist ein Mensch, der uns zwingt, das zu tun, was wir können. *Ralph Waldo Emerson*

Unausstehliche Vorgesetzte pflegen liebenswürdig zu allen zu sein, für die sie nicht zuständig sind. *Sigmund Graff*

Selig, wer sich vor Untergebenen so demütig benimmt, wie wenn er vor seinen Oberen und Herren stünde. *Franz von Assisi*

Vom Umgang mit Vorgesetzten und anderen Mitmenschen: wenn ein Stier auf einen zurennt, muß man sich nicht schnell noch eine rote Weste anziehen. *Harry Truman*

Je höher die Stellung eines Vorgesetzten, desto mehr Fehler darf er machen. Und wenn er nur noch Fehler macht, dann ist das sein Stil. *Fred Astaire*

Zivilcourage ist das, was von einem Menschen übrigbleibt, wenn der Vorgesetzte das Zimmer betritt. *Wernher von Braun*

Eine Frau, die die Stellung ihres Mannes bei seinen Vorgesetzten festigt, festigt auch ihre eigene im Haus. *Otto Flake*

➪ **Chef, Management, Führen**

Vornehmheit

Feine Leute sind solche, die nur in feiner Umgebung ordinär werden. *Wolfgang Herbst*

Vorrecht

Der größte Feind des Rechts ist das Vorrecht.
Marie von Ebner-Eschenbach

➪ **Privileg**

Vorsatz

Der gute Vorsatz ist meistens ein Startschuß, dem kein Rennen folgt. *Siegfried Lowitz*

Der gute Vorsatz ist meistens ein Fahrplan ohne Eisenbahnzüge. *Gustav Knuth*

Es genügt nicht, schöne Träume zu haben. Man muß sie verwirklichen wollen, sonst werden sie zu tödlichen Alpträumen. *Servan-Schreiber*

Gute Vorsätze sind nutzlose Versuche, Naturgesetze umzustoßen. *Oscar Wilde*

Ein guter Vorsatz ist eine private Utopie.
Bernhard Wicki

Was man schon vorgestern hätte tun sollen, hat auch noch bis übermorgen Zeit. *Spanisch*

Pläne machen und Vorsätze fassen bringt viel gute Empfindungen mit sich.
Friedrich Wilhelm Nietzsche

Ein großer Vorsatz scheint im Anfang toll.
Johann Wolfgang von Goethe

Gute Vorsätze sind Schecks, auf eine Bank gezogen, bei der man kein Konto hat. *Oscar Wilde*

➪ **Aufschieben, Planen, Ziel**

Vorschläge

Und wenn einmal ein Politiker mit Ideen und Vorschlägen aufwartet, die über den Tag hinausreichen, dann ist es wahrscheinlicher, daß er damit die große Koalition der Bedenkenträger auf den Plan ruft, als daß er Nachdenklichkeit oder gar einen Zukunftsdiskurs auslöste...Daß dies wahrscheinlich immer so gewesen ist, zeigt sich an den altbekannten preußischen Verwaltungsregeln: 1. Das was schon immer so. 2. Das war noch nie so. 3. Da könnte ja jeder kommen.
Wolfgang Schäuble

➪ **Rat**

Vorschrift

Vorschriften haben nur den Sinn, umgangen zu werden. *Heinrich Böll*

Vorschriften sind veränderbare Spielregeln.
Matthias Scharlach

Vorschriften sind Spielregeln, die meist zu Nachspielen führen. *Matthias Scharlach*

➪ **Gesetz, Verbot, Regeln**

Vorsicht

Vorsicht ist das, was wir bei anderen Feigheit nennen.
Oscar Wilde

Vorsicht vor dem Burschen, der dich unentwegt reden läßt. *Kin Hubbard*

Vorstände

Wenn man nach dem Ausscheiden eines Vorstandsvorsitzenden draußen einen neuen suchen muß, haben die Verantwortlichen des Unternehmens in den letzten zehn Jahren nicht aufgepaßt. *Reinhard Mohn*

Vorstände sind mindestens so langlebig wie Minister, und wer tritt denn schon zurück? *Unbekannt*

➪ **Management**

Vorstellung

Alles, von dem sich der Mensch eine Vorstellung machen kann, ist machbar. *Wernher von Braun*

Hoffen heißt: vom Leben falsche Vorstellungen haben.
Gottfried Benn

➪ **Imagination, Einbildungskraft, Vision, Phantasie**

Vorurteile

Argumente nützen gegen Vorurteile so wenig wie Schokoladeplätzchen gegen Stuhlverstopfung.
Max Pallenberg

Die Vorurteile eines Professors nennt man Theorie.
Mark Twain

Es ist schwieriger, eine vorgefaßte Meinung zu zertrümmern als ein Atom. *Albert Einstein*

Als X seinen Aufstieg begann, hatte er zwar noch keine gutsitzenden Anzüge, aber schon gutsitzende Vorurteile. *Hans Krailsheimer*

Je reicher man an Urteilen ist, desto ärmer wird man an Vorurteilen. *Henry Miller*

Der gesunde Menschenverstand ist nur eine Anhäufung von Vorurteilen, die man bis zum 18. Lebensjahr erworben hat. *Albert Einstein*

Man kann Dummheit sorgfältig durch Erziehung zu Vorurteilen herbeiführen. *Alexander Mitscherlich*

Das Vorurteil ist ein Floß, an das sich der schiffbrüchige Geist klammert. *Ben Hecht*

Vorurteile sind wie ein Blumenstrauß, den man wenigstens von Zeit zu Zeit neu arrangieren sollte. *Luther Burbank*

Viele Leute meinen, daß sie denken, obwohl sie lediglich im Begriff sind, ihre Vorurteile neu zu arrangieren. *William James*

Ein Vorurteil ist ziemlich sicher daran zu erkennen, daß man sich bei seiner Begründung ereifert. *Viktor de Kowa*

Ein gesundes Vorurteil erspart das Nachdenken. *Unbekannt*

Die menschlichen Vorurteile sind wie bissige Hunde, die nur den Furchtsamen angreifen. *Isolde Kurz*

Manche Leute gehen nur auf Reisen, um ihre Vorurteile bestätigt zu bekommen. Josef Pieper

Ein Vorurteil ist ein Irrtum, der Wurzeln geschlagen hat. *Martin Held*

Ein Urteil läßt sich widerlegen, aber niemals ein Vorurteil. *Marie von Ebner-Eschenbach*

Vorurteile sind die Stützen der Zivilisation. *Andre Gide*

Vorurteile sterben ganz langsam, und man kann nie sicher sein, daß sie wirklich tot sind. *Jules Romains*

Der Splitter in deinem Auge ist das beste Vergrößerungsglas. *Theodor W. Adorno*

Frei sein von Vorurteilen - erste Bedingung der Nächstenliebe. *Marie von Ebner-Eschenbach*

Es gibt Menschen, die selbst für Vorurteile zu dumm sind. *Egon Friedell*

Brüllt ein Mann, ist er dynamisch. Brüllt eine Frau, ist sie hysterisch. *Hildegard Knef*

Die Paradoxien von heute sind die Vorurteile von morgen. *Marcel Proust*

➪ **Meinung, Überzeugung**

Vorwand

Vorwände sind besonders dünn; man hört die Lüge durch. *Ron Kritzfeld*

➪ **Ausreden**

Vorwurf

Ich fange an zu glauben, daß man unter berechtigten Vorwürfen mehr leidet als unter solchen, die man gar nicht verdient. *Andre Gide*

Voyeur

Ein Voyeur: "ein Sehräuber". *Dieter Rudolf Knoell*

Ein Voyeur ist ein Mann, der grundsätzlich durchs Schlüsselloch schaut, auch wenn die Tür offensteht. *Hans Clarin*

Voyeure sind Männer, die nur noch besichtigen, weil sie nichts mehr beabsichtigen. *Helen Vita*

W

Waage

Es bringt nichts, den Bauch einzuziehen, wenn man auf der Waage steht. *Fritz Herdi*

Wachstum

Auch eine von den Geiseln des Umweltschmutzes befreite Welt wird ohne Wachstumsstopp unweigerlich untergehen. Ohnedies wird die explosiv wachsende Menschheit diesen Planeten bald leergenagt haben. Aber selbst für den Fall, daß außer der Umweltverschmutzung auch die Bevölkerungsexplosion gestoppt wird, muß die Fortschrittsbremse gezogen werden. Denn sonst werden die Rohstoffe - Metalle, Erze, Energien wie Öl oder Kohle - ganz schnell ausgeplündert sein. *Club of Rome*

Linke Logik: Investitionen sind nutzlos. Es genügen Wachstum und Vollbeschäftigung. *Unbekannt*

Eine Faustregel sagt: jedes Prozent Wachstum über dem Produktivitätsgewinn bringt annähernd 100 000 bis 150 000 neue Arbeitsplätze. *Bernhard Jagoda*

Das endlose Wachstum materiellen Wohlstands, von dem wir die Lösung aller Probleme erhofften, ist selbst zum Hauptproblem geworden. Es gleicht dem unkontrollierten Wuchern der Krebszellen. *John K. Galbraith*

Wir müssen die heiligen Kühe - ständiges industrielles Wachstum und ständig wachsender Wohlstand - schlachten, um das Leben lebenswert zu machen. *Sico Mansholt*

In den nächsten zehn Jahren werden wir unseren Lebensstandard um 50 Prozent erhöhen. Die entscheidende Frage ist, ob wir dann wirklich 50 Prozent reicher und 50 Prozent glücklicher sein werden und ob es uns dann 50 Prozent besser gehen wird. *Richard Milhous Nixon*

Ein Mehr an Produktion, Gewinn und Konsum bringt inzwischen nicht automatisch ein Mehr an Zufriedenheit, Glück und Entwicklungschancen für den einzelnen. *Willy Brandt*

Wachstum ist ein Prozeß schöpferischer Zerstörung. *Josef Alois Schumpeter*

Der vorletzte Bewohner der westlichen Welt, der in der letzten Verkehrsstauung festsitzt und langsam am Kohlenmonoxid eingeht, wird nicht dadurch zu erheitern sein, daß ihm der letzte Überlebende zuruft, das Bruttosozialprodukt habe einen neuen Rekordzuwachs erreicht. *John Kenneth Galbraith*

Wachstum treibt die Leute auseinander, weil sie keinen Platz mehr nebeneinander haben. *Peter Bichsel*

➪ **Erde, Umwelt**

Waffe

Der geschickte Journalist hat eine Waffe: das Totschweigen - und von dieser Waffe macht er oft genug Gebrauch. *Kurt Tucholsky*

Wir sollten, wie in Urzeiten, den Politikern die Waffen mit ins Grab geben. *Nikolaus Cybinski*

Die Liebe ist eine Waffe, mit der man spielt, ohne daran zu denken, daß sie geladen ist. *Otto Eduard Hasse*

Witz - die Waffe der Wehrlosen. *Peter Wapnewski*

Die gefährlichste Waffe sind Menschen kleinen Kalibers. *Bertolt Brecht*

Die Phantasie des Mannes ist die beste Waffe der Frau. *Sophia Loren*

Ein Softie ist ein Macho, der mit den Waffen der Frau arbeitet. *Rainhard Fendrich*

➪ **Krieg, Militär, Soldaten**

Wahlen

Ich werde die wählen, die mir keinen Ärger machen, wenn ich sie nicht wähle. *Werner Finck*

In den Wahlkämpfen von heute sind die Politiker längst nicht mehr nur Politiker. Sie sind PR-Manager

in eigener Sache, Stars einer Inszenierung, die das Publikum mit demoskopischen Daten, mit Talkshows und Werbegags unterhält. Entscheidend ist, wie sie sich in Szene setzen und wer sich dabei durchsetzt, Images sind wichtiger als Inhalte.
DER SPIEGEL 41/1994

Wahlkampf ist die Kunst, nur das zu versprechen, was man sowieso nicht halten muß. *Carlo Franchi*

Ein Wahlredner ist einer, der weiß, daß jedes Ding zwei Seiten hat, und der gewöhnlich für beide ist.
Paul Renner

Wahlversprechen sind Versprechen eines Politikers, Steuergelder in Subventionen umwandeln zu wollen.
Rolf Haller

Wahlversprechen von heute sind die Steuern von morgen. *Mackenzie King*

Wähler: einer, der sich des geheiligten Privilegs erfreut, für den Mann stimmen zu dürfen, den ein anderer für ihn ausgesucht hat. *Ambrose Bierce*

Wahlkampf ist die Kunst, einander so die Augen auszukratzen, daß man hinterher besser sieht.
Carlo Franchi

Wenn die Menschen aus den Ferien zurückkommen, neigen sie dazu, sogar die Regierung etwas milder zu beurteilen. Ein geschickter Regierungschef setzt Wahlen daher für den Frühherbst an. *David Frost*

Im Wahlkampf muß man mit dem Wortschatz eines Kindergartens und mit der Grammatik eines Computers auskommen. *Hans Magnus Enzensberger*

Im Fernsehzeitalter kann ein guter Coiffeur einen Wahlkampf entscheiden. *James Stewart*

Im Wahlkampf jauchzet Fuchs und Schwein: "Hier bin ich Mensch, hier darf ich's sein!". *Unbekannt*

Bäuerliche Wahlphilosophie: ein französischer Bauer begründet seine Abneigung, die jetzige Regierung durch die Wahlen auszuwechseln, wie folgt: "Aus der Erfahrung weiß ich, daß Schweine, die ich neu kaufe, doppelt so viel fressen als solche, die bereits etwas Fett angesetzt haben." *BDW*

Der rhetorisch-schäumende Eifer mancher Wahlstrategen verunsichert unbefangene Beobachter, die nicht wissen, ob am Rednerpult eine öffentliche demagogische Masturbation stattfindet oder ob es sich nur um eine geistige Pollution handelt! *Hubert Pepsin*

Mein Herz schlägt für Renate Schmidt, aber mein Portemonnaie für Edmund Stoiber.
Ein bayrischer Unternehmer

Schlechte Kandidaten werden gewählt von guten Bürgern, die nicht zur Wahl gehen. *Thomas Jefferson*

Wahlen sind manchmal die Rache des Bürgers. Der Stimmzettel ist auch ein Dolch aus Papier.
Lloyd George

Feig wird der Mensch nur dort, wo er die Wahl hat.
Friedrich Georg Jünger

Politiker zu kaufen ist altmodisch; in der modernen Demokratie kauft man Wähler. *Johannes Gross*

Alle paar Jahre machen die Wähler ihr Kreuz. Und hinterher müssen sie's dann tragen.
Birgit Berg-Khoshnavaz

Es gibt dumme Politiker, die ihr Mandat klugen Leuten verdanken, die am Wahltag zu Hause geblieben sind. *Robert Lembke*

Wähler sind Bürger, die ihre Stimmen so geschickt abgeben, daß die Zahl der Abgeordneten, die für etwas sind, gleich groß ist wie die Zahl derjenigen, die dagegen sind, und die sich dann wundern, daß nichts geschieht. *Unbekannt*

Wahlen sind eine Veranstaltung zur Überprüfung der demoskopischen Vorhersagen. *Robert Lembke*

Nichtwähler sind auch Wähler. *Werner Höfer*

Wahrheit

Manche Wahrheiten sollen nicht, manche brauchen nicht, manche müssen nicht gesagt werden.
Unbekannt

Wenn es nur eine einzige Wahrheit gäbe, könnte man nicht hundert Bilder über dasselbe Thema malen.
Pablo Picasso

Die beste und sicherste Tarnung ist immer noch die blanke und nackte Wahrheit. Die glaubt niemand.
Max Frisch

Die Wahrheit ist eine unzerstörbare Pflanze. Man kann sie ruhig unter einem Felsen vergraben, sie stößt trotzdem durch, wenn es an der Zeit ist. *Frank Thieß*

Nur wenige Menschen sind stark genug, um die Wahrheit zu sagen und die Wahrheit zu hören.
Vauvenargues

Keiner darf für sich den Besitz der Wahrheit beanspruchen, sonst wäre er unfähig zum Kompromiß und überhaupt zum Zusammenleben.
Richard von Weizsäcker

Wahrhaftigkeit ist nicht nur von Konfirmanden zu verlangen, sondern erst recht von den Trägern staatlicher Verantwortung. *Willy Brandt*

Wer die Wahrheit nicht weiß, der ist bloß ein Dummkopf. Aber wer sie weiß und sie eine Lüge nennt, der ist ein Verbrecher! *Bertolt Brecht*

Man kann alle Leute einige Zeit zum Narren halten und einige Leute allezeit; aber alle Leute allezeit zum Narren halten kann man nicht. *Abraham Lincoln*

Es ist das Los des Menschen, daß die Wahrheit keiner hat. Sie haben sie alle, aber verteilt, und wer nur bei einem lernt, der vernimmt nie, was die andern wissen. *Johann Heinrich Pestalozzi*

Jede allgemeine Aussage ist wie ein Scheck, den man auf eine Bank ausstellt. Sein Wert hängt davon ab, inwieweit er gedeckt ist. *Ezra Pound*

Erziehung sollte den Wunsch nach Wahrheit nähren und nicht die Überzeugung, daß ein bestimmter Glaube die Wahrheit sei. *Bertrand Russell*

Die Wahrheit ist eine scheue Geliebte; man besitzt sie niemals ganz. *Hermann Bahr*

Mit der Wahrheit ist das wie mit einer stadtbekannten Hure. Jeder kennt sie, aber es ist peinlich, wenn man ihr auf der Straße begegnet. *Wolfgang Borchert*

Die Wahrheit ist des Himmels Weg; ihn zu verwirklichen, ist des Menschen Weg. *Nagaya*

Besser als die Wahrheit kennen ist, die Wahrheit lieben. *Konfuzius*

Die Wahrheit zu sagen, hat viele Vorteile. Der erste besteht darin, daß die Menschen die Natürlichkeit bestaunen, mit der man lügt. *Jean Dutourd*

Eine Lüge ist bereits dreimal um die Erde gelaufen, bevor sich die Wahrheit die Schuhe anzieht. *Mark Twain*

Wenn du wahrhaftig bist, so hast du im Herzen Gelingen, und was du tust, hat Erfolg. *J Ging*

Zwei Dinge verleihen der Seele am meisten Kraft; Vertrauen auf die Wahrheit und Vertrauen auf sich selbst. *Seneca*

Es ist schwer, es zugleich der Wahrheit und den Leuten recht zu machen. *Thomas Mann*

Die Wahrheit kann auch eine Keule sein, mit der man andere erschlägt. *Anatole France*

Es gibt Wahrheiten, auf die man Gift nehmen kann. *Heinrich Nüsse*

Man kann der Wahrheit den Mund verbinden, aber dann macht sie sich immer noch durch Stöhnen bemerkbar. *Arnold J. Toynbee*

Von einem Mann erfährt man die Wahrheit, indem man ihm widerspricht; von einer Frau, indem man ihr zustimmt. *George Bernard Shaw*

Um die Wahrheit zu finden, zieht man in Frankreich etwas ab, in Deutschland fügt man etwas hinzu, und in England wechselt man das Thema. *Peter Ustinov*

Man sollte die Wahrheit dem anderen wie einen Mantel hinhalten, daß er hineinschlüpfen kann - nicht wie ein nasses Tuch um den Kopf schlagen. *Max Frisch*

Wer immer die Wahrheit sagt, kann sich ein schlechtes Gedächtnis leisten. *Theodor Heuss*

Ich hasse die Vielredner. Die Wahrheit macht nicht viele Worte. *Martin Luther*

Wahrheiten können fast immer auch in den Dienst von Unwahrheiten gestellt werden. *Ludwig Marcuse*

Suche nach Wahrheit ist Mut zum Risiko, und zwar nicht nur im persönlichen, sondern ebenso im sozialen, im gesellschaftlichen Bereich. *Hans A. Pestalozzi*

Je mehr Leute es sind, die eine Sache glauben, desto größer ist die Wahrscheinlichkeit, daß die Ansicht falsch ist. Menschen, die recht haben, stehen meistens allein. *Sören Kierkegaard*

Eine Wahrheit kann erst wirken, wenn der Empfänger für sie reif ist. *Christian Morgenstern*

Wahrheit ist die Lüge, die lange Beine hat. *Fritz Grünbaum*

Sei kein Snob. Lüge nie, wo die Wahrheit besser bezahlt wird. *Stanislaw Jerzy Lec*

Der Lügendetektor beruht auf dem einfachen Prinzip, daß es anstrengender ist, zu lügen, als die Wahrheit zu sagen. *Dagobert Lindlau*

Wer die Wahrheit sagt, begeht keine Sünde, aber er verursacht Unannehmlichkeiten. *Mexikanisches Sprichwort*

Wahrheit und Wahrheit ist zweierlei - der Fisch betrachtet sie von unten, der Vogel von oben. *Unbekannt*

Takt ist die schwierige Kunst, die brutale Wahrheit anständig zu verkleiden. *Marlene Dietrich*

Ein halbleeres Glas Wein ist zwar zugleich ein halbvolles, aber eine halbe Lüge mitnichten eine halbe Wahrheit. *Gerhard Reichel*

Welche Kraft verleiht es doch, wenn man glaubt, die Wahrheit zu besitzen! *Roger Peyrefitte*

Der Geist der Wahrheit und der Geist der Freiheit - das sind die Stützen der Gesellschaft. *Henrik Ibsen*

Wie mein Freund Pferdmenges unterscheide ich drei Stufen der Wahrheit: die einfache Wahrheit, die reine Wahrheit, die lautere Wahrheit. *Konrad Adenauer*

Nur Kinder, Narren und sehr alte Leute können es sich leisten, immer die Wahrheit zu sagen.
Winston Churchill

Auch die Wahrheit gedeiht nur in einer bestimmten Vegetation und Temperatur. Sobald man sie erhitzt, wird sie fanatisch, sobald man sie unterkühlt, zynisch.
Martin Kessel

Wer die Wahrheit sucht, muß auch stark genug sein, sie zu ertragen. *Unbekannt*

Der Strom der Wahrheit fließt durch Kanäle von Irrtümern. *Tagore*

Die Wahrheit geht manchmal unter, aber sie ertrinkt nicht. *Ungarisches Sprichwort*

Glaube denen, die die Wahrheit suchen, und zweifle an denen, die sie gefunden haben. *Andre Gide*

Meine Art, Späße zu machen, besteht darin, daß ich die Wahrheit sage. Denn das ist immer noch die lustigste Sache der Welt. *George Bernard Shaw*

Die Kraft, die es einen Politiker kostet, nicht zu lügen, fehlt ihm später meistens, um die Wahrheit zu sagen.
Nikolaus Cybinski

Für einen Politiker ist es gefährlich, die Wahrheit zu sagen; die Leute könnten sich daran gewöhnen, die Wahrheit hören zu wollen. *George Bernard Shaw*

Einen Politiker, der immer die Wahrheit sagt, gibt es nicht, sonst wäre er nicht Politiker geworden.
Mark Twain

Wir suchen die Wahrheit, finden wollen wir sie aber nur dort, wo es uns beliebt.
Marie von Ebner-Eschenbach

Ohne Wahrheit ist es unmöglich, irgendwelche Prinzipien oder Regeln im Leben zu befolgen.
Mahatma Gandhi

Wer eine Wahrheit verbergen will, braucht sie nur offen auszusprechen - sie wird einem ja doch nicht geglaubt. *Charles Maurice Talleyrand*

Freilich ist es leichter, die Wahrheit zu predigen, als danach zu handeln. Aber wir sollten es wenigstens versuchen. *Theodor Fontane*

Die Wahrheit kommt mit wenigen Worten aus.
Laotse

Es ist unmöglich, die Fackel der Wahrheit durch ein Gedränge zu tragen, ohne jemandem den Bart zu versengen. *Georg Christoph Lichtenberg*

Unsere Gedanken nähern sich bisweilen am meisten der Wahrheit, wenn sie anfangen, uns peinlich zu werden. *Sigmund Graff*

Wenn die Wahrheit zu schwach ist, sich zu verteidigen, muß sie zum Angriff übergehen. *Bertolt Brecht*

Vom Wahrsagen läßt sich's wohl leben in der Welt, aber nicht vom Wahrheit sagen.
Georg Christoph Lichtenberg

Wahrheit geht betteln. *Martin Luther*

Wahrsagen

Demoskopen sind Astrologen ohne Sterne.
Unbekannt

Wenn es besser kommt als vorausgesagt, dann verzeiht man sogar den falschen Propheten.
Ludwig Erhard

Hoffnung ist ein gutes Frühstück, aber ein schlechtes Abendbrot. *Francis Bacon*

➪ **Demoskopie, Propheten**

Wandel

Der Genuß am Wandel ist der Seismograph für die Firmenkultur. *Matthias Scharlach*

Was für den einen der Wandel, ist für den anderen das Chaos. *Matthias Scharlach*

➪ **Ändern, Fortschritt**

Wandern

Der Sinn des Reisens ist, an ein Ziel zu kommen, der Sinn des Wanderns, unterwegs zu sein.
Theodor Heuß

➪ **Reisen**

Wange

Wer in ein Grübchen verliebt ist, sollte nicht versuchen, die ganze Wange zu heiraten.
George Bernard Shaw

Wenn man nach einem Festessen die Gastgeberin auf beide Wangen küßt, erspart man die Serviette.

Die Welt ist voll von Leuten, die Wasser predigen und Wein trinken.

GIOVANNI GUARESCHI

Alexander Roda Roda

Warnung

Wie kann man erwarten, daß die Menschheit guten Rat annimmt, wenn sie nicht einmal auf Warnungen hört? *Jonathan Swift*

Warten

Der im Vorzimmer endlos wartende Klient zur Sekretärin: "Ist es nicht wundervoll, gemeinsam alt zu werden?" *Unbekannt*

Viele Dinge kommen zu dem, der zu warten versteht. *Chinesisches Sprichwort*

Wenn man lange genug gewartet hat, wird das schönste Wetter. *Aus Japan*

Wasser

Wasser ist nicht zum Trinken da, sonst hätte Gott nicht soviel davon gesalzen. *Brendan Behan*

Whisky ist ein probates Mittel, den Geschmack von Wasser zu verbessern. *Brendan Behan*

Wenn eine Regierung das Trinken von Wasser verbieten würde, wäre das Wasser beliebter als Whisky. *Oscar Wilde*

Die Welt ist voll von Leuten, die Wasser predigen und Wein trinken. *Giovanni Guareschi*

➪ **Trinken**

Wechsel

Gewohnheiten machen alt. Jung bleibt man durch die Bereitschaft zum Wechsel. *Attila Hörbiger*

➪ **Wandel**

Wechselstrom

Mit der Liebelei ist es wie mit der Elektrizität: zuerst Starkstrom, dann Schwachstrom, zuletzt Wechselstrom. *Jacques Tati*

Weg

Wer selbst seinen Weg weiß, schließt sich keiner Karawane an. *Arab. Sprichwort*

Wer uns vor nutzlosen Wegen warnt, leistet uns einen ebenso guten Dienst wie derjenige, der uns den rechten Weg anzeigt. *Heinrich Heine*

Der Weg ist immer mehr als das Ziel. *Heimito von Doderer*

Wenn alle Wege verstellt sind, bleibt nur der nach oben. *Franz Werfel*

Der auf halbem Wege umkehrt, irrt nur um die Hälfte. *Sprichwort*

➪ **Straße**

Wegweiser

Man kann Prinzipien aufstellen wie Wegweiser. Oder wie Galgen. *Hans Kasper*

Manche Vorgesetzte sind wie Wegweiser. Sie zeigen den Weg, gehen ihn aber nicht. *Gerhard Reichel*

Wegwerfgesellschaft

Wir leben in einer Wegwerfgesellschaft, auch was den Ehepartner betrifft. *Harold Pinter*

➪ **Gesellschaft**

Weihnachtszeit

Weihnachtszeit ist die Zeit, in der man für andere Leute Dinge kauft, die man sich selbst nicht leisten kann. *Alberto Sordi*

Weihnachten ist ein Festtag der Völlerei, der Trunksucht, klebrigen Gefühlen, der Entgegennahme von Geschenken, öffentlicher Langeweile und häuslichem Frieden geweiht. *Ambrose Bierce*

Wein

Mir, der ich bloß ein wandernder Rhapsode, genügt ein Freund, ein Becher Wein im Schatten und ein berühmter Name nach dem Tode. *August von Platen*

Der Wein ist Gottes zweitbestes Geschenk an den Mann. *Ambrose Bierce*

Man führt gegen den Wein nur die bösen Taten an, zu denen er verleitet, allein er verleitet auch zu hundert guten, die nicht so bekannt werden. *Georg Christoph Lichtenberg*

Die Welt ist voll von Leuten, die Wasser predigen und Wein trinken. *Giovanni Guareschi*

➪ **Alkohol, Trinken**

Weinen

Das Weinen ist dem Menschen angeboren, aber das Lachen will gelernt sein. *Max Pallenberg*

Das Lächeln ist nur ein gut getrocknetes Weinen. *Albert Paris Gütersloh*

Wo das Lachen verboten ist, ist gewöhnlich auch das Weinen nicht gestattet. *Stanislaw Jerzy Lec*

➪ **Tränen**

Weisheit

Weise lernen von Narren, Narren niemals von Weisen. *Marcus Porcius Cato der Ältere*

Zur unpassenden Zeit gepredigt, ist auch die größte Weisheit eine Ketzerei. *Sprichwort*

Weisheit besteht darin, zu wissen, was man übersehen muß. *Unbekannt*

Ein Weiser ist man nur unter der Bedingung, in einer Welt voll Narren zu leben. *Arthur Schopenhauer*

Viele denken an nichts anderes als an das, was andere über sie denken. Weisheit aber ist, wenn man sich selbst nichts mehr weismacht. *Gerd Uhlenbruck*

Es sind die Feuer des Chaos und des Zweifels, an denen der Weise sein Schiff vorbeisteuert. *Dschuang Tse*

Der Weise lebt in der Einfalt und ist ein Beispiel für viele. Er will nicht selber scheinen, darum wird er erleuchtet. *Laotse*

Wissen können wir von anderen lernen, Weisheit müssen wir uns selber lehren. *Axel Munthe*

Ein Mensch bleibt weise, solange er die Weisheit sucht; sobald er glaubt, sie gefunden zu haben, wird er zum Narren. *Talmud*

In Prüfungen stellen Narren Fragen, die Weise nicht beantworten können. *Oscar Wilde*

Ein Optimist sieht stets nur grünes Licht, ein Pessimist immer rotes, der wirklich Weise jedoch ist farbenblind. *Friedrich Dürrenmatt*

Toren besuchen im fremden Land die Museen, Weise gehen in die Tavernen. *Erhart Kästner*

Wer so tut, als bringe er die Menschen zum Nachdenken, den lieben sie. Wer sie aber wirklich zum Nachdenken bringt, den hassen sie. *Walter Thiele*

Dummheiten sind die beste Grundlage für künftige Weisheit. *Isolde Kurz*

Der Weise weiß, aber nicht, um zu glänzen. Selbstachtung hat er, doch nicht Arroganz. *Laotse*

Der Weise gewinnt mehr Vorteile durch seine Feinde, als der Dummkopf durch seine Freunde. *Benjamin Franklin*

Ein Weiser ohne Taten ist eine Wolke ohne Regen. *John Steinbeck*

Nicht immer sind die Stillen auch die Weisen. Es gibt verschlossene Truhen, die leer sind. *Jean Giono*

Er hatte die Weisheit mit Löffeln gefressen; so dünn war sie. *Nikolaus Cybinski*

Die Schlange ist das Tier der Weisheit. Ihr Biß ist tödlich. *Wolfgang Eschker*

Die Weisen grübeln und grübeln, derweil erobern die Dummen die Festung. *Serbisches Sprichwort*

Wer den Mund hält, wenn er merkt, daß er unrecht hat, ist weise. Wer den Mund hält, obwohl er recht hat, ist verheiratet. *Unbekannt*

Unsere Weisheit kommt aus unserer Erfahrung. Unsere Erfahrung kommt aus unseren Dummheiten. *Sacha Guitry*

Weise sein heißt, sich nicht darüber schämen, daß man nichts weiß; sich nicht davor fürchten, daß man nichts weiß, und nicht darauf stolz sein, daß man nichts weiß. *Hans Krailsheimer*

Ein Sprichwort ist eine allgemein bekannte Weisheit, an die sich niemand hält. *Wolfgang Herbst*

Weißbuch

Ein Weißbuch ist eine Dokumentation zum Anschwärzen von Gegnern. *Ron Kritzfeld*

Weiterbildung

Gegenwärtig wird im ersten Lebensabschnitt gelernt, im zweiten wird gearbeitet und im dritten kommt der Ruhestand. Das ist antiquiert. In vielen Fachgebieten ist heute das Wissen sechs bis acht Jahre überholt. Das bedeutet: die Menschen müssen während ihres Berufslebens aus dem Arbeitsprozeß raus und sich weiterbilden. Zwischen Arbeit, Freizeit und Lernphasen muß flexibel gewechselt werden. *Gerhard Reichel*

➪ **Bildung**

Welt

Wir leben in einer Welt, in der wie nie zuvor das Wissen die Weisheit überflügelt hat. *Charles Morgan*

Die Welt leidet, so scheint mir, nicht nur an einem Mangel kraftvoller Überzeugungen, sondern auch an unserer Zaghaftigkeit, sie auszudrücken. *Billy Graham*

Die Welt ist voll von Leuten, die Wasser predigen und Wein trinken. *Giovanni Guareschi*

Darüber, wer die Welt erschaffen hat, läßt sich streiten. Sicher ist nur, wer sie vernichten wird. *George Adarnson*

Wir machen uns diese Welt zur Hölle, und jeder von uns ist sein eigener Teufel. *Oscar Wilde*

Die Welt ist eine Bühne, aber die Rollen sind schlecht verteilt. *Oscar Wilde*

Die Welt ist ein Gefängnis, in dem Einzelhaft vorzuziehen ist. *Karl Kraus*

Wer keinen Sinn in der Welt finden kann, der übersieht ihn gewöhnlich, weil es ihm aus diesem oder jenem Grunde paßt, daß die Welt sinnlos sein soll. *Aldous Huxley*

Man darf nie aufhören, sich die Welt vorzustellen, wie sie am vernünftigsten wäre. *Friedrich Dürrenmatt*

Man muß die Welt verändern, um zu verhindern, daß sie uns verändert. *Stanislaw Lem*

Das Schicksal der Welt hängt in erster Linie von den Staatsmännern ab, in zweiter Linie von den Dolmetschern. *Trygve Lie*

Bevor der Mensch die Welt bewegen kann, muß er sich selber bewegen. *Sokrates*

Es wäre dumm, sich über die Welt zu ärgern. Sie kümmert sich nicht darum. *Mark Aurel*

Die Welt ist voller Äpfel - ohne Paradies. *Unbekannt*

Wer die Welt überzeugt, regiert sie. *Thomas Carlyle*

Das Schlimme ist, daß heute die Welt aus Wespennestern besteht und man das Hineintreten kaum vermeiden kann, wenigstens nicht, wenn es einem ein bißchen um Wahrheit und Gerechtigkeit zu tun ist. *Thomas Mann*

Die Welt ist eine Pulverfabrik, in der das Rauchen nicht verboten ist. *Friedrich Dürrenmatt*

Wir gehen mit dieser Welt um, als hätten wir noch eine zweite im Kofferraum. *Jane Fonda*

Die Krankheit der Welt kann geheilt werden, wenn man den Virus, der sie krank macht und der in uns allen steckt, ausrottet: den Virus der Macht. *Carlo Schmid*

Unsere Welt ist erfreulicher, als man meint. Der Eindruck der Zerrüttung kommt daher, daß nicht das Gesunde Schlagzeilen macht, sondern das Abseitige. *Gino Cervi*

Ändere die Welt: sie braucht es. *Bertolt Brecht*

Wer die Welt verbessern will, kann gleich bei sich selber anfangen. *Pearl S. Buck*

Die entscheidenden Veränderer der Welt sind immer gegen den Strom geschwommen. *Walter Jens*

Bevor man die Welt verändert, wäre es vielleicht doch wichtiger, sie nicht zugrunde zu richten. *Paul Claudel*

Die Welt ist Gottes Sündenfall. *Friedrich Hebbel*

Der Plan, die Welt zu beglücken, spart nicht selten den Nachbarn aus. *Unbekannt*

Je kaputter die Welt draußen, desto heiler muß sie zu Hause sein. *Reinhard Mey*

Hätte man bei der Erschaffung der Welt einen Arbeitskreis eingesetzt, dann wäre sie heute noch nicht fertig. *Unbekannt*

Die Welt will betrogen sein, gewiß. Sie wird sogar ernstlich böse, wenn du es nicht tust. *Walter Serner*

Beim Anblick der Welt fassen sich zwei an der Nase. Der eine des Geruchs wegen, der andere, weil er wissen will, ob er träumt. *Werner Schneyder*

Was die Welt vorwärtstreibt, ist nicht die Liebe, sondern der Zweifel. *Peter Ustinov*

Die Welt ist ein wunderschönes Buch, doch von geringem Nutzen für den, der nicht lesen kann. *Carlo Goldoni*

Die Welt ist ein Spiegel, in welchem ein jeder sein eigenes Antlitz erblickt. Wer mit saurer Miene hineinschaut, sieht ein saures Gesicht. Wer hineinlächelt, findet einen fröhlichen Gefährten. *William Makepeace Thackeray*

Wir sind in diese Welt gekommen, nicht nur, daß wir sie kennen, sondern daß wir sie bejahen. *Rabindranath Tagore*

Auch die Bretter, die man vor dem Kopf hat, können die Welt bedeuten. *Werner Finck*

Bevor du daran gehst, die Welt zu verbessern, geh dreimal durch das eigene Haus. *Chin. Sprichwort*

➪ **Erde**

Weltall

Alles, was im Weltall existiert, ist die Frucht von Zufall und Notwendigkeit. *Demokrit*

Was hilft mir die Weite des Weltalls, wenn meine Schuhe zu eng sind? *Armenien*

Kannst du kein Stern am Himmel sein, sei eine Lampe im Haus. *Arabien*

Wenn ein Mensch zu anderen Himmelskörpern fliegt und dort feststellt, wie schön es doch auf unserer Erde ist, hat die Weltraumfahrt ihren wichtigsten Zweck erfüllt. *Jules Romains*

Es gibt eine Angst, vor der uns auch 20000 Fallschirmsprünge nicht befreien können: die Angst vor dem Unbekannten, die uns vor dem unergründlichen Abgrund des Kosmos ergreift, die Furcht vor dem Unerklärlichen. *Alexei Leonow*

Eigentlich wollten sie ja einen Hund nach oben schicken, aber dann erschien ihnen das doch zu grausam und sie nahmen mich. *Alan Shepard*

Noch vor dem Jahr 2000 wird es auf dem Mond vollklimatisierte Städte geben, in denen man wesentlich komfortabler als auf der Erde leben kann. Zuerst für die Wissenschaftler, später auch für ihre Familien. Die Kinder können dort die Schule besuchen. Nur zum Universitätsbesuch werden sie vorerst noch zur Erde zurückkehren müssen. Dort werden sie sich aber schnell nach der keimfreien Luft und der geringen Mondschwere zurücksehnen. *Wernher von Braun*

➪ **Universum**

Weltanschauung

Die gefährlichste aller Weltanschauungen ist die Weltanschauung der Leute, welche die Welt nie angeschaut haben. *Alexander von Humboldt*

Weltanschauung ist nicht selten Mangel an Anschauung. *Ludwig Marcuse*

Die Welt ist nicht dazu da, um von uns erkannt zu werden, sondern uns in ihr zu bilden.
Georg Christoph Lichtenberg

➪ **Philosophie, Werte**

Weltgeschichte

Weltgeschichte ist die ständige Wiederholung immer der gleichen Fehler von immer mehr Menschen mit immer schlimmeren Folgen. *Ron Kritzfeld*

➪ **Evolution, Geschichte, Menschheit**

Weltpolitik

In der Weltpolitik herrscht Konjunktur für Kosmetik. Jeder will sein Gesicht wahren. *Joseph Alsop*

In der Weltpolitik tappen Elefanten manchmal in eine Falle, die jeder Maus auffiele. *David Frost*

In der Weltpolitik spritzt mancher, der sich als Feuerwehrmann ausgibt, mit Benzin. *Bertrand Russell*

Die Weltpolitik ist kein Klub, aus dem man nach Belieben austreten kann. *Edgar Faure*

Das diplomatische Protokoll ist der Stoßdämpfer der Weltpolitik. *Herve Alphand*

Weltraumfahrt

Es steht mehr Geld zur Verfügung, um zu erforschen, wie sich Weltraumfahrer ernähren sollen, als für die Erforschung der Frage, wie sich fast zwei Milliarden hungriger Erdenbewohner am Leben halten können.
Robert Jungk

Die Weltraumfahrt hat nur dann einen Sinn, wenn wir durch sie die Erde entdecken und damit uns selber.
Friedrich Dürrenmatt

➪ **Weltall**

Weltstadt

Weltstadt ist der Titel, den sich eine Großstadt zulegt, wenn ihre Verkehrseinrichtungen und ihre Schulen nicht mehr ausreichen. *Unbekannt*

Weltverbesserer

Ich kenne wenige Weltverbesserer, die in der Lage sind, einen Nagel richtig einzuschlagen. *Henrik Ibsen*

Der Jammer mit den Weltverbesserern ist, daß sie nicht bei sich selber anfangen. *Mark Twain*

Weltverbesserer sind Leute, die um die Erkenntnis nicht herumkommen, daß es leichter ist, einen neuen Menschen zu machen, als die vorhandenen zu verbessern. *John Osborne*

Weltverbesserer sind Leute, die sofort das ganze Haus einreißen, wenn eine Tür quietscht. *Gustav Knuth*

Werbung

Ich habe eine persönliche Methode der Meinungsumfrage bezüglich der Plakatgestaltung meiner Filme. Mein Pressechef ist zu intellektuell, mein Werbeleiter fast ständig besoffen, der Graphiker zu pervers. Darum gehe ich mit den Plakatentwürfen unten auf die Straße und frage angehaltene Passanten, möglichst viele Frauen und Männer, die nicht zu klug aussehen, wie ihnen dieses oder jenes Plakat gefällt. Danach richte ich mich. Natürlich frage ich auch daheim die Köchin und Putzfrau. *Kurt Schorcht*

Reklame ist die Kunst, auf den Kopf zu zielen und die Brieftasche zu treffen. *Vance Packard*

Wenn die Reklame keinen Erfolg hat, muß man die Ware ändern. *Edgar Faure*

Ohne Werbung Geschäfte machen ist so, als winke man einem Mädchen im Dunklen zu. Man weiß zwar, was man will, aber niemand sonst.
Stewart Henderson Britt

Jeder Superlativ reizt zum Widerspruch.
Otto von Bismarck

Ein Kaufmann macht durch allzu großes Rühmen die Ware, die ihm feil ist, nur verdächtig. *Horaz*

Viele kleine Dinge wurden durch die richtige Art von Werbung großgemacht. *Mark Twain*

Es ist eine bekannte Tatsache, daß man mit gewissen Schlagworten den leichtgläubigen Menschen nach Belieben Sand in die Augen streuen kann.
Bertha von Suttner

Werbung ist die Kunst, auf den Unterleib zu zielen und die Brieftasche zu treffen. *Peter Sellers*

Je leerer die Versprechungen, um so voller die Absicht. *Werner Mitsch*

An Versprechungen ist jeder so reich, wie er will.
Ovid

Beide schaden sich selbst: der zuviel verspricht und der zuviel erwartet. *Gotthold Ephraim Lessing*

Die Kunst zu werben, ist die Kunst zu übertreiben und trotzdem bei der Wahrheit zu bleiben. *Unbekannt*

Ein Werbeleiter ist ein Mensch, der täglich aus einer Fliege einen Elefanten macht. *Unbekannt*

Werbung kann sogar - in seltenen, schön ausgeprägten Fällen - graziös, liebenswürdig, informativ-wertvoll und somit werbeträchtig sein. Werbung ist nicht - a tout prix - ein Synonym für Fließbandverdummung, intellektuelle Perversität und knallende Konsumpeitsche. *Fred 0. Immergrün*

➪ **Marketing, Propaganda**

Werte

Werte kann man nicht lehren, sondern nur vorleben.
Viktor. E. Frankl

Geistige Werte müssen uns ansprechen wie Könige, sie dürfen nicht aufgedrängt werden wollen.
Schopenhauer

Ich bin fest davon überzeugt, daß jedes Unternehmen, um zu überleben und erfolgreich zu sein, einen gesunden Bestand an Grundüberzeugungen braucht, von denen es sich bei allen Entscheidungen und Maßnahmen leiten läßt. *Thomas Watson ju.*

Unvergängliche Werte unterliegen keinen Kursschwankungen. Sie werden nicht notiert.
Stanislaw Jerzy Lec

Der Wert eines Menschen hängt von der Zahl der Dinge ab, für die er sich schämt. *G. B. Shaw*

Gerade wer das Bewahrenswerte aufbewahren will, muß verändern, was der Erneuerung bedarf.
Willy Brandt

Den wahren Wert anderer erkennen heißt seinen eigenen aussprechen; denn nur der Würdige würdigt.
Ernst von Feuchtersleben

In einem gewissen Alter wird ein Überprüfen der Werte notwendig; es bedarf aber einer besonderen geistigen Freiheit, um sich vom Anerkannten loszumachen.
Andre Gide

Bevor du eine Leiter ersteigst, vergewissere dich, ob sie an der richtigen Mauer lehnt. *Unbekannt*

In dem Augenblick, in dem ein Mensch den Sinn und den Wert des Lebens bezweifelt, ist er krank.
Sigmund Freud

Um fremden Wert willig und frei anzuerkennen, muß man eigenen haben. *Arthur Schopenhauer*

➪ **Grundsätze, Prinzipien**

Wesentlich

Das Wesentliche auf dieser Welt ist unsichtbar.
Antoine de Saint Exupery

Wettbewerb

Die deutschen Manager müssen vier Fragen lösen, um den globalen Wettbewerb zu bestehen:
- Wie steigere ich den Nutzen meiner Produkte und Dienstleistungen (Produkt- und Servicemanagement)?
- Wie operiere ich flexibler, schneller und pünktlicher am Markt (Speed Management)?
- Wie mobilisiere ich das Geisteskapital meiner Mitarbeiter (Human Resource Management)?
- Wie verbessere ich die Qualität meiner Leistungen (Total Quality Management)? *Dietmar Gottschall*

Was die Japaner machen ist unlauterer Wettbewerb. Die arbeiten doch tatsächlich während der Arbeitszeit.
Ephraim Kishon

Wer den Wettbewerb behindert, verhindert zugleich den Fortschritt von morgen. *Wilhelm Hankel*

Die Wettbewerbsfähigkeit eines Landes beginnt nicht in der Fabrikhalle oder im Forschungslabor. Sie beginnt im Klassenzimmer. *Lee Iacocca*

Die Klage über die Schärfe des Wettbewerbs ist in Wirklichkeit meist nur eine Klage über den Mangel an Einfällen. *Walther Rathenau*

Weniger Wettbewerb heißt höhere Preise. Dies bedeutet ein Attentat auf die eigene Kundschaft zu verüben.
Wilhelm Hankel

Ein Indikator für eine funktionierende Marktwirtschaft ist die jährliche Fluktuationsrate. In Deutschland liegt sie bei nur drei Prozent, im Unternehmerparadies Kalifornien erreicht sie dagegen 15 Prozent. Das heißt: Jahr für Jahr muß jeder siebte kalifornische Unternehmer einem Konkurrenten weichen, der besser ist als er. In Deutschland trifft es dagegen nur jeden 33. Der rasche Wechsel fegt veraltete Betriebe vom Markt und schafft Platz für neue, dynamische Unternehmen.
Eberhard Hamer

➪ **Konkurrenz**

Wetter

Das Wetter und meine Laune haben wenig miteinander zu tun. Ich trage meine Nebel und meinen Sonnenschein in meinem Innern. *Blaise Pascal*

Unser deutscher Sommer ist nur ein grünangestrichener Winter. *Heinrich Heine*

Wenn man mit einer jungen Dame vom Wetter redet, vermutet sie, daß man etwas ganz anderes im Sinn hat. Und meistens hat sie damit recht. *Oscar Wilde*

Am zuverlässigsten unterscheiden sich die einzelnen Fernsehprogramme noch immer durch den Wetterbericht. *Woody Allen*

Das Wetter ist eine von Gott geschaffene Einrichtung zur Widerlegung der Meteorologen. *Ralph Boller*

Die meisten Menschen schimpfen über das schlechte Wetter, aber kaum einer tut was dagegen.
Mark Twain

Wenn überhaupt keine Winde wehen, hat sogar der Wetterhahn Charakter. *Stanislaw Jerzy Lec*

➪ **Meteorologie**

Whisky

Die chemische Analyse der sogenannten dichterischen Inspiration ergibt: 99 Prozent Whisky und 1 Prozent Schweiß. *William Faulkner*

Eine der verläßlichsten Musen ist der Whisky.
Brendan Behan

Whisky ist ein probates Mittel, den Geschmack von Wasser zu verbessern. *Brendan Behan*

Whisky ist gut gegen Schlangenbisse. Deswegen sollte er in keinem Schlafzimmer fehlen. *Brendan Behan*

➪ **Alkohol, Trinken**

Wichtigtuer

Es gibt zu viele Wichtigtuer, die nichts Wichtiges tun.
Friedrich Dürrenmatt

Widerspruch

Die Geschichte der Freiheit ist die Geschichte des Widerspruchs. *Woodrow Wilson*

Nur wenige sind es wert, daß man ihnen widerspricht.
Ernst Jünger

Nur Lebendiges schwimmt gegen den Strom.
Karlheinz Deschner

Bornierte Menschen soll man nicht widerlegen wollen. Widerspruch ist immerhin ein Zeichen von Anerkennung. *Richard von Schaukal*

➪ **Andersdenkende, Argument, Meinung**

Widerstand

Qualität offenbart sich am Widerstand. *Hans Arndt*

Kitsch ist Kunst, gescheitert am fehlenden Widerstand.
Sigismund von Radecki

Jugendkraft besteht darin, daß einem jeder Widerstand Freude macht. *Sigismund von Radecki*

Die Straße des geringsten Widerstandes ist nur am Anfang asphaltiert. *Hans Kasper*

Wenn ein Mann sich für unwiderstehlich hält, liegt es oft daran, daß er nur dort verkehrt, wo kein Widerstand zu erwarten ist. *Francoise Sagan*

Man kann am Widerstand wachsen, aber auch schrumpfen. *Ramsey Macdonald*

Auf der Straße des geringsten Widerstandes versagen die stärksten Bremsen. *Stanislaw Jerzy Lec*

➪ **Hindernis**

Wille

Dort, wo der Wille groß ist, können die Schwierigkeiten nicht groß sein. *Niccolo Machiavelli*

Willensstärke ist die Fähigkeit, beim Fernsehen aus einer vollen Schale nur eine Salzmandel zu essen.
Robert Lembke

Mögen auch fehlen die Kräfte, ist doch löblich der Wille. *Ovid*

In großen Dingen ist schon der Wille genug. *Properz*

Die Hoffnung ist die Willenskraft der Schwachen.
Henry de Montherlant

Die Willenskraft der Schwachen heißt Eigensinn.
Marie von Ebner-Eschenbach

Wem sein Wille geschieht, dem entsteht kein Unrecht. (Volenti non fit injuria.) *Römischer Rechtsgrundsatz*

Wer nicht weiß, was er selber will, muß wenigstens wissen, was die anderen wollen. *Robert Musil*

Handle so, daß die Maxime deines Willens jederzeit zugleich als Prinzip einer allgemeinen Gesetzgebung gelten könnte. *Immanuel Kant*

Jedem Vorhaben ist ein Stück kreatürlicher Lust eingegeben, ohne die dem Willen keine Flügel wachsen.
Hans Kasper

Wer seinen Willen durchsetzen will, muß leise sprechen. *Jean Giraudoux*

Freier Wille? Ich kann zwar tun, was ich will, aber ich kann nicht wollen, was ich will.
Wolfgang Hildesheimer

Tat ist Trägheit mal Wille. *Herbert Heckmann*

➪ **Vorsatz, Ziel**

Wind

Wenn überhaupt keine Winde wehen, hat sogar der Wetterhahn Charakter. *Stanislaw Jerzy Lec*

Opportunisten sind Leute, die schon heute die Windrichtung von übermorgen kennen. *Alec Guinness*

Wer in seinem Sprechen die Windstille ist, kann in seinem Schweigen ein Orkan sein. *Hans Kudszus*

Gegen den Wind muß man kreuzen. *Hans Kasper*

Worte sind Luft. Aber die Luft wird zum Wind, und der Wind macht die Schiffe segeln. *Arthur Koestler*

Wer auf frischen Wind wartet, darf nicht verschnupft sein, wenn er kommt. *Helmut Qualtinger*

Es kommt nicht darauf an, woher der Wind weht, sondern daß man die richtigen Segel setzt. *Unbekannt*

Winter

Wer im Sommer das Gras frißt, hat im Winter kein Heu. *Norbert Blüm*

Wer sich in Sommersprossen verliebt, sollte auch an den Winter denken. *Hans Söhnker*

Der Winter ist auch nicht mehr, was er war; die Männer sind alle so unverfroren. *Helen Vita*

Wirbelsturm

Ich begreife nicht, warum die Damen gegen Frauennamen für Wirbelstürme sind. Im Zentrum eines Wirbelsturmes ist es doch am schönsten. *Henry Miller*

Wirklichkeit

Idealisten werden manchmal sehr böse, wenn die Wirklichkeit sie widerlegt. *Jean-Louis Barrault*

Die Wirklichkeit ist eine Sense für Ideale.
Helmut Qualtinger

Heute ist die Utopie vom Vormittag die Wirklichkeit vom Nachmittag. *Truman Capote*

Lieben heißt, sich mit der Wirklichkeit begnügen. *Stefan Napierski*

Die Wirklichkeit ist immer noch phantastischer als alle Phantasie. *Wolf Biermann*

Was sich nicht träumen läßt, hat keine Wirklichkeit. *Hans Erich Nossack*

Wir leben von Möglichkeiten und sterben an Wirklichkeiten. *Hans Kudszus*

Extreme Idealisten sind immer Feiglinge; sie nehmen vor der Wirklichkeit Reißaus. *Jakob Boßhart*

➪ **Realität**

Wirt

Restaurants sind Gelegenheiten, wo Wirte grüßen, Gäste bestellen und Kellner essen. *Karl Kraus*

➪ **Gastronom**

Wirtschaftswissenschaft

Die Wirtschaftswissenschaft ist das einzige Fach, in dem jedes Jahr auf dieselben Fragen andere Antworten richtig sind. *Danny Kaye*

Wissen

Eine Investition in Wissen bringt immer noch die besten Zinsen *Benjamin Franklin*

Alles wissen zu wollen ist genau so töricht wie alles essen zu wollen. Der Weise studiert mit Mäßigung. *Thornton Wilder*

Wissen: jener kleine Teil der Unwissenheit, den wir geordnet und klassifiziert haben. *Ambrose Bierce*

Wissen ist gut, doch Können ist besser. *Emmanuel Geibel*

Man muß viel studiert haben, um wenig zu wissen. *Montesquieu*

Der Unwissende hat Mut, der Wissende hat Furcht. *Alberto Moravia*

Glauben und Wissen verhalten sich wie die zwei Schalen einer Waage; in dem Maße, als die eine steigt, sinkt die andere. *Arthur Schopenhauer*

Mit dem Wissen wächst der Zweifel. *Johann Wolfgang von Goethe*

Die Alten hatten Gewissen ohne Wissen: wir heutzutage haben Wissen ohne Gewissen. *Sprichwort*

Das Wissen kommt und geht, die Weisheit bleibt. *Tennyson*

Die einen wissen, aber können nicht; und die anderen können, aber wissen nicht. Bringen Sie mir einen, der kann und weiß: der ist ein gemachter Mann. *Karl Fürstenberg*

Wissen ist Macht. *F. Bacon*

Ich weiß, daß ich nichts weiß. *Sokrates*

Durch unser Wissen unterscheiden wir uns nur wenig, in unserer grenzenlosen Unwissenheit aber sind wir alle gleich. *Sir Karl Popper*

Früher war der Mensch Herr seines Wissens. Jetzt ist das Wissen sein Gebieter. *John Steinbeck*

Alles auf dieser Welt kann man rückgängig machen, bloß nicht das Wissen. *Alberto Moravia*

Gewissen kann nur sein, wo Wissen ist. *Erhard Blanck*

Es kann doch nicht der Sinn von Bildung sein, daß jeder Einsteins Relativitätstheorie erklären, aber keiner mehr einen tropfenden Wasserhahn reparieren kann. *Norbert Blüm*

Das große Ziel der Bildung ist nicht Wissen, sondern Handeln. *Herbert Spencer*

Es ist nicht genug, zu wissen: man muß auch anwenden, es ist nicht genug zu wollen: man muß auch tun. *Johann Wolfgang von Goethe*

Alles Wissen und alle Vermehrung unseres Wissens endet nicht mit einem Schlußpunkt, sondern mit Fragezeichen. *Hermann Hesse*

Wissen ist so ziemlich das einzige auf der Welt, was auf der Straße liegt und wovon sich jeder nehmen kann, soviel er Lust hat. *Unbekannt*

Wissen ist das Kind der Erfahrung. *Unbekannt*

Die Wissenden reden nicht viel, die Redenden wissen nicht viel. *Chinesisches Sprichwort*

Wenn der Mensch wissend geworden ist, steht unversehens sein Ende bevor. *Chinesisches Sprichwort*

Das menschliche Wissen ist dem menschlichen Tun davongelaufen, das ist unsere Tragik. Trotz aller unserer Kenntnisse verhalten wir uns immer noch wie die Höhlenmenschen von einst. *Friedrich Dürrenmatt*

Wer nichts weiß, muß alles glauben.
Marie von Ebner-Eschenbach

Alles Wissen geht aus einem Zweifel hervor und endigt in einem Glauben.
Marie von Ebner-Eschenbach

Ein Mensch kann nicht alles wissen, aber etwas muß jeder haben, was er ordentlich versteht.
Gustav Freytag

➪ **Bildung**

Wissenschaft

Die Wissenschaft ist ein erstklassiges Möbelstück für das Oberstübchen eines Mannes, der gesunden Menschenverstand im Erdgeschoß hat. *Oliver Holmes*

Niemand bestreitet die Wunder der modernen Wissenschaft. Jetzt wäre es an der Zeit, daß sie auch für ihre Monster die Verantwortung übernimmt.
Jakob von Üxküll

Der Wissenschaftler ist verantwortlich für die Erklärung seines Wissens, nicht aber dafür, wie dieses Wissen angewendet wird. *Edward Teller*

Alle Wissenschaft hat als Ausgangspunkt ein Zweifeln, gegen das der Glaube sich auflehnt. *Andre Gide*

Wissenschaft ist nur eine Hälfte. Glauben ist die andere. *Novalis*

Die Wissenschaft braucht Zusammenarbeit, in der sich das Wissen des einen durch die Entdeckungen des andern bereichert. *Jose Ortega y Gasset*

Die Wissenschaft, richtig verstanden, heilt den Menschen von seinem Stolz; denn sie zeigt ihm seine Grenzen. *Albert Schweitzer*

Ich glaube, das Vertrauen der Öffentlichkeit in die Wissenschaft hat in letzter Zeit gelitten. Man kann sehr viele, auch vernünftige Menschen, sagen hören: "Um Gottes willen, entdeckt doch nicht wieder etwas Neues." *Werner Heisenberg*

Das einzige Ziel der Wissenschaft besteht darin, die Mühseligkeiten der menschlichen Existenz zu erleichtern. *Bertolt Brecht*

➪ **Universität, Wissen**

Wissensdrang

Der Mensch muß bei dem Glauben verharren, daß das Unbegreifliche begreiflich sei; er würde sonst nicht forschen. *Johann Wolfgang von Goethe*

➪ **Neugier**

Witwe

Es ist schon möglich, daß man im Laufe der Zeit an mehrere falsche Frauen gerät. Bei der Wahl seiner Witwe sollte man aber keinen Fehler mehr machen.
Sacha Guitry

Grüne Witwen sind Hinterbliebene von Männern, die noch leben. *Senta Berger*

Der Unterschied zwischen Witwe und Strohwitwe besteht darin, daß erstere weiß, wo ihr Mann liegt.
Markus M. Ronner

Witz

Lieber einen Freund verlieren als einen Witz.
Quintillian

Der Witz ist das einzige Ding, das um so weniger gefunden wird, je eifriger man es sucht.
Friedrich Hebbel

Witze kann man nur dann aus dem Ärmel schütteln, wenn man sie vorher hineingesteckt hat. *Rudi Carrell*

Es ist gefährlich, über einen Witz zu lachen. Man bekommt ihn dann immer wieder zu hören.
Danny Kaye

Manche Komiker sind offensichtlich der Meinung, Witze müßten so alt sein wie bester schottischer Whisky. *George Bernard Shaw*

Ein alter Witz im richtigen Moment ist manchmal besser als ein neuer im falschen. *Henning Venske*

Wenn einer bei uns einen guten politischen Witz macht, dann sitzt halb Deutschland auf dem Sofa und nimmt übel. *Kurt Tucholsky*

Ein guter Witz geht immer für ein Stück Brot, und ein leichter Sinn ersetzt manchen Becher Wein.
Gottfried Keller

Die echten Witze überraschen den Sprecher wie den Hörer; sie entstehen gleichsam wider Willen oder ohne unsere Mitwirkung, wie alles, was Inspiration ist.
Joseph Joubert

Der Witz ist das Erdgeschoß des Humors, die Satire der erste Stock, die Ironie der zweite, der Sarkasmus das Mansardenstübchen. *Werner Kraus*

Man soll Witz haben, aber nicht wollen; sonst entsteht Witzelei. *Friedrich Schlegel*

Witz - die Waffe der Wehrlosen. *Peter Wapnewski*

Der politische Witz ist ein Stimmungsbarometer, an dem die Führungsschicht ablesen kann, wie sie beim Volk ankommt. *Fritz Riemann*

➪ **Geist, Humor, Satire**

Wohlstand

Wohlstand ist die Summe des Überflüssigen, ohne das man nicht mehr auskommen kann. *Gustav Knuth*

Wohlstand ist die Durchgangsstation von der Armut zur Unzufriedenheit. Helmut Nahr

Während die schweigende Mehrheit den Wohlstand produziert, produziert eine lautstarke Minderheit den Mißmut. *Karl Steinbuch*

Der Wohlstand beginnt, wenn der Urlaub langweilig wird. *Unbekannt*

Nur wer im Wohlstand lebt, schimpft auf ihn. *Ludwig Marcuse*

Wohlstand tut genauso weh wie Hunger, bloß an einer anderen Stelle. *Bert Collins*

Der Wohlstand beginnt da, wo der Mensch anfängt, mit dem Bauch zu denken. *Norman Mailer*

➪ **Reichtum**

Wohnungswechsel

Dreimal umziehen ist so gut wie einmal abbrennen. *Benjamin Franklin*

Wolf

Pazifisten sind wie Schafe; sie glauben, der Wolf sei Vegetarier. *Yves Montand*

Es nützt den Schafen wenig, für die vegetarische Lebensweise einzutreten, solange der Wolf gegenteiliger Meinung bleibt. *Dean William Ralph Inge*

Wollen

Drei Dinge machen einen guten Meister: Wissen, Können und Wollen. *Sprichwort*

➪ **Wille**

Wollust

Die Wollust ist die Prämie der Natur für die Mühen von Zeugung und Geburt. *Sigmund Freud*

Worte

Ausgesprochene Worte sind wie entlaufene Hunde. *Unbekannt*

Den Deutschen wohnt offenbar seit jeher eine besondere Liebe zum Schlagwort inne, die Neigung, mit Hilfe von gewaltsamer Simplifizierung komplexe Probleme auf einfachste Formeln zu bringen und damit Einwände und Gegenargumente so bald und so rasch wie irgend möglich zu erschlagen - daher der Name «Schlagwort». *Volkmar Muthesius*

Worte sind Luft. Aber die Luft wird zum Wind, und der Wind macht die Schiffe segeln. *Arthur Koestler*

Worte nützen sich ab. *Romano Guardini*

Reporter: ein Schreiber, der den Weg zur Wahrheit errät und ihn mit einem Wolkenbruch von Worten verschüttet. *Ambrose Bierce*

Die großen Dinge haben einen tödlichen Feind: die großen Worte. *Hans Krailsheimer*

Stil haben: das heißt die Worte so setzen, daß die Gedanken spazieren können. *Hans Lohberger*

Der Geist einer Sprache offenbart sich am deutlichsten in ihren unübersetzbaren Worten. *Marie von Ebner-Eschenbach*

Worte sind das stärkste Rauschgift, das die Menschheit verwendet. *Rudyard Kipling*

Junge Damen erkennt man heute daran, daß sie Wörter gebrauchen, die man früher in ihrer Gesellschaft vermieden hätte. *Johannes Heesters*

Wer eine Frau beim Wort nimmt, ist ein Sadist. *Jeanne Moreau*

Es ist immer etwas verwirrend, wenn der falsche Mann die richtigen Worte sagt. *Norman Mailer*

Es gibt so große leere Worte, daß man darin ganze Völker gefangenhalten kann. *Stanislaw Jerzy Lec*

Groß ist, wer im gegebenen Augenblick ein Wort sprechen kann, das zum geflügelten wird. *Albert Vigoleis Thelen*

Literatur ist die Kunst, Außergewöhnliches an gewöhnlichen Menschen zu entdecken und darüber mit gewöhnlichen Worten Außergewöhnliches zu sagen. *Boris Pasternak*

Richtig verheiratet ist ein Mann erst dann, wenn er jedes Wort versteht, das seine Frau nicht gesagt hat.
Alfred Hitchcock

Da Worte nicht nur gesprochene Atemzüge sind, sollte jeder, der etwas spricht, auch inhaltlich etwas zu sagen haben. *Dschuang Tse*

Und einmal hinausgesandt, flieht unwiderruflich das Wort dahin. (Et semel emissum volat irrevocabile verbum.) *Horaz*

Gebrauche nie ein hartes Wort, wo ein glimpfliches seine Dienste tut. *Johann Peter Hebel*

Viele Menschen sind gut erzogen, um mit vollem Mund zu sprechen, aber sie haben keine Bedenken, dies mit leerem Kopf zu tun. *Orson Welles*

Ein Wort ist wie ein Pfeil, der - einmal von der Sehne geschnellt - nicht mehr zurückgeholt werden kann.
Arab. Sprichwort

Der Unterschied zwischen dem richtigen Wort und dem beinahe richtigen ist derselbe wie zwischen dem Blitz und einem Glühwürmchen. *Mark Twain*

Am Anfang war das Wort - am Ende die Phrase.
Stanislaw Jerzy Lec

Von zwei möglichen Wörtern ist immer das schlichtere zu wählen. *Paul Valery*

Die zehn Gebote enthalten 279 Wörter, die amerikanische Unabhängigkeitserklärung 300 und die Verordnung der Europäischen Gemeinschaft über den Import von Karamelbonbons hat exakt 25911 Wörter.
Franz Josef Strauß

Wer mit 20 Wörtern sagt, was man auch mit 10 Wörtern sagen kann, der ist auch zu allen anderen Schlechtigkeiten fähig. *Giosue Carducci*

Er ergriff das Wort. Da verschlug es ihm die Sprache.
Peter Benary

Wer dein Schweigen nicht versteht, versteht auch deine Worte nicht. *Elbert Hubbard*

Was dein Wort zu bedeuten hat, erfährst du durch den Widerhall, den es erweckt.
Marie von Ebner-Eschenbach

➪ **Sprache, Diskutieren, Reden, Rhetorik**

Wunde

Der Krieg wird niemals zu Ende sein, solange noch eine Wunde blutet, die er geschlagen hat.
Heinrich Böll

Man kann die Wunden anderer nur heilen, wenn man selber welche hat. *Carl Gustav Jung*

Der Optimist sieht bereits die Narbe über der Wunde, der Pessimist immer noch die Wunde unter der Narbe.
Ernst Schröder

Wunder

Alltag ist nur durch Wunder erträglich. *Max Frisch*

Wer nicht an Wunder glaubt, ist kein Realist.
Ben Gurion

Wunder haben die Eigenschaft, daß sie nicht vorhersehbar sind. *Unbekannt*

Es gibt kein Wunder für den, der sich nicht wundern kann. *Marie von Ebner-Eschenbach*

Wenn ein Elefant einen Laden voller Porzellanscherben betritt und bei seinem Weggehen in den Vitrinen wieder lauter heiles Geschirr steht, so ist das Wunder geschehen, an das jeder Psychotherapeut glaubt. *Hans Kudszus*

Wunder: die Kausalität zerbricht sich den Kopf.
Heinrich Wiesner

Nichts kann schöner sein als das Wunderbare. Wer da ohne Empfindung bleibt, wer sich nicht versenken kann und nicht das tiefe Erzittern der verzauberten Seele kennt, der könnte ebenso gut tot sein: er hat schon geschlossene Augen. *Albert Einstein*

Das Wunder ist des Glaubens liebstes Kind.
Johann Wolfgang von Goethe

Das große unzerstörbare Wunder ist der Menschenglaube an Wunder. *Jean Paul*

➪ **Glaube, Religion**

Wunderkind

Das ist der Fluch angeborener Intelligenz: mit vier Jahren Wunderkind - mit vierzig wunderlich.
Ernest Hemingway

Wurzel

Wer seine Wurzeln nicht kennt, kennt keinen Halt.
Stefan Zweig

Unter Fortschritt verstehen die meisten die Unfähigkeit, Wurzel zu fassen. *Richard von Schaukal*

Was nicht in die Wurzel geht, geht nicht in die Krone.
Friedrich Georg Jünger

Manchmal schlägt der Lorbeer im Kopf Wurzeln.
Stanislaw Jerzy Lec

Wüste

Die Wüste kennt nur, wer sie zu Fuß durchquert.
Hans Kudszus

Es ist besser, in einer Wüste wach zu sein, als in einem Paradies zu schlafen. *Waldemar Bonsels*

Wer sich nicht mehr wundern und in Ehrfurcht verlieren kann, der ist seelisch bereits tot.
Albert Einstein

Wünsche

Es gibt im Leben nur zwei Sünden: zu wünschen, ohne zu handeln, oder zu handeln ohne Ziel. *Josef Schmidt*

Ein Wunsch kann durch nichts mehr verlieren als dadurch, daß er in Erfüllung geht. *Peter Bamm*

Ein Mensch oder eine Gesellschaft, die ohne Wünsche oder Bedürfnisse wären, sind einfach undenkbar.
Ludwig Erhard

Wenn du die Menschen glücklich machen willst, dann beschenke sie nicht, sondern nimm ihnen einige ihrer Wünsche. *Epikur*

Wer wunschlos glücklich ist, hat dennoch einen Wunsch: daß es die anderen merken. *Toskana*

Das Unmögliche

Das Unmögliche ist das, was man nie versucht hat.
Hans Günther Adler

Nur mit dem Unmöglichen als Ziel kommt man zum Möglichen. *Miguel de Unamuno*

Die Wissenschaftler bemühen sich oft, das Unmögliche möglich zu machen, die Politiker das Mögliche unmöglich. *Bertrand Russell*

Man muß das Unmögliche versuchen, um das Mögliche zu erreichen. *Hermann Hesse*

Hoffnung ist der krankhafte Glaube an den Eintritt des Unmöglichen. *Henry Louis Mencken*

➪ **Vision, Ziel, Utopie, Wunder, Vision, Träumen**

Würde

Das Datum 20. Juli 1944 wird die Deutschen für immer daran erinnern, daß die Würde jedes einzelnen Menschen aller staatlichen Gewalt vorausgeht, ihr übergeordnet ist. *Helmut Kohl*

Grundlage aller Ethik ist die Würde des Menschen.
Ulrich Wickert

Wundern

Die Fähigkeit, uns zu wundern, ist das einzige, was wir brauchen, um gute Philosophen zu werden.
Jostein Gaarder

➪ **Wunder**

Z

Zähne

Lächeln ist die beste Art, den Leuten die Zähne zu zeigen. *Werner Finck*

Je weniger Zähne ein Mann hat, desto leichter beißt er an. *Trude Hesterberg*

Man kann auch mit lauter echten Zähnen ein falsches Lächeln produzieren. *Gabriel Laub*

Adam und Eva hatten viele Vorteile. Vor allem bekamen sie ihre Zähne sofort und auf einmal. *Mark Twain*

Wenn wir keine eigenen Zähne mehr haben, bekommen wir erst so richtig Lust zuzubeißen. *Thomas Bernhard*

Zahnarzt

Zahnarzt: ein Taschenspieler, der, während er Metall in deinen Mund hineinsteckt, Münzen aus deiner Tasche herauszieht. *Ambrose Bierce*

Ein Zahnarzt ist ein Mann, dem man die Zähne zeigen muß, damit er arbeitet. *Unbekannt*

Zehe

Takt ist die Fähigkeit, einem anderen auf die Beine zu helfen, ohne ihm dabei auf die Zehen zu treten. *Curt Goetz*

Der bequemste Standort ist prinzipiell der auf den Zehen des politischen Gegners. *Georges Clemenceau*

Zeit

Liebst du das Leben? Dann verschwende nicht die Zeit. Denn da ist der Stoff, aus dem das Leben gemacht ist. *Benjamin Franklin*

Es sollte Uhren geben, die nur weitergehen, wenn die Zeit, die du lebst, sich lohnt. *Urs Widmer*

Die Zeit ist unser Regelkreis für Erfolg, Wohlstand und Glück. *Josef Schmidt*

Zeit haben heißt wissen, wofür man Zeit haben will und wofür nicht. *Emil Oesch*

Für alles Zeit haben wollen ist die größte Illusion jener, die nie Zeit haben für die Hauptsache! *Emil Oesch*

Keine Zeit ist mit der Zeit zufrieden; das heißt, die Jünglinge halten die künftige für idealer als die gegenwärtige, die Alten die vergangene. *Jean Paul*

Die Zeit verweilt lange genug für denjenigen, der sie nutzen will. *Leonardo da Vinci*

Wer keine Zeit hat, ist ärmer als der ärmste Bettler. *Italien*

Wer immer gehetzt ist, nimmt sich selbst zu wichtig. *Hermann Gentsch*

Die Zeit schreitet voran. Und die Menschheit? *Stanislaw Jerzy Lec*

Man verliert die meiste Zeit damit, daß man Zeit gewinnen will. *John Steinbeck*

Zeit ist Geld. Aber nur, wenn man keine Zeit hat. *Herbert Frenzel*

Der eine wartet, daß die Zeit sich wandelt. - Der andere packt sie kräftig an - und handelt. *Dante*

So gut wie heute war die gute alte Zeit noch nie! *Oliver Hassencamp*

Die Zeit eilt, heilt - und teilt. *Uhren-Spruch*

Prioritäten setzen heißt auswählen, was liegenbleiben soll. *Helmar Nahr*

Eilen hilft nicht. Zur rechten Zeit aufzubrechen, ist die Hauptsache. *La Fontaine*

Eile ist des Teufels Bote. *Serbisches Sprichwort*

Die Managerkrankheit ist eine Epidemie, die durch den Uhrzeiger hervorgerufen und durch den Terminkalender übertragen wird. *John Steinbeck*

Der Fleißige hat die meiste Freizeit. *Northcote Parkinson*

Die Menschen wissen nicht mehr, was Muße ist, sie sind Freizeitverbraucher geworden. *Vittorio de Sica*

Gott schuf zwar die Zeit, aber von der Eile hat er nichts gesagt. *Finnisches Sprichwort*

Die Zeit, die ist ein sonderbar Ding. Wenn man so hinlebt, ist sie rein gar nichts. Aber dann auf einmal, da spürt man nichts als sie. Sie ist um uns herum, sie ist auch in uns drinnen. In den Gesichtern rieselt sie, im Spiegel da rieselt sie, in meinen Schläfen fließt sie. Und zwischen mir und dir da fließt sie wieder. Lautlos, wie eine Sanduhr. *Hugo von Hofmannsthal*

Man kann die Zeit der Menschen kaufen, das heißt, ihre körperliche Anwesenheit an einem bestimmten Platz. Aber man keine Begeisterung, keine Initiative und keine Betriebstreue kaufen. Diese Werte muß man sich verdienen. *Clarence Francis*

Die Zeit, welche die Technik erspart, kostet der Bürokrat, der sie organisiert. *Ludwig Marcuse*

Wer einem andern die Zeit stiehlt, ist auch ein Dieb. *Sprichwort*

Vielleicht gibt es schönere Zeiten; aber diese ist die unsere. *Jean-Paul Sartre*

Es gibt Diebe, die von den Gesetzen nicht bestraft werden und dem Menschen doch das Kostbarste stehlen: die Zeit. *Napoleon*

Er war so freigiebig mit seiner Zeit, daß er statt einer Armbanduhr einen Abreißkalender am Handgelenk trug. *Wolfdietrich Schnurre*

Die Zeit fordert von uns alles zurück, was sie uns gegeben hat. *Reinhold Schneider*

Das Leben ist kurz, und seine Zeit verlieren ist eine Sünde. *Albert Camus*

Wir leben in einer Zeit des eiligen Müßiggangs. Viele Leute tun nichts, aber sie tun es in Eile. *Curtis Baker*

Zwar erfinden wir fortwährend neue zeitsparende Einrichtungen und Maschinen. Aber trotzdem haben wir immer weniger Zeit. Das ist der Fluch, der auf uns lastet. *Thornton Wilder*

Wirklich reich sind nur die Leute, die mit der Zeit nicht sparen müssen. *Ernest Claes*

Wer den schlechtesten Gebrauch von seiner Zeit macht, jammert am meisten, daß sie so knapp ist. *Jean de la Brujere*

Tue nicht so, als hättest du tausend Jahre zu leben. *Marc Aurel*

Glück ist, wenn man zusieht, wie die Zeit vergeht, und davon überzeugt ist, daß sie für einen arbeitet. *Werner Schneyder*

Nichts ist so sehr für die gute alte Zeit verantwortlich wie das schlechte Gedächtnis. *Anatole France*

Schlechte Zeiten sind gute Gesprächsthemen. *Wolf Wondratschek*

Die Zeit ist ein guter Arzt, aber ein schlechter Kosmetiker. *William Somerset Maugham*

Die Zeit wartet auf keinen, auch nicht auf dich. *Mick Jagger*

Lebenskünstler sind Menschen, die nicht nur Zeit für das Notwendige, sondern auch für das scheinbar Überflüssige haben. *Friedl Beutelrock*

Das Merkwürdigste an der Zukunft ist wohl die Vorstellung, daß man unsere Zeit später die gute alte Zeit nennen wird. *John Steinbeck*

Jetzt sind die guten alten Zeiten, nach denen man sich in zehn Jahren zurücksehnt. *Peter Ustinov*

➪ **Uhr, Zeitmanagement**

Zeitgeist

Zeitgeist ist, wenn alle gleichzeitig anders sein wollen als die anderen. *Werner Schneyder*

Zeitmanagement

An jeder ordentlichen Chefzimmertür sollte ein gutes Schloß sein. *Matthias Scharlach*

Es gibt vier verschiedene Arten, seine Zeit zu vertun: nichts zu tun, etwas falsch zu tun, es ungenau zu tun oder im falschen Augenblick zu tun! *Voltaire*

Es gibt Manager, die die Zeit nutzen, das Richtige zu tun, andere, die in der Zeit viel erledigen, und solche, die die Zeit erledigen. *Matthias Scharlach*

Es ist besser, auf morgen zu verschieben, was man heute nicht gut und mühelos tun kann, als Dinge in der Überstürzung zu tun, die aus dem Gefühl kommt, zu viel zu tun zu haben. *Talleyrand*

Arbeit in Ruhe zu leisten ist Zeitgewinn. *Emil Oesch*

Es gibt im Leben
nur zwei Sünden:
zu wünschen,
ohne zu handeln,
oder zu handeln,
ohne Ziel.

JOSEF SCHMIDT

Man die Zeit mit Arbeit füllen, man kann auch etwas leisten. *Matthias Scharlach*

Gutes Zeitmanagement beginnt bei gezieltem Mitarbeitercoaching. *Matthias Scharlach*

➪ **Arbeitsmethodik**

Zeitung

Wenn Sie mit einem Gesprächspartner weder politisch noch kulturell übereinstimmen, besagt das nicht, daß der Betreffende anderer Meinung ist. Er liest vielleicht nur eine andere Zeitung. *Oliver Hassencamp*

Den Blick auf die Welt kann man mit einer Zeitung versperren. *Stanislaw Jerzy Lec*

Solange man mit einem Fernsehapparat keine Fliege totschlagen kann, solange kann er die Zeitung nicht ersetzen. *Manfred Rommel*

Selbst wenn die Zeitung noch so ärgerliche und finstere Dinge verkündet oder prophezeit - solange sie überhaupt da ist, kann es nicht allzu schlimm sein. *Joachim Kaiser*

In einer Zeitung schreiben heißt, die Menschen vor sich sehen, die sie lesen sollen. *Walther Victor*

Das Problem der Zeitungsberichterstattung liegt darin, daß das Normale uninteressant ist. *Saul Bellow*

Die Zeitung deckt unseren täglichen Bedarf an Vergänglichkeit. *Ernst Schröder*

Zeitungen ersetzen das Leben; daher ihre Popularität. *Stefan Napierski*

Die Zeitung ist die Konserve der Zeit. *Karl Kraus*

Die Zeitung: heute aktuell, morgen Wurstpapier, in zwanzig Jahren Kulturgeschichte. *Paul Fechter*

Zeitungen sind Sekundenzeiger der Geschichte. *Arthur Schopenhauer*

Zeitungsleute sind Menschen, die zum Frühstück dicke Schlagzeilen schlürfen. *Unbekannt*

Der sicherste Weg, in die Zeitung zu kommen, besteht darin, eine zu lesen, während man die Straße überquert. *Alberto Sordi*

➪ **Presse, Journalist, Medien**

Zensur

Die gefährlichste Form der Zensur ist die Schere im eigenen Kopf. *Curzio Malaparte*

Die Perfektion der Zensur ist erreicht, wenn nur solche Bücher zur Lektüre freigegeben werden, die ohnehin niemand liest. *George Bernard Shaw*

Zensur hat auch ihre gute Seite: zahllosen Büchern hat sie wenigstens einen Leser beschert. *Kateb Yacine*

Zensur ist geheime Empfehlung durch öffentliches Verbot. *Dieter Hildebrandt*

Was wäre die Pornographie ohne die Zensur? *Roger Vadim*

Auch Kochbücher sollten der Zensur unterliegen. *Stanislaw Jerzy Lec*

Ziele

Wenn du nicht weißt, wo du hingehst, wirst du möglicherweise sonstwo ankommen. *Laurence J. Peter*

Was immer Sie beginnen und unternehmen wollen, Sie müssen sich fragen, ob Sie sich dieses Ziel wünschen, ob es sich mit Ihrem Lebensziel deckt und es Ihnen Freude bereitet, an diesem Ziel zu arbeiten. Sie müssen sich für Ihre Ziele begeistern können, es muß eine Faszination davon ausgehen. *Josef Schmidt*

Verbissen auf ein Ziel hinzuarbeiten bringt gar nichts. Man braucht hin und wieder die Freiheit, nichts machen zu müssen und nur das zu tun, worauf man momentan Lust hat. *Artur Fischer*

Wer etwas Großes will, der muß sich zu beschränken wissen; wer dagegen alles will, der will in der Tat nichts und bringt es zu nichts. *Georg Wilhelm Friedrich Hegel*

Den meisten Unternehmen, die in der Krise stecken oder im Aufschwung nicht mithalten können, fehlt es an einem klaren Ziel. *Manfred Helfrecht*

Der gerade Weg ist der kürzeste, aber es dauert meist am längsten, bis man auf ihm zum Ziele gelangt. *Georg Christoph Lichtenberg*

Es gibt immer mehr Straßen und immer weniger Ziele. *Werner Mitsch*

Heute denke ich das, was mich meinem Ziel näherbringt. Meine Worte unterstreichen und bekräftigen meine Gedanken. Mit meinem Handeln werde ich das unterstützen, was ich zielgerichtet denke und sage. Heute denke ich zielgerichtet; sage, was ich denke; und tue, was ich sage! *Moitplan-Kalender 1988*

Das Ziel muß man früher kennen als die Bahn. *Jean Paul*

Jeder muß sich ein Ziel setzen, das er nicht erreichen kann, damit er stets zu ringen und zu streben hat. *Johann Heinrich Pestalozzi*

Man lebt nicht, wenn man nicht für etwas lebt.
Robert Walser

Wer im Leben kein Ziel hat, verläuft sich.
Abraham Lincoln

Wer den Hafen nicht kennt, in den er segeln will, für den ist kein Wind ein günstiger. *Seneca*

Man macht sich lächerlich, spannt man sein Ziel zu weit. *Jean Baptiste Moliere*

Der ans Ziel getragen wurde, darf nicht glauben, es erreicht zu haben. *Marie von Ebner-Eschenbach*

Als ich merkte, daß von Leuten mit gleichen Fähigkeiten die einen sehr arm, die anderen aber sehr reich sind, verwunderte ich mich und es schien mir eine Untersuchung wert, wie das kommt. Da stellte sich nun heraus, daß das ganz natürlich zuging. Wer nämlich ohne Planung handelt, an dem rächt es sich. Wer sich aber mit angespanntem Verstand bemüht, der arbeitet schneller, leichter und gewinnbringender.
Sokrates

Die Welt macht dem Menschen Platz, der weiß, wohin er geht. *Ralph Waldo Emerson*

Der Mensch ist ein zielstrebiges Wesen, aber meist strebt er zuviel und zielt zuwenig. *Günther Radtke*

Ich bin fest davon überzeugt, daß jedes Unternehmen, um zu überleben und erfolgreich zu sein, einen gesunden Bestand an Grundüberzeugungen braucht, von denen es sich bei allen Entscheidungen und Maßnahmen leiten läßt. *Thomas Watson junior*

Am Ziele deiner Wünsche wirst du jedenfalls eines vermissen: dein Wandern zum Ziel.
Marie von Ebner-Eschenbach

Wenn wir die Ziele wollen, wollen wir auch die Mittel.
Immanuel Kant

Wenn wir das Ziel aus den Augen verloren haben, verdoppeln wir unsere Anstrengungen. *Unbekannt*

Wer alle seine Ziele erreicht, hat sie wahrscheinlich zu niedrig gewählt. *Herbert von Karajan*

Wer in seinen Mitteln nicht wählerisch ist, sollte es wenigstens in seinen Zielen sein. *Gerd Gaiser*

Wer auf dem Mond gewesen ist, für den gibt es auf der Erde keine Ziele mehr. *Astronaut Edwin Aldrin*

Der Weg ist immer mehr als das Ziel.
Heimito von Doderer

Nur mit dem Unmöglichen als Ziel kommt man zum Möglichen. *Miguel de Unamuno*

Wenn du hinter zwei Hasen herläufst, fängst du keinen von beiden. *Englisches Sprichwort*

Fleiß für die falschen Ziele ist noch schädlicher als Faulheit für die richtigen. *Peter Bamm*

Fanatismus besteht im Verdoppeln der Anstrengung, wenn das Ziel vergessen ist. *George Santayana*

Der Langsamste, der nur sein Ziel nicht aus den Augen verliert, geht noch immer geschwinder als der, der ohne Ziel herumirrt. *Gotthold Ephraim Lessing*

Dreh dich nicht um, wenn du kurz vor dem Ziel bist.
Publius Syrus

Wer ein Ziel hat, ist der Lösung schon sehr nahe.
Matthias Scharlach

Wer das Saatgut ißt, erspart sich den Erntewagen.
Sprichwort

Kein Ziel ist so hoch, daß es unwürdige Methoden rechtfertigte. *Albert Einstein*

➪ **Vision**

Zielscheibe

Eine der fröhlichsten Erfahrungen im Leben ist es, als Zielscheibe zu dienen, ohne getroffen zu werden.
Winston S. Churchill

Zielstrebigkeit

Hab' Geduld, alle Dinge sind schwierig, bevor sie leicht werden. *Französisches Sprichwort*

Immer gibt es einen Ausweg, aber nicht immer sehen wir ihn gleich. *Lech Walesa*

Ein Mensch kann nicht mehr tun, als in seiner Macht steht - aber zumindest das kann er mit aller Macht tun.
Malcolm Forbes

Fortschritt birgt immer Risiko, man kann nicht die zweite Stufe erklimmen und auf der ersten stehenbleiben. *Frederick Wilcox*

Wenn wir uns etwas vorgenommen haben, lassen wir uns nicht schnell demotivieren, weil etwas angeblich nicht machbar ist und noch nie gegangen ist. Wir sagen uns, es muß gehen, und es geht dann auch plötzlich, merkwürdigerweise. Und das setzt voraus, sich nicht von Argumenten beeindrucken zu lassen, die auf das Mittelmaß zurückführen. *Justus Frantz*

Bewahre mich vor der Angst, ich könnte das Leben versäumen. Gib mir nichts, was ich mir wünsche, sondern was ich brauche. Lehre mich die Kunst der kleinen Schritte. *Antoine de Saint Exupery*

Wenn nichts mehr zu helfen scheint, schaue ich einem Steinmetz zu, der vielleicht 100mal auf seinen Stein einhämmert, ohne daß sich auch nur der geringste Spalt zeigt; doch beim 101. Schlag wird er entzweibrechen, und ich weiß, daß es nicht dieser Schlag war, der es vollbracht hat - sondern alle Schläge zusammen. *Jacob Riis*

Will man Schweres bewältigen, muß man es leicht angehen. *Bertolt Brecht*

Hindernisse sind die furchterregenden Dinge, die du siehst, wenn du deine Augen vom Ziel abwendest. *Unbekannt*

Genie besteht zu einem Prozent aus Inspiration und zu 99 Prozent aus Transpiration. *Thomas Alva Edison*

Die Lebensqualität eines Menschen steht in direktem Verhältnis zu seinem Streben nach Vortrefflichkeit, unabhängig von dem gewählten Betätigungsfeld. *Vicent T. Lombardi*

Wenn die anderen glauben, am Ende zu sein, muß man erst anfangen. *Konrad Adenauer*

➪ **Ausdauer, Fleiß, Wille**

Zigarette

Heutzutage gilt ein Mann schon als Gentleman, wenn er die Zigarette aus dem Mund nimmt, bevor er eine Frau küßt. *Barbra Streisand*

Zinsspanne

Die Zinsspanne ist jene feine Differenz, die Bankiers zu allen Zeiten ein sorgenfreies Leben garantierte. *Ron Kritzfeld*

Zirkus

Der Zirkus ist ein Ort, wo Pferde, Ponys und Elefanten zusehen dürfen, wie Männer, Frauen und Kinder sich wie Narren benehmen. *Ambrose Bierce*

Zitate

Ein gutes Zitat ist ein Diamant am Finger eines geistreichen Menschen und ein Pflasterstein in der Hand eines Narren. *Joseph Roux*

Gelegentlich zitiere ich große Staatsmänner - aber die Zitate erfinde ich. Es dauert mir zu lange, ein passendes echtes zu finden. *Indro Montanelli*

Von der Mehrzahl literarischer Werke bleiben nur die Zitate übrig. Wäre es da nicht besser, von Anfang an nur die Zitate aufzuschreiben? *Stanislaw Jerzy Lec*

Die meisten Menschen sprechen nicht, sie zitieren nur. Man könnte ruhig fast alles, was sie sagen, in Anführungsstriche setzen. *Christian Morgenstern*

Das Zitat, vor allem das geflügelte Wort, hat noch andere Aufgaben: es kann als eine Art geistiger Kurzschrift dienen. *Ludwig Reiners*

Ein Zitat ist besser als ein Argument. Man kann damit in einem Streit die Oberhand gewinnen, ohne den Gegner überzeugt zu haben. *Gabriel Laub*

Zitat: die fehlerhaft wiedergegebenen Worte eines anderen. *Ambrose Bierce*

Wir gehen zu Shakespeare nur noch, um seine Zitate zu erkennen. *Orson Welles*

Ein Interviewer sollte die Zitate eines Politikers besser kennen als dieser selbst. *Günter Gaus*

Die berühmten geflügelten Worte wurden von berühmten Männern nach ihrem Tod erfunden. *Jules Renard*

Managerseminar mit 30 Herren aus der mittleren Führungsebene. Treffen im Tagungshotel am letzten Tag. Der Seminarleiter spricht: *"Meine Herren, zum Schluß sollen Sie Gelegenheit haben, Ihre Allgemeinbildung zu testen. Also - ich nenne ein klassisches Zitat und Sie sagen mir, wer es gesagt hat, wo und wann"*. Er beginnt: *"Vom Eise befreit sind Strom und Bäche..."* Keiner weiß es. Da meldet sich ganz hinten ein kleiner Japaner: *"Johann Wolfgang von Goethe, Faust, Osterspaziergang 1806!"* Die Teilnehmer murmeln anerkennend. Nächste Frage: *"Der Mond ist aufgegangen, die goldnen Sternlein prangen..."*. Und wieder, wie aus der Pistole geschossen, der Japaner: *"Matthias Claudius, Abendlied 1979"*. Die Manager schauen peinlich berührt zu Boden. Der Seminarleiter: *"Fest gemauert in der Erden..." "Schiller"*, strahlt der Japaner. *"Das Lied von der Glocke, 1799!"* Jetzt finden es die Manager langsam ärgerlich. Murmelt einer in der ersten Reihe: *"Scheißjapaner"*. Wieder ertönt die Stimme von hinten: *"Max Grundig, CeBIT 1982."*

➪ **Aphorismen, Sprichwort**

Zivilcourage

Ich spüre es immer stärker: man ist nicht mehr ehrlich. Zu sich selbst nicht und nicht zu den anderen. Es gibt zuwenig Zivilcourage, und die meisten verbergen ihre wirkliche Meinung. *Konrad Adenauer*

Unter Zivilcourage verstehe ich, daß es für mich ganz einfach zu anstrengend ist, zu überlegen, was ich verschweigen könnte. *Anja Silja*

Zivilcourage ist das, was von einem Menschen übrigbleibt, wenn der Vorgesetzte das Zimmer betritt. *Wernher von Braun*

Wer zur Quelle will, muß gegen den Strom schwimmen. *Japanisch*

Nur Lebendiges schwimmt gegen den Strom. *Karlheinz Deschner*

Es ist ganz natürlich, daß man anstößt, sobald man der Strömung nicht mehr folgt. *Andre Gide*

Der so handelt wie alle Welt, ärgert sich notwendigerweise über den, der nicht so handelt wie er. *Andre Gide*

Wo die Zivilcourage keine Heimat hat, reicht die Freiheit nicht weit. *Willy Brandt*

Nichts ist schwerer und nichts erfordert mehr Charakter, als sich in offenem Gegensatz zu seiner Zeit zu befinden und laut zu sagen: "Nein." *Kurt Tucholsky*

➪ **Mut, Charakter**

Zivilisation

Zivilisation ist die unablässige Vermehrung unnötiger Notwendigkeiten. *Mark Twain*

Was ist Zivilisation anderes als wachsende Entfernung von der Natur? *Jean Giono*

Ein Blick in die Geschichte zeigt, daß Zivilisationen, die den Drang nach mehr Wissen aufgegeben haben, zur Auflösung verurteilt sind. *Sir Bernard Lovell*

Es gibt Anbeter der Zivilisation, für die ein Grashalm, ein Vogel in der Luft nur bedauerliche Anzeichen dafür sind, daß der Mensch mit der Natur noch nicht gründlich aufgeräumt hat. *Heinz Piontek*

Zivilisation ist, wenn man - wenn überhaupt - nur zu ruinösen Preisen einen Klempner bekommt, der einen davor bewahrt, daß man im Winter im Freien erfriert und in der Wohnung vor Überhitzung a konto festgeklemmter Ventile erstickt. *Fred 0. Immergrün*

Zivilisation ist die unablässige Vermehrung unnötiger Notwendigkeiten. *Mark Twain*

Zivilisation ist einfach eine Reihe von Siegen über die Natur. *William Harvey*

Zivilisation: die Eskimos bekommen warme Wohnungen und müssen arbeiten, um Geld für Kühlschränke zu verdienen. *Gabriel Laub*

Die Zivilisation ist nichts anderes als ein Farbanstrich, der vom nächsten Regen fortgewaschen wird. *Unbekannt*

➪ **Natur, Wachstum, Umwelt**

Zögern

Kein weiser oder tapferer Mann legt sich auf die Schienen der Geschichte und wartet, daß der Zug der Zukunft ihn überfährt. *Dwight D. Eisenhower*

➪ **Aufschieben, Warten**

Zölibat

Auch das Zölibat ist eine Form von Empfängnisverhütung. *Günther Schatzdorfer*

Zorn

Denn je größer ein Mensch, um so versöhnlicher ist er im Zorne; ein edles Gemüt fühlt sich stets zur Güte geneigt. *Ovid*

Zorn ist ein teurer Luxus, den sich nur Menschen mit einem bestimmten Einkommen leisten können. *Unbekannt*

Der Zorn fällt zuerst auf den Zürnenden zurück. *Persien*

Der Zorn ist eine kurze Raserei. (Ira furor brevis est.) *Horaz*

Der Zorn ist immer schädlicher als die Beleidigung, die ihn hervorrief. *Östliche Weisheit*

Wer nicht fähig ist, über ein privates Unrecht, das ihm geschehen ist, zornig zu werden, der wird schwer kämpfen können. Wer nicht fähig ist, über andern angetanes Unrecht zornig zu werden, der wird nicht für die große Ordnung kämpfen können. *Bertolt Brecht*

Das größte Gegenmittel gegen den Zorn ist der Aufschub. *Lucius Annaeus Seneca*

Nicht durch Zorn, sondern durch Lachen tötet man. *Friedrich Nietzsche*

➪ **Ärger, Unbeherrschtheit**

Zufall

Lebensskeptiker behaupten mit suggestiver Emphase: Zufälle sind nichts anderes als lästige grün-glibbrig-schleimige Aulen des Schicksals, die fahrlässig-unprogrammiert in den Papierkorb - oder Spucknapf der Ewigkeit gerotzt werden. *Hubert Pepsin*

Es gibt Zufälle, an denen sind noch die Fingerabdrücke Gottes. *Nikolaus Cybinski*

Je planmäßiger die Menschen vorgehen, desto wirksamer trifft sie der Zufall. *Friedrich Dürrenmatt*

Die Addition von Zufällen heißt Geschichte. *Werner Höfer*

Ich habe immer die Beobachtung gemacht, daß der Mensch die sogenannten Zufälle selbst bestimmt. *Robert von Ranke Graves*

Was wir Zufall nennen, ist vielleicht die Logik Gottes. *Georges Bernanos*

Der Zufall ist Gottes Deckname, wenn Gott sich nicht zu erkennen geben will. *Anatole France*

Das Wesentliche an jeder Erfindung tut der Zufall, aber den meisten Menschen begegnet dieser Zufall nicht. *Friedrich Nietzsche*

Gepriesen sei der Zufall. Er ist wenigstens nicht ungerecht. *Ludwig Marcuse*

Ereignisse, die er nicht begreift, nennt der Mensch Zufall. *Werner Mitsch*

Wie wenig du gelesen hast, wie wenig du kennst - aber vom Zufall des Gelesenen hängt es ab, was du bist. *Elias Canetti*

➪ **Glück**

Zufriedenheit

Die Zufriedenheit ist die schwachsinnige Schwester der Dummheit. *Peter Ustinov*

Am Ende deiner Bahn ist gut Zufriedenheit; doch wer am Anfang ist zufrieden, kommt nicht weit. *Friedrich Rückert*

Ein Mann mit sechs Kindern ist zufriedener als ein Mann mit sechs Millionen Mark. Denn der Mann mit sechs Millionen will immer noch mehr. *Unbekannt*

Sei mit dir nie zufrieden, außer etwa episodisch, so daß deine Zufriedenheit nur dazu dient, dich zu neuer Unzufriedenheit zu stärken. *Christian Morgenstern*

Ein Mann ist zufrieden, wenn er bekommt, was recht und billig ist. Eine Frau ist zufrieden, wenn sie bekommt, was recht und nicht billig ist. *Ernst Waldbrunn*

Sich mit wenigem begnügen ist schwer, sich mit vielem begnügen unmöglich. *Marie von Ebner-Eschenbach*

Wenn ein paar Menschen recht miteinander zufrieden sind, kann man meistens versichert sein, daß sie sich irren. *Johann Wolfgang von Goethe*

Zuhause

Ein Zuhause ist, wohin man geht, wenn einem die Orte ausgegangen sind. *Barbara Stanwyck*

➪ **Heimat, Daheim**

Zuhören

Zuhören ist eine leise, aber elementare Äußerung guten Benehmens. *Thaddäus Troll*

Gott schweigt. Deswegen gilt er als guter Zuhörer. *Emil Baschnonga*

Ein Tischgespräch zu zweit ist das ergiebigste von allen. Das Fehlen von Zuhörern unterdrückt die Eitelkeit. *Andre Maurois*

Zukunft

Zukunft hat derjenige, der seine Herkunft kennt. *Josef Schmidt*

Ein Blick in die Vergangenheit hat nur Sinn, wenn er der Zukunft dient. *Konrad Adenauer*

Es gibt im Leben nur zwei Sünden: zu wünschen, ohne zu handeln, oder zu handeln ohne Ziel. *Josef Schmidt*

Kann jemand voraussagen, in welchem Zustand sein Körper sich befinden wird, ich sage nicht in einem Jahr, sondern heute abend? *Cicero*

Zukunft: jene Zeit, in der unsere Geschäfte gut gehen, unsere Freunde treu sind und unser Glück gesichert ist. *Ambrose Bierce*

Die Zukunft ist die Ausrede all jener, die in der Gegenwart nichts tun wollen. *Harold Pinter*

Alt ist man dann, wenn man an der Vergangenheit mehr Freude hat als an der Zukunft. *John Knittel*

Eine Nation muß scheitern, wenn sie ihre Zukunft in der Vergangenheit sieht. *Walter Leisler Kiep*

Ich interessiere mich sehr für die Zukunft, denn ich werde den Rest meines Lebens in ihr verbringen. *Charles F. Kettering*

Was mag uns die Zukunft bringen? Was wir der Zukunft bringen. *Peter Benary*

Frauen mit Vergangenheit und Männer mit Zukunft ergeben eine fast ideale Mischung. *Oscar Wilde*

Der einzige Unterschied zwischen dem Heiligen und dem Sünder ist, daß jeder Heilige eine Vergangenheit und jeder Sünder eine Zukunft hat. *Oscar Wilde*

Oft ist die Zukunft schon da, ehe wir ihr gewachsen sind. *John Steinbeck*

Zukunft ist etwas, das die meisten Menschen erst lieben, wenn es Vergangenheit geworden ist. *William Somerset Maugham*

Das Merkwürdigste an der Zukunft ist wohl die Vorstellung, daß man unsere Zeit später die gute alte Zeit nennen wird. *John Steinbeck*

Die Welt kann verändert werden. Zukunft ist kein Schicksal. *Robert Jungk*

Der Mensch der Zukunft wird der Lakai der Computer sein. *Jules Romain*

Man muß die Zukunft ahnen, wenn man anfängt. *Franz Luwein*

Mögest du in einer interessanten Zeit leben. *Chinesischer Gruß*

Ich denke niemals an die Zukunft. Die kommt von selber und früh genug. *Albert Einstein*

Die Zukunft kommt in Raten, das ist das Erträgliche an ihr. *Alfred Polgar*

Die Zukunft ist unser Hemd, aber die Gegenwart ist unsere Haut. *Eugene Ionesco*

Ausbildung ist eine Investition in die Zukunft. *Gerhard Reichel*

In naher Zukunft wird man Wissenschaftler in Fabriken herstellen. Mit garantierter Ersatzteillieferung. *John B. Priestley*

Zukunftsforschung heißt die Kunst, sich zu kratzen, bevor es einen juckt. *Peter Sellers*

Wer aus Freude am Leben und aus Erfahrungen der Vergangenheit Ziele entwickelt, die Gegenwart zur Planung und zum wirklichen Leben nützt, kann guten Mutes in die Zukunft sehen. *Josef Schmidt*

Aus der Vergangenheit kann jeder lernen. Heute kommt es darauf an, aus der Zukunft zu lernen. *Hermann Kahn*

Wer die Zukunft als Gegenwind empfindet, geht in die falsche Richtung. *Martin Held*

Die Zukunft beunruhigt uns, die Vergangenheit hält uns fest, deshalb entgeht uns die Gegenwart. *Gustave Flaubert*

Wer die Vergangenheit beherrscht, beherrscht die Zukunft. Wer die Gegenwart beherrscht, beherrscht die Vergangenheit. *George Orwell*

Wer für die Zukunft sorgen will, muß die Vergangenheit mit Ehrfurcht und die Gegenwart mit Mißtrauen aufnehmen. *Joseph Joubert*

Das Leben kann nur in der Schau nach rückwärts verstanden, aber nur in der Schau nach vorwärts gelebt werden. *Sören Kierkegaard*

Die Zukunft des Menschen steht auf dem Spiel; sie ist gesichert, sobald nur genügend Menschen sich dieser Einsicht nicht verschließen. *Bertrand Russell*

Meine Vision der Zukunft ist so genau, daß ich, wenn ich Kinder hätte, sie sogleich erwürgen würde. *Emile M. Cioran*

➪ **Vergangenheit, Ziel, Vision**

Zündholz

Zwischen Mann und Frau ist alles in Ordnung, wenn er das Zündholz ist und sie die Reibungsfläche. *Henry Miller*

Zunge

Von allen menschlichen Körperteilen hat die Zunge das größte Unheil angerichtet. *Liu Wang*

Wenn dir ein Wort auf der Zunge brennt, schließe den Mund und lösche das Feuer. *Unbekannt*

Bei einem Menschen mit loser Zunge ist der Geist, was eine geladene Pistole in den Händen eines Kindes ist. *Emilie Augier*

Die Zunge ist ein Dolch aus Fleisch. *Spanisches Sprichwort*

Eine scharfe Zunge ist der einzige geschliffene Gegenstand, der durch ständigen Gebrauch nur noch schärfer wird. *Washington Irving*

Vielleicht reden wir auch durcheinander, aber immer noch mit einer Zunge. *Unbekannt*

➪ **Reden, Argument, Sprache**

Zusammenarbeit

Das einzige, was die Menschheit zu retten vermag, ist Zusammenarbeit, und der Weg zur Zusammenarbeit nimmt im Herzen der einzelnen seinen Anfang.
Bertrand Russell

Wer alleine arbeitet, addiert. Wer zusammenarbeitet, multipliziert. *Unbekannt*

Der Mensch für sich allein vermag gar wenig und ist ein verlassener Robinson; nur in der Gemeinschaft mit den andern ist und vermag er viel.
Arthur Schopenhauer

Wir sind alle Blätter an einem Baum. Keines gleicht dem anderen. Doch alle sind wichtig für das Ganze.
Unbekannt

➪ **Team**

Zusammenleben

Wir haben gelernt, wie die Vögel zu fliegen, wie die Fische zu schwimmen; doch wir haben die einfache Kunst verlernt, wie Brüder zu leben.
Martin Luther King

Allein ist der Mensch ein unvollkommenes Ding; er muß einen zweiten finden, um glücklich zu sein.
Blaise Pascal

Eine dauernde Bindung zu einer Frau ist nur möglich, wenn man im Theater über dasselbe lacht. Wenn man gemeinsam schweigen kann. Wenn man gemeinsam trauert. Sonst geht es schief. *Kurt Tucholsky*

➪ **Beziehung, Leben**

Zustimmung

Grundsätzliche Zustimmung ist die höflichste Form der Ablehnung. *Robert Lembke*

Zurückweichen

Schrittweises Zurückweichen ist oft schlimmer als ein Sturz. *Marie von Ebner-Eschenbach*

➪ **Opportunismus, Resignation**

Zuversicht

Wenn ich wüßte, daß morgen die Welt unterginge, würde ich heute noch ein Apfelbäumchen pflanzen.
Martin Luther

➪ **Optimismus**

Zwang

Das Glück der Masse heißt Zwang. *Sigmund Graff*

Bitter ist es, das heute zu müssen, was man gestern noch wollen konnte. *Karl Gutzkow*

➪ **Pflicht**

Zweck

Wer immer nur nach dem Zweck der Dinge fragt, wird ihre Schönheit nie entdecken. *Halldor Laxness*

Humanität besteht darin, daß niemals ein Mensch einem Zweck geopfert wird. *Albert Schweitzer*

Niemals heiligt der Zweck die Mittel, wohl aber können die Mittel den Zweck zuschanden machen.
Martin Buber

Zweifel

Der Glaube versetzt Berge, der Zweifel erklettert sie.
Karl Heinrich Waggerl

Glauben: seine Zweifel in Sicherheit bringen.
Elazar Benyoetz

Was die Welt vorwärtstreibt, ist nicht die Liebe, sondern der Zweifel. *Peter Ustinov*

Zweifel muß nichts weiter sein als Wachsamkeit, sonst kann er gefährlich werden.
Georg Christoph Lichtenberg

Der Zweifel ist kein angenehmer Zustand, Gewißheit aber ist ein lächerlicher Zustand. *Voltaire*

Eigentlich weiß man nur, wenn man wenig weiß. Mit dem Wissen wächst der Zweifel.
Johann Wolfgang von Goethe

Irren mag menschlich sein, aber Zweifeln ist menschlicher, indem es gegen das Irren angeht. *Ernst Bloch*

Alles Wissen geht aus einem Zweifel hervor und endigt in einem Glauben.
Marie von Ebner-Eschenbach

Der Jammer mit der Menschheit ist, daß die Narren so selbstsicher sind und die Gescheiten so voller Zweifel.
Bertrand Russell

Zweitehe

Eine Zweitehe ist der Triumph der Hoffnung über die Erfahrung. *Samuel Johnson*

Zweitfrau

Zweitfrau: mittlerweile ein Statussymbol, genauso wie der Zweitwagen und die Zweitwohnung.
George Cummings

➪ **Bigamie**

Zwerg

Größenwahn: Kinderkrankheit der Zwerge.
Stanislaw Jerzy Lec

Wenn Zwerge wachsen wollen, brauchen sie fremde Knochen. *Stanislaw Jerzy Lec*

Wer im Handeln ein Zwerg ist, kann im Ertragen ein Riese sein. *Hans Kudszus*

Wenn die Sonne der Kultur niedrig steht, werfen selbst Zwerge lange Schatten. *Karl Kraus*

Zwietracht

Olympische Spiele sind eine wundervolle Gelegenheit, Zwietracht auch unter jenen Nationen zu stiften, die sonst keine Reibungsflächen haben.
George Bernard Shaw

Zwilling

Jeder Mensch wird als Zwilling geboren: als der, der er ist, und als der, für den er sich hält. *Martin Kessel*

Zyniker

Zyniker: ein Mensch, der die Dinge sieht, wie sie sind, und nicht, wie sie sein sollten. *Ambrose Bierce*

Der Zyniker, dieser Schmarotzer der Zivilisation, lebt davon, sie zu verneinen, weil er überzeugt ist, daß sie ihn nicht im Stich lassen wird. *José Ortega y Gasset*

Zyniker nennen wir Menschen, die laut sagen, was wir denken. *Pierre Daninos*

A
Abbado Claudio, italienischer Dirigent, geb. 1933
Abbott Lyman, amerikanischer Religionsphilosoph, 1835-1922
Abel Heidi, schweizer Journalistin, 1929-1986
Abs Hermann Josef, deutscher Bankier, 1901-1994
Achard Marcel, französischer Dramatiker, 1899-1974
Acheson Dean, amerikanischer Politiker, 1893-1971
Achternbusch Herbert, deutscher Schrift-steller, geb. 1938
Adams Henry Brooks, amerikanischer Historiker, 1838-1918
Adams John, amerikanischer Präsident, 1735-1826
Adamson George, englischer Tierschützer, 1906-1989
Adenauer Konrad, deutscher Staatsmann, 1876-1967
Adjani Isabelle, französische Schauspielerin, geb. 1956
Adler Alfred, österreichischer Psychologe, 1870-1937
Adler Hans Günther, tschechisch-deutscher Schriftsteller, 1910-1988
Adorf Mario, deutscher Schauspieler, geb. 1930
Adorno Theodor W., deutscher Soziologe, 1903-1969
Aischylos, griechischer Dichter, 525-456 v. Chr.
Albee Edward, amerikanischer Dramatiker, geb. 1928
Albers Hans, deutscher Schauspieler, 1892-1960
Aleixandre Vicente, spanischer Schriftsteller, 1898-1984
Alexander Peter, österreichischer Schlagersänger u. Entertainer, geb. 1926
Allais Alphonse, französischer Schriftsteller, 1854-1905
Allen James Lane, amerikanischer Schriftsteller, 1849-1925
Allen Woody, amerikanischer Regisseur und Schauspieler, geb. 1935
Allende Isabel, chilenische Schriftstellerin, geb. 1942
Alonso Damaso, spanischer Dichter und Literaturhistoriker, 1898-1990
Alsop Joseph, amerikanischer Publizist, geb. 1910
Alsop Stewart, amerikanischer Publizist, 1914-1974
Alt Franz, deutscher Publizist, geb. 1938
Altenberg Peter, österreichischer Schriftsteller, 1859-1919
Altendorf Wolfgang, deutscher Dramatiker und Erzähler, geb. 1921
Alverdes Paul, deutscher Schriftsteller, 1897-1979
Ambesser Axel von, deutscher Schriftsteller und Schauspieler, 1910-1988
Amiel Henry-Frederic, schweizer Philosoph, 1821-1881
Amis Kingsley, englischer Schriftsteller, geb. 1922
Ambler Eric, britischer Schriftsteller, geb. 1909
Ambrosius, Bischof von Mailand, 339-397
Anders Günther, deutscher Schriftsteller und Philosoph, geb. 1902
Andersen-Nexo Martin, dänischer Schriftsteller, 1869-1954
Anderson Maxwell, amerikanischer Dramatiker, 1888-1959
Andreotti Giulio, italienischer Politiker, geb. 1919
Andres Stefan, deutscher Schriftsteller, 1906-1970
Andreß Ursula, Schweizer Schauspielerin, geb. 1936
Andrews Julie, amerikanische Filmschauspielerin, geb. 1935
Anet Claude, französischer Schriftsteller, 1868-1931
Angell Norman, englischer Publizist und Politiker, 1874-1967
Anita, eigentl. Anita, Joachim-Daniel, amerikanische Schriftstellerin, geb. 1903
Anouilh Jean, französischer Dramatiker, 1910-1987
Antel Franz, österreichischer Regisseur, geb. 1913
Antonioni Michelangelo, italienischer Filmregisseur, geb. 1912
Anzengruber Ludwig, österreich. Dramatiker, 1839-1889
Aristoteles, griechischer Philosoph, 384-322 v.Chr.
Arletty, französische Schauspielerin, geb. 1898
Armstrong Neill, amerikanischer Astronaut, geb. 1930
Arndt Ernst Moritz, deutscher Dichter und Historiker, 1769-1860
Arndt Hans, deutscher Aphoristiker, geb. 1911
Arntzen Helmut, deutscher Aphoristiker, geb. 1931
Arp Hans, deutscher Maler und Dichter, 1887-1966
Arrabal Fernando, spanischer Dramatiker und Theater-Exzentriker, geb. 1932
Asmodi Herbert, deutscher Schriftsteller, geb. 1923
Assisi Franz von, italienischer Ordensstifter, 1181-1226
Astaire Fred, amerikanischer Filmschauspieler und Tänzer, 1899-1987
Attenborough Richard, englischer Schauspieler, Produzent u. Regisseur, geb. 1923
Attlee Clement Richard, englischer Politiker, 1883-1967
Auerbach Berthold, deutscher Essayist, 1812-1882
Auden Wystan Hugh, englischer Dichter, 1907-1973
Augstein Rudolf, deutscher Publizist und Blattmacher, geb. 1923
Augustinus Aurelius, Kirchenlehrer, 354-430
Augustin Ernst, deutscher Psychiater und Schriftsteller, geb. 1927
Augustin Michael, deutscher Lyriker, geb. 1954
Ayme Marcel, französischer Schriftsteller, 1902-1967
Aznavour Charles, armenisch-französischer Chansonnier und Schauspieler, geb. 1924

B
Baader, Franz von, deutscher Theologe und Philosoph, 1765- 1841
Bacher Gerd, österreichischer Journalist, geb. 1925
Bachmann Ingeborg, österreichische Schriftstellerin, 1926-1973
Bacon Francis, englischer Philosoph und Staatsmann, 1561-1626
Bahr Hermann, österreichischer Schriftsteller und Dramatiker, 1863-1934
Bailey Philip James, englischer Dichter, 1816-1902
Baker Josephine, amerikanisch-französische Tänzerin und Sängerin, 1906-1975
Balzac Honore de, französischer Dichter, 1799-1850
Baldwin James, amerikanischer Schriftsteller, 1924-1987
Balser Ewald, deutscher Schauspieler, 1898-1978
Balthasar Hans Urs von, schweizer Theologe, 1902-1988
Bamm Peter, deutscher Schriftsteller und Arzt, 1897-1975
Bardot Brigitte, französische Filmschauspielerin, geb. 1934
Barlach Ernst, deutscher Bildhauer und Dichter, 1870-1938
Barlog Boleslaw, deutscher Regisseur und Intendant, geb. 1906
Barnard Christiaan, südafrikanischer Herzchirurg, geb. 1922
Barral Carlos, spanischer Schriftsteller und Verleger, 1928-1989
Barrault Jean-Louis, französischer Schauspieler und Regisseur, geb. 1910
Barrie James Matthew, schottischer Schriftsteller, 1860-1937
Barrymore John, amerikanischer Schauspieler, 1882-1942
Barthelme Donald, amerikanischer Schriftsteller, 1931-1989
Baruch Bernard Mannes, amerikanischer Wirtschafts- und Börsenfachmann, 1870-1965
Baschnonga Emil, Schweizer Publizist, geb. 1941
Baudrillard Jean, französischer Philosoph, geb. 1939
Bauer Günter, deutscher Kaufmann, geb. 1929
Bauer Wolfgang, österreichischer Schriftsteller, geb. 1941
Baum Vicki, österreichische Schriftstellerin, 1888-1960
Baumel Jacques, französischer Publizist und Staatssekretär, geb. 1918
Beaumarchais Caron de Pierre Augustin, französischer Bühnenschriftsteller, 1732-1799
Beauvoir Simone de, französische Schriftstellerin, 1908-1986
Beaverbrook William, englischer Politiker und Zeitungsverleger, 1879-1964
Bebel August, deutscher Politiker und Publizist, 1840-1913
Becaud Gilbert, französischer Chansonnier, geb. 1927
Becker Boris, deutscher Tennis-Champion, geb. 1967
Beckett Samuel, irisch-französischer Schriftsteller, 1906-1989
Beckmann Max, deutscher Maler und Graphiker, 1884-1950
Beecher H. W. , amerikanischer Prediger, 1813-1887
Beecham Thomas, englischer Dirigent, 1879-1961
Bellan Brendan, irischer Dramatiker, 1923-1964
Behrman Samuel N., amerikanischer Schriftsteller, 1893-1973
Belafonte Harry, amerikanischer Sänger, geb. 1927
Belloc Hilaire, französisch-englischer Schriftsteller, 1870-1953
Bellow Saul, amerikanischer Schriftsteller, geb. 1915
Belmondo Jean-Paul, französischer Schauspieler, geb. 1933
Benary Peter, deutscher Musikwissenschaftler und Aphoristiker, geb. 1931
Benda Ernst, deutscher Bundesrichter, geb. 1925
Ben Gurion David, israelischer Staatsmann, 1886-1973
Benjamin Walter, deutscher Literaturkritiker und Schriftsteller, 1892-1940
Benn Gottfried, deutscher Dichter, 1886-1956
Bennett Arnold, englischer Schriftsteller, 1867-1931
Bennewitz Christian, Soziologiestudent, geb. 1971
Benrath Henry, deutscher Schriftsteller, 1882-1949
Bense Max, deutscher Philosoph, 1910-1990
Benson Herbert, amerikanischer Herzspezialist
Benyoetz Elazar, israelischer Aphoristiker, geb. 1937
Berg-Khoshnavaz Birgit, deutsche Publizistin, geb. 1940
Bergengruen Werner, deutscher Schriftsteller, 1892-1964
Berger Senta, österreichische Schauspielerin, geb. 1942
Bergman Ingmar, schwedischer Regisseur, geb. 1918
Bergman Ingrid, schwedische Filmschauspielerin, 1915-1982
Bergson Henri, französischer Philosoph und Essayist, 1859-1941
Berkensträter Bert, deutscher Aphoristiker, geb. 1941
Berlusconi Silvio, italienischer Staatsmann und Medienzar, geb. 1936
Bernanos Georges, französischer Schriftsteller, 1888-1948
Bernard Tristan, französischer Schriftsteller, 1866-1947
Bernhard Thomas, österreichischer Schriftsteller, 1931-1989
Bernhardt Sarah, französische Schaupielerin, 1844-1923
Bernstein Leonard, russisch-amerikanischer Dirigent und Komponist, 1918-1990
Berto Juliet, französische Schauspielerin und Filmregisseurin, 1947-1990
Bertolucci Bernardo, italienischer Regisseur, geb. 1940
Bertram Hans, deutscher Schriftsteller, Regisseur und Verleger, geb. 1906
Beutelrock Friedl, deutsche Schriftstellerin, 1889-1958
Beuve-Mery Hubert, französischer Jurist und Publizist, 1902-1989
Beuys Joseph, deutscher Künstler, 1921-1986
Bhumipol, König von Thailand, geb. 1927
Bichsel Peter, Schweizer Schriftsteller, geb. 1935
Biederstaedt Claus, deutscher Schauspieler und Regisseur, geb. 1928
Bieler Manfred, deutsch-tschechoslowakischer Dichter, geb. 1934
Bierce Ambrose, amerikanischer Schriftsteller, 1842-1914
Biermann Wolf, deutscher Dichter und Liedermacher, geb. 1936
Binding Rudolf C., deutscher Schriftsteller, 1867-1938
Birgel Willy, deutscher Schauspieler, 1891-1973
Bismarck Otto Eduard Leopold von, deutscher Staatsmann, 1815-1898
Blanck Erhard, deutscher Schriftsteller, geb. 1942
Blasetti Alessandro, italienischer Filmregisseur, 1900-1987
Blatter Silvio, schweizer Schriftsteller, geb. 1946
Bloch Ernst, deutscher Philosoph, 1885-1977
Blüm Norbert, deutscher Politiker, geb. 1935
Blum Jean Paul, deutscher Jurist, geb. 1946

Blumenthal Oskar, deutscher Schriftsteller, 1852-1917
Blundall Noell, amerikanischer Professor
Bobrowski Johannes, deutscher Schriftsteller, 1917-1065
Bogart Humphrey, amerikanischer Filmschauspieler, 1899-1957
Böhm Franz, deutscher Schauspieler, 1938-1989
Böhm Karl, österreichischer Dirigent, 1894-1981
Böll Heinrich, deutscher Schriftsteller, 1917-1985
Börne Ludwig, deutscher Schriftsteller, 1786-1837
Bondy Barbara, deutsche Publizistin, geb. 1927
Bonnard Abel, französischer Schriftsteller, 1883-1968
Bonsels Waldemar, deutscher Schriftsteller, 1880-1952
Boothe-Luce Claire, amerikanische Publizistin und Politikerin, geb. 1903
Bonhoeffer Dietrich, deutscher evangelischer Theologe, 1906-1945
Borchert Wolfgang, deutscher Dichter, 1921-1947
Borges Jorge Luis, argentinischer Schriftsteller, 1899-1986
Borm William, deutscher Politiker, 1895-1987
Borman Frank, amerikanischer Astronaut, geb. 1927
Born Max, deutscher Physiker, 1882-1970
Bornemann Prof. Dr. Ernest, österreichischer Sexualwissenschaftler, geb. 1915
Borsche Dieter, deutscher Schauspieler, 1909-1982
Bosch Robert, deutscher Unternehmer, 1861- 942
Bosshart Jakob, schweizer Erzähler, 1862-1924
Bossuet Jaques Benigne, französischer Geistlicher1627-1704
Bourget Paul, französischer Schriftsteller, 1852-1935
Boyer Charles, französisch-amerikanischer Schauspieler, 1899-1978
Bradley Francis Herbert, englisch-walisischer Philosoph, 1846-1924
Brandauer Klaus Maria, österreichischer Schauspieler, geb. 1944
Brando Marlon, amerikanischer Filmschauspieler, geb. 1924
Brandt Willy, deutscher Staatsmann, 1913-1992
Braque Georges, französischer Maler, 1882-1963
Braun Wernher von, deutsch-amerikanischer Physiker und Raketeningenieur, 1912-1977
Brecht Bertolt, deutscher Bühnenschriftsteller, 1898-1956
Bregger Klaus E., Vorsitzender der Mittelstandsvereinigung der CDU/CSU
Breuel Birgit, deutsche Politikerin, geb. 1936
Briand Aristide, französischer Staatsmann, 1862-1932
Britt Stewart Henderson, amerikanischer Werbefachmann, geb. 1907
Britten Benjamin, englischer Komponist, 1913-1976
Brodsky Joseph, russisch-amerikanischer Lyriker, geb. 1940
Broglie Louis-Victor de, französischer Physiker, geb. 1892
Bromfield Louis, amerikanischer Schriftsteller, 1896-1956
Brown George, englischer Politiker, geb. 1914
Browning Robert B. englischer Dichter, 1812-1889
Broughton James, amerikanischer Schriftsteller, geb. 1913
Brzozowski Stanislaw, poln. Schriftsteller, 1878-1911
Brückner Christine, deutsche Schriftstellerin, geb. 1921
Brudzinsiski Wieslaw, polnischer Aphoristiker, geb. 1920
Bruhn Christian, deutscher Komponist und Produzent, geb. 1934
Brynner Yul, schweizerisch-amerikanischer Schauspieler, 1917-1985
Buber Martin, jüdischer Religionsphilosoph, 1878-1965
Buch Hans Christoph, deutscher Schriftsteller, geb. 1944
Buck Pearl S., amerikanische Schriftstellerin, 1892-1973
Buckle Henry Thomas. britischer Kulturhistoriker, 1821-1862
Buffet Bernard, französischer Maler und Graphiker, geb. 1928
Bukowski Charles, amerikanischer Dichter, 1920-1994
Bumke Oswald, deutscher Psychiater, 1877-1950
Bunuel Luis, spanischer Filmregisseur, 1900-1983
Burbank Luther, amerikanischer Gärtner und Pflanzenzüchter, 1849-1926
Burckhardt Jacob, schweizer Kulturhistoriker, 1818-1897
Burns Arthur F., amerikanischer Wirtschaftswissenschaftler und Politiker, 1904-1987
Burns James Macgregor, amerikanischer Politologe, geb. 1918
Burroughs John, amerikanischer Schriftsteller, 1837-1921
Burton Richard, englischer Schauspieler, 1925-1984
Busch Wilhelm, deutscher Dichter und Zeichner, 1832-1908
Busse Rido, deutscher Designer, geb. 1934
Butler Samuel, englischer Philosoph und Essayist, 1835-1902
Byron George Gordon Noel, englischer Dichter, 1788-1824

C

Caballe Montserrat, spanische Sängerin, 12. 04. 1933
Cabell James B., amerikanischer Schriftsteller, 1879-1958
Calder Alexander, amerikanischer Bildhauer, 1898-1976
Caldwell Erskine, amerikanischer Schriftsteller, 1903-1987
Campbell Roy, südafrikanischer Dichter, 1901-1957
Campoamor y Campoosorio Ramon de, spanischer Dichter, 1817-1901
Camus Albert, französischer Schriftsteller, 1913-1960
Canetti Elias, bulgarischer Schriftsteller, 1905-1994
Capote Truman, amerikanischer Schriftsteller, 1924-1984
Cardenal Ernesto, nicarag. Lyriker, Geistlicher und Politiker, geb. 1925
Cardin Pierre, französischer Modeschöpfer, geb. 1922
Cardinale Claudia, italienische Schauspielerin, geb. 1939
Carducci Giosue, italienischer Dichter, 1835-1907
Carlyle Thomas, schottischer Historiker, 1795-1881
Carmen Sylva, deutsche Dichterin und Königin von Rumänien, 1843-1916
Carnegie Dale, amerikanischer Publizist, 1888-1955
Carrell Rudi, niederländischer Showmaster, geb. 1934
Carroll Madeleine, englische Schauspielerin, 1906-1987
Carstens Carl, deutscher Bundespräsident, 1914-1992
Caruso Enrico, italienischer Operntenor, 1873-1921
Casals Pablo, spanischer Cellist, Dirigent und Komponist, 1876-1973
Casey William, amerikanischer Geheimdienstchef, 1913-1987
Castillo Michel del, spanischer Schriftsteller, geb. 1933
Castro Fidel, kubanischer Staatsmann, geb. 1927
Cato Marcus Portius, römischer Staatsmann, 234-149 v. Chr.
Cau Jean, französischer Publizist, geb. 1925
Cela Camilo Jose, spanischer Schriftsteller, geb. 1916
Celentano Adriano, italienischer Schlagersänger und Schauspieler, geb. 1938
Ceram Curt Wilhelm, deutscher Schriftsteller, 1915-1972
Cervantes Miquel de, spanischer Dichter, 1547-1616
Cervi Gino, italienischer Schauspieler, 1901-1974
Cezanne Paul, französischer Maler, 1839-1906
Chagall Marc, russischer Maler und Graphiker, 1887-1985
Chamfort Nicolas-Sebastien Roch, französischer Schriftsteller, 1741-1794
Chandler Raymond, amerikanischer Kriminalschriftsteller, 1888-1959
Chanel Gabrielle "Coco", französische Modeschöpferin, 1883-1971
Chaplin Charlie, englischer Filmkomiker und Regisseur, 1889-1977
Chapman Graham, englischer Arzt und Komiker, 1941-1989
Charles Prince of Wales, englischer Thronfolger, geb. 1948
Chatfield-Taylor Hobard C., amerikanischer Publizist, 1865-1945
Cher, amerikanische Sängerin, geb. 1946
Chesterfield Philip Dormer Stanhope, französischer Dramatiker, 1894-1733
Chesterton Gilbert Keith, englischer Schriftsteller, 1874-1936
Chevalier Maurice, französischer Chansonsänger, 1888-1972
Chilon, spartanischer Staatsmann, Mitte 6. Jh. v. Chr.
Chirac Jacques, französischer Politiker, geb. 1932
Chirico Giorgio de, italienischer Maler, 1888-1978
Christie Agatha, englische Kriminalschriftstellerin, 1890-1976
Chrysostomus Johannes, Patriarch von Konstantinopel, 345-407
Chruschtschow Nikita, sowjetischer Politiker, 1894-1971
Chrysostomus Johannes, Kirchenlehrer, 345-407
Chuang Tzu, chinesischer Philosoph, um 350 v. Chr.
Churchill Winston S., englischer Staatsmann, 1874-1965
Cicero Marcus Tullius, römischer Redner und Schriftsteller, 106-43 v. Chr.
Cioran Emile M., rumänischer Schriftsteller, geb. 1911
Clair Rene, französischer Filmregisseur, 1898-1981
Clairvaux Bernhard von, Kirchenlehrer, 1091-1153
Clarin Hans Joachim, deutscher Schauspieler, geb. 1929
Claudel Paul, französischer Dichter, 1868-1955
Claudius Matthias, deutscher Dichter, 1740-1815
Clausewitz Karl von, preußischer General, 1780-1831
Clemenceau Georges, französischer Staatsmann, 1841-1929
Cocteau Jean, französischer Schriftsteller und Regisseur, 1889-1963
Cohen Albert K., amerikanischer Soziologe, geb. 1918
Colbert Jean Baptiste, französischer Staatsmann, 1619-1683
Colette, französische Schriftstellerin, 1873-1954
Collins John Churton, englischer Schriftsteller, 1884-1908
Collier Robert P. amerikanischer Wirtschaftswissenschaftler, geb. 1920
Comfort Alexander, englischer Schriftsteller, Arzt und Psychologe, geb. 1920
Conrad Joseph, polnisch-englischer Schriftsteller, 1857-1924
Constantine Eddie, französischer Schlagersänger und Filmschauspieler, geb. 1916
Coolidge Calvin, amerikanischer Präsident, 1872-1933
Corneille Pierre, französischer Bühnendichter, 1606-1684
Coubertin Pierre Baron de, Gründer der neuzeitlichen Olymp. Spiele, 1863-1937
Courteline Georges, französischer Dramatiker, 1858-1929
Cousteau Jacques Yves, französischer Meeresforscher, geb. 1910
Couve de Murville Maurice, französischer Politiker, geb. 1907
Coward Noel, englischer Dramatiker, 1899-1973
Cowley Malcolm amerikanischer Dichter und Kritiker, geb. 1898
Cromwell Oliver, englischer Staatsmann, 1599-1658
Cybinski Nikolaus, deutscher Aphoristiker, geb. 1936
Cziffra Geza von, österreichisch- ungar. Autor und Regisseur, 1900-1989

D

Dagover Lil, deutsche Schauspielerin, 1897-1980
Dahrendorf Ralf, deutscher Soziologe, geb. 1929
Dali Salvador, spanischer Maler, 1904-1989
Dalida, ägyptisch-französische Chansonsängerin, 1933-1987
Daniel Anita, rumänisch-amerikanische Schriftstellerin, 1902-1982
Daninos Pierre, französischer Schriftsteller, geb. 1913
Dahrendorf Ralf, deutscher Soziologe und Politiker, geb. 1929
Dante Aleghieri, italienischer Dichter, 1265-1321
Darling Charles John, englischer Schriftsteller, 1849-1936
Darrow Clarence, amerikanischer Jurist, 1857-1938
Dave Allen, irischer Komiker, geb. 1936
Davis Bette, amerikanische Schauspielerin, 1908-1989
Davis Sammy jr., amerikanischer Sänger und Entertainer, 1925-1990

Day Doris, deutsch-amerikanische Filmschauspielerin und Schlagersängerin, geb. 1924
Debre Michel, französischer Politiker, geb. 1912
Degas Edgar, französischer Maler, 1834-1917
Dehmel Richard, deutscher Dichter, 1863-1920
Delling Manfred, deutscher Medienwissenschaftler, geb. 1937
Delon Alain, französischer Schauspieler, geb. 1935
Deneuve Catherine, französische Schauspielerin, geb. 1943
Deng Xiaoping, chinesischer Spitzenpolitiker, geb. 1904
Deschner Karlheinz, deutscher Publizist, geb. 1924
De Sica Vittorio, italienischer Filmregisseur und-schauspieler, 1902-1974
Dewar James, englischer Chemiker, 1842-1923
Dewey John, amerikanischer Philosoph, 1859-1952
Dickow Hans-Helmut, deutscher Schauspieler, 1927-1989
Diderot Denis, französischer Philosoph, 1713-1784
Dietrich Marlene, deutsch-amerikanische Schauspielerin, 1901-1993
Diettrich Fritz, deutscher Schriftsteller, 1902-1964
Diogenes D. Laertius, griechischer Philosoph, 3. Jahrh. n. Chr.
Dior Christian, französischer Modeschöpfer, 1905-1957
Disraeli Benjamin, englischer Staatsmann und Schriftsteller, 1804-1881
Ditfurth Hoimar von, deutscher Psychiater und Wissenschaftspublizist, 1921-1989
Djilas Milovan, jugoslawischer Politiker und Schriftsteller, geb. 1911
Döblin Alfred, deutscher Schriftsteller, 1878-1957
Doderer Heimito von, österreichischer Schriftsteller, 1896-1966
Dohm Gaby, deutsche Schauspielerin, geb. 1944
Dohnanyi Klaus von, deutscher Politiker, geb. 1928
Dombrowski, Erich, deutscher Journalist
Doren Claudia, deutsche Fernsehansagerin, 1931-1987
Dorgeles Roland, französischer Schriftsteller, 1886-1973
Dörrie Doris, deutsche Regisseurin und Schriftstellerin, geb. 1955
Dostojewski Fjiodor Michaijlowitsch, russ. Dichter, 1821-1881
Douglas Michael, amerikanischer Schauspieler und Filmproduzent, geb. 1945
Doyle Arthur Conan, englischer Kriminalschriftsteller, 1859-1930
Drews Berta, deutsche Schauspielerin, 1901-1987
Drucker Peter, österreichischer Sachbuchautor und Unternehmensführer, geb. 1909
Drummond Henry, kanadischer Schriftsteller, 1854-1907
Dumas Alexandre, französischer Schriftsteller, 1802-1870
Dunaway Faye, amerikanische Schauspielerin, geb. 1941
Dunne Finley Peter, amerikanischer Schriftsteller, 1867-1936
Duras Marguerite, französische Schriftstellerin, geb. 1914
Durieux Tilla, deutsche Schauspielerin, 1880-1971
Durrell Lawrence George, anglo-irischer Schriftsteller, 1912-1990
Dürrenmatt Friedrich, Schweizer Schriftsteller und Dramatiker, 1921-1990
Duse Eleonora, italienische Schauspielerin, 1859-1924
Dutourd Jean, französischer Schriftsteller, geb. 1920
Dutschke Rudolf, deutscher Studentenführer, 1940-1979
Duttweiler Gottlieb, schweizer Unternehmer, 1888-1962
Dylan Bob, amerikanischer Rockpoet, geb. 1941

E

Eberspächer Hans, deutscher Sportpsychologe
Ebner-Eschenbach Marie von, österreichische Erzählerin, 1830-1916
Eco Umberto, italienischer Schriftsteller und Semiotiker, geb. 1933
Edel Gottfried, deutscher Publizist, geb. 1929
Eden Anthony, englischer Staatsmann, 1897-1977
Ederer Karl, deutscher Spitzenkoch
Edison Thomas Alva, amerikanischer Erfinder, 1847-1931
Ehmke Horst, deutscher Politiker, geb. 1927
Ehre Ida, österreichische Schauspielerin, Regisseurin und Intendantin, 1900-1989
Ehrlich Paul, amerikanischer Biologe, geb. 1932
Eibl-Eibesfeldt Irenäus, österreichischer Zoologe und Verhaltensforscher, geb. 1928
Eich Günter, deutscher Lyriker und Hörspielautor, 1907-1972
Eichholz Reinhold E., Professor für Marketing, geb. 1930
Einstein Albert, deutscher Atomphysiker, 1879-1955
Eisenhower Dwight D., amerikanischer Präsident, 1890-1969
Eisenreich Herbert, österreichischer Schriftsteller, geb. 1925
Ekberg Anita, schwedische Filmschauspielerin, geb. 1931
Elgozy Georges, französischer Scnriftsteller, geb. 1908
Eliot Thomas Stearns, amerikanisch-englischer Dichter, 1888-1965
Ellis Havelock, englischer Schriftsteller, 1859-1939
Emerson Ralph Waldo, amerikanischer Philosoph und Dichter, 1803-1892
Engelhardt Wolfgang, deutscher Naturwissenschaftler, geb. 1922
Engels Friedrich, deutscher Philosoph, 1820-1895
Enzensberger Hans Magnus, deutscher Lyriker und Essayist, geb. 1929
Epiktet, griechischer Philosoph, um 50 bis 138 nach Christus
Epikur von Samos, griechischer Philosoph, 341-270 vor Christus
Eppler Erhard, deutscher Politiker, geb. 1936
Erhard Ludwig, deutscher Politiker, 1897-1977
Erhardt Heinz, deutscher Schauspieler und Komiker, 1909-1979
Eriksen Erik, dänischer Politiker, 1902-1972
Erlander Tage, schwedischer Politiker, 1901-1985
Ernst Max, deutsch-französischer Maler und Bildhauer, 1891-1976
Ertl Josef, deutscher Politiker, geb. 1925
Eschenburg Theodor, deutscher Historiker und Politologe, geb. 1904
Eschker Wolfgang, deutscher Aphoristiker, geb. 1941
Eschmann Ernst Wilhelm, deutscher Schriftsteller, geb. 1904
Eucken Walter, deutscher Wirtschaftswissenschaftler, 1891-1950
Euripides, griechischer Tragiker, 484-406 v. Chr.
Everding August, deutscher Regisseur und Intendant, geb. 1928
Eysenck Hans Jürgen, deutscher Ingenieur und Schriftsteller, 1836-1906

F

Fadejew Aleksandrowitsch, russischer Schriftsteller, 1901-1956
Fanfani Amintore, italienischer Politiker, geb. 1908
Faulkner William, amerikanischer Erzähler, 1897-1962
Faure Edgar, französischer Politiker und Jurist, 1908-1988
Faure Maurice, französischer Politiker, geb. 1922
Fechter Paul, deutscher Publizist, 1880-1958
Federspiel Jürg, schweizer Schriftsteller, geb. 1931
Fehling Jürgen, deutscher Regisseur, 1885-1968
Feild Reshad, englischer Psychologe, geb. 1934
Feldman Marty, englischer Komiker, 1933-1982
Fellini Federico, italienischer Filmregisseur und Drehbuchautor, 1920-1993
Fendrich Rainhard, österreichischer Liedermacher, geb. 1955
Ferguson David, schottischer Schriftsteller, gest. 1598
Fernandel, französischer Schauspieler, 1903-1971
Fernau Joachim, deutscher Schriftsteller, 1909-1988
Fernau Rudolf, deutscher Schauspieler, 1898-1985
Feuerbach Ludwig Andreas, deutscher Philosoph, 1804-1872
Feuchtersleben Ernst Freiherr von, österreichischer Lyriker, 1806-1849
Feydeau Georges, französischer Dramatiker, 1862-1921
Fienhold Ludwig, deutscher Publizist, geb. 1954
Finck Werner, deutscher Kabarettist, 1902-1978
Fischer Ernst, österreichischer Schriftsteller, 1899-1972
Fischer Kai, deutsche Schauspielerin, geb. 1936
Fitzgerald F. Scott, amerikanischer Schriftsteller, 1806-1940
Flake Otto, deutscher Schriftsteller, 1880-1963
Flaubert Gustave, französischer Dichter, 1821-1880
Fliegende Blätter, Jahrg. 1886 ff
Flimm Jürgen, deutscher Theaterregisseur, geb. 1942
Fock Gorch, deutscher Schriftsteller, 1880-1916
Fonda Jane, amerikanische Schauspielerin, geb. 1937
Fontane Theodor, deutscher Dichter, 1819-1898
Forbes Malcolm, amerikanischer Verleger, 1919-1990
Ford Henry, amerikanischer Großindustrieller, 1863-1947
France Anatole, französischer Schriftsteller, 1844-1924
Franco Francisco, spanischer General und Politiker, 1892-1975
Francois-Poncet Andre, französischer Politiker, 1887-1978
Frankenfeld Peter, deutscher Conferencier u. Fernsehunterhalter, 1913-79
Frankl Viktor E., österreichischer Neurologe und Psychotherapeut, geb. 1905
Franklin Benjamin, amerikanischer Politiker, 1706-1790
Frantz Justus, deutscher Pianist und Dirigent, geb. 1944
Franzetti Dante Andrea, Schweizer Schriftsteller, geb. 1959
Freitag Thomas, deutscher Kabarettist
Freud Sigmund, österreichischer Arzt und Psychologe, 1856-1939
Freyer Hans, deutscher Soziologe, 1887-1969
Fried Erich, österreichischer Dichter und Übersetzer, 1921-1988
Friedell Egon, österreichischer Publizist und Schauspieler, 1878-1938
Friedmann, Milton, amerikanischer Wirtschafts-wissenschaftler, geb. 1912
Friedrich Wilhelm I. von Preußen, 1688-1740
Friedrich II. der Große, König von Preußen, 1712-1786
Friedrichs Hanns Joachim, deutscher Fernseh-Journalist, geb. 1927
Frisch Max, Schweizer Schriftsteller und Dramatiker, 1911-1991
Frischmuth Barbara, österreichische Schriftstellerin, geb. 1941
Fröbe Gert, deutscher Schauspieler, 1913-1988
Fromm Erich, amerikanischer Psychoanalytiker, 1900-1980
Frost David, amerikanischer Publizist, geb. 1939
Frost Robert Lee, amerikanischer Lyriker, 1874-1963
Fuchs, Michael, Unternehmer, Präsident des Bundesverbandes des Deutschen Groß- und Außenhandels
Fuchsberger Joachim, deutscher Schauspieler und Quizmaster, geb. 1927
Fucik Julius, tschechischer Schriftsteller, 1903-1943
Fulbright James William, amerikanischer Politiker, 1905-1995
Fulda Ludwig, deutscher Schriftsteller, 1862-1939
Fuller Thomas, englischer Theologe und Philosoph, 1608-1661
Funes Louis de, französischer Filmkomiker, 1914-1983
Fürstenberg Carl, deutscher Bankier, 1850-1933
Furtwängler Wilhelm, deutscher Dirigent, 1886-1954

G

Gaader Jostein, norwegischer Buchautor
Gabor Dennis, britischer Physiker, 1900-1979
Gabor Zsa Zsa, ungarisch-amerikanische Filmschauspielerin, geb. 1919
Gadamer Hans-Georg, deutscher Philosoph, geb. 1900
Gaiser Gerd, deutscher Schriftsteller, 1908-1976
Galbraith John Kenneth, kanadisch-amerikanischer Nationalökonom, geb. 1908

Galilei Galileo, italienischer Naturwissenschaftler, 1564-1642
Galsworthy John, englischer Schriftsteller, 1867-1933
Gandhi Indira, indische Politikerin, 1917-1984
Gandhi Mahatma, indischer Unabhängigkeitskämpfer, 1869-1948
Garbe Karl, deutscher Satiriker, geb. 1927
Garbo Greta, schwedische Schauspielerin, 1905-1990
Garcia Lorca Federico, spanischer Dichter, 1898-1936
Gardner Ava, amerikanische Filmschauspielerin, 1922-1990
Gary Romain, französischer Schriftsteller, 1914-1980
Gascar Pierre, französischer Schriftsteller, geb. 1916
Gattiker Urs, kanadischer Soziologe und EDV-Berater, 20. Jh.
Gauguin Paul, französischer Maler, 1848-1903
Gaulle Charles de, französischer Staatsmann, 1890-1970
Gaullier Jean-Paul, französischer Modeschöpfer, geb. 1953
Gaus Günter, deutscher Publizist, geb. 1929
Gay John, englischer Dichter, 1685-1732
Gehlen Arnold, deutscher Philosoph und Soziologe, 1904-1976
Geibel Emanuel, deutscher Dichter, 1815-1884
Geißler Heiner, deutscher Politiker, geb. 1930
Geißler Horst Wolfram, deutscher Schriftsteller, 1893-1983
Gelin Daniel, französischer Schauspieler, geb. 1921
Gellert Christian Fürchtegott, deutscher Dichter, 1715-1769
Genet Jean, französischer Schriftsteller, 1910-1986
George Götz, deutscher Schauspieler, geb. 1939
Gerstenmaier Eugen, deutscher Politiker, 1906-1986
Getty Jean Paul, amerikanischer Großindustrieller, 1892-1976
Gibran Kahlil, syrisch-amerikanischer Maler und Dichter, 1883-1931
Gide Andre, französischer Schriftsteller, 1869-1951
Giese Hans, deutscher Psychiater und Sexualwissenschaftler, 1920-1970
Gil Gilbert, französischer Schauspieler, 1913-1988
Giono Jean, französischer Schriftsteller, 1895-1970
Giraudoux Jean, französischer Schriftsteller, 1882-1944
Givenchy Hubert de, französischer Modeschöpfer, geb. 1927
Gladstone William, englischer Staatsmann, 1809-1898
Glas Uschi, deutsche Schauspielerin, geb. 1944
Glotz Peter, deutscher Politiker, geb. 1939
Gmeiner Hermann, österreichischer Sozialpädagoge, geb. 1919
Godard Jean-Luc, französischer Filmregisseur, geb. 1930
Goethe Johann Wolfgang von, deutscher Dichter, 1749-1832
Goetz Curt, deutscher Bühnenschriftsteller, 1888-1960
Goldsmith Oliver, irischer Dichter, 1728-1774
Goldwyn Sam, amerikanischer Filmproduzent, 1884-1974
Goll Claire, französisch-deutsche Dichterin, 1901-1977
Gollwitzer Helmut, deutscher Theologe, 1908-1993
Gorbatschow Michael, sowjetischer Staatspräsident, geb. 1931
Gorki Maxim, russischer Schriftsteller, 1868-1936
Görtz Horst, deutscher Unternehmer
Gorvin Joana Maria, deutsche Schauspielerin, geb. 1922
Gorz Andre, französischer Publizist, geb. 1924
Gotthelf Jeremias, Schweizer Erzähler, 1797-1854
Gottschalk Thomas, deutscher Fernsehmoderator, geb. 1950
Gottschall Dietmar, deutscher Buchautor.
Gourmont Remy de, französischer Schriftsteller, 1858-1915
Gracian y Morales Baltasar, spanischer Schriftsteller und Philosoph, 1601-1658
Graf Oskar Maria, deutscher Schriftsteller, 1894-1967
Graf Steffi, deutsche Tennisspielerin, geb. 1969
Graff Sigmund, deutscher Aphoristiker, 1898-1979
Graham Billy, amerikanischer Erweckungsprediger, geb. 1918
Graß Günter, deutscher Schriftsteller, geb. 1927
Greco Juliette, französische Chansonnette, geb. 1927
Green Julien, französischer Schriftsteller, geb. 1900
Greene Graham, englischer Schriftsteller, geb. 1904
Greer Germaine, australische Schriftstellerin, geb. 1939
Gregh Fernand, französischer Dichter und Kritiker, 1873-1960
Gregor-Dellin Martin, deutscher Schriftsteller, 1926-1988
Grillparzer Franz, österreichischer Dichter, 1791-1872
Griffith Thomas, amerikanischer Schriftsteller, geb. 1915
Gropius Walter, deutscher Architekt, 1883-1969
Gross Günter F., deutscher Fachbuchautor Unternehmensberater
Gross Johannes, deutscher Publizist, geb. 1932
Groß Michael, deutscher Olympiasieger im Schwimmen, geb. 1964
Grosser Alfred, französischer Politologe, geb. 1925
Gruhler Wolfram, deutscher Autor und Wissenschaftler
Grünbaum Fritz, österreichischer Schauspieler und Bühnenschriftsteller, 1880-1940:
Gründgens Gustaf, deutscher Schauspieler, 1899-1963
Gruner Wolfgang, deutscher Kabarettist, geb. 1926
Grunert Werner, deutscher Politiker, geb. 1920
Grzimek Bernhard, deutscher Zoologe, 1909-1987
Guardini Romano, italienisch-deutscher Theologe und Religionsphilosoph, 1885-1968
Guareschi Giovanni, italienischer Schriftsteller, 1908-1968
Gucci Aldo, italienischer Modezar, 1905-1990
Guinness Alec, englischer Schauspieler, geb. 1914
Guitry Sacha, französischer Schriftsteller, 1885-1957
Gulbransson Olaf, norwegischer Zeichner und Maler, 1873-1958
Günther Joachim, deutscher Schriftsteller, 1905-1990
Gütersloh Albert Paris, österreichischer Schriftsteller, Schauspieler und Maler, 1887-1973
Güthe Joachim, deutscher Unternehmensberater, geb. 1935
Gutzkow Karl, deutscher Schriftsteller, 1811-1878
Guthrie Woodrow Wilson "Woody", amerikanischer Folkloresänger, 1912-1967

H

Haack Käte, deutsche Schauspielerin, 1892-1986
Habe Hans, ungarisch-österreichischer Schriftsteller und Publizist, 1911-1977
Hacker Friedrich, österreichischer Psychiater und Konfliktforscher, 1914-1989
Haeckel Ernst, deutscher Zoologe und Naturphilosoph, 1834-1919
Haecker Theodor, deutscher Schriftsteller und Kulturkritiker, 1879-1945
Haffner Sebastian, deutscher Publizist, geb. 1907
Hahn Ulla, deutsche Lyrikerin, geb. 1946
Haibach Rudolf, deutscher Notar und Familienrechtsspezialist
Halbe Max, deutscher Schriftsteller, 1865-1944
Halifax Edward Frederick, englischer Staatsmann, 1881-1959
Halifax George Savile, englischer Staatsmann und Schriftsteller, 1633-1695
Hall James, amerikanischer Schriftsteller, 1887-1951
Halle Armin, deutscher Fernsehjournalist, geb. 1936
Haller Rolf, deutscher Schriftsteller, geb. 1922
Hallervorden Dieter, deutscher Kabarettist und Komiker, geb. 1935
Hallstein Walter, deutscher Jurist und Politiker, 1901-1982
Halter Marek, deutscher Schriftsteller, geb. 1936
Hamer Eberhard, Professor, 20. Jh., deutscher Ökonom u. Mittelstands-Papst
Hamm-Brücher Hildegard, deutsche Politikerin, geb. 1921
Hamsun Knuth, norwegischer Schftsteller, 1859-1952
Handke Peter, österreichischer Schriftsteller, geb. 1942
Hanke Manfred, deutscher Bibliothekar, 20. Jahrh.
Hankel Wilhelm, deutscher Ökonomprofessor und Autor, Erfinder des Bundesschatzbriefes
Hansemann David, deutscher Politiker, 1790-1864
Hardy Francoise, französische Schlager- und Chansonsängerin, geb. 1944
Haring Keith, amerikanischer Graffiti-Maler, 1959-1990
Harpprecht Klaus, deutscher Publizist und Filmproduzent, geb. 1927
Harsdoerffer, Georg Philipp, deutscher Dichter, 1607-1658
Härtling Peter, deutscher Schriftsteller, geb. 1933
Hartmann Eduard von, deutscher Philosoph, 1842-1906
Hartung Hans, deutsch-französischer Maler, 1904-1989
Harvey William, englischer Schriftsteller, 1874-1936
Hasek Jaroslav, tschechischer Schriftsteller, 1883-1923
Hasenclever Walter, deutscher Dichter und Dramatiker, 1890-1940
Haß Hans, österreichischer Zoologe, geb. 1919
Hasse Otto Eduard, deutscher Schauspieler, 1903-1978
Hassencamp Oliver, deutscher Schriftsteller, 1921-1988
Hauptmann Gerhart, deutscher Schriftsteller, 1862-1946
Hauschka Ernst R., deutscher Bibliothekar, geb. 1926
Hausmann Manfred, deutscher Schriftsteller, 1898-1986
Havel Vaclav, tschechischer Schriftsteller und Politiker, geb. 1936
Havenstein Klaus, deutscher Schauspieler und Kabarettist, geb. 1922
Hayek Friedrich August von, britischer Volkswirtschaftler, geb. 1899
Hayworth Rita, amerikanische Filmschauspielerin, 1918-1987
Hazlitt William, englischer Essayist, 1778-1830
Healey Denis, englischer Politiker, geb. 1917
Heath Edward, englischer Politiker, geb. 1916
Hebbecker Rolf, bayrischer Unternehmer
Hebbel Christian Friedrich, deutscher Dichter, 1813-1863
Hecht Ben, russisch-amerikanischer Schriftsteller, 1894-1964
Heckmann Herbert, deutscher Germanist und Schriftsteller, geb. 1930
Heesters Johannes, niederländisch-österreichischer Schauspieler und Operettensänger, geb. 1903
Hegel Georg Wilhelm Friedrich, deutscher Philosoph, 1770-1831
Hegenbarth Herbert, deutscher Schriftsteller, geb. 1944
Heiberg Gunnar, norwegischer Schriftsteller, 1857-1929
Heiby Walter A., amerikanischer Unternehmer, geb. 1918
Heidegger Martin, deutscher Philosoph, 1889-1976
Heifetz Jascha, russisch-amerikanischer Violinvirtuose, 1901-1987
HeilbronerRobert, amerikanischer Wirtschaftsprofessor, 20. Jh.
Heimann Moritz, deutscher Schriftsteller, 1868-1925
Heimeran Ernst, deutscher Schriftsteller und Verleger, 1902-1955
Hein Piet, dänischer Schriftsteller, geb. 1905
Heine Heinrich, deutscher Dichter, 1797-1856
Heinemann Gustav, deutscher Staatsmann, 1899-1976
Heinse Johann Jacob Wilhelm, deutscher Schriftsteller, 1746-1803
Heißenbüttel Helmut, deutscher Schriftsteller, geb. 1921
Heister Matthias, Vorstand der Deutschen Aktionsgemeinschaft Bildung-Erfindung-Innovation
Held Martin, deutscher Schauspieler, 1908-1992
Helfrecht Manfred, deutscher Unternehmensberater

Heller Andre, österreichischer Aktionskünstler, geb. 1947
Helvetius Claude-Adrien, französischer Philosoph, 1715-1771
Hemingway Ernest, amerikanischer Schriftsteller, 1899-1961
Hengsbach Franz, Bischof von Essen, geb. 1910
Henneke Knuth, stellvertretendes Vorstandsmitglied der Audi AG
Hennis Wilhelm, deutscher Politologe, geb. 1923
Henzler Herbert, deutscher Unternehmensberater
Henriot Emile, französischer Schriftsteller, 1889-1961
Henze Hans Werner, deutscher Komponist, geb. 1926
Hepburn Katharine, amerikanische Schauspielerin, 1909-1994
Herbert George, englischer Dichter, 1593-1633
Herbst Wolfgang, deutscher Schriftsteller und Aphoristiker, geb. 1925
Herder Johann Gottfried von, deutscher Dichter und Philosoph, 1744-1803
Herdi Fritz, Schweizer Publizist, geb. 1920
Herford Oliver, amerikanischer Humorist, 1863-1935
Herzog Roman, deutscher Bundespräsident, geb. 1934
Herre Franz, deutscher Historiker und Publizist, geb. 1926
Hesse Hermann, deutscher Schriftsteller, 1877-1962
Hesterberg Trude, deutsche Schauspielerin, 1897-1967
Heuß Theodor, deutscher Staatsmann, 1884-1963
Heyse Paul von, deutscher Schriftsteller, 1830-1914
Heyral Marc, französischer Chanson-Komponist und Pianist, 1910-1989
Hicks John R., englischer Nationalökonom, 1904-1989
Hielscher Margot, deutsche Schauspielerin, geb. 1919
Hildebrandt Dieter, deutscher Kabarettist, geb. 1927
Hildesheimer Wolfgang, deutscher Schriftsteller, geb. 1916
Hill Napoleon, amerikanischer Autor, 1883-1970
Hillary Edmund, neuseeländischer Bergsteiger, geb. 1919
Hille Peter, deutscher Schriftsteller, 1854-1904
Hilpert Heinz, deutscher Theaterregisseur, 1890-1967
Hilsbecher Walter, deutscher Aphoristiker, geb. 1917
Hinrich Manfred, deutscher Musikwissenschaftler, geb. 1926
Hinz Werner, deutscher Schauspieler, 1903-1985
Hirschfeld Magnus, deutscher Sexualforscher, 1868-1935
Hitchcock Alfred, englisch-amerikanischer Filmregisseur, 1899-1980
Hitzler Ronald, deutscher Soziologe
Hobbes Thomas, englischer Philosoph, 1588-1679
Ho Chi Minh, vietnamesischer Politiker, 1890-1969
Höcherl Hermann, deutscher Politiker, 1912-1989
Hochhuth Rolf, deutscher Schriftsteller, geb. 1931
Hochwälder Fritz, österreichischer Dramatiker, 1911-1986
Höfer Werner, deutscher Publizist, geb. 1913
Höffner Joseph, deutscher Theologe und Kardinal, 1906-1987
Hofmannsthal Hugo von, österreichischer Lyriker, 1874-1929
Höhn Carola, deutsche Schauspielerin, geb. 1910
Hollaender Walther von, deutscher Schriftsteller, 1892-1973
Holt Hans, österreichischer Schauspieler, geb. 1909
Holtei Karl von, deutscher Schriftsteller, 1798-1880
Holthusen Hans Egon, deutscher Schriftsteller, geb. 1913
Hondrich Karl Otto, deutscher Soziologe, geb. 1937
Hoover John Edgar, amerikanischer Jurist und FBI-Direktor, 1895-1972
Hope Bob, amerikanischer Komiker, geb. 1904
Hoppe-Gröning Edith, deutscher Unternehmensberaterin
Hörbiger Attila, österreichischer Schauspieler, 1896-1987
Hörbiger Paul, österreichischer Schauspieler, 1894-1981
Horaz, römischer Dichter, 65-8 vor Christus
Horkheimer Max, deutscher Philosoph und Soziologe, 1895-1973
Horowitz Wladimir, russisch-amerikanischer Pianist, 1904-1989
Horvath Ödön von, österreichischer Schriftsteller, 1901-1938
Howe Edgar W., amerikanischer Schriftsteller, 1853-1937
Howells William Dean, amerikanischer Schriftsteller, 1837-1920
Hubbard Elbert, amerikanischer Essayist, 1856-1915
Hubbard Kin, amerikanischer Humorist, 1868-1930
Hubschmid Paul, Schweizer Schauspieler, geb. 1918
Huch Ricarda, deutsche Dichterin, 1864-1947
Hudson Rock, amerikanischer Filmschauspieler, 1925-1985
Hughes Howard, amerikanischer Industrieller, 1905-1976
Humboldt Alexander von, deutscher Naturforscher, 1769-1859
Humboldt Wilhelm von, deutscher Sprachwissenschaftler und Staatsmann, 1767-1835
Hundertwasser Friedensreich, österreichischer Maler und Architekt, geb. 1928
Huston John, amerikanischer Filmregisseur, 1906-1987
Huxley Aldous, englischer Schriftsteller und Philosoph, 1894-1963
Huxley Julian, englischer Biologe und Schriftsteller, 1887-1975

I

Iacocca Lee, amerikanischer Automobilmanager, geb. 1924
Ibsen Henrik, norwegischer Schriftsteller, 1828-1906
I Ging, Chinesisches Buch der Wandlungen, 5. Jahrhundert vor Chr.
Inge Dean William Ralph, englischer Theologe und Religionsphilosoph, 1860-1954
Ionesco Eugene, rumänisch-französischer Dramatiker, 1912-1994
Irzykowski Karol, polnischer Schriftsteller, 1873-1944

J

Jacobs Wilfrid, Geschäftsführer der AOK Düsseldorf
Jagoda Bernhard, Präsident der Bundesanstalt für Arbeit
Jannings Emil, deutscher Schauspieler, 1884-1950
Jäntsch, Günter, deutscher Dichter, geb. 1939
Jaray Hans, österreichischer Schauspieler, Regisseur und Autor, 1906-1990,
Jarry Alfred, französischer Dichter und Dramatiker, 1873-1907
Järvefelt Göran, schwedischer Opern- und Schauspielregisseur, 1947-1989
Jaspers Karl, deutscher Philosoph, 1883-1969
Jean Paul, deutscher Dichter, 1763-1825
Jellinek Oskar, österreichischer Schriftsteller, 1886-1949
Jens Walter, deutscher Schriftsteller und Rhetoriker, geb. 1923
Jerome Jerome K., englischer Schriftsteller, 1859-1927
Jewtuschenko Jewgenij, russischer Dichter, geb. 1933
Jochmann Krl Gustav, deutscher Schriftsteller, 1789-1830
Johnson Samuel, englischer Dichter, 1709-1784
Johnson Uwe, deutscher Schriftsteller, 1934-1984
Joubert Joseph, französischer Moralist, 1754-1824
Jouvenel Bertrand de, französischer Wirtschaftswissenschaftler, 1903-1979
Jung Carl Gustav, schweizer Psychologe, 1875-1961
Jünger Ernst, deutscher Schriftsteller, geb. 1895

K

Kafka Franz, österreichischer Schriftsteller, 1883-1924
Kahn Herman, amerikanischer Futurologe, 1922-1983
Kaiser Henry. J., amerikanischer Industrieller, 1862-1967
Kant Immanuel, deutscher Philosoph, 1724-1804
Kasper Hans, deutscher Aphoristiker, Lyriker, Hörspielautor, geb. 1916
Kästner Erhart, deutscher Schriftsteller, 1904-1974
Kästner Erich, deutscher Schriftsteller, 1899-1974
Kaye Danny, amerikanischer Filmkomiker, 1913-1987
Kazantzakis Niko, deutscher Schriftsteller, 1887-1957
Kehlmann Michael, österreichischer Schriftsteller und Regisseur, geb. 1927
Keiser Cesar, schweizer Kabarettist, geb. 1925
Kekkonen Urho, finnischer Spitzenpolitiker, 1900-1986
Keller Hans Peter, deutscher Lyriker, 1915-1989
Kempen Thomas von, deutscher Mystiker, 1379-1471
Kennan George F., amerikanischer Diplomat und Historiker, geb. 1904
Kennedy Edward, amerikanischer Politiker, geb. 1932
Kennedy John F., amerikanischer Präsident, 1917-1963
Kerr Alfred, deutscher Theaterkritiker und Schriftsteller, 1867-1948
Kerst Alexander, tschechisch-deutscher Schauspieler, geb. 1924
Kersten Hanns-Hermann, deutscher Aphoristiker, 1928-1986
Kessel Martin, deutscher Schriftsteller, 1901-1990
Kesten Hermann, deutscher Schriftsteller, geb. 1900
Kettering Charles F., amerikanischer Publizist, 1876-1958
Key Ellen, schwedische Schriftstellerin, 1849-1926
Keynes John Maynard, britischer Nationalökonom, 1883- 946
Keyserling Hermann Graf, deutscher Philosoph, 1880-1946
Khan Hazrat Inayat, indischer Musiker und Philosoph, 1882-1927
Kiaulehn Walter, deutscher Publizist, 1900-1968
Kiechle Ignaz, deutscher Politiker, geb. 1930
Kieling Wolfgang, deutscher Schauspieler, 1924-1985
Kiep Walther Leisler, deutscher Politiker, geb. 1926
Kierkegaard Sören, dänischer Religionsphilosoph, 1813-1855
King Cecil, britischer Zeitungsverleger, geb. 1901
Kinkel Johann Gottfried, deutscher Schriftsteller, 1815-1882
Kinnear Koy, englischer Komiker, 1934-1988
Kinsey Alfred Charles, amerikanischer Sexualforscher, 1894-1956
Kinski Klaus, deutscher Schauspieler, geb. 1926
Kipling Rudyard, englischer Schriftsteller, 1865-1936
Kirchner Ernst Ludwig, deutscher Maler und Graphiker, 1880-1938
Kis Danilo, jugoslawischer Schriftsteller, 1935-1989
Kishon Ephraim, israelischer Schriftsteller, geb. 1924
Kissinger Henry, amerikanischer Politiker, geb. 1923
Klages Ludwig, deutscher Philosoph und Psychologe, 1872-1956
Klee Paul, schweizerisch-deutscher Maler und Graphiker, 1879-1940
Klink Vincent, deutscher Starkoch in der "Wielandshöhe", Stuttgart
Klöpfer Eugen, deutscher Schauspieler und Intendant, 1886-1950
Knebel Fletcher, amerikanischer Publizist, geb. 1911
Knef Hildegard, deutsche Schauspielerin und Schriftstellerin, geb. 1925
Knigge Adolf Freiherr von, deutscher Schriftsteller, 1752-1796
Knittel John, schweizer Schriftsteller, 1891-1970
Knoell Dieter Rudolf, deutscher Publizist, geb. 1951
Knuth Gustav, deutsch-schweizerischer Schauspieler, 1901-1987
Kobjoll Klaus, deutscher Hotelier und Motivationstrainer, geb. 1948
Koch Robert, deutscher Bakteriologe, 1843-1910
Koestler Arthur, ungarisch-englischer Schriftsteller, 1905-1983
Kohl Helmut, deutscher Politiker, geb. 1930
Köhnlechner Manfred, deutscher Heilpraktiker, geb. 1925
Kohout Pavel, tschechischer Dichter und Dramatiker, geb. 1928
Kokoschka Oskar, österreichischer Maler, 1886-1980
Kolb Annette, deutsche Schriftstellerin, 1870-1967
Kollath Werner, deutscher Bakteriologe und Ernährungswissenschaftler, 1892-1970

Konfuzius, chinesischer Philosoph, 551-479 vor Christus
Kortner Fritz, österreichischer Schauspieler und Regisseur, 1892-1970
Kostolany Andre, ungarischer Börsenspekulant, geb. 1908
Kowa Victor de, deutscher Schauspieler, 1904-1973
Krailsheimer Hans, deutscher Aphoristiker, 1888-1958
Kraus Karl, österreichischer Schriftsteller und Satiriker, 1874-1936
Krauß Werner, deutscher Schauspieler, 1884-1959
Kreisler Georg, österreichischer Kabarettist und Chansonsänger, geb. 1922
Kreuder Ernst, deutscher Schriftsteller, 1903-1972
Krishnamurti Jiddu, indischer Philosoph, 1895-1986
Kritzfeld Ron, deutscher Chemiekaufmann, geb. 1921
Kroetz Franz Xaver, deutscher Schriftsteller und Dramatiker, geb. 1946
Krug Manfred, deutscher Schauspieler, geb. 1937
Krüger Horst, deutscher Schriftsteller, geb. 1919
Krupp Alfred, deutscher Industrieller, 1907-1967
Kudszus Hans, deutscher Schriftsteller und Aphoristiker, 1901-1977
Kuh Anton, tschechisch-österreichischer Satiriker, 1890-1941
Kübel Karl, Unternehmer und Gründer des Odenwald-Institus, 20. Jh.
Kühn Gundolf, deutscher Unternehmensberater, geb. 1932
Kuhn Paul, deutscher Unterhaltungsmusiker, geb. 1928
Kulenkampff Hans-Joachim, deutscher Schauspieler und Quizmaster, geb. 1921
Küng Hans, Schweizer Theologe, geb. 1928
Kunze Reiner, deutscher Schriftsteller, geb. 1933
Kuraku Seinosuke, japanischer Manager
Kurz Isolde, deutsche Schriftstellerin, 1853-1944

L

La Bruyere Jean de, französischer Moralphilosoph, Schriftsteller, 1645-1696
La Fontaine Jean de, französischer Fabeldichter, 1621-1695
Lafontaine Oskar, deutscher Politiker, geb. 1943
Lagerfeld Karl, deutscher Modeschöpfer, geb. 1938
Lambert Christoph, deutscher Schauspieler, geb. 1957
Lambsdorff Otto Graf, deutscher Politiker, geb. 1926
Lancaster Burt, amerikanischer Filmschauspieler, geb. 1913
Laotse, chinesischer Philosoph, 480-390 vor Christus
La Rochefoucauld Francois VI. de, französischer Moralist, 1613-1680
Lasker-Schüler Else, deutsche Dichterin, 1869-1945
Laub Gabriel, tschechisch-deutscher Schriftsteller, geb. 1928
Lavater Johann Kaspar, Schweizer Theologe und Philosoph, 1741-1801
Lavi Daliah, israelische Schauspielerin und Schlagersängerin, geb. 1942
Law John, schottischer Finanzmann, 1671-1729
Lawes Lewis E., amerikanischer Publizist, 1883-1947
Lawrence David Herbert, englischer Schriftsteller, 1885-1930
Laxness Halldor, isländischer Schriftsteller, geb. 1902
Lay Rupert, Professor und Jesuitenpater, geb. 1929
Leacock Stephen, englisch-kanadischer Schriftsteller, 1869-1944
Leautaud Paul, französischer Schriftsteller, 1872-1956
Leber Georg, deutscher Politiker, geb. 1920
Le Bon Gustave, französischer Soziologe, 1841-191
Le Carre John, englischer Schriftsteller, geb. 1931
Le Corbusier, schweizerisch-französischer Architekt, 1887-1965
Lec Stanislaw Jerzy, polnischer Schriftsteller und Aphoristiker, 1909-1966
Ledig-Rowohlt Heinrich-Maria, deutscher Verleger, geb. 1908
Le Fort Gertrud von, deutsche Schriftstellerin, 1876-1971
Leibl Wilhelm, deutscher Maler, 1844-1900
Leiding Rudolf, deutscher Manager, geb. 1914
Leigh Vivien, englische Schauspielerin, 1914-1967
Lem Stanislaw, polnischer Schriftsteller, geb. 1921
Lemanski Jan, polnischer Dichter, 1866-1933
Lembke Robert, deutscher Fernsehjournalist, 1913-1987
Lemke Jürgen, deutscher Dozent für Ökonomie, geb. 1943
Lemmon Jack, amerikanischer Schauspieler, geb. 1925
Lenin Wladimir Iljitsch, sowjetrussischer Staatsmann, 1870-1924
Lennon John, englischer Pop-Musiker, 1940-1980
Lenz Siegfried, deutscher Schriftsteller, geb. 1926
Leone Sergio, italienischer Filmregisseur, 1929-1989
Lessing Gotthold Ephraim, deutscher Dichter, 1729-1781
Lessing Doris, anglo-afrikanische Schriftstellerin, geb. 1919
Leuwerik Ruth, deutsche Schauspielerin, geb. 1926
Levi Carlo, italienischer Schriftsteller, 1902-1987
Lewis Jerry, amerikanischer Filmkomiker, geb. 1926
Lichtenberg Georg Christoph, deutscher Philosoph, 1742-1799
Lichtenfeld Herbert, deutscher Fernsehautor, geb. 1927
Lie Trygve, norwegischer Politiker, 1896-1968
Liebermann Max, deutscher Maler, 1847-1935
Ligne Charles Joseph Fürst von, österreichischer Feldmarschall, 1735-1814
Limpach Erich, deutscher Aphoristiker, 1899-1965
Lincoln Abraham, amerikanischer Präsident, 1809-1865
Lindlau Dagobert, deutscher Fernsehjournalist, geb. 1930
Lin Yutang, chinesischer Philologe, 1895-1976
Lippmann Walter, amerikanischer Publizist und Politiker, 1889-1974
List Paul W., deutscher Verleger, 1899-1989
Livius Titus, römischer Historiker, 59 vor Chr. bis 17 nach Chr.
Locke John, englischer Philosoph, 1632-1704
Lohberger Hans, österreichischer Aphoristiker, 1920-1979
Lollobrigida Gina, italienische Schauspielerin, geb. 1928
Loderer Eugen, deutscher Gewerkschaftsführer, 1920-1995
Loren Sophia, italienische Schauspielerin, geb. 1934
Lorentz Lore, deutsche Kabarettistin, 1920-1994
Lorenz Konrad, österreichischer Tierpsychologe, 1903-1989
Loriot, deutscher Cartoonist, TV-Satiriker und Regisseur, geb. 1923
Lossau Norbert, deutscher Journalist
Low Bruce, niederländischer Schlagersänger, 1913-1990
Lowell James Russell, amerikanischer Dichter, 1819-1891
Löwenthal Gerhard, deutscher Fernsehjournalist, geb. 1922
Löwenthal Richard, deutsch-englischer Publizist und Politologe, geb. 1908
Löwinger Paul, österreichischer Volksschauspieler, 1904-1988
Lowitz Siegfried, deutscher Schauspieler, geb. 1914
Luchterhand, Monika, deutsche Schriftpsychologin, geb. 1940
Luczak Jeaninne, schweiz. Aphoristikerin, geb. 1938
Ludi Johann, deutscher Verleger, geb. 1928
Ludwig I. von Bayern, König, 1786-1868
Ludwig XI., König von Frankreich, 1423-1483
Luft Friedrich, deutscher Literaturkritiker und Publizist, 1911-1993
Lühr Peter, deutscher Schauspieler, 1906-1988
Luther Martin, deutscher Reformator, 1483-1546
Luwein Franz, deutscher Redakteur, geb. 1927
Luxemburg Rosa, deutsche Politikerin, 1870-1919
Lynd Robert, englischer Publizist, 1879-1949
Lyotard Jean-Francois, französischer Philosoph, geb. 1924

M

Maazel Lorin Varencove, amerikanischer Dirigent, geb. 1930
Macauley Thomas Babington, englischer Historiker, 1800-1859
MacDonald George, schottischer Dichter, 1824-1905
Machiavelli Niccolo di Bernardo dei, italienischer Geschichtsphilosoph, 1469-1527
MacLaine Shirley, amerikanische Filmschauspielerin, geb. 1934
MacLean Alistair, schottischer Schriftsteller, 1922-1987
MacMillan Harold, englischer Verleger und Politiker, 1894-1986
Maffay Peter, deutscher Rocksänger, geb. 1949
Magnani Anna, italienische Schauspielerin, 1910-1973
Mahler Gustav, österreichischer Komponist, 1860-1911
Maier Hans, deutscher Politiker, geb. 1931
Mailer Norman, amerikanischer Schriftsteller, geb. 1923
Malik Fredmund, schweizer Buchautor
Maiwald Peter, deutscher Schriftsteller, geb. 1936
Malaparte Curzio, italienischer Schriftsteller, 1898-1957
Malkowski Rainer, deutscher Schriftsteller, geb. 1939
Malle Louis, französischer Filmregisseur, geb. 1932
Malraux Andre, französischer Politiker und Schriftsteller, 1901-1976
Mandino Og, amerikanischer Autor, geb. 1923
Mangano Silvana, italienische Filmschauspielerin, 1930-1989
Manger Jürgen von, deutscher Schauspieler und Kabarettist, geb. 1923
Mann Golo, deutscher Historiker, geb. 1909
Mann Heinrich, deutscher Schriftsteller, 1871-1950
Mann Thomas, deutscher Schriftsteller, 1875-1955
Manrique Cesar, spanischer Maler, geb. 1920
Manzoni Alessandro, italienischer Schriftstller, 1785-1873
Manzu Giacomo, italienischer Bildhauer, geb. 1908
Mao Tse-tung, chinesischer Staatsmann, 1893-1976
Marais Jean, französischer Filmschauspieler, geb. 1913
Marc Franz, deutscher Maler, 1880-1916
Marceau Felicien, belgischer Schriftsteller, geb. 1913
Marcel Gabriel, französischer Philosoph und Dramatiker, 1889-1973
Marcuse Herbert, deutsch-amerikanischer Philosoph, 1898-1979
Marcuse Ludwig, deutscher Philosoph, 1894-1971
Marden Orison Swett, amerikanischer Journalist, 1850-1924
Margolius Hans, deutscher Schriftsteller, geb. 1922
Mark Twain, amerikanischer Schriftsteller, 1835-1910
Markwort Helmut, deutscher Journalist, geb. 1936
Marquis Don, amerikanischer Publizist, 1878-1937
Marshall George C., amerikanischer General und Politiker, 1880-1959
Marti Kurt, schweizer Theologe, geb. 1921
Martial Marcus Valerius, römischer Epigrammatiker, ca 40-102 n. Chr.
Marx Groucho, amerikanischer Filmkomiker, 1885-1977
Masson Thomas L., amerikanischer Journalist, 1866-1934
Mastroianni Marcello, italienischer Filmschauspieler, geb. 1924
Matisse Henri, französischer Maler, 1869-1954
Matthews Brander, amerikanischer Schriftsteller, 1852-1929
Matzke Hermann, deutscher Musikwissenschaftler, 1890-1976
Maugham William Somerset, englischer Schriftsteller, 1874-1965
Mauriac Francois, französischer Romancier, 1885-1970
Maurier Daphne du, englische Schriftstellerin, 1907-1989
Maurois Andre, französischer Schriftsteller, 1885-1967
Mayer-Vorfelder Gerhard, deutscher Politiker
McCarthy Mary, amerikanische Schriftstellerin, 1912-1989

McCarthy Eugene, amerikanischer Politiker, Soziologe und Wirtschaftswissenschaftler, geb. 1916
McCartney Paul, englischer Pop-Musiker, geb. 1942
Mechtel Angelika, deutsche Schriftstellerin, geb. 1943
Mechtersheimer Alfred, deutscher Politologe, geb. 1939
Meckel Christoph, deutscher Graphiker und Schriftsteller, geb. 1935
Mehring Walter, deutscher Schriftsteller, 1896-1981
Meienberg Niklaus, schweizer Publizist, geb. 1940
Menander griechischer Komödiendichter, 342- 290 v. Chr.
Mencken Henry Louis, amerikanischer Publizist, 1880-1956
Mendes-France Pierre, französischer Politiker, 1907-1982
Menge Wolfgang, deutscher Fernsehautor, geb. 1924
Menotti Gian Carlo, italienisch-amerikanischer Komponist, geb. 1911
Menuhin Yehudi, amerikanischer Violinist und Dirigent, geb. 1916
Meredith George, englischer Dichter, 1828-1909
Merimee Prosper, französischer Romanautor, 1803-1870
Mertes Alois, deutscher Politiker, 1921-1985
Messner Reinhold, südtiroler Bergsteiger, geb. 1944
Metz Johann-Baptist, deutscher Theologe, geb. 1928
Meyfarth Ulrike, deutsche Olympiasiegerin, geb. 1956
Meyrink Gustav, deutscher Schriftsteller und Redakteur, 1868-1932
Meysel Inge, deutsche Schauspielerin, geb. 1910
Michel Otto, deutscher Aphoristiker, 1892-1973
Miederer Siegfried, deutscher Professor,
Mikes George, englischer Schriftsteller, geb. 1912
Milbradt Rainer, deutscher Professor, Dermatologe und Androloge, geb. 1935
Miller Arthur, amerikanischer Schriftsteller, geb. 1915
Miller Henry, amerikanischer Schriftsteller, 1891-1980
Minnelli Liza, amerikanische Filmschauspielerin und Sängerin, geb. 1946
Minetti Bernhard, deutscher Schauspieler, geb. 1905
Mirabeau Honore Gabriel de Riqueti, Graf von, französischer Politiker, 1749-1791
Mischnick Wolfgang, deutscher Politiker, geb. 1921
Mitsch Werner, deutscher Aphoristiker, geb. 1936
Mitscherlich Alexander, deutscher Mediziner und Psychoanalytiker, 1908-1982
Mitscherlich Margarete, deutsche Ärztin und Psychoanalytikerin, geb. 1917
Mitterrand Francois, französischer Politiker, geb. 1916
Moffo Anna, italienisch-amerikanische Opernsängerin, geb. 1935
Moliere, französischer Dichter und Schauspieler, 1622-1673
Möller Alex, deutscher Politiker, 1903-1985
Mollet Guy, französischer Politiker, 1905-1975
Molnar Franz, ungarischer Schriftsteller, 1878-1952
Mommsen Theodor, deutscher Historiker, 1817-1903
Monnier Thyde, französische Schriftstellerin, 1887-1967
Monroe Marilyn, amerikanische Filmschauspielerin, 1926-1962
Montaigne Michel de, französischer Essayist, 1533-1592
Montand Yves, französischer Schauspieler und Chansonnier, 1921-1991
Montanelli Indro, italienischer Journalist und Autor, geb. 1909
Montesquieu Michel Eyquem, französischer Essayist, 1533-1592
Montherlant Henry de, französischer Schriftsteller, 1896-1972
Moore George, englischer Philosoph, 1873-1958
Moravia Alberto, italienischer Schriftsteller, 1907-1990
Moreau Jeanne, französische Filmschauspielerin und -regisseurin, geb. 1928
Morgan Michele, französische Filmschauspielerin, geb. 1920
Morgenstern Christian, deutscher Dichter, 1871-1914
Morley Christopher, amerikanischer Schriftsteller, 1890-1957
Morley John, englischer Schriftsteller und Politiker, 1838-1923
Möser Justus, deutscher Historiker, 1720-1749
Mrozek Slawomir, polnischer Schriftsteller, geb. 1930
Muggeridge Malcolm, englischer Publizist, geb. 1903
Muller Hermann J., amerikanischer Biologe, 1890-1967
Müller Wilhelm, deutscher Dichter, 1794-1827
Münchmeyer Alwin, deutscher Bankier, geb. 1908
Munthe Axel Martin Fredrik, schwed. Arzt, 1857-1849
Murdoch Jean Iris, irischer Schriftsteller, geb. 1919
Muschg Adolf, schweizer Schriftsteller, geb. 1934
Musil Robert, österreichischer Schriftsteller, 1880-1942
Muthmann Robert, deutscher Aphoristiker, geb. 1922
Mutter Teresa, katholische Ordensschwester in Indien, geb. 1910
Myrdal Gunnar, schwedischer Nationalökonom, 1898-1987

N
Nabokov Vladimir, russischer Schriftsteller, 1899-1977
Nahr Helmar, deutscher Wirtschaftswissenschaftler, 1931-1990
Naisbitt John, amerikanischer Zukunftsautor
Nannen Henri, deutscher Journalist, geb. 1913
Napierski Stefan, polnischer Aphoristiker, 1899-1940
Napoleon Bonaparte, Kaiser der Franzosen, 1769-1821
Nash Ogden, amerikanischer Lyriker, 1902-1971
Nathan George J., amerikanischer Kritiker, 1882-1958
Nehberg Rüdiger, deutscher Konditor und Abenteurer, geb. 1936
Nehru Jawaharlal, indischer Staatsmann, 1889-1964
Neill Alexander Sutherland, britischer Pädagoge, 1883-1973
Nell-Breuning Oswald, deutscher Theologe und Soziologe, 1890-1991
Nenning Günther, deutscher Journalist, geb. 1921
Neruda Pablo, chilenischer Lyriker, 1904-1973
Nerval Gerard, französischer Dichter, 1808-1855
Nestroy Johann Nepomuk, österreichischer Dichter, 1801-1862
Neumann Peter G., deutscher Computerspezialist, geb. 1933
Neumann Robert, österreichisch-deutscher Schriftsteller, 1897-1975
Neuß Wolfgang, deutscher Kabarettist und Schauspieler, 1923-1989
Newmann Paul, amerikanischer Schauspieler, geb. 1925
Newman John Henry, englischer Schriftsteller, 1801-1890
Nicolson Harold George, englischer Diplomat und Schriftsteller, 1886-1968
Niederreuther Thomas, deutscher Maler und Schriftsteller, 1909-1990
Nietzsche Friedrich, deutscher Philosoph, 1844-1900
Nordhoff Heinrich, deutscher Manager, 1899-1968
Northcliffe Alfred C., englischer Zeitungsverleger, 1856-1922
Nossack Hans Erich, deutscher Schriftsteller, 1901-1977
Novak Kim, amerikanische Schauspielerin, geb. 1933
Novalis, deutscher Dichter, 1772-1801
Nowaczyinski Adolf, polnischer Dramatiker und Aphoristiker, 1876-1944
Nowottny Friedrich, deutscher TV-Intendant, geb. 1929
Nüsse Heinrich, schweizer Aphoristiker, 1927-1977

O
Oates Joyce Carol, englische Schriftstellerin, geb. 1938
O'Casey Sean, irischer Dramatiker, 1880-1964
Ode Erik, deutscher Schauspieler und Regisseur, 1910-1983
Oertzen Peter von, deutscher Politiker und Politologe, geb. 1924
Oesch Emil, schweiz. Schriftsteller, 1894-1974
Ogdon John, englischer Pianist, 1937-1989
Ogilvie John, Heiliger, 1579-1615
Olivier Laurence, englischer Schauspieler und Regisseur, 1907-1989
O'Malley Austin, amerikanischer Schriftsteller, 1858-1932
Onassis Aristoteles Sokrates, griechischer Reeder, 1907-1975
Opaschowski Horst W., deutscher Freizeitforscher
Ophüls Max, deutscher Filmregisseur, 1902-1957
Oppenheimer Julius Robert, amerikanischer Atomphysiker, 1904-1967
Ortega y Gasset Jose, spanischer Philosoph und Soziologe, 1883-1955
Orwell George, englischer Schriftsteller, 1903-1950
Osborne John, englischer Dramatiker, 1929-1994
Ossietzky Carl von, deutscher Publizist, 1889-1938
Ovid, Publius Ovidius Naso, römischer Dichter, 43 vor Chr. bis 17 nach Chr.

P
Packard Vance, amerikanischer Publizist, geb. 1914
Pagnol Marcel, französischer Schriftsteller und Dramatiker, 1895-1974
Palacio Valdes Armando, spanischer Schriftsteller, 1853-1938
Pallenberg Max, österreichischer Schauspieler, 1877-1934
Palme Olof, schwedischer Politiker, 1927-1986
Palmer Lilli, deutsch-englische Filmschauspielerin, 1914-1986
Panizza Oskar, deutscher Schriftsteller, 1853-1921
Parkinson Cyril Northcote, englischer Historiker und Wirtschaftswissenschaftler, 1909-1993
Pascal Blaise, französischer Philosoph, 1632-1662
Pasternak Boris, sowjetrussischer Schriftsteller, 1890-1960
Pasteur Louis, französischer Chemiker und Biologe, 1822-1895
Pauling Linus, amerikanischer Chemiker, 1901-1994
Pavese Cesare, italienischer Lyriker und Erzähler, 1908-1950
Paz Octavio, mex. Schriftsteller, geb. 1914
Peacock Thomas L., englischer Schriftsteller, 1785-1866
Peccei Aurelio, italienischer Wirtschaftsfachmann, Gründer des «Club of Rome», 1908-1984
Peckinpah Sam, amerikanischer Filmregisseur, 1925-1984
Peguy Charles, französischer Schriftsteller, 1873-1914
Penzoldt Ernst, deutscher Schriftsteller, 1892-1955
Perse Saint John, französischer Lyriker, 1887-1975
Pertini Alessandro, italienischer Politiker, 1896-1990
Pestalozzi Hans A., schweiz. Publizist, geb. 1929
Pestalozzi Johann Heinrich, schweizer Pädagoge, 1746-1827
Petan Zarko, slowenischer Aphoristiker, geb. 1944
Peter Laurence J., amerikanischer Erziehungswissenschaftler und Buchautor, 1921-1990
Petrarca Francesco, italienischer Dichter, 1304-1374
Peyrefitte Alain, französischer Politiker, geb. 1925
Peyrefitte Roger, französischer Diplomat und Schriftsteller, geb. 1907
Pfähler Wilhelm, Prof.der Wissenschaftlichen Hochschule für Unternehmensführung WHU in Vallendar
Pfleghar Michael, deutscher Regisseur, geb. 1933
Phelps Edward John, amerikanischer Schriftsteller, 1822-1900
Phelps William Lyon, amerikanischer Literaturwissenschaftler, 1865-1943
Piaf Edith, französische Chansonsängerin, 1915-1963
Picabia Francis, spanisch-französischer Maler, 1879-1953
Picard Emile, französischer Mathematiker, 1856-1941

Picasso Pablo, spanischer Maler, 1881-1973
Pieper Josef, deutscher Soziologe und Philosoph, geb. 1904
Pinter Harold, englischer Dramatiker, geb. 1930
Piontek Heinz, deutscher Schriftsteller, geb. 1925
Pirinçci Akif, türkischer Romanautor
Piscator Erwin, deutscher Regisseur und Theaterintendant, 1893-1966
Planck Max, deutscher Physiker, 1858-1947
Platen August Graf von, deutscher Dichter, 1796-1835
Platte Rudolf, deutscher Schauspieler, 1904-1984
Plautus Titus Maccius, römischer Komödiendichter, ca 250-184 v. Chr.
Pleßner Helmuth, deutscher Soziologe und Philosoph, 1892-1985
Pluhar Erika, österreichische Schauspielerin und Chansonsängerin, geb. 1939
Plutarch, griechischer Philosoph, etwa 46-120 nach Christus
Pöhl Karl Otto, deutscher Bankier, geb. 1929
Pohrt Wolfgang, deutscher Publizist, geb. 1945
Polanski Roman, polnischer Regisseur und Schauspieler, geb. 1933
Polgar Alfred, österreichischer Feuilletonist, 1873-1955
Pollock Channing, amerikanischer Dramatiker, 1880-1946
Polt Gerhard, deutscher Kabarettist und Filmemacher, geb. 1942
Pompidou Georges, französischer Politiker, 1911-1974
Ponge Francis, französischer Schriftsteller, 1899-1988
Pope Alexander, englischer Dichter, 1688-1744
Popper Karl, englischer Philosoph, 1902-1994
Pound Ezra, amerikanischer Schriftsteller und Kulturkritiker, 1885-1972
Powell Michael, englischer Filmregisseur, 1905-1990
Preminger Otto, österreichisch-amerikanischer Regisseur, 1906-1986
Presber Rudolf, deutscher Schriftsteller, 1868-1935
Presle Micheline, französische Schauspielerin, geb. 1922
Prevert Jacques, französischer Dichter, 1900-1977
Prey Hermann, deutscher Sänger, geb. 1929
Priestley John B., englischer Schriftsteller, 1894-1984
Primus der Ältere, christlicher Märtyrer, 3. Jh.
Proust Marcel, französischer Romancier, 1871-1922
Pucci Emilio, italienischer Modeschöpfer, geb. 1914
Pulver Liselotte, schweizer Schauspielerin, geb. 1929
Pythagoras, griechischer Philosoph, im 6. Jh. vor Christus

Q
Quadflieg Will, deutscher Schauspieler, geb. 1914
Qualtinger Helmut, österreichischer Schauspieler und Kabarettist, 1928-1986
Quayle Anthony, englischer Schauspieler, 1913-1989
Quinn Anthony, mexikanisch-amerikanischer Schauspieler, geb. 1915
Quinn Freddy, österreichisch-deutscher Schlagersänger und Filmschauspieler, geb. 1931

R
Raabe Wilhelm, deutscher Schriftsteller, 1831-1910
Rabenalt Arthur-Maria, österreichisch-deutscher Filmregisseur, geb. 1905
Radbruch Gustav, deutscher Jurist, 1878-1949
Raddatz Carl Werner, deutscher Schauspieler, geb. 1912
Radecki Sigismund von, deutscher Schriftsteller, 1891-1970
Ragaz Leonhard, schweizer Theologe, 1868-1945
Rajter Dunja, jugoslawische Schlagersängerin, geb. 1940
Ramsey Arthur Michael, englischer Theologe und Erzbischof, geb. 1904
Ranke-Heinemann Uta, deutsche Theologin, geb. 1927
Rathenau Walther, deutscher Politiker, 1867-1922
Rattigan Terence, englischer Dramatiker, 1911-1977
Rau Johannes, deutscher Politiker, geb. 1931
Ravel Maurice, französischer Komponist, 1875-1937
Ray Johnnie, amerikanischer Schlagersänger, 1927-1990
Reagan Ronald, amerikanischer Präsident, geb. 1911
Redgrave Vanessa, englische Schauspielerin, geb. 1937
Regnier Charles, deutscher Schauspieler und Regisseur, geb. 1915
Reich-Ranicki Marcel, polnisch-deutscher Literaturkritiker, geb. 1920
Reinecker Herbert, deutscher Fernsehautor, geb. 1914
Reinhardt Max, österreichischer Schauspiellehrer, Theaterdirektor und Regisseur, 1873-1943
Remarque Erich Maria, deutsch-amerikanischer Schriftsteller, 1898-1970
Remick Lee, amerikanische Schriftstellerin, geb. 1935
Renan Joseph Ernest, französischer Schriftsteller, 1823-1892
Renard Jules, französischer Schriftsteller, 1864-1910
Renner Paul, deutscher Jurist, geb. 1925
Renoir Auguste, französischer Maler, 1841-1919
Reverdy Pierre, französischer Dichter, 1889-1960
Reynaud Paul, französischer Politiker, 1878-1966
Reynolds Burt, amerikanischer Filmschauspieler und Regisseur, geb. 1937
Rezzori Gregor von, deutscher Schriftsteller, geb. 1914
Riber Jean-Claude, französischer Theaterintendant, geb. 1934
Richert Fritz, deutscher Publizist, geb. 1922
Ries Hubert, deutscher Publizist, 1902-1972
Rijs Jacob, amerikanischer Journalist und Sozialreformer, 1849-1914
Rilke Rainer Maria, österreichischer Dichter, 1875-1926
Ringelnatz Joachim, deutscher Dichter, 1883-1934
Rinser Luise, deutsche Schriftstellerin, geb. 1911
Ritchard Willi, schweizer Finanzminister, 1918-1983
Rivarol Antoine de, französischer Kritiker, 1753-1801
Rivet Sylvia, Sprecherin des Familien-Rechtsausschusses im Kölner Anwaltsverein
Robinson Edwin Arlington, amerikanischer Dichter, 1869-1935
RockefellerJohn D, . amerikanischer Großindustrieller, 1839-1937
Roda Roda Alexander, österreichischer Schriftsteller, 1872-1945
Rodin Auguste, französischer Bildhauer, 1840-1917
Roeper Hans, deutscher Redakteur, 1912-1979
Rogers Ginger, amerikanische Schauspielerin und Tänzerin, geb. 1911
Rogers Will, amerikanischer Humorist, 1879-1935
Rogler Richard, deutscher Kabarettist, geb. 1950
Rohmer Eric, französischer Filmregisseur, geb. 1920
Röhrich Lutz, deutscher Kulturhistoriker, geb. 1922
Rolfs Rudolf, deutscher Kabarettist, geb. 1920
Rolland Romain, französischer Schriftsteller, 1866-1944
Romains Jules, französischer Schriftsteller, 1885-1972
Rommel Manfred, deutscher Politiker, geb. 1928
Roncalli Angelo Giuseppe, Papst Johannes XXIII., 1881-1963
Ronner Markus M., schweizer Publizist, geb. 1938
Roosevelt Eleanor, amerikanische Präsidentengattin, 1884-1962
Roosevelt Franklin D., amerikanischer Präsident, 1882-1945
Roosevelt Theodore, amerikanischer Präsident, 1858-1919
Rosay Francoise, französische Schauspielerin, 1891-1973
Rosegger Peter, österreichischer Schriftsteller, 1843-1918
Rosenthal Philip, deutscher Industrieller und Politiker, geb. 1916
Roß Werner, deutscher Publizist, geb. 1912
Rossellini Roberto, italienischer Regisseur, 1906-1977
Rostand Jean, französischer Biologe und Publizist, 1894-1977
Rostow Walt Whitman, amerikanischer Wirtschaftswissenschaftler, geb. 1916
Roth Eugen, deutscher Schriftsteller, 1895-1976
Roth Josef, österreichischer Schriftsteller, 1894-1939
Rougemont Denis de, schweizer Schriftsteller, geb. 1906
Rozanek Eleonore, tschechisch-deutsche Malerin, 1896-1987
Rubinstein Artur, polnisch-amerikanischer Pianist, 1886-1982
Rubinstein Helena, polnisch-amerikanische Kosmetikerin, 1882-1965
Ruge Helmut, deutscher Kabarettist, geb. 1940
Rühmann Heinz, deutscher Schauspieler, 1902-1994
Rühmkorf Peter, deutscher Schriftsteller, geb. 1929
Rumi Maulana Dschelaladdin, islam. Dichter, 1207-1273
Rumor Mariano, italienischer Politiker, 1915-1990
Rusk Dean, amerikanischer Politiker, geb. 1909
Ruskin John, englischer Schriftsteller, 1819-1900
Russell Bertrand, englischer Mathematiker und Philosoph, 1872-1970

S
Sagan Francoise, französische Schriftstellerin, geb. 1935
Saint-Exupery Antoine de, französischer Flieger und Schriftsteller, 1900-1944
Saint-Laurent Yves, französischer Modeschöpfer, geb. 1936
Salacrou Armand, französischer Dramatiker, 1899-1989
Salisbury Robert A.T., englischer Politiker, 1830-1903
Samuel Herbert Louis, englischer Politiker, 1870-1963
Sandburg Carl, amerikanischer Dichter, 1878-1967
Sander Jil, deutsche Modeschöpferin, geb. 1943
Sandrock Adele, deutsche Schauspielerin, 1864-1937
Sankaracharya, hinduistischer Philosoph, 788-820
Santayana George, amerikanischer Dichter und Philosoph, 1863-1952
Sardou Victorien, französischer Dramatiker, 1831-1908
Saroyan William, amerikanischer Schriftsteller, 1908-1981
Sarraute Nathalie, russisch-französische Schriftstellerin, geb. 1902
Sartre Jean-Paul, französischer Philosoph, 1905-1980
Satie Erik, französischer Musiker, 1866-1925
Sautet Claude, französischer Regisseur, geb. 1924
Scelba Mario, italienischer Politiker, geb. 1901
Sciascia Leonardo, italienischer Schriftsteller, 1921-1989
Segal Erich, amerikanischer Altphilologe und Schriftsteller, geb. 1937
Segebrecht Leander, deutscher Lyriker, geb. 1955
Segovia Andres, spanischer Gitarrenvirtuose, 1893-1987
Selinko Annemarie, österreichisch-dänische Schriftstellerin, geb. 1914
Sellers Peter, englischer Schauspieler, 1925-1980
Seneca Lucius Aennaeus, römischer Philosoph, etwa 4 vor Chr. bis 65 nach Chr.
Serner Walter, österreichischer Schriftsteller, 1889-1942
Servan-Schreiber Jean Jacques, französischer Publizist und Herausgeber, geb. 1924
Sesselmann Sabina, deutsche Schauspielerin, geb. 1936
Sethe Paul, deutscher Publizist, 1901-1967
Seume Johann Gottfried, deutscher Dichter, 1763-1810
Sforza Carlo, italienischer Diplomat und Politiker, 1872-1952
Shakespeare William, englischer Dichter, 1564-1616
Shaw George Bernard, irischer Schriftsteller, 1856-1950
Shaw Sandie, englische Schlagersängerin, geb. 1947

Shedd John A., amerikanischer Schriftsteller, 1859-1957
Shepard Alan, amerikanischer Astronaut, geb. 1923
Sibelius Jean, finnischer Komponist, 1865-1957
Siebeck Wolfram, deutscher Journalist, geb. 1928
Sieburg Friedrich, deutscher Publizist, 1893-1964
Siegel Ralph Maria, deutscher Schlagerkomponist und Musikverleger, 1911-1972
Sielmann Heinz, deutscher Zoologe, Buch-, Film- und TV-Autor, geb. 1917
Siemens Georg von, deutscher Bankier, 1839-1901
Siena Katharina von, Dominikanerin und Beraterin weltlicher und geistlicher Fürsten, 1347-1380
Signoret Simone, deutsch-französische Schauspielerin, 1921-1985
Silone Ignazio, italienischer Schriftsteller, 1900-1978
Simenon Georges, belgischer Schriftsteller, 1903-1989
Simmel Johannes Mario, deutscher Schriftsteller, geb. 1924
Simon Michel, schweizerisch-französischer Schauspieler, 1895-1975
Simonis Heide, deutsche Ministerpräsidentin, 20. Jh.
Sinatra Frank, italienisch-amerikanischer Schauspieler und Sänger, geb. 1915
Sinclair Upton, amerikanischer Schriftsteller, 1878-1968
Sirius Peter, deutscher Aphoristiker, 1858-1913
Sirk Douglas, dänisch-amerikanischer Regisseur, 1900-1987
Skupy Hans-Horst, deutscher Publizist, geb. 1942
Slezak Leo, österreichischer Sänger und Filmschauspieler, 1873-1946
Slevogt Max, deutscher Maler, 1868-1932
Smiles Samuel, englischer Publizist, 1812-1904
Smith Adam, englischer Nationalökonom, 1723-1790
Smith Logan P., amerikanischer Schriftsteller, 1865-1946
Smith Sidney, kanadischer Politiker, 1897-1959
Söhler Karl-Heinz, deutscher Dichter, geb. 1923
Sokrates, griechischer Philosoph, 470-399 v. Chr.
Söhnker Hans, deutscher Schauspieler, 1903-1981
Solon, athenischer Gesetzgeber, um 640-560 v.Chr.
Solschenizyn Alexander, russischer Dichter und Romancier, geb. 1918
Sommer Siegfried, deutscher Publizist, geb. 1914
Sophokles, griechischer Dichter, um 495-406 v. Chr.
Sordi Alberto, italienischer Filmkomiker, geb. 1920
Soupault Philippe, französischer Schriftsteller, 1897-1990
Spaak Paul Henri, belgischer Staatsmann, 1899-1972
Späth Lothar, deutscher Politiker, geb. 1937
Speidel Ludwig, österreichischer Feuilletonist, 1830-1906
Spencer Herbert, englischer Philosoph, 1820-1903
Spender Stephen, englischer Dichter, geb. 1909
Spengler Oswald, deutscher Kulturphilosoph, 1880-1936
Sperber Manes, polnisch-französischer Schriftsteller, 1905-1984
Sperr Martin, deutscher Bühnenautor, geb. 1944
de Spinoza Baruch, niederländischer Philosoph, 1632-1677
Spitteler Carl, Pseudonym Carl Felix Tandem, schweizer Dichter, 1845-1924
Spranger Eduard, deutscher Philosoph, 1882-1963
Springer Axel, deutscher Verleger, 1912-1985
Steiner Rudolf, österreichischer Anthroposoph, 1861-1925
Süßmuth Rita, deutsche Politikerin, geb. 1937
Suttner Bertha von, österreichische Pazifistin, 1843-1914
Svevo Italo, italienischer Schriftsteller, 1861-1928
Swietochowski Aleksander, poln. Schrift-steller, 1849-1938
Swift Jonathan, irisch-englischer Schriftsteller, 1667-1745
Swope Herbert Bayard, amerikanischer Schriftsteller, 1882-1958
Sydow Rolf von, deutscher Regisseur und Autor, geb. 1924
Syrus Pubilius, römischer Dichter, um 50 v. Chr.
Szilard Leo, ungarisch-amerikanischer Physiker, 1898-1964

Sch

Schaaf Johannes, deutscher Regisseur und Autor, geb. 1933
Schäffer Fritz, deutscher Politiker, 1888-1967
Schaffner Franklin J., amerikanischer Regisseur, 1920-1989
Schamoni Ulrich, deutscher Filmregisseur, geb. 1939
Scharlach Matthias, deutscher Personalmanager und Aphoristiker, 20. Jh.
Schatzdorfer Günther, österreichischer Schriftsteller, Maler und Graphiker, geb. 1952
Schäuble, Wolfgang, deutscher Politiker, 20. Jh.
Schaukal Richard von, österreichischer Lyriker, 1874-1942
Scheel Walter, deutscher Bundespräsident, geb. 1919
Scheffel Josef Victor von, deutscher Schriftsteller, 1826-1886
Scheid Rudolf, deutscher Professor, geb. 1925
Schelsky Helmut, deutscher Soziologe, 1912-1984
Schickedanz Grete, deutsche Unternehmerin, 1911-1994
Scheel Mildred, deutsche Ärztin, 1932-1985
Scheel Walter, deutscher Politiker, geb. 1919
Scheerbart Paul, deutscher Schriftsteller, 1863-1915
Scheler Max, deutscher Philosoph, 1874-1928
Schenk Heinz, deutscher Schauspieler und Fernsehunterhalter, geb. 1924
Schenk Otto, österreichischer Schauspieler und Regisseur, geb. 1930
Schickele Rene, deutsch-französischer Dichter, 1883-1940
Schieren Wolfgang, deutscher Unternehmer, geb. 1927
Schiff Michael, deutscher Publizist, geb. 1925
Schifferli Peter, schweizer Verleger, 1921-1980
Schiller Karl, deutscher Politiker und Wirtschaftswissenschaftler, 1911-1994
Schlechta Karl, österreichisch-deutscher Philosoph, 1904-1985
Schlegel Friedrich, deutscher Dichter, 1722-1829
Schleich Carl Ludwig, deutscher Chirurg und Schriftsteller, 1859-1922
Schlesinger Arthur, amerikanischer Historiker, geb. 1917
Schlöndorff Volker, deutscher Film- und Opernregisseur, geb. 1939
Schlüter Gisela, deutsche Alleinunterhalterin, geb. 1919
Schmähling Elmar, deutscher Flottillenadmiral, geb. 1937
Schmid Carlo, deutscher Politiker und Jurist, 1896-1979
Schmid Richard, deutscher Jurist, 1862-1944
Schmidt Arno, deutscher Schriftsteller, 1914-1979
Schmidt Josef, deutscher Managementlehrer, geb. 1934
Schmidt Helmut, deutscher Staatsmann, geb. 1918
Schmidt Lothar, deutscher Politologe, geb. 1922
Schmidt Manfred, deutscher Publizist, geb. 1913
Schmitt Carl, deutscher Staatsrechtslehrer und Philosoph, 1888-1985
Schnabel Artur, österreichischer Pianist und Komponist, 1882-1951
Schneider Ernst, deutscher Unternehmer, 1900-1977
Schneider Michael, deutscher Schriftsteller, geb. 1943
Schneider Reinhold, deutscher Schriftsteller, 1903-1958
Schneider Wolf, deutscher Journalist und Sachbuchautor, geb. 1925
Schneider Romy, österreichisch-deutsche Schauspielerin, 1938-1982
Schneyder Werner, österreichischer Kabarettist, geb. 1937
Schnitzler Arthur, österreichischer Dramatiker, 1862-1931
Schnurre Wolf Dietrich, deutscher Schriftsteller, 1920 -1989
Scholem-Alejchem, jiddischer Schriftsteller, 1859-1916
Scholochow Michail, russischer Schriftsteller, 1905-1984
Schomerus Lorenz, deutscher Politiker, geb. 1933
Schönberg Arnold, österreichischer Komponist, 1874-1951
Schönfeldt Sybil Gräfin, deutsche Publizistin, geb. 1927
Schopenhauer Arthur, deutscher Philosoph, 1788-1860
Schridde Hermann, deutscher Springreiter, 1937-1985
Schröder Ernst, deutscher Schauspieler, geb. 1915
Schroth Hannelore, deutsche Schauspielerin, 1922-1987
Schuberth Emilio, italienischer Modeschöpfer, 1904-1972
Schumacher Kurt, deutscher Politiker, 1895-1952
Schumpeter Joseph A., österreichischer Nationalökonom, 1883-1950
Schulte Robert, deutscher Manager, geb. 1936
Schumacher Toni, deutscher Fußballprofi
Schumann Robert, deutscher Komponist 1810-1856
Schur Gustav-Adolf, deutscher Radrennfahrer, geb. 1936
Schürmann Petra, deutsche Fernsehmoderatorin und Schauspielerin, geb. 1938
Schützbach Rupert, deutscher Aphoristiker, geb. 1933
Schurz Carl, deutsch-amerikanischer Politiker und Publizist, 1829-1962
Schwaiger Brigitte, österreichische Schriftstellerin, geb. 1949
Schwarzer Alice, deutsche Publizistin und Frauenrechtlerin, geb. 1942
Schweitzer Albert, elsässischer Theologe, Arzt, Musiker und Kulturphilosoph, 1875-1965
Schweppenhäuser Hermann, deutscher Schriftsteller, geb. 1928
Schwier Hans, deutscher Politiker, geb. 1926

St

Staeck Klaus, deutscher Graphiker und Satiriker, geb. 1938
de Stael-Holstein Anne Louise Germaine de Necker, französische Schriftstellerin, 1766-1817
Stahl Friedrich Julius, deutscher Staatsrechtler, 1802-1861
Stankowski Ernst, österreichischer Schauspieler, Sänger und Kabarettist, geb. 1928
Stanwyck Barbara, amerikanische Schauspielerin, 1907-1990
Starck Siegfried, deutscher Autor, geb. 1936
Starr Kingo, englischer Pop-Musiker, geb. 1940
Steinbeck John, amerikanischer Schriftsteller, 1902-1968
Steinberg Saul, rumänisch-amerikanischer Zeichner, geb. 1914
Steinbuch Karl, deutscher Physiker, geb. 1917
Stendhal, französischer Dichter, 1783-1842
Stern Horst, deutscher Publizist und Fernsehautor, geb. 1922
Sternberger Dolf, deutscher Publizist und Politologe, 1907-1989
Sternheim Carl, deutscher Dichter und Dramatiker, 1878-1942
Stevenson Adlai, amerikanischer Politiker, 1900-1965
Stewart James, amerikanischer Filmschauspieler, geb. 1908
Stewart Michael, englischer Politiker, 1906-1990
Stolte Dieter, deutscher Fernsehintendant, geb. 1934
Stoppard Tom, englischer Bühnenautor, geb. 1937
Storm Theodor, deutscher Schriftsteller, 1817-1888
Strauß Botho, deutscher Schriftsteller, geb. 1944
Strauß Franz Josef, deutscher Politiker, 1915-1988
Strauß Ludwig, deutscher Lyriker und Erzähler, 1892-1953
Strauß Richard, deutscher Komponist, 1864-1949
Streisand Barbra, amerikanische Schauspielerin und Sängerin, geb. 1942
Strietzel Achim, deutscher Schauspieler und Kabarettist, 1926-1989
Strindberg August, schwedischer Schriftsteller, 1849-1912
Struck Karin, deutsche Schriftstellerin, geb. 1947
Stüßgen Cornelius, deutscher Unternehmer

T
Tagore Rabindranath, indischer Dichter und Philosoph, 1861-1941
Talleyrand-Perigord Charles Maurice Duc, französischer Staatsmann, 1754-1938
Talmud, neben dem Alten Testament die religiöse Hauptschrift der Juden
Tati Jacques, russisch-französischer Filmschauspieler und -regisseur, 1908-1982
Tapie Bernard, französischer Unternehmer, geb. 1943
Taubmann Alfred, Eigentümer des Auktionshauses Sotheby, geb. 1925
TerentiusPaulus, römischer Komödiendichter, 190-159 v. Chr.
Teller Edward, ungarisch-amerikanischer Kernphysiker, geb. 1908
Thackeray William Makepeace, englischer Schriftsteller, 1811-1863
Thatcher Margaret, englische Politikerin, geb. 1925
Thelen Albert Vigoleis, deutscher Schriftsteller, geb. 1903
Thiele Rolf, deutscher Filmregisseur, geb. 1918
Thiess Frank, deutscher Schriftsteller, 1890-1977
Thoelke Wim, deutscher TV-Quizmaster, geb. 1927
Thoma Georg, deutscher Skisportler, geb. 1937
Thoma Ludwig, deutscher Schriftsteller, 1867-1921
Thomalla Georg, polnisch-deutscher Schauspieler und Kabarettist, geb. 1915
Thomas Terry, englischer Schauspieler, 1912-1990
Thompson Daley, englischer Olympiasieger
Thomson Virgil, amerikanischer Musikkritiker und Komponist, 1896-1989
Thoreau Henry David, amerikanischer Dichter, 1817-1862
Thurber James, amerikanischer Humorist, 1894-1961
Tichy Roland, Impulse-Chefredakteur
Tille Peter, deutscher Schriftsteller, geb. 1938
Tillich Paul, deutsch-amerikanischer Theologe und Religionsphilosoph, 1886-1965
Tocqueville Alexis de, französischer Historiker und Staatstheoretiker, 1805-1859
Tognazzi Ugo, italienischer Filmschauspieler, geb. 1922
Toller Ernst, deutscher Dramatiker, 1893-1939
Tomasi di Lampedusa Giuseppe, italienischer Schriftsteller, 1896-1957
Tommaseo Niccolo, italienischer Philologe, 1802-1874
Torberg Friedrich, österreichischer Schriftsteller, 1908-1979
Toscanini Arturo, italienischer Dirigent, 1867-1957
Toynbee Arnold J., englischer Historiker und Philosoph, 1889-1975
Tress Horst, deutscher Grafiker, geb. 1950
Trevelyan George, englischer Historiker, 1876-1962
Trinkewitz Karel, deutscher Satiriker, geb. 1931
Troll Thaddäus, deutscher Erzähler, 1914-1980
Trollope Anthony, englischer Schriftsteller, 1815-1882
Troyat Henri, russisch-französischer Schriftsteller, geb. 1911
Truffaut Francois, französischer Filmregisseur, 1932-1984
Trux Walter, deutscher Manager, geb. 1928
Tschechow Anton, russischer Schriftsteller, 1860-1904
Tschechowa Olga, russisch-deutsche Schauspielerin und Kosmetikerin, 1897-1980
Tschopp Charles, schweizer Aphoristiker, 1899-1982
Tucholsky Kurt, deutscher Schriftsteller und Satiriker, 1890-1935
Turgenjew Iwan Sergejewitsch, russischer Schriftsteller, 1818-1883
Tutu Desmond, südafrikanischer Bischof und Friedensnobelpeisträger, geb. 1938
Twain Mark, amerikanischer Humorist, 1835-1910

U
Uhlenbruck Gerhard, deutscher Immunbiologe und Aphoristiker, geb. 1929
Ullman Liv, norwegische Schauspielerin, geb. 1938
Unamuno Miguel de, spanischer Schriftsteller, 1864-1936
Undset Sigrid, norwegischer Schriftstellerin, 1882-1949
Ungeheuer Günther, deutscher Schauspieler, 1925-1989
Unseld Siegfried, deutscher Verleger, geb. 1924
Updike John, amerikanischer Schriftsteller, geb. 1932
Ustinov Peter, englischer Schauspieler und Autor, geb. 1921
Üxküll Jakob von, deutsch-schwedischer Biologe und Begründer der Umweltforschung, 1864-1944

V
Vadim Roger, französischer Filmregisseur, geb. 1928
Vahlbruch Stefanie, deutscher Unternehmensberaterin
Valentin Karl, deutscher Komiker und Kabarettist, 1882-1948
Valery Paul, französischer Dichter, 1871-1945
Van Cleef Lee, amerikanischer Schauspieler, 1925-1989
Vauvenargues luc de Clapiers, französischer Philosoph, 1715-1747
Venske Henning, deutscher Schauspieler und Kabarettist, geb. 1939
Verheugen Günter, deutscher Politiker und Journalist, geb. 1944
Veron Pierre, französischer Schriftsteller, 1833-1900
Victor Walther, deutscher Publizist, 1895-1971
Vilar Esther, deutscher Schriftstellerin, geb. 1935
Virchow Rudolf, deutscher Pathologe, 1821-1902
Vita Helen, deutsche Schauspielerin und Chansonsängerin, geb. 1928
Vogts Berti, deutscher Fußball-Bundestrainer
Voltaire Francois-Marie Arouet, französischer Philosoph und Dichter, 1694-1778

W
Waalkes Otto, Ostfriese, deutscher Komiker, geb. 1948
Waggerl Karl Heinrich, österreichischer Erzähler, 1897-1973
Walser Martin, deutscher Schriftsteller, geb. 1927
Walser Robert, schweizer Schriftsteller, 1878-1956
Walsh Basil S., amerikanischer Unternehmer, 1878-1943
Walters Hellmut, tschechisch-deutscher Schriftsteller, geb. 1930
Wapnewski Peter, deutscher Philologe und Schriftsteller, geb. 1922
Warhol Andy, amerikanischer Pop-Art-Künstler, 1928-1987
Warren Robert Penn, amerikanischer Schriftsteller, 1905-1989
Wassermann Rudolf, deutscher Jurist und Gerichtspräsident, geb. 1925
Waugh Evelyn, englische Schriftstellerin, 1903-1966
Weber Max, deutscher Sozialwissenschaftler, 1864-1920
Weck Peter, österreichischer Schauspieler, Regisseur und Intendant, geb. 1930
Wedekind Frank, deutscher Dramatiker, 1864-1918
Wegener Paul, deutscher Schauspieler, 1874-1948
Wehle Peter, österreichischer Komponist und Autor, geb. 1914
Wehmann Heinz, deutscher Spitzenkoch
Wehner Herbert, deutscher Politiker, 1906-1990
Weigel Hans, österreichischer Schriftsteller, geb. 1908
Weinert Arno, deutscher Generalstaatsanwalt
Weinhofer Karl, deutscher Politiker, geb. 1942
Weinreb Friedrich, Professor und Lehrer der jüd. Mystik, 1910-1988
Weis Heidelinde, deutscher Schauspielerin, geb. 1940
Weisenborn Günther, deutscher Dramatiker und Erzähler, 1902-1969
Weiser Grethe, deutscher Schauspielerin, 1903-1970
Weizsäcker Carl-Christian von, deutscher Volkswirtschaftler, geb. 1938
Weizsäcker Carl Friedrich von, deutscher Physiker und Philosoph, geb. 1912
Weizsäcker Richard von, deutscher Staatsmann, geb. 1920
Weizsäcker Ernst Ulrich von, deutscher Wirtschaftsprofessor, 20. Jh.
Welles Orson, amerikanischer Schauspieler und Regisseur, 1915-1985
Wells Herbert George, englischer Schriftsteller, 1866-1946
Wenders Wim, deutscher Regisseur, geb. 1945
Werfel Franz, österreichischer Schriftsteller, 1890-1945
Werner Oskar, österreichischer Schauspieler, 1922-1984
West Mae, amerikanische Schauspielerin, 1892-1980
Whistler James Abbott McNeill, amerikanisch-englischer Maler, 1834-1903
White Llwyn Brooks, amerikanischer Publizist, 1899-1973
Wicker Tom, amerikanischer Journalist
Wickert Ulrich, deutscher Fernsehjournalist, geb. 1942
Wicki Bernhard, schweizer Schauspieler und Regisseur, geb. 1919
Widmark Richard, amerikanischer Filmschauspieler, geb. 1914
Widmer Urs, schweizer Schriftsteller, geb. 1938
Wiedeking Wendelin, Porsche Vorstandsvorsitzender
Wieland Christoph Martin, deutscher Dichter, 1733-1813
Wieman Mathias, deutscher Schauspieler, 1902-1969
Wiesner Heinrich, schweizer Schriftsteller, geb. 1925
Wiggins Richard, amerikanischer Politologe, geb. 1923
Wilde Cornel, amerikanischer Filmschauspieler und Regisseur, 1915-1989
Wilde Oscar, irischer Schriftsteller, 1854-1900
Wilder Billy, österreichisch-amerikanischer Filmregisseur und Drehbuchautor, geb. 1906
Wilder Thornton, amerikanischer Schriftsteller, 1897-1975
Willgerodt Hans, deutscher Wirtschaftsprofessor, geb. 1924
Williams Tennessee, amerikanischer Schriftsteller und Dramatiker, 1914-1983
Willinger Laszlo, ungarisch-amerikanischer Prominentenphotograph, 1909-1989
Wilson Colin, englischer Schriftsteller, geb. 1931
Wilson Harold, englischer Politiker, geb. 1916
Wilson Woodrow, amerikanischer Präsident, 1856-1924
Winkler Hans Günter, deutscher Springreiter, geb. 1926
Wittgenstein Ludwig, österreichisch-englischer Philosoph, 1889-1951
Wodehouse Pelham Grenville, englischer Schriftsteller, 1881-1975
Wohlfahrt Harald, deutscher Spitzenkoch
Wohmann Gabriele, deutsche Schriftstellerin, geb. 1932
Wojtyla Karol, polnischer Papst Johannes Paul II., geb. 1920
Wolf Christa, deutsche Schriftstellerin, geb. 1929
Wondratschek Wolf, deutscher Schriftsteller und Lyriker, geb. 1943
Woolf Virginia, englische Schriftstellerin, 1882-1941
Wörner Manfred, deutscher Politiker, 1934-1994
Wright Frank Lloyd, amerikanischer Architekt, 1869-1959
Wussow Klausjürgen, deutscher Schauspieler, geb. 1929

Z
Zachert Hans-Ludwig, Chef des deutscher Bundeskriminalamtes (BKA)
Zadek Peter, deutscher Theaterregisseur, geb. 1926
Zahn Peter von, deutscher Fernsehautor, geb. 1913
Ziglar Zig, amerikanischer Verkaufstrainer
Zille Heinrich, deutscher Zeichner, 1858-1929
Zimbalist Efrem, russisch-amerikanischer Geiger, 1889-1985
Zimmerer Carl, geschäftsführender Gesellschafter, Interfinanz Düsseldorf
Zola Emile, französischer Schriftsteller, 1840-1902
Zuckmayer Carl, deutscher Schriftsteller, 1896-1977
Zweig Stefan, österreichischer Schriftsteller, 1881-1942